Analogrechnen

Analogrechnen

Programmierung, Arbeitsweise und Anwendung des elektronischen Analogrechners

Von

Dr.-Ing. Wolfgang Giloi und Dr.-Ing. Rudolf Lauber

Mit 336 Abbildungen

Springer-Verlag
Berlin Heidelberg GmbH
1963

ISBN 978-3-642-52741-8   ISBN 978-3-642-52740-1 (eBook)
DOI 10.1007/978-3-642-52740-1

Unseren verehrten Lehrern

Wilhelm Bader

Adolf Leonhard

Walter Wolman

gewidmet

Vorwort

Das Prinzip des analogen Rechnens, das Lösen mathematischer Aufgaben durch Beobachtung physikalischer Modelle mit analogen Gesetzmäßigkeiten, hat im elektronischen Analogrechner seine Vervollkommnung in Hinsicht auf möglichst große mathematische Exaktheit und Flexibilität in der Anwendung gefunden.

Als mit dem Siegeszug des programmgesteuerten Digitalrechners die Sterbestunde der mechanischen Integrieranlagen und der elektrolytischen Tröge anbrach, fehlte es nicht an Stimmen, die auch dem elektronischen Analogrechner, etwa zur gleichen Zeit wie der Digitalrechner entstanden, einen frühen Tod weissagten. Nun, die Entwicklung der letzten Jahre hat diese Prophezeihung widerlegt. Der elektronische Analogrechner hat sich einen festen Platz als Rechenmaschine zur Lösung technischer Aufgaben erworben. Seine Anwendung ist längst nicht mehr auf den klassischen Anwendungsbereich in der Regelungstechnik beschränkt. Aus einem elektronischen Gerät, das nur von Elektrotechnikern zu verstehen und auch zu bedienen war, hat er sich schnell zu einer Rechenmaschine entwickelt, die heute auf allen Gebieten der Technik und nicht zuletzt auch zur Behandlung rein mathematischer Aufgaben eingesetzt wird.

Das vorliegende Buch ist für den ständig wachsenden Kreis der *Benutzer* des Analogrechners geschrieben. Das setzt voraus, daß es sich einer Sprache bedient, die allen Disziplinen der Technik gemeinsam ist. Dies ist aber die Sprache der Mathematik. Die Verfasser wollten den Analogrechner daher vor allem und zuerst als ein *mathematisches Instrument* betrachten und nicht als das Produkt einer zweifellos interessanten elektronischen Schaltungstechnik oder als ein elektrisches Experimentiergerät. Sie haben sich, bemüht, die Regeln zu seiner Anwendung so zu formalisieren, daß auch der nicht elektrotechnisch ausgebildete Leser dieses Instrument mit Erfolg anwenden kann. Im Gegensatz zu der in der Anfangszeit herrschenden Tendenz zur „direkten Simulierung" unter möglichst weitgehender Vermeidung der Mathematik wollen sie die Anwendung allgemeiner formaler Regeln unter möglichst weitgehender Vermeidung von Technik pflegen. Dabei darf jedoch der physikalische Charakter des Analogrechners nicht ganz außer acht gelassen werden, und so war es nicht zu vermeiden, in einem Teil dieses Buches auch auf seine technische Realisierung einzugehen. Wir haben uns dabei aber bewußt aller rein technischen Details enthalten und uns

auf die wesentlichen technischen Grundprinzipien beschränkt, die der
Benutzer des Analogrechners kennen sollte, um nicht Forderungen an
den Rechner zu stellen, die seiner physikalischen Natur widersprechen.

Die Einteilung des Stoffes wurde von der Absicht bestimmt, einerseits ein Lehrbuch des Analogrechnens zu schreiben, um hier eine noch bestehende Lücke zu schließen, und andererseits dem Werk gleichzeitig den
Charakter eines Handbuchs zu geben, das auch dem erfahrenen Benutzer
noch Anregungen geben und ihm als Nachschlagwerk dienen kann.

Im ersten Teil „Einführung in die Programmierungstechnik" wird
eine leicht verständliche Einführung für den geboten, der sich neu
in das Gebiet des Analogrechnens einarbeiten will. Ohne jeden elektrotechnischen Ballast werden hier die prinzipielle Wirkungsweise des
Analogrechners und die grundlegenden Regeln der Programmierung,
Normierung und Programmorganisation erklärt und an einfachen Beispielen verdeutlicht.

Für viele Anwender, die nur kleinere Probleme am Analogrechner
zu lösen haben, mögen bereits die in Teil I vermittelten Kenntnisse
ausreichen. Wer jedoch umfassendere Aufgaben bearbeiten und den
Rechner optimal einsetzen will, kommt nicht umhin, sich gewisse Kenntnisse über die Wirkungsweise und die technischen Fähigkeiten und
Grenzen der einzelnen Rechenelemente anzueignen. Im zweiten Teil
„Technische Grundlagen" wird daher in knapper Form der Aufbau der
einzelnen Elemente und ihr Zusammenwirken beschrieben. Dabei wurde
weniger Wert auf vollständige Darstellung aller Einzelheiten, als vielmehr auf die Erklärung der bei der Programmierung zu beachtenden
Eigenschaften und Besonderheiten gelegt.

Der dritte Teil „Anwendung des Analogrechners zur Lösung von
Differentialgleichungen" bringt eine Vertiefung der in Teil I gelegten
Grundlagen und eine breite und vollständige Darstellung all der Programmierungsregeln und Schaltungseinzelheiten, deren Kenntnis zu
einer Beherrschung und Ausnutzung aller Möglichkeiten des Analogrechners gehört. Die Methoden zur Lösung linearer und nichtlinearer,
gewöhnlicher und partieller Differentialgleichungen werden zunächst
prinzipiell und dann an Hand von Beispielen ausführlich dargestellt.

Im vierten Teil „Die Behandlung technischer Probleme" wird für
die Bearbeitung spezieller Aufgaben das nötige Rüstzeug vermittelt.
Hier werden nicht etwa nur Beispiele behandelt, sondern es werden
vor allem die grundsätzlichen Methoden aufgezeigt, nach denen sich
dynamische Systeme aus verschiedenen Zweigen der Technik mit Hilfe
des Analogrechners untersuchen lassen. Die Verfasser glauben, daß eine
solche Systematik zur Behandlung von Übertragungsgliedern, von elektrischen und mechanischen Netzwerken und von Systemen mit regel-
osen Eingangsgrößen bisher in der Literatur noch fehlt.

Auch die im fünften und letzten Teil „Fehlermöglichkeiten und Fehlersuche" gebotene Anleitung zur Fehlererkennung und Fehlerabschätzung ist wohl in der bisherigen Literatur nicht in dieser geschlossenen Form zu finden. Bei der Darstellung der damit zusammenhängenden Fragen gingen wir von der Auffassung aus, daß nur der Bearbeiter wirklich mit dem Analogrechner und seiner Anwendung vertraut sein kann, der auch die Grenzen seiner Leistungsfähigkeit kennt und sie in den erhaltenen Ergebnissen gegebenenfalls berücksichtigen kann.

Es war den Verfassern das wichtigste Anliegen, nur praktisch sinnvolle und erprobte Rechenmethoden zu behandeln und alle Anwendungen, die vielleicht im Prinzip möglich, aber nur unter größten Einschränkungen und Schwierigkeiten durchzuführen sind, zu negieren. Dafür sollte für alle praktisch bedeutsamen Anwendungen ein möglichst lückenloses Gebäude von Regeln aufgestellt werden, deren konsequente Beachtung jeden Mißerfolg ausschließt. Dem ersten Verfasser kam dabei in sachlicher Hinsicht der große Schatz an Rechenerfahrung zugute, der im Laufe von Jahren im Analogrechenzentrum der Firma Telefunken GmbH erworben wurde und in didaktischer Hinsicht die Durchführung von Programmierkursen. Der zweite Verfasser konnte sich auf die reiche praktische Erfahrung stützen, die im Recheninstitut der Technischen Hochschule Stuttgart gesammelt wurde, sowie auf Vorlesungen, die er in den letzten Jahren im Rahmen eines Lehrauftrags an der Technischen Hochschule Stuttgart gehalten hat.

Der Dank, der für das Zustandekommen dieses Buches zu sagen ist, hat vor allem der Firma Telefunken für die großzügige Unterstützung des Vorhabens in geistiger und materieller Hinsicht und für ihre Bereitschaft zur Förderung grundsätzlicher Untersuchungen zu gelten, ohne die dieses Buch kaum möglich geworden wäre. Unser Dank gilt ebenso dem Direktor des Instituts für elektrische Anlagen der Technischen Hochschule Stuttgart, Herrn Prof. Dr.-Ing. Dr. techn. E. h. A. LEONHARD. Für viele wertvolle Hinweise und Anregungen sind die Verfasser vor allem den Herren Dr. HERSCHEL, Dr. MEYER-BRÖTZ, Dr. KUNSEMÜLLER und Dipl.-Math. SEYFERTH von Telefunken zu großem Dank verbunden. Insbesondere die Diskussionen mit Herrn Dr. HERSCHEL haben zur Klärung mancher Frage beigetragen und in vielen Fällen die Art der Darstellung beeinflußt.

Nicht zuletzt danken die Autoren aber auch dem Verlag für die bewiesene Geduld, die großzügige Respektierung aller Wünsche und für die wie immer vorzügliche Ausstattung des Buches.

Konstanz und Stuttgart,
im März 1963   **Wolfgang Giloi   Rudolf Lauber**

Inhaltsverzeichnis[1]

---

[1] Die Literatur ist jeweils am Schluß der Paragraphen aufgeführt.

V. Fehlermöglichkeiten und Fehlersuche

Zusammenstellung der wichtigsten Bezeichnungen

R_i Eingangswiderstände der Summierer bzw. Integrierer

R_0 Rückführwiderstand der Summierer (s. Abb. 8.2)

C_0 Integrationskondensator der Integrierer (s. Abb. 8.5)

$c_i = \dfrac{R_0}{R_i}$ Feste Bewertungsfaktoren, mit denen die Eingangsgrößen der Summierer bzw. Integrierer multipliziert werden [s. die Definitionsgleichungen (8.9) und (8.16)]

$k_0 = \dfrac{1}{R_0 C_0}$ Integrationsfaktor (Integrationsgeschwindigkeit) der Integrierer [s. Gl. (8.16) und (8.17)]

R_A Eingangs- bzw. Rückführwiderstand der Integrierer im Betriebszustand „Anfangsbedingung" (s. Abb. 14.3)

E Einheitsspannung (Bezugsspannung) des Analogrechners

Z_i Eingangsimpedanzen eines Rechenverstärkers (s. Abb. 8.1 bzw. 31.1)

Z_0 Rückführimpedanz eines Rechenverstärkers (s. Abb. 8.1 bzw. 31.1)

t unabhängige Problemvariable (im allgemeinen die Zeit in s)

t^* wirkliche Maschinenzeit

τ normierte unabhängige Variable [s. Gl. (5.3) und (5.15)]

p komplexe Frequenzvariable

ω Kreisfrequenz (1/s)

$F(p)$ Übertragungsfunktion

S Summenpunkt eines Rechenverstärkers

u_g Gitterspannung des Rechenverstärkers (Spannung zwischen Summenpunkt und Masse)

i_g Gitterstrom des Rechenverstärkers

R_g Eingangswiderstand des Rechenverstärkers (Widerstand zwischen Summenpunkt und Masse)

u_D auf den Summenpunkt bezogene Nullpunkt-Fehlerspannung (Ersatzspannung) (s. Abb. 8.12)

SM   Servo-Multiplizierer

PM   Parabel-Multiplizierer

MM   Modulations-Multiplizierer

Variable, die durch kleine Buchstaben bezeichnet sind [z. B. die Rechenspannung $u(t)$], sind im allgemeinen dimensionsbehaftete Größen.

Variable, die durch große Buchstaben bezeichnet sind [z. B. die bezogene Rechengröße $U(t) = u(t)/E$] sind normierte, dimensionslose Veränderliche mit dem Maximalwert Eins.

LAPLACE-Transformierte werden in der Regel dadurch gekennzeichnet, daß die unabhängige Variable p mit angegeben wird, z. B. $u(p)$.

Punkte über den Variablen bedeuten Ableitungen nach der Zeit.

Die in den Rechenschaltungen verwendeten Symbole werden in den Abb. 2.4, 2.7 und 10.3 erläutert.

I. Einführung in die Programmierungstechnik

§ 1. Abgrenzung der Aufgabenbereiche für den Analogrechner

Elektronische Rechenanlagen lassen sich nach ihrer prinzipiellen Wirkungsweise in zwei große Gruppen einteilen: in die Ziffern- oder Digitalrechner auf der einen und die Analogrechner auf der anderen Seite.

Beim Digitalrechner werden alle Größen als diskrete Ziffernfolgen behandelt, die innerhalb einer modernen Maschine z. B. als eine Folge elektrischer Impulse oder als Magnetisierungszustände von Ringkernen dargestellt werden. Bestimmte Rechenwerke ermöglichen die Durchführung der Grundrechnungsarten Addition, Subtraktion, Multiplikation und Division. Die erzielbare Genauigkeit hängt nur von der verwendeten Anzahl der Ziffern ab, also etwa von der Zahl der Impulse für einen Wert. Sie hängt nicht ab von der Form oder Größe dieser Impulse.

Der Digitalrechner ist eine universelle Rechenmaschine, mit der, wenigstens theoretisch, jede mathematische Aufgabe bewältigt werden kann, deren Lösung sich auf Grund eines numerischen Verfahrens in einzelne Schritte zerlegen läßt, die nur die 4 Grundrechenoperationen enthalten.

Im Gegensatz dazu werden bei allen analog arbeitenden Rechengeräten den Größen, mit denen gerechnet werden soll, physikalische Größen zugeordnet, die sich kontinuierlich ändern können. In diesem Sinne ist beispielsweise der Rechenschieber ein einfaches analoges Rechengerät, bei dem eine Zahl durch eine bestimmte Länge dargestellt wird.

Bei den eigentlichen Analogrechenmaschinen kommt dem Begriff des analogen Rechnens aber noch eine weiter gehende Bedeutung zu. Die Tatsache, daß es für physikalische Vorgänge eine gesicherte mathematischen Beschreibung gibt, erlaubt es umgekehrt auch, mathematische Zusammenhänge durch physikalische Vorgänge nachzubilden.

Der Rechenvorgang erfolgt also nicht auf Grund numerischer Verfahren, sondern es wird ein physikalisches Modell aufgebaut, in dem die gleichen Gesetze gelten, wie sie durch das zu lösende Problem vorgeschrieben sind.

Der Begriff der Analogie besitzt damit zweifache Bedeutung. Er bezieht sich einmal auf die Art der Zahlendarstellung und zum anderen auf die Durchführung mathematischer Operationen.

Die ersten Analogrechenmaschinen, die gebaut wurden, bestanden aus mechanischen Geräten, aus denen ein mechanisches Modell zur Untersuchung der gegebenen Gleichungen hergestellt werden konnte. Die Zahlendarstellung erfolgte dabei vorwiegend durch die Winkelstellung von Wellen.

Bei den hier zu behandelnden neuzeitlichen elektronischen Analogrechnern werden die Rechengrößen durch elektrische Spannungen dargestellt. Die Spannung von 36,75 V kann z. B. die Zahl 0,3675 bedeuten, falls der Maßstab 100:1 gewählt wird. Als physikalisches Modell wird beim elektronischen Analogrechner ein elektrisches Netzwerk aufgebaut. Die *Messung* der Variablen, also der Spannungen an den einzelnen Punkten dieses Netzwerks, ergibt die gesuchte Lösung.

Daraus erkennen wir sofort eine wesentliche Eigenschaft aller Analogrechengeräte: Der Zahlenbereich und die erzielbare Rechengenauigkeit hängen von den Eigenschaften des Modells und der Genauigkeit der Messung ab. Wenn wir als einfaches Beispiel wieder den Rechenschieber betrachten, so wird dort die Ablesung um so genauer möglich sein, je länger die Skalen sind. Außerdem wird sie davon abhängen, welche kleinste Länge noch eindeutig meßbar ist. Ebenso bestimmen auch beim elektronischen Analogrechner die zulässige maximale Spannung und die kleinste noch unterscheidbare Spannung die erreichbare Genauigkeit. Der Spannungsbereich ist nach oben hin begrenzt durch die Eigenheiten bestimmter elektrischer Schaltelemente, wie Röhren oder Transistoren. Die maximal zulässige Spannung liegt dementsprechend je nach Gerät zwischen 10 und 100 V. Nach unten hin ist der Bereich begrenzt durch Störspannungen, wie sie in jedem elektronischen Gerät unvermeidbar sind. Die kleinste, noch eindeutig über diesen Störspannungen meßbare Nutzspannung liegt etwa in der Größenordnung von 0,001 bis 0,01 V.

Bei den heute gebräuchlichen Analogrechnern wird je nach Aufwand ein Spannungsbereich von 3 bis 4 Dezimalstellen verwendet.

Der Analogrechner ist also eine *Festkommamaschine* mit verhältnismäßig kleinem Zahlenbereich. Das festliegende Komma bedingt die Verwendung von Maßstabsfaktoren. Der Zahlenbereich beschränkt von vornherein die Genauigkeit der Ergebnisse auf 3 bis 4 Stellen. Außerdem ist er jedoch beim Programmieren unbequem, denn die zu lösenden Gleichungen müssen stets so umgeformt werden, daß der ganze Bereich möglichst voll ausgenutzt, aber nicht überschritten wird.

Die analoge Zahlennachbildung bringt also gegenüber der ziffernmäßigen Darstellung Nachteile mit sich. Auf der anderen Seite macht sie aber die Anwendung von Rechenelementen möglich, die neben den Grundrechnungsarten unmittelbar die Integration und, mit gewissen Einschränkungen, die Differentiation, gestatten. Dieser spezifischen Fähigkeit, direkt integrieren und differenzieren zu können, verdankt der Analogrechner seine Stellung.

Die Aufgabenbereiche für den Analogrechner ergeben sich zwangsläufig auf Grund dieser besonderen Eigenschaft: Bei all den Problemen, bei denen nur die 4 Grundrechnungsarten Addition, Subtraktion, Multiplikation und Division vorkommen, wird der Einsatz eines Digitalrechners zweckmäßig sein, da er diese Operationen mit großer Geschwindigkeit und hoher Genauigkeit ausführen kann. Überall da aber, wo Integrationen und Differentiationen nötig werden, können die Vorteile des Analogrechners zum Tragen kommen.

Die wichtigsten Anwendungsgebiete können daraus wie folgt abgeleitet werden:

Für den Analogrechner

Gewöhnliche lineare und nichtlineare Differentialgleichungen und Systeme solcher Gleichungen.

In gewissen Grenzen partielle Differentialgleichungen.

Nachbildung physikalischer Systeme, die sich durch Differentialgleichungen beschreiben lassen.

Für den Digitalrechner

Funktions- und Formelberechnungen.

Algebraische Gleichungssysteme. Lösung von Polynomgleichungen.

Partielle Differentialgleichungen, wenn die Rechnung am Analogrechner zu großen Aufwand erfordert.

Grundsätzlich alle Probleme, bei denen eine Genauigkeit der Lösung von besser als $1^0/_{00}$ erforderlich ist.

Natürlich gibt es eine Reihe von Problemstellungen, bei denen die Angabe der dafür geeigneten Maschinenart von Fall zu Fall entschieden werden muß. Die obige Aufstellung soll nur einen groben Überblick über die wichtigsten Aufgabegebiete geben. So kann es z. B. bei einer Anlage zur Meßwertverarbeitung durchaus zweckmäßig sein, Analogrechner zur Lösung algebraischer Gleichungssysteme einzusetzen, obwohl ein Digitalrechner für allgemeine Aufgaben dieser Art besser geeignet ist.

Da man heute schon vielfach die Wahl zwischen der Benutzung eines Digital- oder Analogrechners hat, ist die Beachtung der spezifischen Aufgabenbereiche für einen zweckmäßigen Einsatz dieser Rechenhilfsmittel wichtig. Zweckmäßig bedeutet in diesem Falle, daß je nach der vorliegenden Aufgabe diejenige Rechenmaschine angewandt werden

soll, die bei möglichst geringem Aufwand an Programmier- und Rechenzeit (und damit auch an Kosten) ein befriedigendes Ergebnis liefert.

Aus der obigen Zusammenstellung der wichtigsten Aufgabengebiete
folgt, daß der Analogrechner im Gegensatz zum Digitalrechner eine
spezielle Rechenmaschine ist, die sich besonders zur Behandlung von
Aufgaben eignet, die auf gewöhnliche Differentialgleichungssysteme
führen. Hierzu gehört vor allem die Untersuchung des zeitlichen Verhaltens physikalischer Systeme.

Diese Beschränkung des Aufgabenbereichs ergibt sich zwangsläufig
schon aus der grundsätzlichen Wirkungsweise. Da die Lösung eines
Problems dadurch gewonnen wird, daß die zeitlichen Vorgänge an einem
elektrischen Modell untersucht und gemessen werden, können nur
solche Aufgaben behandelt werden, für die es ein elektrisches Analogon
gibt.

Das zeitliche Verhalten der Spannungen in einem elektrischen Netzwerk mit konzentrierten Schaltelementen läßt sich bekanntlich durch
Systeme von algebraischen Gleichungen und Differentialgleichungen
berechnen. Umgekehrt also kann eine elektrische Schaltung als analoges
Modell zur Berechnung gerade solcher Gleichungen dienen. Durch entsprechende Schaltungen lassen sich auch Vorgänge, die auf partielle
Differentialgleichungen führen, näherungsweise nachbilden.

Aus der Tatsache, daß das zeitliche Verhalten des analogen Modells
beobachtet wird, ergibt sich, daß beim elektronischen Analogrechner
stets *die Zeit die unabhängige Variable ist.* Während nun aber die zu
untersuchenden Gleichungen zu Vorgängen gehören können, die in
Zeiträumen von Mikrosekunden bis zu einigen Jahren ablaufen, ist beim
Analogrechner aus technischen und praktischen Gründen nur ein viel
engerer Bereich möglich. Er liegt, je nach Rechnertyp und Betriebsweise,
in der Größenordnung Sekunden oder Minuten. Daher muß beim Aufbau der analogen elektrischen Schaltung u. U. eine Anpassung durch
entsprechende Maßstabsfaktoren vorgenommen werden, was — bezogen auf die Zeit als unabhängige Variable — bedeutet, daß eine
Zeitdehnung oder eine Zeitraffung nötig wird.

Die Arbeitsweise des elektronischen Analogrechners als Modell
bringt es mit sich, daß er in der Lage ist, ein gegebenes physikalisches
System bezüglich des Zeitverhaltens zu *simulieren.* Bekanntlich können
ja die verschiedenartigsten physikalischen Prozesse formal durch die
nämlichen mathematischen Beziehungen beschrieben werden. So erfolgt
z. B. die Abnahme der Spannung an einem Kondensator, der über einen
Widerstand entladen wird, nach derselben Differentialgleichung wie die
Temperaturabnahme an einem erwärmten Körper oder wie die Abnahme
der Konzentration des Ausgangsprodukts bei einer bestimmten chemischen Reaktion. Die Variablen und Koeffizienten haben bei den ver-

schiedenen Vorgängen zwar eine verschiedene physikalische Bedeutung, der zeitliche Verlauf der Lösung ist aber in allen Fällen der gleiche, so daß man also z. B. den Entladungsvorgang an einem Kondensator als analoges Modell für eine chemische Reaktion bezeichnen kann.

Was für dieses einfache Beispiel gilt, gilt auch für kompliziertere Vorgänge. Es liegt auf der Hand, daß man in sehr vielen Fällen das Verhalten eines physikalischen Gebildes bequemer, billiger und oft auch gefahrloser an einem analogen elektrischen Modell studieren kann.

Falls das elektrische Modell die Vorgänge eines physikalischen Gebildes im echten Zeitmaßstab nachbildet (Echtzeitbetrieb), simuliert es nach außen hin das Verhalten dieses Systems. Für einen bestimmten Zweck fest verdrahtete oder speziell programmierte Analogrechner werden daher auch als *Simulatoren* bezeichnet.

Die genannten Fähigkeiten des Analogrechners machen ihn überall da unentbehrlich, wo es darum geht, rasch einen Einblick in die zeitlichen Vorgänge in einem bestimmten System zu gewinnen und den Einfluß von Parameteränderungen abzuschätzen, die an einem wirklichen Gerät oft nur schwer oder gar nicht geändert werden können. Man denke dabei etwa an Flug- oder Reaktorsimulatoren. Der Analogrechner bzw. Simulator kann hier einen gewissen Erkenntniswert vermitteln, da das Eindringen in die Verhaltensweise der Anlage in diesen Fällen wichtiger ist als die Ermittlung einer ganz bestimmten Lösung.

§ 2. Die Rechenelemente und ihre Anwendung

2.1 Aufbau des Analogrechners aus Rechenelementen

Während spezielle analog arbeitende Rechengeräte auf eine bestimmte Aufgabe zugeschnitten sein können, soll der in diesem Buche zu behandelnde sog. „universell verwendbare elektronische Analogrechner" auf den Gebieten, für die er sich eignet, möglichst vielseitig und flexibel sein. Dieses Ziel wird dadurch erreicht, daß man ihn aus einzelnen Bausteinen zusammensetzt, die jeweils bestimmte *Teile* einer Rechnung analog nachbilden. Die Bausteine oder Rechenelemente werden entsprechend den Vorschriften des zu lösenden Problems miteinander verbunden, und es entsteht die sog. *Rechenschaltung* oder das Programm.

Die Rechenschaltung wird um so umfangreicher, je mehr Rechenoperationen darin vorkommen, denn jedes Rechenelement kann nur wenige, oft nur eine einzige Operation ausführen. Die Zahl der in einem bestimmten Analogrechner vorhandenen Recheneinheiten ist daher bestimmend für die Art und Größe der Probleme, die noch behandelt werden können, da die maximale Anzahl der Rechenoperationen dadurch festlegt.

Andererseits sind die einzelnen Bausteine voneinander unabhängig verwendbar. Ein Analogrechner läßt sich leicht durch den Anbau weiterer

Abb. 2.1. Typischer Analogrechner mit Programmierfeld (Steckbrett) und Rechenelementen
(Telefunken)
1 Netzgeräte; *2* Diodenfunktionsgeber; *3* Digitalvoltmeter; *4* Bedienungsfeld; *5* Potentiometerfeld; *6* Rechenverstärker; *7* Komparatoren; *8* Modulations-Multiplizierer; *9* Servo-Multiplizierer; *10* Servo-Koordinatenwandler; *11* Oszillograph; *12* Servo-Funktionsgeber; *13* auswechselbares Programmierfeld

Elemente vergrößern und damit für umfangreichere Aufgaben einsetzen. Ebenso können mehrere Analogrechner zusammengeschaltet werden.

Es gehört zum Wesen des Analogrechners, daß die einzelnen Bausteine zwar selbständig sind, daß sie aber während einer Rechnung alle gleichzeitig arbeiten, da sie ja in ihrer Zusammenschaltung das analoge Modell bilden. Auf Grund dieses Parallelbetriebs wächst mit dem Umfang eines Problems zwar die Zahl der nötigen Rechenelemente, aber die Rechenzeit bleibt unabhängig davon.

Es gibt Analogrechner, bei denen die Recheneinheiten in Form von Einzelgeräten wirklich wie Bausteine nach Bedarf zusammengestellt und mit Kabeln verbunden werden. Ein Analogrechner soll aber nicht nur vielseitig verwendbar, sondern auch leicht zu bedienen sein. Zu diesem Zweck sind bei den meisten modernen Geräten die Rechenelemente

Abb. 2.2. Auswechselbares Programmierbrett (Steckbrett). (Telefunken)

alle auf ein zentrales *Programmierfeld* geführt, wo die Verbindungen hergestellt werden (Abb. 2.1).

Eine weitere wesentliche Verbesserung ergibt sich, wenn an Stelle des festen Programmierfelds ein bewegliches *Programmierbrett* oder *Steckbrett* verwendet wird, auf dem sich alle Verbindungsleitungen für die Recheneinheiten anbringen lassen (Abb. 2.2).

Die elektrischen Verbindungen kommen erst zustande, wenn das Steckbrett in die Maschine eingesetzt wird und dabei die Stecker der Kabel bestimmte Kontakte der Maschine berühren (Abb. 2.3).

Wenn mehrere solche herausnehmbare Steckbretter zur Verfügung stehen, kann das Programm unabhängig von der Maschine gesteckt werden. Die Maschine wird dann nur während der eigentlichen Prüf- und Rechenzeit belegt. Der Hauptvorteil liegt jedoch darin, daß sich ein Programm auf diese Weise für eine gewisse Zeit aufbewahren und damit bei länger dauernden Untersuchungen immer wieder verwenden läßt. Dies kann besonders bei umfangreicheren Schaltungen eine bedeutende Zeitersparnis bringen, da damit ein erneutes Aufstecken, vor allem aber eine nochmalige, oft sehr langwierige Ausprüfung und Fehlerbeseitigung entfällt.

Abb. 2.3. Ein Rechenbrett mit aufgesteckter Programmschaltung wird in die Maschine eingesetzt
(Telefunken)

2.2 Benennungen und Symbole

Die Ausführung der verschiedenen Teiloperationen kann mit einer verhältnismäßig kleinen Zahl verschiedener Rechenelemente bewältigt werden. Die wichtigsten davon sind in der folgenden Tabelle (Abb. 2.4) zusammengestellt.

Gemäß der Übereinkunft über die benützten Buchstabenbezeichnungen (S. XVI) sind die aufgeführten Variablen Y normierte Größen mit dem Maximalwert Eins.

Da der elektronische Analogrechner in seiner heutigen Form zuerst in Amerika entwickelt wurde, sind auch die Benennungen der Rechenelemente meist Übersetzungen der jeweiligen englischen Bezeichnungen. Es haben sich dabei allerdings Verdeutschungen eingeschlichen, die nicht sehr glücklich gewählt sind. So wurde z. B. das englische Wort „summer" für das Element zum Summieren z. T. (fälschlich) mit „Summator" übersetzt. Das Gerät zum Multiplizieren (im englischen „multiplier") wurde entsprechend „Multiplikator" genannt, obwohl dieses Wort in der Mathematik in einem ganz anderen Sinne verwendet wird (zwei zu multiplizierende Größen heißen Multiplikator und Multiplikand). Schließlich kann man das Gerät zum Dividieren doch wohl kaum „Dividator" nennen!

Um diesen Schwierigkeiten aus dem Wege zu gehen, wollen wir hier vorschlagen, die aus dem jeweiligen Zeitwort abgeleiteten Benennungen „Summierer", „Integrierer", „Multiplizierer" usw. zu verwenden. In der Tabelle Abb. 2.4 sind aber auch die übrigen gebräuchlichen Benennungen mit aufgeführt.

Unter den Bausteinen des elektronischen Analogrechners nimmt der *Rechenverstärker* (Gleichspannungsverstärker mit sehr hoher Verstärkung) eine besondere Stellung ein. Er gehört zwar nicht zu den Rechenelementen im eigentlichen Sinne, da er allein keine Rechenoperationen ausführt. Wie wir in Teil II noch sehen werden, ist aber in jedem Umkehrer, Summierer und Integrierer ein Rechenverstärker als wesentlicher Grundbaustein enthalten. Aus diesem Grunde nennt man diese Einheiten oft auch Umkehrverstärker, Summierverstärker und Integrierverstärker.

Der Rechenverstärker dient zusammen mit anderen Bauelementen zum Aufbau vieler spezieller Schaltungen. Er erhält daher auch ein eigenes Symbol.

Die eingesetzten Symbole der linearen Rechenelemente haben sich in der internationalen Literatur bereits weitgehend durchgesetzt. Dagegen sind für die Elemente zur Durchführung der nichtlinearen Teiloperationen sehr verschiedene Symbole im Gebrauch, die sich meist eng an die Wirkungsweise der jeweiligen Geräte anschließen. Als einheitliches Symbol für nichtlineare Rechenelemente wollen wir hier ein Kästchen mit Pfeil einführen, in das die entsprechende Anwendung abgekürzt eingetragen wird. Dieses Zeichen entspricht der inzwischen erfolgten amerikanischen Normung (IRE-Standard). Es kann die detaillierten Symbole für bestimmte Ausführungen von Rechenelementen (z. B. Servo-Multiplizierern) nicht in jedem Falle ersetzen, sondern soll vor allem für prinzipielle Rechenschaltungen dienen.

Die gewählten Symbole tragen der Tatsache Rechnung, daß die Rechenelemente stets eine bestimmte *Wirkungsrichtung* aufweisen. Diese Richtung gibt der im Symbol enthaltene Pfeil an. Betrachten wir als Beispiel den Rechenbaustein „Umkehrer": Eine gegebene Größe Y_e

Tabelle der wichtigsten Rechenelemente (Abb. 2.4)

Benennung des Rechenelements	Rechenoperation	Symbol	Ergebnis
Rechenverstärker (Gleichspannungsverstärker, Operationsverstärker)		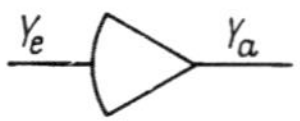	Grundbaustein für die meisten Rechenelemente, wie Summierer, Integrierer, Multiplizierer usw.
Umkehrer (Inverter)	Vorzeichenumkehr	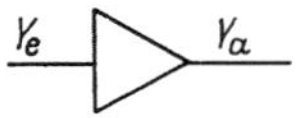	$Y_a = -Y_e$
Summierer (Summator, Summierverstärker)	Addition	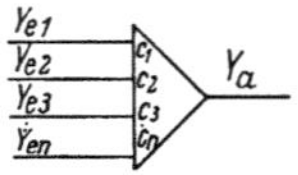	$Y_a = -(c_1 Y_{e1} + c_2 Y_{e2} + \cdots + c_n Y_{en})$ $= -\sum_{i=1}^{n} c_i Y_{ei}$
Integrierer (Integrator, Integrierverstärker)	Integration	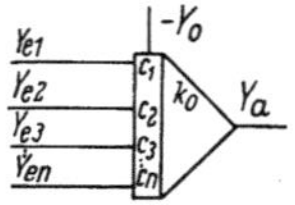	$Y_a - Y_0 = -k_0 \int_0^t [c_1 Y_{e1} + c_2 Y_{e2} + \cdots + c_n Y_{en}] dt*$ $= -k_0 \int_0^t \left(\sum_{i=1}^{n} c_i Y_{ei}\right) dt*$
Potentiometer (Koeffizientenelement)	Multiplikation mit Konstanten	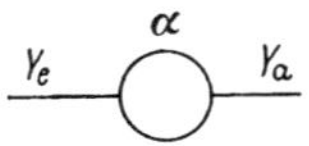	$Y_a = \alpha Y_e$ $0 < \alpha < 1$

Lineare Rechenelemente

Nichtlineare Rechenelemente

Benennung	Anwendung	Symbol	Gleichung
Multiplizierer (Multiplikator)	Multiplikation mit Variablen		$Y_a = Y_{e1}\,Y_{e2}$
Dividierer	Division variabler Größen		$Y_a = \dfrac{Y_{e1}}{Y_{e2}}$
Funktionsgeber	Erzeugung von Funktionen		$Y_a = f(Y_e)$
Komparator (Vergleicher)	Logische Entscheidung		$Y_a = Y_{e1}$ für $Y_{s1}+Y_{s2} > 0$ $Y_a = Y_{e2}$ für $Y_{s1}+Y_{s2} < 0$
Koordinatenwandler (Resolver)	Umwandlung von kartesischen Koordinaten in Polarkoordinaten		$r = \sqrt{x^2 + y^2}$ $\varphi = \arctan \dfrac{y}{x}$
Koordinatenwandler (Resolver)	Umwandlung von Polarkoordinaten in kartesische Koordinaten		$x = r\cos\varphi$ $y = r\sin\varphi$

(Eingangsgröße) wird mit dem Faktor -1 multipliziert und *ergibt* die Größe Y_a (Ausgangsgröße). Das Element kann nicht in der umgekehrten Richtung arbeiten. In der eingezeichneten Darstellung kann also aus Y_a nicht $-Y_e$ erhalten werden!

Auch das Rechenelement „Potentiometer" weist eine solche Wirkungsrichtung auf, obwohl sie in diesem Sonderfalle aus dem Symbol nicht erkennbar ist. Beim Aufstecken einer Schaltung ist auch hier darauf zu achten, daß Eingang und Ausgang nicht verwechselt werden.

2.3 Erläuterung der linearen Rechenelemente

Die linearen Rechenelemente in Abb. 2.4 umfassen die Geräte zur Vorzeichenumkehr, Addition, Integration und Multiplikation mit Konstanten. Auf die Frage, warum ein eigenes Rechenelement „Differenzierer" nicht aufgeführt ist, wollen wir zum Schluß noch eingehen.

Alle mit einem Dreieck gekennzeichneten Elemente sind dadurch miteinander verwandt, daß sie jeweils einen Rechenverstärker zu ihrer Funktion benötigen. Sie haben alle die Eigenschaft, daß sie das Vorzeichen der Eingangsgröße umkehren.

Der *Umkehrer* kann nur diese Vorzeichenumkehr ausführen.

Der *Summierer* kann außerdem eine bestimmte Anzahl von Variablen mit konstanten Faktoren c_i (meist ganzen Zahlen, z. B. 1, 10) multiplizieren und die Produkte aufsummieren. Grundsätzlich kann jeder Summierer als Umkehrer dienen, falls nur *ein* Eingang mit dem Faktor $c = 1$ verwendet wird. Viele Analogrechner enthalten daher überhaupt keine reinen Umkehrer.

Subtraktionen werden durch entsprechendes Zusammenschalten von Umkehrern und Summierern ausgeführt.

Der *Integrierer* führt neben der Vorzeichenumkehr ebenfalls eine Multiplikation mit bestimmten ganzen Zahlen c_i und eine Addition dieser Produkte aus, genau wie der Summierer. Außerdem aber integriert er über die so gebildete Summe bezüglich der Zeit, wobei die zur Zeit $t = 0$ gültige Anfangsbedingung Y_0 vorgegeben werden kann. Die Integrationsgeschwindigkeit wird durch die Gerätekonstante k_0 (Dimension 1/s) bestimmt. Diese besitzt normalerweise den Wert $1\ \mathrm{s}^{-1}$. Bei vielen Analogrechnern ist die Integrationsgeschwindigkeit jedoch umschaltbar, so daß für bestimmte Anwendungsfälle (z. B. repetierende Betriebsweise) wahlweise die Faktoren $k_0 = 10\ \mathrm{s}^{-1}$ oder auch $k_0 = 100\ \mathrm{s}^{-1}$ möglich sind.

Der Ausdruck „Integrationskonstante" ist in der Mathematik bereits für die dem unbestimmten Integral zugehörige Konstante vergeben. Wir wollen daher im folgenden den Faktor k_0 den „Integrationsfaktor" nennen und vereinbaren, daß jeder Integrierer, bei dem k_0 nicht in das Symbol eingezeichnet ist, den Integrationsfaktor $k_0 = 1\ \mathrm{s}^{-1}$ besitze.

Das *Potentiometer* dient zur Multiplikation mit konstanten Faktoren, im allgemeinen also zur Einstellung von Koeffizienten. Daher wird es auch als Koeffizientenelement bezeichnet.

Der Name Potentiometer rührt daher, daß es aus einem veränderlichen Widerstand besteht, der als Spannungsteiler geschaltet ist. Ein solcher Widerstand heißt im elektrotechnischen Sprachgebrauch ein Potentiometer. Die damit einstellbaren Koeffizienten müssen jedoch positiv und kleiner als Eins sein. Negative Konstanten lassen sich durch Hintereinanderschalten eines Umkehrers und eines Potentiometers realisieren.

Treten Koeffizienten auf, die größer als Eins sind, so können diese z. B. dadurch eingestellt werden, daß ein Potentiometer mit einem Summierer oder Integrierer mit entsprechendem Wert $c > 1$ (z. B. $c = 10$) kombiniert wird. Bei zu großen Koeffizienten müssen die entsprechenden Gleichungen transformiert werden. Die damit zusammenhängenden Fragen werden wir im Abschnitt über Maßstabsfaktoren besprechen.

Es fällt auf, daß unter den linearen Rechenelementen ein „Differenzierer" fehlt. Man könnte auf den ersten Blick meinen, daß gerade ein Gerät zur Differentiation bei einer Rechenmaschine zur Lösung von Differentialgleichungen, wie sie der Analogrechner darstellt, unbedingt gebraucht wird. Falls man von den Variablen eines Problems ausgehend stufenweise deren Ableitungen bilden würde, würden natürlich Differenzierer benötigt.

Diese Arbeitsweise ist jedoch aus folgendem Grund nicht zweckmäßig: Die im Analogrechner als Variablen benutzten Spannungen führen stets kleine, unregelmäßige Schwankungen aus, die man als *Rauschen* bezeichnet. Dieses Rauschen beschränkt ja gerade den Bereich der eindeutig meßbaren Rechenspannung nach unten hin. Bei einer Differentiation der Rechenspannung wird das Rauschen angehoben; der zeitliche Verlauf der Spannung wird gewissermaßen aufgerauht. Bei mehrmaliger Differentiation würde der Spannungsverlauf immer rauher und die Messung immer ungenauer.

Beim Analogrechner wählt man daher einen anderen Weg zur Lösung von Differentialgleichungen: Man geht von den höchsten Ableitungen aus und bildet die niedrigeren Ableitungen und die Variablen selbst durch stufenweises Integrieren. Hierbei werden, im Gegensatz zur Differentiation, kleine Schwankungen der Rechenspannung geglättet. Der *Integrierer* ist daher das wesentliche Element bei der Lösung von Differentialgleichungen.

Gelegentlich kann es — vor allem bei nichtlinearen Differentialgleichungen — notwendig oder zumindest zweckmäßig sein, zu differenzieren. Für solche Fälle läßt sich sehr einfach ein Differenzierer oder aber eine Schaltung zur näherungsweisen Differentiation aufbauen (s. S. 160). Man sollte aus den oben geschilderten Gründen jedoch nur in Ausnahmefällen Differenzierer zulassen. Da solche Ausnahmen sehr selten vorkommen, wurde für den Differenzierer kein eigenes Symbol eingeführt.

Zur Verdeutlichung der Arbeitsweise der linearen Rechenelemente wollen wir ein einfaches Beispiel betrachten. Es sei folgende Funktion zu berechnen:

$$Z(t) = 4{,}821\,Y_1 - 6{,}1\,Y_2 + \int\limits_0^t (0{,}3\,Y_3 + 0{,}91\,Y_4 - 7{,}387\,Y_5)\,dt^*.$$

Die Größen Y_1 bis Y_5 seien gegebene Größen oder Funktionen der Zeit.

Die entsprechende Schaltung zur Lösung wird in Abb. 2.5 gezeigt. Das Programm enthält 2 Umkehrer, einen Summierer und einen Inte-

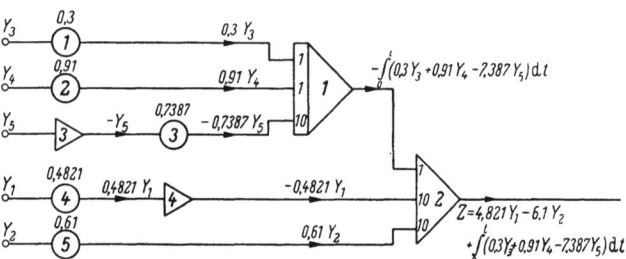

Abb. 2.5. Einfaches Programm mit linearen Rechenelementen

grierer. Gemäß unserer Vereinbarung ist der Integrationsfaktor $k_0 = 1\ \mathrm{s^{-1}}$, da er im Symbol des Integrierers nicht eingezeichnet ist.

Alle Rechenelemente eines bestimmten Analogrechners sind mit Nummern gekennzeichnet. Diese Nummern werden zur Identifizierung in das jeweilige Symbol eingetragen. Zunächst wird aus den Größen Y_3, Y_4 und Y_5 der Ausdruck unter dem Integral gebildet. Da der Koeffizient von Y_5 negativ ist, muß ein Umkehrer eingesetzt werden, der die Größe $-Y_5$ liefert. Außerdem ist der Koeffizient bei Y_5 dem Betrage nach größer als Eins. Wie wir gesehen haben, kann ein Potentiometer aber nur mit Faktoren multiplizieren, die kleiner als Eins sind. Das Potentiometer Nr. 3 wird daher nur auf 1/10 des gewünschten Wertes eingestellt und dafür ein Eingang des Integrierers mit dem Faktor $c = 10$ benutzt. Natürlich hätte man den Umkehrer auch hinter das Potentiometer legen können, wie es bei dem Koeffizienten für Y_1 gezeichnet ist. Der Integrierer liefert das Integral mit dem negativen Vorzeichen. Da auch der anschließende Summierer (Nr. 2) das Vorzeichen umkehrt, erscheint das Ergebnis mit dem richtigen Vorzeichen.

Wir wollen noch den Fall betrachten, daß die Integration bei einem bestimmten Anfangswert beginnt. Der Integrierer soll dann zu Beginn eine gewünschte Anfangsspannung aufweisen. Diese wird bei den meisten Analogrechnern aus einer Bezugsspannungsquelle geliefert, die eine meist mit der Maximalspannung des Rechners identische Bezugsspannung E mit beiden Vorzeichen abgibt (also z. B. $+10$ V und -10 V bei transistorisierten und $+100$ V bzw. -100 V bei röhrenbestückten Geräten).

Wie sich gleich anschließend bei der Behandlung der Multiplizierer herausstellen wird, ist es zweckmäßig, nicht mit den absoluten Spannungen u des Analogrechners, sondern mit bezogenen Rechengrößen $U = u/E$ zu rechnen, wobei jetzt die Größen U höchstens den Betrag Eins erreichen dürfen, wenn E der maximal zulässige Spannungswert ist.

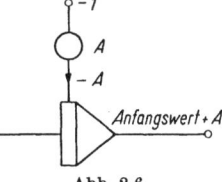

Bei dieser Normierung liefern die Bezugsspannungsquellen einfach die Werte $+1$ und -1. Mit Hilfe von Potentiometern können wir daraus jede beliebige Anfangsbedingung (innerhalb des zulässigen Bereichs der Rechengrößen) einstellen.

Abb. 2.6
Einstellung eines Anfangswerts an einem Integrierer

Zu beachten ist, daß die Anfangsbedingung nach Abb. 2.6 mit dem negativen Vorzeichen angelegt wird, da der Integrierer dieses Vorzeichen umkehrt.

Bei manchen Analogrechnern sind besondere Spannungsquellen zur Vorgabe der Anfangsbedingungen vorhanden.

2.4 Die nichtlinearen Recheneinheiten

Eines der wichtigsten Elemente zur Ausführung nichtlinearer Operationen ist der *Multiplizierer*, der die Multiplikation zweier Rechenvariablen ausführt.

Wie eingangs festgestellt, gibt es für die Rechenspannung einen maximalen Wert E (z. B. $E = 10$ V oder $E = 100$ V). Bei der Multiplikation von 2 Spannungen könnte diese obere Grenze überschritten werden, falls beide den höchstzulässigen Wert erreichen würden. Aus diesem Grunde wird beim Multiplizierer das Produkt noch durch den Faktor E dividiert.

Beispiel: Wenn die zulässige Spannung 100 V betragen darf, wie es bei den meisten Röhrenrechnern der Fall ist, so bildet der Multiplizierer aus den beiden Spannungen u_1 und u_2 nicht das Produkt $u_1 u_2$, sondern den Ausdruck $u_1 u_2/100$. Wenn u_1 und u_2 jeweils den zugelassenen Bereich durchlaufen, kann damit die Spannung am Multiplizierer nicht größer als 100 V werden.

Der somit bei den Produkten auftretende Faktor $1/E$, im obigen Beispiel $1/100$, muß bei der Programmierung berücksichtigt werden, falls man direkt mit den auftretenden Spannungen rechnet. Diese Unbequemlichkeit kann man, wie schon angedeutet, umgehen, indem man nicht mit den Spannungen u, sondern mit den auf den Höchstwert E bezogenen Rechengrößen $U = u/E$ rechnet. In dieser normierten Schreibweise bildet der Multiplizierer direkt das Produkt $U_a = U_1 U_2$, wie es auch in der Tabelle der Rechenelemente angegeben wird.

Für die gerätetechnische Ausführung von Multiplizierern gibt es eine ganze Reihe von Möglichkeiten. Im wesentlichen haben sich 3 Bauarten durchgesetzt: *Servo-Multiplizierer*, *Modulations-Multiplizierer* und *Parabel-Multiplizierer*. Sie weisen jeweils gewisse Vor- und Nachteile bezüglich Einsatzmöglichkeit, Genauigkeit und Zeitverhalten auf. Dazu kommt eine Eigentümlichkeit, die allen gemeinsam ist. In Abb. 2.4 ist der allgemeine Multiplizierer mit 2 Eingängen (Multiplikator und Multiplikand) gezeichnet. In Wirklichkeit besitzen die praktisch vorhandenen Multiplizierer aber mindestens 3 Eingänge. Beim Servo- und Modulations-Multiplizierer werden vom Multiplikanden beide Vorzeichen benötigt, beim Parabel-Multiplizierer sogar von Multiplikator und Multiplikand. In Abb. 2.7 sind die Symbole für den Modulations- und den Parabel-Multiplizierer gezeichnet, die sich aus dieser Eigenschaft ergeben. Die eingezeichneten Umkehrer erübrigen sich, falls

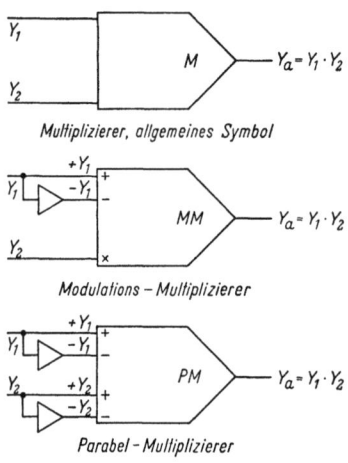

Multiplizierer, allgemeines Symbol

Modulations – Multiplizierer

Parabel - Multiplizierer

Abb. 2.7. Multiplizierersymbole

die entsprechenden Größen in der Rechenschaltung schon mit beiden Vorzeichen greifbar sind. In Abb. 2.7 ist bewußt nicht vom Servo-Multiplizierer die Rede, da für diesen Multiplizierertyp ein detailliertes Symbol zweckmäßiger ist, wie wir es in § 10 kennenlernen werden.

Als weiteres nichtlineares Rechenelement ist in der Tabelle (Abb. 2.4) ein *Dividierer* aufgeführt. Bei den meisten Analogrechnern ist dieses Element allerdings nicht als selbständiger Rechenbaustein vorhanden. Der Grund dafür ist darin zu suchen, daß die Division auch durch eine Dividierschaltung, die sich aus einem Multiplizierer und einem oder mehreren Rechenverstärkern aufbauen läßt, ausgeführt werden kann. Wir werden auf diese Schaltung in § 17 zurückkommen und vorläufig so tun, als ob ein Rechenelement „Dividierer" immer zur Verfügung stehen würde. Für grundsätzliche Schaltungen ist es ja belanglos, ob die Division durch ein eigenes Rechenelement oder durch eine entsprechende Dividierschaltung ausgeführt wird.

Neben der Division können übrigens noch eine ganze Anzahl von anderen Rechenoperationen mit Schaltungen aus Multiplizierern und Rechenverstärkern ausgeführt werden: Potenzieren, Wurzelziehen, Integrieren bezüglich einer abhängigen Variablen usw. Auf all diese Anwendungen des Multiplizierers als vielseitig verwendbares Rechenelement werden wir in späteren Abschnitten eingehen.

Ein wesentlicher selbständiger Baustein neben dem Multiplizierer ist der *Funktionsgeber*. Mit ihm lassen sich beliebige Funktionen der abhängigen Variablen (d. h. also der Rechenspannungen) nachbilden. Hierbei ist es gleichgültig, ob die gewünschten Funktionen mathematisch oder experimentell vorliegen.

Auch für dieses Rechenelement gibt es verschiedene Ausführungsformen. Am meisten verbreitet sind die *Diodenfunktionsgeber* und die *elektromechanischen Funktionsgeber*. Bei beiden Arten wird eine gegebene Funktion $Y_a = f(Y_e)$ durch einen Polygonzug angenähert (Abb. 2.8). Im allgemeinen stehen dafür etwa 10 bis 20 Geradensegmente zur Verfügung, deren Steigung in gewissen Grenzen einstellbar ist.

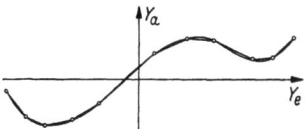

Die Abszissen der Knickpunkte liegen bei transistorisierten Geräten im allgemeinen fest, bei Röhrenrechnern sind sie ebenfalls kontinuierlich einstellbar.

Abb. 2.8. Approximation einer gegebenen Funktion durch einen Polygonzug beim Diodenfunktionsgeber

Daneben sind Funktionsgeber entwickelt worden, bei denen eine gezeichnete Kurve auf photoelektrischem oder magnetischem Wege abgetastet wird. Diese Geräte weisen den Vorzug auf, daß sie stetig arbeiten und eine gegebene Funktion sehr genau wiedergeben können. Nachteilig ist, daß die Abtastung nur relativ langsam erfolgen darf.

Spezielle Funktionsgeber zur Nachbildung von Funktionen von 2 (oder mehr) Veränderlichen sind seit einigen Jahren ebenfalls auf dem Markt. Sie weisen allerdings gelegentlich den Nachteil auf, daß nur eine bestimmte Klasse von Funktionen einstellbar ist.

Unstetige Funktionen lassen sich mit den geschilderten Recheneinheiten nicht nachbilden, da die zulässige Steigung der damit herstellbaren Funktionen beschränkt ist. Unstetige und mehrdeutige Funktionen können aber durch besondere Schaltungen mit Hilfe von Rechenverstärkern, Dioden und Relais, wie sie in jedem Analogrechner zur Verfügung stehen, erzeugt werden. Auf den Aufbau dieser speziellen Funktionsgeber werden wir in Teil III zu sprechen kommen.

Zu den Funktionsgebern kann man schließlich noch den sog. *Rauschgenerator* zählen. Dieses Rechenelement liefert „weißes Rauschen" zur Behandlung stochastischer Vorgänge. Während die analytischen statistischen Methoden nur bei linearen Systemen gültig sind, lassen sich

damit am Analogrechner auch beliebige nichtlineare Systeme nach diesen
Gesichtspunkten untersuchen.

Nicht mehr ganz zu den Funktionsgebern gehören die sog. *Totzeitgeräte*, die bei manchen Analogrechnern eingebaut sind. Sie lösen die
Aufgabe, eine oder mehrere gegebene Zeitfunktionen zu speichern und
sie erst nach einiger Zeit — der „Totzeit" — wieder abzugeben. Bei
allen Aufgaben, in denen Transportvorgänge — sei es z. B. der Transport
einer Flüssigkeit in einem Rohr oder von Elektronen in einem Leiter —
eine Rolle spielen, ist der Einsatz von Totzeitgeräten unumgänglich.
Durch besondere Schaltungen mit Rechenverstärkern (s. § 25) lassen
sich Totzeitglieder näherungsweise nachbilden.

Der *Komparator* (Vergleicher) kann zwar ebenfalls als spezieller
Funktionsgeber aufgefaßt werden, der aus Rechenverstärkern und
Dioden bzw. Relais aufgebaut werden kann. Er ist aber in vielen Analogrechnern als selbständiges Rechenelement vorhanden. Die Ausführung
logischer Entscheidungen, wie sie vor allem bei nichtlinearen Aufgaben
auftreten, wird damit ermöglicht (z. B. die Konjunktion usw.). In Abhängigkeit vom Verhältnis zweier Variablen wird ein Schalter geschlossen
oder geöffnet, der dann seinerseits eine Verbindung herstellt oder unterbricht. Ist die eine der beiden Vergleichsvariablen Null (bzw. nicht
angeschlossen), so hängt die Entscheidung nur noch vom Vorzeichen
der angeschlossenen Variablen ab (Signumfunktion).

Als letztes nichtlineares Element in der Tabelle (Abb. 2.4) ist der
Koordinatenwandler aufgeführt. Diese Einheit gestattet es, die einzelnen
Teile einer Rechnung in verschiedenen Koordinatensystemen auszuführen. Das Hauptanwendungsgebiet ist die Berechnung von Be-
wegungsabläufen, z. B. in der Flugmechanik.

Als Beispiel für die Anwendung der nichtlinearen Rechenbausteine
wollen wir die Ermittlung des folgenden Ausdrucks betrachten:

$$Y_a(t) = a \int_0^t Y_1(t)\, f\big(Y_1(t)\big)\, dt \qquad \begin{matrix} f(Y_1) \leqq 1, \\ Y_1 \leqq 1. \end{matrix}$$

Dabei kann $Y_1(t)$ eine gegebene Zeitfunktion sein, z. B. $Y_1 = Y_{1\max} \sin \omega\, t$.
Die Funktion $f(Y_1)$ sei eine graphisch gegebene Funktion. Die zugehörige
Rechenschaltung zeigt Abb. 2.9. Dabei ist angenommen, daß ein Modu-
lations-Multiplizierer zur Produktbildung eingesetzt sei.

Wie schon erwähnt, benötigt dieser immer beide Vorzeichen des
Multiplikanden. Daher wurde ein Umkehrer eingesetzt, der $-Y_1$ liefert.
Wegen der Vorzeichenumkehr des Integrierers wird die Größe $+Y_1$ auf
den mit „*minus*" bezeichneten Eingang des Multiplizierers und $-Y_1$ auf
den mit „*plus*" bezeichneten gegeben, damit das Produkt negativ und
das Ergebnis positiv wird.

Stillschweigend ist wieder vorausgesetzt, daß mit bezogenen Rechengrößen mit dem Maximalwert Eins gerechnet wird.

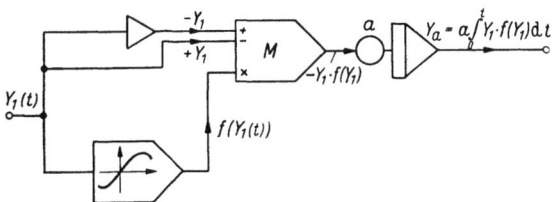

Abb. 2.9. Beispiel für die Anwendung nichtlinearer Rechenelemente

§ 3. Geräte zur Ein- und Ausgabe

Wie jede Rechenmaschine, so kann auch der Analogrechner als ein Gerät zur Informationsverarbeitung aufgefaßt werden. Durch Aufstecken des Programms, Einstellen der Koeffizientenpotentiometer, Funktionsgeber usw. werden Informationen in den Rechner eingegeben. Dort werden sie in einer vorbestimmten Weise verarbeitet. Die Ergebnisse dieser Verarbeitung sind elektrische Spannungen an einzelnen Punkten der Rechenschaltung, deren Verlauf durch entsprechende Ausgabegeräte sichtbar und verwertbar gemacht werden muß.

3.1 Eingabegeräte

Die „Eingabe" der Rechenschaltung und der Daten einer gestellten Aufgabe geschieht bei kleineren und mittleren Analogrechnern dadurch, daß die Rechenschaltung auf dem Programmierfeld aufgesteckt wird und die Potentiometer und Funktionsgeber von Hand auf die gewünschten Werte eingestellt werden.

Bei großen Analogrechnern kann der Zeitaufwand für die Übermittlung der Eingabeinformationen und vor allem für die Beseitigung unvermeidlicher Fehler recht beträchtlich werden. Man ist daher bestrebt, einerseits die Eingabeinformationen zu speichern und so eine mehrmalige Verwendung desselben Programms zu ermöglichen und andererseits durch weitgehende Automatisierung die Eingabe schnell und fehlerfrei zu machen.

Diesem Ziel dienen verschiedene Sondereinrichtungen, die vor allem für größere moderne Analogrechner entwickelt wurden.

Die Einstellung der Potentiometer geschieht bei einigen Anlagen nicht mehr von Hand, sondern über Lochstreifen, die in die Maschine eingelesen werden können. Diese Lochstreifen können sogar Betriebsbefehle (z. B. „Rechnen", „Halten", „Ausgabe" usw.) enthalten, so daß ein automatischer Rechenablauf durch Programmsteuerung möglich wird, wie er bei Digitalrechnern üblich ist.

Auch zur Einstellung der Funktionsgeber über Lochstreifen wurden Geräte gebaut. Bestimmte Zeitfunktionen (z. B. stochastische Funktionen) können auch über Magnetbänder in den Analogrechner eingespeist werden.

Während durch die Einstellung der Koeffizientenpotentiometer und Funktionsgeber über Lochstreifen oder durch die Verwendung von Magnetbändern sowohl die Speicherbarkeit als auch die schnelle und fehlerfreie Eingabe von Daten erreicht wird, ist das Ziel der automatischen Eingabe der Rechenschaltung bis jetzt nicht mit derselben Vollkommenheit gelöst.

Ein bewegliches Programmierbrett ist allerdings schon ein großer Fortschritt auf diesem Wege, da wenigstens die Forderung nach Speicherbarkeit des Programms erfüllt wird. Die Schaltung selbst muß zwar noch von Hand aufgesteckt werden, sie kann aber bereits außerhalb der Maschine vorgeprüft werden.

Eine darüber hinausgehende automatische Aufstellung der Schaltung (z. B. durch Relais, die über Lochstreifen gesteuert werden), wurde verschiedentlich versucht, wegen zu großen Aufwands aber wieder aufgegeben. Ob die in dieser Richtung unternommenen Bemühungen zu einer technisch brauchbaren Lösung führen werden, kann erst die Zukunft zeigen.

3.2 Ausgabegeräte

Die Messung der Spannungen des Analogrechners und die Ausgabe dieser Meßergebnisse kann auf sehr verschiedene Weise erfolgen. Dabei ist zu unterscheiden, ob Festwerte oder Kurven ausgegeben werden sollen.

Zur Messung konstanter Spannungen, z. B. stationärer Ausgangs- oder Endwerte, kann im einfachsten Fall ein gewöhnliches Voltmeter dienen. Auch zeitveränderliche Spannungen lassen sich damit bis zu einem gewissen Grade angeben.

Ein solches Voltmeter weist jedoch einige Nachteile auf:

1. Die Ablesung ist zeitraubend, vor allem, wenn bestimmte Anforderungen an die Genauigkeit der Messung gestellt werden. Die Wahrscheinlichkeit falscher Ablesung ist relativ groß.

2. Selbst unter Zuhilfenahme besonderer Hilfsmittel (z. B. Spiegelgalvanometer) ist eine Ablesung von mehr als 3 Stellen kaum möglich.

Diese Nachteile vermeidet das *Digitalvoltmeter*, bei dem die Anzeige der Rechenspannung direkt in Ziffern erfolgt. In Abb. 3.1 ist ein solches Voltmeter dargestellt.

Das Digitalvoltmeter benötigt eine gewisse Einstellzeit und kann daher nur zur Messung zeitlich konstanter Spannungswerte dienen. Es wird hauptsächlich als Hilfsmittel bei der Potentiometereinstellung verwendet, wobei eine feste Bezugsspannung an den Eingang des Potentiometers gelegt wird.

Bei manchen Analogrechnern besteht außerdem die Möglichkeit, die Einstellwerte auszudrucken oder in einen Lochstreifen zu stanzen.

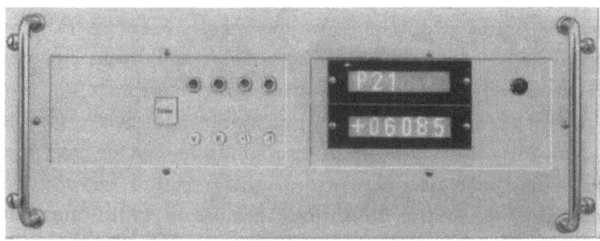

Abb. 3.1. Digitales Voltmeter (Telefunken)

Diese Möglichkeit dient nicht nur der Kontrolle, sie ist vielmehr für eine Reihe von Anwendungen wertvoll. So können z. B. die zu einer bestimmten Lösungskurve gehörigen Parameterwerte jeweils ausgeschrieben und der Ergebniskurve beigegeben werden. Soll die Bearbeitung eines Problems für einige Zeit unterbrochen werden, so kann man die Potentiometerwerte auf einen Lochstreifen ausstanzen; bei Wiederaufnahme der Rechnung braucht nur dieser Lochstreifen neu eingelesen zu werden, womit die Potentiometer wieder auf die alten Werte eingestellt sind. Die Rechenschaltung ist dann wieder in dem gleichen Zustand wie vor der Unterbrechung, vorausgesetzt, daß das Programmierbrett mit der Rechenschaltung unverändert ist.

Sollen zeitlich veränderliche Spannungen an einem Digitalvoltmeter angezeigt oder ausgedruckt werden, so muß die Rechnung während der Messung jeweils kurz angehalten werden. Dies bedeutet, daß die veränderlichen Funktionswerte nur in bestimmten Abständen ausgegeben werden. Bei manchen Analogrechnern sind Einrichtungen vorgesehen, die ein selbsttätiges Anhalten nach einer einstellbaren Zeit oder ein periodisches Anhalten nach gewissen Zeitabständen erlauben. Werden dann jeweils die gewünschten Funktionswerte ausgedruckt, so erhält man eine Wertetabelle der Lösungsfunktionen.

Für manche Anwendungen ist die geschilderte Form der Ausgabe geeignet, vor allem für Kontrollrechnungen. Im allgemeinen jedoch wird der *Verlauf* von Funktionen und nicht ihr Wert an einzelnen Punkten gesucht.

Das wichtigste Ausgabegerät eines Analogrechners ist daher ein schreibendes oder anzeigendes Instrument (z. B. Tintenschreiber, Wachspapierschreiber, Elektronenstrahl- oder Schleifenoszillograph), das die

Spannungen, die den gesuchten Variablen entsprechen, mißt und ihren Verlauf als Kurve wiedergibt.

Die Art des zu verwendenden Registriergeräts richtet sich nach der Betriebsweise des Analogrechners, nach den Genauigkeitsansprüchen und nach der Aufgabenstellung.

Hinsichtlich der Betriebsweise unterscheidet man die Betriebsarten ,,*Dauerrechnen*'' und ,,*repetierendes Rechnen*''. Manche Rechner können nur in der einen oder anderen Betriebsart arbeiten, bei den meisten Maschinen aber sind beide Betriebsarten einstellbar.

Beim ,,Dauerrechnen'' (auch ,,langsamer Betrieb'' oder ,,Langzeit-rechnen'' genannt) läuft die Rechnung so lange, bis sie von Hand wieder angehalten wird. Die Rechenzeiten sollten dabei etwa zwischen 10 s und 10 min liegen. Wie schon oben erwähnt, kann man durch Zeit-transformationen stets dafür sorgen, daß die gewünschten Lösungen in einem Zeitraum ablaufen, der etwa in den angegebenen Grenzen liegt.

Zur Aufzeichnung solcher ,,langsamer'' Vorgänge lassen sich schreibende Geräte verwenden. In Abb. 4.3 ist ein Zweikoordinatenschreiber zu sehen, mit dem eine Variable als Funktion einer beliebigen anderen Variablen aufgezeichnet werden kann. Falls diese andere Variable die Zeit ist, wird auf die Abszisse eine der Zeit proportionale Ablenkspannung gegeben. Wenn wir nur Funktionen der unabhängigen Variablen aufzeichnen wollen, können wir auch einen Schreiber verwenden, bei dem das Papier mit konstanter Geschwindigkeit bewegt wird.

Die statische Genauigkeit des verwendeten Schreibers sollte etwa der des Analogrechners entsprechen. Da bei allen schreibenden Geräten Maschinenteile bewegt werden müssen, treten bei zu schnellen Vor-gängen dynamische Fehler auf. Schon aus diesem Grunde müssen wir durch eine geeignete Zeitnormierung besorgt sein, daß der Schreiber noch ,,mitkommt''.

Während beim *Dauerrechnen* die Rechnung von Hand durch eine entsprechende Taste angehalten wird, wird die Rechendauer beim *repetierenden Betrieb* durch einen einstellbaren Zeitgeber vorgeschrieben. Nach Ablauf dieser Zeit werden die Integrierer automatisch auf ihre Anfangswerte zurückgestellt, die Rechnung von neuem gestartet usw.

Die Zeitspanne für einen Repetiertakt bzw. die Rechendauer kann etwa zwischen 10 ms und mehreren Sekunden liegen. Dies bedeutet, daß die Rechnung wesentlich schneller abläuft als beim ,,Dauerrechnen''.

Als Anzeigegerät kommen bei dieser repetierenden Rechenweise vornehmlich Elektronenstrahloszillographen zur Anwendung. Durch die in kurzen Abständen erfolgende Aufzeichnung derselben Funktion entsteht dabei ein stehendes Bild. Bei Verwendung entsprechender Oszillographen mit mehreren Kanälen können verschiedene Vorgänge gleichzeitig sichtbar gemacht werden (Abb. 3.2).

Der wesentliche Vorteil des repetierenden Rechnens liegt darin, daß die Lösungskurven in ihrem gesamten Verlauf sofort sichtbar sind. Dieser Vorteil kommt zum Tragen z. B. bei Optimierungsaufgaben, wo Parameterwerte so variiert werden müssen, daß eine bestimmte Kurvenform erzielt wird. Die Variation von Parameterwerten entspricht am Analogrechner der Nachstellung von Potentiometern, deren Einfluß bei dieser Betriebsart unmittelbar beobachtet werden kann. Auch bei der Berechnung von Eigenwertproblemen und bei vielen anderen besonderen Anwendungen bringt die repetierende Betriebsweise große Vorteile mit sich.

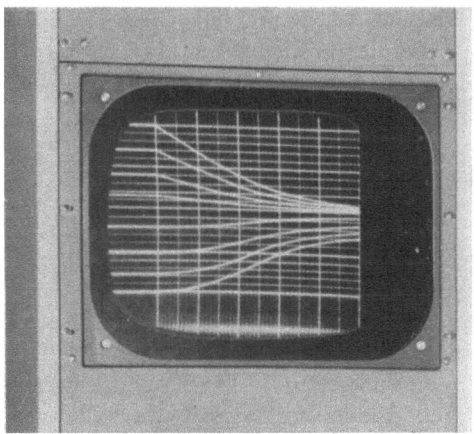

Nachteilig ist dagegen, daß die Rechengenauigkeit bei repetierendem Betrieb bedeutend geringer ist als beim Dauerrechnen. Sie wird vor allem beeinträchtigt durch die mit kürzer werdender Rechendauer anwachsenden dynamischen

Abb. 3.2. Anzeigegerät für repetierenden Betrieb. Auf dem Oszillographen können 8 Zeitfunktionen gleichzeitig beobachtet werden (Electronic Associates Inc.)

Fehler der Rechenelemente. Bei manchen Recheneinheiten, z. B. Servo-Multiplizierern, ist der zulässige Frequenzbereich so eng, daß sie fast nur für den langsamen Betrieb geeignet sind. Auf die damit zusammenhängenden Fragen werden wir in Teil II und Teil V eingehender zu sprechen kommen. Die Rechengenauigkeit wird durch die Anzeigegenauigkeit der Oszillographenröhren mitbestimmt, die geringer ist als die eines Schreibers. Nachteilig ist auch, daß die Registrierung der Ergebnisse nur auf photographischem Wege erfolgen kann.

Der repetierende Betrieb ist aus diesen Gründen besonders dazu geeignet, bei bestimmten Problemen, bei denen Parameterwerte im Hinblick auf ein gewünschtes Ergebnis variiert werden müssen, rasch eine ungefähre Lösung zu gewinnen. Falls der verwendete Analogrechner eine Umschaltung der Betriebsart gestattet, kann die Lösungskurve dann im langsamen Betrieb auf einem Schreiber aufgezeichnet werden.

Neben den bisher geschilderten Formen der Ausgabe der Rechenspannungen durch Anzeige oder Aufzeichnung gibt es Geräte, mit deren Hilfe die Lösungsfunktionen auf Magnetbänder gespeichert werden können. Diese Bänder können dann wieder abgetastet und die darauf gespeicherten Funktionen erneut in den Rechner eingegeben werden.

2 a*

Neben der reinen Zeitverzögerung (Totzeit) lassen sich mit einer solchen Anordnung eine Reihe von besonderen Aufgaben lösen, wie z. B. die in § 29 gezeigte Anwendung zur Berechnung von Systemen mit regellosen Eingangsgrößen.

§ 4. Grundsätzliches Verfahren der Programmierung

4.1 Einführung

Bei der Lösung einer Aufgabe am Analogrechner sind nacheinander folgende Schritte auszuführen:

1. Mathematische Formulierung in Form von Differentialgleichungen (oder äquivalente Darstellung durch Übertragungsfunktionen bei linearen Problemen).

2. Normierung und Einführung von Maßstabsfaktoren. Damit soll gewährleistet werden, daß der Bereich der Rechenvariablen nicht überschritten wird.

3. Aufstellung der Rechenschaltung.

4. Vorbereitung des Rechnungsablaufs.

5. Vorbereitung der Programmprüfung.

6. Übertragung der Rechenschaltung auf das Programmierfeld des Analogrechners (Aufstecken der Schaltung entsprechend dem Programmschema) und Einstellung der Koeffizienten und Anfangsbedingungen.

7. Ausprüfen der gesteckten Schaltung.

8. Ausführung der Rechnung. Hierbei werden die ursprünglich eingestellten Koeffizienten gegebenenfalls variiert. Das Ergebnis wird entweder auf einem Oszillographenschirm sichtbar gemacht (repetierender Betrieb) oder mit einem Schreiber aufgezeichnet.

Der erste Schritt der mathematischen Formulierung ist oft der bei weitem schwierigste. Er ist aber nicht zu umgehen, falls eine mathematische Behandlung erwünscht ist, gleichgültig, ob analytische Methoden oder Rechenmaschinen eingesetzt werden sollen.

Die Schritte 2 bis 5 umfassen die *Programmierung* des Analogrechners. Je sorgfältiger dabei vorgegangen und vorgedacht wird, um so weniger Rechenzeit wird später gebraucht. Die Schritte 6 und 7 übertragen das Programm auf die Maschine.

Wir werden in § 6 an Hand eines „Organisationsplans" zusammenfassend auf die genannten Schritte und die dabei zu beachtenden Gesichtspunkte zurückkommen.

Zunächst wollen wir jetzt den 3. Schritt (Aufstellung der Rechenschaltung) besprechen. Anschließend werden wir dann auf die wichtige Frage der Normierung bzw. der Einführung von Maßstabsfaktoren eingehen.

4.2 Programmierung linearer Differentialgleichungen mit konstanten Koeffizienten

Wir haben gesehen, daß sich der Analogrechner aus einzelnen Bausteinen zusammensetzt, und daß aus diesen Rechenelementen ein elektrisches Modell aufgebaut wird, in dem sich die Spannungen ebenso ändern wie die Variablen des gegebenen Problems. Nun wollen wir die Frage behandeln, in welcher Weise und nach welchen Regeln dieses Modell zusammengesetzt wird. Eigentlich haben wir diese Frage schon bei der Behandlung der einfachen Beispiele (Abb. 2.5 und 2.9) gestreift, wo gezeigt wurde, wie die Rechenelemente zur Ausführung einfacher Rechenoperationen verbunden werden. Jetzt wollen wir uns der Technik der Programmierung von Differentialgleichungen zuwenden, wobei wir uns zunächst auf lineare Differentialgleichungen beschränken.

Wie schon erwähnt, werden Differentialgleichungen am Analogrechner nicht durch Differentiation, sondern durch stufenweise Integration gelöst. Das Verfahren gliedert sich in 3 Abschnitte:

1. Auflösen der Gleichung nach der höchsten auftretenden Ableitung.

2. Bildung der niedrigeren Ableitungen und der Variablen selbst mit Hilfe von Integrierern und Aufbau der rechten Seite der Gleichung.

3. Gleichsetzen der rechten Seite der Gleichung mit der höchsten Ableitung.

Wir wollen dieses Lösungsschema auf ein einfaches Beispiel anwenden. Gegeben sei die lineare Differentialgleichung 2. Ordnung[1]:

$$\frac{d^2Y}{dt^2} + 0{,}36Y = 0 \tag{4.1}$$

Für $t = 0$ sei $Y = 0{,}8$, $dY/dt = 0$.

1. Wir lösen die Gleichung nach der höchsten Ableitung auf:

$$\frac{d^2Y}{dt^2} = -0{,}36Y. \tag{4.2}$$

2. Wir setzen die höchste Ableitung als bekannt voraus und bilden die rechte Seite der Gleichung durch stufenweise Integration (Abb. 4.1).

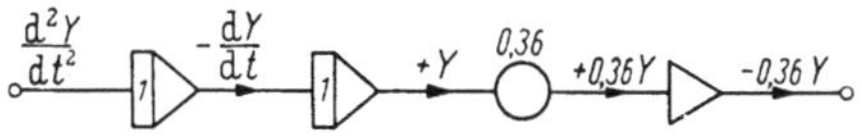

Abb. 4.1. Integrationskette zur Lösung einer Differentialgleichung

Zweimalige Anwendung eines Integrierers ergibt $+Y$. Da die rechte Seite der Gleichung $-0{,}36Y$ heißt, multiplizieren wir durch ein Poten-

---

[1] Die Variablen Y und t seien hier und im folgenden Beispiel dimensionslose Rechengrößen. Die Frage der Dimensionen der Problem- und Maschinenvariablen und ihrer Behandlung wird im folgenden Paragraphen erörtert werden.

tiometer mit 0,36 und kehren mit einem Umkehrer das Vorzeichen um. Am Ausgang dieses Umkehrers haben wir damit die rechte Gleichungsseite hergestellt.

3. Die gegebene Gl. (4.2) sagt aus, daß die rechte Seite (der Ausdruck — 0,36 Y) identisch ist mit der zweiten Ableitung. Dies bedeutet, daß wir den Ausgang des Umkehrers mit dem Eingang des 1. Integrierers (an

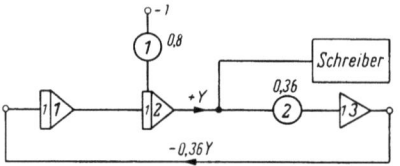

Abb. 4.2. Endgültige Rechenschaltung des ersten Beispiels

dem wir die zweite Ableitung als gegeben vorausgesetzt hatten) verbinden dürfen (Abb. 4.2).

Die Schaltung zur Lösung der gestellten Differentialgleichung ist damit gewonnen. Wir müssen jetzt noch die Anfangsbedingungen beachten.

Am 1. Integrierer könnte ein Anfangswert dY/dt für $t = 0$ vorgegeben werden. Da aber laut Aufgabenstellung die 1. Ableitung zu Beginn Null sein soll, brauchen wir uns darum nicht weiter zu kümmern, denn *wenn wir keine Anfangsbedingung eingeben, bedeutet dies automatisch den Anfangswert Null.* Der 2. Integrierer soll für $t = 0$ den Wert $+0,8$ besitzen. Wir greifen die Einheitsspannung -1 ab und multiplizieren sie mit 0,8. (Wir erinnern uns, daß die Anfangsbedingung mit umgekehrtem Vorzeichen angelegt werden muß.)

Am Ausgang des 2. Integrierers erscheint die Lösung der Differentialgleichung $Y(t)$ mit dem Anfangswert $Y(0) = +0,8$.

Mit der Aufstellung der Rechenschaltung und der Bestimmung der Potentiometerwerte ist die Programmierung beendet. Zur eindeutigen Kennzeichnung der Rechenelemente tragen wir noch Nummern in die Symbole der Rechenschaltung ein.

Jetzt kann der nächste Schritt, die Übertragung auf das Rechenfeld der Maschine, folgen. Hier werden die im Schaltschema eingezeichneten Verbindungslinien zwischen den einzelnen Symbolen durch Verbindungskabel zwischen den Ein- und Ausgängen der Rechenbausteine ersetzt. Dann werden die Potentiometer auf die berechneten Werte eingestellt.

Der Ausgang des Integrierers Nr. 2 wird auf ein Registriergerät, z. B. auf einen Schreiber, geschaltet. Dieser zeichnet die gesuchte Funktion $Y(t)$ auf (Abb. 4.3).

In diesem einfachen Fall kann das Ergebnis selbstverständlich sofort angegeben werden:

$$Y(t) = 0,8 \cos 0,6t.$$

Wir haben also hier eine Schaltung zur Erzeugung von Cosinusfunktionen kennengelernt. Als Ableitung des Cosinus erscheint in derselben Schaltung am Integrierer Nr. 1 eine Sinusfunktion. Diese harmonischen Funktionen werden bei vielen Problemen als Störfunktionen benötigt. Nach Bedarf können wir sie also sehr einfach durch den Aufbau einer derartigen Schaltung erzeugen, wobei wir mit Potentiometer 1 die Amplitude und mit Potentiometer 2 das Quadrat der Kreisfrequenz kontinuierlich einstellen können.

Bei der obigen Schaltung wird das Ergebnis in der „*Echtzeit*" aufgetragen, d. h. die Maschinenzeit ist mit der Problemzeit identisch.

Abb. 4.3. Aufzeichnung des Ergebnisses des ersten Beispiels auf einem Zwei-Koordinaten-Schreiber
(Electronic Associates Inc.)

Zur Aufzeichnung einer Periode von $Y(t)$ benötigt der Schreiber $2\pi/0{,}6\ \mathrm{s}^{-1} = 10{,}45\ \mathrm{s}$. Wenn wir eine Zeitraffung vornehmen würden, könnten wir an Stelle des Schreibers auch einen Oszillographen als Ausgabegerät verwenden. Die Funktion $Y(t)$ wird dort in rascher Folge immer wieder aufgezeichnet (repetierender Betrieb) und das Ergebnis erscheint als stehendes Bild auf dem Schirm.

Als nächstes Beispiel wollen wir ein System von zwei gekoppelten Differentialgleichungen programmieren.

Zu lösen sei das Gleichungssystem:

$$\frac{d^2 Y_1}{dt^2} + 0{,}1\,\frac{dY_1}{dt} + 0{,}8 Y_1 = 0{,}5 Y_2,$$

$$\frac{d^2 Y_2}{dt^2} + 0{,}2\,\frac{dY_2}{dt} + 10 Y_2 = Y_1 + 0{,}6 \tag{4.3}$$

mit den Anfangsbedingungen:

$$Y_1(0) = 0{,}15; \qquad \frac{dY_1}{dt}(0) = 0;$$

$$Y_2(0) = 0; \qquad \frac{dY_2}{dt}(0) = -0{,}2.$$

Wir gehen wieder nach dem angegebenen Lösungsschema vor, nur daß sich die Regeln jetzt auf beide Gleichungen beziehen.

1. Wir lösen beide Gleichungen nach den höchsten Ableitungen auf:

$$\frac{d^2Y_1}{dt^2} = -0,1\,\frac{dY_1}{dt} - 0,8Y_1 + 0,5Y_2,$$

$$\frac{d^2Y_2}{dt^2} = -0,2\,\frac{dY_2}{dt} - 10Y_2 + Y_1 + 0,6.$$

(4.4)

2. Wir nehmen die beiden höchsten Ableitungen jeweils am Eingang eines Integrierers als bekannt an und stellen die rechten Seiten der Gleichungen her (Abb. 4.4).

Die Konstante 0,6 in der 2. Gleichung wird, ebenso wie die Anfangsbedingungen, aus der Bezugsspannungsquelle entnommen und mit einem Potentiometer eingestellt.

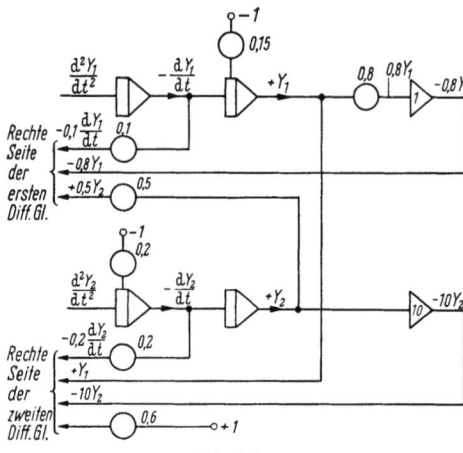

Abb. 4.4.
Programmierung eines Differentialgleichungssystems

3. Die Summe der nun zur Verfügung stehenden Einzelausdrücke ist laut Gleichungssystem mit den an den Eingängen der Integrierer angenommenen höchsten Ableitungen identisch. Die noch notwendige Addition der Einzelglieder können wir durch den jeweils 1. Integrierer selbst vornehmen und erhalten so das endgültige Programmschema (Abb. 4.5).

An den Integrierern Nr. 2 und Nr. 5 können wir wieder Schreibgeräte anschließen, um den Verlauf der Größen $Y_1(t)$ und $Y_2(t)$ aufzutragen. Aber

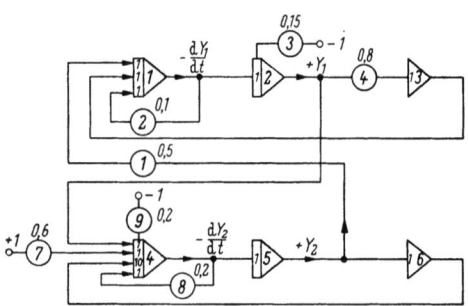

Abb. 4.5. Rechenschaltung eines linearen Differential-gleichungssystems

auch die Ableitungen dY_1/dt und dY_2/dt stehen an den Integrierern 1 und 4 zur Verfügung und können gegebenenfalls mit aufgezeichnet werden.

4.3 Lineare Differentialgleichungen mit variablen Koeffizienten

Bei den Differentialgleichungen mit variablen Koeffizienten werden neben den linearen Rechenbausteinen noch Elemente zur Herstellung der Koeffizienten benötigt. An der Art der Programmierung ändert sich jedoch nichts.

Betrachten wir als Beispiel die sog. MATHIEUsche Differentialgleichung[1]

$$\frac{d^2 Y}{dt^2} + (1 + a \cos t)\, Y = 0\,, \qquad a < 1 \qquad (4.5)$$

mit den Anfangswerten:

$$Y(0) = Y_0\,; \qquad \frac{dY}{dt}(0) = 0\,.$$

1. Schritt: Auflösung nach der höchsten Ableitung:

$$\frac{d^2 Y}{dt^2} = -Y - (a \cos t)\, Y\,.$$

2. und 3. Schritt: Bildung der rechten Seite der Differentialgleichung und Gleichsetzen mit der höchsten Ableitung (Abb. 4.6).

Als variabler Koeffizient tritt die Funktion $a \cos t$ auf. Diese Funktion haben wir bereits im 1. Beispiel (Abschn. 4.2) als Lösung der entsprechenden Gleichung hergestellt. Wir können daher dieselbe Schaltung wie in Abb. 4.2 auch hier wieder anwenden. Der eingezeichnete Parabel-Multiplizierer erfordert beide Vorzeichen der zu multiplizierenden Größen. Trotzdem kommen wir in diesem Fall ohne zusätzliche Umkehrer aus, da sowohl der variable Koeffizient ($a \cos t$) als auch die Veränderliche Y ohnehin mit beiden Vorzeichen in der Schaltung vorhanden sind. Stillschweigend sind die Variablen wieder als bezogene Rechengrößen vorausgesetzt.

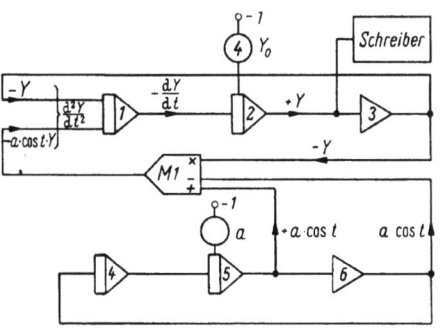

Abb. 4.6. Programm zur Lösung der MATHIEUschen Differentialgleichung (4.5)

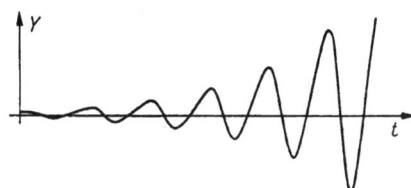

Abb. 4.7. Lösung der Gl. (4.5), wie sie am Registriergerät erscheint

In Abb. 4.7 ist eine mit dem Schreiber aufgenommene Lösungskurve für einen bestimmten Parameterwert gezeigt.

4.4 Programmierung nichtlinearer Differentialgleichungen

An dem eben durchgerechneten Beispiel einer Differentialgleichung mit variablen Koeffizienten konnten wir bemerken, daß die Programmierung kaum schwieriger als bei Differentialgleichungen mit konstanten

---

[1] Wir werden in § 19.1 noch einmal ausführlicher auf die Behandlung dieser Differentialgleichung zurückkommen.

Koeffizienten ist. Ebenso ist auch bei nichtlinearen Differentialgleichungen die Aufstellung einer Analogrechenschaltung — ganz im Gegensatz zur analytischen Behandlung — nicht komplizierter als bei linearen
Differentialgleichungen. Es ist gerade einer der wesentlichen Vorzüge
des Analogrechners, daß lineare und nichtlineare Gleichungen grundsätzlich nach dem gleichen Verfahren programmiert werden; bei den
nichtlinearen Gleichungen werden eben außer den linearen Rechenbausteinen noch nichtlineare Elemente angewandt. In der Praxis verlangt lediglich die Normierung zur Erzielung einer optimalen Aussteuerung aller Elemente bei nichtlinearen Aufgaben mehr Überlegung als bei linearen Problemen. Dies
wird bei später behandelten Beispielen noch deutlich
werden.

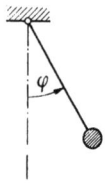

Abb. 4.8. Frei
schwingendes
Pendel

Als Beispiel für die Programmierung einer nichtlinearen
Aufgabe wollen wir hier die Schwingungen eines freien
Pendels nach Abb. 4.8 untersuchen. Unter Berücksichtigung der geschwindigkeitsproportionalen Luftreibung und
des Luftwiderstands, der mit dem Quadrat der Winkelgeschwindigkeit
steigt, und dessen Vorzeichen mit der Bewegungsrichtung wechselt, lautet
die Differentialgleichung [1]:

$$\frac{d^2\varphi}{dt^2} + a \cdot \frac{d\varphi}{dt} + b\left(\operatorname{sign}\frac{d\varphi}{dt}\right)\left(\frac{d\varphi}{dt}\right)^2 + c\sin\varphi = 0. \qquad (4.6)$$

Die Signumfunktion ist hierbei definiert als

$$\operatorname{sign}\frac{d\varphi}{dt} = \begin{matrix} +1 \\ -1 \end{matrix} \quad \text{für} \quad \begin{matrix} \frac{d\varphi}{dt} > 0 \\ \frac{d\varphi}{dt} < 0 \end{matrix}.$$

a, b und c sind Konstanten mit entsprechenden Dimensionen. Das
Pendel beginne zum Zeitpunkt $t = 0$ bei einer bestimmten Auslenkung
zu schwingen; die Anfangsbedingungen lauten dann:

$$\varphi(0) = \varphi_0,$$
$$\frac{d\varphi}{dt}(0) = 0.$$

Unter den Voraussetzungen

$$\varphi, \frac{d\varphi}{dt}, a, b, c < 1$$

brauchen wir keine Normierung vorzunehmen, sondern können die
Variable φ und ihre Ableitungen als bezogene Rechengrößen behandeln.
Wenn wir (4.6) nach der höchsten Ableitung auflösen, können wir daraus
entsprechend den oben angegebenen Regeln sofort die Rechenschaltung
zeichnen (Abb. 4.10). Aus der höchsten Ableitung stellen wir mit Hilfe
von Integrierern $d\varphi/dt$ und φ her. Die Funktion $\sin\varphi$ läßt sich unter
der Voraussetzung, daß $\varphi < 1$ bleibt, sehr genau durch einen Polygonzug

in einem Funktionsgeber nachbilden (Abb. 4.9). Die Umschaltung des Vorzeichens von $(d\varphi/dt)^2$ in Abhängigkeit vom Vorzeichen von $d\varphi/dt$ besorgt ein Komparator.

Wir wollen einige Bemerkungen zu der hier behandelten Aufgabe anschließen. Wenn die Dämpfungsglieder vernachlässigt werden, erhält Gl. (4.6) die Form

$$\frac{d^2\varphi}{dt^2} + c \sin\varphi = 0.$$

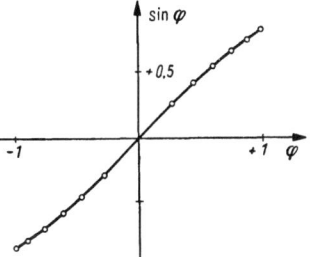

Abb. 4.9. Approximation der Funktion $\sin\varphi$ für $\varphi < 1$ durch einen Polygon-zug im Funktionsgeber

Bereits diese vereinfachte Gleichung führt bei der analytischen Behandlung auf elliptische Integrale [2]. Die kompliziertere Gl. (4.6) ließe sich analytisch überhaupt nicht mehr lösen. Bei kleinen Ausschlägen des Pendels kann man näherungsweise $\sin\varphi \approx \varphi$ setzen. Damit erhalten wir die Differentialgleichung für harmonische Schwingungen

$$\frac{d^2\varphi}{dt^2} + c\,\varphi = 0,$$

die wir im 2. Abschnitt dieses Paragraphen [Gl. (4.1)] untersuchten.

Noch ein Wort zur Herstellung der Sinusfunktion im Funktionsgeber. Aus Abb. 4.9 ist ersichtlich, daß in unserem Falle die Approximation der Sinusfunktion durch einen Polygonzug nur ganz geringfügige

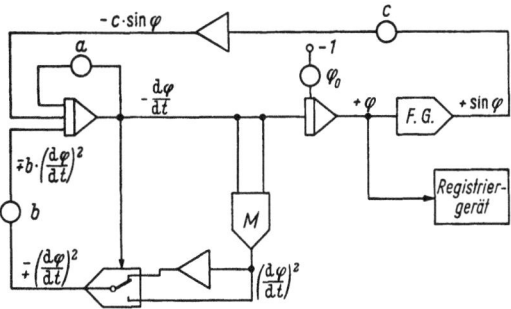

Abb. 4.10. Rechenschaltung nach Gl. (4.6) für ein frei schwingendes Pendel mit Luftreibung

Fehler verursachen wird. Dies würde jedoch nicht mehr gelten, wenn wir größere Ausschläge des Pendels untersuchen wollten. Wir haben in § 2.4 erfahren, daß in den Funktionsgebern des Analogrechners nur eine sehr beschränkte Anzahl von Geradensegmenten (etwa 20) zur Bildung eines Polygonzugs zur Verfügung stehen. Würden wir größere Werte von φ zulassen, so würde naturgemäß die Approximation durch einen Polygonzug mit einer stets gleichbleibenden Zahl von Geradensegmenten immer schlechter. Erfahrungsgemäß läßt sich eine Periode einer Sinusfunktion gerade noch befriedigend durch etwa 20 Geradenstücke annähern. Dies bedeutet, daß in der Pendelgleichung (4.6) der Funktionsgeber nur dann zur Erzeugung von $\sin \varphi$ verwendet werden darf, wenn $-\pi/2 < \varphi < +\pi/2$ bleibt, d. h. wenn das Pendel nicht überschwingt. Wir haben damit eine wichtige Beschränkung der Funktionsgeber kennengelernt: sie können nur zur Nachbildung von solchen Funktionen dienen, die ihre Krümmung nicht zu häufig wechseln bzw. die nicht oszillieren.

Für die Nachbildung einer Sinusfunktion gibt es allerdings auch noch die Möglichkeit, sie durch eine Schaltung, bestehend aus Integrierern und Multiplizierern, zu erzeugen (siehe § 18.2). Für die mit einer solchen Schaltung gebildete Funktion $\sin \varphi$ gibt es keine Beschränkungen hinsichtlich der Größe des Arguments φ.

Auch für die Erzeugung der Funktion $\left(\operatorname{sign} \dfrac{d\varphi}{dt} \right) \left(\dfrac{d\varphi}{dt} \right)^2$ ist die Anwendung eines Komparators nicht die einzige und vor allem nicht immer die beste Schaltungsmöglichkeit, da durch die ungünstigen dynamischen Eigenschaften des Komparators (siehe § 9) Fehler eingeschleppt werden können.

Nach der Beziehung

$$\left(\operatorname{sign} \frac{d\varphi}{dt} \right) \left(\frac{d\varphi}{dt} \right)^2 = \left| \frac{d\varphi}{dt} \right| \frac{d\varphi}{dt}$$

kann man an Stelle eines Komparators eine Schaltung zur Betragsbildung (§ 20.1) einsetzen, die diesen Nachteil vermeidet. Noch günstiger wird die in § 17.8 gezeigte Möglichkeit, durch eine spezielle Schaltung mit einem Parabelmultiplizierer die obige Funktion unmittelbar herzustellen.

Literatur zu § 4

[1] HAAG, J., u. R. CHALEAT: Problèmes de théorie générale des oscillations et de chronometrie. Paris: Gauthier-Villars-Eyrolles 1960.
[2] HORT, W., u. A. THOMA: Die Differentialgleichungen der Technik und Physik. Leipzig: Barth 1956.

§ 5. Normierung und Maßstabsfaktoren

5.1 Normierung

Unter Normierung verstehen wir die Umformung einer Gleichung, so daß nur noch bezogene, nicht dimensionsbehaftete Größen auftreten.

Die Normierung als solche hat grundsätzlich noch nichts mit einer Lösung eines Problems am Analogrechner zu tun. Sie ist vielmehr in jedem Falle empfehlenswert, da die behandelten Gleichungen dadurch übersichtlicher werden.

Für die Behandlung einer Aufgabe am Analogrechner kommen noch besondere Vorteile hinzu, weshalb wir hier kurz darauf eingehen wollen.

Die Normierung der abhängigen Variablen ist auf 2 Arten möglich:

a) Absolute Normierung auf einen Festwert (z. B. auf den Sollwert, für den Analogrechner besser auf den Maximalwert):

$$Y = \frac{y}{y_{max}}. \tag{5.1}$$

Damit bleibt die normierte Variable Y kleiner als Eins.

b) Normierung der Abweichungen von einem Festwert.

Bei sehr vielen Problemen ist ein stationärer Ausgangswert (Anfangs-bedingungen!) gegeben, und es interessieren die Abweichungen von diesem Ausgangszustand. Dann ist folgende Transformation empfehlens-wert:

$$Y = \frac{y - y_0}{|y - y_0|_{max}}, \tag{5.2}$$

wobei y_0 der stationäre Ausgangswert (Anfangsbedingung) ist. Für $y = y_0$ wird bei dieser Normierung $Y = 0$.

Daneben ist häufig die Normierung der unabhängigen Variablen zweckmäßig (Zeitnormierung):

$$t = \frac{1}{\lambda}\tau \quad \text{oder} \quad \tau = \lambda\, t. \tag{5.3}$$

Es bedeuten: $\lambda < 1$ = Zeitraffung,
$\lambda > 1$ = Zeitdehnung.

Eigenschaften der normierten Gleichungen:

Aus den ursprünglichen Gleichungen, in denen die einzelnen Aus-drücke je nach ihrer Dimension sehr verschiedene Größen haben können, entsteht ein System mit normierten Werten, die alle in derselben Größen-ordnung liegen, da sie auf die ihnen zugehörigen Nenn- oder Maximal-werte bezogen sind. Bei entsprechender Zeitnormierung erhalten die Koeffizienten der Gleichungen im allgemeinen Werte in der Größen-ordnung von Eins, da dies zum Ausdruck bringt, daß die einzelnen Werte etwa von vergleichbarem Einfluß auf das Ergebnis sind.

Nach der Normierung läßt sich der Einfluß einzelner Glieder auf das Resultat abschätzen. Wenn in einer normierten Gleichung einzelne Ausdrücke sehr kleine Koeffizienten aufweisen, so bedeutet dies meistens, daß der entsprechende Ausdruck auf die Lösung nur einen geringen Einfluß ausübt.

Besonders vorteilhaft ist eine Normierung nach Gl. (5.2):

1. Die Linearisierung eines gegebenen nichtlinearen Gleichungs-systems ist dadurch sehr einfach durchzuführen. Die Glaubwürdigkeit des Ergebnisses einer nichtlinearen Gleichung kann damit oft sehr rasch durch Lösung des linearisierten Gleichungssystems abgeschätzt werden.

2. Die Vorgabe von Anfangsbedingungen entfällt.

3. Der Bereich der Rechenspannung läßt sich besser ausnützen.

Die genannten Vorteile wollen wir nun an dem folgenden Beispiel demonstrieren.

In einer Aufgabe sei unter anderen Gleichungen die folgende enthalten:

$$a \frac{dx}{dt} = b\, q(t)\, h(t) - c\,. \tag{5.4}$$

Die Zahlenwerte für die Konstanten seien:

$$a = 2{,}8 \cdot 10^{-2}\, \frac{\mathrm{g}}{\mathrm{cm}}\,,$$

$$b = 8{,}33 \cdot 10^{-6}\, \frac{\mathrm{g}}{\mathrm{W\,s\,cm}}\,,$$

$$c = 0{,}5\, \frac{\mathrm{g}}{\mathrm{s}}\,.$$

Die Variablen $x(t)$ und $h(t)$ sollen in Zentimeter, $q(t)$ in Watt eingesetzt werden.

Mit diesen Zahlenwerten lautet die zu lösende Differentialgleichung:

$$2{,}8 \cdot 10^{-2}\, \frac{\mathrm{g}}{\mathrm{cm}}\, \frac{dx}{dt} = 8{,}33 \cdot 10^{-6}\, \frac{\mathrm{g}}{\mathrm{W\,s\,cm}}\, q(t)\, h(t) - 0{,}5\, \frac{\mathrm{g}}{\mathrm{s}}\,. \tag{5.5}$$

Die Funktionen $q(t)$ und $h(t)$ mögen durch andere, hier nicht näher angegebene Gleichungen bestimmt sein. Gesucht ist die Funktion $x(t)$. Folgende Anfangswerte seien bekannt:

$$q(0) = q_0 = 15\,000\ \mathrm{W}\,,$$

$$h(0) = h_0 = 4\ \mathrm{cm}\,,$$

$$x(0) = x_0 = 2{,}5\ \mathrm{cm}\,.$$

Wir wollen nun gemäß dem Vorschlag (5.2) neue normierte Variable einführen:

$$\left.\begin{aligned}
H &= \frac{h - h_0}{|h - h_0|_{\max}}\,, \qquad h = h_0\!\left(1 + \frac{|h - h_0|_{\max}}{h_0}\, H\right), \\[2mm]
Q &= \frac{q - q_0}{|q - q_0|_{\max}}\,, \qquad q = q_0\!\left(1 + \frac{|q - q_0|_{\max}}{q_0}\, Q\right), \\[2mm]
X &= \frac{x - x_0}{|x - x_0|_{\max}}\,, \qquad x = x_0\!\left(1 + \frac{|x - x_0|_{\max}}{x_0}\, X\right).
\end{aligned}\right\} \tag{5.6}$$

Setzen wir diese Ausdrücke in die ursprüngliche Differentialgleichung ein, so ergibt sich:

$$a\,|x - x_0|_{\max}\, \frac{dX}{dt} = b\, q_0\, h_0\left[1 + \frac{|q - q_0|_{\max}}{q_0}\, Q + \frac{|h - h_0|_{\max}}{h_0}\, H\right.$$

$$\left. + \frac{|h - h_0|_{\max}}{h_0}\, \frac{|q - q_0|_{\max}}{q_0}\, HQ\right] - c\,. \tag{5.7}$$

Gemäß den gegebenen Anfangswerten gilt die Gleichung

$$b\, q_0\, h_0 = c\,.$$

Sie bedeutet einfach, daß die Ableitung im Anfangszustand Null ist. Mit dieser Bedingung vereinfacht sich (5.7) zu

$$\frac{a\,|x-x_0|_{\max}}{c}\,\frac{dX}{dt} = \frac{|q-q_0|_{\max}}{q_0}\,Q + \frac{|h-h_0|_{\max}}{h_0}\,H$$
$$+ \frac{|h-h_0|_{\max}}{h_0}\,\frac{|q-q_0|_{\max}}{q_0}\,H\,Q. \qquad (5.8)$$

Wählen wir nun folgende maximale Abweichungen von den Anfangswerten:

$$|h-h_0|_{\max} = 6\ \text{cm},$$
$$|q-q_0|_{\max} = 15\,000\ \text{W},$$
$$|x-x_0|_{\max} = 7,5\ \text{cm},$$

und setzen wir die oben angegebenen Zahlenwerte in (5.8) ein, so erhalten wir die normierte Gleichung:

$$1,68\,\text{s}\,\frac{dX}{dt} = Q + 1,5H + 1,5H\,Q. \qquad (5.9)$$

Ein Vergleich dieser Gleichung mit der Ausgangsgleichung (5.5) zeigt deutlich, daß die Koeffizienten jetzt in der Größenordnung von Eins liegen! Für die Behandlung am Analogrechner bedeutet dies, daß die Lösung des Problems unmittelbar in Echtzeit möglich ist, und daß eine zusätzliche Normierung der Zeit nicht nötig ist. Die Programmierung in der gezeigten Form bringt außerdem mit sich, daß der zur Bildung von $h\,q$ notwendige Multiplizierer nur bei größeren Abweichungen dieser beiden Größen wirksam wird. Bei kleinen Abweichungen entfallen also auch die Fehler des Multiplizierers, die bei einer direkten Nachbildung von (5.5) immer wirksam wären. Die Vorgabe einer Anfangsbedingung erübrigt sich.

Für kleine Abweichungen der normierten Variablen von ihren Ausgangswerten

$$H \ll 1,$$
$$Q \ll 1,$$

können wir das Produkt $H\,Q$ als Größe 2. Ordnung vernachlässigen. In diesem Falle erhalten wir eine Differentialgleichung mit konstanten Koeffizienten:

$$1,68\,\text{s}\,\frac{dX}{dt} = Q + 1,5H.$$

Die Lösung dieser Gleichung ist eine Abschätzung für das Gesamtsystem, solange die Abweichungen geringfügig bleiben. In der Rechenschaltung ergibt sich diese linearisierte Form sehr einfach dadurch, daß der das Produkt bildende Multiplizierer abgeschaltet wird.

In vielen Aufgaben, besonders aus dem Gebiet der Regelungstechnik, tritt die Frage nach der Stabilität eines Systems auf. Bei der Normierung

und Linearisierung nach dem behandelten Beispiel kann dann zuerst
die Stabilität des linearisierten Systems nachgeprüft werden. Falls dieses
bereits instabil ist, braucht das nichtlineare System gar nicht nachgebildet zu werden, da ein nichtlineares System stets instabil wird,
wenn das linearisierte System instabil ist.

5.2 Einführung von Maßstabsfaktoren für die abhängigen Variablen (Amplitudenmaßstab)

Beim Analogrechner werden alle abhängigen Variablen durch Spannungen dargestellt. Der Bereich dieser Spannungen liegt bei Röhrenrechnern im allgemeinen zwischen — 100 V und + 100 V, bei Transistorrechnern meist zwischen — 10 V und + 10 V. Dieser Bereich darf nicht
überschritten werden, aber zur Erzielung einer guten Genauigkeit soll
er möglichst voll ausgenützt werden.

Mit den Koeffizientenpotentiometern lassen sich, wie wir gesehen
haben, nur Werte zwischen Null und Eins realisieren. Durch die Wahl
entsprechend höher bewerteter Verstärkereingänge (z. B. „5" oder „10")
kann dieser Bereich erweitert werden, in Ausnahmefällen auch durch
Parallelschalten mehrerer Eingänge. Nach unten ist die Einstellung der
Potentiometer durch den wachsenden relativen Fehler begrenzt. Auch
dabei ist in Ausnahmefällen ein Weg durch Hintereinanderschaltung
mehrerer Potentiometer gangbar, aber nicht erwünscht, da er den Aufwand vergrößert.

Voraussetzung für eine sinnvolle Benutzung des Analogrechners ist
also, daß zwischen den Größen des Problems und den Rechengrößen
des Analogrechners ein eindeutig definierter Zusammenhang hergestellt
wird, der die beiden folgenden Forderungen erfüllt:

*a) Die Variablen sollen den Bereich der Rechenspannung möglichst
voll durchlaufen, ihn aber nicht überschreiten.*

*b) Die Umformung der Problemgleichungen zu Maschinengleichungen
muß so erfolgen, daß die Koeffizienten etwa zwischen 0,01 und 10 zu
liegen kommen.*

Diese beiden Forderungen lassen sich am einfachsten erfüllen, wenn
es um die Lösung von linearen Differentialgleichungen mit konstanten
Koeffizienten geht. Andererseits zeigt die Praxis, daß die volle Ausnutzung des Bereichs der Rechenspannung bei linearen Differentialgleichungen mit konstanten Koeffizienten nicht so wichtig ist, weil die
linearen Rechenelemente des Analogrechners (Summierer und Integrierer, Potentiometer) recht genau arbeiten. Demgegenüber sind die
nichtlinearen Rechenelemente (Multiplizierer, Funktionsgeber) oft
wesentlich ungenauer. Bei der Behandlung von nichtlinearen Differentialgleichungen ist daher die möglichst gute Erfüllung der ersten Forderung zur Gewinnung brauchbarer Ergebnisse besonders wichtig.

Für die Anpassung der abhängigen Variablen an den Bereich der Rechenspannung gibt es grundsätzlich zwei verschiedene Methoden:

1. Methode: Normierung der Spannungen im Rechner auf die maximale Rechenspannung und Ersatz der auf die Maximalwerte bezogenen abhängigen Variablen durch die normierten Spannungen (Rechengrößen).

Die maximale Rechenspannung sei E, die Rechenspannung u.

Dann ist

$$\frac{u}{E} = U \tag{5.10}$$

eine dimensionslose Größe, die in den Grenzen $-1 \leqq U \leqq +1$ liegen kann.

Die Variable $y(t)$ oder deren Abweichung von einem Anfangswert wird auf den maximal erreichbaren Wert normiert, wie oben angegeben:

$$\frac{y}{y_{max}} = Y \quad \text{bzw.} \quad \frac{y - y_0}{|y - y_0|_{max}} = Y. \tag{5.11}$$

Y ist ebenfalls eine dimensionslose Größe, die zwischen $-1 \leqq Y \leqq +1$ liegt.

Die normierte Variable Y kann nun direkt der normierten Rechenspannung (Rechengröße) U gleichgesetzt werden. Dem Maximalwert $Y = 1$ entspricht die maximal zulässige Spannung $U = 1$.

Ebenso wie für die Variablen selbst, sind auch für deren Ableitungen entsprechende Maximalwerte festzulegen und daraus die dimensionslosen Ableitungen einzuführen.

Das dargelegte Verfahren, die normierten Problemvariablen mit normierten Rechengrößen in Beziehung zu setzen, ist besonders dann geeignet, wenn die Anzeige- und Schreibgeräte des verwendeten Analogrechners in der bezogenen Rechenspannung U geeicht sind. In diesem Falle ist es nicht mehr nötig, zu wissen, daß der Rechner mit Spannungen arbeitet, man braucht nur noch von der Rechengröße zu sprechen, die sich zwischen -1 und $+1$ ändern kann. Es ist zu erwarten, daß sich im Zuge der Entwicklung des Analogrechners aus einem elektronischen Apparat zu einer allgemeinen Rechenmaschine diese Ausführungsform immer mehr durchsetzen wird.

Bei der Behandlung der Beispiele zur Einführung in die Programmierungstechnik haben wir stets die hier als erstes beschriebene Methode verwendet. Wir werden auch weiterhin ausschließlich diese Form der Problemaufbereitung wählen.

2. Methode: Einführung von Maschinenvariablen mit Dimensionen.

Eine 2. Methode, die der Tatsache Rechnung trägt, daß die Variablen am Analogrechner durch Spannungen repräsentiert werden, besteht darin, eigene Maschinenvariablen einzuführen, die die Dimension Volt aufweisen und die den Maximalwert der Rechenspannung (z. B. 100 V) erreichen dürfen.

Es ist zweckmäßig, für diese Maschinenvariablen keine neuen Symbole einzuführen, sondern die Symbole der ursprünglichen Problemvariablen zu belassen und die Maschinenvariablen durch runde Klammern anzudeuten [1].

Beispiele: Problemvariable q [W],
Maschinenvariable (aq); Maßstabsfaktor a [V/W],
bezogene Problemvariable Q,
Maschinenvariable (aQ); Maßstabsfaktor a [V].

Die runde Klammer stellt damit direkt die Spannung dar, die an einem bestimmten Punkt der Schaltung auftritt. Die Darstellung erlaubt es, die ursprünglichen Bezeichnungen der Problemvariablen in die Schaltung aufzunehmen.

Die Maßstabsfaktoren müssen so gewählt werden, daß die Maschinenvariablen den vorgeschriebenen Bereich nicht überschreiten. Wenn eine Variable $|x_i| \leqq x_{i\max}$ ist, so ist ein Faktor a_i so zu wählen, daß

$$|a_i x_{i\max}| \leqq E \quad \text{oder} \quad a_i = \frac{E}{|x_{i\max}|}. \tag{5.12}$$

Die Maschinenvariable lautet dann $(a_i x_i)$. Die Faktoren a_i sollen möglichst runde Zahlenwerte sein.

Beispiele: $|x| \leqq 4$ Maschinenvariable $(25x)$,
$|x| \leqq 0{,}045$ Maschinenvariable $(2 \cdot 10^3 x)$,
$|x| \leqq 1{,}5 \cdot 10^4$ Maschinenvariable $(5 \cdot 10^{-3} x)$.

Wenn ein allgemeines Gleichungssystem vorliegt:

$$\frac{dx_i}{dt} = f_i(x_1, x_2, x_3, \ldots, x_n), \quad i = 1, \ldots, n, \tag{5.13}$$

so wird durch die Einführung der Faktoren a_i daraus die Gleichung:

$$\frac{d(a_i x_i)}{dt} = a_i f_i \left[\frac{(a_1 x_1)}{a_1}, \frac{(a_2 x_2)}{a_2}, \ldots, \frac{(a_n x_n)}{a_n} \right]. \tag{5.14}$$

Es ist besonders zu beachten, daß auch für die Anfangsbedingungen (falls vorhanden) solche Maßstabsfaktoren eingeführt werden müssen!

Bei beiden beschriebenen Verfahren zur Umsetzung der abhängigen Veränderlichen und ihrer Ableitungen in Rechenspannungen müssen die Maximalwerte bekannt sein. Diese lassen sich tatsächlich in vielen Fällen mit befriedigender Genauigkeit abschätzen, entweder auf Grund eines mathematischen Verfahrens oder häufiger auf Grund der Gegebenheiten eines technischen Problems. Falls es schwierig ist, die Maximalwerte anzugeben (was vor allem für die Ableitungen öfters zutrifft), bleibt stets die Möglichkeit, eine Schaltung mit geschätzten Werten aufzubauen und gegebenenfalls nachträglich zu korrigieren.

5.3 Einführung eines Maßstabfaktors für die unabhängige Variable (Zeitmaßstab)

Durch Normierung der abhängigen Variablen oder durch Einführung von Maschinenvariablen gelingt es meist, die erste der im letzten Abschnitt aufgestellten Forderungen nach guter Ausnutzung des Bereichs der Rechenspannung zu erfüllen. Die 2. Forderung, daß die Koeffizienten etwa zwischen 0,01 und 10 liegen sollen, macht häufig eine zusätzliche Transformation der unabhängigen Variablen nötig.

Wir sind bisher bei der Behandlung der Beispiele in § 4 davon ausgegangen, daß die Problemveränderliche t mit der sog. Maschinenzeit, in der der Analogrechner arbeitet, identisch sei. Wenn wir nun eine Transformation der unabhängigen Variablen vornehmen, so bedeutet dies für den Fall, daß diese unabhängige Variable die Zeit ist, daß die Problemzeit sich durch einen Maßstabsfaktor von der Maschinenzeit unterscheidet. Wir wollen die wirkliche Maschinenzeit, in der die Vorgänge des Analogrechners ablaufen, mit t^* (Dimension Sekunden) bezeichnen. Der *Zeitmaßstab* legt dann den Zusammenhang zwischen t und t^* fest.

Diesen Zusammenhang führen wir so ein, daß wir zunächst sowohl in der gestellten Aufgabe als auch an der Maschine eine geeignete Normierung vornehmen. Gemäß Gl. (5.3) normieren wir die Problemvariable t, indem wir die dimensionslose Problemvariable

$$\tau = \lambda\, t$$

einführen. λ hat dabei die reziproke Dimension von t. Falls z. B. t die Zeit in Sekunden ist, hat λ die Dimension s^{-1}.

Ebenso führen wir auch eine normierte unabhängige Maschinenvariable ein, die wir ebenfalls τ nennen:

$$\tau = k_0\, t^*. \tag{5.15}$$

Da t^* die Dimension s und der Integrationsfaktor k_0 die Dimension s^{-1} hat, wird τ dimensionslos.

Jetzt können wir die dimensionslosen Größen τ in den Gln. (5.3) und (5.15) gleichsetzen und erhalten den gesuchten Zusammenhang zwischen Problemvariabler und Maschinenzeit:

oder
$$\lambda\, t = k_0\, t^*$$
$$t = \frac{k_0}{\lambda}\, t^* \tag{5.16}$$

Der Quotient k_0/λ ist also der gesuchte Maßstabsfaktor. Wenn wir voraussetzen, daß k_0 an allen Integrierern gleich ist, so lautet die Aufgabe nun, den Faktor λ festzulegen.

Wie eingangs erläutert, soll es Zweck der Zeittransformation sein, gegebenenfalls zusammen mit einer geeigneten Amplitudennormierung Koeffizienten in der geforderten Größenordnung zu erhalten. Daraus ergibt sich die Methode, die in der Praxis fast immer angewandt wird: Durch Probieren wird der Faktor λ so bestimmt, daß die Koeffizienten einstellbar werden.

Als Beispiel wollen wir die Differentialgleichung

$$\frac{d^2 Y}{dt^2} + 20\,\mathrm{s}^{-1}\frac{dY}{dt} + 100\,\mathrm{s}^{-2}\,Y = 0 \tag{5.17}$$

mit den Anfangsbedingungen $Y(0) = 0{,}8$; $\dot{Y}(0) = -0{,}5\,\mathrm{s}^{-1}$ betrachten. Die Koeffizienten von (5.17) sind größer als Zehn, also nicht mehr einstellbar. Da es sich um ein lineares Problem handelt, sind sie auch nicht durch einen Maßstabsfaktor für die abhängige Variable Y beeinflußbar. Wir führen daher die Zeittransformation nach (5.16) ein und erhalten

$$\frac{1}{k_0^2}\frac{d^2 Y}{dt^{*2}} + \frac{20\,\mathrm{s}^{-1}}{\lambda}\frac{1}{k_0}\frac{dY}{dt^*} + \frac{100\,\mathrm{s}^{-2}}{\lambda^2}\,Y = 0, \tag{5.18}$$

mit den Anfangsbedingungen

$$Y(0) = 0{,}8; \qquad \frac{1}{k_0}\frac{dY}{dt^*}(0) = \frac{-0{,}5\,\mathrm{s}^{-1}}{\lambda}.$$

In diesem einfachen Fall ist sofort zu erkennen, daß die Koeffizienten dann in die Größenordnung von Eins kommen, wenn wir den Faktor $\lambda = 10\,\mathrm{s}^{-1}$ wählen. (In § 15 werden wir später sehen, daß für lineare Differentialgleichungen 2. Ordnung allgemein die Faustformel gilt, daß der Faktor λ etwa gleich der Eigenfrequenz des Systems sein soll.)

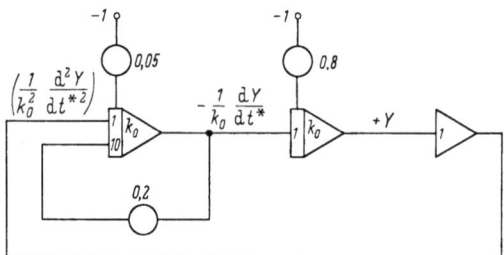

Abb. 5.1. Rechenschaltung zur Lösung von Gl. (5.19)

Mit dem gewählten Wert für λ folgt aus (5.18):

$$\frac{1}{k_0^2}\frac{d^2 Y}{dt^{*2}} = -\frac{2}{k_0}\frac{dY}{dt^*} - Y. \tag{5.19}$$

mit $Y(0) = 0{,}8$; $\qquad \dfrac{1}{k_0}\dfrac{dY}{dt^*}(0) = -0{,}05.$

Die Rechenschaltung zur Lösung dieser Gleichung zeigt Abb. 5.1.

Wählen wir $k_0 = 1\,\mathrm{s}^{-1}$, so läuft der Vorgang am Analogrechner gemäß der Beziehung (5.16) mit $t = \dfrac{1}{10}\,t^*$ um den Faktor 10 langsamer ab als in Wirklichkeit. 1 s am Rechner bedeutet dann nur $\dfrac{1}{10}\,\mathrm{s}$ in der wirklichen Aufgabe.

Bei $k_0 = 10\,\mathrm{s}^{-1}$ dagegen ergibt sich nach (5.16) $t = t^*$, d. h. die Lösung am Rechner erfolgt in der wirklichen Zeit (Echtzeitbetrieb). Dies kommt auch darin zum Ausdruck, daß mit $k_0 = 10\,\mathrm{s}^{-1}$ aus (5.19) folgt:

$$\frac{d^2 Y}{dt^{*2}} + 20\,\mathrm{s}^{-1}\frac{dY}{dt^*} + 100\,\mathrm{s}^{-2}\,Y = 0. \tag{5.20}$$

Die Maschinengleichung (5.20) entspricht genau der ursprünglichen Gl. (5.17).

Wir sehen aus diesem Beispiel sehr deutlich zwei wesentliche Eigenschaften des in Gl. (5.16) eingeführten Zeitmaßstabs:

a) Die Einstellung der Koeffizienten wird durch die Wahl des Faktors λ bestimmt.

b) Der Integrationsfaktor k_0 legt die Rechengeschwindigkeit fest.

Bei gegebener Gerätekonstanten k_0 ist die Einführung eines Zeitmaßstabsfaktors λ zur Erzielung einstellbarer Koeffizienten gleichbedeutend mit einer Angleichung der Lösungszeit des Problems an die mögliche Rechengeschwindigkeit des Analogrechners.

Normalerweise besitzen die Faktoren k_0 aller Integrierer den Wert $1\,\mathrm{s}^{-1}$.

Wird k_0 vergrößert, so wird die Rechengeschwindigkeit erhöht. Bei der repetierenden Betriebsweise, auf die wir in § 3 kurz eingegangen sind, ist eine möglichst kurze Rechenzeit erwünscht. Beim Umschalten auf „Repetierendes Rechnen" wird daher meistens der Faktor k_0 an allen Integrierern von dem Wert $1\,\mathrm{s}^{-1}$ auf den Wert $10\,\mathrm{s}^{-1}$ oder gar $100\,\mathrm{s}^{-1}$ umgeschaltet, die Rechendauer also um den Faktor 10 oder 100 verkürzt. Man kann so ohne Änderung der Programmierung die Rechengeschwindigkeit ändern.

Literatur zu § 5

[1] JACKSON, A. S.: Analog Computation. New York: McGraw-Hill 1960.

§ 6. Die Organisation eines Analogrechenprogramms

6.1 Die einzelnen Schritte der Programmierung (Programmorganisation)

Für jede Rechenmaschine, ob digital oder analog, gilt der Grundsatz, daß die Zahl der Programmfehler um so geringer und der Nutzungsgrad um so besser wird, je systematischer, ja pedantischer die Programmvorbereitung durchgeführt wird. Zu diesem Zweck hält man sich am besten an ein festes Organisationsschema, das Punkt für Punkt vorschreibt, wie die einzelnen Schritte bei der Programmierung zu erfolgen haben. Wir wollen im folgenden einen Organisationsplan für eine sinnvolle Programmierung aufbauen und seine Anwendung dann an Hand eines Beispiels ausführlich demonstrieren.

A. Formulierung der Aufgabe. Die Aufgabenstellung soll so exakt und vollständig wie möglich herausgearbeitet werden. Dies ist besonders dann nötig, wenn die eigentliche Programmierungsarbeit ein Programmierer ausführt, dem die physikalischen Zusammenhänge fremd sind.

Die Formulierung kann z. B. folgende Punkte enthalten:

1. Erklärung der physikalischen Grundlagen und Zusammenhänge der Aufgabe.

2. Definition der verwendeten Bezeichnungen.

3. Blockschaltbild (nur bei der Untersuchung dynamischer Systeme).

4. Aufstellung der zu lösenden Gleichungen unter Angabe der gegebenen und der gesuchten Veränderlichen.

5. Liste der Koeffizienten und Anfangswerte. Variationsbereich und Genauigkeit der Parameter.

6. Art der Störungen.

7. Angaben über die Art der erwarteten Lösungskurven oder Näherungslösungen.

8. Ungefähre Maximalwerte der gesuchten Veränderlichen.

9. Genauigkeitsanforderungen.

10. Aufzuzeichnende Funktionen.

B. Einführung von Maßstabsfaktoren und Aufstellung der Maschinengleichungen. Dieser Schritt umfaßt einen großen und wichtigen Teil der eigentlichen Programmierungsarbeit. Unter Verwendung der in der Aufgabenstellung enthaltenen Angaben werden die gegebenen Gleichungen gemäß den in § 5 behandelten Regeln in eine Form gebracht, wie sie der Analogrechner verarbeiten kann. Das Ergebnis sind normierte Gleichungen mit bestimmten Maßstabsfaktoren. Neben den eigentlichen Problemgleichungen müssen auch die Gleichungen zur Erzeugung der gewünschten Störfunktionen angegeben werden.

C. Aufstellen der Rechenschaltung. An Hand der Maschinengleichungen wird eine Skizze der Rechenschaltung gezeichnet. Dabei müssen die verschiedenen Möglichkeiten zur Nachbildung der Gleichungen gegeneinander abgewogen werden. Die endgültige Zeichnung soll möglichst sauber und übersichtlich, am besten pausfähig ausgeführt sein. Sie muß alle für das Aufstecken nötigen Informationen enthalten.

Die in der Schaltung enthaltenen Rechenelemente werden mit Nummern gekennzeichnet. Dabei ist zu beachten, daß die vorhandenen Elemente so eingesetzt werden, daß sich auf dem Steckfeld möglichst kurze Verbindungsleitungen ergeben, da dadurch die Übersichtlichkeit der fertig gesteckten Schaltung erhöht wird.

D. Anfertigen von Listen der verwendeten Rechenelemente und Festlegung des Rechnungsablaufs. Je umfangreicher eine Aufgabe ist, desto mehr Rechenelemente werden zu ihrer Lösung benötigt. Es empfiehlt sich dann, Listen aller Elemente mit den an ihren Ein- und Ausgängen auftretenden Variablen anzulegen. Insbesondere müssen die Potentiometer in einer Liste aufgeführt werden, in die der jeweilige Koeffizient, seine Einstellung und die Wertigkeit des auf das Potentiometer folgenden Eingangs angegeben ist. Da mit den Potentiometern nur Koeffizienten einstellbar sind, die kleiner als Eins sind, genügt es, die Zahlen hinter dem Komma in die Liste einzutragen. Bei dieser Schreibweise werden Einstellfehler vermieden, die gelegentlich dadurch entstehen, daß die Null vor dem Komma irrtümlicherweise mit eingestellt wird.

Der Rechenablauf ist möglichst in tabellarischer Form zu skizzieren, wobei im Falle von Parameteränderungen die Variationsschritte, der Variationsbereich der Parameter und die Reihenfolge der Änderungen anzugeben sind. Falls Schaltungsänderungen notwendig werden, sollten für jeden durchzurechnenden Fall eigene Zeichnungen der Rechenschaltung angefertigt werden. Für die Einstellung der Funktionsgeber müssen die Funktionen entweder in Form von Kurven oder Wertetabellen vorbereitet werden.

E. Vorbereitung der Programmprüfung. Zur statischen Programmprüfung werden bestimmte (willkürlich gewählte) Anfangs- und Störwerte vorgegeben. Die daraus im stationären Anfangszustand an den verschiedenen Rechenelementen zu erwartenden Funktionswerte werden berechnet und in Tabellen zusammengestellt. Wir werden die Anwendung dieser Prüfungsmethode an Hand des folgenden Beispiels diskutieren. Außerdem werden wir in Teil V noch ausführlich auf dieses Verfahren zurückkommen.

Neben dieser statischen sollte, wenn möglich, auch eine dynamische Programmprüfung erfolgen. Bei der Vorbereitung muß daher untersucht werden, ob es bei vertretbarem Aufwand gelingt, Lösungen der gestellten Aufgabe oder wenigstens einzelner Teile der Aufgabe für bestimmte Parameterwerte zu berechnen (entweder analytisch oder auf Grund eines numerischen Verfahrens, das auch am Digitalrechner durchgeführt werden kann). Solche Testlösungen werden zum Vergleich mit den zu erwartenden Lösungen des Analogrechners bereitgelegt.

F. Übertragung der Rechenschaltung auf das Steckfeld.

1. Wie in der Zeichnung der Rechenschaltung angegeben, werden die Buchsen der Rechenelemente auf dem Steckfeld des Rechners durch Leitungen miteinander verbunden. Die Verbindungsleitungen führen stets vom Ausgang eines Elements auf den Eingang eines folgenden Gliedes.

Natürlich kann ein Ausgang auch auf mehrere Eingänge verschiedener Rechenelemente gleichzeitig geführt sein, *aber niemals dürfen Verbindungen auftreten, die nur Eingänge oder nur Ausgänge von Rechengliedern miteinander koppeln.*

Es hat sich bewährt, jede ausgeführte Verbindungsleitung auf dem Schaltbild mit Buntstift nachzuziehen. Auf diese Weise wird die Wahrscheinlichkeit, daß Verbindungen vergessen werden, verringert. Bei Rechenanlagen mit auswechselbaren Steckbrettern wird erst das fertig aufgesteckte Programmierbrett in die Maschine eingesetzt.

2. Nach dem Aufstecken der Schaltung folgt die Einstellung der Potentiometer. Sie geschieht in den meisten Fällen von Hand auf Grund der vorbereiteten Potentiometerlisten; bei manchen großen Anlagen werden, wie schon in § 3 erläutert, nach diesen Listen Lochstreifen hergestellt, die in den Rechner eingelesen werden und dabei die automatische Einstellung der Potentiometer bewirken.

3. Die Funktionsgeber werden entweder direkt nach aufgezeichneten Kurven oder nach berechneten Kurvenpunkten eingestellt. Außerdem müssen Funktionsschalter, die im Programm enthalten sein können, in die richtige Stellung gebracht werden.

G. Ausprüfen der Rechenschaltung. Mit der Übertragung der Rechenschaltung auf das Steckfeld der Maschine ist die eigentliche Programmierung beendet. Auf die verschiedenen Möglichkeiten zur Ausprüfung der fertig aufgesteckten und eingestellten Rechenschaltung werden wir in Teil V eingehen.

Es ist selbstverständlich, daß dieser Organisationsplan in vielen Punkten an die jeweilige Aufgabe angepaßt werden muß. Bei kleineren Problemen, zu deren Lösung nur wenige Rechenelemente nötig sind, braucht er weniger streng eingehalten zu werden als bei umfangreichen Aufgaben. Allerdings besteht gerade beim Analogrechnen wegen der verhältnismäßig einfachen Art der Programmierung die Gefahr, daß die Vorbereitung ungenügend oder oberflächlich erfolgt. Es empfiehlt sich daher, soweit es der Umfang der Aufgabe gerechtfertigt erscheinen läßt, sich so genau wie möglich an den Organisationsplan zu halten.

Die Schritte B bis E des Organisationsplans enthalten die wesentliche Arbeit der Programmierung. Je umfangreicher die zu lösenden Aufgaben werden, um so mühsamer wird auch die zu leistende Programmierungsarbeit. Vor allem aber wird die Wahrscheinlichkeit von Programmierungsfehlern immer größer.

Die in den letzten Jahren an verschiedenen Stellen gleichzeitig entwickelten Digitalrechenprogramme [1 bis 3] bieten nun die Möglichkeit, diese Arbeit einem Digitalrechner aufzubürden. In diesen werden dabei in der Hauptsache die in der Aufgabenstellung (Schritte A 3 bis A 10) enthaltenen Informationen in einer geeigneten Sprache eingelesen.

Daraus werden dann die optimalen Maschinengleichungen, die Potentio-
metereinstellwerte und die gesamte Rechenschaltung berechnet.

Bei dem Programm APACHE II nach [3] druckt z. B. der Digitalrechner unmittelbar Anweisungen aus, wie die Buchsen des Steckbretts
miteinander verbunden werden sollen. Außerdem werden Lochstreifen
ausgegeben, mit denen die Potentiometer des Analogrechners automatisch eingestellt werden können, falls die entsprechenden Einrichtungen zur Verfügung stehen. Für Aufgaben, in denen eine Reihe von
verschiedenen Fällen mit sich ändernden Parametern durchgerechnet
werden müssen, wird ein Lochstreifen ausgegeben, der direkt zur automatischen Steuerung des Rechnungsablaufs dienen kann. Allerdings ist
dieses genannte Digitalrechenprogramm wegen seiner hohen Fähigkeiten so verwickelt, daß ein schneller und großer Digitalrechner verwendet werden muß. Trotzdem wird sich diese digitale Programmierung
bei größeren Aufgaben, bei denen normalerweise viele Tage zur Aufstellung der Analogrechenschaltung benötigt würden, sicherlich lohnen.
Erstrebenswert wäre natürlich, daß der vom Digitalrechner gelieferte
Lochstreifen auch die Verbindung der einzelnen Rechenelemente
automatisch ausführt. Auf diesem Gebiet sind jedoch außer einigen
Ansatzpunkten bisher kaum Fortschritte zu erkennen.

6.2 Beispiel für die Anwendung des Organisationsschemas

A. Formulierung der Aufgabe

1. Physikalische Zusammenhänge. Der Bewegungsvorgang eines Eisenbahnwagens auf einem Verschiebebahnhof soll untersucht werden. Gegeben sind die
Wageneigenschaften sowie Windrichtung und Windstärke, die für den Luftwiderstand bestimmend sind. Die Aufgabe zerfällt in 2 Teile:

a) Einlauf

Der Wagen wird mit einer bestimmten Anfangsgeschwindigkeit v_0 an den sog.
Ablaufpunkt herangefahren (Abb. 6.1). Von dort rollt er dann frei den Ablauf-
berg hinunter.

Frage: Wie groß ist die Endgeschwindigkeit v_A nach Durchlaufen der abfallenden Strecke x_A?

b) Auslauf

Auf dem folgenden horizon-
talen Teil des Weges wird der
Wagen über Weichen auf das
Ordnungsgleis geleitet, für das
er bestimmt ist. Am Fuße des

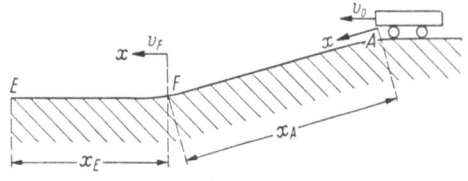

Abb. 6.1
Weg eines Eisenbahnwagens auf einer Ablaufanlage

Ablaufbergs wird die Geschwindigkeit v_A auf den Wert v_F abgebremst.

Frage: Wie groß muß die Geschwindigkeit v_F sein, damit der Wagen nach
Durchlaufen der Strecke x_E die Endgeschwindigkeit v_E besitzt?

2. Bezeichnungen der Variablen

x Weg [m]

v Wagengeschwindigkeit [m/s]

t Zeit [s]

3. Gleichungen
Nach [4] lautet die Gleichung für die Bewegung des Wagens:

$$\frac{dv}{dt} = \frac{g}{\beta} [\alpha \mp \gamma (v + w)^2].$$ (6.1)

Gegeben: g, β, α, γ, w. Gesucht: v.

Für $\begin{array}{l} v + w > 0 \\ v + w < 0 \end{array}$ gilt das $\begin{array}{l} \text{negative} \\ \text{positive} \end{array}$ Vorzeichen in der Klammer.

4. Koeffizienten und Anfangswerte
Koeffizienten: $g = 9{,}81$ m/s^2 (Erdbeschleunigung)
$\qquad\qquad \beta = 1{,}1$ (Konstante)
$\qquad\qquad \gamma = 5{,}5 \cdot 10^{-5}$ s^2/m^2 (Konstante)
$\qquad\qquad \alpha$ Faktor, der vom Neigungswinkel abhängt
$\qquad\qquad$ a) Einlauf: $\alpha_1 = 0{,}03$
$\qquad\qquad$ b) Auslauf: $\alpha_2 = -0{,}003$
$\qquad\qquad w$ Windgeschwindigkeit in m/s. Wird positiv gerechnet, wenn
$\qquad\qquad$ der Wind entgegengesetzt zur Laufrichtung des Wagens, also
$\qquad\qquad$ bergauf weht (Gegenwind).
$\qquad\qquad$ Zu untersuchen sind folgende Fälle:
$\qquad\qquad w = -7$ m/s
$\qquad\qquad w = 0$
$\qquad\qquad w = +7$ m/s

Anfangs- bzw. Endwerte:
$v_0 = 1{,}5$ m/s (Anfangsgeschwindigkeit am Ablaufpunkt)
$x_A = 120$ m
$v_E = 0{,}05$ m/s (Endgeschwindigkeit nach Durchlaufen der Auslaufstrecke x_E)
$x_E = 250$ m

5. Angaben über die zu erwartenden Lösungskurven
Bei Vernachlässigung des Luftwiderstands folgt aus Gl. (6.1):

$$\frac{dv}{dt} = \frac{g}{\beta} \alpha.$$ (6.2)

Mit $\dfrac{dv}{dt} = \dfrac{dv}{dx} \dfrac{dx}{dt} = \dfrac{dv}{dx} v$ folgt daraus

a) beim Einlauf

$$\int_{v_0}^{v_A} v \, dv = \frac{g \alpha_1}{\beta} \int_0^{x_A} dx,$$

$$v_A = \sqrt{2 \frac{g \alpha_1}{\beta} x_A + v_0^2}.$$ (6.3)

Mit den gegebenen Werten wird $v_A = 8{,}15$ m/s.

b) beim Auslauf

$$\int_{v_F}^{v_E} v \, dv = \frac{g \alpha_2}{\beta} \int_0^{x_E} dx,$$

$$v_F = \sqrt{v_E^2 - 2 \frac{g \alpha_2}{\beta} x_E}.$$ (6.4)

Mit den gegebenen Werten wird $v_F = 3{,}66$ m/s.

Die bei dieser vereinfachten Rechnung ermittelten Funktionen (6.3) und (6.4) bzw. die Werte für v_A und v_F sind Näherungslösungen für die gesuchten exakten Lösungen.

6. Maximalwerte der Veränderlichen
An Hand der Näherungslösungen wird geschätzt:

$$v_{max} = 10 \text{ m/s}.$$

7. Genauigkeitsanforderungen
Es genügt eine Genauigkeit in der Größenordnung von 1%.

8. Aufzuzeichnende Funktionen
a) Einlauf: $v(x)$ für die verschiedenen Windgeschwindigkeiten,
b) Auslauf: $v(x)$ für die verschiedenen Windgeschwindigkeiten.
(An sich interessieren nur die Endgeschwindigkeit v_A und die Anfangsgeschwindigkeit am Fußpunkt v_F; am Analogrechner erhält man grundsätzlich jedoch stets nicht nur Einzelwerte, sondern den gesamten Verlauf der Lösungsfunktionen.)

B. Einführung von Maßstabsfaktoren und Aufstellung der Maschinengleichungen
a) Einlauf
Da laut Aufgabe nur die Geschwindigkeit in Abhängigkeit vom Weg gesucht ist, formen wir die gegebene Gl. (6.1) um:

$$\frac{dv}{dt} = \frac{dv}{dx} \cdot \frac{dx}{dt} = v \frac{dv}{dx}.$$

Damit ist

$$\frac{dv}{dx} = \frac{g}{\beta} \frac{\alpha_1 \mp \gamma (v + w)^2}{v}. \qquad (6.5)$$

Wir führen die bezogenen Größen $v/v_{max} = V$ und $w/v_{max} = W$ ein.

Die unabhängige Variable x transformieren wir entsprechend (5.3) vermöge der Gleichung

$$\tau = \lambda x \qquad (\lambda \text{ erhält die Dimension m}^{-1}!).$$

Damit erhalten wir aus (6.5):

$$\frac{dV}{d\tau} = \frac{g}{\beta \lambda} \frac{\frac{\alpha_1}{v_{max}^2} \mp \gamma \left(V + \frac{w_{max}}{v_{max}} W \right)^2}{V}. \qquad (6.6)$$

Da wir das Quadrat der runden Klammer mit einem Multiplizierer bilden, müssen wir dafür sorgen, daß der gesamte Ausdruck unter der Klammer kleiner als Eins bleibt. Setzen wir der Einfachheit halber $w_{max} = v_{max}$, so folgt mit den gegebenen Konstanten:

$$\frac{dV}{d\tau} = \frac{\frac{0,00267 \text{ m}^{-1}}{\lambda} \mp \frac{0,00196 \text{ m}^{-1}}{\lambda} \left(\frac{V}{2} + \frac{W}{2} \right)^2}{V}. \qquad (6.7)$$

Der Faktor λ soll so gewählt werden, daß die Koeffizienten einstellbar werden. In dieser Aufgabe ist zu beachten, daß die Koeffizienten bestimmte Werte nicht überschreiten dürfen, damit der Quotient stets kleiner als Eins bleibt. Da $\left| \frac{V}{2} + \frac{W}{2} \right| < 1$ und $0,15 < V < 1$, müssen die Koeffizienten kleiner als 0,15 sein. Ein weiterer Gesichtspunkt ist der, daß λ den Zusammenhang zwischen Maschinenzeit und Wegstrecke liefert. Die Rechenzeit darf zur Aufzeichnung auf einem Schreiber nicht zu kurz sein. Wir wählen daher

$$\lambda = \frac{1}{10} \text{ m}^{-1}$$

und nehmen in Kauf, daß die Koeffizienten relativ klein werden.[1] Bei $\lambda = 0,1\,\mathrm{m}^{-1}$ folgt aus Gl. (5.16) bei $k_0 = 1\,\mathrm{s}^{-1}$:

$$t^* = 0,1\,\mathrm{s\,m^{-1}}\,x.$$

Eine Sekunde der Maschinenzeit t^* entspricht dann einer Wegstrecke von $x = 10$ m.

Bei dieser Wahl von λ erhalten wir damit die endgültige Maschinengleichung für den Einlauf:

$$\frac{dV}{d\tau} = \frac{0,0267 \mp 0,0196 \left(\dfrac{V}{2} + \dfrac{W}{2}\right)^2}{V} \tag{6.8}$$

bei $V(0) = 0,15$.

b) Auslauf

Hier handelt es sich um eine Randwertaufgabe. Da aber eine Differentialgleichung 1. Ordnung vorliegt, in der nur ein Anfangswert vorgeschrieben werden kann, läßt sich die Randwertaufgabe leicht auf ein Anfangswertproblem überführen. Wir ersetzen x durch $-x$ und berechnen, vom gegebenen Endwert v_E ausgehend, rückwärts den Anfangswert der erwünschten Geschwindigkeit v_F im Fußpunkt F. An Stelle von (6.8) folgt damit die Gleichung

$$-\frac{dV}{d\tau} = \frac{-0,00267 \mp 0,0196 \left(\dfrac{V}{2} + \dfrac{W}{2}\right)^2}{V} \tag{6.9}$$

mit dem Anfangswert $V_E = 0,005$. Um mit Sicherheit zu vermeiden, daß bei diesem kleinen Wert von V_E der Quotient größer als Eins wird, setzen wir die Koeffizienten noch um den Faktor 2 herunter und erhalten die endgültige Maschinengleichung für den Auslauf:

$$-\frac{dV}{d\tau} = 2\,\frac{-0,001335 \mp 0,0098 \left(\dfrac{V}{2} + \dfrac{W}{2}\right)^2}{V} \tag{6.10}$$

mit $V(0) = 0,005$.

C. Rechenschaltung

a) Einlauf

Unter Verwendung eines Komparators zur Umschaltung des Vorzeichens erhalten wir aus (6.8) die in Abb. 6.2 gezeigte Rechenschaltung.[2]

In Abb. 6.2 ist vorausgesetzt, daß sowohl der Multiplizierer als auch der Dividierer beide Vorzeichen eines Multiplikanden bzw. des Divisors benötigen. Um die auftretenden kleinen Koeffizienten besser einstellen zu können, werden 2 Potentiometer in Reihe geschaltet.

b) Auslauf

Aus Gl. (6.10) folgt die Rechenschaltung Abb. 6.3. Als Variante zu Abb. 6.2 wird hier der Komparator nicht durch die Größen $V/2$ und $W/2$, sondern direkt durch die Summe $\dfrac{V + W}{2}$ gesteuert.

---

[1] Für solche Fälle sind bei manchen Rechnern Buchsen vorhanden, an denen man die Spannung $0,1\,E$ (bzw. in normierter Schreibweise die Konstante $0,1$) abnehmen kann.

[2] Mit einem Parabel-Multiplizierer läßt sich nach Bild 17.37 die Funktion

$$\left[\mathrm{sign}\left(\frac{V}{2} + \frac{W}{2}\right)\right]\left(\frac{V}{2} + \frac{W}{2}\right)^2$$

unmittelbar ohne einen Komparator herstellen!

Den Faktor 2 vor dem Quotienten in (6.10) bilden wir durch 2 Verbindungen auf Eingänge ,,Eins'' am Integrierer Nr. 1.

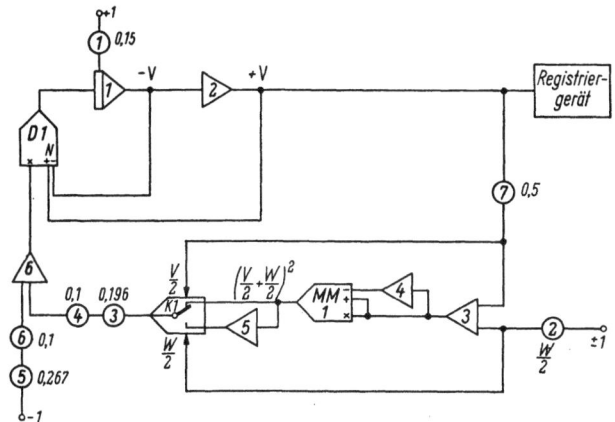

Abb. 6.2. Rechenschaltung zur Lösung von Gl. (6.8) für den Einlaufvorgang

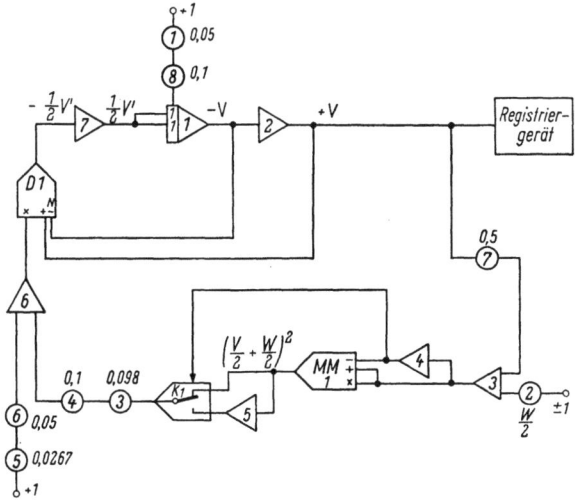

Abb. 6.3. Rechenschaltung für den Auslaufvorgang [Gl. (6.10)]

D. Listen der Rechenelemente und Festlegung des Rechnungsablaufs. Da in der vorliegenden Aufgabe nur wenige Rechenelemente benötigt werden, könnte man natürlich in diesem einfachen Fall auf die Anfertigung entsprechender Listen verzichten. Wenn wir hier trotzdem die Potentiometer und ihre Einstellwerte zusammenstellen, so geschieht es, um das im ersten Abschnitt Gesagte zu verdeutlichen. Wir nehmen an, die Potentiometer seien auf 4 Dezimalen einstellbar (10^{-4}-Rechner).

Potentiometerliste

Potentio-meter Nr.	Anliegende Bezugs-spannung	Einstellwert	Wertigkeit des folgenden Eingangs	Koeffizient
		a) Einlauf		
1	$+1$	1500	A	$V(0)$
2	± 1	3500 bzw. 0	1	$W/2$
3		1960	Pot.	$10 \cdot 4 \dfrac{g\,\gamma}{\beta\,\lambda}$
4		1000	1	Faktor
5	-1	0267	Pot.	$10 \dfrac{g\,\alpha_1}{\beta\,\lambda\,v_{max}^2}$
6		1000	1	Faktor
7		5000	1	Faktor
		b) Auslauf		
1	$+1$	0500	Pot.	$10\,V(0)$
2	± 1	3500 bzw. 0	1	$W/2$
3		0980	Pot.	$10 \cdot 2 \dfrac{g\,\gamma}{\beta\,\lambda}$
4		1000	1	Faktor
5	$+1$	0267	Pot.	$10 \dfrac{g\,\alpha_2}{\beta\,\lambda\,v_{max}^2}$
6		0500	1	Faktor
7		5000	1	Faktor
8		1000	A	Faktor

Der Rechnungsablauf ergibt sich aus der Aufgabenstellung:

a) Einlauf: $W = 0$:   Potentiometer Nr. 2:   0,

           $W = 0{,}7$:   0,35 auf $+1$,

           $W = -0{,}7$:   0,35 auf -1.

b) Auslauf: Werte von Potentiometer Nr. 2 in derselben Reihenfolge.

E. Vorbereitung der Programmprüfung. Zur statischen Kontrolle der Rechen-schaltung und der darin enthaltenen Rechenelemente legen wir an Integrierer Nr. 1 als Anfangsbedingung eine (willkürliche) Prüfspannung an und stellen das Potentio-meter Nr. 2 auf einen Prüfwert ein. Daraus folgen im stationären Anfangszustand an den einzelnen Rechenbausteinen bestimmte Rechengrößen, die wir jetzt be-rechnen werden. Wir können so später, wenn wir die Rechenschaltung nach den Abb. 6.2 und 6.3 auf das Programmierfeld der Maschine übertragen und die Potentiometer eingestellt haben, diese berechneten Werte mit den dann unmittel-bar meßbaren Spannungen vergleichen und damit Aufschluß darüber erhalten, ob alle Verbindungsleitungen richtig gesteckt sind und ob die Rechenelemente statisch richtig arbeiten. Die Prüfwerte wählen wir für den Ein- und Auslauf verschieden. (Sie haben, darauf sei nochmals hingewiesen, mit der eigentlichen Rechnung nichts zu tun, sondern dienen der Kontrolle. Für die Berechnung der Lösungsfunktionen

Liste der Prüfwerte für die statische Programmprüfung

Rechen-element	a) Einlauf		b) Auslauf	
	Variable	Zahlenwert	Variable	Zahlenwert
Verstärker Nr.				
1	$-V$	$-0,1$	$-V$	$-0,005$
2	$+V$	$+0,1$	$+V$	$+0,005$
3	$-\left(\dfrac{V}{2}+\dfrac{W}{2}\right)$	$+0,95$	$-\left(\dfrac{V}{2}+\dfrac{W}{2}\right)$	$-0,5002$
4	$+\left(\dfrac{V}{2}+\dfrac{W}{2}\right)$	$-0,95$	$+\left(\dfrac{V}{2}+\dfrac{W}{2}\right)$	$+0,5002$
5	$-\left(\dfrac{V}{2}+\dfrac{W}{2}\right)^2$	$-0,9025$	$-\left(\dfrac{V}{2}+\dfrac{W}{2}\right)^2$	$-0,2502$
6	$0,0267+0,0196\left(\dfrac{V}{2}+\dfrac{W}{2}\right)^2$	$+0,0444$	$-0,001335-0,0098\left(\dfrac{V}{2}+\dfrac{W}{2}\right)^2$	$-0,0038$
7	—	—	$\dfrac{+0,001335+0,0098\left(\dfrac{V}{2}+\dfrac{W}{2}\right)^2}{V}$	$+0,7580$
Potentio-meter Nr.				
1	$+V$	$+0,1$	$+10V$	$+0,05$
2	$\dfrac{W}{2}$	-1	$\dfrac{W}{2}$	$+0,5$
3	$-0,196\left(\dfrac{V}{2}+\dfrac{W}{2}\right)^2$	$-0,1769$	$+0,098\left(\dfrac{V}{2}+\dfrac{W}{2}\right)^2$	$+0,0245$
4	$-0,0196\left(\dfrac{V}{2}+\dfrac{W}{2}\right)^2$	$-0,0177$	$+0,0098\left(\dfrac{V}{2}+\dfrac{W}{2}\right)^3$	$+0,0024$
5	$-10\,\dfrac{g\,\alpha_1}{\beta\,\lambda\,v_{\max}^2}$	$-0,267$	$-10\,\dfrac{g\,\alpha_2}{\beta\,\lambda\,v_{\max}^2}$	$+0,0267$
6	$-\dfrac{g\,\alpha_1}{\beta\,\lambda\,v_{\max}^2}$	$-0,0267$	$-\dfrac{g\,\alpha_2}{2\,\beta\,\lambda\,v_{\max}^2}$	$+0,0013$
7	$0,5\ V$	$+0,05$	$0,5\ V$	$+0,0025$
8	—	—	V	$+0,005$
Multipli-zierer Nr.				
1	$+\left(\dfrac{V}{2}+\dfrac{W}{2}\right)^2$	$+0,9025$	$+\left(\dfrac{V}{2}+\dfrac{W}{2}\right)^2$	$+0,2502$
Dividierer Nr.				
1	$\dfrac{0,0267+0,0196\left(\dfrac{V}{2}+\dfrac{W}{2}\right)^2}{V}$	$+0,4439$	$\dfrac{-0,001335-0,0098\left(\dfrac{V}{2}+\dfrac{W}{2}\right)^2}{V}$	$-0,7580$
Kompa-rator Nr.				
1	$-\left(\dfrac{V}{2}+\dfrac{W}{2}\right)^2$	$-0,9025$	$+\left(\dfrac{V}{2}+\dfrac{W}{2}\right)^2$	$+0,2502$

müssen an Potentiometer Nr. 1 und 2 die in der Aufgabenstellung (bzw. in den Abb. 6.2 und 6.3) angegebenen Werte eingestellt werden.)

a) Einlauf

Wir stellen Potentiometer Nr. 1 auf $+0,1$ und Potentiometer Nr. 2 auf -1 (d. h. Einstellung 1, Bezugsspannung -1). Dies entspricht den Prüfgrößen

$$V = +0,1,$$

$$W = -2.$$

Diese Werte sind so gewählt, daß sowohl der Multiplizierer als auch der Dividierer gut ausgesteuert ist. Da in diesem Fall $(V + W) < 0$ ist, gilt in Gl. (6.8) das positive Vorzeichen.

b) Auslauf:

Potentiometer

Nr. 1: $+0,05$,   damit Prüfgrößen $V = +0,005$,

Nr. 8: $0,1$,

Nr. 2: $+0,5$. $W = +1$

Um den Komparator zu prüfen, haben wir hier $(V + W) > 0$ gewählt, so daß in Gl. (6.10) das negative Vorzeichen gilt. Aus den festgelegten Prüfgrößen für V und W ergeben sich im stationären Anfangszustand an den einzelnen Rechenelementen die in der obigen Liste (S. 51) zusammengestellten Prüfwerte [s. die Abb. 6.2 und 6.3 bzw. die Gln. (6.8) und (6.10)].

Zur dynamischen Prüfung des Programms können die hergeleiteten Näherungslösungen (6.3) und (6.4) bzw. die damit berechneten Näherungswerte für v_A und v_F dienen. Bei $W > 0$ muß der exakte Wert für v_A etwas kleiner und für v_F etwas größer als der entsprechende Näherungswert sein.

F. und G. Übertragung der Rechenschaltung auf das Programmierfeld, Ausprüfung der Rechenschaltung und Ausführung der Rechnung. Unter Beachtung der im vorigen Abschnitt gegebenen Hinweise wird die Rechenschaltung für den Einlaufvorgang nach Abb. 6.2 auf das Programmierfeld des Analogrechners aufgesteckt. Die Potentiometer 3 bis 7 werden auf die in den Potentiometerlisten angegebenen Werte eingestellt, während an Potentiometer 1 und 2 zunächst die oben angegebenen Prüfwerte eingestellt werden. Dann wird der Rechner in die Betriebsart ,,Pause'' geschaltet. In dieser Stellung sind alle Rechenelemente mit Ausnahme der Integrierer voll in Betrieb. Die Rechnung kann noch nicht beginnen, da die Eingänge der Integrierer — in unserem Falle also der Eingang von Integrierer Nr. 1 — abgetrennt sind, während an den Ausgängen die eingegebenen Anfangswerte auftreten. Wir haben damit einen stationären Anfangszustand und können die an den einzelnen Rechenelementen auftretenden Spannungen mit den vorher berechneten Rechengrößen vergleichen. Wenn die Rechenschaltung falsche Verbindungsleitungen aufweist, oder wenn Potentiometer falsch eingestellt sind, zeigt sich dies sofort darin, daß die gemessenen Werte nicht mit den gerechneten übereinstimmen.

Wenn die Rechenschaltung geprüft und für richtig befunden ist, stellen wir die Potentiometer Nr. 1 und 2 auf die in der Aufgabenstellung angegebenen Werte ein und beginnen mit der Rechnung. (Bei der in größeren Analogrechenanlagen eingebauten Betriebsart ,,Statische Prüfung'', deren Anwendung wir in Teil V besprechen werden, erübrigt sich das zweimalige Einstellen der Anfangswertpotentiometer.)

In Abb. 6.4 ist das Ergebnis der Rechnung für den Fall „Einlauf" aufgetragen. Für die gesuchte Geschwindigkeit v_A ergibt sich daraus ($v = v_{max} V$ mit $v_{max} = 10\,\text{m/s}$):

$$w = 0: \qquad v_A = 7,8\,\text{m/s},$$
$$w = 7\,\text{m/s}: \quad v_A = 6,9\,\text{m/s},$$
$$w = -7\,\text{m/s}: \quad v_A = 8,1\,\text{m/s}.$$

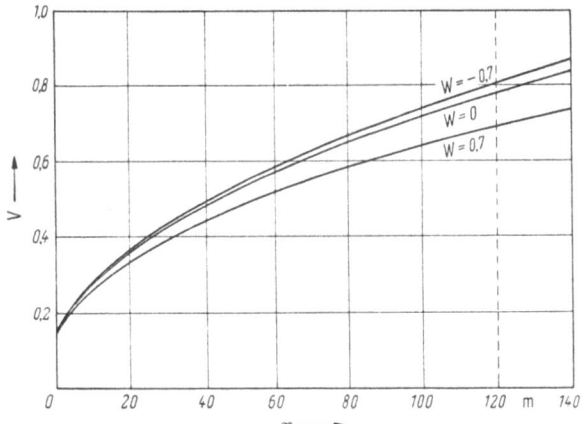

Abb. 6.4. Wagengeschwindigkeit in Abhängigkeit vom Weg beim Einlaufvorgang bei verschiedenen Windgeschwindigkeiten

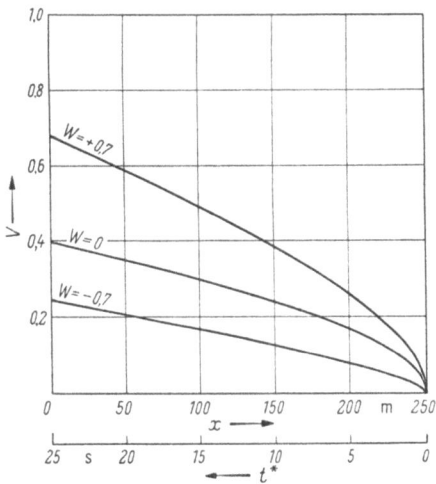

Abb. 6.5. Verlauf der Wagengeschwindigkeit beim Auslaufvorgang bei verschiedenen Windgeschwindigkeiten

Die Abweichungen der gewonnenen Lösungen von den früher analytisch berechneten Näherungslösungen erscheinen physikalisch verständlich, so daß mit einer befriedigenden Genauigkeit gerechnet werden darf.

Nun wird die Schaltung gemäß Abb. 6.3 geändert und wieder in derselben Reihenfolge verfahren wie bei der Berechnung des Einlaufvorgangs. Die Lösungsfunktionen für den Auslauf zeigt Abb. 6.5. Da wir, vom Endwert der Geschwindigkeit ausgehend, rückwärts gerechnet haben, ist die Maschinenzeit t^* und der Weg x in umgekehrter Richtung aufgetragen.

Für die gesuchte Anfangsgeschwindigkeit v_F lesen wir darin ab:

$$w = 0: \qquad v_F = 4{,}0\ \text{m/s},$$

$$w = +7\ \text{m/s}: \quad v_F = 6{,}7\ \text{m/s},$$

$$w = -7\ \text{m/s}: \quad v_F = 2{,}4\ \text{m/s}.$$

Literatur zu § 6

[1] WITZEL, T., and J. L. WILSON: Digital Computer Programs Analog Solution. Control Engng. 8 (June 1961) Nr. 6.
[2] PETRY, W.: Differentialgleichungsübersetzer (DIFÜ). Interner Bericht des Instituts für Angewandte Mathematik der Universität Mainz (Prof. Dr. BAUER).
[3] GREEN, C., A. DEBROUX G. P. DEL BIGIO et H. D'HOOP: Le code APACHE, destiné à la programmation d'un problème analogique au moyen d'un calculateur digital. Journées internationales de calcul analogique, Opatija, Sept. 1961.
[4] RAAB, F.: Die Bewegungsgleichung frei ablaufender Eisenbahnfahrzeuge. Verkehrstechn. Woche 22 (März 1928) H. 10, S. 165—171.

II. Technische Grundlagen der Rechenelemente

Wir haben den elektronischen Analogrechner als eine Ansammlung von Rechenelementen kennengelernt. Bisher ist ein Rechenelement für uns ein „schwarzer Kasten" mit einem oder mehreren Eingängen und einem Ausgang, bei dem zwischen Eingangs- und Ausgangsgrößen eine wohl definierte mathematische Beziehung besteht.

Wir werden in diesem Kapitel betrachten, wie diese mathematischen Beziehungen physikalisch realisiert werden, wobei sich die Betrachtung nur auf das Wesentliche beschränken soll. Uns interessieren hier nicht die speziellen elektronischen Kunstgriffe und Schaltungstechniken, durch die der moderne Präzisionsanalogrechner erst möglich wurde, sondern die physikalischen Prinzipien. Ihre Kenntnis ist — auch für den Mathematiker — nicht nur von allgemeinem Interesse, sondern für eine erfolgreiche Handhabung dieses Instruments notwendig. Der Analogrechner erfordert als ein physikalisches Gebilde die Beachtung gewisser physikalischer Gesetze, die sich aus den Besonderheiten seiner Struktur und seiner Arbeitsweise ergeben. Dies ist vielleicht für denjenigen, der nicht in der Elektronik zu Hause ist, ein Nachteil des Analogrechners gegenüber dem Digitalrechner. Daß dafür seine Handhabung dem ingenieurmäßigen Denken sehr viel näher steht als die des Digitalrechners, haben wir schon erwähnt.

Was wir bei den folgenden Erörterungen voraussetzen werden, ist die Kenntnis einiger elementarer Grundgesetze der Elektrotechnik. Es sind dies das OHMsche Gesetz, die KIRCHHOFFschen Regeln und das Ladungsgesetz. Wir werden hier die Elemente weitgehend idealisiert betrachten und die Diskussion der Fehlereinflüsse dem Teil V vorbehalten.

§ 7. Potentiometer und ihre Einstellung

Ein Potentiometer ist ein Widerstand mit einem veränderlichen Abgriff. Der Widerstand besteht üblicherweise aus einem auf einen Isolierkörper aufgewickelten Draht. Den Zusammenhang zwischen Schleiferverstellung und abgegriffenem Widerstand wählt man linear. Abb. 7.1a zeigt schematisch den Aufbau eines Potentiometers, Abb. 7.1b die in der Elektrotechnik übliche symbolische Darstellung, und Abb. 7.1c das Symbol, das in der Analogrechentechnik gebräuchlich ist.

Nach Teil I dient das Potentiometer als Rechenelement zur Multiplikation einer Rechenspannung u_e mit einem konstanten Faktor

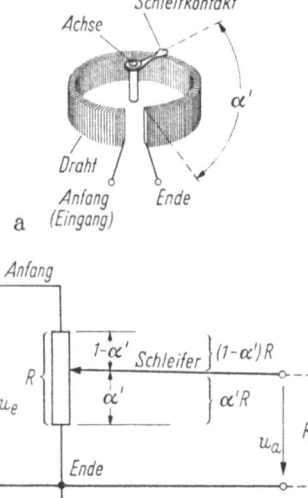

$$u_a = \alpha\, u_e.$$

α entspricht also dem Spannungsverhältnis

$$\alpha = \frac{u_a}{u_e}.$$

Bei dem in Abb. 7.1 b dargestellten Potentiometer sei α' das Verhältnis des Drehwinkels, um den der Schleifer von der Nullage aus verstellt wurde, zum gesamten Drehwinkel zwischen Anfang und Ende. Es gilt also

$$0 \leqq \alpha' \leqq 1.$$

Die Spannungen verhalten sich bei einem Potentiometer wie die Widerstände, an denen sie auftreten. Ohne den (gestrichelt gezeichneten) Lastwiderstand gilt daher die Beziehung

$$u_a = \frac{\alpha' R}{R} u_e = \alpha'\, u_e.$$

Abb. 7.1 a—c. a) Aufbau eines Potentiometers, b) elektrotechnisches Symbol, c) Analogrechensymbol

Beim unbelasteten Potentiometer ist also der bezogene Drehwinkel α' direkt gleich dem Koeffizienten α. Der wirkliche Drehwinkel beträgt in Abb. 7.1 a etwa 330°. Um eine genaue Einstellung zu erleichtern, werden aber meist Potentiometer mit 10 Umdrehungen (Zehngangpotentiometer) verwendet.

Bei dieser Ausführungsform ist die Widerstandsbahn zu einer Schraubenlinie ausgebildet. An einer Skala, die mit dem Einstellknopf verbunden ist, kann der bezogene Drehwinkel α' auf etwa 3 Stellen abgelesen werden (Abb. 7.2).

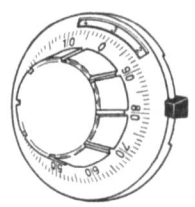

Abb. 7.2. Einstellknopf eines Zehngangpotentiometers (Beckman Instruments)

In einer Analogrechenschaltung ist der Ausgang eines Koeffizientenpotentiometers immer mit einem oder mehreren Eingängen anderer Rechenelemente verbunden. Dadurch tritt eine ,,Belastung" des Potentiometers auf, da nun die Eingangswiderstände der angeschlossenen Glieder zwischen Schleifer und Ende des Potentiometers liegen (s. den in Abb. 7.1 b gestrichelt eingezeichneten Belastungswiderstand R_L). Das Verhältnis der Ausgangs- zur Eingangsspannung ist nun nicht mehr gleich dem bezogenen Drehwinkel wie im unbelasteten Fall. Vielmehr gilt jetzt die Beziehung

$$\alpha = \frac{u_a}{u_e} = \frac{\alpha'}{1 + (1 - \alpha')\,\alpha'\,R/R_L}. \qquad (7.1)$$

Die Skala, die die Größe α' anzeigt, wird im Belastungsfalle also nur den ungefähren Wert des einzustellenden Koeffizienten α anzeigen. Der Fehler zwischen dem angezeigten und dem wirklichen Wert ist

$$F = \alpha' - \alpha = \alpha'\left(1 - \frac{1}{1 + (1 - \alpha')\,\alpha'\,R/R_L}\right).$$

Abb. 7.3 zeigt den Fehler als Funktion der Einstellung α' für einige Werte des Verhältnisses R/R_L. Dieses liegt üblicherweise in den Grenzen $0{,}02 \leqq R/R_L \leqq 0{,}5$.

Die Einstellung eines gewünschten Faktors oder Koeffizienten α kann also nur näherungsweise nach der Skala des Potentiometers erfolgen. Man könnte natürlich daran denken, aus den Fehlerkurven in Abb. 7.3 den zur Einstellung eines bestimmten Faktors α nötigen Einstellwinkel α' zu entnehmen. Die in der Praxis angewandten Einstellmethoden sind jedoch unabhängig von der jeweiligen Belastung, da hierbei nicht der Drehwinkel, sondern unmittelbar das Spannungsverhältnis α eingestellt wird.

Je nach Ausführungsform des Analogrechners bedient man sich einer der folgenden Methoden zur Potentiometereinstellung:

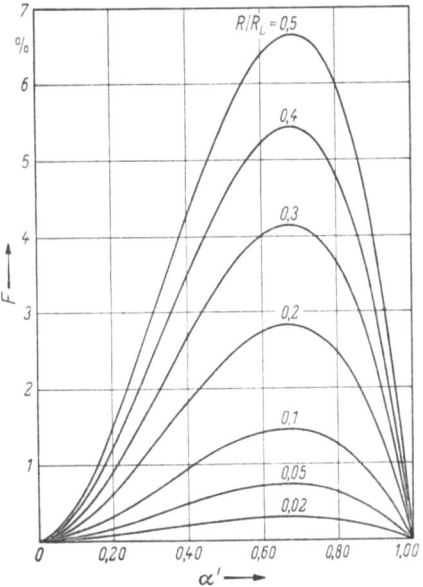

Abb. 7.3. Belastungsfehler eines Potentiometers als Funktion des Drehwinkels

1. Methode: Man mißt die Ausgangsspannung des belasteten Potentiometers, wenn eine bekannte Eingangsspannung anliegt. Als Eingangsspannung dient die Maschineneinheit (Bezugsspannung). Benutzt man zur Messung ein Digitalvoltmeter, das die gemessene Spannung als Bruchteil der Maschineneinheit angibt, so zeigt dieses direkt den numerischen Wert des Teilerverhältnisses an. Man verdreht das einzustellende Potentiometer so lange, bis der Zahlenwert des gewünschten Faktors am Digitalvoltmeter erscheint (Abb. 7.4a).

2. Methode: Man mißt das Teilerverhältnis kompensatorisch durch Vergleich mit einem genauen Vergleichspotentiometer (Abb. 7.4b). Der

Schleifer des Vergleichspotentiometers wird so lange verstellt, bis das Nullinstrument keinen Ausschlag mehr zeigt. Das ist dann der Fall,

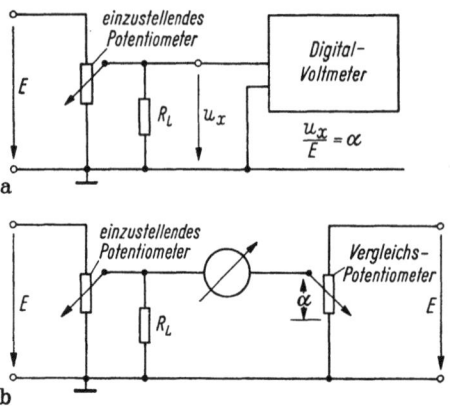

a

b

Abb. 7.4a u. b. Einstellung eines Potentiometers
a) Mit dem Digitalvoltmeter, b) mit Nullinstrument
und Vergleichspotentiometer

wenn die Teilerverhältnisse beider Potentiometer und damit die Schleiferpotentiale übereinstimmen. Gleichzeitig ist das Vergleichspotentiometer nun unbelastet, so daß das gesuchte Teilerverhältnis jetzt unmittelbar an dessen Skala abgelesen werden kann. Zum Einstellen eines gewünschten Koeffizienten an einem belasteten Potentiometer wird man umgekehrt vorgehen: man stellt zunächst den Koeffizienten an der Skala des Vergleichspotentiometers ein und verdreht das einzustellende Potentiometer dann so lange, bis das Instrument auf Null zeigt. (Nach dieser Methode kann man auch Spannungen messen und einstellen.)

Die 1. Methode ist die weitaus elegantere und gebräuchlichere. Von der 2. Methode macht man bei kleineren Anlagen Gebrauch, bei denen man aus Preisgründen auf ein Digitalvoltmeter verzichtet. Auf eine Skala wird man bei den Potentiometern in keinem Fall gern verzichten, da sie zur ersten, ungefähren Einstellung sehr nützlich ist, zumal die Einstellgenauigkeit oft bei ersten orientierenden Rechenschritten genügt. Die Einstellgenauigkeit eines Potentiometers ist um so größer, je näher der einzustellende Koeffizient dem Wert Eins kommt, da dann die Meßmethode am genauesten ist: ein Digitalvoltmeter, das die Zahl Eins auf 4 Stellen genau, also mit einem Fehler kleiner als 10^{-4} anzeigt, wird den Wert 0,1 nur noch auf 3 Stellen genau und den Wert 0,01 nur noch auf 2 Stellen genau anzeigen. Diese 2 Stellen sind dabei entsprechend kritisch einzustellen. Aus diesem Grunde wird man bei dem Entwurf einer Rechenschaltung zur Lösung eines Problems alle Koeffizienten möglichst vermeiden, die wesentlich kleiner als etwa 0,1 sind. Keineswegs wird man aber einen Wert einstellen, der kleiner als 0,01 ist. Sind Koeffizienten in dieser Größe nicht zu umgehen, so wird man zur Erhöhung der Genauigkeit 2 Potentiometer hintereinanderschalten. An jedem der Potentiometer stellt man einen Wert ein, der etwa der Wurzel aus dem einzustellenden Koeffizienten entspricht. Beispiel: Es sei der Wert 0,0085 einzustellen. Wir schalten 2 Potentiometer „hintereinander", verbinden also den Ausgang des ersten Potentiometers mit dem Eingang des zweiten. Das 2. Potentiometer stellen wir z. B. auf den Wert 0,1 ein, das erste auf den Wert 0,085 (Abb. 7.5).

Der Einstellfehler wird dadurch verringert, wie folgende Rechnung zeigt: Würden wir bei einem 10^{-4}-Rechner den Koeffizienten 0,0085 mit einem einzigen Potentiometer einstellen, so wäre der Fehler bei einer Unsicherheit von $1 \cdot 10^{-4}$

$$F_1 = \frac{1}{85} = 1,18\,\% \,.$$

Verwenden wir 2 Potentiometer, so können sich im ungünstigsten Falle deren Einstellfehler summieren. Der Gesamtfehler beträgt dann

$$F_2 = \frac{1}{850} + \frac{1}{1000} = 0,218\,\% \,,$$

also weniger als ein Fünftel von F_1.

Wir dürfen nicht vergessen, daß bei dieser Schaltung das 1. Potentiometer durch das zweite kräftig belastet wird. Bei einer Änderung des Koeffizienten verstellt man daher das erste der beiden Potentiometer, da bei einer Änderung des 2. Potentiometers auch die Belastung und damit die Einstellung des ersten geändert würde.

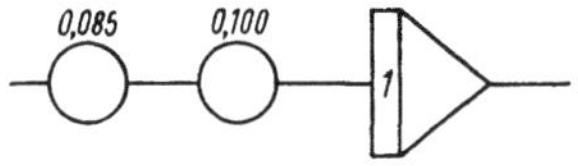

Abb. 7.5
Einstellung kleiner Koeffizienten durch Hintereinanderschalten zweier Potentiometer

Die Eingänge (Anfang) und Ausgänge (Schleifer) der Potentiometer sind zu Buchsen auf dem Steckfeld geführt, die Kennzeichnung erfolgt durch eine entsprechende Numerierung. Das Ende der Potentiometer ist normalerweise fest mit Masse verbunden. Bei einigen Potentiometern ist das Ende ebenfalls zu einer Buchse geführt, da man solche nicht mit Masse verbundenen Potentiometer (sog. freie Potentiometer) für spezielle Schaltungen benötigt. Ein- und Ausgang eines Potentiometers sind ebensowenig vertauschbar wie bei den anderen Rechenelementen. Das Symbol für die Koeffizientenpotentiometer nach Abb. 7.1 c hat den Nachteil, daß sich die Wirkungsrichtung nicht direkt erkennen läßt. Diese ergibt sich bei einer Schaltung jedoch immer aus der Wirkungsrichtung der übrigen Rechenelemente, zwischen die die Potentiometer geschaltet sind.

§ 8. Der Rechenverstärker und seine Schaltungen

8.1 Das Prinzip

Der Rechenverstärker ist der wichtigste Baustein des elektronischen Analogrechners. Man versteht hierunter einen speziellen Gleichstromverstärker, der sehr weitgehende Anforderungen erfüllen muß:

1. Der Betrag der Verstärkung soll theoretisch unendlich groß sein.

2. Der Phasenwinkel (das ist die Phasenverschiebung zwischen einer sinusförmigen Eingangsspannung und der zugehörigen Ausgangsspannung) soll für alle Frequenzen genau 180° betragen.

3. Der Eingangswiderstand (zwischen Verstärkereingang und Masse) soll unendlich groß sein.

4. Der Strom i_g am Eingang des Verstärkers (Abb. 8.1) soll Null sein.

5. Im Verstärker dürfen keine unkontrollierbaren Spannungsschwankungen und Störspannungen (wie z. B. „Rauschen" und „Drift")

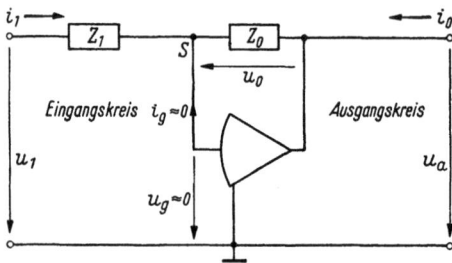

Abb. 8.1. Die Beschaltung eines Rechenverstärkers
mit allgemeinen Widerständen

auftreten.

Diese Forderungen lassen sich aus physikalischen Gründen nicht streng erfüllen. Durch geeignete schaltungstechnische Maßnahmen (wie z. B. die Chopperstabilisierung) kann man aber Verstärker bauen, die dem Idealfall hinreichend nahekommen. Die Frage, was dabei als hinreichend gelten kann, bzw. welche Fehler bei ungenügender Erfüllung der obigen Forderungen entstehen können, wird in Teil V erörtert. Für die folgenden Betrachtungen wollen wir eine hinreichend gute Annäherung als gegeben voraussetzen.

Die Verstärkung V eines Verstärkers ist definiert als das Verhältnis von Ausgangsspannung (u_a) zu Eingangsspannung (u_g). Damit ist

$$\frac{u_a}{u_g} = -V\,;$$

wenn die obigen Anforderungen erfüllt sind, muß also gelten:

$$u_g = -\frac{u_a}{V} \to 0 \quad \text{für} \quad V \to \infty \tag{8.1}$$

und ferner

$$i_g = 0\,. \tag{8.2}$$

Es sei dabei noch vorausgesetzt, daß die Ausgangsspannung u_a des Verstärkers einen bestimmten Maximalwert E (z. B. 100 V) nicht überschreitet. Diese Bedingung ist schon automatisch dadurch erfüllt, daß bei einem solchen Verstärker die Ausgangsspannung niemals den Wert der Anodenspeisespannung überschreiten kann. Der Verstärker darf aber nicht so stark ausgesteuert werden, daß die Ausgangsspannung schon in die Nähe dieses Wertes kommt, da hier der Verstärker nicht mehr linear arbeitet (die Verstärkung ist nicht mehr konstant und unabhängig von der Eingangsspannung). Normalerweise liegt die Aussteuerungsgrenze bei einem Röhrenverstärker bei $u_a = \pm 100$ V. Ein geringfügiges Überschreiten dieser Grenze schadet nichts, da der Verstärker bis etwa 140 V noch linear arbeitet. Bei Transistorverstärkern liegen die entsprechenden Werte z. B. bei ± 10 V (bzw. 14 V).

Diesen Rechenverstärker verbindet man im Analogrechner mit speziellen Netzwerken aus passiven Schaltelementen. Solche Schaltelemente sind z. B. Ohmsche Widerstände, Kondensatoren, Dioden usw. Durch diese Verbindung entstehen Rechenelemente, wie Summierer, Integrierer, Funktionsgeber. Abb. 8.1 zeigt den einfachsten Fall einer solchen Anordnung. Hier besteht das Netzwerk aus den zwei allgemeinen Widerständen (sog. Impedanzen) Z_1 und Z_0, von deren Charakter es abhängt, welches Rechenelement sich dadurch ergibt. Die Aufgabe des Rechenverstärkers in der Schaltung Abb. 8.1 ist es, zu verhindern, daß die Ausgangsgröße auf die Eingangsgröße zurückwirkt. Da die Ausgangsspannung u_a in Gl. (8.1) immer endlich groß bleibt, wird wegen der unendlich großen Verstärkung die Spannung am Verstärkereingang u_g gegen Null gehen; der Punkt S liegt damit auf Nullpotential. Zwischen dem Eingangs- und Ausgangskreis besteht dadurch keine Rückwirkung; beide Kreise können unabhängig voneinander betrachtet werden.

Eingangskreis: Die Abhängigkeit des Stroms i_1 von der Spannung u_1 wird ausschließlich durch die Art des Widerstands Z_1 bestimmt. Diese Abhängigkeit kann linear sein — in diesem Fall ist Z_1 ein linearer Ohmscher Widerstand —, sie kann einer nichtlinearen Funktion gehorchen, wenn man für Z_1 den entsprechenden nichtlinearen Widerstand wählt. Der Eingangsstrom kann aber auch dem zeitlichen Differential- oder Integralwert der Eingangsspannung entsprechen, wenn man für Z_1 eine Reaktanz, das ist eine Kapazität oder eine Induktivität, einbaut.

Ausgangskreis: Nach der KIRCHHOFFschen Maschenregel ist für $u_g = 0$

$$u_a = u_0. \tag{8.3}$$

Nun hängt es wiederum von der Art des Widerstands Z_0 ab, welche Beziehung zwischen u_0 und dem Strom i_0 und damit schließlich zwischen Ausgangsspannung und Eingangsspannung gilt. Da wir $i_g = 0$ vorausgesetzt haben, ist ja der Strom i_0 genau gleich dem negativen Eingangsstrom i_1. Eingangs- und Ausgangskreis sind also entsprechend der Gleichung

$$i_0 = -i_1 \tag{8.4}$$

nur dadurch gekoppelt, daß sie vom gleichen Strom durchflossen werden, darüber hinaus besteht im Idealfall keine Rückwirkung.

Für einen der beiden Widerstände wählt man im allgemeinen einen linearen Ohmschen Widerstand. In der zugehörigen Masche sind dann Strom und Spannung proportional. Den 2. Widerstand wählt man so, daß sich die gewünschte mathematische Beziehung zwischen Eingangs- und

Ausgangsspannung ergibt. Wir werden dem Rechenverstärker in dieser prinzipiellen Anordnung immer wieder begegnen, im summierenden und integrierenden Rechenelement wie im Parabel-Multiplizierer oder im Funktionsgeber.

8.2 Der summierende Verstärker (Summierer)

Die Schaltung des Summierers (Abb. 8.2) unterscheidet sich von Abb. 8.1 darin, daß das Netzwerk jetzt aus reinen Ohmschen Widerständen besteht und daß allgemein n Eingänge mit den Widerständen R_1

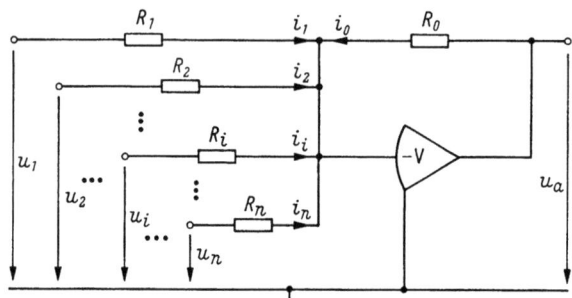

Abb. 8.2. Prinzipschaltung des Summierers

bis R_n vorhanden sind. Nach der KIRCHHOFFschen Knotenregel muß die Summe der in den Punkt S zufließenden Ströme gleich den abfließenden Strömen sein. Es gilt also mit $i_g = 0$

$$i_1 + i_2 + \cdots + i_n + i_0 = 0. \tag{8.5}$$

Nach dem OHMschen Gesetz gilt für die Eingangsströme (da $u_g = 0$ gesetzt):

$$i_1 = \frac{u_1}{R_1}, \quad i_2 = \frac{u_2}{R_2}, \quad \ldots, \quad i_n = \frac{u_n}{R_n} \tag{8.6}$$

und für den Strom im Ausgangskreis

$$i_0 = \frac{u_a}{R_0}. \tag{8.7}$$

Durch Einsetzen dieser Beziehungen in (8.5) und Auflösen nach u_a folgt

$$u_a = -\left(\frac{R_0}{R_1} u_1 + \frac{R_0}{R_2} u_2 + \cdots + \frac{R_0}{R_n} u_n\right). \tag{8.8}$$

Diese Beziehung läßt sich abgekürzt auch schreiben:

$$u_a = -\sum_{i=1}^{n} c_i u_i \quad \text{mit} \quad c_i = \frac{R_0}{R_i}. \tag{8.9}$$

Die Schaltung nach Abb. 8.2 multipliziert also verschiedene Eingangsvariablen u_i mit den festen Faktoren c_i und bildet nachfolgend die Summe über die so bewerteten Eingangsgrößen. Wir nennen diese Kombination einen summierenden Verstärker oder kurz Summierer und bezeichnen diesen durch das in Abb. 2.4 angegebene Symbol. Die einzelnen Eingänge sind durch Zahlen gekennzeichnet, die die Größe des jeweiligen Bewertungsfaktors (man wählt ihn immer ganzzahlig) angeben. Üblich sind die Werte 1 und 10, oft findet man aber auch noch Zwischengrößen, z. B. 4 oder 5. Wird eine Eingangsvariable zugleich auf mehrere Eingänge gegeben, so addieren sich die entsprechenden Bewertungsfaktoren, und man kann so Zwischenwerte herstellen.

Durch Rückführung der Ausgangsgröße auf einen oder mehrere der Eingänge ist noch eine Vielzahl anderer, auch gebrochener Faktoren möglich.

Wir betrachten dies an einem Beispiel: Für die Schaltung Abb. 8.3 gilt mit Gl. (8.9)

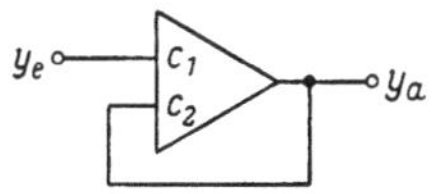

Abb. 8.3. Summierer mit äußerer Rückführung

oder

$$u_a = -(c_1\, u_e + c_2\, u_a)$$

$$u_a = -\frac{c_1}{1 + c_2}\, u_e.$$

Man wird diese Möglichkeiten aber nur in Sonderfällen voll ausnutzen, denn meistens benötigt man die Eingänge schon zum Summieren mehrerer Variablen. Hat man mehrere Eingangsgrößen einfach zu addieren, so benutzt man direkt die Eingänge 1, sollen die Größen noch mit festen Faktoren multipliziert werden, so benutzt man Potentiometer, die man auf einen Eingang 1 schaltet, wenn der Faktor zwischen Null und Eins liegt, und auf einen Eingang 10, wenn er zwischen Eins und Zehn liegt. Es genügt an sich also, wenn ein Summierer Eingänge mit der Bewertung 1 und 10 besitzt (auf eine weitere Zehnerpotenz, also auf den Faktor 100, verzichtet man meist aus technischen Gründen). Da der Einstellfehler eines Potentiometers um so kleiner ist, je näher der eingestellte Wert dem Wert 1 kommt, ist es vorteilhaft, noch über Eingänge mit einer Wertigkeit etwa in der Mitte zwischen Eins und Zehn verfügen zu können.

Eine weitere Buchse führt direkt auf den Summenpunkt. Sie wird daher meist mit „S" bezeichnet. Man benötigt sie für spezielle Schaltungen. Wird einem Summierer insbesondere nur eine Eingangsgröße u_e zugeführt und $c = R_0/R_e = 1$ gewählt, so spricht man auch von einem „Umkehrverstärker", da diese Anordnung nur das Vorzeichen von u_e umkehrt.

8.3 Der Summierer ohne Rückführung (Offener Verstärker)

Ein Rechenbauteil, das sehr eng mit dem Summierer verwandt ist, ist der „nichtrückgeführte" oder „offene" Verstärker. Er entspricht in allem dem Summierer bis auf den Umstand, daß die Rückführung zwischen dem Ausgang und dem Summenpunkt S fehlt, der Rückführungskreis also offen ist. Abb. 8.4 zeigt diese Anordnung (zur Vereinfachung mit nur 2 Eingängen).

Nach dem Gesetz der Spannungsteilung gilt für u_g:

$$u_g = \frac{u_1 R_2 + u_2 R_1}{R_1 + R_2}.$$

(8.10)

Nehmen wir als Beispiel an, daß sich die Widerstände wie $1:10$ verhalten (z. B. $R_1 = R_0 = 10 R_2$), so gilt in diesem Fall

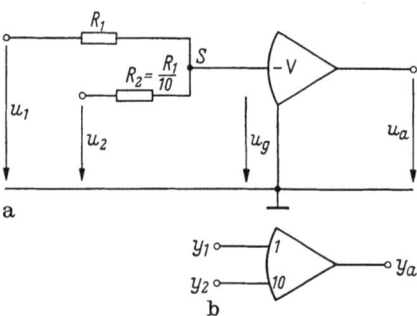

$$u_g = \frac{u_1 + 10 u_2}{11}.$$

Ferner gilt wieder definitionsgemäß

$$u_g = -\frac{u_a}{V}.$$

a

b

Abb. 8.4 a u. b. Rechenverstärker ohne Rückführung (offener Verstärker), a) Ausführlichere Darstellung, b) vereinfachtes Symbol

Soll der Verstärker nicht übersteuert werden, die Ausgangsspannung also trotz der sehr hohen Verstärkung einen endlichen Wert nicht überschreiten, so muß auch hier wieder $u_g \approx 0$ sein. Dies ist aber jetzt nur der Fall, wenn der Zähler von Gl. (8.10) Null wird. Wie unser Beispiel zeigt, bleibt dabei die Bewertung der Eingänge dieselbe wie beim Summierer. Allgemein gilt also das Gesetz, daß der Verstärker nur dann nicht übersteuert wird, wenn die Bedingung

$$\sum_{i=1}^{n} c_i u_i = 0$$

(8.11)

erfüllt ist. Bei der geringsten Verletzung dieser Bedingung springt die Ausgangsspannung auf die Übersteuerungsgrenze. Bei der riesigen Verstärkung präziser Rechenverstärker genügen dazu meist schon die unvermeidlichen, winzigen Spannungsschwankungen, die durch das thermische Rauschen und andere Störungen entstehen.

Ergänzt man die Schaltung Abb. 8.4 durch den Rückführungswiderstand R_0 zwischen Ausgang und Summenpunkt, so erhält man den Summierer entsprechend Abb. 8.2. Tatsächlich sind bei den meisten Analogrechnern die Summierer mit einem Schalter im Rückführungspfad ausgerüstet. Bei geschlossenem Schalter ist die Rückführung des Summierers wirksam. Wird der Schalter geöffnet, so wird die Rückführung unterbrochen; der Summierer wird zu einem offenen Verstärker (als Schalter dient vielfach ein Kurzschlußstecker). Wie in Abb. 8.4 b gezeigt, verwenden wir der Einfachheit halber für den offenen Verstärker das gleiche Symbol wie für den reinen, unbeschalteten Rechenverstärker. Wie beim Summierer, bezeichnen wir die Eingänge mit verschiedener Wertigkeit durch die entsprechenden Zahlen. Die Klemme, die auf den „Summenpunkt" führt, bezeichnen wir mit „S".

Es sei an dieser Stelle betont, daß der offene Verstärker allein kein selbständiges Rechenelement darstellt, sondern daß er nur in Verbindung mit anderen Rechenelementen dazu dient, Bedingungen wie Gl. (8.11) zu erfüllen. Wir werden hierauf in § 17.6 näher eingehen.

8.4 Der integrierende Verstärker (Integrierer)

Einen Integrierer erhalten wir, wenn wir in Abb. 8.2 den Widerstand R_0 in der Rückführung durch einen Kondensator C_0 ersetzen (Abb. 8.5).

Es gelten unverändert die Gln. (8.5) und (8.6). An Stelle von (8.7) gilt jetzt das „Ladungsgesetz"

$$i_0 = C_0 \frac{du_C}{dt}. \quad (8.12)$$

(Dieses Gesetz folgt aus der einfachen Tatsache, daß die gespeicherte Ladungsmenge in einem Kondensator gleich dem Integral des Zuflusses sein

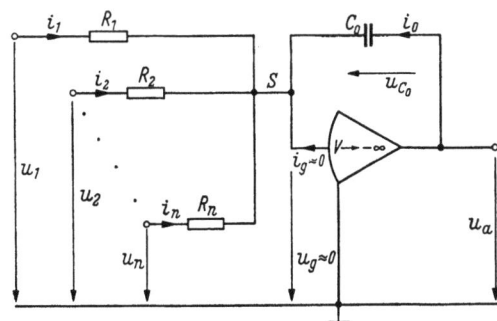

Abb. 8.5. Prinzipschaltung des Integrierers

muß.) Damit erhalten wir an Stelle von Gl. (8.8) jetzt die Beziehung

$$\frac{du_C}{dt^*} = -\frac{1}{R_1 C_0} u_1 - \frac{1}{R_2 C_0} u_2 - \cdots - \frac{1}{R_n C_0} u_n. \quad (8.13)$$

Der Rechenverstärker sorgt wieder dafür, daß $u_g \approx 0$ ist. Es gilt also jetzt
$$u_a = u_C.$$

u_C erhalten wir durch Integration von Gl. (8.13). Damit gilt

$$u_a(t^*) = u_{a0} - \left[\frac{1}{R_1 C_0} \int u_1 \, dt^* + \frac{1}{R_2 C_0} \int u_2 \, dt^* + \cdots + \frac{1}{R_n C_0} \int u_n \, dt^* \right]$$

$$= u_{a0} - \sum_{i=1}^{n} k_i \int u_i \, dt^*. \quad (8.14)$$

Der Integrierer vereinigt also die Funktion des Summierens und des Integrierens. u_{a0} ist die Ausgangsspannung, die im Zeitpunkt $t^* = 0$ auftritt, wenn schon eine Anfangsladung im Kondensator vorhanden ist.

Für den Faktor $\frac{1}{R_i C}$ haben wir die Abkürzung

$$\frac{1}{R_i C} = k_i \quad (8.15)$$

eingeführt. k_i ist eine Konstante, die angibt, mit welcher Geschwindigkeit die Integration verläuft. k_i hat die Dimension s^{-1}.

Ein Beispiel soll dies verdeutlichen: Im Zeitpunkt $t^* = 0$ werde die konstante Spannung $u_e = -10\ \text{V}$ an einen der Integrierereingänge gelegt ($u_{a\,0}$ sei gleich Null). Beträgt für diesen Eingang $k_1 = 1\ \text{s}^{-1}$, so erreicht die linear ansteigende Ausgangsspannung den Wert $u_a = 10\ \text{V}$ nach 1 s. Beträgt $k_1 = 2\ \text{s}^{-1}$, so hat die Ausgangsspannung nach 0,5 s diesen Wert erreicht, bzw. nach 1 s ist sie auf 20 V angestiegen. Bezüglich der Wirkung eines Integrierers ist es also das gleiche, ob man k_1 oder u_e verdoppelt.

Bei verschiedenen Eingangswiderständen R_i sind auch die zugehörigen k_i verschieden. Die gleiche Eingangsspannung kann also in ein und demselben Integrierer mit verschiedener Geschwindigkeit integriert werden, je nachdem, welcher Eingang benutzt wird. Diese Eigenschaft ist, wie wir noch sehen werden, für die Programmierung, d. h. für die möglichst optimale Dimensionierung einer Rechenschaltung sehr wichtig.

Gedanklich mag aber zunächst eine gewisse Schwierigkeit mit der Tatsache verbunden sein, daß ein Integrierer eine Summe von Integrationen ausführt, die alle in verschiedenen Zeitmaßstäben ablaufen können. Diese Schwierigkeit läßt sich aber leicht durch eine formale Abänderung beheben. Für (8.15) können wir auch schreiben

$$k_i = \frac{R_0}{R_i} \frac{1}{R_0 C_0} = c_i k_0. \qquad (8.16)$$

Die Konstante k_0 — wir haben sie bereits in Teil I als den *Integrationsfaktor* eingeführt — liegt durch die Wahl des Kondensators C_0 fest. Sie ist also eine unveränderliche Eigenschaft des Integrierers und, wenn man bei allen Integrierern einer Maschine die gleiche Kapazität wählt, eine Eigenschaft der Rechenmaschine. Der Faktor c_i ist wieder der gleiche, einem Eingang zugeordnete Bewertungsfaktor wie beim Summierer. Wir haben somit gleichzeitig eine einheitliche Darstellung für beide Elemente gewonnen. Die Operation, die der Integrierer ausführt, können wir damit auch folgendermaßen schreiben:

$$u_a = u_{a\,0} - k_0 \int \left(\sum_{i=1}^{n} c_i u_i \right) d t^*. \qquad (8.17)$$

Der Integrierer summiert also die angelegten Eingangsgrößen mit den gleichen Bewertungsfaktoren wie der Summierer auf und bildet dann das (zeitliche) Integral über diese Summe. Die Konstante, die die Integrationsgeschwindigkeit bestimmt, ist jetzt (normalerweise für alle Integrierer einer Rechenschaltung gleich) der Wert k_0. Da diese zweite Darstellungsart das Verständnis des Integrationsvorgangs erleichtert und sich für eine Systematisierung der Regeln zur Lösung von Differentialgleichungen besser eignet, werden wir sie im folgenden verwenden.

Man wählt R_0 und C_0 so, daß sich für k_0 der handliche Wert

$$k_0 = 1\,\text{s}^{-1} \tag{8.18}$$

ergibt. In dieser Größenordnung werden damit alle Vorgänge am Rechner zeitlich ablaufen. Beliebige Bewertungsfaktoren (Koeffizienten) zwischen Null und Zehn kann man auch hier wieder erhalten, indem man noch Potentiometer vor die einzelnen Eingänge schaltet. Bei manchen Analogrechnern besteht die Möglichkeit, durch Umschalten zwischen mehreren Rechenkondensatoren verschiedener Größe zu wählen und damit wahlweise verschiedene Integrationsfaktoren einzustellen, z. B. $k_{01} = 1\,\text{s}^{-1}$ und $k_{02} = 10\,\text{s}^{-1}$. Nach unseren Erfahrungen trägt diese Möglichkeit sehr zur Erhöhung von Bedienungskomfort und Flexibilität des Rechners bei, ja es gibt sogar eine Reihe von Problemen, die praktisch erst dadurch lösbar werden.

Untersuchungen über die Struktur typischer Rechenschaltungen zeigen, daß das Verhältnis zwischen der Anzahl der benötigten Integrierer und der Anzahl der Summierer etwa zwischen 1:1 und 1:2 liegt. Der Wert 1:1 gilt dabei für einfachere Aufgaben, der Wert 1:2 für komplexere und umfangreichere Probleme. Um eine möglichst hohe Flexibilität zu erreichen, führt man die Integrierer umschaltbar aus, so daß sie wahlweise auch als Summierer arbeiten können. Wie wir gesehen haben, ist dazu lediglich der Kondensator in der Rückführung durch einen Widerstand zu ersetzen. Dies geschieht meist durch Umstecken eines Steckers.

8.5 Die Beschaltung des Rechenverstärkers mit passiven Netzwerken

Es ist selbstverständlich möglich, den Rechenverstärker mit einem komplexeren Netzwerk aus passiven Schaltelementen (Widerstände, Kondensatoren) zu kombinieren, als es beim Summierer und Integrierer der Fall ist. Solche Kombinationen sind sehr geeignet zur Nachbildung von physikalischen Systemen mit *rationaler* Übertragungsfunktion, eine Aufgabe, die vor allem bei Simulatoren häufig gestellt wird (vgl. § 25). Systeme, die durch gewöhnliche, lineare Differentialgleichungen beschrieben werden, lassen sich auch durch rationale Übertragungsfunktionen (s. § 25.1) kennzeichnen. Übertragungsfunktionen von elektrischen Netzwerken kann man mit Hilfe der Operatorenrechnung auch unmittelbar (ohne den Umweg über die Differentialgleichung) aufstellen. Man ordnet in bekannter Weise den Spulen und Kondensatoren einen komplexen Widerstand zu und kann dadurch mit diesen Elementen wie mit Ohmschen Widerständen rechnen. Für den komplexen Widerstand einer Kapazität der Größe C gilt so z. B.

$$Z_C = \frac{1}{p\,C}.$$

Ein Ohmscher Widerstand behält natürlich immer seinen reellen Widerstandswert. Schaltet man Netzwerke aus solchen Elementen mit einem Rechenverstärker nach der Prinzipschaltung Abb. 8.1 zusammen, so gilt auch jetzt in erweiterter Form die Gl. (8.8)

$$\frac{u_a(p)}{u_1(p)} = -\frac{Z_0(p)}{Z_1(p)} \, . \tag{8.19}$$

Z_0 und Z_1 sind jetzt die resultierenden komplexen Widerstände von Netzwerken, die aus Ohmschen Widerständen, Kondensatoren und Spulen bestehen können. Man verwendet allerdings nur Widerstände und Kondensatoren, da geeignete Induktivitäten (Spulen) zu schwierig zu realisieren sind. Man kann ja nach Gl. (8.19) allein mit Widerständen und Kondensatoren Übertragungsfunktionen mit jedem gewünschten Grad in Zähler und Nenner erhalten, je nachdem, aus welchen Elementen man Z_0 und Z_1 aufbaut.

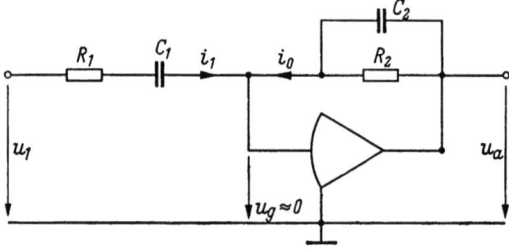

Abb. 8.6. Schaltung zur Nachbildung der Übertragungsfunktion Gl. (8.20)

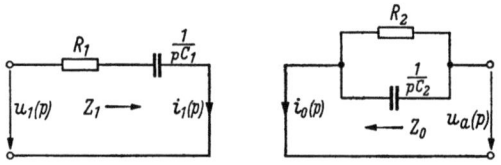

Abb. 8.7. Zur Berechnung von Z_0 und Z_1 bei der Schaltung Abb. 8.6

Betrachten wir hierzu als Beispiel die Schaltung nach Abb. 8.6. Wenn wir wieder voraussetzen, daß der Rechenverstärker das Potential Null am Summenpunkt erzwingt ($u_g \approx 0$), so gilt nach Abb. 8.7 für $Z_1(p)$

$$Z_1(p) = R_1 + \frac{1}{p\,C_1} = \frac{1 + p\,R_1\,C_1}{p\,C_1}$$

und für $Z_0(p)$

$$Z_0(p) = \frac{R_2/p\,C_2}{R_2 + 1/p\,C_2} = \frac{R_2}{1 + p\,R_2\,C_2} \, ,$$

und damit

$$\frac{u_a(p)}{u_1(p)} = -\frac{Z_0(p)}{Z_1(p)} = -\frac{-p\,R_2\,C_1}{(1 + p\,R_1\,C_1)\,(1 + p\,R_2\,C_2)}$$

$$= -\frac{R_2\,C_1\,p}{1 + (R_1\,C_1 + R_2\,C_2)\,p + R_1\,C_1\,R_2\,C_2\,p^2} \, . \tag{8.20}$$

Im allgemeinen können die Netzwerke auch sog. Dreipole bilden (Abb. 8.8). Der häufige Sonderfall, daß sie nur aus Zweipolen bestehen, ist in dieser allgemeinen Darstellung enthalten.

Das Verhalten der Schaltung wird auch hier durch Gl. (8.19) beschrieben. Es ist jetzt nur zu beachten, daß nach Abb. 8.8

$$Z_1 = \frac{u_1(p)}{i_1(p)} \quad \text{und} \quad Z_0 = \frac{u_a(p)}{i_0(p)} \tag{8.21}$$

definiert sind (also Eingangsspannung zu Ausgangsstrom bei kurzgeschlossenem Ausgang).

Als Beispiel für eine Schaltung mit Dreipolen betrachten wir die interessante Schaltung Abb. 8.9. Mit Abb. 8.10 gilt

$$Z_1 = \frac{u_1(p)}{i_1(p)} = 2R(2 + p\,4\,R\,C),$$

$$Z_0 = \frac{u_a(p)}{i_0(p)} = \frac{1}{p\,C}\,\frac{1 + p\,2\,R\,C}{p\,R\,C}$$

und damit

$$\frac{u_a(p)}{u_1(p)} = \frac{-1}{p^2(2\,R\,C)^2}. \tag{8.22}$$

Die zugehörige Zeitfunktion zu Gl. (8.22) lautet:

$$u_a(t^*) = -k^2 \int \left(\int u_1\, dt^* \right) dt^* \quad \text{mit} \quad k = \frac{1}{2\,R\,C}. \tag{8.23}$$

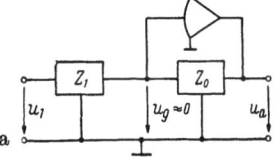

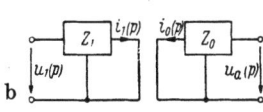

Abb. 8.8a u. b
a) Verbindung eines Rechenverstärkers mit Netzwerken aus passiven Elementen, die als Dreipole geschaltet sind,
b) Ersatzschaltung zur Berechnung von Z_0 und Z_1

Diese Schaltung führt also eine doppelte Integration aus, die sonst die Hintereinanderschaltung zweier Integrierer erfordert.

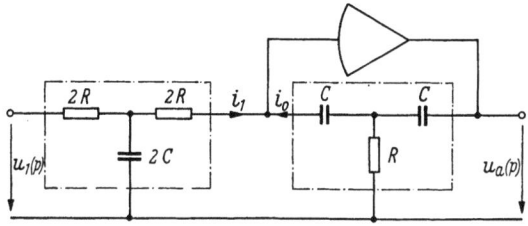

Abb. 8.9. Schaltung für eine doppelte Integration mit nur einem Rechenverstärker

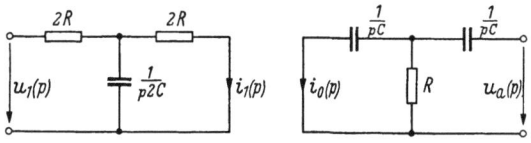

Abb. 8.10. Zur Berechnung der Übertragungsfunktion Gl. (8.22)

Auf eine Besonderheit muß hingewiesen werden, die beim praktischen Aufbau der Netzwerke zu beachten ist. Wir haben oben vorausgesetzt, daß das durch die Übertragungsfunktion gekennzeichnete System sich

Zusammenstellung von Zwei- und Dreipolen aus passiven Schaltelementen zur Beschaltung von Rechenverstärkern [Definition des komplexen Widerstands Z(p) nach Abb. 8.8b] (Abb. 8.11)

Nr.	$Z(p)$	Netzwerk	Berechnung der Netzwerkkomponenten	Berechnung der Konstanten für $Z(p)$
1	$\dfrac{A}{1+pT}$	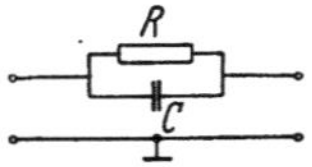	$R = A$ $C = \dfrac{T}{A}$	$A = R$ $T = RC$
2	$A(1+pT)$	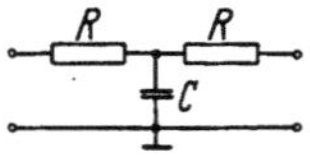	$R = \dfrac{A}{2}$ $C = \dfrac{4T}{A}$	$A = 2R$ $T = \dfrac{RC}{2}$
3	$A\left(\dfrac{1+p\beta T}{1+pT}\right)$ $\beta < 1$	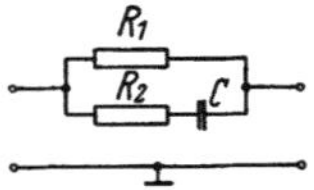	$R_1 = A$ $R_2 = \dfrac{\beta A}{1-\beta}$ $C = \dfrac{T(1-\beta)}{A}$	$A = R_1$ $T = (R_1 + R_2)C$ $\beta = \dfrac{R_2}{R_1 + R_2}$
4	$\dfrac{1}{pB}(1+pT)$	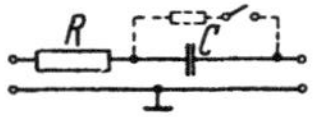	$R = \dfrac{T}{B}$ $C = B$	$B = C$ $T = RC$
5	$\dfrac{1}{pB}\left(\dfrac{1+pT}{pT}\right)$	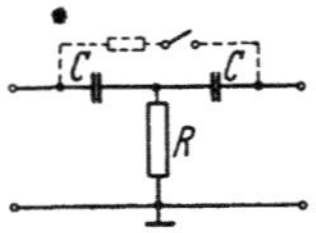	$R = \dfrac{T}{4B}$ $C = 2B$	$B = \dfrac{C}{2}$ $T = 2RC$

	Übertragungsfunktion	Schaltung		
6	$A\left(\dfrac{1+pT}{1+p\beta T}\right)$ $\beta<1$		$R_1=\dfrac{A}{2(1-\beta)}$ $R_2=\dfrac{A}{\beta}$ $C=\dfrac{4T(1-\beta)}{A}$	$A=\dfrac{2R_1R_2}{2R_1+R_2}$ $T=\dfrac{R_1C}{2}$ $\beta=\dfrac{2R_1}{2R_1+R_2}$
7	$A\left(\dfrac{1+pT_2}{1+pT_1+p^2T_1T_2}\right)$		$R=\dfrac{A}{2}$ $C_1=\dfrac{4T_2}{A}$ $C_2=\dfrac{T_1}{A}$	$A=2R$ $T_1=2RC_2$ $T_2=\dfrac{RC_1}{2}$
8	$A(1+pT_1)(1+pT_2)$ $T_1<T_2$		$R_1=A\dfrac{T_2-T_1}{2T_2}$ $R_2=A\dfrac{T_1}{T_2}$ $C=\dfrac{2T_2^2}{A(T_2-T_1)}$	$A=2R_1+R_2$ $T_1=\dfrac{R_1R_2}{2R_1+R_2}C$ $T_2=R_1C$
9	$A\left(\dfrac{1+pT_3}{1+pT_1+p^2T_1T_2}\right)$ (konjugiert komplexe Wurzeln) $T_2>\dfrac{T_1}{4},\quad T_3>T_2$		$R_1=\dfrac{AT_3^2}{2[T_3^2-T_1(T_3-T_2)]}$ $R_2=\dfrac{T_1(T_3-T_2)}{T_3^2}$ $C_1=\dfrac{4[T_3^2-T_1(T_3-T_2)]}{AT_3}$ $C_2=\dfrac{T_1T_2}{AT_3}$	$A=\dfrac{2R_1R_2}{2R_1+R_2}$ $T_1=\dfrac{R_1(R_1C_1+2R_2C_2)}{2R_1+R_2}$ $T_2=\dfrac{R_1R_2C_1C_2}{R_1C_1+2R_2C_2}$ $T_3=\dfrac{R_1C_1}{2}$

Abb. 8.11 (Fortsetzung)

Nr.	$Z(p)$	Netzwerk	Berechnung der Netzwerkskomponenten	Berechnung der Konstanten für $Z(p)$
10	$A\left(\dfrac{1+pT_1}{1+pT_1+p^2T_1T_2}\right)$	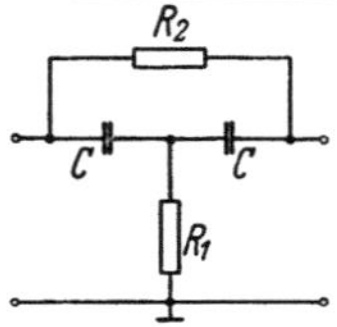	$R_1 = \dfrac{AT_1}{4T_2}$ $R_2 = A$ $C = \dfrac{2T_2}{A}$	$A = R_2$ $T_1 = 2R_1C$ $T_2 = \dfrac{R_2C}{2}$
11	$\dfrac{1}{pB}\left[\dfrac{(1+pT_1)(1+pT_2)}{p^2T_1T_2}\right]$ $T_1 < T_2$	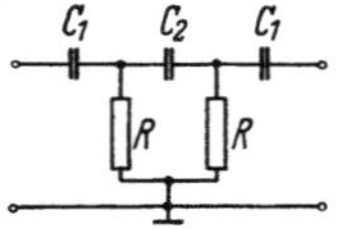	$R = \dfrac{T_1(T_2-T_1)}{2BT_2}$ $C_1 = \dfrac{2BT_2}{T_2-T_1}$ $C_2 = \dfrac{BT_2}{T_1}$	$B = \dfrac{C_1C_2}{C_1+2C_2}$ $T_1 = RC_1$ $T_2 = R(C_1+2C_2)$
12	$A\left(\dfrac{1+pT_3}{1+pT_1+p^2T_1T_2}\right)$ (konjugiert komplexe Wurzeln) $T_2 > \dfrac{T_1}{4}$, $\quad T_3 < T_1$	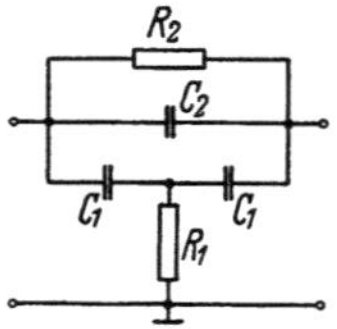	$R_1 = \dfrac{AT_3^2}{4[T_1T_2 - T_3(T_1-T_3)]}$ $R_2 = A$ $C_1 = \dfrac{2[T_1T_2 - T_3(T_1-T_3)]}{AT_3}$ $C_2 = \dfrac{T_1-T_3}{A}$	$A = R_2$ $T_1 = 2R_1C_1 + R_2C_2$ $T_2 = \dfrac{R_1R_2C_1(C_1+2C_2)}{2R_1C_1+R_2C_2}$ $T_3 = 2R_1C_1$
13	$A\left[\dfrac{1+pT_2}{(1+pT_1)(1+pT_3)}\right]$ $T_1 < T_2 < T_3$	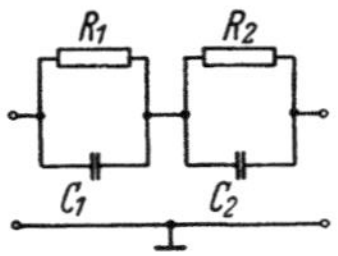	$R_1 = \dfrac{A(T_2-T_1)}{T_3-T_1}$ $R_2 = \dfrac{A(T_3-T_2)}{T_3-T_1}$ $C_1 = \dfrac{T_1(T_3-T_1)}{A(T_2-T_1)}$ $C_2 = \dfrac{T_3(T_3-T_1)}{A(T_3-T_2)}$	$A = R_1 + R_2$ $T_1 = R_1C_1$ $T_2 = \left(\dfrac{R_1R_2}{R_1+R_2}\right)(C_1+C_2)$ $T_3 = R_2C_2$

	Schaltung		Bauelemente	Kenngrößen
14	$A\left[\dfrac{1+pT_2}{(1+pT_1)(1+pT_3)}\right]$ $T_2 \leqq T_1 \leqq T_3$		$R_1 = \dfrac{AT_2}{T_1+T_3}$ $R_2 = \dfrac{AT_2^2}{(T_1+T_3)(T_1+T_3-2T_2)}$ $C_1 = \dfrac{T_1(T_1+T_3)}{AT_2}$ $C_2 = \dfrac{T_3(T_1+T_3)}{AT_2}$	$A = 2R_1 + \dfrac{R_1^2}{R_2}$ $T_1 = R_1 C_1$ $T_2 = \dfrac{R_1 R_2}{R_1 + 2R_2}(C_1+C_2)$ $T_3 = R_1 C_2$
15	$A\left[\dfrac{1+pT_2}{(1+pT_1)(1+pT_3)}\right]$ $T_1 \leqq T_3 \leqq T_2$		$R_1 = \dfrac{AT_1}{T_1+T_3}$ $R_2 = \dfrac{AT_3}{T_1+T_3}$ $C_1 = \dfrac{T_1+T_3}{A}$ $C_2 = \dfrac{T_1+T_3}{A}\left(\dfrac{T_2}{T_3}+\dfrac{T_2}{T_1}-2\right)$	$A = R_1 + R_2$ $T_1 = R_1 C_1$ $T_2 = \dfrac{R_1 R_2}{R_1 + R_2}(2C_1+C_2)$ $T_3 = R_2 C_1$
16	$\dfrac{1}{pB}\dfrac{(1+pT_1)(1+pT_3)}{1+pT_2}$ $T_1 < T_2 < T_3$		$R_1 = \dfrac{T_1 T_3}{BT_2}$ $R_2 = \dfrac{(T_3-T_2)(T_2-T_1)}{BT_2}$ $C_1 = B$ $C_2 = \dfrac{BT_2^2}{(T_3-T_2)(T_2-T_1)}$	$B = C_1$ $T_2 = R_2 C_2$ $T_1 T_3 = R_1 R_2 C_1 C_2$ $T_1 + T_3 = R_1 C_1 + R_2(C_1+C_2)$

anfangs in Ruhe befindet. Dies bedeutet, daß die Kondensatoren zu Beginn der Rechnung keine Anfangsladung besitzen dürfen. Beim Einschalten des Rechners treten aber Spannungsstöße auf, die die Kondensatoren aufladen können. Wir müssen daher die Möglichkeit schaffen, daß solche Anfangsladungen wieder abfließen. Bei den Kondensatoren, die sich über die Widerstände des Netzwerks schnell genug entladen können — in Abb. 8.6 kann sich z. B. C_2 über R_2 entladen — braucht man keine besonderen Vorkehrungen zu treffen. Andernfalls muß man aber über besondere Relaiskontakte kleine Entladewiderstände parallelschalten. Die Relaiskontakte entsprechen den Anfangswertkontakten „h" der Integrierer. Sie müssen mit diesen zusammen in der Betriebsart „Pause" geschlossen und bei Beginn der Rechnung geöffnet werden.

Um die Auswahl geeigneter Netzwerke zur Darstellung einer gewünschten Übertragungsfunktion zu erleichtern, ist in Abb. 8.11 eine Anzahl von Netzwerken mit ihren komplexen Widerständen zusammengestellt. Bei den Kondensatoren, die sich nicht unmittelbar über Widerstände entladen können, sind eigene Entladewiderstände gestrichelt angedeutet. Bezüglich der übrigen Kondensatoren muß von Fall zu Fall geprüft werden, ob die Entladezeitkonstante genügend klein ist, oder ob zusätzliche Entladewiderstände notwendig werden.

Die Schaltungen in der Tabelle (Abb. 8.11) stellen natürlich nur eine Auswahl aus der Mannigfaltigkeit von Kombinationsmöglichkeiten von maximal 5 Widerständen oder Kondensatoren dar. Insbesondere haben wir aus Platzgründen die dualen Schaltungen nicht aufgeführt, da die angegebenen Schaltungen praktisch zum Aufbau aller wichtigen Funktionen ausreichen. Weitere Schaltungen findet der Leser bei [1].

Ein Beispiel für die praktische Anwendung der Tabelle zur Nachbildung einer Übertragungsfunktion wird in § 25 angegeben.

8.6 Das Verfahren der Chopperstabilisierung

Von den in Abschn. 8.1 aufgestellten Forderungen ist die letzte (Vermeidung von unkontrollierbaren Spannungsschwankungen und Störspannungen) besonders schwer zu erfüllen. Wegen der Gleichstromkopplung wirken sich beim Gleichspannungsverstärker alle Temperaturänderungen, Schwankungen der Versorgungsspannungen usw. bzw. die dadurch verursachten Verschiebungen der Arbeitspunkte der Röhren oder Transistoren, unmittelbar auf die Ausgangsspannung aus. Am Ausgang des Verstärkers kann dadurch auch bei der Eingangsspannung Null eine kleine Fehlerspannung meßbar sein.

Um die Nullpunktverschiebungen der Ausgangsspannung rechnerisch zu erfassen, greift man zu einem Ersatzschaltbild. Man denkt sich die an verschiedenen Stellen im Verstärker wirkenden Fehlergrößen durch eine einzige Spannungsquelle u_D am Eingang eines ideal nullpunkt-

konstanten Verstärkers ersetzt. In Abb. 8.12 ist ein solches Ersatzschaltbild für einen Umkehrverstärker dargestellt.

Der Eingangswiderstand R_1 liegt an Masse, die Eingangsspannung
ist also exakt Null. Trotzdem wird durch die Nullpunktverschiebung
am Ausgang eine Fehler-
spannung u_{aD} gemessen. Die
Spannung am Summenpunkt
stellt sich entsprechend dem
Widerstandsverhältnis ein:

$$u_g = u_{aD} \frac{R_0}{R_0 + R_1}. \qquad (8.24)$$

Wir definieren eine (in Wirklichkeit nicht zugängliche)
fiktive Gitterspannung u_{gf} am
Eingang des im übrigen ideal
angenommenen Verstärkers.

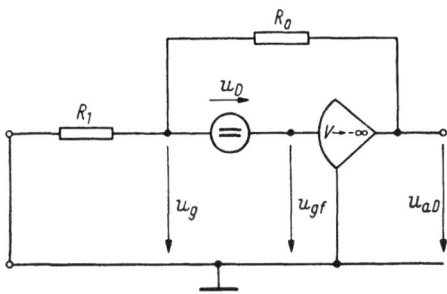

Abb. 8.12. Ersatzschaltbild eines Umkehrverstärkers
mit (fiktiver) Nullpunktfehlerspannung

Aus der Zeichnung lassen sich die Beziehungen ableiten:

$$u_{gf} = -u_D + u_g, \qquad (8.25)$$

$$u_{aD} = -V u_{gf} = -V(u_g - u_D). \qquad (8.26)$$

Aus den Gln. (8.24), (8.25) und (8.26) folgt nun der Zusammenhang
zwischen der am Ausgang gemessenen Nullpunktabweichung u_{aD} und
der erzeugenden Ersatzspannungsquelle u_D bei $V \to \infty$:

$$u_D = u_{aD} \frac{R_0}{R_0 + R_1}. \qquad (8.27)$$

Man nennt u_D im allgemeinen „die auf den Summenpunkt bezogene"
Nullpunktabweichung. Sie liegt innerhalb einer Meßzeit von 1 Stunde
etwa in der Größenordnung einiger µV bis 10 mV.

Beim Integrierer wirken sich die Nullpunktabweichungen besonders
stark aus. Sie werden dort über die Zeit aufintegriert und verursachen
so eine zeitlich anwachsende Wanderung des Nullpunkts, die sog. Drift.
Wegen dieser Driftfehler können Analogrechner mit gewöhnlichen
Gleichspannungsverstärkern nur über eine verhältnismäßig kurze Zeit
hinweg rechnen (sog. „Kurzzeitrechner").

Die weitgehende Beseitigung dieser wesentlichen Einschränkung wird
durch die „Chopperstabilisierung" der Gleichspannungsverstärker erreicht [2].

Ein chopperstabilisierter Rechenverstärker besteht im wesentlichen
aus einem Hauptverstärker (gewöhnlicher Gleichspannungsverstärker mit
der Verstärkung $V_H \approx 10^4$ bis 10^5) und einem Hilfsverstärker (Wechsel-
spannungsverstärker mit der Verstärkung $V_h \approx 10^3$). Das Prinzipschaltbild der gesamten Anordnung zeigt Abb. 8.13.

Die für den Hilfsverstärker benötigte Wechselspannung wird mit Hilfe eines Choppers (das ist ein spezieller Zerhacker für sehr kleine Gleichspannungen) hergestellt, wovon der gesamte Verstärker seinen Namen hat. Im Hilfsverstärker wird die Gitterspannung u_g um den Faktor V_h verstärkt und anschließend (meistens durch denselben Chopper) wieder phasenrichtig gleichgerichtet, wobei das Vorzeichen umgekehrt wird.

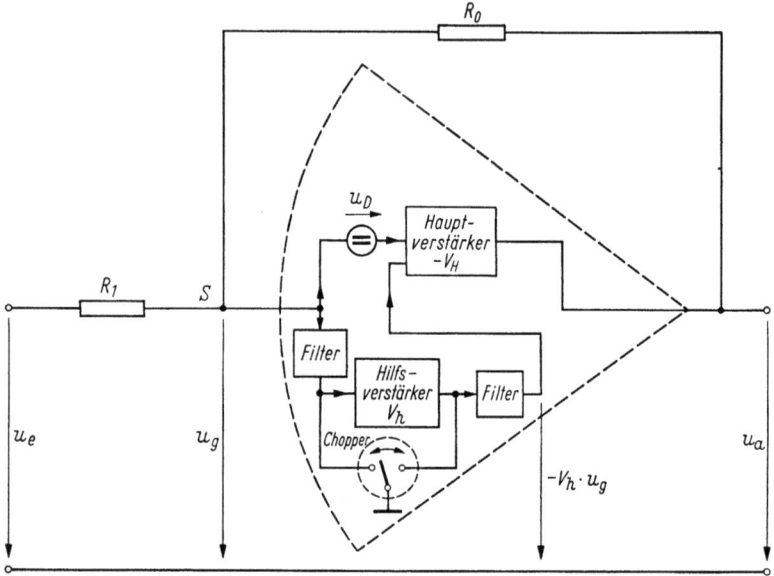

Abb. 8.13. Blockschaltbild eines chopperstabilisierten Rechenverstärkers

Der Hauptverstärker besitzt am Eingang eine „Differenzstufe", d. h. er verstärkt die Differenz der beiden Eingangsspannungen $(u_g - u_D)$ und $(-V_h u_g)$. Damit gilt

$$u_a = -V_H(u_g - u_D + V_h u_g)$$
$$= -V_H(1 + V_h)\left[u_g - \frac{u_D}{1 + V_h}\right]. \qquad (8.28)$$

Wir können nun eine neue Verstärkung $V^* = V_H(1 + V_h)$ definieren und erhalten an Stelle von (8.28)

$$u_a = -V^*\left(u_g - \frac{u_D}{1 + V_h}\right). \qquad (8.29)$$

Ein Vergleich von Gl. (8.29) mit Gl. (8.26) zeigt sehr deutlich die grundsätzliche Wirkungsweise der Chopperstabilisierung: Die Gesamtverstärkung ist um den Faktor $(1 + V_h)$ größer geworden, und an Stelle von u_D wirkt als Nullpunktfehlerspannung nur noch der Bruchteil $u_D/(1 + V_h)$.

Durch das beschriebene Verfahren werden also die Nullpunktwanderungen weitgehend unterdrückt, der Verstärker wird „stabilisiert".

Da die vom Summenpunkt über den Hilfsverstärker auf den Hauptverstärker gelangende Spannung um den Faktor V_h verstärkt wird, spielt bei reinen Gleichspannungen und bei tiefen Frequenzen der direkte Eingang des Hauptverstärkers keine Rolle mehr; er gewinnt erst bei den Frequenzen an Bedeutung, die im Chopperkanal nicht mehr verarbeitet werden können. (Die Bandbreite des Chopperkanals ist wegen des nicht zu umgehenden mechanischen Zerhackers sehr klein; bei einer Zerhackerfrequenz von maximal 400 Hz können damit über den Hilfsverstärker nur Frequenzen von einigen Hertz verstärkt werden.) Wie bei [3] gezeigt, kann man daher den ersten Eingang des Hauptverstärkers durch einen Kondensator für tiefe Frequenzen völlig sperren und damit den Einfluß des unvermeidlichen Gitterstroms beseitigen.

Nach außen hin ist der chopperstabilisierte Rechenverstärker natürlich eine Einheit. Er vereinigt in sich die im Prinzipschaltbild (Abb. 8.13) gezeigten Schaltungen, wird aber als Ganzes durch das übliche Symbol des Rechenverstärkers bezeichnet.

Der durch die Chopperstabilisierung erzielte Gewinn sei abschließend noch einmal zusammengefaßt:

1. Die Gleichspannungsverstärkung liegt um den Faktor V_h höher als bei nichtstabilisierten Verstärkern. Der Verstärkungsgewinn ist in der Größenordnung 10^3.

2. Der Einfluß der Nullpunktfehlerspannung u_D wird um den Faktor V_h verringert.

3. Der Ausgangswiderstand wird entsprechend der höheren Verstärkung verkleinert.

4. Der Einfluß des Gitterstroms wird praktisch ausgeschaltet.

Literatur zu § 8

[1] BRADLEY, F. R., and R. McCoy: Driftless D. C. Amplifier. Electronics 25 (April 1952) pp. 144—148.
[2] GOLDBERG, E. A.: Stabilization of D–c Amplifiers. RCA Rev. 11 (1950) S. 296.
[3] GOLDMANN, H. O., u. G. MEYER-BRÖTZ: Transistor-Operationsverstärker mit hoher Verstärkung und kleiner Drift für Gleichspannungs-Analogrechner. Telefunkenztg. 33 (1960) H. 129, S. 22—29.

§ 9. Dioden und Relais, Komparatoren

9.1 Dioden

Dioden sind elektrische Bauelemente mit nichtstetigem Verhalten. Eine ideale Diode (in der Schaltung nach Abb. 9.1) entspricht theoretisch einem Schalter, der geöffnet ist, wenn die angelegte Spannung kleiner als Null ist. Die Kennlinie einer als ideal angenommenen Diode, die mit

einem Widerstand in Reihe geschaltet ist, zeigt Abb. 9.1. Ist die angelegte Spannung u negativ, so kommt kein Stromfluß zustande, da
die Diode sperrt. Anders sind die Verhältnisse, sobald u positiv wird.

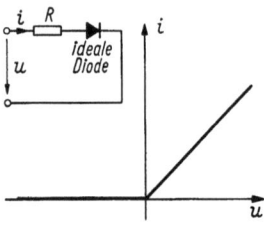

Abb. 9.1. Kennlinie einer idealen
Diode mit Vorwiderstand

Jetzt leitet die Diode, und es fließt ein Strom,
dessen Größe nach dem OHMschen Gesetz
durch die angelegte Spannung und den Widerstand bestimmt ist. Man kann mit einer
Diode also eine geknickte Kennlinie erzeugen,
die bei der Spannung Null einsetzt und deren
Steigung durch den vorgeschalteten Widerstand bestimmt ist.

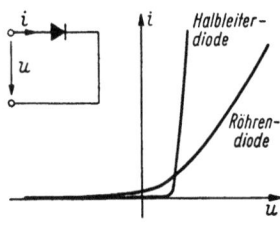

Abb. 9.2
Kennlinien einer Röhren- und
einer Halbleiterdiode

Technische Dioden weichen etwas von
dem idealen Verhalten ab. In Abb. 9.2 sind
die Kennlinien einer Röhrendiode und einer
Halbleiterdiode (Siliziumdiode) gezeichnet.
Diese Dioden nähern den offenen Schalter
im Bereich negativer Eingangsspannung gut
an, den geschlossenen Schalter im Bereich
positiver Eingangsspannungen nur mit einem
gewissen Fehler, der von der Höhe der angelegten Spannung abhängt. Im Gegensatz
zu einem geschlossenen Schalter hat eine
leitende Diode einen bestimmten „Durchlaß-
widerstand", der mit zunehmender Spannung zunächst exponentiell abnimmt und sich dann einem konstanten Grenzwert nähert. Eine weitere
Abweichung gegenüber dem Idealfall besteht darin, daß bei einer Röhrendiode schon bei einer Spannung, die noch negativ ist, ein Strom zu
fließen beginnt. Bei der Halbleiterdiode beginnt der Strom erst bei einem
bestimmten positiven Spannungswert zu fließen. Dieser Wert beträgt
bei Siliziumdioden etwa 0,6 V.

Obwohl die Kennlinien technischer Dioden also nicht so scharf ge-
knickt sind wie im Idealfall, wird die gewünschte Knickkennlinie im
großen und ganzen doch recht gut angenähert. Schaltet man eine feste
„Vorspannung" u_k in Serie zu der Diode (Abb. 9.3 a), so ist jetzt die auf
die Diode wirkende, resultierende Spannung gleich

$$u - u_k,$$

und es gilt jetzt für die Schaltung nach Abb. 9.3 a

$$i = 0 \quad \text{für} \quad u < u_k,$$

und

$$i = \frac{u - u_k}{R} \quad \text{für} \quad u > u_k.$$

Der Knickpunkt wird damit von der Stelle $u = 0$ an die Stelle $u = u_k$
verschoben.

Mit Dioden lassen sich also Knickkennlinien realisieren, bei denen sowohl die Knickstelle (durch eine geeignete Vorspannung) wie auch die Steigung (durch einen geeigneten Widerstand) wählbar ist (Abb. 9.3 b). Von dieser Möglichkeit macht man beim Analogrechner zur Darstellung unstetiger Funktionen und spezieller Nichtlinearitäten wie zur Approxima-tion stetiger Funktionen durch Poly-gonzüge häufig Gebrauch.

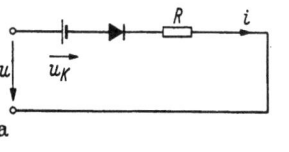

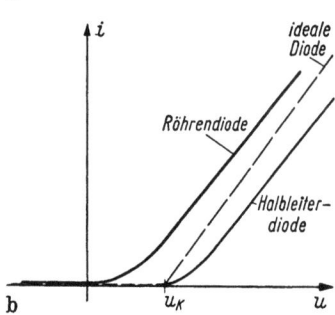

Die unvermeidbare Abrundung der Knickstellen kann bei der Nachbildung unstetiger Funktionen störend wirken. Soll eine stetige Funktion durch einen Polygonzug approximiert werden, so ist die Abrundung der Knicke wiederum von Vorteil. Der Umstand, daß der Übergang vom gesperrten in den leiten-den Zustand der Diode nicht exakt bei der Spannung Null erfolgt, ist dann nachteilig, wenn eine Knickstelle genau bei Null liegen soll. Wird die Knick-stelle ohnehin durch eine Vorspannung

Abb. 9.3 a u. b. a) Reihenschaltung einer Diode mit einem Widerstand und einer Vorspannungsquelle, b) zugehörige Kennlinien für eine ideale Diode, eine Röhrendiode und eine Halb-leiterdiode

zu einem von Null verschiedenen, positiven oder negativen Spannungs-wert verschoben, so ändert sich lediglich die anzulegende Vorspannung etwas. Schließlich ist in manchen Fällen zu beachten, daß die Knick-kennlinien durch den vorhandenen „Durchlaßwiderstand" der Dioden nicht unendlich steil sein können.

9.2 Rechenrelais

Mit dem Rechenrelais enthält ein Analogrechner ebenfalls einen Schalter, der abhängig vom Vorzeichen einer angelegten Spannung gesteuert wird. Man erreicht dies durch die Verwendung sog. „polari-sierter" Relais. Die Relaiszunge a in Abb. 9.4 liegt am oberen Kontakt $(+)$ an, wenn die Erregerspule A in der angegebenen Richtung von einem hinlänglich großen Strom durchflossen wird. Die Zunge klappt in die untere Lage um und stellt die Verbindung zum Kontakt $(-)$ her, wenn die angelegte Spannung umgepolt wird, und dadurch die Erregerspule in umgekehrter Rich-tung vom Strom durchflossen wird.

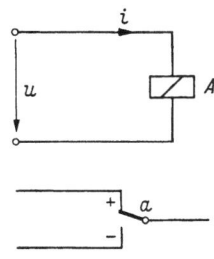

Liegt an der Relaiswicklung keine Spannung an, so bleibt die Zunge a in der Stellung liegen, in der sie sich befand, als die Spannung abgeschaltet

Abb. 9.4. Schaltung eines polarisierten Relais

wurde. Eine Mittelstellung, in der a weder mit $+$ noch mit $-$ Kontakt hat, gibt es also nicht. Damit das Relais umschaltet, muß der Erregerstrom und damit auch die angelegte Spannung einen gewissen Schwellwert überschreiten. Um diesen Schwellwert zu verringern, werden Rechenrelais immer in Verbindung mit einem vorgeschalteten Verstärker betrieben, dessen Verstärkung mindestens so groß ist, daß der Schwellwert kleiner als die kleinste Spannungseinheit ist, die am Rechner noch unterschieden werden kann. Bei einem 10^{-4}-Rechner soll das Relais also z. B. bei $+0,0001E$ in die obere und bei $-0,0001E$ in die untere Lage umschalten. Man benutzt auch hierzu Rechenverstärker, die speziell für diesen Zweck geschaltet sind. Die Verbindung eines solchen Verstärkers mit einem Rechenrelais nennt man einen Komparator.

Ein Relais besitzt im Gegensatz zur Diode ideale Schaltereigenschaften. Dafür benötigt es aber eine gewisse Zeit zum Umklappen, während die Diode praktisch trägheitslos schaltet. Rechenrelais sind also genaue, aber langsame Schalter; Rechendioden arbeiten beliebig schnell, aber nicht so genau.[1]

9.3 Komparatoren

Ein Komparator besteht aus einem offenen Verstärker, dessen Ausgangsgröße künstlich auf einen bestimmten Wert begrenzt wird, und

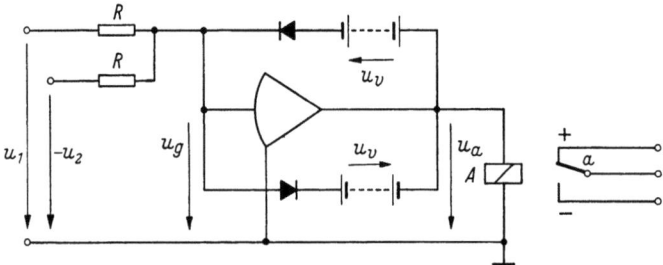

Abb. 9.5. Prinzipschaltung eines Komparators

einem nachgeschalteten Rechenrelais. Die Begrenzung der Verstärkerausgangsspannung geschieht mit Hilfe vorgespannter Dioden. Abb. 9.5 zeigt die Prinzipschaltung.

---

[1] Die Vernachlässigung der Relais-Umschaltzeit kann in vielen Fällen zu erheblichen Rechenfehlern, wenn nicht zu völlig unbefriedigendem Arbeiten der Rechenschaltung führen. So ist z. B. vor Verwendung von Komparatoren in einer Rechenschaltung genau zu prüfen, ob die Komparator-Relais nicht unbeabsichtigte Flatterschwingungen ausführen können. Es ist ferner zu beachten, daß die Relaiszunge während des Umschaltens mit keinem der beiden Kontakte verbunden ist. Soll während einer Rechnung z. B. von der Konstanten A auf die Konstante B umgeschaltet werden, so gibt man zweckmäßigerweise die Konstante A fest in die Rechnung ein und schaltet nur die Differenz $(B-A)$ auf.

Übersteigt die Ausgangsspannung des Verstärkers den Wert $+u_v$, so beginnt die obere Diode zu leiten. Die Ausgangsspannung kann dadurch den Wert der im Rückführungszweig eingeprägten Spannung u_v nicht übersteigen. Ebenso sorgt die untere Diode in Verbindung mit der Vorspannung $-u_v$ dafür, daß die Ausgangsspannung des Verstärkers auch im negativen Bereich den Wert $-u_v$ nicht überschreiten kann. Die Ausgangsspannung springt damit auf den oberen Schwellenwert $+u_v$, wenn $u_g < 0$ ist und auf den unteren Schwellenwert $-u_v$, wenn $u_g > 0$ ist (der Verstärker ändert das Vorzeichen zwischen Eingangsspannung und Ausgangsspannung). Die Größe von u_v muß den Betriebsdaten des verwendeten Relais angepaßt werden.

Es läßt sich damit ein Schalter in Abhängigkeit vom Vorzeichen der Spannung u_1 betätigen (u_2 ist dann Null). Man kann aber auch im allgemeinen Falle 2 Spannungen in ihrer Größe vergleichen. Führt man z. B., wie in Abb. 9.5 gezeichnet, u_2 mit negativem Vorzeichen zu, so ist die Stellung des Schalters ein Kriterium dafür, ob u_1 größer oder kleiner als u_2 ist. Wir nennen die Anordnung nach Abb. 9.5 daher einen *Komparator* („Vergleicher"). Er ist meistens als ein selbständiges Rechenelement im Analogrechner vorhanden. Als Symbol für einen Komparator haben wir die Darstellung in der Tabelle (Abb. 2.4) gewählt. Schaltungen mit Komparatoren zur Bildung von nichtlinearen Funktionen oder zur Erzeugung unstetiger Zeitfunktionen sind in § 20 angegeben.

Analogrechner, die keine Komparatoren enthalten, besitzen doch fast immer eingebaute Rechenrelais, die man mit einem Verstärker zu einem Komparator zusammenschalten kann. Eine ausführliche Schaltung zur Begrenzung des offenen Verstärkers gibt z. B. Abb. 20.11 b (in § 20) an. Manchmal verwendet man zur Begrenzung auch sog. *Zenerdioden*, das sind Dioden, die sozusagen eine feste Vorspannung von Natur aus eingeprägt haben. Schließlich haben wir gesehen, daß Siliziumdioden nicht bei Null, sondern erst bei etwa 0,6 V schalten. Diese Spannung genügt bei geeigneter Auslegung der Relaisdaten auch schon zur Erregung des Relais. In diesen Fällen kann die Erzeugung der Vorspannung u_v nach Abb. 9.3 eingespart werden. Die richtige Schaltung gibt die Bedienungsanleitung des Rechners an.

§ 10. Multiplizierer

10.1 Servo-Multiplizierer

Ein ähnlich fundamentales und leicht zu verwirklichendes Prinzip wie das der Integration durch Aufladung eines Kondensators gibt es für die Multiplikation leider nicht. Die 3 Verfahren, die sich im wesentlichen durchgesetzt haben, und die wir hier beschreiben werden, mögen umständlich erscheinen; tatsächlich stellen sie bisher den günstigsten Kompromiß zwischen Aufwand und Genauigkeit dar.

Wir haben gesehen, wie man mit einem Potentiometer eine Spannung $u_e(t)$ mit einem konstanten Faktor α multiplizieren kann. Wenn wir mit der Hand einem vorgegebenen Funktionsverlauf entsprechend das Potentiometer verstellen, so ist jetzt die Ausgangsspannung

$$u_a(t) = \alpha(t)\, u_e(t)$$

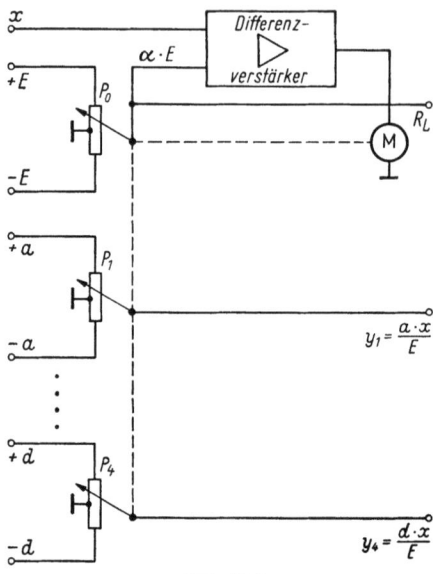

Abb. 10.1
Prinzipschaltung eines Servo-Multiplizierers

das Produkt zweier Zeitfunktionen.

Beim Servo-Multiplizierer geschieht dieses Verstellen des Potentiometers automatisch in Abhängigkeit von einer Eingangsspannung. Dieses automatische Einstellen besorgt eine *Nachlaufregelung*, in Anlehnung an den angelsächsischen Sprachgebrauch auch „*Servomechanismus*" genannt. Den nach diesem Prinzip arbeitenden Multiplizierer nennt man deshalb Servo-Multiplizierer. Wie Abb. 10.1 zeigt, wird am Eingang eines Verstärkers die Differenz zwischen der Eingangsspannung x und der Spannung am Schleifer des Potentiometers P_0 gebildet. Diese Differenzspannung

$$x - \alpha E$$

(α = bezogener Drehwinkel, $-1 \le \alpha \le +1$) wird verstärkt und dient dann zur Speisung eines Motors, der den Schleifer des Potentiometers P_0 so verstellt, daß sich die Differenz zwischen der am Schleifer von P_0 auftretenden Spannung und der Eingangsspannung verkleinert, bis sie zu Null geworden ist. Wenn dies erreicht ist, erhält der Motor keine Spannung mehr und bleibt stehen. Es gilt also jetzt

$$x - \alpha E = 0$$

oder

$$\alpha = \frac{x}{E}. \tag{10.1}$$

Wenn sich $x(t)$ langsam ändert, führt der Motor den Schleifer von P_0 so nach, daß immer die Bedingung (10.1) erhalten bleibt. Das Teilungsverhältnis ist also in jedem Augenblick gleich dem Verhältnis von

Eingangsspannung zu Maschineneinheit. Das gleiche gilt auch für die
übrigen Potentiometer in Abb. 10.1, da die Schleifer aller Potentiometer auf einer gemeinsamen Welle sitzen.

Legt man z. B. an das Potentiometer P_1 eine Spannung $a(t)$ an, dann
entsteht an dessen Schleifer die Spannung

$$y_1 = \frac{x}{E}\, a(t) \qquad\qquad (10.2)$$

oder, auf die Maschineneinheit bezogen,

$$Y_1 = X\,A. \qquad\qquad (10.3)$$

Normalerweise sind in einem Servo-Multiplizierer außer dem Nachführpotentiometer P_0 noch vier bis fünf weitere Potentiometer auf einer

Abb. 10.2. Servo-Multiplizierer, innerer Aufbau (Telefunken)

gemeinsamen Welle angeordnet; es gibt aber auch Ausführungen, die
bis zu 20 Potentiometer enthalten.

Man kann so mit einem Servo-Multiplizierer entsprechend viele
Produkte mit verschiedenen Multiplikanden und einem gemeinsamen
Multiplikator X bilden. Für eine Multiplikation in allen 4 Quadranten,
bei der also beide Faktoren positiv oder negativ sein können, sind wie
in Abb. 10.1 die Spannungen A bis D mit beiden Vorzeichen anzulegen.
Vertauscht man z. B. $+A$ mit $-A$, so ändert sich das Vorzeichen
von Y_1.

Abb. 10.2 zeigt das Innere eines Servo-Multiplizierers aus einem
Transistoranalogrechner. Man erkennt den Verstärker, den Motor und
die fünf hintereinander angeordneten Potentiometer.

An der Potentiometermitte stellt sich zwangsläufig das Potential Null ein, wenn die Eingangsspannung an einem Ende positiv und am anderen negativ zugeführt wird. Aus mehreren Gründen verbindet man aber außerdem noch die Mittelanzapfung der Potentiometer mit Masse, um an dieser Stelle in jedem Falle das Potential Null zu erhalten. Es ergeben sich so definierte Symmetrieverhältnisse und Eingangswiderstände. Es läßt sich ferner jetzt mit dem Betrag von X multiplizieren. Führt man z. B. dem Potentiometer P_1 in Abb. 10.1 oben und unten beidemal die Größe $+A$ zu, so gilt, wie man leicht überlegen kann, $Y_1 = A\,|X|$. Ist insbesondere $A = 1$, so dient der Multiplizierer (neben anderem) dazu, den Betrag der Variablen X zu bilden.

Die Verbindung der Potentiometermitte mit Masse erlaubt es ferner, in den Fällen, in denen der gemeinsame Faktor X immer positiv bleibt, u. U. Umkehrer einzusparen, da in diesen Fällen auch die Multiplikanden A, B, ... nur mit positivem Vorzeichen zugeführt werden müssen. Andererseits läßt sich in solchen Fällen die Genauigkeit der Multiplikation dadurch erhöhen, daß man nicht die Mittelanzapfung, sondern das untere Ende der Potentiometer an Masse legt. Man nutzt dadurch auch hier das volle Potentiometer aus. Bei vielen Analogrechnern wird daher die Masseverbindung der Mittelanzapfung oder eines Endes auf dem Programmierfeld vorgenommen und kann so wahlweise hergestellt oder aufgetrennt werden. In einer Rechenschaltung sind normalerweise die Ausgänge der Potentiometer eines Multiplizierers mit den Eingängen von Rechenverstärkern verbunden und damit durch deren Eingangswiderstände *belastet*. Nach Gl. (7.1) und Abb. 7.3 ändert sich die Beziehung zwischen Drehwinkel und Spannungsteilung mit der Belastung eines Potentiometers. Damit hierdurch kein Gleichlauffehler entsteht, muß das Nachführpotentiometer P_0 mit dem gleichen Widerstand belastet werden, mit dem auch die anderen Potentiometer eines Servo-Multiplizierers belastet sind. Diesem Zweck dient die Buchse „R_L" in Abb. 10.1. Diese Buchse ist auf dem Steckfeld mit einem entsprechenden Widerstand zu verbinden. In der Rechenschaltung muß also für jeden Multiplizierer angegeben werden, in welchen Quadranten multipliziert wird und wie das Nachführpotentiometer zu belasten ist.

Als *Symbol* eines Multiplizierers haben wir in Teil I ein Kästchen mit Pfeilrichtung eingeführt. Beim Servo-Multiplizierer ist es nun günstig, eine mehr ins einzelne gehende Darstellung zu wählen. In enger Anlehnung an das Prinzipschaltbild (Abb. 10.1) werden dabei der Servoeingang und die einzelnen Potentiometer $P_1 \dots P_n$ getrennt gezeichnet (Abb. 10.3).

Für die Darstellung des Servoeingangs sind verschiedene Zeichen im Gebrauch. Wir wollen uns hier an die in der amerikanischen Literatur (z. B. [2, 3]) eingeführten Bezeichnungen halten. Danach wird in ein

Kästchen, das den Differenzverstärker mit Servomotor und Nachführpotentiometer symbolisiert, die Nummer des jeweiligen Multiplizierers,
die Größe des Belastungswiderstands R_L
und die Schaltungsart des Nachführpotentio-
meters P_0 eingetragen.

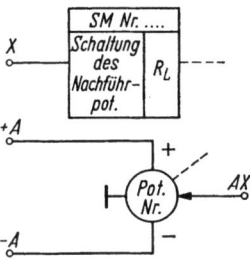

Wenn die Größe X beide Vorzeichen annehmen kann, muß auch das Nachführpotentiometer an die positive und negative Bezugsspannung angeschlossen werden. Weist X ständig nur ein Vorzeichen auf, so genügt es, nur
eine Bezugsspannung an P_0 anzuschließen. Wie
erläutert, kann dann an Stelle der Mittelanzapfung das untere Ende mit Masse verbunden werden.

Abb. 10.3. Rechensymbol des
Servo-Multiplizierers

Die Potentiometer $P_1 \ldots P_n$ werden in der üblichen Weise durch
Kreise bezeichnet, wobei allerdings zu beachten ist, daß hier 2 Eingänge
(Anfang und Ende) und 1 Ausgang (Schleifer) vorhanden sind. Die
beiden Eingänge werden daher mit $+$ und $-$ gekennzeichnet. In den
Kreis schreiben wir die
Nummer des Multiplizie-
rers und einen Buchsta-
ben, der angibt, welches
Potentiometer des Multi-
plizierers wir benutzen.
In einem Schaltbild ist dadurch die Zugehörigkeit
zu dem entsprechenden
Multiplizierer immer zu
erkennen.

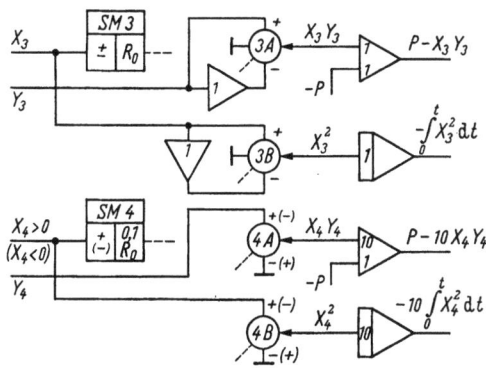

In Abb. 10.4 sind einige
Beispiele für die hier eingeführte Bezeichnungs-
weise angegeben.

Abb. 10.4
Beispiele für die Bezeichnung von Servo-Multiplizierern

Der Servo-Multiplizierer Nr. 3 ist für Vier-Quadranten-Multiplikation geschaltet. Die Potentiometermitte ist also überall mit Masse verbunden, und die Multiplikanden müssen mit beiden Vorzeichen zugeführt werden. Entsprechend den
Eingangswiderständen der nachgeschalteten Verstärker ist das Nachführpotentiometer mit einem Widerstand R_0 zu belasten. Im darunter gezeichneten Beispiel ist
die Variable X_4 immer positiv (immer negativ). Dementsprechend ist das obere
(untere) Ende der Potentiometer mit Masse verbunden. Da die Ausgänge der
Potentiometer auf die Eingänge „10" der nachgeschalteten Verstärker führen, ist
an Buchse „R_L" ein Widerstand $0,1 R_0$ zu schalten.

Werden mehrere Kanäle eines Multiplizierers benutzt, so müssen
diese natürlich alle gleich belastet sein. Ist die Belastung unterschied-

lich, so ergibt sich hierdurch ein Gleichlauffehler, der maximal

$$F_{\max} = \frac{R_i/R_{L1} - R_i/R_{L2}}{4 + R_i/R_{L1}}$$

beträgt. Wir erläutern diese Formel durch ein Beispiel: Der Widerstand R_i der Potentiometer betrage 0,03 MΩ. P_0 und P_1 seien mit $R_{L1} = 1$ MΩ (Eingang „1" eines Verstärkers) belastet. P_2 hingegen sei auf einen Eingang „10" geschaltet, also mit 0,1 MΩ belastet. Das im 2. Kanal (mit P_2) gebildete Produkt ist dann mit einem maximalen Fehler von

$$F_{\max} = \frac{0,03 - 0,3}{4,03} = -6,7\%$$

behaftet.

Der häufigste Belastungsfall wird der sein, daß alle Kanäle mit dem Eingang „1" der nachgeschalteten Verstärker verbunden sind. Bei manchen Rechnern (*Telefunken*) sind daher bei den Servo-Multiplizierern die Eingangswiderstände, die dem Bewertungsfaktor „1" entsprechen, schon in den Multiplizierer eingebaut und fest mit den Schleifern der Potentiometer verbunden. Die Multipliziererausgänge sind hier mit dem Summenpunkt (Buchse S) eines nachgeschalteten Verstärkers zu verbinden. Das Nachführpotentiometer ist dadurch ständig mit dem richtigen Wert belastet, so daß man sich darum nicht zu kümmern braucht. Ein Vorteil dieser Ausführungsform ist ferner, daß die Potentiometer absolut kurzschlußsicher sind. Ein versehentlicher Kurzschluß zwischen Schleifer und Masse kann sonst im ungünstigen Fall zu einer Schädigung der sehr empfindlichen Potentiometer führen. (Man versucht allerdings auch sonst, die Potentiometer durch eine eingebaute Abschmelzsicherung hiergegen zu schützen.)

Es ist dann nur konsequent, in Hinsicht auf eine einfache Anwendung auch die Potentiometermitte fest mit Masse zu verbinden. Dieser Schaltungsart liegt sicher auch die Absicht zugrunde, den Analogrechner mehr als bisher als mathematisches Instrument und weniger als eine Ansammlung elektrotechnischer Bausteine zur Herstellung aller möglichen Kunstschaltungen zu behandeln, wobei diesen Vorteilen der Nachteil einer etwas geringeren Flexibilität in der Anwendung gegenübersteht.

Fehlermöglichkeiten. Obwohl wir auf die verschiedenen Fehlermöglichkeiten der Rechenelemente des Analogrechners erst in Teil V ausführlich eingehen werden, wollen wir doch schon an dieser Stelle einige Hinweise geben, die für den Einsatz der Multiplizierer wichtig sind. Grundsätzlich ist zu unterscheiden zwischen dem statischen, dem dynamischen und dem Nullpunktfehler.

Statische Genauigkeit. Der statische Fehler eines Servo-Multiplizierers hängt von der Linearität und dem Gleichlauf der einzelnen Potentiometer ab. Er steigt linear mit der an einem Potentiometer anliegenden Spannung. Bei den meisten Ausführungsformen liegt der statische

Fehler zwischen 0,05 und 0,1%, bei sehr genauen, aber auch entsprechend teuren Geräten kommt man auf 0,02% (bezogen auf $2E$).

Dynamische Genauigkeit. Wir haben die Wirkungsweise der Nachlaufregelung damit erklärt, daß ein Motor in Abhängigkeit von einer Eingangsspannung den Schleifer eines Potentiometers ständig so verstellt,
daß eine gleich große Gegenspannung am Schleifer auftritt. Auf diese
Weise wird eine Spannung in einen ihr proportionalen Drehwinkel umgewandelt. Jeder Motor hat aber nur eine endlich große Drehzahl, es
dauert also immer eine gewisse Zeit, bis er (über ein Getriebe) die Potentiometer um einen bestimmten Winkel verstellt hat. Vor allem besitzt aber
der Motor durch die mechanische Trägheit des gesamten Systems eine
bestimmte Anlaufzeitkonstante. Die maximale Drehzahl wird dadurch
erst nach einer bestimmten Zeit erreicht. Ändert sich nun die Eingangsspannung des Servosystems zu schnell, so kann dieses nicht mehr schnell
genug folgen, und es entsteht ein dynamischer Fehler. Dieser Fehler
hängt von der Änderungsgeschwindigkeit der Eingangsspannung $x(t)$ ab;
er verschwindet, wenn die Änderungsgeschwindigkeit hinreichend klein
bleibt. Es ist also wichtig, für den vorgegebenen Servo-Multiplizierer
die maximal zulässige Änderungsgeschwindigkeit zu kennen, bei der
der Fehler die zulässige Größe nicht überschreitet. Anschaulicher ist es,
statt dessen die maximal zulässige Frequenz anzugeben, die eine har-
monisch oszillierende Eingangsspannung mit der Amplitude Eins haben
darf. (Die maximale Änderungsgeschwindigkeit einer Schwingung ist
das Produkt aus Amplitude und Kreisfrequenz.) Jede beliebig geformte
Eingangsfunktion kann nach dem FOURIER-Theorem in ein Spektrum
harmonischer Komponenten zerlegt werden. Die höchste Frequenz, die
in diesem Spektrum noch eine Rolle spielt, darf nicht größer als die
Grenzfrequenz des Multiplizierers sein. Diese Grenzfrequenz, die die
Bandbreite des Multiplizierers bezeichnet, wird vom Hersteller angegeben.
Sie liegt normalerweise etwa bei 1 Hz und ist auch bei den schnellsten
Servoeinheiten noch wenigstens eine Zehnerpotenz kleiner als bei den
elektronischen Multiplizierern. Es sei ausdrücklich betont, daß diese
Einschränkungen nur für die Änderungsgeschwindigkeit der Variablen X
gilt, da ein dynamischer Fehler nur durch den Servomechanismus entstehen kann. Die Multiplikanden $A, B, C, \ldots$, die an die Potentiometer angelegt werden, können sich natürlich beliebig schnell ändern,
ohne daß ein nennenswerter Fehler entsteht. Hat man also eine langsam veränderliche Rechengröße mit einer schnell veränderlichen zu
multiplizieren, so wird man nach Möglichkeit die langsam veränderliche
Variable auf den Servokanal (X) schalten und die schnell veränderliche
Variable auf eines der Potentiometer (z. B. A). Ein Musterbeispiel für
einen solchen Anwendungsfall ist die Schaltung zur Erzeugung einer
Schwingung mit (langsam) variabler Frequenz (s. § 18.3).

6 a*

Eine Reihe von konstruktiven Maßnahmen dient dazu, die Bandbreite des Servo-Multiplizierers zu vergrößern:

a) Drehmasse und Reibung des mechanischen Systems sind möglichst klein zu halten.

b) Verwendung eines möglichst kräftigen und „schnellen" Motors bei kleinem Trägheitsmoment (z. B. „400 Hz-Technik").

c) Möglichst hohe Verstärkung des Differenzverstärkers, damit auch bei der kleinsten Abweichung ein starkes beschleunigendes Motormoment entsteht. Aus Stabilitätsgründen darf die Verstärkung einen Grenzwert aber nicht überschreiten.

Wir gehen nur deshalb auf diese rein technischen Gesichtspunkte ein, da sie es sind, die einer naheliegenden Anwendung des Servo-Multiplizierers zum Dividieren entgegenstehen. Formal könnte man nach Gl. (10.1) ja dividieren, indem man die Bezugsspannung E durch eine variable Spannung $n(t)$ ersetzt.

Es gilt dann

$$y = \frac{x\,a}{n}.$$

Statt der Bezugsspannung legt man also die Spannung $n(t)$ an das Nachführpotentiometer und wählt z. B. $a = E$. Die Variable $n(t)$ kann aber u. U. sehr kleine Werte annehmen. Da der Quotient x/n nie größer als Eins sein darf, ist die Eingangsspannung x ebenfalls sehr klein und damit erst recht die Differenzspannung, die auf den Eingang des Servoverstärkers gelangt. Diese Spannung und damit auch das beschleunigende Motormoment ist also bei gleicher Abweichung wesentlich kleiner, als wenn am Nachführpotentiometer die volle Spannung E anliegt. Der Motor benötigt eine längere Zeit zum Anlaufen, wodurch der dynamische Fehler steigt, oder bei gleichem Fehler die Bandbreite kleiner wird. Diese Art der Division, bei der sich mit der Größe des Nenners die zulässige Bandbreite verringert, wendet man deshalb meist nicht an.[1]

Nullpunktfehler. Bei einer Multiplikation muß das Produkt immer Null sein, wenn eine der Variablen Null ist, unabhängig von der Größe der anderen. Wird diese Bedingung von einem Multiplizierer nur näherungsweise erfüllt (das ist bei allen elektronischen Multiplizierern der Fall), so spricht man von einem Nullpunktfehler. Wird bei einem Servo-Multiplizierer ein Multiplikand Null gesetzt, so entsteht kein Nullpunktfehler, da am Ausgang eines Potentiometers keine Spannung auftreten kann, wenn am Eingang keine anliegt. Anders ist es, wenn der Multi-

---

[1] Es sei denn, man vermeidet diesen Nachteil durch eine automatische Verstärkungsregelung, so daß sich ein damit ausgerüsteter Servo-Multiplizierer auch unmittelbar als Dividierer schalten läßt.

plikator (X) Null gesetzt wird. Hier ist der Nullpunktfehler durch die Genauigkeit gegeben, mit der das Servosystem den Abgleich herstellt, also durch die statische Genauigkeit. Wir bilden letztlich also die Produkte $Y_1 = A(X \pm \varepsilon)$, $Y_2 = B(X \pm \varepsilon)$ usw.

10.2 Modulations-Multiplizierer

Der Servo-Multiplizierer arbeitet nach dem Prinzip eines gesteuerten Spannungsteilers. Über eine Regelschaltung wird erzwungen, daß das Teilerverhältnis eines Potentiometers proportional zu einer Eingangsgröße variiert. Eine Spannungsteilung kann man auch erhalten, wenn man eine Eingangsspannung in eine (zur Nullinie symmetrische) Rechteckschwingung verwandelt und deren Mittelwert bildet. Abb. 10.5 soll dies erläutern.

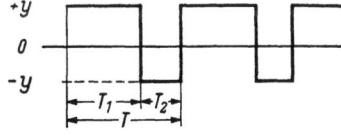

Abb. 10.5. Zum Arbeitsprinzip des Modulations-Multiplizierers

Der Mittelwert einer Periode der Rechteckschwingung in Abb. 10.5 ist gleich der Differenz der Fläche oberhalb und der Fläche unterhalb der Nullinie, dividiert durch die Periodendauer T:

$$\text{Mittelwert} = \frac{1}{T} Y(T_1 - T_2), \qquad (10.4)$$

oder mit $T_2 = T - T_1$:

$$\text{Mittelwert} = \left(2\,\frac{T_1}{T} - 1\right) Y.$$

Sorgt man dafür, daß das Glied $(2T_1/T - 1) = X$ oder also

$$\frac{T_1}{T} = \frac{X+1}{2} \qquad (10.5)$$

ist, dann ist der Mittelwert gleich dem Produkt von X und Y. Man kann die Rechteckschwingung als eine Folge von positiven und negativen Impulsen auffassen, deren Breite in Abhängigkeit von X verändert wird. Diese „Pulsbreitenmodulation" kann ein gesteuerter elektronischer Schalter ausführen (Abb. 10.6), wobei auch hier eine Regelschaltung dafür zu sorgen hat, daß

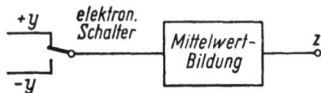

Abb. 10.6. Rechteckmodulation durch einen Schalter

die Bedingung (10.5) in jedem Augenblick erfüllt ist. An Stelle einer Spannungsteilung wie beim Servo-Multiplizierer haben wir hier eine „Zeitteilung", nämlich der Schwingungsdauer T in ein Intervall T_1, in dem der Schalter in der oberen Lage steht und ein Intervall T_2, in dem er unten steht.

Dementsprechend nennt man diesen Multiplizierer im angelsächsischen Sprachgebrauch *time divisionmultiplier*, also „Zeitteilungsmultiplizierer". Wir möchten diese Bezeichnung nicht verwenden, denn wir sprechen beim Servo-Multiplizierer ja auch nicht von einem „Spannungsteilungsmultiplizierer".

Nach der deutschen Fachnomenklatur besteht das beschriebene Multiplikationsverfahren in einer *Pulshöhen-Pulsbreiten-Modulation*, wobei die Impulsbreite der einen und die Impulshöhe der anderen Variablen proportional ist. Die Impulsfläche entspricht dann dem Produkt beider Variablen. Wir wollen daher diesen Multiplizierer abgekürzt *Modulations-Multiplizierer* nennen, wobei immer die Pulshöhen-Pulsbreiten-Modulation verstanden wird. In der Literatur werden zwar auch Multiplikationsverfahren beschrieben, die auf anderen Modulationsarten beruhen (z. B. Modulation von Amplitude und Frequenz). Diese Verfahren haben sich aber (zumindest bisher) nicht in der Praxis einführen können.

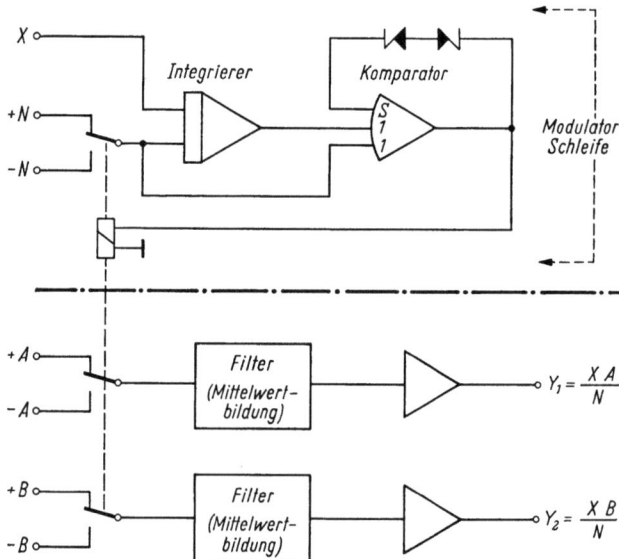

Abb. 10.7. Prinzipschaltung eines Modulations-Multiplizierers

Das Prinzipschaltbild eines Modulations-Multiplizierers zeigt Abb. 10.7 [4]. Man kann sich eine solche Schaltung aus den üblichen Rechenelementen aufgebaut denken. In Wirklichkeit sind die Elemente natürlich speziell für diesen Anwendungszweck dimensioniert. Im oberen Teil der Schaltung, der sog. Modulatorschleife, erkennen wir zunächst die Schaltung zur Erzeugung einer Dreieckschwingung, wie sie auf S. 219 beschrieben wird (s. § 20.3).

Nehmen wir zunächst an, es sei $X = 0$. Das Komparatorrelais sei so gepolt, daß der Schalter in der unteren Stellung liegt, wenn die resultierende Eingangsspannung des Komparators negativ ist. Die Ausgangsspannung des Integrierers steigt zeitlinear positiv an, bis sie größer als N wird. In diesem Augenblick wird die resultierende Eingangsspannung des Komparators positiv, und der Schalter klappt um. Dadurch wird die Eingangsspannung des Komparators nun erst recht positiv, die Ausgangsspannung des Integrierers nimmt aber jetzt zeitproportional ab, bis sie den Wert $-N$ erreicht. Der Schalter klappt jetzt erneut um, usw. Es entsteht am Ausgang des Integrierers eine symmetrische Dreieckspannung bzw. am Eingang eine symmetrische Rechteckspannung. Ist jetzt x nicht mehr Null, sondern z. B. positiv, so steigt die Ausgangsspannung des Integrierers nach negativen Werten hin schneller und nach positiven Werten hin langsamer als vorher. Der Schalter verharrt jetzt eine längere Zeit in der unteren und eine kürzere Zeit in der

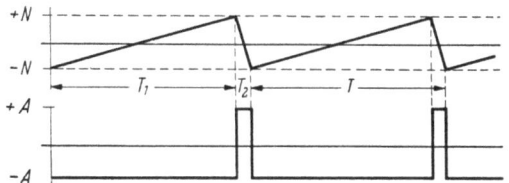

Abb. 10.8. Zur Arbeitsweise der Modulatorschleife (Abb. 10.7)

oberen Lage; die Impulsbreite der Rechteckschwingung ist damit entsprechend moduliert (Abb. 10.8).

Die Modulatorschaltung sorgt für eine periodische Schwingung, woraus wieder folgt, daß der Mittelwert der resultierenden Eingangsspannung des Integrierers Null sein muß. Der Mittelwert der Impulsfolge ist damit gleich dem negativen Wert der Eingangsspannung X. Es muß also gelten

$$\frac{T_1 - T_2}{T} = -\frac{X}{N},$$ (10.6)

oder gemäß (10.4)

$$Y_1 = \frac{X A}{N}.$$ (10.7)

Läßt man, wie in Abb. 10.7, synchron mit dem Modulator-Schalter weitere Schalter mitlaufen, so erhält man den gewünschten Modulations-Multiplizierer. Das bemerkenswerteste an dieser Schaltung ist, daß jetzt auch N verändert werden darf, daß also mit diesem Multiplizierer auch mit voller Bandbreite dividiert werden kann. Die Bandbreite des Modulations-Multiplizierers ist wenigstens eine Größenordnung größer als beim Servo-Multiplizierer. Allerdings bestehen hier die durch die Bandbreite definierten Beschränkungen für beide Variablen X und A (siehe § 31). Die Modulationsfrequenz liegt in der Größenordnung von 10 kHz. Die Schalter sind spezielle elektronische Schalter.

10.3 Zwei-Parabel-Multiplizierer. (Parabel-Multiplizierer)

Das Zwei-Parabel-Verfahren benutzt die algebraische Beziehung

$$Y_1 Y_2 = \left(\frac{Y_1 + Y_2}{2}\right)^2 - \left(\frac{Y_1 - Y_2}{2}\right)^2. \qquad (10.8)$$

Diese Beziehung gestattet es, die Multiplikation auf die weniger aufwendigen Operationen der Summen- und Differenzbildung und der

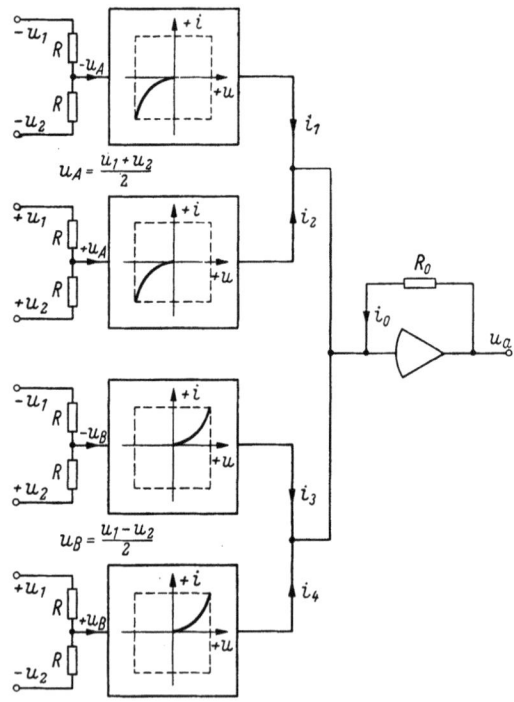

Abb. 10.9. Prinzipschaltung eines Parabel-Multiplizierers

Quadratbildung zu reduzieren. Für die Quadratbildung werden 2 Elemente mit quadratischer Kennlinie benötigt (also 2 „Parabeln"), wodurch das Verfahren seinen Namen erhält. Abb. 10.9 zeigt die Prinzipschaltung.

Es gilt

$$i_1 + i_2 = -K\left(\frac{u_1 + u_2}{2}\right)^2,$$

$$i_3 + i_4 = +K\left(\frac{u_1 - u_2}{2}\right)^2, \qquad (10.9)$$

ferner

$$u_a = R_0 i_0 = -R_0(i_1 + i_2 + i_3 + i_4). \qquad (10.10)$$

Aus (10.9) und (10.10) folgt

$$u_a = R_0 \, K \left(\frac{u_1 + u_2}{2} \right)^2 - \left(\frac{u_1 - u_2}{2} \right)^2 . \qquad (10.11)$$

Wenn man alle Spannungen auf die Maschineneinheit E bezieht und dafür sorgt, daß

$$R_0 \, K \, E = 1$$

ist, so folgt schließlich

$$U_a = U_1 \, U_2 . \qquad (10.12)$$

Die technische Schwierigkeit dieser Schaltung liegt bei dem notwendigen Element mit quadratischer Strom-Spannungs-Kennlinie. Ein geeignetes Element mit genügender Genauigkeit ist von Natur aus nicht unmittelbar vorhanden, so daß praktisch nur die Möglichkeit besteht, diese Kennlinie durch einen Polygonzug anzunähern (Abb. 10.10). Die einzelnen Geradenstücke des Polygonzugs kann man mit Hilfe vorgespannter Dioden erzeugen. Wir werden dieses Verfahren bei der Besprechung des Diodenfunktionsgebers (§ 12) näher erläutern. Die Genauigkeit der Quadratbildung und damit der Multiplikation ist um so größer, je besser die Approximation der Parabel durch den Polygonzug ist. Die Genauigkeit hängt von der Anzahl der Geradenstücke ab, ist also zunächst eine Frage des Aufwands. Die Ge-

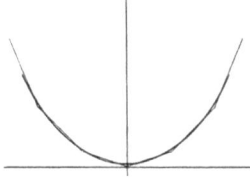

Abb. 10.10
Approximation einer Parabel
durch einen Polygonzug

nauigkeit läßt sich aber durch immer feinere Unterteilung nicht beliebig groß machen, da die Eigenschaften der verwendeten Dioden zwangsläufig bestimmten Schwankungen unterworfen sind.

Der Betrag der Multiplikationsfehler hängt bei diesem Verfahren besonders stark von der Größe der Eingangsvariablen ab. Je kleiner diese sind, um so weniger Streckenzüge der Parabelapproximation kommen zum Tragen. Man sollte stets dafür sorgen, daß der Parabel-Multiplizierer so gut wie möglich „ausgesteuert" wird, d. h., daß die Variablen möglichst den vollen Wertebereich einnehmen.

Noch eine weitere Tatsache ist zu beachten. Wie Abb. 10.9 zeigt, tritt der zur Multiplikation benötigte nichtlineare Widerstand, dessen Größe sich entsprechend der geforderten Gesetzmäßigkeit

$$i = k \, u^2$$

reziprok zur Eingangsspannung verhält, an den Eingangsbuchsen des Multiplizierers auf. Daraus folgt, daß man Schaltungen vermeiden sollte, bei denen ein Potentiometer direkt (ohne Zwischenschaltung eines Verstärkers) an den Eingang eines Parabel-Multiplizierers geschaltet wird. Ein solches Potentiometer wäre durch einen Widerstand belastet, der seinen Wert in Abhängigkeit von der Größe der Eingangsvariablen ändert, wodurch Fehler entstehen würden.

10.4 Vergleichende Betrachtungen

Wir haben nun die 3 Multipliziererarten kennengelernt, wie sie heute praktisch ausschließlich in elektronischen Analogrechnern verwendet werden. Man findet in der Literatur zwar noch eine Reihe weiterer Geräte zur Produktbildung beschrieben, die nach anderen physikalischen Prinzipien arbeiten. Diese Arten haben sich aber nicht recht durchsetzen können. Wir werden uns daher auf die heute üblichen 3 Typen beschränken.

Bei einem Vergleich der einzelnen Ausführungen sind vor allem 3 Faktoren zu berücksichtigen: Genauigkeit, Bandbreite und Preis.

Die Frage nach der Bandbreite ist am leichtesten zu beantworten. Die Bandbreite der Parabel-Multiplizierer ist von derselben Größenordnung wie die der Rechenverstärker. Sie reicht also etwa bis 100 Hz. Die Bandbreite der Modulations-Multiplizierer ist demgegenüber etwa eine Größenordnung kleiner: Sie beträgt für beide Variable etwa 10 Hz. Mindestens noch eine Größenordnung kleiner ist die Bandbreite des X-Kanals bei Servo-Multiplizierern. Sie erreicht höchstens etwa 1 Hz. Die Potentiometerkanäle besitzen allerdings, wie schon erwähnt, die volle Bandbreite der linearen Rechenelemente.

Die Faktoren Genauigkeit und Preis hängen naturgemäß eng miteinander zusammen.

Nach dem Parabelverfahren lassen sich billige, aber auch entsprechend ungenaue Multiplizierer bauen. Treibt man die Genauigkeitsansprüche hoch, so steigt der Preis entsprechend an. So wurden bereits Parabel-Multiplizierer entwickelt, deren Fehler etwa in der Größenordnung von 10^{-4} liegt. Solche Anforderungen können aber nur durch einen hohen Aufwand (z. B. Einbau des Diodennetzwerks in einen Thermostaten) erkauft werden. Die Fehler der üblichen Parabel-Multiplizierer betragen einige zehntel Prozent. Ihre Genauigkeit ist also dem 10^{-3}-Rechner angepaßt, ebenso ihr Preis.

Bei den Servo-Multiplizierern ist ein Vergleich mit den übrigen Multiplizierertypen etwas problematisch. Der Servo-Multiplizierer bietet bekanntlich die Möglichkeit, Produkte einer Variablen mit mehreren anderen Variablen zu bilden, und es kommt nun darauf an, wie viele dieser „abhängigen" Produkte man den „unabhängigen" Produkten anderer Multipliziererarten als gleichwertig erachtet. Da in der Praxis bei sehr vielen Problemen zwei oder drei abhängige Produkte auftreten, kann man den Preis eines Servo-Multiplizierers etwa mit demjenigen von 2 bis 3 Parabel-Multiplizierern, die jeweils ein unabhängiges Produkt liefern, vergleichen. Bei einem solchen Vergleich wird ein Servo-Multiplizierer etwas billiger als ein Parabel-Multiplizierer mit der gleichen Genauigkeit sein. Neben diesem Preisvorteil zeigt der Servo-Multiplizierer die günstige Eigenschaft, daß er bezüglich der Multiplikanden keinen Nullpunktfehler aufweist. Außerdem ist er in manchen Fällen vielseitiger verwendbar als andere Multipliziererarten. Sein entscheidender Nachteil ist die außerordentlich kleine Bandbreite, d. h. die geringe Geschwindigkeit, mit der gerechnet werden darf. Diese Geschwindigkeit kann bei manchen Echtzeitproblemen (z. B. Flugkörpergleichungen) zu gering sein. Servo-Multiplizierer lassen sich bis zu einer Fehlergrenze von etwa 0,01% herstellen. Diese Multiplizierer sind allerdings wegen der notwendigen sehr hohen Präzision der Mechanik und der Potentiometer auch entsprechend teuer.

Modulations-Multiplizierer lagen bisher in der Genauigkeit zwischen den einfachsten und den präzisesten Servo-Multiplizierern; der Aufwand und damit der Preis waren dabei relativ hoch. Die guten Schaltereigenschaften von Transistoren machen es möglich, die Genauigkeit präziser Servo-Multiplizierer bei annähernd gleichem Preis zu erreichen. Der Vorteil solcher Modulations-Multiplizierer ist die etwa zehnmal größere Bandbreite und die Möglichkeit, sie direkt als Dividierer umzuschalten.

Neben diesen 3 Hauptfaktoren gibt es natürlich noch weitere Gesichtspunkte. Beim Parabel-Multiplizierer müssen z. B. beide Variablen mit beiden Vorzeichen zugeführt werden, was beim Modulations-Multiplizierer nur für eine Variable und beim Servo-Multiplizierer u. U. gar nicht nötig ist. Dafür hat letzterer wieder den Nachteil, daß er als ein mechanisch bewegtes Element einer natürlichen Abnutzung unterworfen ist. Diese Abnutzung äußert sich bei den Potentiometern z. B. in einer größer werdenden Störspannung (Rauschen). Es hat sich als Standard herausgebildet, daß kleine und billigere Anlagen Parabel-Multiplizierer und einfachere Servo-Multiplizierer enthalten und große und teuere Anlagen von allen 3 Arten Gebrauch machen.

Literatur zu § 10

[1] KORN, G. A., u. TH. M. KORN: Electronic Analog Computers. Second Edition. New York: McGraw-Hill 1956.
[2] JACKSON, A. S.: Analog Computation. New York: McGraw-Hill 1960.
[3] GOMPERTS, R., H. D'HOOP, R. VICHNEVETSKY u. H. WITSENHAUSEN: Operation of P.A.C.E. Equipment. Electronic Associates Inc., Brüssel.
[4] SCHNEIDER, W.: Ein transistorisierter Time-Division-Multiplikator hoher Genauigkeit. Telefunkenztg. 33 (Sept. 1960) H. 129, S. 189—197.

§ 11. Koordinatenwandler (Resolver)

Der Servokoordinatenwandler ist eine Abwandlung des Servo-Multiplizierers. Genau wie dort wird durch eine Nachlaufregelung eine Eingangsspannung in eine proportionale Winkelstellung umgewandelt. Während aber bei den Potentiometern im Servo-Multiplizierer die Span-

nungsteilung proportional zum Drehwinkel ist, sorgt man beim Koordinatenwandler dafür, daß hier der Zusammenhang zwischen Drehwinkel
und Spannungsteilung einem Sinusgesetz folgt. Man kann dies durch
eine entsprechende Ausbildung der Wider-
standsbahn der Potentiometer erreichen, indem man z. B., wie in Abb. 11.1 angedeutet,
einen sinusförmig sich ändernden Belag aus
Widerstandsmaterial aufbringt. Legt man an
Anfang und Ende eines solchen ringförmigen
Potentiometers die (auf die Maschineneinheit)
bezogenen Spannungen +1 bzw. −1 an, so
entsteht am Schleifer die Ausgangsspannung

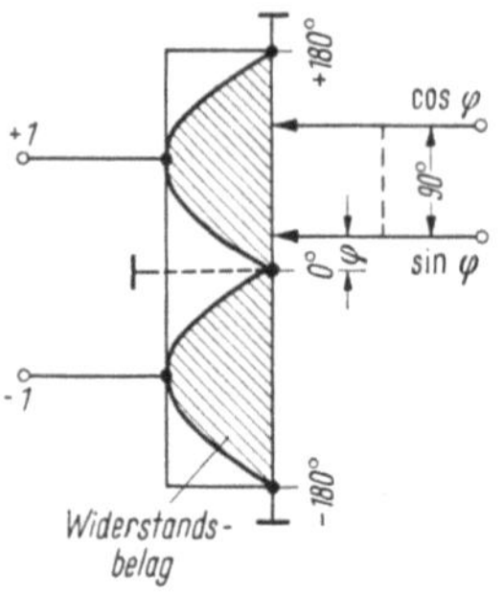

$$U_a = \sin K\, U_e = \sin \varphi .$$

Abb. 11.1
Sinus/Cosinus-Potentiometer

Ein zweiter Schleifer, der gegenüber dem
ersten um 90° (im mathematisch positiven Sinne)
verdreht ist, liefert dann die Spannung

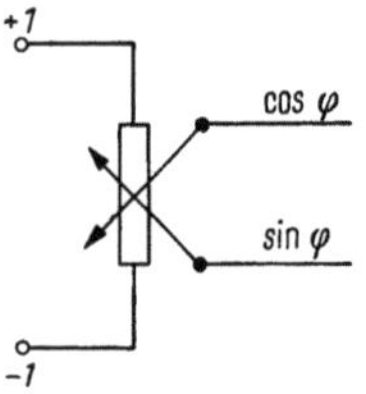

$$U_a = \cos K\, U_e = \cos \varphi$$

Abb. 11.2
Schaltsymbol eines
Sinus/Cosinus-Potentio-
meters

(Abb. 11.1). U_e ist dabei die Spannung am Eingang
des Servosystems. Der Faktor K gibt an, welcher
Drehwinkel der Einheit der Eingangsspannung entspricht. Beispiel: Der Winkel φ sei π für $U_e = 1$;
die Gerätekonstante K ist in diesem Falle gleich π.
Abb. 11.2 zeigt das Schaltsymbol, das wir für ein solches Sinus/Cosinus-
Potentiometer verwenden wollen.

11.1 Umwandlung von Polarkoordinaten in rechtwinklige Koordinaten

Wir wollen von nun an die Eingangsgröße, die einen Winkel repräsentiert, direkt mit den für Winkel üblichen Buchstaben bezeichnen (auf
dem Rechner sind auch das natürlich wieder Spannungen). Legen wir
jetzt an das Resolverpotentiometer die Spannung $R(t)$ (mit beiden Vorzeichen) und an den Eingang des Servosystems die Spannung $\varphi(t)$
an, so können wir am Schleifer 1 die Größe

$$Y(t) = R(t) \sin \varphi(t) \qquad (11.1)$$

und am Schleifer 2 die Größe

$$X(t) = R(t) \cos \varphi(t) \qquad (11.2)$$

abgreifen (Abb. 11.3). Wir haben in diesem Falle polare Koordinaten-
werte in rechtwinklige umgewandelt. Für die Geschwindigkeit, mit der
die Eingangsgrößen sich ändern dürfen, ohne daß ein dynamischer Fehler

entsteht (also für die Bandbreite des Koordinatenwandlers), gilt das gleiche wie für den Servo-Multiplizierer. Ebenfalls ist auch hier die Belastung der Potentiometer durch nachfolgende Verstärkereingänge zu berücksichtigen. Bei der Herstellung der Sinus/Cosinus-Potentiometer wird deshalb üblicherweise schon die Belastung durch einen Eingang „1" berücksichtigt und eingeeicht. Die Ausgänge der Koordinatenwandler dürfen stets nur mit Eingängen „1" nachgeschalteter Rechenverstärker verbunden werden. Manche Hersteller bauen deshalb wieder den entsprechenden Widerstand, der der Wertigkeit „1" entspricht, fest in den Koordinatenwandler ein, und die Verbindung mit einem nachgeschalteten Verstärker führt dann direkt auf dessen Summenpunkt.

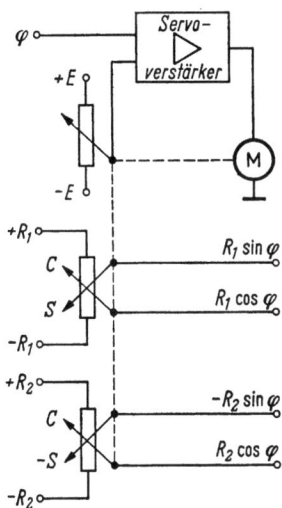

Abb. 11.3. Prinzipschaltung des Servokoordinatenwandlers zur Umwandlung von Polarkoordinaten in rechtwinklige Koordinaten

Der Servokoordinatenwandler entspricht in seinem Aufbau ganz dem Servo-Multiplizierer. Er enthält also auch mehrere miteinander gekoppelte Potentiometer. Üblich sind 2 Sinus/Cosinus-Potentiometer und zwei lineare Potentiometer zum Multiplizieren, wobei beim zweiten Sinus/Cosinus-Potentiometer der Schleifer, an dem der Sinus abgegriffen werden kann, um 180° verdreht ist. Man bildet hier also nicht $\sin\varphi$, sondern $\sin(\pi - \varphi) = -\sin\varphi$. Es lassen sich mit einem Koordinatenwandler so die Ausdrücke $R_1 \cos\varphi$, $R_1 \sin\varphi$, $R_2 \cos\varphi$, $-R_2 \sin\varphi$, $A\,\varphi$, φ^2 usw. bilden, Ausdrücke, die bei der Rechnung mit Vektoren (vor allem bei Flugkörpergleichungen) immer wieder vorkommen.

Schaltet man auf das eine Sinus/Cosinus-Potentiometer die Größe Y und auf das andere die Größe X, so erhält man mit der Größe Θ am Eingang des Servosystems die 4 Ausdrücke

$$Y \sin\Theta, \quad Y \cos\Theta, \quad -X \sin\Theta, \quad X \cos\Theta.$$

Durch Summieren erhält man hieraus die Umrechnungsgleichungen für eine Drehung eines Koordinatensystems im Ursprung (Abb. 11.4)

$$U = X \cos\Theta + Y \sin\Theta, \quad (11.3)$$

$$V = Y \cos\Theta - X \sin\Theta. \quad (11.4)$$

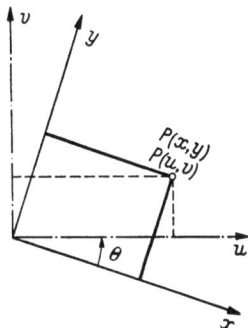

Abb. 11.4. Drehung eines Koordinatensystems

11.2 Umwandlung rechtwinkliger Koordinaten in Polarkoordinaten

Statt der Umrechnung von Polarkoordinaten in rechtwinklige Koordinaten kann natürlich auch die umgekehrte Aufgabenstellung vorkommen. Zur Lösung dieser Aufgabe benutzt man die trigonometrischen Beziehungen

$$x \cos\varphi + y \sin\varphi = R, \qquad (11.5)$$

$$x \sin\varphi - y \cos\varphi = 0 \qquad (11.6)$$

(Abb. 11.5). Die Schaltung des Servosystems wird so abgeändert, daß jetzt die Bedingung (11.6) automatisch erfüllt wird. Zu diesem Zweck werden die Größen $-X \sin\varphi$ und $Y \cos\varphi$ an den Eingang des Nachführverstärkers gegeben. Der Servomotor verstellt nun den Winkel φ wieder so lange, bis die Spannungsdifferenz am Eingang des Servoverstärkers Null wird, d. h. also bis Gl. (11.6) erfüllt ist.

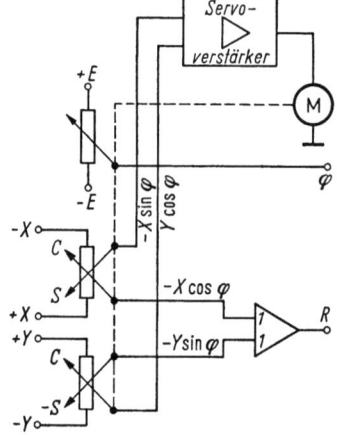

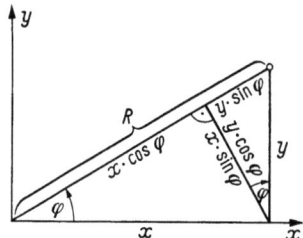

Abb. 11.5. Trigonometrische Beziehung zwischen rechtwinkligen Koordinaten und Polarkoordinaten

Abb. 11.6. Prinzipschaltung des Servokoordinatenwandlers zur Umwandlung von rechtwinkligen Koordinaten in Polarkoordinaten

Damit hat sich das gesuchte φ eingestellt; eine zu φ proportionale Spannung kann am Nachführpotentiometer abgenommen werden. Die Größe R erhält man nach Gl. (11.5) durch Summieren der beiden anderen Terme (Abb. 11.6).

§ 12. Funktionsgeber und ihre Einstellung

12.1 Servofunktionsgeber

Es liegt nahe, nach dem gleichen Prinzip, nach dem man beim Servokoordinatenwandler Sinus- und Cosinusfunktionen gewinnt, beliebige andere Funktionen zu erzeugen. Ein Servofunktionsgeber sollte die Möglichkeit bieten, innerhalb bestimmter Grenzen jede gewünschte Funktion zwischen Drehwinkel und abgegriffener Spannung herzustellen. Eine Möglichkeit hierzu besteht darin, daß man ein lineares Potentio-

meter mit Anzapfungen versieht und an die Anzapfungen von außen
Spannungswerte anlegt, die den gewünschten Funktionswerten an den
betreffenden Stellen entsprechen.

Wird jetzt durch das Nachführsystem das Potentiometer proportional
zu einer Eingangsspannung verstellt, so tritt an den Stellen, an denen
das Potentiometer angezapft ist, die

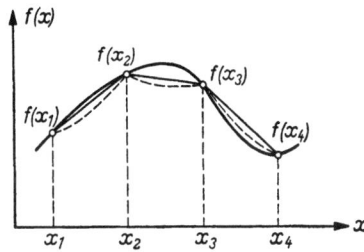

angelegte Spannung am Schleifer auf.
Befindet sich der Schleifer zwischen
2 Anzapfungen, dann entspricht die
Spannung einer linearen Interpolation
zwischen den Werten der benachbarten Anzapfungen. Die gewünschte
Funktion wird also durch einen Strek-
kenzug angenähert (Abb. 12.1). Die
Knickstellen, die den Anzapfungen
entsprechen, sind äquidistant. Da das

Abb. 12.1. Annäherung einer Funktion
durch einen Streckenzug]

Potentiometer normalerweise wieder durch den Eingangswiderstand eines
nachgeschalteten Verstärkers belastet ist, verformen sich die Geradenstücke noch geringfügig (in Abb. 12.1 stark übertrieben gestrichelt). Die
dadurch bedingten Abweichungen bleiben aber innerhalb der Genauigkeit,
mit der die Funktion ohnehin
nur angenähert werden kann.

Aus technischen Gründen
stellt man das gewünschte
Potential an den Anzapfungen
nicht durch angelegte feste
Spannungen her, sondern durch
Einströmungen. Der in die
Anzapfungen hineinfließende
Strom kann durch einen Vorwiderstand so geändert werden,
daß sich das gewünschte Span-
nungspotential einstellt. Abbildung 12.2 zeigt die Prinzipschaltung. Diese Schaltung vermeidet eine zu starke Belastung
des Potentiometers und der
Spannungsquelle. Sie besitzt
aber den Nachteil, daß eine

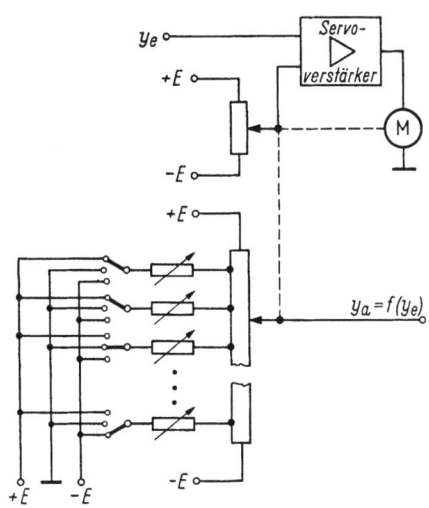

Abb. 12.2
Prinzipschaltung des Servofunktionsgebers

merkliche Rückwirkung zwischen den einzelnen Einstellungen besteht.
Wird also das Potential an einer Anzapfung richtig eingestellt, so ändern
sich dadurch auch mehr oder weniger die Potentiale an den anderen
Stellen. Die Einstellung der Funktion könnte dadurch zu einem etwas

7*

mühsamen iterativen Verfahren werden; es gibt aber Einstellmethoden, die diesen Nachteil vermeiden [1]. Sie bestehen im wesentlichen darin, daß man zunächst die Einstellung des geforderten Funktionswerts an

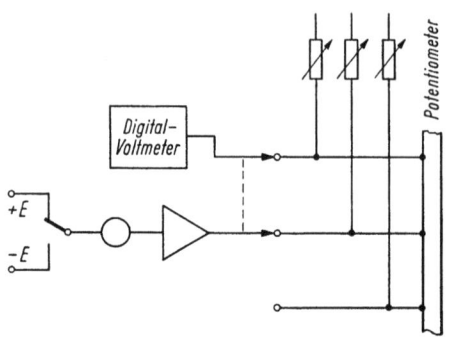

der 1. Anzapfung vornimmt, wobei man währenddessen an die 2. (benachbarte) Anzapfung den Spannungswert anlegt, der dem geforderten Funktionswert an dieser Stelle entspricht. Diese Spannung stellt man an einem Präzisionspotentiometer ein; da sie absolut unnachgiebig sein muß, verwendet man noch einen Umkehrverstärker zur Entkopplung (Abb. 12.3).

Abb. 12.3. Rückwirkungsfreie Einstellung des Servofunktionsgebers

Dadurch wird der Wert an der 1. Anzapfung unter den gleichen Potentialverhältnissen an der Nachbaranzapfung eingestellt, wie sie am Ende der Einstellung auch herrschen sollen. Bei der Einstellung der richtigen Einströmung in die 2. Anzapfung legt man jetzt die 3. Anzapfung an die Sollspannung an, usw. Auf diese Weise erfolgt die Einstellung fortschreitend überall unter den richtigen, endgültigen Betriebsbedingungen; die Rückwirkungen sind aufgehoben.

Auch beim Servofunktionsgeber werden wieder mehrere gleichlaufende Potentiometer vom gleichen Servomotor angetrieben. Man kann dadurch mit einem Funktionsgeber mehrere Funktionen der gleichen unabhängigen Variablen bilden. Man kann auch ohne weiteres das Funktionspotentiometer statt mit der festen Bezugsspannung mit einer variablen Spannung speisen. Die erzeugte Funktion wird dadurch mit dieser variablen Spannung multipliziert. Meistens ist noch bei jedem Potentiometer ein Schalter vorgesehen, der alle Anzapfungen vom Funktionspotentiometer abzutrennen gestattet. Das Potentiometer kann jetzt wie bei jedem Multiplizierer zur Multiplikation verwendet werden. Es lassen sich also insgesamt mit einem Servofunktionsgeber Operationen der Art

$$y_1 f_1(x), \quad y_2 f_2(x), \quad \dots, \quad y_3 x, \quad \dots, \quad x^2 \quad \text{usw.}$$

durchführen. Durch diese Vielseitigkeit des Funktionsgebers erhält man gerade bei stark nichtlinearen Problemen (Flugkörpergleichungen, chemische Reaktionsgleichungen usw.) oft sehr einfache und übersichtliche Rechenschaltungen.

Die Potentiometer, die die Einströmungen und damit die Funktion bestimmen, sind meist mit den zugehörigen Wahlschaltern in ein Käst-

chen eingebaut, das als Einschub in den Funktionsgeber eingesteckt
werden kann. Man kann so einmal eingestellte „Funktionen", die häufiger
gebraucht werden, aufbewahren und bei Bedarf aufstecken.

12.2 Diodenfunktionsgeber

Servofunktionsgeber sind wie alle Rechenelemente mit mechanisch
bewegten Teilen langsam und verhältnismäßig teuer. Es besteht daher
der Bedarf nach einem elektronischen und damit schneller arbeitenden,
weniger aufwendigen Funktionsgeber. Diese Anforderungen werden sehr
gut vom Diodenfunktionsgeber erfüllt.

Das Arbeitsprinzip eines Diodenfunktionsgebers können wir leicht
verstehen, wenn wir uns an die elektrischen Eigenschaften einer Diode
erinnern. Nach Abschn. 9.1 läßt sich mit Hilfe einer Diode eine Funktion
erzeugen, die bis zu einer bestimmten Schwelle den Wert Null hat und
dann mit konstanter Steigung ansteigt (vgl. Abb. 9.3 b). Der Einsatzpunkt dieser „Knickkennlinie" kann dabei durch eine Vorspannung
bestimmter Größe und Polarität gewählt werden; die Steigung läßt
sich durch einen Vorwiderstand innerhalb gegebener Grenzen variieren.
Durch Addition einer Anzahl solcher Knickfunktionen erhält man einen
Polygonzug, der zur Approximation gewünschter Funktionen dienen kann.

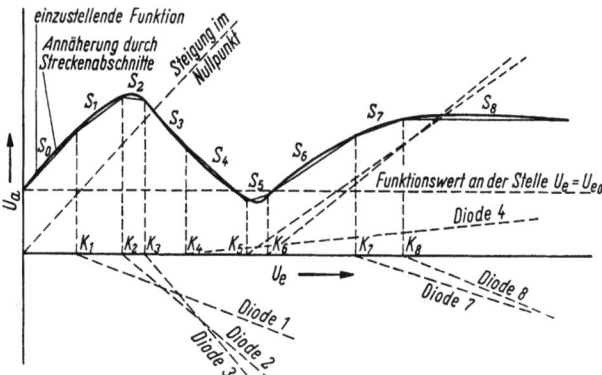

Abb. 12.4. Arbeitsweise des Diodenfunktionsgebers

Bei einem Funktionsgeber, der z. B. zwanzigmal dieselbe Schaltung
zur Nachbildung einer Knickfunktion enthält, kann man eine einzustellende Funktion durch 20 Streckenabschnitte annähern. Dazu
dienen erstens 20 Potentiometer, mit denen man die Einsatzpunkte
der einzelnen Knickkennlinien wählt und zweitens weitere 20 Potentiometer, an denen man die gewünschten Steigungen einstellen kann.
Abb. 12.4 soll uns den Aufbau einer solchen Funktion aus den einzelnen
Knickfunktionen veranschaulichen.

Für die Schaltungstechnik der Diodenfunktionsgeber gibt es verschiedene Varianten, mit denen wir uns aber hier nicht beschäftigen wollen. Was uns interessiert, sind die speziellen Eigenschaften, die für uns als Benutzer wichtig sind.

Wichtige Eigenschaften eines Diodenfunktionsgebers sind z. B.:

Die Anzahl der zur Verfügung stehenden Streckenabschnitte;
die Frage, ob die Einsatzpunkte dieser Streckenabschnitte festliegen oder frei gewählt werden können;
die maximale Steigung einer Strecke und schließlich die Genauigkeit der Einstellung und die zeitliche Konstanz einer eingestellten Funktion.

Die Eigenschaften der Diodenfunktionsgeber in einem Röhrenanalogrechner sind gemeinhin etwas verschieden von den Eigenschaften der Funktionsgeber in Transistorrechnern.

a) *Funktionsgeber in Röhrenrechnern.* Bei einer Maschineneinheit von 100 V kann man die Anfangskrümmung der Diodenkennlinie praktisch vernachlässigen, da dieser Bereich weniger als 1% des Gesamtbereichs ausmacht. Die Einsatzpunkte der Strecken können normalerweise beliebig gewählt werden. Funktionen mit ausgeprägten Unstetigkeiten sind noch relativ gut einzustellen, wenn man die Lage der einzelnen Streckenabschnitte geeignet wählt.

Die Genauigkeit, mit der eine gewünschte Funktion angenähert wird, ist naturgemäß um so besser, je mehr Streckenabschnitte zur Verfügung stehen. Eine Aufteilung des gesamten Bereichs in 10 bis 20 Strecken ist typisch; genügt diese Genauigkeit nicht, so kann man die Funktion z. B. auf 2 Funktionsgeber und damit auf die doppelte Zahl von Streckenabschnitten aufteilen. Umgekehrt besteht bei manchen Diodenfunktionsgebern die Möglichkeit, einen Funktionsgeber mit 20 Segmenten in 2 Hälften mit je 10 Streckenabschnitten aufzuteilen, so daß für einfachere Funktionen 2 Funktionsgeber zur Verfügung stehen.

b) *Funktionsgeber in Transistorrechnern.* Transistorrechner besitzen im Vergleich zum Röhrenrechner eine niedrigere Spannung als Maschineneinheit. Bei der vielfach verwendeten Spannung von 10 V macht sich die Anfangskrümmung der Diodenkennlinie (vgl. § 9.1) schon bemerkbar. Die Knickstellen werden dadurch etwas abgerundet, was die Approximation glatter Kurven verbessert. Funktionen mit starken Unstetigkeiten sind dafür entsprechend schlecht nachzubilden, steile Zacken z. B. werden trapezförmig abgeflacht. Ebenso ungünstig sind naturgemäß (auch beim Röhrenrechner) stark oszillierende Funktionen. Bei der Verwendung von Halbleiterdioden läßt sich eine größere Zahl von Diodenstrecken auf relativ kleinem Raum unterbringen, weshalb man hier häufig den Funktionsgeber mit 20 Strecken ausrüstet, dafür

auf die Verschiebbarkeit der Streckenabschnitte verzichtet und die Knickstellen wie beim Servofunktionsgeber äquidistant über den gesamten
Bereich verteilt. Man nimmt damit die Nachteile einer geringeren
Flexibilität in Kauf und gewinnt dafür die Vorteile des geringeren Aufwands und der bequemeren Einstellung.

Der Fehler bei der Approximation einer Funktion durch einen Diodenfunktionsgeber hängt wesentlich von der Form der Funktion ab. Aber
auch bei „gutartigen" Funktionen ist die Genauigkeit, mit der eine
Funktion reproduziert werden kann, im allgemeinen geringer als die Genauigkeit der linearen Rechenelemente. Vor allem sind der zeitlichen
Konstanz der Einstellung Grenzen gesetzt. Hauptursache ist die Tempe-
raturabhängigkeit der Bauelemente, vor allem der Dioden, die bei
Halbleiterdioden besonders groß ist. Auch hier wirken sich alle Einflüsse
beim Transistorrechner stärker aus als beim Röhrenrechner.

12.3 Die Einstellung von Funktionsgebern

Eine einzustellende Funktion kann graphisch als Kurve oder in
Form einer Wertetabelle gegeben sein. Bei einem Funktionsgeber mit
verschiebbaren Strecken ist es günstiger, wenn die Funktion als Kurve
vorliegt, da eine Wertetabelle meist nicht erkennen läßt, an welche
Stellen der Abszisse zweckmäßigerweise die Einsatzpunkte der Strecken
gelegt werden. Man wird u. U. also eine zahlenmäßig gegebene Funktion
erst aufzeichnen.

Die bequemste Art der Einstellung ist dann wohl die Einstellung mit
Hilfe eines Koordinatenschreibers. Die Schaltung hierzu zeigt Abb. 12.5.

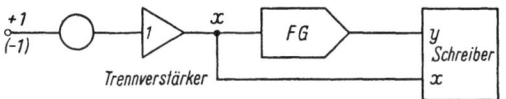

Abb. 12.5. Schaltung zur Einstellung des Diodenfunktionsgebers mit Hilfe eines Schreibers

Von einem Rechenpotentiometer wird eine Spannung abgegriffen und
an den Eingang eines Summierers gegeben, der als Trennverstärker
wirkt. Die Ausgangsgröße des Summierers wird einmal auf den x-Eingang
des Schreibers und zum anderen auf den Eingang des Funktionsgebers
geschaltet (Vorzeichenumkehr beachten). Der Ausgang des Funktionsgebers ist mit dem y-Eingang des Schreibers verbunden. Auf dem
Schreiber ist das Blatt mit der aufgezeichneten Funktion eingespannt,
und es ist eine Feder eingehängt, die keine Tinte enthält. Außerdem muß
natürlich der entsprechende Maßstab eingestellt werden. Bevor der
Schreiber an den Funktionsgeber angeschlossen wird, wird sein Koordi-
natennullpunkt so eingestellt, daß die Spitze der Feder auf den Nullpunkt der Kurve zeigt.

Je nach der Bauart des Funktionsgebers muß die Einstellung entweder mit dem Abszissenwert $x = 0$ beginnend für beide Halbebenen getrennt erfolgen oder die Kurve muß, von negativen zu positiven Abszissenwerten fortschreitend, in einem Zuge eingestellt werden. In jedem Falle wird mit dem Potentiometer in Abb. 12.5 zunächst der Abszissenwert des Anfangspunkts der Funktion vorgegeben (falls die Einstellung bei $x = 0$ beginnen soll, wird das Potentiometer also auf Null gedreht). Die Ordinate des Anfangspunkts wird dann am Funktionsgeber so eingestellt, daß die Feder des Schreibers genau auf der Kurve steht.

Anschließend wird jetzt das Potentiometer in Abb. 12.5 so nachgedreht, daß die Feder den Abszissenwert einnimmt, an dem die erste Knickstrecke einsetzen soll (dies kann natürlich auch beim Abszissenwert des Anfangspunkts sein). Dann wird am Funktionsgeber der Einsatzpunkt der ersten Knickstrecke an diese Stelle gelegt (am besten stellt man dabei für diese Strecke die größtmögliche Steigung ein). Nun führt man die Feder durch Verstellen des Potentiometers zum nächsten Abszissenwert, an dem wieder eine Knickstelle auftreten soll, und stellt die Steigung der ersten Strecke so ein, daß der gewünschte Ordinatenwert erreicht wird. Jetzt wird der Einsatzpunkt der zweiten Knickstrecke an diese Stelle gelegt usw. Zum Abschluß dreht man das Potentiometer noch einmal ganz durch und kontrolliert den Verlauf der eingestellten Funktion.

Die Einstellung muß stets, vom Anfangspunkt ausgehend, fortschreitend erfolgen, da in den Funktionswert an einer bestimmten Stelle ja immer alle vorhergehenden Strecken eingehen (Abb. 12.4). Verstellt man also eine Strecke, so ändert sich von da ab die gesamte Funktion.

Bei einem Funktionsgeber mit äquidistanten Streckenabschnitten ist ein anderes Verfahren dann günstig, wenn ein Digitalvoltmeter vorhanden ist. Hier bedient man sich einer Anordnung nach Abb. 12.6.

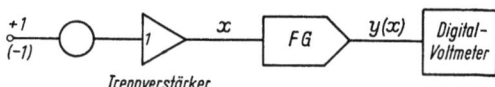

Abb. 12.6. Schaltung zur Einstellung des Diodenfunktionsgebers mit dem Digitalvoltmeter

Am Potentiometer werden, von Null beginnend, nacheinander die Abszissenwerte eingestellt, bei denen die festen Knickstellen liegen. Besitzt der Funktionsgeber z. B. je 10 Strecken in der rechten und in der linken Halbebene, dann sind dies die (bezogenen) Abszissenwerte $0; \pm 0,1; \pm 0,2; \ldots \pm 1,0$. An der Stelle Null wird nun der Ordinatenwert eingestellt, den die Kurve oder die Wertetabelle vorschreibt. Dieser Wert muß auf dem Digitalvoltmeter erscheinen. Dann stellt man am Potentiometer den Abszissenwert 0,1 ein und verstellt nun die Steigung der 1. Strecke so lange, bis auch hier der richtige Ordinatenwert erreicht ist usw. Besonders einfach wird diese Einstellmethode mit Hilfe eines Einstellgeräts, das es gestattet, die den Knickstellen entsprechenden Abszissenwerte durch einen Schalter nacheinander anzuwählen. Muß man die Abszissenwerte durch ein Potentiometer einstellen, so empfiehlt es sich, immer dasselbe Potentiometer zu benutzen und sich eine kleine Tabelle anzufertigen, die Auskunft gibt, welche Werte an der Skala des Potentiometers für die einzelnen Knickpunkte einzustellen sind (das Potentiometer ist ja wieder durch den Verstärkereingang belastet).

Durch die Anfangskrümmung der Diodenkennlinie haben die einzelnen Strecken an ihrem Einsatzpunkt schon nicht mehr den Wert Null, sondern einen Anfangswert, der von der eingestellten Steigung abhängt. Beim Einstellen einer Strecke wird also der schon eingestellte Ordinatenwert der vorhergehenden Strecke dadurch u. U. noch etwas geändert. Diese Änderung beträgt z. B. bei einem Transistoranalogrechner mit 10 V Maschineneinheit maximal etwa 1% vom Endwert. In solchen Fällen ist die Einstellung des Funktionsgebers gegebenenfalls zu wiederholen.

12.4 Funktionsabtaster

12.4.1 Koordinatenschreiber mit magnetischer Funktionsabtastung.

Prinzipiell kann jeder Koordinatenschreiber mittels einer Zusatzeinrichtung auch als Funktionsabtaster wirken. Die Zusatzeinrichtung kann optisch oder magnetisch arbeiten. Bei der magnetischen Abtastung besteht sie aus einem kleinen Hochfrequenzgenerator, einem induktiven Tastkopf und einer phasenabhängig arbeitenden Gleichrichtung.

Die abzutastende Funktion wird auf dem Papier durch eine Bahn aus leitendem Material nachgebildet; das Blatt wird auf dem Tisch des Schreibers aufgespannt und die leitende Bahn an den Generator angeschlossen. Es fließt nun ein Strom durch den Leiter, wodurch in seiner Umgebung ein magnetisches Feld entsteht. An Stelle der Feder wird ein Abtastkopf eingehängt, der eine kleine Spule enthält, in der durch das magnetische Feld eine Induktionsspannung erzeugt wird. Diese Spannung kann nach entsprechender Gleichrichtung und Verstärkung dazu dienen, den Motor, der die Feder antreibt, so zu steuern, daß der Abtastkopf sich immer genau auf dem Leiter befindet. (Es liegt also auch hier wieder ein *Servosystem* vor.) Wenn man nun — wie beim Aufschreiben einer Funktion — den Arm durch eine Ablenkspannung über das Blatt bewegt, wird der Abtastkopf genau der Leitlinie folgen. An dem im Schreiber eingebauten Potentiometer, das sonst zum Nachführen der Feder dient, wird eine Spannung abgegriffen, die der Stellung des Abtastkopfs und damit der Funktion entspricht. Für die Geschwin-

digkeit, mit der eine Funktion abgetastet werden kann, d. h. also für
den echten Zeitmaßstab der Funktion, gelten dieselben Einschränkungen
wie beim Aufschreiben einer Funktion. Für die Herstellung der leitenden
Bahn wird meistens die Verwendung einer leitenden Tinte propagiert.
Nach unseren Erfahrungen ist es in manchen Fällen günstiger, die Kurve
durch einen dünnen Kupferdraht nachzubilden, den man mit Klebeband
(z. B. TESA) befestigt. Da die Grenzgeschwindigkeit, mit der der Abtastkopf der Kurve noch folgen kann, auch von der Stärke des durch den
Leiter fließenden Stroms abhängt, ist ein Draht günstiger, da dessen

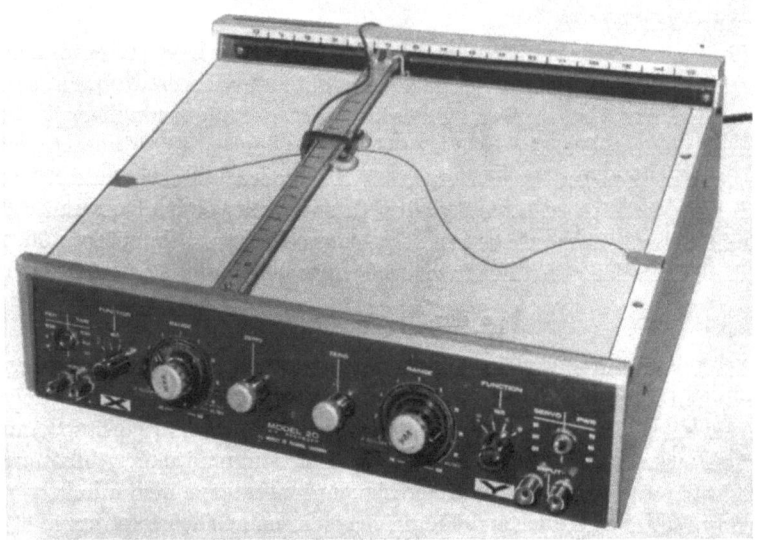

Abb. 12.7. Abtasten einer Funktion auf dem Schreiber (Hewlett Packard)

Widerstand kleiner ist als der der leitenden Tinte. Außerdem läßt sich
mit dieser dickflüssigen Tinte schlecht zeichnen.

Abb. 12.7 zeigt einen Schreiber (Moseley) mit der Zusatzeinrichtung
zum Abtasten von Funktionen. Man erkennt den aufgeklebten Draht,
der den Funktionsverlauf nachbildet.

Wenn man das Papier mit der Kurve auf dem Schreiber sorgfältig
justiert und diese hinreichend langsam abtastet, ist dieses Verfahren
der Funktionserzeugung eines der genauesten, die es gibt.

Man kann vor allem hiermit auch stark oszillierende Funktionen
abtasten, die sich mit einem Diodenfunktionsgeber nur sehr ungenau
einstellen lassen. Allerdings besteht die Einschränkung, daß benachbarte
Flanken einer Kurve einen gewissen Mindestabstand besitzen müssen,
damit sich ihre zugehörigen Magnetfelder nicht beeinflussen (etwa 1 cm).
Die Nachbildung von Funktionen mit steilen Spitzen stößt also auch

hier auf Schwierigkeiten. Aus der Wirkungsweise des Funktionsabtasters ergibt sich außerdem, daß mehrdeutige Funktionen nicht ohne
weiteres einstellbar sind.

12.4.2 Photoelektrische Funktionsabtaster. a) *Elektronenstrahl-
oszillograph mit photoelektrischer Abtastung.* Diese Anordnung hat in
den USA häufig Verwendung gefunden. Sie besteht aus einem Elektronenstrahloszillographen, vor dessen Schirm sich eine Photozelle
(genauer eine Photovervielfacherröhre) befindet, deren Ausgangsspannung über einen Ablenkverstärker den Elektronenstrahl in vertikaler
Richtung ablenkt. Photozelle, Ablenkverstärker und Oszillographen-
röhre bilden damit einen geschlossenen Regelkreis. Zwischen Oszillographenschirm und Photozelle wird eine lichtundurchlässige Maske
eingesetzt, die den Schirm
teilweise bedeckt und
deren Kante der abzu-
tastenden Funktion nach-
gebildet wurde. Abb. 12.8
zeigt schematisch diese
Anordnung. Der Strahl,
der in der üblichen Weise
durch eine Ablenkspan-
nung in horizontaler Richtung über den Schirm
bewegt wird, würde sich

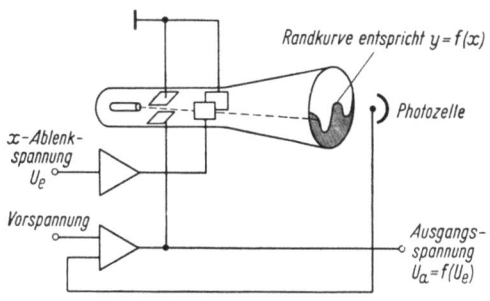

Abb. 12.8
Arbeitsprinzip des photoelektrischen Funktionsabtasters

ohne die Regelung immer oberhalb der Maske befinden. Da die Photozelle aber sofort auf das Aufleuchten des Schirms mit einer Ablenkspannung reagiert, die erst dann verschwindet, wenn der Leuchtpunkt
zum größten Teil hinter der Maske verschwunden ist, wird der Strahl
sich immer entlang der Kante der Maske bewegen. Die Spannung am
Ausgang des Vertikalablenkverstärkers ist damit proportional zu der
abzutastenden Funktion. Ein Vorteil dieses vollelektronischen Verfahrens
ist die hohe Geschwindigkeit, mit der die Abtastung erfolgen kann.

b) *Schreiber mit photoelektrischer Abtastung.* Photoelektrisch arbeitende Funktionsabtaster gibt es auch als Zusatzgerät zu einem Koordinatenschreiber. Ihre Wirkungsweise ist ähnlich wie die des unter a)
besprochenen Abtasters. Gegenüber der magnetischen Abtastung ist
die Genauigkeit noch höher und sind die Einschränkungen, denen die
abzutastende Funktion unterliegt, noch geringer.

12.5 Funktionsgeber für Funktionen von mehreren Variablen

Die bisher geschilderten Funktionsgeber dienen zur Bildung von
Funktionen einer Variablen. Gelegentlich aber sind auch Aufgaben zu
lösen, in denen Funktionen von mehreren Variablen auftreten. Eine

ganze Reihe von Verfahren wurden zur Herstellung von Funktionsgebern für diesen Zweck vorgeschlagen [2]. Wir wollen hier jedoch nur auf die Geräte eingehen, die praktisch an Analogrechnern zur Anwendung kommen.

12.5.1 Verfahren mit Dioden. Der im 2. Abschnitt behandelte Diodenfunktionsgeber kann auch zur Nachbildung von Funktionen von 2 Veränderlichen angewandt werden [3]. Hierbei speist man die Potentiometer, mit denen man die Einsatzpunkte der einzelnen Diodenstrecken verschieben kann, nicht mit der (festen) Maschineneinheit $+E$ und $-E$, sondern mit einer variablen Spannung $u_2(t)$ (mit beiden Vorzeichen). Dadurch werden die Einsatzpunkte in Abhängigkeit von der Spannung u_2 verschoben, und es entstehen Kurvenscharen $u_a = g(u_1, u_2)$, mit denen sich Funktionen erzeugen lassen, bei denen die einzelnen Kurven einer Schar lamellenartig nebeneinander liegen. Die Knickpunkte der Kurven liegen auf Geraden, die durch den Nullpunkt gehen (Abb. 12.9). Diese Einschränkung wird allerdings beseitigt, wenn man an Stelle der Spannung u_2 eine Funktion von u_2 zuführt.

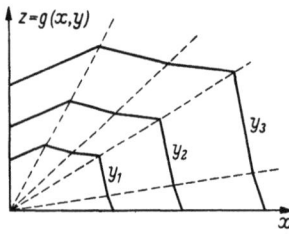

Abb. 12.9. Erzeugung einer Funktion von 2 Variablen mit einem Diodenfunktionsgeber

Ein besonderer Funktionsgeber für allgemeinere Funktionen von 2 Variablen wurde von PHILBRICK gebaut [4]. Dabei wird eine Funktion an einer Reihe von Stützstellen nachgebildet, wobei als Approximation zwischen je 3 Stützstellen eine Ebene aufgespannt ist.

Neuerdings wurden Verfahren entwickelt, bei denen man eine Funktion $f(u_1, u_2)$ durch eine Kurvenschar $f(u_1, u_{2\mu})$ mit $\mu = 1 \ldots m$ ersetzt. Zwischen diesen Kurven wird dann linear interpoliert. Der Aufwand für die beiden zuletzt genannten Funktionsgeberarten wird nur in Sonderfällen gerechtfertigt sein. Da er mit steigenden Genauigkeitsansprüchen sehr stark wächst, nimmt man im allgemeinen gerne Fehler in der Größenordnung von einigen Prozent in Kauf.

12.5.2 Elektromechanische Abtaster. In dem Bestreben, den Aufwand so gering wie möglich zu halten, wurde ein Zusatzgerät zu einem Zweikoordinatenschreiber gebaut, das diesen Schreiber zu einem Funktionsgeber für 2 Variablen macht [5]. An Stelle des üblichen Papiers wird hier ein (durch Kohlezusatz) leitend gemachtes Papier eingespannt, auf das mit leitender Tinte Trajektorien in der Art von Höhenlinien gezeichnet werden.

Die hochleitenden Bahnen werden von eingeprägten Spannungen (aus Rechenverstärkern) gespeist. Zwischen den „Höhenlinien" findet dann durch das leitende Papier eine Interpolation der Spannung statt. Durch Abtasten des Potentials auf der Oberfläche erhält man eine Funktion $z = f(x, y)$.

Der Vorteil dieses Geräts ist sein verhältnismäßig niedriger Preis, wenn man voraussetzt, daß der Koordinatenschreiber ohnehin vorhanden ist. Nachteilig ist der bei schnellen Vorgängen auftretende dynamische Fehler. Außerdem lassen sich natürlich nur bestimmte Klassen von Funktionen nachbilden. Die Fehler durch Inhomogenität des leitenden Papiers liegen in der Größenordnung von 1%.

Literatur zu § 12

[1] KORN, G. A. u. T. M. KORN: Electronic Analog Computers. (Second Edit.) New York: McGraw-Hill 1956.

[2] HAUG, A.: Funktionsgeneratoren und Funktionsspeicher der Formen $y = f(x)$ und $z = f(x, y)$. Nachrichtentechn. Z. (1959) S. 147—152 u. 192—200.

[3] MEISSINGER, H. F.: An electronic Circuit for the Generation of Functions of Several Variables. IRE Convention Record 3 (1955) Part. 4, S. 150—161.

[4] Model F2V Function of two Variables. Georg A. Philbrick Researches, Inc. Boston, Mass.

[5] LARROW, V., u. M. SPENCER: Use of Semi-Conducting Surfaces in Analog Function Generation. Proc. Nat. Simulation Conf., Dallas/Texas, 1956, S. 33.1 bis 33.6.

§ 13. Sonstige Rechenelemente: Totzeitglieder und Rauschgeneratoren

13.1 Totzeitglieder

Bei der Untersuchung von dynamischen Systemen müssen gelegentlich Vorgänge nachgebildet werden, bei denen eine Veränderliche eine Zeitlang gespeichert wird, bevor sie wieder in Erscheinung tritt. Ein solches Verhalten ist z. B. allen Transportvorgängen eigen.

Bezeichnen wir die Eingangsgröße eines Systems mit $Y_e(t)$, so wird diese Funktion erst nach einer Zeitspanne T_t, der sog. Totzeit oder Laufzeit, unverändert am Ausgang erscheinen. Für Totzeitglieder gilt damit die Beziehung

$$Y_a(t + T_t) = Y_e(t). \tag{13.1}$$

Zur Nachbildung solcher Systeme am Analogrechner gibt es eine ganze Reihe mehr oder minder befriedigender Verfahren.

Exakt läßt sich die Beziehung (13.1) nur durch Geräte herstellen, die in der Lage sind, eine Spannung $u(t)$ zu speichern und sie nach der Totzeit T_t wieder abzugeben. In sehr anschaulicher Form leistet dies ein Doppelfunktionstisch, wie er bei mechanischen Integrieranlagen gebräuchlich ist. Dabei wird eine Funktion, in unserem Falle also eine Spannung, aufgezeichnet und damit gespeichert. Durch eine in der Zeitachse versetzte Abtasteinrichtung wird dieselbe Funktion dann wieder abgenommen. Wegen der außerordentlich langsamen Arbeitsweise sind solche Funktionstische jedoch für den elektronischen Analogrechner ungeeignet. An Stelle der direkten Aufzeichnung auf Papier erweist sich die Verwendung eines Magnetbands zum Speichern als wesentlich geeigneter. Die Eingangsspannung wird dabei moduliert, über den Eingabekopf auf das Magnetband geschrieben und von dem Ausgabekopf wieder abgenommen. Die Laufzeit des Bandes zwischen den beiden Köpfen entspricht dann der Totzeit. Durch Änderung der Bandgeschwindigkeit oder durch Verstellen der Abstände der Ein- und Ausgabeköpfe läßt sich die Totzeit in gewissen Grenzen ändern. Die handelsüblichen Geräte sind im allgemeinen so ausgeführt, daß die Änderung der Totzeit von Hand oder in Abhängigkeit von einer Spannung erfolgen kann. Bei einer statischen Amplitudengenauigkeit zwischen 0,1 und 1% ist der Preis der nach dem obigen Verfahren arbeitenden Totzeitglieder gewöhnlich recht hoch.

Ein ähnliches Gerät [1] verwendet als Träger der Information ebenfalls ein Magnetband. Die Speicherung erfolgt dabei jedoch nicht in analoger, sondern in digitaler Form. Die Eingangsspannung wird über einen Analog-Digitalwandler auf das Magnetband geschrieben. Vom Ausgabekopf wird das digitale Signal wieder abgenommen und über einen Digital-Analogwandler als Ausgangsspannung abgegeben.

Der Aufwand ist auch hier sehr groß. Vorteilhaft ist jedoch, daß das digitale Speichersystem auch für viele andere Zwecke dienen kann (z. B. Eingabe von Störfunktionen regelloser Art), so daß durch diese zusätzlichen Anwendungen der Aufwand besser gerechtfertigt wird. Die Genauigkeit liegt in der Größenordnung von 0,1%.

Die analoge oder digitale Speicherung von veränderlichen Spannungen ist in jedem Falle schwierig und damit kostspielig. Die Speicherung läßt sich umgehen, wenn man die Totzeit nicht exakt, sondern näherungsweise nachbildet. Eine solche Approximation wird zweckmäßigerweise nicht im Zeit-, sondern im Frequenzbereich vorgenommen. Aus Gl. (1) folgt durch Anwendung des Verschiebungssatzes der LAPLACE-Transformation die Übertragungsfunktion eines Totzeitglieds

$$\frac{Y_a(p)}{Y_e(p)} = e^{-p\,T_t}. \tag{13.2}$$

Diese Exponentialfunktion läßt sich auf verschiedene Weise durch rationale Ausdrücke annähern (vgl. § 25.2).

Totzeitgeräte, die als selbständige Rechenelemente nach dem Prinzip der *Padé-Approximation* arbeiten, lassen sich mit geringem Aufwand aufbauen. Dem relativ niedrigen Preis steht der Nachteil gegenüber, daß man an die Güte der Totzeitnachbildung keine hohen Anforderungen stellen darf. Die Totzeit T_t ist ferner nur in einem relativ engen Bereich einstellbar.

Ein weiteres Prinzip, nach dem Totzeitglieder gebaut werden, beruht darauf, eine diskrete Zahl von Werten einer zu speichernden

Funktion in einer entsprechenden Anzahl von Kondensatoren zu speichern und nach der Zeit T_t wieder zu entnehmen. Nach dem *Abtast-theorem* kann eine stetige Funktion durch hinreichend viele diskrete Funktionswerte („Proben") mit jeder geforderten Genauigkeit beschrieben werden. Bei den technischen Ausführungen geschieht das Aufladen der Kondensatoren und das Abfragen der gespeicherten Spannungswerte mit Hilfe von Kontakten, die in zyklischer Folge nacheinander bestätigt werden. Nähere Beschreibungen solcher Geräte sind bei [*2* und *3*] zu finden.

13.2 Rauschgeneratoren

Bei vielen Untersuchungen, in denen das Verhalten eines Systems bei regellosen Störungen betrachtet wird, oder bei denen sich die Parameter regellos ändern können, werden Rauschgeneratoren als spezielle Funktionsgeber benötigt (s. § 29.4).

Als Quelle für eine statistisch schwankende Spannung wird gewöhnlich entweder ein *Thyratron*, d. h. eine mit Gas gefüllte Röhre, oder eine *Zenerdiode* verwendet. Da die Ausgangsspannung dieser Quelle durch Änderungen der Speisespannungen und der Umgebungstemperatur beeinflußt wird, folgt ein Regelverstärker, der für einen konstanten Effektivwert der Rauschspannung sorgt. Außerdem muß das von Natur aus höherfrequente Rauschen durch eine entsprechende Modulation auf den am Analogrechner interessierenden Frequenzbereich von 0 bis etwa 50 Hz umgesetzt werden. Auf die angewandte Schaltungstechnik, die bei einzelnen Fabrikaten verschieden sein kann, wollen wir im einzelnen nicht eingehen. Eine ausführlichere Darstellung findet sich z. B. bei [*4*].

Die meisten Rauschgeneratoren erzeugen weißes Rauschen innerhalb des oben angegebenen Frequenzbereichs. Dieser Bereich ist größer als die „Bandbreite" einer Analogrechenschaltung. Die Abweichungen von der Gaußverteilung sind im allgemeinen nicht größer als 1%. Rauschen mit einer anderen Verteilung kann man dadurch herstellen, daß man an den Rauschgenerator entsprechende nichtlineare Filter anschließt; Rauschen mit einer anderen Leistungsdichte erhält man durch lineare Filter (s. § 29).

Literatur zu § 13

[*1*] Radic System: Digital Memory Unit — Type DM/U2. Redifon Computer Deptm., Gatwick Road, Crawley, Sussex, England.

[*2*] STONE, R. S., u. R. A. DAUDT: A Variable Function Delay for Analog Computers. IRE Trans. EC-6 (Sept. 1957) Nr. 3.

[*3*] HELLER, G.: Ein elektrisches Analogiegerät für Totzeiten. Regelungstechnik 7 (1959) H. 8, S. 266—269.

[*4*] BENNETT, R. R. and A. S. FULTON: The Generation and Measurement of Low Frequency Random Noise. Journ. of appl. physics, Vol. 22, No. 9 (Sept. 1951), p. 1187—1191.

§ 14. Gesamtaufbau und Steuerung des Analogrechners

Wir haben bisher die Rechenelemente und ihre Wirkungsweise isoliert betrachtet. Bei einem Analogrechner muß natürlich durch ein geeignetes Steuersystem dafür gesorgt werden, daß alle Elemente sinnvoll zusammenwirken. Daneben sind zur Einstellung der Potentiometer, zur Festlegung der Rechendauer, zur Prüfung und Überwachung usw., zahlreiche Bedienungseinrichtungen nötig, die die einzelnen Rechenbausteine in vielfältiger Weise miteinander verbinden. Erst dadurch wird aus einer Ansammlung von Rechenelementen eine Rechenmaschine.

14.1 Einrichtungen zur Anwahl der Rechenelemente

Vor Beginn der Rechnung müssen die Koeffizientenpotentiometer und die Funktionsgeber eingestellt werden. Während des Rechnungsablaufs sollen an gewissen Rechenelementen die auftretenden Spannungen registriert werden. Auch zur Überprüfung der Rechenglieder

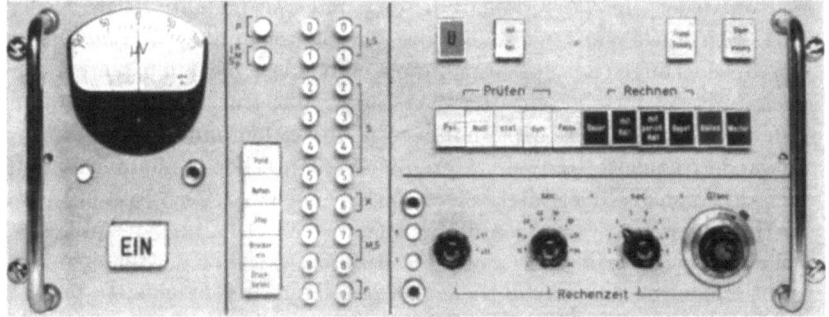

Abb. 14.1. Zentrales Bedienungsfeld eines Analogrechners (Telefunken)

und der Schaltung ist es nötig, die Ausgangsspannungen der Elemente zu messen. Dazu genügt es an sich, daß man die Rechenelemente auf dem Programmierfeld mit entsprechenden Meß- oder Schreibgeräten durch Leitungen verbindet. Dieses Verfahren wird auch bei kleineren und billigeren Rechnern angewandt.

Je umfangreicher die zu lösenden Aufgaben werden, um so wichtiger wird jedoch eine möglichst einfache und übersichtliche Bedienbarkeit. Aus diesem Grunde besitzen die meisten Analogrechner Einrichtungen, mit denen alle Rechenelemente von einem zentralen Bedienungsfeld aus angewählt und mit entsprechenden Ausgabegeräten verbunden werden können.

In Abb. 14.1 ist als Beispiel ein Bedienungsfeld zu sehen, bei dem auf der linken Seite die Tasten zur dekadischen Anwahl von insgesamt 200 Rechenelementen zu erkennen sind.

Bei größeren Analogrechnern ist die zentrale Anwahl meist zu einer automatisch arbeitenden Abfrageeinrichtung ausgebaut, durch die die Ausgangsgrößen der Rechenelemente auch automatisch, beginnend bei einer vorgewählten Position, mit einem Drucker ausgedruckt werden können [1]. Dadurch wird eine sehr schnelle Ausgabe von Daten — etwa Koeffizienteneinstellungen einer Aufgabe oder Prüfprotokolle — und eine größere Sicherheit gegen Fehler erreicht.

14.2 Einstellung der Potentiometer

In § 7 sind 2 Methoden angegeben, nach denen die Potentiometer eingestellt werden können. Bei beiden Verfahren ist dabei die Anschaltung des einzustellenden Potentiometers an eine Bezugsspannungsquelle und die Verbindung des Schleifers mit einer Meßleitung erforderlich. Diese führt dann entweder auf ein Nullinstrument mit Vergleichspotentiometer oder auf ein Digitalvoltmeter (vgl. Abb. 7.4). Zur Herstellung der Meßschaltung ist bei jedem Analogrechner ein eigener Betriebszustand „Potentiometer einstellen" (s. die Taste „Pot" in Abb. 14.1) vorgesehen. In diesem Betriebszustand wird noch eine weitere wichtige Umschaltung ausgeführt. Bekanntlich müssen die Potentiometer „unter Belastung", d. h. bei angeschalteten Rechenverstärkern, eingestellt werden. Führt nun z. B. der Ausgang eines Potentiometers auf einen Eingang „10" eines Summierers, so kann dieser übersteuert werden, falls ein Wert eingestellt wird, der größer als 0,1 ist.

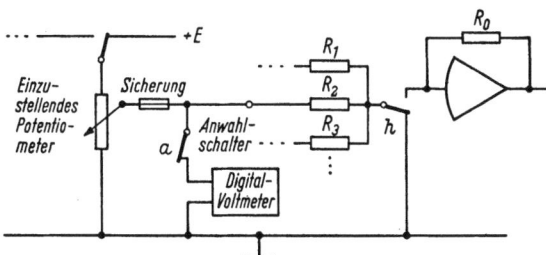

Abb. 14.2. Schaltung der Potentiometer und Rechenverstärker im Betriebszustand „Potentiometer einstellen" (am Beispiel eines Summierers gezeigt)

Eine solche unerwünschte Übersteuerung wird vermieden, wenn während des Betriebszustands „Potentiometer einstellen" alle Summenpunkte der Rechenverstärker, wie in Abb. 14.2 gezeigt, durch einen besonderen Relaiskontakt (h) vom Verstärker abgetrennt und an Masse gelegt werden. Die Belastung des Potentiometers ändert sich dadurch nicht, weil die Spannung u_g am Summenpunkt praktisch gleich Null ist. Vom Potentiometer her gesehen ist es also gleichgültig, ob der Summenpunkt an Masse oder am Eingang des Rechenverstärkers liegt.

Während der Aufbau der Rechenschaltung bei Anlagen mit auswechselbarem Steckbrett getrennt von der Maschine erfolgen kann, ist das Einstellen der Potentiometer eine Programmierungsarbeit, die an der Maschine ausgeführt werden muß. Bei großen und teuren Rechnern ist man bestrebt, diese unproduktive Belegungszeit so kurz wie möglich zu halten. Eine zentrale Anwahl ist bei solchen Maschinen selbstverständlich. Häufig werden darüber hinaus die Einstellwerte digital eingetastet. Die eigentliche Einstellung der Potentiometer .erfolgt dann selbsttätig mit Hilfe eines Servosystems. Von hier ist es nur noch ein kleiner Schritt zu dem bei Großrechnern angewandten Verfahren der vollautomatischen Potentiometereinstellung mittels Lochstreifen.

14.3 Steuerung des Rechnungsablaufs

Wenn die Potentiometer eingestellt sind, muß als nächstes dafür gesorgt werden, daß die nötigen Anfangsbedingungen an die Integrierer gelangen. Diesem Zweck dient die Betriebsart „*Pause*" (s. die entsprechende Taste in Abb. 14.1). Sie wird manchmal auch ausführlicher als „*Anfangswertstellung*" bezeichnet. Die Eingabe der Anfangswerte erfolgt durch Aufladen der Rechenkondensatoren C_0 auf die vorgesehenen Anfangsspannungen. Um zu verhindern, daß die übrige Rechenschaltung diesen Vorgang beeinflußt, werden die Eingänge der Integrierer dabei abgetrennt und mit Masse verbunden (Kontakt h in Abb. 14.3).

Die Aufladung selbst erfolgt in der Weise, daß zum Kondensator C_0 (über den Relaiskontakt r) ein Widerstand R_A parallel gelegt wird (Abb. 14.3). Ein weiterer, gleich großer Widerstand führt auf die Eingangsbuchse, an der die gewünschte (negative) Anfangsspannung anliegt. Für die Spannung $-U_A(0)$ wirkt der Integrierer damit in der Stellung „Pause" wie ein Umkehrer, so daß am Verstärkerausgang der Spannungswert $+U_A(0)$ auftritt, auf den der Kondensator aufgeladen wird. Es wird jetzt klar, warum die Anfangsbedingung stets mit umgekehrtem Vorzeichen angelegt werden muß.

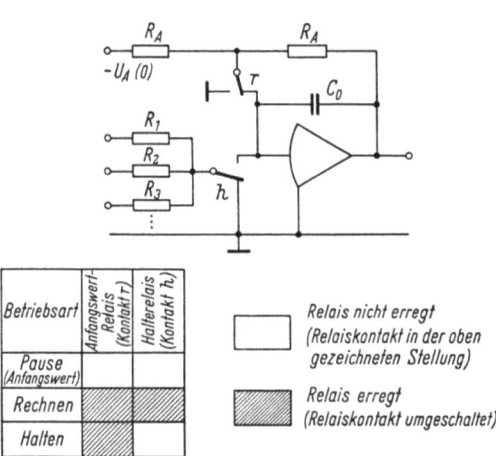

Betriebsart	Anfangswert-Relais (Kontakt r)	Halterelais (Kontakt h)
Pause (Anfangswert)		
Rechnen	▨	▨
Halten	▨	

☐ Relais nicht erregt (Relaiskontakt in der oben gezeichneten Stellung)

▨ Relais erregt (Relaiskontakt umgeschaltet)

Abb. 14.3
Integrierer in der Stellung „Pause". Die Relaistabelle gibt die Relaisstellungen für die übrigen Betriebsarten an

Der Kondensator C_0 hat zur Folge, daß die Spannung am Ausgang nach einer Exponentialfunktion auf den Endwert $U_A(0)$ ansteigt. Die Zeitkonstante dieses Anstiegs wird durch das Produkt $R_A C_0$ bestimmt. Sie beträgt üblicherweise ein Zehntel der Integrationszeitkonstanten $R_0 C_0$.

Der Beginn einer Rechnung (Betriebsart „*Dauerrechnen*") wird dadurch ausgelöst, daß an allen Integrierern gleichzeitig die in Abb. 14.3 gezeichneten Relaiskontakte r und h umgelegt werden. Zu der vorher am Kondensator gespeicherten Anfangsspannung addiert sich von diesem Zeitpunkt an das zeitliche Integral über die Summe der Eingangsspannungen. Wie in Abb. 14.3 zu sehen ist, liegt nach der Umschaltung in den Betriebszustand „Rechnen" der Relaiskontakt r auf der einen Seite an Masse. Dadurch ist nun eine Beeinflussung der Rechnung durch die weiterhin anstehende Spannung $- U_A(0)$ nicht möglich.

Die Rechnung läuft so lange, bis sie von Hand angehalten wird (daher die Bezeichnung „Dauerrechnen"). Zur Unterbrechung des Rechnungsablaufs (Betriebszustand „*Halten*") werden die Relaiskontakte h an allen Integrierern gleichzeitig umgeschaltet, wodurch die Summenpunkte wieder (wie in Abb. 14.3 gezeichnet) von den Verstärkern getrennt und an Masse gelegt werden. Der Unterschied gegenüber der Betriebsart „Pause" ist jedoch der, daß die Relaiskontakte r auf Masse bleiben. Da die Kondensatoren als Speicher wirken, verharren dadurch die im Augenblick der Umschaltung an den Integriererausgängen bestehenden Spannungen auf ihrem Wert. Mit der Taste „Halten" werden aber auch alle anderen Spannungen in der Rechenschaltung festgehalten, denn zeitliche Änderungen können ja nur durch die Integrierer herbeigeführt werden.

In der Haltestellung können, falls erwünscht, diskrete Lösungswerte gemessen oder auch Schaltungsänderungen vorgenommen werden. Soll die Rechnung weitergehen, so brauchen wir nur erneut die Taste „Rechnen" zu drücken. Ist dagegen ein Rechenvorgang beendet, so stellen wir wieder die Betriebsart „Pause" ein, womit die ganze Schaltung auf den Ausgangszustand zurückkehrt.

Außer diesen Hauptbetriebsarten eines jeden Analogrechners sind bei größeren Anlagen auch noch andere Betriebsarten möglich. Stellung „*Rechnen mit Halt*" in Abb. 14.1 z. B. bedeutet, daß der Analogrechner nach einer genau einstellbaren Zeitspanne automatisch auf „Halten" gestellt wird. Dann können z. B. einzelne Spannungswerte gemessen oder auch ausgedruckt werden. Drückt man auf eine Taste „*Weiter*", so läuft die Rechnung um dasselbe Zeitintervall weiter und wird dann erneut angehalten. In der Betriebsart „*Rechnen mit periodischem Halt*" wird dieser Vorgang selbsttätig ausgeführt, d. h. die Rechnung wird immer wieder in bestimmten Zeitabständen angehalten, um eine Reihe

von Lösungswerten auszudrucken. Auf diese Weise erhält man Wertetabellen, die die Lösungswerte genauer angeben, als es mit einem
Schreiber möglich ist.

Bei den genannten Betriebsarten wird die Rechnung nach Bedarf
kurz angehalten, dann aber wieder weitergeführt. Die Rechendauer
liegt nicht fest; der Lösungsablauf muß durch Drücken der Taste „Pause"
von Hand unterbrochen werden. Demgegenüber hat die Betriebsart
„*Repetierendes Rechnen*" zur Folge, daß die Rechnung grundsätzlich
nur über ein einstellbares Zeit-
intervall läuft. Anschließend
wird automatisch auf „Pause"
umgeschaltet, so daß die Integrierer wieder die Anfangswerte annehmen. Nach kurzer
Wartezeit (die Kondensatoren C_0 müssen aufgeladen werden) wird die Rechnung erneut gestartet, usw.

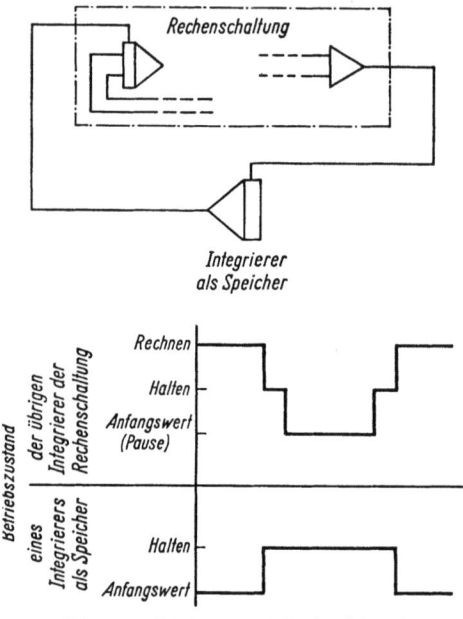

Abb. 14.4. Schaltung und Rechenfolge eines
speichernden Integrierers

Als Ausgabegerät wird ein
Oszillograph verwendet, auf
dem die fortwährend wieder-
holten Lösungskurven (bei
genügend großer Rechenge-
schwindigkeit) als stehendes
Bild erscheinen (vgl. Abb. 3.2).

Bei den bisher besproche-
nen Betriebsarten befinden
sich stets alle Integrierer im
gleichen Betriebszustand, d. h.
die Relaiskontakte r und h in
Abb. 14.3 werden bei allen im gleichen Sinne gesteuert. Manche Anwendungen lassen es nun zweckmäßig erscheinen, einzelne Integrierer
getrennt zu schalten. Man denke etwa an Vorgänge, bei denen der
Endwert einer Lösung als Anfangswert für eine folgende Aufgabe oder
zur Korrektur eines Anfangswerts bei einer iterativen Rechnung dient.
In diesen Fällen wird ein Speicherelement benötigt, das den Endwert
speichert und ihn dann zur Weiterverarbeitung wieder abgibt. Die
Funktion eines solchen Speichers kann ein gewöhnlicher Integrierer
übernehmen, wenn er während der Rechnung in der Stellung „Anfangswert" gehalten wird. Als Eingangsgröße erhält er den zu speichernden
Wert an der Klemme „*Anfangswert*"; die eigentlichen Eingänge bleiben
frei (Abb. 14.4). Wenn der Lösungsablauf beendet und der Rechner auf
„Pause" geschaltet wird, muß der als Speicher dienende Integrierer den

Endwert beibehalten (Stellung „Halten"), so daß nun seine Ausgangsspannung oder eine Funktion dieser Größe als neuer Anfangswert dieser Rechenschaltung verwendbar ist. Die Rechenfolge des Speichers muß danach anders als die der übrigen Integrierer sein (Abb. 14.4).

Bei größeren Analogrechnern sind die einzelnen Relais zur Steuerung der Kontakte h und r am Programmierbrett zugänglich. Dadurch ist die Möglichkeit gegeben, sie nach Bedarf in der angegebenen Weise zu schalten. Darüber hinaus besitzen manche Anlagen eine eigene Betriebsart „Iterierendes Rechnen", in der eine Anzahl von Integrierern wahlweise als sog. „komplementäre Integrierer" geschaltet werden können

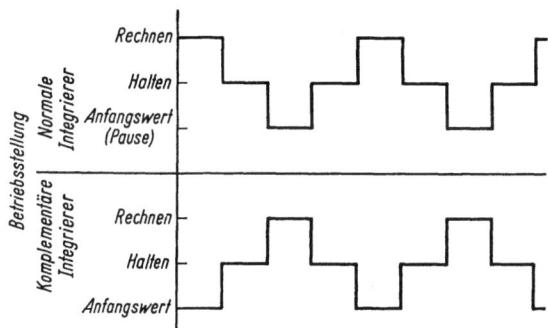

Abb. 14.5. Rechenfolge normaler und komplementärer Integrierer in der Betriebsart „Iterierendes Rechnen"

[2, 3]. Wenn die normalen Integrierer auf Rechnen stehen, sind die komplementären auf Anfangswert gestellt und umgekehrt. Dadurch können abwechselnd einzelne Teil der Rechenschaltung zur Speicherung und zur Rechnung dienen (Abb. 14.5). Besondere Vorteile bringt diese Betriebsart, wenn sie durch Einrichtungen zur Automatisierung des Rechnungsablaufs ergänzt wird. Unter diesen Umständen lassen sich iterative Lösungsmethoden, wie sie am Digitalrechner üblich sind, auch am Analogrechner anwenden. Wir werden in § 22 (Behandlung von Randwertproblemen) noch auf die Anwendung dieser iterativen Rechenart zurückkommen.

14.4 Überwachung und Prüfung. Hilfsgeräte

Neben den Steuereinrichtungen für den Rechnungsablauf sind zur Überwachung und Prüfung der Rechenelemente und des Programms häufig zusätzliche Hilfseinrichtungen vorhanden. Überschreitet z. B. während der Rechnung eine der Rechenspannungen den zulässigen Bereich, so kann dies zu einer erheblichen Verfälschung der Rechenergebnisse führen. Aus diesem Grunde ist eine *Übersteuerungsanzeige* bei jedem Analogrechner erforderlich. Sie spricht an, sobald ein Rechenverstärker unzulässig beansprucht wird. Die Anzeige erfolgt meist durch eine Lampe an dem betreffenden Element und zusätzlich durch ein optisches oder akustisches Signal am zentralen Bedienungsfeld. Um zu vermeiden, daß kurzzeitige Übersteuerungen übersehen werden, wird bei manchen Maschinen dafür gesorgt, daß bei jeder Übersteuerung der Rechner automatisch auf „Halten" geschaltet wird.

Die Nullpunkte der Rechenverstärker müssen von Zeit zu Zeit nachjustiert werden. Zur Kontrolle des Nullpunktfehlers ist gemeinhin ein Anzeigeinstrument eingebaut.

Zur Überprüfung der Funktionsbereitschaft der Integrierer ist bei allen größeren Analogrechnern eine Betriebsart „*Dynamische Prüfung*" üblich. Hierbei wird eine konstante Spannung an den Eingang der Integrierer gelegt. Die Rechenschaltung bleibt über die Relaiskontakte h abgetrennt. Nach einer bestimmten Zeit wird die Integration unterbrochen. Eine Messung der Ausgangsspannungen zeigt dann, ob alle Integrierer einwandfrei arbeiten. Vergleicht man die Ausgangsspannungen, so erhält man auch Aufschluß über die Genauigkeit der Integration, die in diesem Falle vorwiegend durch die Toleranzen der Kondensatoren C_0 bestimmt wird.

Je größer die Rechenanlage ist, um so mehr besteht die Gefahr, daß in komplizierteren Rechenschaltungen Fehler enthalten sind, oder daß einzelne Rechenelemente versagen. Bei allen modernen Großrechnern ist daher eine Betriebsart „*Statische Prüfung*" eingebaut. Sie ermöglicht eine statische Kontrolle des gesteckten Programms und gibt gleichzeitig weitgehend über die Funktionsfähigkeit der an dem Programm beteiligten Rechenelemente (mit Ausnahme der Integrierer) Auskunft (vgl. § 30).

Der Absicht dieses Buches folgend, nur so weit in die technischen Grundlagen einzudringen, wie es für eine erfolgreiche Handhabung des Analogrechners zweckmäßig erscheint, haben wir uns auf die Behandlung der Elemente beschränkt, die für den Rechenablauf von unmittelbarer Bedeutung sind. Daneben gibt es natürlich eine Reihe von Hilfsgeräten (z. B. Netzgeräte zur Versorgung der Rechenelemente mit den nötigen Gleich- und Wechselspannungen, Bezugsspannungsquellen usw.), die zwar für die technische Arbeitsweise der Rechenelemente notwendig sind, sich aber nur im Falle von Defekten unmittelbar im Lösungsablauf bemerkbar machen. Der Benutzer eines Analogrechners hat im Normalfall mit diesen Geräten nichts zu tun, weshalb wir es uns ersparen können, darauf näher einzugehen.

Literatur zu § 14

[*1*] KLEY, A.: Steuerung, Anwahl und Prüfung beim Präzions-Analogrechner RA 800. Telefunkenztg. 33 (Sept. 1960) H. 129, S. 44—50.

[*2*] ANDREWS, J. M.: DYSTAC. Instr. Contr. Systems 39, 100 (Sept. 1960) S. 1540 bis 1544.

[*3*] GILLILAND, M. C.: The Iterative Differential Analyzer. Function and Control. Beckman Instruments Report.

III. Anwendung des Analogrechners zur Lösung von Differentialgleichungen

§ 15. Lineare Differentialgleichungen mit konstanten Koeffizienten

Eine lineare Differentialgleichung mit konstanten Koeffizienten ist von der allgemeinen Form

$$\sum_{k=0}^{n} a_k \frac{d^k y}{d t^k} = b_0 f(t), \quad \left(\frac{d^0 y}{d t^0} = y\right). \tag{15.1}$$

n gibt die *Ordnung* der Differentialgleichung an. Die Funktion $f(t)$ wollen wir die *Störgröße* nennen. Differentialgleichungen, bei denen eine Störgröße wirkt, nennen wir *inhomogen*; Gleichungen, bei denen die rechte Seite von Gl. (15.1) identisch Null ist, heißen *homogen*. Für die Differentialgleichung können n Anfangswerte

$$\frac{d^{n-1} y}{d t^{n-1}}\bigg|_{t=0}, \quad \frac{d^{n-2} y}{d t^{n-2}}\bigg|_{t=0}, \quad \cdots, \quad \frac{d y}{d t}\bigg|_{t=0}, \quad y\bigg|_{t=0}$$

vorgeschrieben werden.

Im Anwendungsfalle (z. B. bei der Beschreibung physikalischer Vorgänge) sind die Variablen y und t keine undimensionierten Größen, wie bei den rein mathematischen Aufgaben. Wird insbesondere durch die Differentialgleichung ein zeitlicher Prozeß beschrieben, so hat die unabhängige Variable die Dimension einer Zeit. Da dieses der häufigste Fall ist, haben wir sie mit t bezeichnet.

15.1 Die Stabilität einer Differentialgleichung

Wir betrachten die homogene Differentialgleichung

$$\sum_{k=0}^{n} a_k \frac{d^k y}{d t^k} = 0. \tag{15.2}$$

Mit dem bekannten Exponentialansatz $y = e^{\lambda t}$ erhält man das *charakteristische Polynom*

$$\sum_{k=0}^{n} a_k \lambda^k = 0. \tag{15.3}$$

Die allgemeine Lösung der Differentialgleichung lautet:

$$y = \sum_{k=1}^{n} C_k e^{\lambda_k t}, \tag{15.4}$$

wobei λ_k die Wurzeln des charakteristischen Polynoms sind. Die Koeffizienten C_k sind bei einfachen, voneinander verschiedenen Wurzeln Konstanten, deren Wert durch die Anfangsbedingungen bestimmt wird. Bei Mehrfachwurzeln sind es Polynome in t, deren Grad um Eins kleiner ist, als die Vielfachheit der Wurzeln beträgt. Die Wurzeln λ_k können reell oder komplex sein. Bei reellen Koeffizienten a_k treten die komplexen Wurzeln nur paarweise konjugiert auf (Differentialgleichungen der Technik haben praktisch immer reelle Koeffizienten). Wir erhalten in solchen Fällen also Wurzeln von der Form

$$\lambda_k = \delta_k$$

oder

$$\lambda_k = \delta_k \pm j\,\omega_k \tag{15.5}$$

und damit Lösungen von der Form

bzw.

$$\left.\begin{aligned} y_k &= C_k\,e^{\delta_k t} \\ y_k &= e^{\delta_k t}\,(A_k \cos\omega_k t + B_k \sin\omega_k t). \end{aligned}\right\} \tag{15.6}$$

Eine Differentialgleichung heißt dann *stabil*, wenn der Realteil aller Wurzeln λ_k ihrer charakteristischen Gleichung negativ oder Null ist, d. h. wenn die Bedingung

$$\delta_k \leqq 0 \quad \text{für alle } k \tag{15.7}$$

erfüllt ist. In diesem Falle klingen nach Gl. (15.6) alle Lösungen mit der Zeit exponentiell ab oder oszillieren zwischen festen Grenzen.

Eine Differentialgleichung heißt dann *instabil*, wenn mindestens der Realteil einer Wurzel positiv ist. In diesem Falle existiert (wenigstens) eine Lösung, die mit der Zeit exponentiell anwächst.

Für lineare Differentialgleichungen mit konstanten Koeffizienten gibt es eine Reihe von Stabilitätskriterien, die es gestatten, die Stabilität der Gleichung zu prüfen, ohne daß man erst die Wurzeln der charakteristischen Gleichung im einzelnen bestimmen muß (Stabilitätskriterien von HURWITZ, ROUTH, verschiedene *Ortskurvenkriterien*). Eine notwendige Bedingung für die Stabilität ist sehr leicht nachzuprüfen: Ein Polynom hat nur dann Wurzeln mit negativem (oder verschwindendem) Realteil, wenn alle Koeffizienten des Polynoms gleiches Vorzeichen besitzen. Wenn wir z. B. den höchsten Koeffizienten $a_n > 0$ annehmen, müssen auch alle übrigen Koeffizienten positiv sein. Diese Forderung folgt aus der Zerlegbarkeit des Polynoms in Linearfaktoren. An Stelle von Gl. (15.3) läßt sich bekanntlich für das charakteristische Polynom auch schreiben:

$$P(\lambda) = a_n \prod_{k=1}^{n} (\lambda - \lambda_k). \tag{15.8}$$

Für negative reelle Wurzeln $\lambda_k = -\delta_k$ mit $\delta_k > 0$ ist der Linearfaktor $(\lambda + \delta_k)$. Für konjugiert komplexe Wurzeln mit negativem Realteil ergibt das Produkt zweier konjugierter Wurzeln

$$(\lambda + \delta_k - j\,\omega_k)\,(\lambda + \delta_k + j\,\omega_k) = \lambda^2 + 2\,\delta_k\,\lambda + \delta_k^2 + \omega_k^2.$$

Wegen $\delta_k > 0$ sind die Koeffizienten aller dieser Faktoren positiv und damit für $a_n > 0$ auch alle Koeffizienten des Polynoms.

Für quadratische Gleichungen (bzw. Differentialgleichungen 2. Ordnung) ist diese notwendige Forderung, wie man sieht, auch hinreichend. Für Gleichungen höheren Grads gilt dies nicht. Hier müssen noch weitere Bedingungen erfüllt sein, wenn die Gleichung stabil sein soll. Es gibt verschiedene hinreichende Bedingungen; sie bilden den Inhalt der genannten Stabilitätskriterien.

Als Beispiel sei hier (ohne Herleitung) das klassische Stabilitätskriterium von HURWITZ angegeben.

Aus den Koeffizienten a_k von Gl. (15.3) wird folgende Matrix aufgestellt.

$$\begin{pmatrix} a_1 & a_0 & 0 & 0 \ldots 0 \\ a_3 & a_2 & a_1 & a_0 \ldots 0 \\ a_5 & a_4 & a_3 & a_2 \ldots 0 \\ \cdots\cdots\cdots\cdots \\ 0 & 0 & 0 & 0 \ldots a_n \end{pmatrix} \tag{15.9}$$

In der Hauptdiagonale stehen die Koeffizienten a_1, a_2, ..., a_k, ..., a_n. In den Zeilen durchlaufen die Indizes der benachbarten Koeffizienten von rechts nach links aufsteigende Zahlen. Koeffizienten mit Indizes unterhalb Null und oberhalb n werden durch Nullen ersetzt. Von dieser Koeffizientenmatrix werden nun die ,,*Hauptabschnittsdeterminanten*" gebildet [in (15.9) durch Strichelung angedeutet]:

$$D_1 = a_1, \qquad D_2 = \begin{vmatrix} a_1 & a_0 \\ a_3 & a_2 \end{vmatrix}, \qquad D_3 = \begin{vmatrix} a_1 & a_0 & 0 \\ a_3 & a_2 & a_1 \\ a_5 & a_4 & a_3 \end{vmatrix}, \quad \ldots,$$

$$D_n = \begin{vmatrix} a_1 & a_0 & 0 & \ldots & 0 \\ a_3 & a_2 & a_1 & \ldots & 0 \\ \cdots\cdots\cdots\cdots\cdots \\ 0 & 0 & 0 & \ldots & a_n \end{vmatrix} = a_n\,D_{n-1}. \tag{15.10}$$

Eine hinreichende Bedingung für die Stabilität von Gl. (15.2) ist erfüllt, wenn sämtliche Determinanten $D_1 \ldots D_n$ positiv sind. Im Falle einer Differentialgleichung 3. Ordnung z. B. tritt also zur Forderung nach positiven Koeffizienten $a_0 \ldots a_3$ noch die Bedingung

$$a_1\,a_2 - a_0\,a_3 > 0.$$

Für das theoretische Lösungsverfahren einer linearen Differentialgleichung mit konstanten Koeffizienten ist es gleichgültig, ob die Gleichung nur stabile oder auch instabile Lösungen besitzt.

Wurzeln mit positivem Realteil können jedoch in vielen Fällen die Lösung einer Differentialgleichung auf dem Analogrechner erheblich stören oder sogar praktisch unmöglich machen. Ein Analogrechner liefert ja immer die gesamte Lösung nach Gl. (15.4). Enthält diese allgemeine Lösung nun ein Glied, das sehr rasch exponentiell anwächst, so wird der zur Verfügung stehende, relativ enge Wertebereich der Maschine in sehr kurzer Zeit überschritten, und die Maschine ist durch die eintretende Übersteuerung nicht mehr funktionsfähig. Die übrigen Anteile in der Lösung treten dadurch kaum in Erscheinung. Nun kann man zwar spezielle Lösungen durch geeignete Anfangsbedingungen erhalten, indem man diese so wählt, daß die Koeffizienten C_k aller übrigen Lösungen Null werden. Theoretisch lassen sich so z. B. unerwünschte anklingende Anteile in der Lösung unterdrücken. Null ist aber ein Wert, den es bei einer Rechenmaschine strenggenommen nicht gibt. Bei einem Analogrechner sei der kleinste, noch definierte Wert z. B. 0,0001, aber nicht Null. Zeitlich stark anwachsende Lösungsbestandteile, die man dadurch eliminiert, daß man ihre Faktoren C_k zu Null macht, werden dadurch nach einiger Zeit doch in Erscheinung treten.

Betrachten wir hierzu ein Beispiel: Es soll die Differentialgleichung

$$\ddot{y} - y = 0$$

gelöst werden. Der Ansatz $y = e^{\lambda t}$ ergibt die charakteristische Gleichung

$$\lambda^2 - 1 = 0,$$

die die Wurzeln

$$\lambda_1 = +1 \quad \text{und} \quad \lambda_2 = -1$$

besitzt. Die allgemeine Lösung lautet also

$$y = C_1 e^t + C_2 e^{-t}.$$

Mit den Anfangswerten $y|_{t=0} = y_0$ und $\dot{y}|_{t=0} = \dot{y}_0$ folgt

$$y_0 = C_1 + C_2 \quad \text{und} \quad \dot{y}_0 = C_1 - C_2$$

und daraus

$$y = \frac{y_0 + \dot{y}_0}{2} e^t + \frac{y_0 - \dot{y}_0}{2} e^{-t}$$

Je nach Wahl der Anfangswerte ergeben sich somit folgende Funktionen

y_0	$\dot{y}_0$	y
0	0	0
+1	+1	e^t
+1	−1	e^{-t}
+1	0	$\cosh t$
0	+1	$\sinh t$

Wenn man versucht, auf diese Weise die Funktion e^{-t} zu erzeugen, so erzeugt man genaugenommen die spezielle Lösung

$$y = 1 e^{-t} + 0 e^t$$

der obigen Differentialgleichung. Da der Wert Null auf einem Analogrechner aber nur bis zu der Schranke ε angenähert werden kann, erhält man in Wirklichkeit die Lösung

$$y = 1 e^{-t} + \varepsilon e^{+t},$$

und es ist jetzt nur eine Frage der Zeit, bis auch die anwachsende Exponentialfunktion in Erscheinung tritt. (Eine Verkleinerung von ε um eine Zehnerpotenz
bedeutet lediglich, daß es 2,3 s länger dauert, bis der anklingende Teil der Lösung
den Wert Eins erreicht.) Abb. 15.1 zeigt, wie
die Lösung zunächst exponentiell gegen Null
geht, um dann plötzlich wieder anzusteigen
und rasch die Übersteuerungsgrenze zu erreichen.

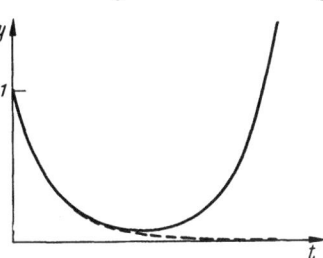

Abb. 15.1. Instabiles Verhalten der
Rechenschaltung für die Differentialgleichung $\ddot{y} - y = 0$

Ein weiteres Beispiel finden wir in
§ 22.1.2 bei der Behandlung von Eigenwertproblemen. Auch hier werden die
Anwendungsmöglichkeiten des Analogrechners durch die Instabilität der untersuchten Differentialgleichung begrenzt.

Es ist aber nicht notwendig, eine
Differentialgleichung vor der Lösung auf dem Analogrechner auf ihre
Stabilität zu prüfen. Diese zeigt sich vielmehr sehr schnell nach dem
Aufstecken der Rechenschaltung und dem Einschalten des Rechners,
insbesondere, wenn man zunächst alle Anfangswerte und Störfunktionen
zu Null macht.

Andererseits sind Differentialgleichungen, die stabile physikalische
Vorgänge beschreiben, selbst immer stabil. Eine Rechenschaltung, die
ein wirklichkeitsgetreues analoges Modell eines physikalischen Systems
darstellt, muß also zwangsläufig ebenfalls stabil sein. Ist dies nicht der
Fall, so können Programmierfehler oder Fehler bei der Aufstellung der
Differentialgleichungen die Ursache sein. Besonders gern schleichen
sich hier bekanntlich Vorzeichenfehler ein. Wie unsere Betrachtungen
gezeigt haben, lassen sich solche Fehler sehr leicht erkennen. Wir werden
also eine Differentialgleichung zunächst immer daraufhin ansehen, ob
alle Koeffizienten a_k das gleiche Vorzeichen besitzen. Bei Gleichungen
von höherer als 2. Ordnung kann aber auch eine fehlerhafte Berechnung
der Koeffizienten dazu führen, daß Gleichungen, die an sich stabil sein
sollten, durch die falschen Koeffizienten instabil werden.

15.2 Das Prinzip der Lösung von Differentialgleichungen
mit dem Analogrechner

In § 4 haben wir bereits das Prinzip, nach dem Differentialgleichungen
mit dem Analogrechner gelöst werden, an Hand eines Beispiels kennengelernt. Wir wollen es jetzt auf die allgemeine Form der linearen Differentialgleichung mit konstanten Koeffizienten anwenden.

Wir gehen von der Differentialgleichung (15.1)

$$a_n \frac{d^n y}{dt^n} + a_{n-1} \frac{d^{n-1} y}{dt^{n-1}} + \cdots + a_1 \frac{dy}{dt} + a_0 y = b_0 f(t)$$

aus und lösen diese Gleichung nach der höchsten Ableitung $d^n y/dt^n$ auf. Mit den Abkürzungen

$$A_k = \frac{a_k}{a_n} \quad \text{und} \quad B_0 = \frac{b_0}{a_n} \tag{15.11}$$

erhalten wir damit wieder eine „Bestimmungsgleichung" für die höchste Ableitung:

$$\frac{d^n y}{dt^n} = -A_{n-1}\frac{d^{n-1}y}{dt^{n-1}} - A_{n-2}\frac{d^{n-2}y}{dt^{n-2}} - \cdots - A_1\frac{dy}{dt} - A_0 y + B_0 f(t) \tag{15.12}$$

In dieser Gleichung wird die höchste Ableitung wieder durch die Summe aller übrigen Ableitungen niedrigerer Ordnung, durch die gesuchte Lösung selbst und schließlich (wenn vorhanden) durch die Störfunktion ausgedrückt.

Wenn wir nach der durch Gl. (15.12) ausgedrückten Rechenvorschrift aus den Elementen des Analogrechners eine Lösungsschaltung für die

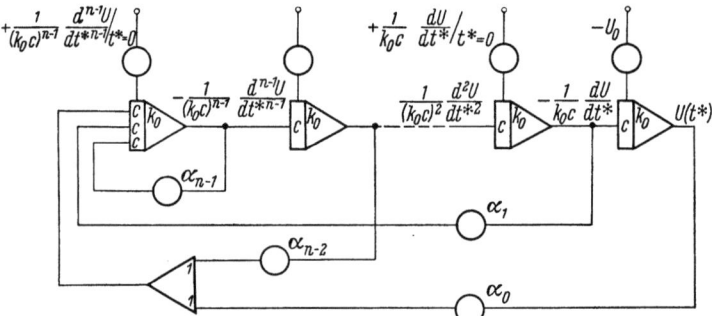

Abb. 15.2. Allgemeine Rechenschaltung zur Lösung einer linearen Differentialgleichung n-ter Ordnung mit konstanten Koeffizienten

lineare Differentialgleichung mit konstanten Koeffizienten aufstellen, erhalten wir die Schaltung nach Abb. 15.2, die die Differentialgleichung

$$\frac{1}{(k_0 c)^n}\frac{d^n u}{dt^{*n}} = -\frac{\alpha_{n-1}}{(k_0 c)^{n-1}}\frac{d^{n-1}u}{dt^{*n-1}} - \cdots - \frac{\alpha_1}{k_0 c}\frac{du}{dt^*} - \alpha_0 u + u_e(t^*) \tag{15.13}$$

erfüllt.

Man wird nun, wie in § 5 ausgeführt, diese dimensionierten Größen u und t^* des Analogrechners in Beziehung zu den Problemvariablen y und t setzen. Um dem mathematischen Charakter des Analogrechners gerecht zu werden, ist es sinnvoll, durch entsprechende „Normierung" dimensionslose (bezogene) Maschinenvariable einzuführen [2].

Als Bezugsgröße für die Maschinenzeit t^* bietet sich der Integrationsfaktor k_0 (genauer sein reziproker Wert $1/k_0$) an; als Bezugsgröße für die Rechenspannung u die Maschineneinheit E (s. § 5).

Wir führen damit an Stelle von u und t^* die (bezogenen) *Maschinen-variablen*

$$U = \frac{u}{E} \quad \text{und} \quad \tau = k_0\, t^* \tag{15.14}$$

ein.

In diesen neuen Variablen ausgedrückt, führt z. B. der Integrierer die Operation

$$U_a = U_0 - c \int\limits_0^\tau U_e\, d\tau \tag{15.15}$$

aus.

Im Normalfall ist $c = 1$, d. h., man benutzt einen Eingang mit der Wertigkeit Eins. An Stelle von Gl. (15.13) können wir mit Gl. (15.14) und $c = 1$ auch schreiben:

$$\frac{d^n U}{d\tau^n} = -\alpha_{n-1} \frac{d^{n-1} U}{d\tau^{n-1}} - \cdots - \alpha_1 \frac{dU}{d\tau} - \alpha_0\, U + U_e(\tau). \tag{15.16}$$

Nach der Schreibweise von Gl. (15.16) löst die Rechenschaltung Abb. 15.2 also die allgemeine, undimensionierte lineare Differential-gleichung n-ter Ordnung mit konstanten Koeffizienten in den Maschinen-variablen U und τ. Damit ist vom Rechner her die Beziehung zu einer rein mathematischen, dimensionslosen Darstellungsweise hergestellt. Zur Interpretation eines aufgezeichneten oder gemessenen Ergebnisses dienen die Gln. (15.14).

Zwei wichtige Bemerkungen sind hier anzufügen:

1. Wir erhalten für jeden auch von Eins verschiedenen Wert von c die gleiche Differentialgleichung (15.16), wenn wir allgemein

$$\tau = c\, k_0\, t^* \tag{15.17}$$

setzen. Gegenüber Gl. (15.14) hat sich lediglich die Geschwindigkeit geändert, mit der die Integrierer des Rechners arbeiten und damit die Beziehung zwischen der unabhängigen Maschinenvariablen und der realen Zeit t^*, in der alle Vorgänge am Rechner ablaufen. Es sei betont, daß man jetzt generell bei allen Integrierern Eingänge mit der Wertigkeit c (z. B. $c = 10$) benutzen muß.

2. Da der Integrierer in der Rechenschaltung Abb. 15.2 die Funk-tionen des Summierens und Integrierens vereinigt (s. § 8), kann man — wie in Abb. 15.2 — alle Größen, die nach Gl. (15.16) die höchste Ab-leitung bilden, direkt dem 1. Integrierer der Kette zuführen. Allerdings tritt in diesem Falle die höchste Ableitung nicht explizit in der Schaltung auf. Verlangt die Aufgabenstellung, daß die höchste Ableitung explizit vorkommen soll, so wird man alle Glieder der linken Seite von Gl. (15.16) zunächst mit einem Summierer aufsummieren und dann erst dem ersten Integrierer zuführen. Am Ausgang dieses Summierers kann dann die höchste Ableitung abgenommen werden. Auf die Einhaltung der richtigen Vorzeichen ist dabei natürlich zu achten.

15.3 Die Normierung von linearen Differentialgleichungen mit konstanten Koeffizienten

Die Lösung einer Differentialgleichung auf dem Analogrechner erfordert als Vorbereitung die Einführung geeignet gewählter Maßstabsfaktoren. Hierdurch wird ein definierter Zusammenhang zwischen den Problemgrößen und den Maschinengrößen hergestellt und das Problem gleichzeitig an den Rechner angepaßt. Wie die Diskussion in § 5 gezeigt hat, kann man hierbei verschiedene Wege einschlagen, von denen wir der in § 5.2 zuerst genannten Methode den Vorzug geben. Wir werden also immer die Problemgleichungen zunächst *normieren*, d. h. durch geeignete Bezugsgrößen auf eine dimensionslose Form bringen. Die normierten Problemvariablen können wir dann wie die rein mathematischen Größen unmittelbar den (bezogenen) Maschinenvariablen des vorhergehenden Abschnitts gleichsetzen.

Bei der Normierung von Gleichungen zur Behandlung am Analogrechner sind einige spezielle Gesichtspunkte zu beachten, die aus der Tatsache folgen, daß die Maschinenvariablen aus technischen Gründen gewissen Einschränkungen unterworfen sind. So dürfen, um es hier noch einmal zu wiederholen, die Koeffizienten den Einstellbereich der Potentiometer nicht überschreiten. Die Rechenelemente dürfen nicht übersteuert werden, ihre Aussteuerung soll aber aus Gründen der Genauigkeit die obere Grenze erreichen.

Soll eine Analogrechenschaltung ein physikalisches Gebilde „simulieren", so wird die zusätzliche Forderung nach einer Lösung in der *Echtzeit* gestellt, d. h., in diesem Falle sollen alle Vorgänge auf dem Rechner im gleichen Zeitmaßstab ablaufen wie bei dem zu simulierenden System selbst. Eine Zeittransformation ist hier bei der Normierung nicht möglich, was eine weitere starke Einschränkung bedeutet. Wir werden daher diesen Fall gesondert betrachten.

15.3.1 Wahl des Amplitudenmaßstabs. Wir betrachten wieder die lineare Differentialgleichung mit konstanten Koeffizienten in der Form Gl. (15.12). Diese Gleichung läßt sich in abgekürzter Form auch schreiben

$$\frac{d^n y}{d t^n} = -\sum_{k=0}^{n-1} A_k \frac{d^k y}{d t^k} + B_0 f(t),$$

$$A_k = \frac{a_k}{a_n}, \qquad B_0 = \frac{b_0}{a_n},$$

mit den Anfangswerten

$$\frac{d^{n-1} y}{d t^{n-1}}\bigg|_{t=0} = y_0^{(n-1)}; \quad \frac{d^{n-2} y}{d t^{n-2}}\bigg|_{t=0} = y_0^{(n-2)}; \quad \dots;$$

$$\frac{dy}{dt}\bigg|_{t=0} = \dot{y}_0; \quad y\big|_{t=0} = y_0. \tag{15.18}$$

Wir setzen jetzt in Gl. (15.18)

$$y = Y \, y_{max} \qquad \qquad (15.19\,a)$$

ein und erhalten dadurch eine Differentialgleichung in der neuen, bezogenen Variablen

$$Y = \frac{y}{y_{max}} ; \qquad \qquad (15.19\,b)$$

$$\frac{d^n Y}{d t^n} = - \sum_{k=0}^{n-1} A_k \frac{d^k Y}{d t^k} + \frac{B_0 f(t)}{y_{max}} \qquad (15.20)$$

mit den neuen Anfangswerten

$$\frac{y_0^{(n-1)}}{y_{max}} ; \quad \ldots ; \quad \frac{\dot{y}_0}{y_{max}} ; \quad \frac{y_0}{y_{max}} .$$

Wie es wegen der Linearität der Differentialgleichung sein muß, bleibt ihr homogener Teil von der Einführung des Maßstabsfaktors unberührt (die Koeffizienten ändern sich nicht). Der Maßstabsfaktor tritt lediglich bei den Anfangswerten und bei der Störfunktion (und natürlich bei der Interpretation des Ergebnisses) in Erscheinung.

Bei technischen Problemen werden die Anfangswerte meistens Null sein. Aber auch wenn eine Störfunktion und von Null verschiedene Anfangswerte vorhanden sind, überlagern sich (wegen der Linearität) ihre Wirkungen einfach. Wir können also ihre Einflüsse auf den zu erwartenden Maximalwert getrennt betrachten.

Für die technisch wichtigste lineare Differentialgleichung, die Schwingungsdifferentialgleichung 2. Ordnung

$$\ddot{y} + A_1 \dot{y} + A_0 y = B_0 f(t)$$

lassen sich einige allgemeine Abschätzungen vornehmen. Um den Einfluß der Anfangswerte zu ermitteln, betrachten wir den Grenzfall $A_1 = 0$, gehen also von der Gleichung der ungedämpften Schwingung

$$\ddot{y} + A_0 y = 0$$

aus. Diese Gleichung besitzt die allgemeine Lösung

$$y = C_1 \sin \omega t + C_2 \cos \omega t = \sqrt{C_1^2 + C_2^2} \cos\left(\omega t - \arctan \frac{C_1}{C_2}\right).$$

Unter Berücksichtigung der Anfangswerte folgt

$$C_1 = \frac{\dot{y}_0}{\omega} \quad \text{und} \quad C_2 = y_0$$

und damit

$$y_{max} = \sqrt{y_0^2 + (\dot{y}_0/\omega)^2}.$$

Hierbei ist $\omega = \sqrt{A_0}$, was in Näherung auch noch für die gedämpfte Schwingung gilt, solange $A_1 < \sqrt{A_0}$ ist.

Bei dem Einfluß einer Störfunktion kommt es sehr auf deren Form an. Charakteristische Funktionen sind vor allem die sprungförmige und die sinusförmige Erregung.

Bei der sprungförmigen Erregung ist der Maximalwert der Lösung bei sehr schwacher Dämpfung $(A_1 \ll \sqrt{A_0})$ höchstens gleich der doppelten Sprunghöhe, bei sehr großer Dämpfung $(A_1 \gg \sqrt{A_0})$ mindestens gleich der einfachen Sprunghöhe. Damit sind hier eindeutige Grenzen vorgegeben.

Bei sinusförmiger Erregung hängt die Amplitude der Lösungskurve stark vom Verhältnis der anregenden Frequenz zur „Eigenfrequenz" der Differentialgleichung ab. Die Amplitude wird dann am größten, wenn beide Frequenzen übereinstimmen (Resonanzeffekt). Im Resonanzfall ist die Amplitude der erzwungenen Schwingung etwa um den Faktor $\sqrt{A_0}/A_1$ größer als die Amplitude der anregenden Schwingung.[1] Diese Tatsache ist bei Resonanzuntersuchungen durch entsprechende Normierung zu berücksichtigen.

In den Fällen, in denen keinerlei Anhaltspunkte für den zu erwartenden Maximalwert gegeben sind, muß man von einem willkürlich angenommenen Wert für y_{max} ausgehen. In vielen Fällen ist dieser Wert dann nach dem ersten probeweisen Rechnen noch zu korrigieren. Diese Korrektur ist bei linearen Differentialgleichungen besonders einfach, da hier der Maßstabsfaktor nur als Konstante bei der Störfunktion bzw. bei den Anfangswerten auftritt.

15.3.2 Normierung der unabhängigen Variablen (Wahl des Zeitmaßstabs). Auch bei der Normierung der unabhängigen Variablen führen wir zunächst eine Bezugsgröße formal in die Differentialgleichung ein und diskutieren anschließend, wie diese Bezugsgröße zweckmäßig zu wählen ist.

Wir beziehen nach § 5 die Problemzeit t auf den Wert $1/\lambda$ und erhalten damit die neue Variable

$$\tau = \lambda t, \tag{15.21}$$

die dadurch dimensionslos wird, daß wir der Größe λ die reziproke Dimension von t geben. Ist t undimensioniert, so ist auch λ eine reine Zahl.

Wir dividieren in Gl. (15.20) alle Glieder durch λ^n und erhalten mit Gl. (15.21)

$$\frac{d^n Y}{d\tau^n} = -\sum_{k=0}^{n-1} \frac{A_k}{\lambda^{n-k}} \frac{d^k Y}{d\tau^k} + \frac{B_0 f(\tau)}{\lambda^n y_{max}} \tag{15.22}$$

mit den Anfangswerten

$$Y_0^{(n-1)}(\tau) = \frac{y_0^{(n-1)}(t)}{\lambda^{(n-1)} y_{max}} ; \quad \dots ; \quad Y_0''(\tau) = \frac{\ddot{y}_0(t)}{\lambda^2 y_{max}} ;$$

$$Y_0' = \frac{\dot{y}_0}{\lambda y_{max}} ; \quad Y_0 = \frac{y_0}{y_{max}} .$$

---

[1] Kleine Dämpfung und $B_0 = A_0$ vorausgesetzt.

Damit haben wir eine Differentialgleichung erhalten, die völlig dimensionslos ist. Die dimensionslosen Größen Y und τ können wir unmittelbar den Maschinenvariablen U und τ gleichsetzen. Die Koeffizienten A_k/λ^{n-k} sind reine Zahlen, die den Potentiometerwerten α_k in Gl. (15.16) entsprechen. Aus dem Gleichsetzen der Problemvariablen mit den Maschinenvariablen

$$\frac{y}{y_{\text{max}}} = \frac{u}{E} \qquad \text{und} \quad \lambda t = k_0 t^*$$

folgt

$$y = \frac{y_{\text{max}}}{E} u \quad \text{und} \quad t = \frac{k_0}{\lambda} t^*. \qquad (15.23)$$

y_{max}/E und k_0/λ sind also die Maßstabsfaktoren, durch die die Problemgrößen den an den Rechenelementen auftretenden Spannungen und die Problemzeit der Maschinenzeit zugeordnet werden.

Nach § 5 ist λ so zu bestimmen, daß alle Koeffizienten einstellbar werden. Diese Forderung allein läßt in den meisten Fällen noch einen relativ breiten Spielraum für die Wahl von λ, den wir zur Erfüllung der zusätzlichen Forderung nach möglichst optimaler Programmierung nutzen können. Als optimal haben wir die Normierung bezeichnet, bei der alle Potentiometerwerte nahe bei Eins liegen, so daß die Einstellfehler am kleinsten sind, und bei der alle Rechenelemente möglichst voll ausgesteuert werden.

Die untere Grenze für die Einstellung eines Potentiometers hängt von der Genauigkeit ab, mit der wir einen Koeffizienten (oder eine Konstante) einzustellen wünschen. Wenn unsere Koeffizienten aus Messungen resultieren, die selbst nur einige Prozent genau sind, so werden wir bezüglich der kleinsten Potentiometereinstellung, die wir noch zulassen, wesentlich weitherziger sein, als wenn es sich um ein rein mathematisches Problem handelt, bei dem die Lösung sehr stark von der richtigen Koeffizienteneinstellung abhängen kann. Wenn z. B. ein bestimmter Koeffizient wenigstens auf 1% genau eingestellt werden soll, so darf er bei einem 10^{-3}-Rechner nicht kleiner als 0,1 und bei einem 10^{-4}-Rechner nicht kleiner als 0,01 sein.

Die obere Grenze für die Koeffizienten ist die höchste Eingangswertigkeit, die uns bei den Summierern und Integrierern zur Verfügung steht. Der am höchsten bewertete Eingang ist meist der Eingang „10", so daß damit im allgemeinen die obere Grenze für die Koeffizienten durch den Wert 10 festgelegt ist. Eventuell läßt sich durch Parallelschalten zweier Eingänge z. B. auch noch der Wert 20 herstellen. *Es ist im allgemeinen davor zu warnen, einen noch höheren Koeffizienten dadurch einstellen zu wollen, daß man dem Integrierer noch einen Summierer mit hoher Eingangswertigkeit, z. B. „10", vorschaltet.* Die Gefahr ist sehr groß, daß dieser Summierer übersteuert würde, da an seinem Ausgang in diesem Fall der zehnfache Wert der Eingangsgröße auftritt. Während die Wahl eines Eingangs mit höherer Wertigkeit beim Summierer unmittelbar die entsprechend verstärkte Größe am Ausgang zur Folge hat, bedeutet dies beim Integrierer zunächst ja nur, daß die Ausgangsgröße schneller anwächst. Ob ein Integrierer in einer geschlossenen Rechenschaltung übersteuert wird oder nicht, hängt mit von der Auslegung der übrigen Schaltung, also letztlich von der gewählten Normierung ab. Eine hohe Eingangswertigkeit bei einem Integrierer muß also nicht bedeuten, daß deshalb die Gefahr der Übersteuerung besteht, da die Ausgangsgröße eines Integrierers immer die Variable Y selbst oder eine ihrer Ableitungen ist, die bei richtiger Normierung den Wert Eins nicht überschreitet.

Aus der Vorschrift nach Einstellbarkeit der Koeffizienten erhalten wir zunächst etwa folgende Normierungsregel:

λ ist so zu wählen, daß alle Koeffizienten der normierten Differentialgleichung in den Bereich

$$(0,01) \quad 0,1 \leqq \frac{A_k}{\lambda^{n-k}} \leqq 10 \quad (20) \tag{15.24}$$

transformiert werden.

Dieser Spielraum von mindestens 2 Zehnerpotenzen ist so groß, daß in den meisten Fällen die Wahl von λ nicht sehr kritisch ist, sondern ein bequemer, ganzzahliger Wert gewählt werden kann. Seltener sind die Fälle, in denen man mehrmals probeweise verschiedene λ-Werte in die Differentialgleichung einsetzen muß, um schließlich den Wert zu finden, bei dem die Bedingung (15.24) noch erfüllt wird; und endlich gibt es auch Sonderfälle, in denen sich die Bedingung nicht einhalten läßt. In solchen Fällen muß man auch noch kleinere Koeffizienten zulassen. Man wird dann aber, wenn man Wert auf die Genauigkeit der Rechnung legt, zu der in § 7 beschriebenen Maßnahme der Hintereinanderschaltung zweier Potentiometer greifen.

Durch diese Normierungsregel muß allerdings nicht die optimale Aussteuerung aller Rechenelemente der Schaltung gewährleistet sein. Es ist durchaus möglich, daß in ungünstigen Fällen die eine oder andere Ableitung verhältnismäßig klein bleibt, oder aber so groß wird, daß Übersteuerung eintritt.

Grundsätzlich besteht die Möglichkeit, alle Integrierer optimal auszusteuern, wenn man jedem Integrierer eine individuelle Integrationskonstante zuordnet. Das bedeutet, daß man jedem Integrierer ein zusätzliches Potentiometer vorschaltet und den damit eingestellten Koeffizienten so wählt, daß die Ausgangsgröße des Integrierers im Maximum gerade den Wert Eins erreicht. Diese zusätzlichen Koeffizienten vor jedem Integrierer müssen natürlich im gesamten Gefüge der Normierung berücksichtigt werden. Man erhält die Koeffizientenwerte für diese Art der Normierung durch Umwandlung der zu lösenden Differentialgleichung n-ter Ordnung in ein System von n Differentialgleichungen 1. Ordnung [3]. Wir werden dieses Verfahren daher im folgenden Kapitel über lineare Differentialgleichungssysteme mit behandeln.

Die Methode erscheint im Hinblick auf größte Rechengenauigkeit bestechend. Es gibt aber auch Gründe, die gegen eine generelle Anwendung dieses Verfahrens sprechen. Zunächst erfordert es einen Mehraufwand an vorbereitender Rechnung (und an Potentiometern). Vor allem setzt eine optimale Programmierung voraus, daß die Maximalwerte aller Ableitungen der zu lösenden Differentialgleichungen (denn diese bilden ja die Ausgangsgröße der einzelnen Integrierer) hinreichend genau bekannt sind. Dieses ist aber in vielen Fällen nicht ohne weiteres gegeben. Man gelangt oft wesentlich schneller und einfacher zum gleichen Ziel, wenn man zunächst nur im Hinblick auf die gute Einstellbarkeit der Koeffizienten normiert, die Rechenschaltung aufstellt und notfalls nach dem ersten probeweisen Rechnen noch Korrekturen vornimmt. Zeigt sich z. B., daß ein Integrierer übersteuert wird, so kann man immer noch seine Eingangsgröße durch Vorschalten eines Potentiometers — z. B. auf die Hälfte — herabsetzen. Am Ausgang dieses Integrierers tritt dann z. B. statt der Größe $Y^{(k)}$ nur der halbe Wert $Y^{(k)}/2$ auf. An allen Stellen der Rechenschaltung, an denen bisher $Y^{(k)}$ zugeführt wurde, muß man jetzt berücksichtigen, daß nur noch $Y^{(k)}/2$ vorhanden ist, und dementsprechend alle zugehörigen Koeffizienten verdoppeln (statt A_k stellen wir z. B. jetzt $2A_k$ ein usw.). Umgekehrt läßt sich auf die gleiche Weise auch eine zu geringe Aussteuerung der Rechenelemente korrigieren.

Es kommt noch hinzu, daß bei der Berechnung des Verhaltens physikalischer Systeme in sehr vielen Fällen die Differentialgleichungen nicht von höherer als 2. Ordnung sind, da man komplexere Systeme nicht durch eine Differentialgleichung entsprechend hoher Ordnung, sondern durch ein Differentialgleichungssystem beschreibt. Bei den Differentialgleichungen 2. Ordnung (Schwingungsdifferentialgleichungen) läßt sich aber das Verhalten der Ableitungen noch gut übersehen.

Die Lösung einer Schwingungsdifferentialgleichung besitzt die Glieder $\sin \omega t$, $\cos \omega t$, verbunden mit einem Exponentialfaktor. Es ist daher zweckmäßig, in diesem Falle

$$\lambda \approx \omega \approx \sqrt{A_0} \qquad (A_1^2 < A_0) \tag{15.25}$$

zu wählen. Nach Gl. (15.21) ist dann $\tau = \omega t$, und die Differentialgleichung besitzt jetzt die Lösungen $\sin \tau$, $\cos \tau$. Hat man durch geeignete Amplitudennormierung dafür gesorgt, daß die Lösung der Differentialgleichung zwischen den Schranken $+1$ und -1 oszilliert, so werden

9*

auch alle Ableitungen innerhalb dieser Schranke bleiben, da man jetzt auf dem Rechner ja stets nach τ integriert und differenziert.

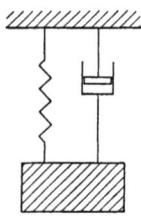

Abb. 15.3
Mechanischer
Schwinger

Es ist hier an der Zeit, das Normierungsproblem an einem konkreten Beispiel zu erläutern. Zu lösen sei die Differentialgleichung:

$$\frac{d^2 y}{dt^2} + 2{,}05\ \mathrm{s}^{-1}\frac{dy}{dt} + 27{,}0\ \mathrm{s}^{-2}\,y = 0$$

mit den Anfangswerten

$$y\bigg|_{t=0} = 4{,}76\ \mathrm{cm} \quad\text{und}\quad \frac{dy}{dt}\bigg|_{t=0} = 50\ \mathrm{cm\ s}^{-2}.$$

Auf eine solche Differentialgleichung führt z. B. die Bewegung einer Masse, die an einer Feder und an einem (geschwindigkeitsproportional wirkenden) Dämpfer hängt (Abb. 15.3).

Wenn wir entsprechend der Gl. (15.12) diese Differentialgleichung nach der höchsten Ableitung auflösen, erhalten wir

$$\frac{d^2 y}{dt^2} = -2{,}05\ \mathrm{s}^{-1}\frac{dy}{dt} - 27{,}0\ \mathrm{s}^{-2}\,y.$$

Mit den Substitutionen

$$y = Y \cdot y_{max} \quad\text{und}\quad t = \tau \cdot \frac{1}{\lambda}$$

erhalten wir die normierte Differentialgleichung

$$\frac{d^2 Y}{d\tau^2} = -\frac{2{,}05\ \mathrm{s}^{-1}}{\lambda}\frac{dY}{d\tau} - \frac{27{,}0\ \mathrm{s}^{-2}}{\lambda^2}\,Y$$

mit den neuen Anfangswerten

$$Y_0 = \frac{4{,}76\ \mathrm{cm}}{y_{max}} \quad\text{und}\quad Y_0' = \frac{50\ \mathrm{cm\ s}^{-1}}{\lambda\,y_{max}}.$$

Unsere in Abschn. 15.3.1 angegebene Abschätzungsformel liefert uns als Schätzwert für die maximale Amplitude y_{max} den Wert

$$y_{max} \approx \sqrt{4{,}76^2 + 2500/27{,}0} = 10{,}8\ \mathrm{cm}.$$

Dieser Wert wird tatsächlich durch die Dämpfung etwas kleiner sein. Wir wählen den glatten Wert $y_{max} = 10$ cm. Für λ gibt es eine Vielzahl von Werten, bei denen die Koeffizienten der Gleichung die Bedingung Gl. (15.24) erfüllen. Wir haben hier also noch einen Spielraum für zusätzliche Bedingungen. Wir wollen 3 Fälle diskutieren.

a) Die Lösung soll mit Rücksicht auf einen Schreiber langsam erfolgen; für λ ist also ein Wert >1 zu wählen. Mit dem glatten Wert $\lambda = 10\ \mathrm{s}^{-1}$ erhalten wir

$$Y'' = -0{,}205\,Y' - 0{,}27\,Y$$

mit

$$Y_0 = 0{,}476 \quad\text{und}\quad Y_0' = 0{,}5.$$

Die Koeffizienten sind gut einstellbar. Die Lösung soll bis $t_{max} = 5$ s ermittelt werden. Die maximale Rechenzeit ist also (mit $k_0 = 1\ \mathrm{s}^{-1}$)

$$t_{max}^* = \frac{10}{1}\,t_{max} = 50\ \mathrm{s}.$$

b) Da es sich um eine Schwingungsdifferentialgleichung handelt, halten wir uns an die Vorschrift der Gl. (15.25) und setzen $\lambda = \sqrt{27}\,\mathrm{s}^{-1}$. Wir erhalten

$$Y'' = -0{,}395\,Y' - Y$$

mit

$$Y_0 = 0{,}476 \quad \text{und} \quad Y_0' = 0{,}962.$$

Wie das Beispiel zeigt, ist diese Normierung praktisch optimal: Die Koeffizienten liegen nahe bei Eins; die Integrierer werden beide voll ausgesteuert (vgl. die Größe Y_0'!).

c) Die Rechenzeit soll so kurz wie möglich sein. Für λ ist also ein möglichst kleiner Wert zu wählen. Wir bestimmen λ so, daß der höchste Koeffizient den gerade noch erlaubten Wert 20 annimmt.

Mit $\lambda = \sqrt{1{,}35}\,\mathrm{s}^{-1}$ erhalten wir

$$Y'' = -1{,}764\,Y' - 20\,Y$$

mit

$$Y_0 = 0{,}467 \quad \text{und} \quad Y_0' = 4{,}30 \ (!).$$

Den Koeffizienten 20 kann man dadurch erhalten, daß man zweimal auf einen Eingang „10" geht. Den Koeffizienten 1,764 stellt man am zweckmäßigsten nach der Beziehung $1{,}764 = 1{,}0 + 0{,}764$ dadurch ein, daß man einmal direkt und einmal über ein Potentiometer mit dem Wert 0,764 auf Eingänge „1" geht. Die Rechenzeit wäre in diesem Falle

$$t_{\max}^* = \frac{1{,}16}{1} \cdot 5\,\mathrm{s} = 5{,}8\,\mathrm{s}.$$

Bei dieser Art der Normierung würde der Integrierer, an dessen Ausgang die Größe Y' auftritt, stark übersteuert. Man sieht das schon daran, daß an diesem Integrierer der Anfangswert 4,30 einzustellen wäre, was natürlich nicht möglich ist. Die getroffene Wahl von λ ist nur dann möglich, wenn man durch einen größeren Wert für $y_{\max}$ dafür sorgt, daß Y' nicht größer als Eins wird. Man erreicht dies, indem man z. B. $y_{\max} = 50$ cm setzt. In diesem Falle ist aber der Integrierer für Y nur maximal bis zu einem Fünftel der Maschineneinheit ausgesteuert. Mit solchen Schwierigkeiten ist immer zu rechnen, wenn sich die Integrierer einer Kette stark durch die gewählten Eingänge unterscheiden (Eingangswertigkeit „20" beim ersten und „1" beim zweiten Integrierer).

In solchen Fällen gibt es eine wesentlich bessere Normierungsmethode: Man wählt die optimale Normierung nach b) und erreicht die gewünschte höhere Rechengeschwindigkeit dadurch, daß man die Integrierer von $k_0 = 1\,\mathrm{s}^{-1}$ auf $k_0 = 10\,\mathrm{s}^{-1}$ umschaltet. Die Rechenzeit beträgt in diesem Falle sogar nur

$$t_{\max}^* = 2{,}6\,\mathrm{s}.$$

Wenn die Maschine nicht für die Umschaltung auf einen größeren k_0-Wert durch Wahl anderer Kondensatoren (s. § 8.4) eingerichtet ist, läßt sich dieses Verfahren dennoch anwenden. Wir erinnern uns, daß wir nach Gl. (15.17) den Integrationsfaktor k_0 durch die Größe

$$c\,k_0 > k_0$$

ersetzen können, wenn wir generell bei allen Integrierern Eingänge mit der Wertigkeit $c > 1$ benutzen. So können wir also auch dadurch den Integrationsfaktor $10\,\mathrm{s}^{-1}$ erhalten, daß wir generell alle Eingänge „1" durch Eingänge „10" ersetzen. Es lassen sich dann zwar keine Koeffizienten einstellen, die größer als Eins sind. Dadurch engen sich aber lediglich die Bedingungen für die Wahl von λ entsprechend ein. Wir werden von dieser Möglichkeit der Programmierung im nächsten Abschnitt noch ausführlicher Gebrauch machen.

15.3.3 Lösung in der Echtzeit. Nach Gl. (15.23) besteht in solchen Fällen die zusätzliche Bedingung, daß der Normierungsfaktor λ für die Zeitvariable gleich dem Integrationsfaktor k_0 der Integrierer sein muß. λ ist also nicht mehr frei wählbar, da es für die Wahl von k_0 im allgemeinen nur einige wenige Möglichkeiten gibt. Bei genereller Benutzung der Eingänge $c_i \neq 1$ hat man auch noch die Werte

$$\lambda = c_i\, k_0$$

zur Verfügung.

Mit $k_0 = 1\,\mathrm{s}^{-1}$ erhält man so z. B. die Werte $1\,\mathrm{s}^{-1}$ (bei Benutzung der Eingänge „1") und $10\,\mathrm{s}^{-1}$ (bei Benutzung der Eingänge „10") bzw. auch Zwischenwerte, wenn Eingänge mit Wertigkeiten zwischen Eins und Zehn zur Verfügung stehen. Diese Möglichkeit vervielfacht sich entsprechend, wenn sich bei den Integrierern durch Wahl anderer Integrationskondensatoren noch andere k_0-Werte einstellen lassen. Mit $k_0 = 10\,\mathrm{s}^{-1}$ erhalten wir z. B. die Werte $10\,\mathrm{s}^{-1}$ (bei Benutzung der Eingänge „1") und $100\,\mathrm{s}^{-1}$ (bei Benutzung der Eingänge „10").

Bei der Normierung der Zeitvariablen ist jetzt als Bezugswert derjenige Wert $\lambda = c_i\, k_0$ zu wählen, bei dem die Koeffizienten möglichst nahe bei Eins liegen. Benutzt man zur Einstellung eines geeigneten λ-Wertes die Eingänge „10", so lassen sich natürlich jetzt keine Koeffizienten einstellen, die größer als Eins sind. Es besteht also bei dieser Art der Normierung die Bedingung, daß alle Koeffizienten kleiner oder gleich Eins sein müssen, *andererseits aber dem Wert Eins möglichst nahe kommen sollen. Probleme, bei denen sich diese Bedingungen mit den am Rechner zur Verfügung stehenden k_0-Werten nicht erfüllen lassen, können nicht in Echtzeit gerechnet werden.*

Auf eine interessante Eigenheit sei noch hingewiesen. Benutzt man generell nur Eingänge „10", z. B. um den Wert $\lambda = 10\,\mathrm{s}^{-1}$ zu erreichen, so besitzen jetzt die Eingänge „1" die Wertigkeit 0,1! Treten nach der Normierung außer Koeffizienten in der Nähe von Eins auch Koeffizienten auf, die kleiner als 0,1 sind, so kann man an dem zugehörigen Potentiometer den zehnfachen Wert einstellen, wenn man anschließend auf einen Eingang „1" geht.

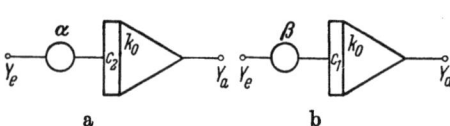

a   b

Abb. 15.4a u. b. Zum Verhalten zweier Integrierer
mit verschiedener Eingangswertigkeit

Um dies zu zeigen, betrachten wir einen einzelnen Integrierer der Rechenschaltung. Für die Schaltung Abb. 15.4a gilt:

$$Y_a(t^*) = -\alpha\, c_2\, k_0 \int_0^{t^*} Y_e(t^*)\, dt^*.$$
$$(15.26\,\mathrm{a})$$

Die gesamte Differentialgleichung sei auf $\lambda = c_2\, k_0$ normiert; es gilt also mit $\tau = c_2\, k_0\, t^*$:

$$Y_a(\tau) = -\alpha \int_0^{\tau} Y_e(\tau)\, d\tau.$$
$$(15.26\,\mathrm{b})$$

An Stelle des Eingangs mit der Wertigkeit c_2 benutzen wir jetzt einen Eingang mit dem Gewicht c_1 (Abb. 15.4 b). Es gilt hier:

$$Y_a(t^*) = -\beta \, c_1 \, k_0 \int_0^{t^*} Y_e(t^*) \, dt^* \qquad (15.27\,\text{a})$$

oder wieder mit der Normierung $\tau = c_2 \, k_0 \, t^*$

$$Y_a(\tau) = -\beta \frac{c_1}{c_2} \int_0^{\tau} Y_e(\tau) \, d\tau. \qquad (15.27\,\text{b})$$

Soll der Ausdruck (15.27 b) mit Gl. (15.26 b) übereinstimmen, so muß im zweiten Falle der Potentiometerwert

$$\beta = \frac{c_2}{c_1} \alpha \qquad (15.28)$$

eingestellt werden. Ist also z. B. $c_1 = 1$ und $c_2 = 10$, so ist $\beta = 10\alpha$.

15.3.4 Zusammenfassung. Das Problem der Normierung einer Rechenaufgabe mag durch die Zahl der zu berücksichtigenden Gesichtspunkte dem Leser auf den ersten Blick etwas kompliziert anmuten. Nach einiger Übung wird er aber feststellen, daß die Normierung linearer Differentialgleichungen mit konstanten Koeffizienten bei einem streng formalen Vorgehen nach den angegebenen Regeln nie Schwierigkeiten bereitet. Das behandelte Verfahren bildet auch das Fundament für die Normierung von Differentialgleichungen mit variablen Koeffizienten und für nichtlineare Differentialgleichungen. Wir wollen an dieser Stelle noch einmal kurz zusammenfassen, wie sich die Bezugsgrößen, die wir in die Differentialgleichungen einführen, auf das Rechenprogramm auswirken, und welche Gesichtspunkte ihre Wahl bestimmen.

1. Die Bezugsgröße für die abhängige Variable ($y_{\max}$) bestimmt die Aussteuerung der Rechenelemente. $y_{\max}$ ist so zu wählen, daß die Ausgangsgrößen aller Rechenelemente möglichst groß werden, jedoch den Wert Eins nirgends überschreiten. Bei linearen Differentialgleichungen hat $y_{\max}$ keinen Einfluß auf die Koeffizienten, sondern nur auf die Größe der Anfangswerte bzw. der Störfunktion.

2. Der Normierungsfaktor für die unabhängige Variable (λ) hingegen bestimmt vor allem die Größe der Koeffizienten. Er geht ferner in die Anfangswerte der Ableitungen und in die Störfunktion ein. Außerdem ist λ einer der Faktoren, die die Rechengeschwindigkeit festlegen. Die Freiheit bei der Wahl von λ wird vor allem dazu benutzt, Koeffizientenwerte zu erhalten, die sich gut einstellen lassen (d. h. Werte in der Nähe von Eins).

3. Der Integrationsfaktor k_0 ist eine Maschinenkonstante, die angibt, in welchem Zeitmaßstab die Integrierer arbeiten. Das Verhältnis k_0/λ legt damit den Zeitmaßstab fest, in dem die Lösung erhalten wird. Zur Interpretation des Ergebnisses muß man also k_0 kennen (normalerweise ist $k_0 = 1 \text{ s}^{-1}$). Bei Maschinen, deren Integrierer auf verschiedene

k_0-Werte umschaltbar sind, läßt sich die Rechengeschwindigkeit im gleichen Verhältnis ohne Änderung der eingestellten Koeffizienten ändern.

4. Eine höhere Rechengeschwindigkeit kann man auch dadurch erhalten, daß man bei allen Integrierern generell nur Eingänge mit einer höheren Wertigkeit als Eins benutzt. Geht man überall z. B. auf Eingänge „10", so ist statt k_0 in allen Formeln der Wert $10 k_0$ einzusetzen. Diese Möglichkeit ist vor allem bei Echtzeitrechnungen von Bedeutung, da sie hier den Anwendungsbereich des Rechners wesentlich erweitert.

15.4 Die Erzeugung der Störfunktionen

Technische Systeme werden in den meisten Fällen nur durch äußere Störgrößen angeregt; fehlen diese, so befindet sich das System in Ruhe. Die Differentialgleichungen, die diese Systeme mathematisch beschreiben, sind damit in der Regel inhomogen, die Anfangswerte für die Ableitungen sind Null.

Bei der Nachbildung solcher Systeme auf dem Analogrechner durch ein analoges Rechenmodell bringt man je nach Aufgabenstellung verschiedene Störfunktionen zur Anwendung:

1. Man regt die Rechenschaltung durch die analoge Nachbildung der gleichen Störgrößen an, wie sie auch am System selbst auftreten und gemessen werden können.

2. Es interessiert vorwiegend das Resonanzverhalten des Systems. In diesem Falle wird man als Störfunktion eine reine Sinusschwingung verwenden.

3. Es interessiert vorwiegend das Einschwingverhalten. In diesem Falle ist es üblich, das System durch eine Sprungfunktion anzuregen.

Im allgemeinen gilt die Regel, daß man die Störfunktionen ebenfalls auf dem Analogrechner erzeugt. Eine Schaltung zur Erzeugung einer Sinusschwingung werden wir im nächsten Paragraphen (Abb. 16.2) kennenlernen. Die Sprungfunktion ist sehr leicht dadurch zu gewinnen, daß man zu Beginn der Rechnung eine konstante Spannung aufschaltet. Allgemein gibt es für die Erzeugung beliebiger Störfunktionen folgende Möglichkeiten:

Ist die Störfunktion $f(t)$ durch einen geschlossenen analytischen Ausdruck definiert, so kann man $f(t)$ im Prinzip immer als Lösung einer Differentialgleichung erhalten.

Die Formulierung einer zugehörigen Differentialgleichung geschieht nach bekanntem Verfahren durch mehrmalige Differentiation und macht meist wenig Mühe. Damit die so gewonnene Störfunktion im gleichen Zeitmaßstab abläuft wie die Lösung selbst, muß in die Differentialgleichung zur Erzeugung der Störfunktion die gleiche Zeitnormierung eingeführt werden wie in die Problemdifferentialgleichung.

Beispiele für die Erzeugung analytischer Funktionen werden in § 18 folgen. Funktionen, die nur stückweise stetig sind (Stoß-, Sprung- und Rampenfunktionen, Impulsfolgen, Sägezahnfunktionen usw.), erzeugt man unmittelbar durch entsprechende Kunstschaltungen. Solche Schaltungen sind in § 20 zusammengestellt. Empirisch bestimmte (gemessene) Störfunktionen sind gemeinhin nicht formelmäßig gegeben. In manchen Fällen besteht hier die Möglichkeit, solche Funktionen durch analytische Funktionen zu approximieren, die man wieder als Lösung von Differentialgleichungen erzeugt. Im allgemeinen bleibt aber nur die Möglichkeit, die gemessene Störfunktion zunächst zu speichern und dann die gespeicherte Funktion in den Rechner einzugeben (Kurvenabtaster, Magnetband) oder durch einen Funktionsgeber zu reproduzieren.

In allen Fällen ist der Amplituden- und Zeitmaßstab der Funktionen mit dem bei der Normierung festgelegten Maßstab der Rechengrößen in Einklang zu bringen. Beispiele hierzu werden wir im folgenden noch betrachten.

Literatur zu § 15

[1] Zurmühl, R.: Praktische Mathematik für Ingenieure und Physiker. 3. Aufl. Berlin/Göttingen/Heidelberg: Springer 1961.

[2] Herschel, R., u. E. Kettel: Das Problem der Normierung bei der Anwendung von Analog-Rechenmaschinen zur Behandlung regelungstechnischer Aufgaben. Regelungstechnik 6 (Okt. 1960) H. 10, S. 403/04.

[3] Gomperts, R., H. d'Hoop, R. Vichnevetsky u. H. Witsenhausen: Operation of P.A.C.E. Equipment. Electronic Associates Inc., Brüssel.

§ 16. Systeme von linearen Differentialgleichungen mit konstanten Koeffizienten

In den meisten Fällen umfaßt eine zu lösende Aufgabe nicht nur eine einzige, sondern ein System von mehreren, miteinander gekoppelten Differentialgleichungen. Dies gilt insbesondere für technische Probleme.

Technische Systeme bestehen häufig aus einzelnen „Übertragungsgliedern", die miteinander verbunden sind. Bekannte Beispiele hierfür sind gekoppelte mechanische Systeme, Netzwerke aus elektrischen Schaltelementen oder Regelkreise.

Vielfach enthalten die nachzubildenden Systeme nichtlineare Übertragungsglieder, so daß dadurch die Differentialgleichungen nichtlinear werden. Ebenso oft sind aber auch die Systemvariablen nichtlinear, z. B. multiplikativ, miteinander verknüpft, wie bei den Flugkörpergleichungen oder bei vielen Reaktionsgleichungen der physikalischen Chemie.

Allgemein werden also alle diese Probleme durch Differentialgleichungssysteme von der Form

$$\frac{d^m y_i}{d t^m} = g_i(y_1 \ldots y_n, y_1' \ldots y_n', \ldots, t), \quad i = 1 \ldots n \quad (16.1)$$

beschrieben. In den meisten Fällen sind diese Differentialgleichungen nicht von höherer als 2. Ordnung.

Prinzipiell läßt sich ein solches System durch Elimination der einzelnen Variablen auf eine einzige Differentialgleichung entsprechend hoher Ordnung zurückführen. Das ist indessen meist sehr aufwendig und auch nicht sinnvoll. Bei dem Differentialgleichungssystem entsprechen die Koeffizienten der einzelnen Gleichungen noch unmittelbar den Parametern des zugehörigen physikalischen Systems. Würde man hingegen das Gleichungssystem in eine einzige Differentialgleichung höherer Ordnung umwandeln, so würden sich die Koeffizienten dieser neuen Gleichung in komplizierter und vielfältiger Weise aus den Systemparametern zusammensetzen. Die Veränderung eines Parameters wäre entsprechend mühsam.

Daraus folgt die feste Regel, daß Systeme von Differentialgleichungen auch immer in dieser Form auf dem Analogrechner behandelt werden.

In diesem Paragraphen werden wir unsere Betrachtungen auf Systeme von linearen Differentialgleichungen mit konstanten Koeffizienten beschränken.

16.1 Rechenschaltung und Normierung

16.1.1 Systeme von Differentialgleichungen 1. Ordnung. Im einfachsten Falle sind alle Differentialgleichungen des Systems von 1. Ordnung:

$$\left.\begin{aligned}
\frac{dy_1}{dt} &= A_{11}y_1 + A_{12}y_2 + \cdots + A_{1n}y_n + f_1(t) \\
&\cdots\cdots\cdots\cdots\cdots\cdots\cdots\cdots\cdots\cdots\cdots\cdots\cdots\cdots\cdots\cdots \\
\frac{dy_i}{dt} &= A_{i1}y_1 + A_{i2}y_2 + \cdots + A_{in}y_n + f_i(t) \\
&\cdots\cdots\cdots\cdots\cdots\cdots\cdots\cdots\cdots\cdots\cdots\cdots\cdots\cdots\cdots\cdots \\
\frac{dy_n}{dt} &= A_{n1}y_1 + A_{n2}y_2 + \cdots + A_{nn}y_n + f_n(t)
\end{aligned}\right\} \quad (16.2\,\mathrm{a})$$

mit den Anfangswerten

$$y_1(0), \ \ldots, \ y_i(0), \ \ldots, \ y_n(0). \qquad (16.2\,\mathrm{b})$$

Die Amplitudennormierung geschieht wieder dadurch, daß man für jede der Variablen y_i einen Maximalwert $y_{i\max}$ ($i = 1 \ldots n$) festlegt und die bezogenen Variablen

$$Y_i = \frac{y_i}{y_{i\max}} \qquad (16.3)$$

in das Gleichungssystem einführt.

Zur Normierung der unabhängigen Variablen dividiert man alle Gleichungen durch einen Normierungsfaktor λ. Mit der Abkürzung

$\tau = \lambda\, t$ erhält man damit das normierte Gleichungssystem

$$\frac{dY_1}{d\tau} = \frac{A_{11}}{\lambda}Y_1 + \frac{A_{12}}{\lambda}\frac{y_{2\,max}}{y_{1\,max}}Y_2 + \cdots + \frac{A_{1n}}{\lambda}\frac{y_{n\,max}}{y_{1\,max}}Y_n +$$
$$+ \frac{f_1(\tau)}{\lambda\, y_{1\,max}}$$
$$\cdots\cdots\cdots\cdots\cdots\cdots\cdots\cdots\cdots\cdots\cdots\cdots\cdots\cdots$$
$$\frac{dY_n}{d\tau} = \frac{A_{n1}}{\lambda}\frac{y_{1\,max}}{y_{n\,max}}Y_1 + \frac{A_{n2}}{\lambda}\frac{y_{2\,max}}{y_{n\,max}}Y_2 + \cdots + \frac{A_{nn}}{\lambda}Y_n +$$
$$+ \frac{f_n(\tau)}{\lambda\, y_{n\,max}}$$

$\left.\right\}$ (16.4a)

mit den Anfangswerten

$$Y_1(0),\quad Y_2(0),\quad \ldots,\quad Y_n(0). \tag{16.4b}$$

Der Normierungsfaktor λ wird wieder so bestimmt, daß alle Koeffizienten der Bedingung

$$(0{,}01)\quad 0{,}1 \leqq \frac{A_{ik}}{\lambda}\frac{y_{k\,max}}{y_{i\,max}} \leqq 10 \tag{16.5}$$

genügen. Die Zeittransformation zwischen Problemzeit und Maschinenzeit ergibt sich dann entsprechend Gl. (15.23).

Abb. 16.1 zeigt die Rechenschaltung.

Abb. 16.1 stellt natürlich nur eine Prinzipschaltung dar. Ein Teil der Koeffizienten A_{ik} wird negativ sein (zumindest die A_{ii} sind es bei stabilen Systemen immer). Hier wird man den negativen Wert der Variablen Y_i aufschalten, den man am Integriererausgang abgreifen kann. Wenn das System mehr Variablen umfaßt, als die Integrierer Eingänge haben, wird man einen Teil der Eingangsvariablen jedes Integrierers zunächst aufsummieren und die Summe auf einen Integrierereingang geben. Durch

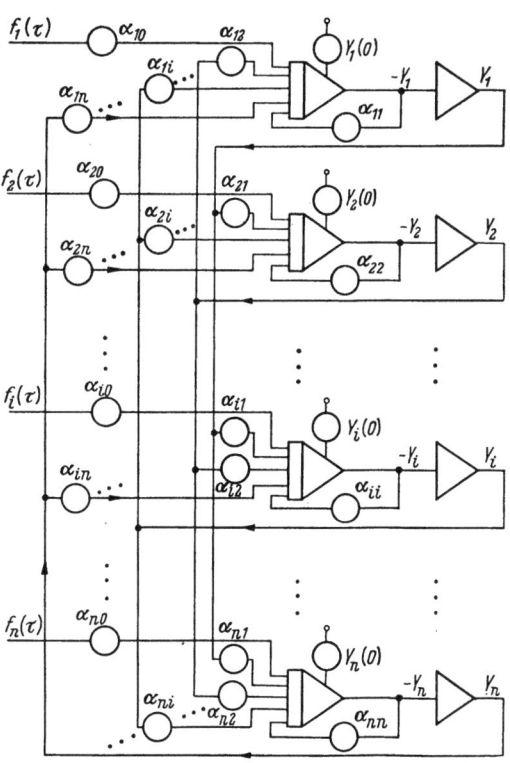

Abb. 16.1. Allgemeine Rechenschaltung zur Lösung eines Systems von Differentialgleichungen 1. Ordnung

entsprechende Änderung der Schaltung nach Abb. 16.1 kann man dazu die ohnehin vorhandenen Summierer benutzen.

Bei richtiger Wahl der Maximalwerte $y_{i\,\max}$ sind alle Rechenverstärker gerade voll ausgesteuert. Sorgt man noch durch entsprechende Wahl von λ dafür, daß alle Potentiometereinstellungen möglichst nahe bei Eins liegen, so kann man mit Recht von einer optimalen Normierung sprechen.

Falls die Integrierer des Analogrechners auf verschiedene k_0-Werte umschaltbar sind, kann man u. U. diese zusätzliche Möglichkeit benutzen, um Potentiometereinstellungen möglichst nahe bei Eins zu erhalten. Hat man z. B. die Wahl zwischen den beiden Integrationsfaktoren k_{01} und k_{02}, so kann man zwei verschiedene λ-Werte λ_1 und λ_2 in das System einführen, wobei die Bedingung

$$\frac{\lambda_1}{\lambda_2} = \frac{k_{01}}{k_{02}}$$

erfüllt sein muß.

Es ist zwar ein Sonderfall, daß alle Differentialgleichungen nur von 1. Ordnung sind. Dieser Sonderfall hat aber eine besondere Bedeutung, da er die Möglichkeit einer optimalen Programmierung von Differentialgleichungen höherer Ordnung bietet.

16.1.2 Optimale Programmierung von Differentialgleichungen höherer Ordnung. Wir gehen wieder von der Differentialgleichung (15.12) aus. Gegeben ist also die Gleichung

$$y^{(n)} + A_{n-1}\,y^{(n-1)} + A_{n-2}\,y^{(n-2)} + \cdots + A_1\,y' + A_0\,y = B_0\,f(t) \quad (16.6)$$

mit den Anfangswerten $y_0^{(n-1)}$, $y_0^{(n-2)}$, ..., y_0', y_0.

Wenn wir jetzt

$$y^{(n-1)} = u_n, \quad y^{(n-2)} = u_{n-1}, \quad \ldots, \quad y' = u_2, \quad y = u_1 \quad (16.7)$$

setzen, erhalten wir damit das System von Differentialgleichungen 1. Ordnung:

$$\left.\begin{aligned}
\frac{d u_n}{d t} &= y^{(n)} = -A_{n-1}\,u_n - A_{n-2}\,u_{n-1} - \cdots \\
&\qquad\qquad - A_1\,u_2 - A_0\,u_1 + B_0\,f(t), \\
\frac{d u_{n-1}}{d t} &= u_n, \\
\frac{d u_{n-2}}{d t} &= u_{n-1}, \\
&\vdots \\
\frac{d u_1}{d t} &= u_2.
\end{aligned}\right\} \quad (16.8)$$

Mit den normierten Größen $U_i = u_i/u_{i\max}$ und $\tau = \lambda\, t$ folgt das normierte Gleichungssystem

$$
\left.
\begin{aligned}
\frac{dU_n}{d\tau} &= -\frac{A_{n-1}}{\lambda} U_n - \frac{A_{n-2}}{\lambda} \frac{u_{n-1\max}}{u_{n\max}} U_{n-1} - \cdots \\
&\quad - \frac{A_1}{\lambda} \frac{u_{2\max}}{u_{n\max}} U_2 - \frac{A_0}{\lambda} \frac{u_{1\max}}{u_{n\max}} U_1 + \frac{B_0\, f(\tau)}{\lambda\, u_{n\max}}, \\
\frac{dU_{n-1}}{d\tau} &= \frac{u_{n\max}}{u_{n-1\max}} \frac{1}{\lambda} U_n, \\
\frac{dU_{n-2}}{d\tau} &= \frac{u_{n-1\max}}{u_{n-2\max}} \frac{1}{\lambda} U_{n-1}, \\
&\;\;\vdots \\
\frac{dU_1}{d\tau} &= \frac{u_{2\max}}{u_{1\max}} \frac{1}{\lambda} U_2.
\end{aligned}
\right\}
\tag{16.9}
$$

Die Anfangswerte sind wie folgt umzurechnen:

$$
U_{n0} = \frac{y_0^{(n-1)}}{u_{n\max}}, \quad U_{n-1,0} = \frac{y_0^{(n-2)}}{u_{n-1\max}}, \quad \ldots, \quad U_{20} = \frac{y_0'}{u_{2\max}},
$$

$$
U_{10} = \frac{y_0}{u_{1\max}}.
\tag{16.10}
$$

Die Rechenschaltung, auf die das Gleichungssystem (16.9) führt, entspricht im Prinzip völlig der Rechenschaltung, die wir im letzten Paragraphen zur Lösung einer Differentialgleichung n-ter Ordnung gefunden hatten. Sie enthält wieder eine Kette von n Integrierern und n Rückführungen der Zwischengrößen U_i über die entsprechenden Koeffizienten auf den Eingang der Kette. Der Unterschied besteht lediglich darin, daß jetzt vor jedem Integrierer der Kette noch ein Potentiometer angeordnet ist, an dem der Wert

$$
\frac{u_{i\max}}{\lambda\, u_{i-1\max}}
$$

eingestellt wird. Diese Maßnahme bewirkt, daß jetzt jeder Integrierer genau bis zu dem zulässigen Maximalwert ausgesteuert wird.

Die Vor- und Nachteile dieser Programmierungsmethode wurden bereits im vorhergehenden Paragraphen (Abschn. 15.3.2) erörtert.

Wir möchten diesen Abschnitt nicht abschließen, ohne Beispiele für dieses Verfahren zu betrachten.

Es soll auf dem Analogrechner die oft benötigte ungedämpfte Sinusschwingung erzeugt werden, also eine Funktion von der allgemeinen Form

$$
y = A \sin(\omega\, t + \varphi).
$$

Die Frequenz ω und der Phasenwinkel φ sollen dabei durch Potentiometereinstellung variiert werden können. Die gewünschte Funktion ist die Lösung der Differentialgleichung

$$
\frac{d^2 y}{d t^2} + \omega^2 y = 0
$$

mit den Anfangswerten

$$y(0) = A \sin \varphi \quad \text{und} \quad \frac{dy}{dt}\bigg|_{t=0} = A \omega \cos \varphi.$$

Wir setzen gemäß Gl. (16.7)

$$y = u_1 \quad \text{und} \quad dy/dt = u_2$$

und erhalten damit das Differentialgleichungssystem

$$\frac{du_2}{dt} = -\omega^2 u_1,$$

$$\frac{du_1}{dt} = u_2$$

mit den Anfangswerten $u_{10} = y(0)$ und $u_{20} = \dfrac{dy}{dt}(0)$.

Zur Amplitudennormierung werden die Maximalwerte von u_1 und u_2 benötigt. In unserem Beispiel kennen wir die Lösung:

$$y = A \sin(\omega t + \varphi).$$

Es ist also

$$y_{max} = u_{1\,max} = A \quad \text{und} \quad \dot{y}_{max} = u_{2\,max} = A \omega.$$

Mit $u_1/u_{1\,max} = U_1$ und $u_2/u_{2\,max} = U_2$ folgt entsprechend der Gl. (16.9) das Gleichungssystem

$$\frac{dU_2}{dt} = -\omega U_1,$$

$$\frac{dU_1}{dt} = \omega U_2$$

mit den Anfangswerten $U_{10} = \sin \varphi$ und $U_{20} = \cos \varphi$.

Wir wollen in der Echtzeit rechnen und setzen daher $\tau = c\,k_0\,t$. Damit folgen die endgültigen, normierten Gleichungen (wir multiplizieren noch die zweite Gleichung auf beiden Seiten mit -1).

$$\frac{dU_2}{d\tau} = -\frac{\omega}{c\,k_0}\,U_1,$$

$$\frac{-dU_1}{d\tau} = -\frac{\omega}{c\,k_0}\,U_2,$$

$$U_{10} = \sin \varphi; \quad U_{20} = \cos \varphi.$$

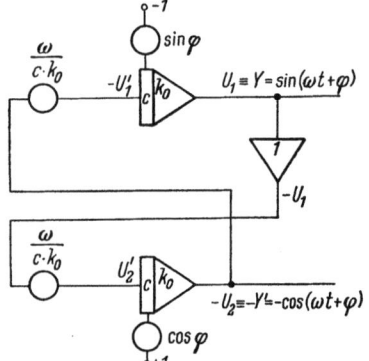

Abb. 16.2
Rechenschaltung für das Differentialgleichungssystem $\dot{u}_2 = -\omega^2 u_1$ und $\dot{u}_1 = u_2$ (Erzeugung einer ungedämpften Sinus-Schwingung)

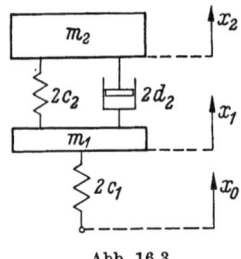

Abb. 16.3
,,Zweimassensystem''

Abb. 16.2 zeigt die aus diesem Gleichungssystem resultierende Rechenschaltung.

Das zweite Beispiel leitet schon zum nächsten Abschnitt über. Wir betrachten die Normierung eines Systems von 2 Differentialgleichungen 2. Ordnung. Dieses Gleichungssystem erhält man, wenn man die Bewegung des mechanischen Gebildes nach Abb. 16.3 (sogenanntes ,,Zweimassensystem'') beschreibt.

Systeme nach Abb. 16.3 spielen in der Automobiltechnik eine gewisse Rolle, da sie als einfachstes Modell einer Automobilfederung angesprochen werden können. In diesem Falle bedeutet m_2 die halbe Aufbaumasse, c_2 die Federkonstante der

Federung, d_2 die Dämpfungskonstante der Stoßdämpfer und m_1 die Masse der beiden Vorder- (oder Hinter-) räder und der Radaufhängung. Aus Symmetriegründen sind die beiden Vorderräder (oder Hinterräder), ihre Federung und ihre Reifen zu einem einzigen System zusammengefaßt. Die Reifen sind dabei durch eine Feder mit der Federkonstanten c_1 angenähert.

Nach dem D'ALEMBERTschen Prinzip erhalten wir durch die Betrachtung aller wirkenden Kräfte einschließlich der Beschleunigungskräfte die beiden Differentialgleichungen

$$m_1 \frac{d^2 x_1}{dt^2} = -2d_2\left(\frac{dx_1}{dt} - \frac{dx_2}{dt}\right) - 2c_2(x_1 - x_2) - 2c_1(x_1 - x_0),$$

$$m_2 \frac{d^2 x_2}{dt^2} = -2d_2\left(\frac{dx_2}{dt} - \frac{dx_1}{dt}\right) - 2c_2(x_2 - x_1).$$

(16.11)

Die Zahlenwerte des vorliegenden Beispiels sind:

$$m_2 = 51{,}2 \text{ kp s}^2 \text{ m}^{-1}, \qquad 2c_2 = \ 8200 \text{ kp m}^{-1}, \qquad 2d_2 = 112 \text{ kp s m}^{-1},$$

$$m_1 = \ 4{,}2 \text{ kp s}^2 \text{ m}^{-1}, \qquad 2c_1 = 40000 \text{ kp m}^{-1}.$$

Mit diesen Werten ergibt sich das Gleichungssystem

$$\frac{d^2 x_1}{dt^2} = -26{,}7 \text{ s}^{-1}\left(\frac{dx_1}{dt} - \frac{dx_2}{dt}\right) - 1950 \text{ s}^{-2}(x_1 - x_2) - 9530 \text{ s}^{-2}(x_1 - x_0),$$

$$\frac{d^2 x_2}{dt^2} = -2{,}19 \text{ s}^{-1}\left(\frac{dx_2}{dt} - \frac{dx_1}{dt}\right) - \ 160 \text{ s}^{-2}(x_2 - x_1).$$

(16.12)

Wir setzen nun

$$x_0 = u_0, \qquad x_1 = u_1, \qquad \dot{x}_1 = u_2, \qquad x_2 = u_3, \qquad \dot{x}_2 = u_4, \qquad (16.13)$$

und erhalten, wenn wir die Gleichungen gleich in den normierten Variablen $U_i = u_i / u_{i\,max}$ aufstellen,

$$\frac{dU_2}{dt} = -26{,}7 \text{ s}^{-1}\left(U_2 - \frac{u_{4\,max}}{u_{2\,max}} \overrightarrow{U_4}\right) - 1950 \text{ s}^{-2}\left(\frac{u_{1\,max}}{u_{2\,max}} U_1 - \frac{u_{3\,max}}{u_{2\,max}} U_3\right)$$

$$- 9530 \text{ s}^{-2}\left(\frac{u_{1\,max}}{u_{2\,max}} U_1 - \frac{u_{0\,max}}{u_{2\,max}} U_0\right),$$

$$\frac{dU_1}{dt} = \frac{u_{2\,max}}{u_{1\,max}} U_2,$$

$$\frac{dU_3}{dt} = \frac{u_{4\,max}}{u_{3\,max}} U_4,$$

$$\frac{dU_4}{dt} = -2{,}19 \text{ s}^{-1}\left(U_4 - \frac{u_{2\,max}}{u_{4\,max}} U_2\right) - 160 \text{ s}^{-2}\left(\frac{u_{3\,max}}{u_{4\,max}} U_3 - \frac{u_{1\,max}}{u_{4\,max}} U_1\right).$$

(16.14)

Nun gilt es wieder, die Maximalwerte $u_{i\,max}$ abzuschätzen. x_0 wirkt hier als Störfunktion. Um die Eigenresonanzen des Federungssystems zu ermitteln, wird man als Störgröße x_0 eine Sinusschwingung wählen, deren Amplitude man konstant hält und deren Frequenz man langsam ändert. Dieses Vorgehen entspricht der Messung der Resonanzen durch Rütteln des Fahrzeugs, wobei z. B. beide Vorderräder gleichzeitig durch die Rüttelmaschine angeregt werden, während die Hinterradfederung blockiert wird, oder umgekehrt.

Das System nach Abb. 16.3 besteht aus zwei miteinander gekoppelten mechanischen Schwingern. Die Eigenfrequenzen dieser schwingungsfähigen Gebilde liegen

— wie ein Blick auf die Koeffizienten (des Gliedes mit x_1 bzw. x_2) zeigt — weit auseinander. Man kann daher in erster Näherung jedes Teilsystem im Resonanzfall als unbeeinflußt vom anderen betrachten. Die Maximalwerte $x_{1\,max}$ bzw. $x_{2\,max}$ hängen damit von der Resonanzüberhöhung beider Systeme ab. Für diese Resonanzüberhöhung — das Verhältnis der Schwingungsamplitude zur Amplitude der Störgröße bei Resonanz — haben wir in Abschn. 15.3.1 die Abschätzungsformel $q = \sqrt{A_0/A_1}$ angegeben. Damit erhalten wir

$$\frac{x_{1\,max}}{x_{0\,max}} \approx \frac{\sqrt{11480}}{26,7} \approx 4 \quad \text{und} \quad \frac{x_{2\,max}}{x_{0\,max}} \approx \frac{\sqrt{160}}{2,19} \approx 5,7.$$

Genaugenommen wäre damit also $x_{2\,max} = 1,4\,x_{1\,max}$ zu setzen. Um aber nicht zu übertreiben, setzen wir einfacher

$$u_{1\,max} = u_{3\,max} = q\,x_{0\,max} \quad \text{mit} \quad q = 5. \tag{16.15}$$

Für die Ableitungen haben wir dann die Maximalwerte

$$\dot{x}_{1\,max} \approx \sqrt{11480}\ \text{s}^{-1}\,x_{1\,max} \quad \text{und} \quad \dot{x}_{2\,max} \approx \sqrt{160}\ \text{s}^{-1}\,x_{2\,max}$$

zu erwarten. Wir setzen die glatten Werte

$$u_{2\,max} = 100\ \text{s}^{-1}\,u_{1\,max} \quad \text{und} \quad u_{4\,max} = 12\ \text{s}^{-1}\,u_{3\,max} \tag{16.16}$$

fest und erhalten damit das Gleichungssystem

$$\left.\begin{aligned}
\frac{dU_2}{dt} &= -26,7\ \text{s}^{-1}\,(U_2 - 0,12\,U_4) - 19,50\ \text{s}^{-1}\,(U_1 - U_3) - \\
&\qquad\qquad - 95,3\ \text{s}^{-1}\left(U_1 - \frac{1}{q}\,U_0\right), \\
\frac{dU_1}{dt} &= 100\,U_2, \\
\frac{dU_3}{dt} &= 12\,U_4, \\
\frac{dU_4}{dt} &= -2,19\ \text{s}^{-1}\left(U_4 - \frac{100}{12}\,U_2\right) - 13,3\ \text{s}^{-1}\,(U_3 - U_1).
\end{aligned}\right\} \tag{16.17}$$

Um in der Echtzeit zu rechnen, setzen wir als Normierungsfaktor für die Zeitvariable $\lambda = c\,k_0 = 100\ \text{s}^{-1}$ fest (Eingänge „10" und $k_0 = 10\ \text{s}^{-1}$). Wir erhalten mit $\tau = 100t$ die normierten Differentialgleichungen (die vierte Gleichung multiplizieren wir außerdem mit -1)

$$\left.\begin{aligned}
\frac{dU_2}{d\tau} &= -0,267\,(U_2 - 0,12\,U_4) - 0,195\,(U_1 - U_3) - \\
&\qquad\qquad - 0,953\left(U_1 - \frac{1}{q}\,U_0\right), \\
\frac{dU_1}{d\tau} &= U_2, \\
\frac{dU_3}{d\tau} &= 0,12\,U_4, \\
-\frac{dU_4}{d\tau} &= -0,183\,(U_2 - 0,12\,U_4) - 0,133\,(U_1 - U_3).
\end{aligned}\right\} \tag{16.18}$$

Die Rechenschaltung für dieses Gleichungssystem zeigt Abb. 16.4.

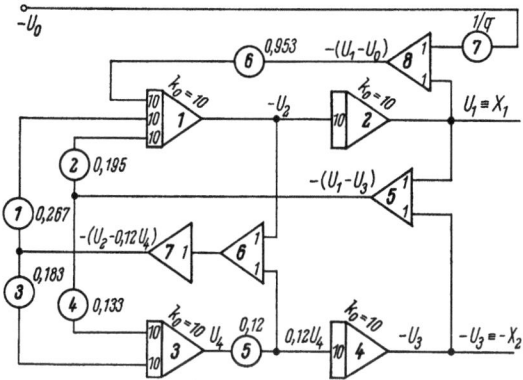

Abb. 16.4. Rechenschaltung für das System nach Abb. 16.3

16.1.3 Systeme von Differentialgleichungen höherer Ordnung. Eine besondere Bedeutung besitzen die Systeme von Differentialgleichungen 2. Ordnung. Man erhält sie immer dann, wenn man die Differentialgleichungen von mechanischen oder elektrischen Schwingungssystemen aufstellt (s. das Beispiel des letzten Abschnitts bzw. die §§ 27 und 28).

Im vorhergehenden Beispiel haben wir ausführlich das Verfahren der optimalen Programmierung durch Umwandlung der gegebenen Differentialgleichungen 2. Ordnung in ein System von Differentialgleichungen 1. Ordnung angewendet. Über die Zweckmäßigkeit dieses Vorgehens haben wir bereits in Abschn. 15.3.2 diskutiert. In der Tat kommt man bei solchen Schwingungsdifferentialgleichungen nach dem von uns aufgezeigten Verfahren der Normierung auf die Eigenfrequenzen $\sqrt{A_0 - A_1^2/4} \approx \sqrt{A_0}$ einfacher und schneller zum gleichen Ergebnis.

Wir können das am besten erkennen, wenn wir uns noch einmal dem vorhergehenden Beispiel zuwenden, also noch einmal von dem Gleichungssystem

$$\frac{d^2 x_1}{dt^2} = -26{,}7 \text{ s}^{-1} \left(\frac{d x_1}{dt} - \frac{d x_2}{dt} \right) - 1950 \text{ s}^{-2} (x_1 - x_2) - 9530 \text{ s}^{-2} (x_1 - x_0),$$

$$\frac{d^2 x_2}{dt^2} = -2{,}19 \text{ s}^{-1} \left(\frac{d x_2}{dt} - \frac{d x_1}{dt} \right) - 160 \text{ s}^{-2} (x_2 - x_1) \tag{16.12}$$

ausgehen. Wir führen in diese Gleichungen wie gewohnt die Bezugsgrößen $x_{1\,\mathrm{max}}$ und $1/\lambda_1$ bzw. $x_{2\,\mathrm{max}}$ und $1/\lambda_2$ ein und setzen für die Maximalwerte nach der gleichen Überlegung wie im vorhergehenden Beispiel

$$x_{1\,\mathrm{max}} = x_{2\,\mathrm{max}} = q \, x_{0\,\mathrm{max}}.$$

Wir erhalten mit $X_1 = x_1/x_{1\,\mathrm{max}}$ und $X_2 = x_2/x_{2\,\mathrm{max}}$

$$\frac{d^2 X_1}{d(\lambda_1 t)^2} = -\frac{26{,}7 \text{ s}^{-1}}{\lambda_1} \left(\frac{d X_1}{d \lambda_1 t} - \frac{\lambda_2}{\lambda_1} \frac{d X_2}{d \lambda_2 t} \right) - \frac{1950 \text{ s}^{-2}}{\lambda_1^2} (X_1 - X_2) - $$
$$\left. - \frac{9530 \text{ s}^{-2}}{\lambda_1^2} \left(X_1 - \frac{1}{q} X_0 \right), \right\}$$
$$\left. \frac{d^2 X_2}{d(\lambda_2 t)^2} = -\frac{2{,}19 \text{ s}^{-1}}{\lambda_2} \left(\frac{d X_2}{d \lambda_2 t} - \frac{\lambda_1}{\lambda_2} \frac{d X_1}{d \lambda_1 t} \right) - \frac{160 \text{ s}^{-2}}{\lambda_2^2} (X_2 - X_1). \right\} \tag{16.19}$$

Für eine möglichst optimale Programmierung besteht die Forderung, die Faktoren λ_1 und λ_2 gleich den Eigenfrequenzen

$$\omega_1 = \sqrt{11480 - 26,7^2/4} \approx 106 \text{ s}^{-1}$$

und

$$\omega_2 = \sqrt{160 - 2,19^2/4} \approx 12,6 \text{ s}^{-1}$$

zu wählen. Andererseits wollen wir in der Echtzeit rechnen, was bedeutet, daß die λ-Werte gleich den am Rechner verfügbaren Werten $c_i k_0$ sein müssen.

Wir wählen die Werte $c_i k_0$, die unserer ersten Forderung am nächsten kommen, und setzen
$$\lambda_1 = 100 \text{ s}^{-1} \quad \text{und} \quad \lambda_2 = 10 \text{ s}^{-1}.$$

Wir erhalten damit das normierte Gleichungssystem

$$
\left.
\begin{aligned}
\frac{d^2 X_1}{d(\lambda_1 t)^2} &= -0{,}267 \left(\frac{dX_1}{d\lambda_1 t} - 0{,}1 \frac{dX_2}{d\lambda_2 t} \right) - 0{,}195(X_1 - X_2) - \\
&\quad - 0{,}953 \left(X_1 - \frac{1}{q} X_0 \right), \\
-\frac{d^2 X_2}{d(\lambda_2 t)^2} &= -2{,}19 \left(\frac{dX_1}{d\lambda_1 t} - 0{,}1 \frac{dX_2}{d\lambda_2 t} \right) - 1{,}60(X_1 - X_2).
\end{aligned}
\right\}
\tag{16.20}
$$

In der Rechenschaltung der Differentialgleichung für X_1 gehen wir generell auf Eingänge „10" (natürlich nur bei den Integrierern), in der Rechenschaltung der Differentialgleichung für X_2 benutzen wir als Basis die Eingänge „1". k_0 wählen wir bei allen Integrierern gleich 10 s^{-1}.

Damit folgt die Rechenschaltung nach Abb. 16.5.

Ein Vergleich mit Abbildung 16.4 zeigt die Übereinstimmung der beiden Rechenschaltungen, die sich auch weitgehend auf die Koeffizienten erstreckt. Tatsächlich sind die beiden Normierungsmethoden mathematisch auch identisch. Eine völlige Gleich-

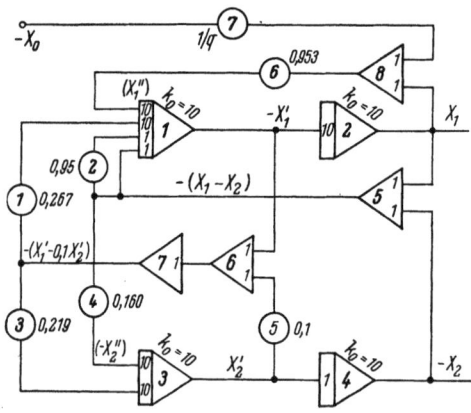

Abb. 16.5
Rechenschaltung für das System nach Abb. 16.3

heit beider Schaltungen einschließlich der Koeffizienten wäre dann vorhanden, wenn wir in Gl. (16.16) $u_{4\,max} = 10 \text{ s}^{-1} u_{3\,max}$ gesetzt hätten.

Einige Feinheiten bedürfen vielleicht einer Erklärung: Es bedeutet nach unseren früheren Ausführungen das gleiche, ob wir — wie in Abb. 16.4 — mit dem Faktor 0,195 (Potentiometer 2) auf einen Eingang „10" gehen, oder ob wir — wie in Abb. 16.5 — mit dem Faktor 1,95 auf einen Eingang „1" gehen. Um den Faktor 1,95 einzustellen, gehen wir einmal direkt und einmal mit dem Faktor 0,95 (Potentiometer 2) auf einen Eingang „1" und erhalten 1,00 + 0,95 = 1,95. In Abb. 16.5 hätten wir auch, statt direkt den Ausgang von Integrierer 3

mit dem Eingang „1" von Integrierer 4 zu verbinden, vom Ausgang
des Potentiometers 5 auf einen Eingang „10" von Integrierer 4 gehen
können, um die schaltungsmäßige Übereinstimmung zwischen Abb. 16.4
und Abb. 16.5 vollkommen zu machen.

Das 2. Normierungsverfahren ist nicht ganz optimal, da wir ja nicht
genau auf die Eigenfrequenz der 2. Gleichung (etwa $12,5\ \mathrm{s}^{-1}$), sondern
auf eine der unmittelbar zur Verfügung stehenden Integrationskonstanten ($10\ \mathrm{s}^{-1}$) normiert haben (bei der 1. Gleichung stimmte die Eigenfrequenz zufällig mit dem verfügbaren Integrationsfaktor $c\,k_0 = 100\ \mathrm{s}^{-1}$
überein). Die dadurch bedingte geringfügige Verschlechterung in der Aussteuerung der Rechenelemente ist in diesem Beispiel völlig zu vernachlässigen. Aber auch bei einer größeren Abweichung zwischen den Eigenfrequenzen und den zur Normierung benutzten Integrationsfaktoren $c_i\,k_0$
wird bei linearen Problemen der Fehler immer so unerheblich sein, daß
sich der mit dem 1. Verfahren verbundene Mehraufwand kaum lohnen
wird.

In den Fällen, in denen die Lösung nicht in der Echtzeit erfolgen
muß, ist man mit dem Zeitnormierungsfaktor λ natürlich nicht mehr
fest an die k_0- bzw. $c_i\,k_0$-Werte gebunden. Wenn man zur günstigeren
Normierung verschiedene λ-Werte in die einzelnen Gleichungen einführt,
kann man allerdings auch hier diese λ-Werte nicht völlig frei wählen.

Angenommen, wir normieren Gleichung I eines Differentialgleichungs-
systems auf den Faktor λ_1, Gleichung II auf λ_2 und Gleichung III auf λ_3.
In der zugehörigen Rechenschaltung mögen die Integrierer zur Lösung
von Gleichung I den Integrationsfaktor k_{01} besitzen, die zur Lösung
von Gleichung II den Wert k_{02} und die zur Lösung von Gleichung III
den Wert k_{03}. So wie es bei allen 3 Gleichungen nur eine Variable t
gibt, so gibt es natürlich nur eine Maschinenzeit t^*. Es muß also für
jede der gewählten Zeitnormierungen die Gl. (15.23) gelten

$$\left.\begin{aligned}
\lambda_1\,t &= k_{01}\,t^*,\\
\lambda_2\,t &= k_{02}\,t^*,\\
\lambda_3\,t &= k_{03}\,t^*.
\end{aligned}\right\} \tag{16.21}$$

Wenn wir die 1. Gleichung durch die zweite dividieren und das Ergebnis
durch die dritte, erhalten wir

$$\lambda_1 : \lambda_2 : \lambda_3 = k_{01} : k_{02} : k_{03}. \tag{16.22}$$

Wir können also einen der verschiedenen λ-Werte frei wählen, alle
weiteren λ-Werte müssen aber zum 1. Wert in einem bestimmten festen
Verhältnis stehen, das dem Verhältnis der verfügbaren k_0-Werte entspricht.

Das gleiche gilt, wenn wir nur einen k_0-Wert verfügbar haben und
verschiedene λ-Werte dadurch ermöglichen, daß wir bei den Integrierern

Eingänge verschiedener Wertigkeit benutzen. So wählen wir z. B. in der Rechenschaltung bei allen Integrierern zur Lösung von Gleichung I nur Eingänge „c_1", bei allen Integrierern zur Lösung von Gleichung II nur Eingänge „c_2" und bei den Integrierern zur Lösung von Gleichung III nur Eingänge „c_3". Analog zu unserer vorhergehenden Rechnung gilt dann die Beziehung

$$\lambda_1 : \lambda_2 : \lambda_3 = c_1 : c_2 : c_3. \qquad (16.23)$$

Differentialgleichungen von höherer als 2. Ordnung können z. B. bei regelungstechnischen Aufgaben vorkommen, bei denen die einzelnen Glieder des Regelkreises durch Differentialgleichungen (oder durch ihre Übertragungsfunktion) beschrieben werden (s. § 26). Bei Regelstrecken höherer Ordnung treten dann dementsprechend Differentialgleichungen höherer Ordnung auf. Auch hier gelten alle Überlegungen, die wir im vorigen Kapitel für einzelne Differentialgleichungen angestellt haben. Entweder können wir zur optimalen Programmierung das gegebene Differentialgleichungssystem in ein System von Differentialgleichungen 1. Ordnung umformen, oder wir normieren die vorkommenden Gleichungen höherer Ordnung so, daß alle Koeffizienten einstellbar werden, und nehmen notfalls eine nachträgliche Korrektur in Kauf, falls sich ungünstige Aussteuerungsverhältnisse ergeben sollten.

16.2 Geschlossene algebraische Schleifen [1]

Algebraische Gleichungssysteme können in Verbindung mit Differentialgleichungssystemen auftreten oder auch implizit in einem Differentialgleichungssystem enthalten sein.

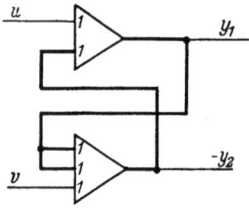

Betrachten wir ein einfaches Beispiel. Gegeben seien die Gleichungen

$$\begin{aligned} y_1 &= y_2 - u, \\ y_2 &= 2y_1 + v. \end{aligned} \qquad (16.24)$$

Abb. 16.6
„Algebraische Schleife" über 2 Summierer

Das System ist „geschlossen", da y_2 zur Berechnung von y_1 und y_1 zur Berechnung von y_2 benötigt wird. Die Rechenschaltung, die wir nach der durch Gl. (16.24) gegebene Rechenvorschrift aufstellen können, ist ebenso geschlossen, wie es die Schaltungen zur Lösung von Differentialgleichungen sind; sie enthält im Gegensatz zu jenen aber keine Interierer, sondern nur Summierer (Abb. 16.6).

Solche Schaltungs-„Schleifen", die nur Summierer enthalten, sind nach Möglichkeit zu vermeiden, da sie sehr leicht zur Instabilität neigen.

So ist z. B. in Abb. 16.6 die geschlossene Schleife, die über 2 Summierer führt, instabil.

Maßgeblich dafür, ob eine geschlossene Schleife, die nur über Summierer führt, stabil oder instabil ist, ist die sog. *Schleifenverstärkung*. Die Schleifenverstärkung S ist bei einer Rechenschaltung gleich dem Produkt aller Koeffizienten und aller Eingangswertigkeiten, über die die Schleife führt. In Abb. 16.6 z. B. haben wir in der Schleife keine Koeffizientenpotentiometer, aber einen Eingang „1" und einen Eingang „2". Es ist hier also $S = 2$.

Allgemeiner gilt z. B. für die Schaltung Abb. 16.7

$$S = \alpha_1 \alpha_2 \alpha_3 c_1 c_2 c_3.$$

Bei allen Schleifen, die eine gerade Anzahl von Summierern umfassen (ohne daß diese irgendwo durch einen Integrierer unterbrochen wird) liegt die theoretische Stabilitäts-
grenze bei

$$S_{\max} = 1.$$

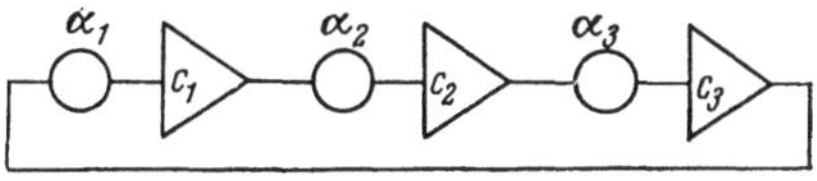

Abb. 16.7
„Algebraische Schleife" über 3 Summierer

Praktisch darf schon der Wert 0,98 bis 0,99 nicht überschritten werden. Schleifen, die über eine ungerade Anzahl von Summierern führen, wären immer stabil, wenn wir es mit „idealen" Summierern zu tun hätten (d. h. mit Rechenverstärkern, die für alle Frequenzen einen Phasenwinkel von genau 180° besitzen). Solche Summierer sind physikalisch nicht möglich. Nach der in § 31 angegebenen Gl. (31.7) kann man den Frequenzgang eines Summierers durch folgenden Ausdruck annähern:

$$F_S(j\,\omega) = \frac{-c}{1 + j\,\omega\,T_S}. \tag{16.25}$$

Unter dieser Voraussetzung lassen sich für die Schleifenverstärkung, bei der Instabilität eintritt, die Werte von Tab. 16.8 errechnen. Tatsächlich ist Gl. (16.25) nur eine Näherung, und die wirklichen Grenzwerte liegen noch weit unterhalb der theoretisch zulässigen maximalen Schleifenverstärkung. Diese Werte sind für die einzelnen Fabrikate verschieden, so daß sich etwa die Bereiche nach Tab. 16.8 ergeben.

Tabelle 16.8

Anzahl der Summierer in einer Schleife	Theoretischer Wert von $S_{\max}$ nach Gl. (16.25)	Wirklicher Wert von $S_{\max}$, an verschiedenen Fabrikaten gemessen
1	stabil	stabil
3	$S_{\max} = 8$	$S_{\max} = 2$ bis 4
5	$S_{\max} = 2,9$	$S_{\max} = 0,4$ bis $1,7$
7	$S_{\max} = 2,0$	$S_{\max} = 0,2$ bis $1,2$
gerade	$S_{\max} = 1$	$S_{\max} = 1$

Die zulässige Schleifenverstärkung läßt sich etwas erhöhen, wenn man bei einem der Summierer (nicht bei allen) eine kleine Kapazität zwischen Ausgang und Summenpunkt schaltet, wie man sie auch zur Stabilisierung der offenen Verstärker benutzt.

In vielen Fällen lassen sich Stabilitätsschwierigkeiten durch Schleifen in der Rechenschaltung, die nur über Summierer führen, nur dadurch vermeiden, daß man durch geeignete Programmierung dafür sorgt, daß solche Schleifen gar nicht auftreten. Liegt ein System von Differential-gleichungen vor, das geschlossene algebraische Schleifen enthält, so sind diese möglichst durch geeignete Substitutionen oder Eliminationen zu beseitigen. Dies sei zunächst an dem eingangs angeführten einfachen Beispiel erläutert. Wenn wir z. B. die beiden Gln. (16.24) addieren, erhalten wir

$$y_1 = u - v$$

und weiter

$$y_2 = 2u - v. \qquad (16.26)$$

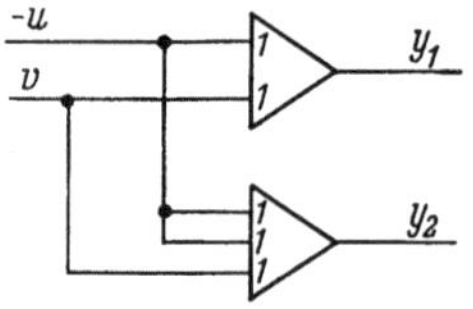

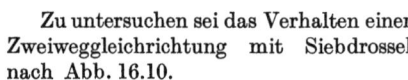

Abb. 16.9
Lösung der Gln. (16.24) ohne die Gefahr einer Schleife

Wir können also in diesem Fall die gesuchten Größen y_1 und y_2 auch nach Abb. 16.9 bilden.

Nicht immer werden sich diese Schwierigkeiten auf eine so einfache Weise beseitigen lassen. Wir wollen noch ein konkretes Beispiel aus der Praxis betrachten, bei dem wir schon auf ernsthaftere Schwierigkeiten stoßen.

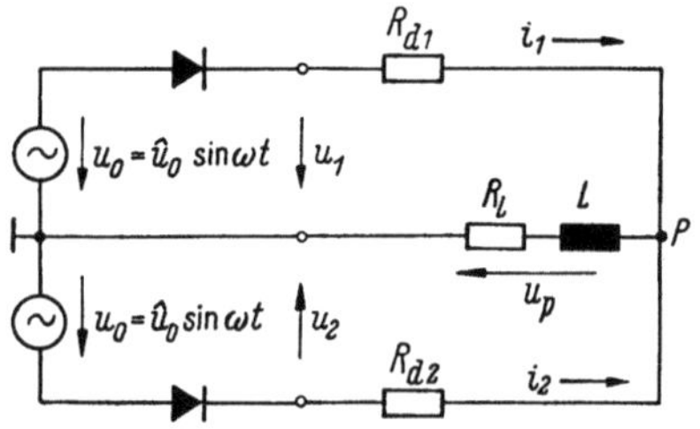

Zu untersuchen sei das Verhalten einer Zweiweggleichrichtung mit Siebdrossel nach Abb. 16.10. Es gilt

Abb. 16.10. Zweiweggleichrichtung

$$\left.\begin{array}{c} i_1 R_{d1} + u_p = u_1 \\ i_2 R_{d2} + u_p = u_2 \end{array}\right\}$$

mit

$$u_p = L\left(\frac{di_1}{dt} + \frac{di_2}{dt}\right) + R_L(i_1 + i_2). \qquad (16.27)$$

Die Gleichrichter haben wir hierbei als ideale Ventile in Reihe zu einem Durch-laßwiderstand R_{d1} bzw. R_{d2} angenommen. Wenn z. B. bei der oberen Diode das Potential auf der Pfeilseite höher als auf der Strichseite ist, dann leitet das Ventil, und $u_1 = u_0$. Umgekehrt sperrt das Ventil, so daß kein Strom fließen kann, wo-durch $u_1 = u_p$ ist. Mathematisch formuliert erhalten wir die Schaltbedingungen

$$\left.\begin{array}{ll} u_1 \left\{\begin{array}{ll} = \hat{u}_0 \sin \omega t & \text{für} \quad u_0 > u_p \\ = u_p & \text{für} \quad u_0 < u_p. \end{array}\right. \\ u_2 \left\{\begin{array}{ll} = -\hat{u}_0 \sin \omega t & \text{für} \quad -u_0 > u_p \\ = u_p & \text{für} \quad -u_0 < u_p. \end{array}\right. \end{array}\right\} \qquad (16.28)$$

Aus den Gln. (16.27) folgt das Differentialgleichungssystem

$$\frac{d\,i_1}{dt} = -\frac{d\,i_2}{dt} - \frac{R_L + R_{d\,1}}{L}\,i_1 - \frac{R_L}{L}\,i_2 + \frac{u_1}{L},$$

$$\frac{d\,i_2}{dt} = -\frac{d\,i_1}{dt} - \frac{R_L + R_{d\,2}}{L}\,i_2 - \frac{R_L}{L}\,i_1 + \frac{u_2}{L}. \tag{16.29}$$

Zur Normierung setzen wir die Abkürzungen

$$I_1 = \frac{i_1}{i_{1\,\text{max}}}, \quad I_2 = \frac{i_2}{i_{2\,\text{max}}}, \quad \tau = \omega t, \quad q = \frac{R_L}{\omega L}, \quad p_1 = \frac{R_{d\,1}}{R_L},$$

$$p_2 = \frac{R_{d\,2}}{R_L} \quad \text{und} \quad U = \frac{u}{\hat{u}_0} \quad \text{ein.}$$

Der Spitzenstrom $i_{1\,\text{max}} = i_{2\,\text{max}} = \hat{\imath}$ kann abhängig von der Größe von q im Bereich

$$\frac{2\,\hat{u}_0}{\pi R_L} < \hat{\imath} < \frac{\hat{u}_0}{R_L}$$

liegen.

Wir wählen daher $\hat{\imath} = \hat{u}_0/R_L$ und erhalten damit die normierten Gleichungen

$$-\frac{d\,I_1}{d\tau} = (1 + p_1)\,q\,I_1 + q\,I_2 + \frac{d\,I_2}{d\tau} - q\,U_1, \tag{16.30a}$$

$$-\frac{d\,I_2}{d\tau} = (1 + p_2)\,q\,I_2 + q\,I_1 + \frac{d\,I_1}{d\tau} - q\,U_2. \tag{16.30b}$$

Die Schaltbedingungen können wir auch schreiben:

$$\left.\begin{array}{l} q\,U_0 > q\,U_p \qquad U_1 = U_0 = \sin\tau \\[4pt] -q\,U_p < q\,U_0 < +q\,U_p \qquad U_1 = U_p \\[4pt] \hspace{6.5em} U_2 = U_p \\[4pt] -q\,U_0 > q\,U_p \qquad U_2 = -U_0 = -\sin\tau. \end{array}\right\} \tag{16.31a}$$

Hierbei ist

$$q\,U_p = \frac{d\,I_1}{d\tau} + \frac{d\,I_2}{d\tau} + q(I_1 + I_2). \tag{16.31b}$$

Nach diesen Gleichungen ergibt sich eine Rechenschaltung nach Abb. 16.11. Die Schaltbedingungen realisieren wir durch Komparatoren. Die Sinusschwingung erzeugen wir mit der Rechenschaltung Abb. 16.2 als Lösung der Differentialgleichung $\ddot{u}_0 + \omega^2\,u_0 = 0$ mit den Anfangsbedingungen $u_0(0) = 0$ und $\dot{u}_0(0) = 1$. Wir setzen $\tau = \omega t = k_0\,t^*$ und erhalten damit die Zeittransformation $t = k_0\,t^*/\omega$.

Auch diese Schaltung enthält eine algebraische Schleife, die über 2 Summierer führt (stark ausgezogen). Die Schleifenverstärkung beträgt hier $S = 1$, die Schaltung ist also instabil.

Eine Möglichkeit, auf schnelle Weise Abhilfe zu schaffen, besteht darin, daß man in jeden Zweig der Schleife ein Potentiometer legt, das man etwa auf den Wert 0,99 einstellt.

Die Schleifenverstärkung beträgt dann nur 0,98, wodurch die Schaltung gerade noch stabil ist. Durch diese Maßnahme begehen wir allerdings bewußt einen Fehler bei der Berechnung. Wir betrachten eigentlich eine Schaltung, bei der in Reihe zu jeder der Dioden noch eine kleine Induktivität mit dem Wert $0{,}01 L$ liegt. Vielfach wird der Fehler von etwa 1% nicht stören.

Am besten ist es aber, schon bei der Formulierung des Problems die Schleife zu vermeiden. Dies können wir z. B. dadurch erreichen,

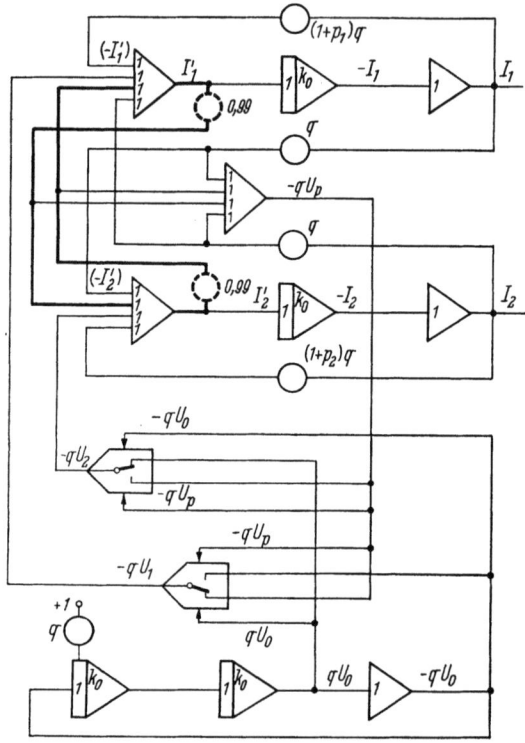

Abb. 16.11. Rechenschaltung für das System nach Abb. 16.10. Es tritt eine Schleife über 2 Summierer auf

daß wir die Gln. (16.30a) und (16.30b) zusammenfassen und nur eine Differentialgleichung für den Summenstrom $i = i_1 + i_2$ aufstellen. Die Voraussetzung hierzu ist, daß beide Ventile gleich sind, d. h. daß $R_{d\,1} = R_{d\,2} = R_d$ ist. Es ergibt sich damit eine sehr einfache Rechenschaltung, deren Aufstellung wir dem Leser überlassen.

16.3 Lineare algebraische Gleichungssysteme [2, 3, 4]

Im allgemeinen wird man den üblichen Allzweckanalogrechner nicht zur Behandlung algebraischer Gleichungssysteme benutzen, wenn die Möglichkeit besteht, diese Aufgabe durch einen Digitalrechner lösen zu lassen. Gegen die Verwendung des Analogrechners spricht einmal der große Aufwand, den die Lösung eines umfangreichen Gleichungssystems erfordert, und die begrenzte Genauigkeit dieser Lösung.

Spezielle Analogiemaschinen zur Gleichungsauflösung werden nur dort eingesetzt, wo der Zeitfaktor (oder manchmal auch der Kostenfaktor) es erfordert. Solche Maschinen bieten allerdings den Vorteil, daß sie auch dann in jedem Zeitpunkt die gesuchten Lösungen liefern, wenn die Koeffizienten des Gleichungssystems nicht konstant sind, sondern sich rasch und kontinuierlich zeitlich ändern können.

Es ist auch deshalb wichtig, die Methoden zur Lösung simultaner algebraischer Gleichungen zu kennen, weil in bestimmten Fällen in Verbindung mit einem Differentialgleichungssystem auch algebraische Gleichungen auftreten können. Darüber hinaus gewährt uns die folgende Behandlung dieses Problems aber auch eine vertiefte Anschauung gewisser typischer Eigenschaften des elektronischen Analogrechners.

16.3.1 Lösungsmethoden, bei denen die Stabilität der Rechenschaltung nicht gewährleistet ist. Es soll das Gleichungssystem von n Gleichungen mit den n Unbekannten $x_1, x_2, \ldots, x_n$

$$\left. \begin{aligned} a_{11} x_1 + a_{12} x_2 + \cdots + a_{1n} x_n + b_1 &= 0 \\ a_{21} x_1 + a_{22} x_2 + \cdots + a_{2n} x_n + b_2 &= 0 \\ \cdots\cdots\cdots\cdots\cdots\cdots\cdots\cdots\cdots\cdots\cdots \\ a_{n1} x_1 + a_{n2} x_2 + \cdots + a_{nn} x_n + b_n &= 0 \end{aligned} \right\} \quad (16.32)$$

gelöst werden, wobei die Koeffizienten a_{ik} und b_i $(i, k = 1, 2, \ldots n)$ als reelle Zahlen vorgegeben sind.

In der einfacheren Matrizenschreibweise können wir mit

$$\mathfrak{A} = \begin{pmatrix} a_{11} a_{12} \cdots a_{1n} \\ a_{21} a_{22} \cdots a_{2n} \\ \cdots\cdots\cdots\cdots \\ a_{n1} a_{n2} \cdots a_{nn} \end{pmatrix}; \quad \mathfrak{x} = \begin{pmatrix} x_1 \\ x_2 \\ \vdots \\ x_n \end{pmatrix}; \quad \mathfrak{B} = \begin{pmatrix} b_1 \\ b_2 \\ \vdots \\ b_n \end{pmatrix} \quad (16.33)$$

an Stelle von Gl. (16.32) auch schreiben

$$\mathfrak{A}\,\mathfrak{x} + \mathfrak{B} = 0. \quad (16.34)$$

Dieses Gleichungssystem kann dann und nur dann nach den gesuchten Variablen x_i aufgelöst werden, wenn die Determinante der Koeffizientenmatrix von Null verschieden ist.

Für eine Lösung des Gleichungssystems (16.32) auf dem Analogrechner liegt es nahe, jede der Gleichungen durch den Koeffizienten in der Hauptdiagonalen a_{ii} zu dividieren (wodurch die meisten Koeffizienten normalerweise kleiner als Eins werden) und die Gleichungen nach der Variablen x_i aufzulösen. In abgekürzter Schreibweise erhalten

wir so das System

$$-x_i = \sum_{\substack{k=1 \\ k \neq i}}^{n} \frac{a_{ik}}{a_{ii}} x_k + b_i \quad (i = 1 \ldots n). \tag{16.35}$$

Analog zur Lösung eines Differentialgleichungssystems können wir die durch das Gleichungssystem (16.35) ausgedrückte Rechenvorschrift durch die Rechenschaltung Abb. 16.12 erfüllen. Für negative Koeffizienten a_{ik} sind natürlich auch hier zusätzliche Umkehrer notwendig.

Beim Betrachten der Schaltung Abb. 16.12 stellen wir fest, daß bei dieser Rechenschaltung die Gefahr sehr groß ist, daß instabile algebraische Schleifen auftreten. Die Kriterien dafür, ob die algebraischen Kopplungen zwischen den einzelnen Summierern in Abb. 16.12 zur Instabilität der Rechenschaltung führen, sind dieselben, die wir im letzten Abschnitt besprochen haben. Die Erfüllung oder Nichterfüllung dieser Kriterien hängt von den Koeffizientenwerten a_{ik} ab.

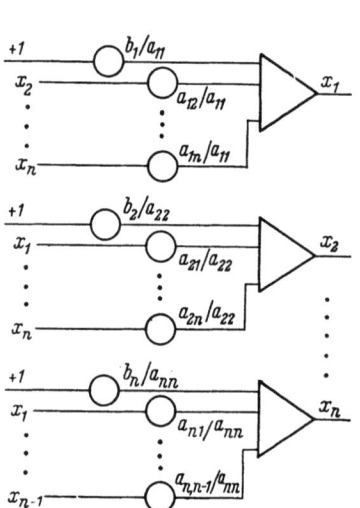

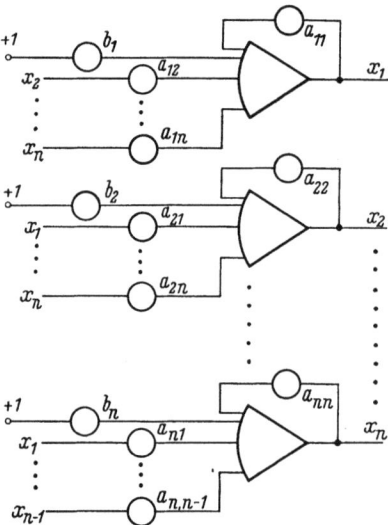

Abb. 16.12. Prinzipschaltung zur Lösung eines algebraischen Gleichungssystems mit Summierern

Abb. 16.13. Prinzipschaltung zur Lösung eines algebraischen Gleichungssystems mit offenen Verstärkern

Wir wollen im folgenden eine zu Abb. 16.12 äquivalente Schaltung betrachten, bei der wir von der in den §§ 8 und 17 behandelten Eigenschaft des „offenen" Verstärkers Gebrauch machen (Abb. 16.13). Der Unterschied besteht darin, daß wir nicht mehr einzeln die Koeffizienten jeder Gleichung durch den Koeffizienten der Hauptdiagonale dividieren. Die Division geschieht vielmehr jetzt summarisch dadurch, daß wir diesen Koeffizienten a_{ii} in die Rückführung des zugehörigen Rechenverstärkers einfügen. (Man wird aber auch hier alle Koeffizienten z. B.

durch den größten vorkommenden Koeffizienten dividieren, um nur
Werte kleiner als Eins zu erhalten.)

Wie man leicht aus Abb. 16.13 ablesen kann, erfüllt diese Schaltung
das Gleichungssystem

$$
\left.\begin{aligned}
a_{11} x_1 + a_{12} x_2 + \cdots + a_{1n} x_n + b_1 &= -\frac{x_1}{V} \\[2mm]
a_{21} x_1 + a_{22} x_2 + \cdots + a_{2n} x_n + b_2 &= -\frac{x_2}{V} \\[1mm]
\cdots\cdots\cdots\cdots\cdots\cdots\cdots\cdots\cdots\cdots\cdots\cdots \\[1mm]
a_{n1} x_1 + a_{n2} x_2 + \cdots + a_{nn} x_n + b_n &= -\frac{x_n}{V}
\end{aligned}\right\} \qquad (16.36)
$$

Dieses Gleichungssystem geht in das zu lösende System (16.32) über,
wenn $|V| \to \infty$ geht. Praktisch genügt es, wenn $1/|V|$ hinreichend klein
gegenüber allen Koeffizienten in der Hauptdiagonalen a_{ii} ist. Bei Erfüllung dieser Bedingung löst die Rechenschaltung Abb. 16.13 das
algebraische Gleichungssystem in der impliziten Form Gl. (16.32).

Wegen der Äquivalenz beider Schaltungen gelten für die Lösungsschaltung Abb. 16.13 die gleichen Stabilitätsschwierigkeiten wie für die
Schaltung Abb. 16.12. Die zuletzt betrachtete Schaltung besitzt aber
den Vorteil, daß sie das Stabilitäts- und Fehlerverhalten besser erkennen
läßt.

Die Stabilitätsschwierigkeiten entstehen — wie bereits im vorhergehenden Abschnitt besprochen — durch die nichtidealen Eigenschaften
der Rechenverstärker. Aus physikalischen Gründen ist die Verstärkung
eines Rechenverstärkers keine skalare, frequenzunabhängige Größe,
sondern eine Funktion der komplexen Frequenzvariablen p (s. § 31).

In Matrizenschreibweise läßt sich das Gleichungssystem (16.36) auch schreiben

$$
\mathfrak{A}\,\mathfrak{x} + \mathfrak{B} = -\frac{1}{V(p)}\,\mathfrak{x}, \qquad (16.37\,\mathrm{a})
$$

oder

$$
\left(\mathfrak{A} + \frac{1}{V(p)}\,\mathfrak{E}\right)\mathfrak{x} + \mathfrak{B} = 0. \qquad (16.37\,\mathrm{b})
$$

($\mathfrak{E}$ ist die Einheitsmatrix n-ter Ordnung).

Für eine Stabilitätsuntersuchung genügt es, den homogenen Teil des Gleichungssystems zu betrachten

$$
\left(\mathfrak{A} + \frac{1}{V(p)}\,\mathfrak{E}\right)\mathfrak{x} = 0.
$$

Dieses System hat genau dann nichttriviale Lösungen $\mathfrak{x} \neq 0$, wenn die Koeffi-
zientendeterminante verschwindet. Die Wurzeln des Systems, das das Verhalten
der Schaltung Abb. 16.13 beschreibt, werden also durch die Gleichung

$$
\det\left(\mathfrak{A} + \frac{1}{V(p)}\,\mathfrak{E}\right) = 0 \qquad (16.38)
$$

bestimmt. Welches sind aber nun diese Wurzeln?

Aus der Theorie der linearen Gleichungssysteme wissen wir, daß die charakteristischen Wurzeln (Eigenwerte) λ_i einer Matrix $\mathfrak{A}$ durch die charakteristische Gleichung

$$\det(\mathfrak{A} - \lambda\,\mathfrak{E}) = 0 \qquad (16.39)$$

bestimmt werden. Umgekehrt formuliert ist Gl. (16.39) erfüllt, wenn $\lambda = \lambda_i$ ist. Vergleicht man (16.38) mit (16.39), so stellt man fest, daß dann auch Gl. (16.39) erfüllt ist, wenn

$$\frac{1}{V(p)} = -\lambda_i \qquad (16.40)$$

ist.

Mit dem Gleichungssystem (16.40) haben wir Bestimmungsgleichungen für die *Eigenfrequenzen* p_i der Schaltung Abb. 16.13 erhalten. Diese Rechenschaltung bzw. die nach Abb. 16.12 ist nur dann stabil, wenn alle Eigenfrequenzen p_i negativen Realteil besitzen, was nur in Sonderfällen gewährleistet sein wird. Um diese Frage im Einzelfalle entscheiden zu können, müßte man die charakteristischen Wurzeln λ_i der Matrix $\mathfrak{A}$ kennen. Die Bestimmung dieser Wurzeln ist aber etwa genauso schwierig wie die rechnerische Lösung des Gleichungssystems, so daß dieser Weg praktisch nicht gangbar ist.

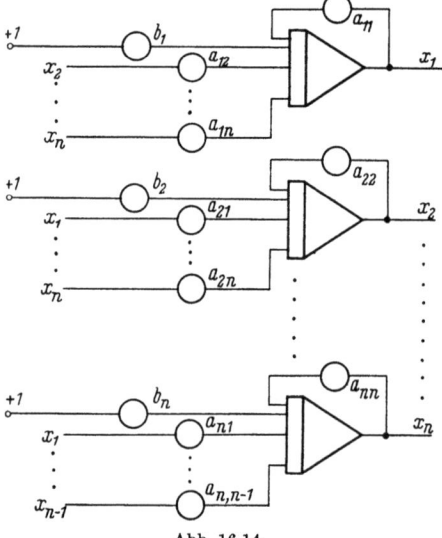

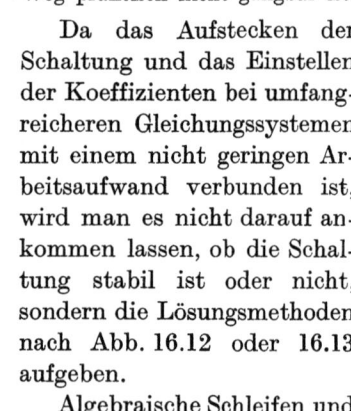

Da das Aufstecken der Schaltung und das Einstellen der Koeffizienten bei umfangreicheren Gleichungssystemen mit einem nicht geringen Arbeitsaufwand verbunden ist, wird man es nicht darauf ankommen lassen, ob die Schaltung stabil ist oder nicht, sondern die Lösungsmethoden nach Abb. 16.12 oder 16.13 aufgeben.

Algebraische Schleifen und die dadurch verursachten Stabilitätsschwierigkeiten lassen sich vermeiden, wenn man die Rechenschaltung nicht mit Summierern, sondern mit Integrierern aufbaut (Abb. 16.14).

Abb. 16.14

Prinzipschaltung zur Lösung eines algebraischen Gleichungssystems mit Integrierern

(Auch hier sind natürlich bei negativen Koeffizienten a_{ik} noch zusätzliche Vorzeichenumkehrer notwendig.)

Die Rechenschaltung nach Abb. 16.14 erfüllt das Differentialgleichungssystem

$$\left.\begin{array}{l} a_{11}\,x_1 + a_{12}\,x_2 + \cdots + a_{1n}\,x_n + b_1 = -\dot{x}_1 \\[4pt] a_{21}\,x_1 + a_{22}\,x_2 + \cdots + a_{2n}\,x_n + b_2 = -\dot{x}_2 \\[4pt] \cdots\cdots\cdots\cdots\cdots\cdots\cdots\cdots\cdots\cdots\cdots\cdots\cdots\cdots \\[4pt] a_{n1}\,x_1 + a_{n2}\,x_2 + \cdots + a_{nn}\,x_n + b_n = -\dot{x}_n \end{array}\right\} \qquad (16.41\,\mathrm{a})$$

oder in der Matrizenschreibweise

$$\mathfrak{A}\,\mathfrak{x} + \mathfrak{B} = -\dot{\mathfrak{x}}\,.\qquad(16.41\,\text{b})$$

Falls dieses Differentialgleichungssystem stabile Lösungen besitzt, wird sich als stationärer Endwert die gesuchte Lösung des Gleichungssystems (16.32) ergeben, da dann alle Ableitungen Null geworden sind. Besitzt das Gleichungssystem (16.41) aber auch nur eine instabile Lösung, so funktioniert dieses Verfahren nicht. Auch hier hängt es von der Aufgabenstellung oder, genauer gesagt, von der Koeffizientenmatrix $\mathfrak{A}$ ab, ob die Schaltung stabile oder instabile Lösungen liefert.

Die Bedingungen, unter denen die Rechenschaltung stabil ist, kann man leicht an Hand der oben begonnenen Stabilitätsbetrachtungen ermitteln.

An Stelle der allgemeinen Funktion $V(p)$ haben wir im Falle der Schaltung Abb. 16.14 die Laplacetransformierte der Integration einzusetzen, d. h. in den Gln. (16.37) bis (16.40) ist jetzt

$$V(p) = -\frac{k_0}{p}\,.\qquad(16.42)$$

Insbesondere erhalten wir jetzt als Bedingungsgleichung für die Eigenfrequenzen der Rechenschaltung, Abb. 16.14,

$$p_i = -k_0\,\lambda_i\,.\qquad(16.43)$$

Die Rechenschaltung ist demnach dann stabil, wenn die Koeffizientenmatrix $\mathfrak{A}$ des Gleichungssystems nur Wurzeln λ_i mit positivem Realteil besitzt. Eine solche Matrix nennt man *positiv definit.*

Leider kann man es im allgemeinen einer Matrix nicht ansehen, ob sie positiv definit ist oder nicht. Wie wir im nächsten Abschnitt sehen werden, kann man diese Eigenschaft aber immer durch eine entsprechende Auslegung der Rechenschaltung erzwingen.

Die Methode, algebraische Gleichungen nach der Art von Abb. 16.14 zu lösen, ist auf jeden Fall immer dann nützlich, wenn einzelne algebraische Gleichungen im Zusammenhang mit Differentialgleichungen auftreten. Soll z. B. aus einer Gleichung

$$\sum_{k=1}^{n} a_k\,x_k = 0$$

eine bestimmte Variable x_k berechnet werden, so wird man es zweckmäßig mit einer Schaltung nach Abb. 16.15 versuchen.

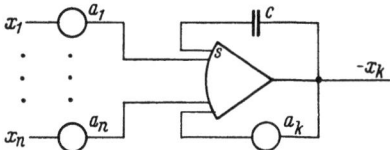

Abb. 16.15. Implizite Methode zur Auflösung einer algebraischen Gleichung durch einen Integrierer mit großem Integrationsfaktor

Wichtig ist bei diesem Verfahren, daß die Integrationsgeschwindigkeit des Integrierers in Abb. 16.15 wesentlich größer ist als der gewählte Integrationsfaktor k_0 der übrigen Integrierer der Rechenschaltung, damit sich praktisch in jedem Augenblick der stationäre Zustand von x_k einstellt. Der Kondensator C in Abb. 16.15 muß also um Größenordnungen kleiner sein als die Kondensatoren der regulären Integrierer der Rechenschaltung. Man wird C nur so groß machen, wie es aus Stabilitätsgründen unbedingt notwendig ist.

16.3.2 Eine Lösungsmethode, bei der die Stabilität der Rechenschaltung erzwungen wird. Zu lösen sei das Gleichungssystem

$$\mathfrak{A}\,\mathfrak{x} + \mathfrak{B} = 0 \,. \tag{16.34}$$

Diese Gleichung multiplizieren wir nach einem Vorschlag von BADER [4] von links mit der zu $\mathfrak{A}$ *transponierten* Matrix $\mathfrak{A}^T$. (Die zu $\mathfrak{A}$ transponierte

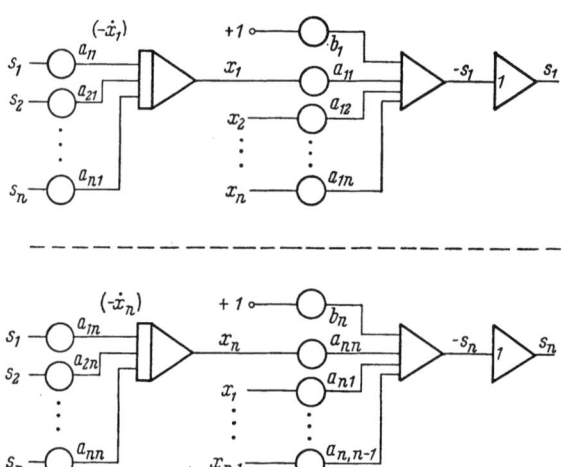

Abb. 16.16. Prinzipschaltung zur Lösung eines algebraischen Gleichungssystems. Die Stabilität dieser Schaltung wird durch die Multiplikation mit der transponierten Matrix erzwungen

Matrix $\mathfrak{A}^T$ erhalten wir bekanntlich dadurch, daß wir in der Matrix $\mathfrak{A}$ Zeilen und Spalten vertauschen.)

$$\mathfrak{A}^T \mathfrak{A}\,\mathfrak{x} + \mathfrak{A}^T \mathfrak{B} = 0 \,. \tag{16.44}$$

Die Lösungen von Gl. (16.44) sind offensichtlich identisch mit den Lösungen von Gl. (16.34). Die durch die Multiplikation mit der Transponierten entstehende Matrix $\mathfrak{A}^T \mathfrak{A}$ ist aber prinzipiell positiv definit. Wenn wir also jetzt die gesuchten Lösungen als die stationären Lösungen des Differentialgleichungssystems

$$\mathfrak{A}^T \mathfrak{A}\,\mathfrak{x} + \mathfrak{A}^T \mathfrak{B} = -\dot{\mathfrak{x}} \tag{16.45}$$

gewinnen, bestehen keinerlei Stabilitätsschwierigkeiten mehr für die Rechenschaltung. Es ist dabei nicht notwendig, die Matrix $\mathfrak{A}^T \mathfrak{A}$ zu berechnen; die gewünschte Multiplikation mit der transponierten Matrix kann mit Hilfe zusätzlicher Rechenelemente direkt von der Analogrechenschaltung ausgeführt werden. Abb. 16.16 zeigt die Rechenschaltung, die wir damit erhalten.

Wie die Schaltung zeigt, müssen wir den Vorteil einer unter allen Umständen stabilen Rechenschaltung mit einem erheblichen Mehraufwand an Rechenelementen erkaufen. Für die Rechenschaltung Abb. 16.14 benötigen wir $n^2 + n$ Potentiometer und, je nachdem, wieviel Koeffizienten mit negativem Vorzeichen auftreten, $n \dots 2n$ Verstärker. Für die Rechenschaltung Abb. 16.16 benötigen wir hingegen $2n^2 + n$ Potentiometer und $3n \dots 4n$ Verstärker, also ungefähr den doppelten Aufwand. Die größere Zahl von Potentiometern bedeutet dabei auch einen entsprechend größeren Aufwand an Einstellarbeit.[1]

Zur Ableitung dieser Rechenschaltung führen wir die neue Spaltenmatrix

$$\mathfrak{z} = \mathfrak{A}\,\mathfrak{x} + \mathfrak{B} \tag{16.46}$$

ein. Die einzelnen Größen s_i sind also nach folgender Vorschrift zu bilden

$$s_i = \sum_{k=1}^{n} a_{ik}\,x_k + b_i. \tag{16.47}$$

(Wir benötigen dazu die Summierer in Schaltung Abb. 16.16.) Nach Gl. (16.45) haben wir jetzt das Gleichungssystem

$$-\dot{\mathfrak{x}} = \mathfrak{A}^T\,\mathfrak{z} \tag{16.48}$$

oder in ausführlicherer Schreibweise

$$-\dot{\mathfrak{x}}_k = \sum_{i=1}^{n} a_{ik}\,s_i. \tag{16.49}$$

(Diese Vorschrift erfüllen wir am Eingang der Integrierer in Abb. 16.16.)

Literatur zu § 16

[1] GILOI, W.: Über die Behandlung elektrischer und mechanischer Netzwerke auf dem Analogrechner. Elektronische Rechenanlagen 4 (1962) H. 1, S. 27—35.
[2] SMIRNOW, W. I.: Lehrgang der höheren Mathematik, Bd. II. VEB Deutscher Verlag der Wiss. Berlin 1962.
[3] KORN, G. A.: Stabilization of Simultaneous Equation Solvers. Proc. Inst. Radio Engrs. N. Y. 37 (1949) S. 1000—1002.
[4] HORN, L.: Eine Maschine zur Auflösung linearer Gleichungssysteme nach W. BADER. Stuttgarter Dissertationen 1953—1955. Techn. Hochschule Stuttgart 1957.

---

[1] Wenn die Matrix $\mathfrak{A}$ von Natur aus positiv definit ist, erhöht die dann unnötige Multiplikation mit der transponierten Matrix $\mathfrak{A}^T$ nicht nur den Aufwand, sondern sie verringert auch die Lösungsgenauigkeit. Aus diesem Grunde wurde z. B. die in [4] beschriebene spezielle Maschine später umschaltbar ausgeführt, so daß wahlweise die Gln. (16.41) oder die Gln. (16.45) gelöst werden können (nach einer Mitteilung von Prof. BADER an die Verf.).

§ 17. Schaltungen für Rechenoperationen, die nicht unmittelbar durch ein Rechenelement ausgeführt werden können

Die Grundoperationen der Addition, Subtraktion, Multiplikation und Integration lassen sich unmittelbar durch die entsprechenden Rechenelemente ausführen. Für weitere, wichtige Rechenoperationen werden spezielle Rechenschaltungen benötigt, die aus den gegebenen Grundelementen gebildet werden können. Wir werden diese Schaltungen im folgenden erörtern.

17.1 Schaltungen zur Differentiation

a) Der differenzierende Rechenverstärker. Es ist ein Merkmal der Lösungsmethode für Differentialgleichungen, daß so viele Ableitungen in der Rechenschaltung auftreten, wie die Ordnung der zu lösenden Differentialgleichung beträgt, ohne daß deshalb differenziert werden muß. Trotzdem kann es zuweilen notwendig sein, die Ableitung einer gegebenen Funktion zu bilden. Ein differenzierendes Rechenelement kann man dadurch gewinnen, daß man gegenüber dem Integrierer Kondensator und Widerstand vertauscht (Abb. 17.1). Durch den Kondensator ergibt sich ein Eingangsstrom, der nach dem Ladungsgesetz

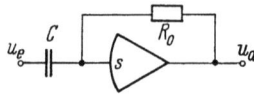

Abb. 17.1.   Prinzipschaltung des differenzierenden Rechenverstärkers. Widerstand und Kondensator sind gegenüber dem Integrierer vertauscht

$$i_e = C \frac{du_e}{dt^*}$$

der Ableitung der angelegten Spannung entspricht. Der Widerstand R_0 sorgt dafür, daß die Ausgangsspannung des Verstärkers diesem Eingangsstrom proportional ist (vgl. § 8.1).

Zwischen Eingangs- und Ausgangsspannung besteht damit die gewünschte Beziehung

$$u_a = -R_0 C \frac{du_e}{dt^*}. \tag{17.1}$$

Falls wir dem Kondensator C den gleichen Wert C_0 wie der Integrationskapazität geben, gilt mit der in § 8 eingeführten Abkürzung

$$R_0 C_0 = 1/k_0, \tag{17.2}$$

$$u_a = -\frac{1}{k_0} \frac{du_e}{dt^*} = -\frac{du_e}{d(k_0 t^*)}. \tag{17.3}$$

(Dabei ist vorausgesetzt, daß der Rechenverstärker in Abb. 17.1 als hinreichend ideal [entsprechend den Forderungen in § 8.1] betrachtet werden kann.)

Um zu sehen, wie eine sinusförmige Spannung mit der Kreisfrequenz ω auf dieses Element wirkt, setzen wir

$$u_e = \hat{u}_e \sin \omega t^*$$

und erhalten mit Gl. (17.3)

$$u_a = -\frac{\omega}{k_0}\,\hat{u}_e \cos\omega\, t^* = \hat{u}_a(\omega)\cos\omega\, t^*$$

oder

$$\frac{\hat{u}_a}{\hat{u}_e} = -\frac{\omega}{k_0}\,. \tag{17.4}$$

Die Verstärkung der Schaltung nach Abb. 17.1 für eine sinusförmige Schwingung (das Verhältnis $\hat{u}_a/\hat{u}_e$ ist definitionsgemäß nichts anderes) steigt danach proportional mit der Frequenz der Schwingung an. Deshalb hebt eine solche Schaltung die unvermeidlichen kleinen Spannungsschwankungen (das sog. *Rauschen*), die in jedem Rechenverstärker vorhanden sind, besonders stark an, da dieses Rauschen vorwiegend Schwingungen relativ hoher Frequenz enthält (eine andere Formulierung der Tatsache, daß die Ableitung einer Zeitfunktion um so größer wird, je rascher diese Funktion sich ändert).

Die Eigenschaft, daß das unvermeidliche Rauschen stark vergrößert wird, haftet jeglichem maschinellen Differentiationsverfahren an. Sie ist der Hauptgrund dafür, daß man beim Analogrechner Differentialgleichungen auf der Basis von Integrationen löst und nicht (was im Prinzip ebenso möglich wäre), auf der Basis von Differentiationen.

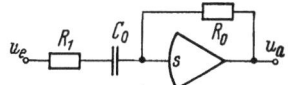

Abb. 17.2. Durch Einfügen eines kleinen Widerstandes R_1 erhält man eine stabile Schaltung

Die Schaltung Abb. 17.1 ist dadurch für die praktische Anwendung unbrauchbar. Wir können aber diese Schwierigkeiten z. T. dadurch beheben, daß wir nach Abb. 17.2 in Reihe zu dem Kondensator einen weiteren Widerstand (R_1) schalten.

In der Operatorenschreibweise — für d/dt^* führen wir den *Differentialoperator* p ein — erhalten wir die *Übertragungsfunktion* (vgl. § 25) der Schaltung nach Abb. 17.2

$$\frac{u_a(p)}{u_e(p)} = -\frac{p}{k_0}\,\frac{k_1}{k_1 + p}\,, \tag{17.5}$$

wobei nach Gl. (17.2) wieder $k_0 = 1/R_0\,C_0$ ist und der Parameter k_1 durch die Beziehung

$$k_1 = \frac{1}{R_1\,C_0} \tag{17.6}$$

bestimmt wird.

Gl. (17.5) entspricht der Übertragungsfunktion eines differenzierenden Elements, dem ein *Tiefpaß* (einfachster Art) vorgeschaltet ist. (Unter einem Tiefpaß versteht man eine Schaltung, die im Idealfall von einer bestimmten Grenzfrequenz an alle höheren Frequenzen unterdrückt, während sie die niedrigeren Frequenzen durchläßt.) Die Schaltung

Abb. 17.2 kann man als eine Rechenschaltung für die Anordnung nach Abb. 17.3 betrachten.

Tatsächlich wirkt diese Schaltung so, daß für alle Frequenzen

$$\omega \gg k_1$$

nicht mehr differenziert, sondern das Eingangssignal einfach proportional mit dem Faktor k_1/k_0 übertragen wird, während für alle Frequenzen

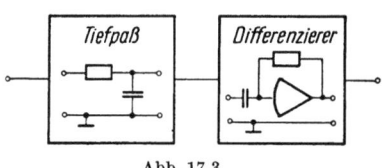

Abb. 17.3
Differentiation mit begrenzter Bandbreite

$$\omega \ll k_1$$

die exakte Ableitung der Eingangsfunktion gebildet wird. Um im gleichen Zeitmaßstab zu differenzieren, in dem auch die Integrierer der übrigen Rechenschaltung arbeiten, wählt man für k_0 den gleichen Wert, den man auch bei den Integrierern eingestellt hat. Wie wir schon in § 15 erörtert haben, bestimmt das gewählte k_0 die Größenordnung, in der die dominierenden Frequenzkomponenten der Rechengrößen sich bewegen können. Damit muß für eine fehlerfreie Differentiation k_1 entsprechend größer sein als k_0, oder mit (17.2) und (17.6) muß die Forderung

$$R_1 \ll R_0 \tag{17.7}$$

erfüllt werden (ein Anhaltswert ist etwa $R_1 \leq 0{,}1 R_0$).

Nun ist das Rechnen mit Widerständen, Kapazitäten und Frequenzen eine unbequeme Sache und entspricht nicht dem Charakter eines mathematischen Instruments, als das wir den Analogrechner ja betrachten wollen. Außerdem sind bei vielen Rechnern geeignete Elemente R_0, R_1 und C_0 nicht frei verfügbar, um eine Schaltung nach Abb. 17.2 damit aufzubauen. Es ist deshalb wünschenswert, über eine Schaltung zu verfügen, die völlig aus den konventionellen Rechenelementen besteht, und deren Eigenschaften nur durch Betätigen eines Koeffizientenpotentiometers verändert werden können.

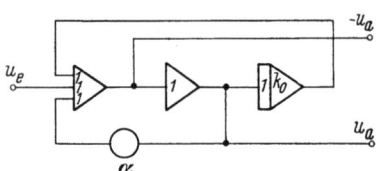

Abb. 17.4. Rechenschaltung für eine Differentiation mit begrenzter Bandbreite

b) Differenzierschaltung mit konventionellen Rechenelementen. Eine solche Schaltung zeigt Abb. 17.4. Die Übertragungsfunktion dieser Schaltung ist identisch mit Gl. (17.5). Der Differentiationsfaktor k_0 ist gleich dem am Integrierer gewählten Integrationsfaktor. Es genügt also, bei dem Integrierer in Abb. 17.4 den gleichen Integrationsfaktor bzw. die gleiche Eingangswertigkeit wie bei den übrigen Integrierern der Rechenschaltung zu wählen, damit die Ableitung nach der gleichen normierten Zeit τ gebildet wird, in der alle Zeitvorgänge am Rechner ablaufen.

Für den Parameter k_1, der die Grenzfrequenz, bis zu der differenziert werden soll, festlegt, gilt jetzt die Beziehung

$$k_1 = \frac{k_0}{(1-\alpha)}. \tag{17.8}$$

Mit der Potentiometereinstellung α läßt sich damit der jeweils günstigste Kompromiß zwischen den Forderungen nach einer möglichst genauen Differentiation und nach einer geringen Störanhebung treffen. Man wird α möglichst nahe an Eins annähern, aber doch nur so weit, daß die Störungen noch unter einer tragbaren Grenze liegen und die Schaltung stabil bleibt. Ein Anhaltswert ist hier $\alpha \approx 0{,}85$ bis $0{,}95$.

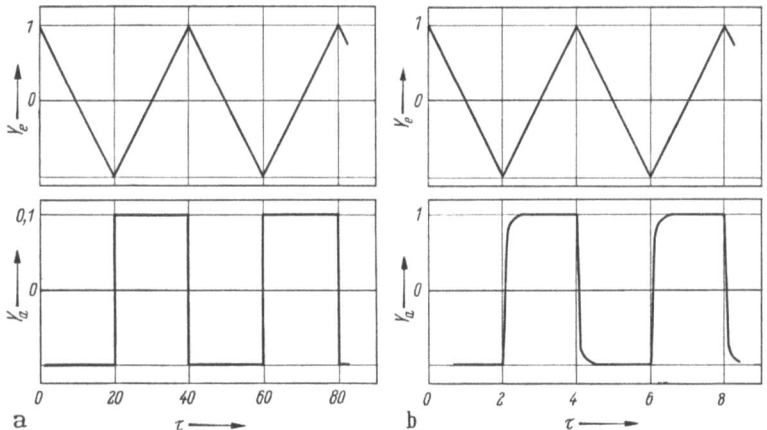

Abb. 17.5a u. b. Differentiation einer Dreieckschwingung durch die Schaltung nach Abb. 17.4
a) $dY_e/d\tau = 0{,}1$;   b) $dY_e/d\tau = 1$

Um einen Eindruck von der Güte dieser Differentiationsschaltung zu gewinnen, betrachten wir die Differentiation einer Dreieckfunktion. Abb. 17.5a zeigt eine Dreieckschwingung mit der Periodendauer $\tau_0 = k_0 T = 40$ und einem (normierten) Anstieg $dY_e/d\tau = 0{,}1$. Die Differentiation erfolgt hier sehr genau. Zum Vergleich ist in Abb. 17.5b die Ableitung der zehnmal schnelleren Schwingung mit $\tau_0 = k_0 T = 4$ und $dY_e/d\tau = 1$ zu sehen. Hier äußert sich der in der Schaltung enthaltene Tiefpaß in den exponentiell ansteigenden und abfallenden Flanken. Der Fehler ist aber für viele Anwendungen noch tragbar. α beträgt in beiden Fällen 0,85.

17.2 Spezielle Integrationsschaltungen

a) Integration mit begrenzter Bandbreite. Mitunter ist bei technischen Aufgaben ein gemessener Beschleunigungsverlauf gegeben, aus dem durch zweimalige Integration zunächst der Wegverlauf berechnet werden muß, der dann seinerseits als Störfunktion auf eine Rechenschaltung wirkt.

Solche Beschleunigungsmessungen werden z. B. an Fahrzeugen mit dem Ziel durchgeführt, ein Maß für die Erschütterungen zu gewinnen, denen das Fahrzeug durch die Straßenunebenheiten ausgesetzt ist. Außer den Beschleunigungsschwankungen, die von den Straßenunebenheiten herrühren, wird ein Beschleunigungsaufnehmer aber auch konstante oder nur langsam veränderliche Anteile liefern, die durch eine Berg- oder Talfahrt des Fahrzeugs entstehen. Würde man die vom Beschleunigungsaufnehmer gelieferten Spannungen einfach zweimal integrieren, so würde wahrscheinlich der 2. Integrierer durch die ständige Wegzunahme bei einer Bergauffahrt sehr bald übersteuert.

Da nur die Abweichungen des Weges von einem Mittelwert interessieren, müssen wir dafür sorgen, daß alle Frequenzkomponenten im Beschleunigungssignal, die unterhalb einer bestimmten Grenzfrequenz liegen, vor dem Integrieren unterdrückt werden. Wir suchen also eine Integrationsschaltung, die das duale Verhalten zu der oben behandelten

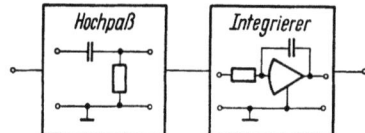

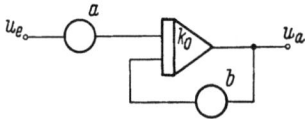

Abb. 17.6. Integration mit begrenzter Band-   Abb. 17.7. Rechenschaltung für eine Integra-
breite   tion mit begrenzter Bandbreite

Differenzierschaltung besitzt; die also nach Abb. 17.6 aus einem *Hochpaß* und einem nachfolgenden Integrierer besteht. Eine solche Schaltung zeigt Abb. 17.7.

Die Übertragungsfunktion dieser Schaltung lautet

$$\frac{u_a(p)}{u_e(p)} = \frac{p/k_0}{p/k_0 + b}\,\frac{-a}{p/k_0}. \tag{17.9}$$

Gl. (17.9) ist in der Tat die Übertragungsfunktion eines Hochpasses (einfachster Art), auf den ein Integrierer folgt. Der Koeffizient a bestimmt lediglich den Maßstab; der Koeffizient b bestimmt die Grenzfrequenz, unterhalb derer die Schaltung nicht mehr integriert, sondern nur noch proportional mit dem Faktor a/b überträgt. Die Integration erfolgt um so genauer, je höher die Frequenzkomponenten des Eingangssignals sind. Auch hier ermittelt man am besten durch Versuche den günstigsten Kompromiß für die Einstellung von b.

b) Integration nach einer abhängigen Variablen. Wir haben bisher nur Integrationen nach der Zeit betrachtet. Es ist prinzipiell aber auch möglich, Funktionen einer abhängigen Variablen auf dem Analogrechner zu berechnen und insbesondere auch nach einer solchen Variablen zu integrieren.

Es sei

$$y = y(x),$$
(17.10)

wobei wiederum x eine Funktion der Zeit sei. $x(t)$ muß in einem besonderen Teil der Rechenschaltung oder in einem Funktionsgeber erzeugt werden. Die Darstellung von $y[x(t)]$ geschieht auf dem Anzeigegerät nun nicht über der Zeit, sondern über $x(t)$; d. h. wir bedienen uns der *Parameterdarstellung* mit der Zeit als Parameter.

Um die geforderte Integration

$$z = \int_{x_0}^{x} y(x)\, dx \quad \text{mit } x = x(t),$$
$$x_0 = x(0)$$
(17.11)

mit unseren Zeitintegrierern bilden zu können, fassen wir Gl. (17.11) als ein STIELTJES-Integral auf, das wir auch ausführlicher schreiben können

$$z = \int_0^t y(t)\, \frac{dx}{dt}\, dt.$$
(17.12)

Wir benötigen also für diese Integration die Ableitung von $x(t)$ und einen Multiplizierer, um das Produkt

$$\dot{x}\, y$$

zu bilden.

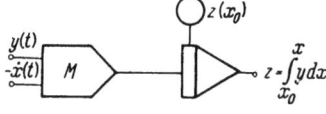

Abb. 17.8. Schaltung zur Integration nach einer abhängigen Variablen

Bei dieser Integrationsschaltung (Abb. 17.8 zeigt die unskalierte Rechenschaltung) ist es wichtig, daß der Nullpunktfehler des Multiplizierers hinreichend klein ist, da über diesen Fehler ständig aufintegriert wird.

17.3 Divisionsschaltungen

Die Division kann man dadurch ausführen, daß man die Rückführung eines offenen Verstärkers durch einen Multiplizierer steuert.[1] Die Prinzipschaltung zeigt Abb. 17.9.

Die Ausgangsgröße Y des offenen Verstärkers wird mit N multipliziert, und das Produkt NY wird zugleich mit der Größe Z dem Eingang des offenen Verstärkers zugeführt. Wenn V den Betrag der Verstärkung des offenen Verstärkers bezeichnet, so gilt für Y

$$Y = -V(Z + NY),$$
(17.13)

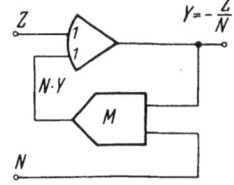

Abb. 17.9. Prinzipschaltung der Division

---

[1] Wie in § 10.2 ausgeführt wurde, können manche elektronische Multiplizierer auch zum unmittelbaren Dividieren umgeschaltet werden. Bezüglich der unmittelbaren Division mit einem Servo-Multiplizierer s. § 10.1.

oder nach Y aufgelöst

$$Y = - \frac{Z}{N + \dfrac{1}{V}} \, . \tag{17.14}$$

Wenn wir wieder voraussetzen, daß die Verstärkung V praktisch als unendlich groß angenommen werden kann (und damit $1/V$ immer sehr viel kleiner als der kleinste Wert von N bleibt), können wir in sehr guter Annäherung auch setzen

$$Y = - \frac{Z}{N} \, . \tag{17.15}$$

Wir bedienen uns hier der sog. *impliziten Technik*, d. h. wir verlangen als Ausgangsgröße eines *offenen Verstärkers* den gewünschten Wert

$$Y = - \frac{Z}{N} \tag{17.16}$$

und sorgen durch eine entsprechende Rückführung dafür, daß diese Beziehung in impliziter Form

$$NY + Z = 0 \tag{17.17}$$

am Eingang des offenen Verstärkers erfüllt wird (vgl. § 8.3). Genaugenommen wird sich bei endlich großer Verstärkung V als Summe der Eingangsspannungen nicht der Wert Null, sondern der Wert $-Y/V$ einstellen, so daß wir an Stelle von Gl. (17.17) die Gleichung

$$NY + Z = - \frac{Y}{V} \tag{17.18}$$

lösen.

Eine Schaltung mit einem offenen Verstärker kann man als eine Art Regelschaltung betrachten, wobei der offene Verstärker wie ein Proportionalregler wirkt und bei richtiger Auslegung der Schaltung die gewünschte Bedingung für seine Ausgangsgröße erzwingt.

Wie bei allen Regelsystemen kommt es auch bei dieser Schaltung auf den richtigen Regelsinn an. Dieser ist nur dann erfüllt, wenn die Rückführung zwischen Ausgang und Eingang des offenen Verstärkers *nicht* das Vorzeichen der rückgeführten Größe verändert. Man kann also *nicht* den Quotienten $Y = +Z/N$ dadurch bilden, daß man Y mit $-N$ multipliziert und dadurch versucht, die Gleichung $Z - NY = 0$ am Eingang des offenen Verstärkers zu erfüllen. Eine solche Änderung des Vorzeichens würde zu einer positiven Rückkopplung führen; ein positives Z hätte jetzt ein ebenfalls positives NY zur Folge, so daß beide Eingangsgrößen des offenen Verstärkers sich nicht mehr aufheben könnten. Die Schaltung würde sofort instabil.

Die Ausgangsgröße Y findet wieder ihren möglichen Maximalwert in der Übersteuerungsgrenze des Verstärkers. Der Quotient Z/N darf dadurch nicht größer als Eins werden. Der Nenner darf also niemals durch Null gehen. Wenn der Nenner immer ein negatives Vorzeichen besitzt, kann man eine stabile Divisionsschaltung dadurch erhalten, daß man bei der Multiplikation das Vorzeichen umkehrt.

Abb. 17.10 zeigt die ausführlichen Divisionsschaltungen bei Verwendung von Parabel-Multiplizierern. Wenn der Nenner immer positiv

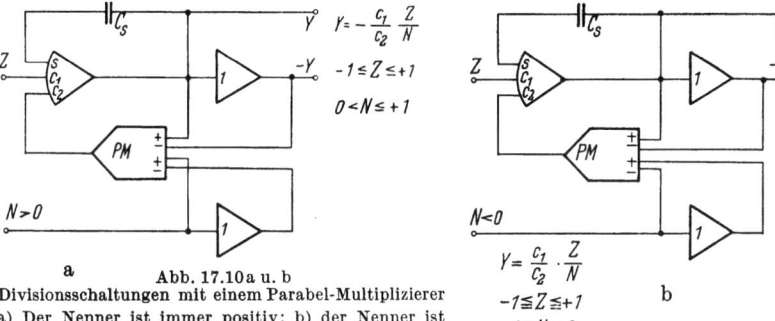

a   Abb. 17.10a u. b

Divisionsschaltungen mit einem Parabel-Multiplizierer
a) Der Nenner ist immer positiv; b) der Nenner ist immer negativ

ist, ist die Schaltung Abb. 17.10a anzuwenden; ist er ständig negativ, so gilt Abb. 17.10b.

Die Division durch eine Funktion mit wechselndem Vorzeichen erfordert eine Kunstschaltung (Abb. 17.11). Man bildet hier zunächst den Betrag von N, so daß der Nenner immer positiv ist, und stellt dann

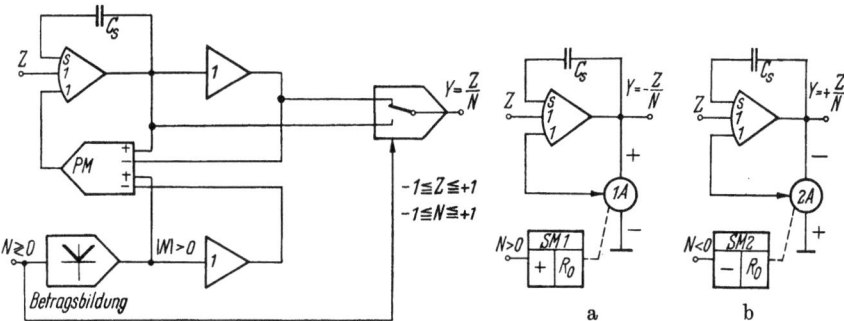

Abb. 17.11. Kunstschaltung zur Division mit wechselndem Vorzeichen des Nenners

Abb. 17.12a u. b. Divisionsschaltungen mit einem Servo-Multiplizierer
a) Der Nenner ist positiv; b) der Nenner ist negativ

mit einem Komparator wieder das richtige Vorzeichen her. Schaltungen zur Betragsbildung werden in § 20 angegeben.

Die eingezeichneten Kondensatoren C_s sind meistens zur Stabilisierung der Schaltung notwendig (vgl. § 8.3). Ihre Größe liegt etwa zwischen 50 pF (Röhrenrechner) und 500 pF (Transistorrechner).

Die entsprechenden Schaltungen für Servo-Multiplizierer sind in Abb. 17.12 bzw. Abb. 17.13 angegeben. Eine weitere, auf die Verwendung eines Servo-Multiplizierers zugeschnittene Divisionsschaltung, die auch bei wechselndem Vorzeichen des Nenners stabil bleibt, zeigt Abb. 17.14.

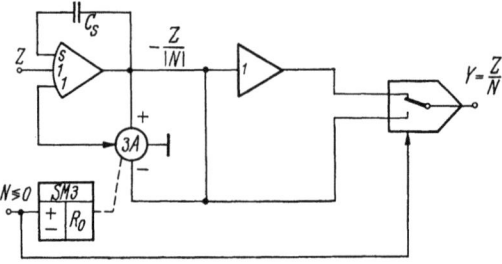

Abb. 17.13
Divisionsschaltung mit einem Servo-Multiplizierer bei wechselndem Vorzeichen des Nenners

Diese Schaltung macht von der Beziehung

$$Y = \frac{Z}{N} = \frac{Z}{|N|} \frac{N}{|N|}$$

Gebrauch, die es erlaubt, die Division durch eine Nennerfunktion $N(t)$ mit wechselndem Vorzeichen durch eine Multiplikation mit $N(t)$ und eine zweimalige Division durch den Betrag von $N(t)$ zu ersetzen.

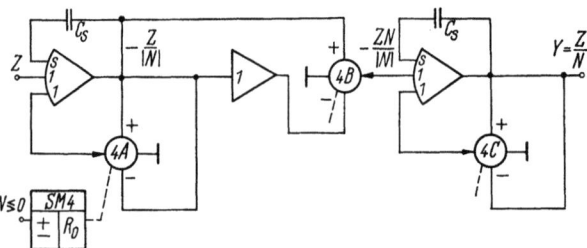

Abb. 17.14
Divisionsschaltung mit einem Servo-Multiplizierer bei wechselndem Vorzeichen des Nenners

Die Schaltungen mit offenem Verstärker stellen nicht die einzige Möglichkeit dar, eine Divisionsschaltung herzustellen. Man kann auch den offenen Verstärker durch eine rückgekoppelte Schleife aus 2 Summierern ersetzen. Zur Ergänzung zeigen wir in Abb. 17.15 dieses Prinzip.

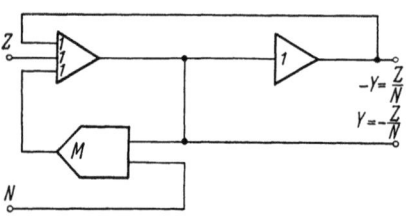

Abb. 17.15
Divisionsschaltung ohne offenen Verstärker

Diese Schaltung erfüllt die Gleichung

$$Y = -Z - NY + Y, \quad (17.19)$$

aus der wieder folgt

$$Y = -\frac{Z}{N}. \quad (17.20)$$

Es sieht nach dieser Gleichung so aus, als ob das mit dieser Schaltung erreichte Ergebnis (im Gegensatz zu der Schaltung mit offenem Verstärker) unabhängig von den Verstärkereigenschaften (z. B. von der endlich großen Verstärkung V) sei. Gl. (17.19) gilt aber nur für ideale Summierer. Wenn wir berücksichtigen, daß diese Rechenverstärker auch nur die endliche Verstärkung V haben, erhalten wir in erster Näherung

$$Y = - \frac{Z}{N + \frac{2}{V}}.$$

Der Verstärkungsfehler geht also auch hier ein.

17.4 Wurzelziehen

Die Schaltung zum Wurzelziehen arbeitet nach dem gleichen Prinzip wie die Divisionsschaltung (Abb. 17.16). Der offene Verstärker sorgt hier für die Erfüllung der Gleichung

$$X - Y^2 = 0, \qquad (17.21)$$

aus der

$$Y = -\sqrt{X}$$

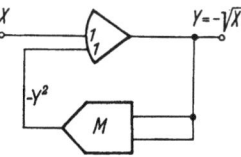

Abb. 17.16. Prinzipschaltung zur Bildung der Quadratwurzel

folgt. (Die Schaltung liefert für $X > 0$ den negativen Zweig der Wurzel; für $X < 0$ ist sie instabil.)

Abb. 17.17 zeigt die Schaltungen zum Wurzelziehen mit einem Parabel-Multiplizierer. Abb. 17.17a gilt für einen Radikanden, der immer positiv ist.

Die gestrichelt eingezeichnete Diode verhindert, daß die Schaltung instabil wird, wenn der Radikand einmal sein Vorzeichen wechseln

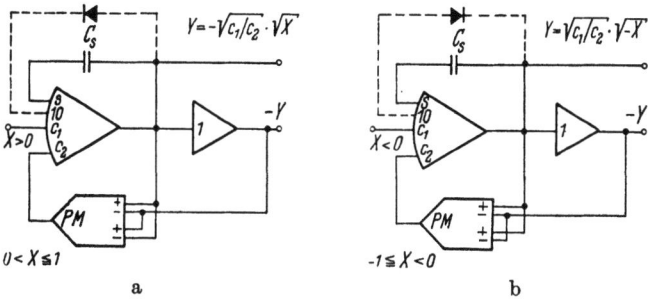

a   b

Abb. 17.17a u. b. Schaltungen zum Wurzelziehen mit einem Parabel-Multiplizierer
a) Der Radikand ist positiv; b) der Radikand ist negativ

sollte. Natürlich wird dadurch nun nicht bei falschem Vorzeichen die richtige Wurzel gebildet. Die Maßnahme hat vielmehr nur den Sinn, daß der Radikand im Laufe der Zeit auch einmal Null werden darf, ohne daß der offene Verstärker sofort übersteuert und damit das weitere Arbeiten der Schaltung in Frage gestellt wird. Es muß ferner darauf hingewiesen werden, daß nur eine Halbleiterdiode in der gezeichneten

Weise zwischen Ausgang und Eingang eines Rechenverstärkers geschaltet werden darf (s. § 20.1).

Imaginäre Größen können an einem Analogrechner natürlich nicht auftreten; ist der Radikand X ständig kleiner als Null, so kann man die Wurzel aus $-X$ ziehen, indem man die Schaltung Abb. 17.17b verwendet.

Die äquivalenten Schaltungen zum Wurzelziehen mit einem Servo-Multiplizierer zeigt Abb. 17.18.

In manchen Fällen ist von einer Variablen X, die im Laufe der Rechnung ihr Vorzeichen wechseln kann, der Ausdruck

$$Y = (\mathrm{sign}\,X)\,\sqrt{|X|} = \frac{X}{\sqrt{|X|}} \qquad (17.22)$$

zu bilden. Man kann dies dadurch erreichen, daß man der Schaltung Abb. 17.17a zunächst eine der Schaltungen zur Betragsbildung (§ 20) vorausgehen läßt. Das Vorzeichen ($\mathrm{sign}\,X$) kann z. B. wieder wie in Abb. 17.11 durch einen Komparator berücksichtigt werden. In diesem Zusammenhang sei aber auch auf Abschn. 17.8 verwiesen.

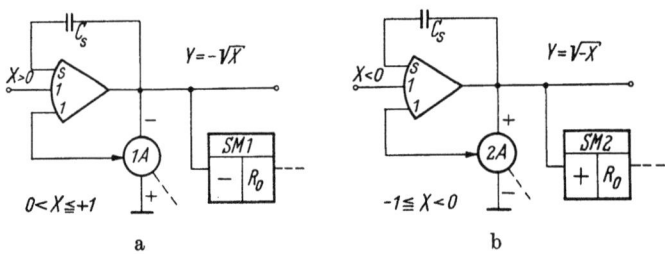

Abb. 17.18a u. b. Schaltungen zum Wurzelziehen mit einem Servo-Multiplizierer
a) Der Radikand ist positiv; b) der Radikand ist negativ

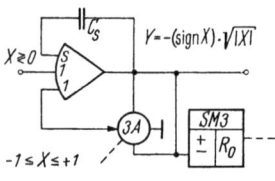

Abb. 17.19. Bildung der Funktion $Y = (\mathrm{sign}\,X)\,\sqrt{|X|}$ mit einem Servo-Multiplizierer

Eine Schaltung mit einem Servo-Multiplizierer zur Bildung der Funktion (17.22) gibt Abb. 17.19 an.

Bei der Anwendung des Modulations-Multiplizierers zum Wurzelziehen benutzt man am besten ähnliche Schaltungen, wie sie für die Parabel-Multiplizierer angegeben worden sind. Mit Modulations-Multiplizierern, die auch zum Dividieren eingerichtet sind, läßt sich auch nach dem Prinzip von Bild 17.20a die Wurzel ziehen, wenn man den Multipliziererausgang mit dem Nennereingang verbindet. Als Anwendungsbeispiel wollen wir eine Schaltung für die Funktion

$$Z = \sqrt{Y^2 - X^2} \quad (Y > X > 0) \qquad (17.23)$$

betrachten. Wenn man die Möglichkeit ausnutzt, daß ein Modulations-Multiplizierer gleichzeitig multiplizieren und dividieren kann, läßt sich

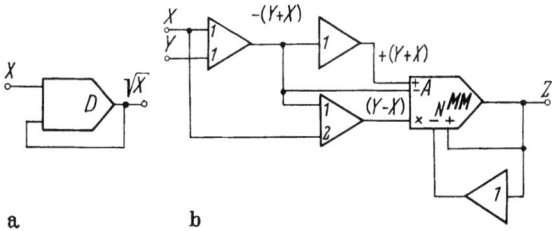

a.   b

Abb. 17.20 a u. b. Schaltungen zum Wurzelziehen, mit dem Modulations-Multiplizierer
a) Prinzipschaltung; b) Bildung der Funktion $Z = \sqrt{Y^2 - X^2}$

dieser Ausdruck mit einem einzigen Multiplizierer bilden (Abb. 17.20 b).
Man benutzt hier die Beziehung

$$Z = \frac{(Y - X)\,(Y + X)}{Z}.$$

Die Kubikwurzel $Y = \sqrt[3]{X}$ erhalten wir nach dem gleichen Prinzip
wie die Quadratwurzel, also mit Schaltungen gemäß Abb. 17.21. Der
Radikand darf beide Vorzeichen an-
nehmen, da bei der 3. Wurzel aus
einer negativen Zahl immer ein reeller
Wert existiert. Es ist nur darauf zu
achten, daß den Multiplizierern in
der Prinzipschaltung Abb. 17.21 alle
Größen mit dem richtigen Vorzeichen
zugeführt werden.

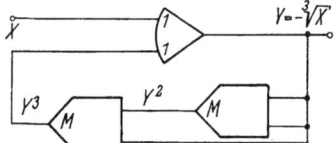

Abb. 17.21. Prinzipschaltung zur Bildung
der Kubikwurzel

Eine Schaltung mit einem Servo-Multiplizierer zeigt Abb. 17.34 in
Abschn. 17.7.

17.5 Potenzieren

a) **Ganzzahlige Exponenten.** Potenzen einer Variablen mit ganz-
zahligem Exponenten erhält man durch eine mehrmalige Multiplikation (Abb. 17.22).

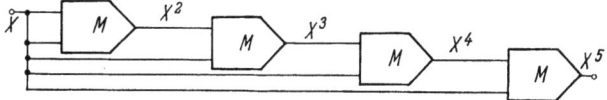

Abb. 17.22. Bildung von Potenzen mit ganzzahligen Exponenten

Besonders günstig ist hierbei der Servo-Multiplizierer, da man z. B.
mit einem Multiplizierer mit 5 Kanälen die Potenzen von X^2 bis X^6

bilden kann. Spezielle Schaltungen zum Potenzieren mit einem Servo-Multiplizierer werden in Abschn. 17.7 angegeben (Abb. 17.30, 17.31 und 17.33).

Falls eine höhere, geradzahlige Potenz X^{2n} zu bilden ist, wird man natürlich nach Möglichkeit auf die nicht benötigten niederen Potenzen verzichten, indem man z. B. nur die Zweierpotenzen X^2, X^4, X^8, ... bildet und X^{2n} durch eine entsprechende Multiplikation herstellt. Ist die ungeradzahlige Potenz zu bilden, so wird man schließlich noch X^{2n} mit X multiplizieren.

b) Ganzzahlig gebrochene Exponenten. Schaltungsbeispiele für das Potenzieren mit dem Exponenten 1/2 haben wir im vorhergehenden Abschnitt kennengelernt. Das dort angewendete Prinzip läßt sich leicht verallgemeinern:

Ein offener Verstärker liefert an seinem Ausgang den Potenzausdruck $Y = X^{1/n}$, wenn wir an seinen Eingang die Variable X und die Rückführgröße Y^n schalten.

Den Potenzausdruck $X^{m/n}$ bilden wir, indem wir X^m und $X^{1/n}$ miteinander multiplizieren.

Eine Funktion, die in der Mechanik (Hydraulik, Elastomechanik) eine Rolle spielt, ist das $X^{3/2}$-Gesetz. Man benötigt diese Funktion meistens in der Form

$$Y = (\operatorname{sign} X) \, |X^{3/2}| = X \sqrt{|X|}. \qquad (17.24)$$

Auch hier erhalten wir mit einem Servo-Multiplizierer wieder eine besonders einfache Schaltung (Abb. 17.23). (Weitere Schaltungen s. Abschn. 17.7.)

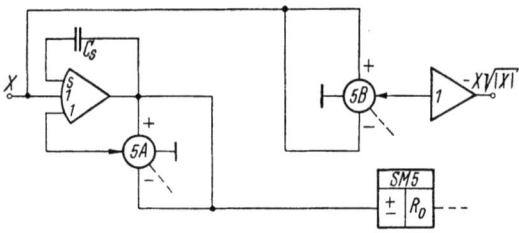

Abb. 17.23. Bildung der Funktion $Y = X \sqrt{|X|}$ mit einem Servo-Multiplizierer

c) Beliebig gebrochene Exponenten. Eine beliebige Potenzfunktion kann man natürlich unabhängig von den unter a) und b) angegebenen Verfahren an einem Funktionsgeber einstellen. Es lassen sich so z. B. mehrere Rechenverstärker einsparen, wenn man die Quadratwurzel oder gar die Kubikwurzel nicht durch die Schaltungen Abb. 17.17 oder Abb. 17.21, sondern durch einen entsprechend eingestellten Funktionsgeber bildet. Bei Potenzfunktionen mit beliebig gebrochenen Exponenten wird man ohnehin meist auf diese Möglichkeit zurückgreifen. Falls man über fest eingestellte Logarithmusfunktionsgeber verfügt, kann man solche Potenzfunktionen ferner auch nach dem unter d) besprochenen Verfahren bilden.

d) Variable Exponenten. Bei manchen Aufgaben, z. B. bei der Simulierung verfahrenstechnischer Prozesse, treten Potenzfunktionen von der Art[1]

$$y = X^U \quad \text{mit} \quad U = U(t) \tag{17.25}$$

auf; Potenzfunktionen also, bei denen der Exponent selbst variabel ist.

Die Rechenoperation (17.25) kann man nach Abb. 17.24 durchführen, indem man nach der Beziehung

$$X^U = a^{U(^a\log X)} \tag{17.26}$$

zunächst den Logarithmus von X bildet, diese Größe mit U multipliziert und das Produkt $U \log X$ wieder zum Exponenten erhebt. Welche Basis man für den Logarithmus wählt, ist im Prinzip gleichgültig; es ist jedoch zweckmäßig, einen gebräuchlichen, tabellierten Logarithmus (z. B. den natürlichen) zu wählen. Die Logarithmusfunktion bzw. die Exponentialfunktion kann man z. B. mit einem Diodenfunktionsgeber herstellen. Manche Rechner enthalten spezielle, fest eingestellte Logarithmus-funktionsgeber, mit deren Hilfe sich solche Potenz-funktionen sehr bequem realisieren lassen. Um das Produkt wieder zum Exponenten zu erheben,

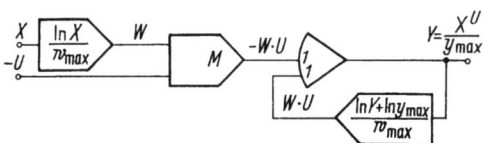

Abb. 17.24. Bildung der Funktion $y = X^U$

schaltet man einen Logarithmusfunktionsgeber in den Rückführungszweig eines offenen Verstärkers (s. auch den nächsten Abschnitt) (Abb. 17.24).

Man kann aber auch die Logarithmus- bzw. die Exponentialfunktion auf analytischem Wege als Lösung einer Differentialgleichung erzeugen (s. § 18).

Die Normierung der einzelnen Größen ist bei dieser Aufgabe — bedingt durch die Logarithmusfunktion — nicht mehr ganz einfach. Zunächst muß vorausgesetzt werden, daß die Größe x immer positiv ist, da $\log x$ für negatives x nicht definiert ist, und daß sie eine endliche untere Schranke $x_{\min}$ nicht unterschreitet, da sonst der Logarithmus über alle Grenzen anwächst.

---

[1] Man beachte, daß bei nichtlinearen Operationen die Funktion von normierten Variablen selbst nicht normiert sein kann.

In der Rechenschaltung steht uns die Größe x in der normierten Form $X = x/x_{max}$ zur Verfügung, wobei für X gelten soll

$$\frac{x_{min}}{x_{max}} \leqq X \leqq 1. \tag{17.27}$$

Die Berechnung von $y = X^U$ geschieht in 3 Schritten.

1. Schritt: Bildung der Funktion $\quad w = {}^a\log X$,

2. Schritt: Bildung des Produkts $\quad - w\,U$,

3. Schritt: „Delogarithmieren" $\quad y = a^{wU} = a^{({}^a\log X)\,U} = X^U$.

Wir erheben $(w\,U)$ zum Exponenten, indem wir in der Rückführung eines offenen Verstärkers die Funktion

$$w\,U = {}^a\log y \tag{17.28}$$

bilden. Bei jedem dieser Schritte ist jetzt durch geeignete Maßstabsfaktoren darauf zu achten, daß keines der Elemente übersteuert wird.

1. Schritt: Die Größe X mit ihrem durch Gl. (17.27) gegebenen Wertebereich paßt sich unmittelbar dem Eingangswertebereich des Funktionsgebers an. Die Größe $w = {}^a\log X$ kann u. U. recht groß werden. Damit sie den Wert Eins nicht überschreitet, beziehen wir sie auf den Maximalwert

$$w_{max} = {}^a\log(x_{min}/x_{max}). \tag{17.29}$$

Am Funktionsgeber ist also die Funktion

$$W(X) = \frac{{}^a\log X}{w_{max}}$$

einzustellen.

2. Schritt: U ist eine normierte Größe, die wir der Rechenschaltung entnehmen und die den Wert Eins nicht überschreiten kann. Das Produkt $- U\,W$ kann dann ebenfalls nicht größer als Eins werden.

3. Schritt: Die Ausgangsgröße des offenen Verstärkers darf nicht größer als Eins sein. Wir müssen also den Maximalwert von y finden. Für positive U wird es der Wert $X_{max}^{U_{max}}$ sein, für negatives U der Wert $X_{min}^{U_{max}}$. Diesen Maximalwert führen wir in die Gl. (17.28) ein. Mit $Y = y/y_{max}$ erhalten wir

$$w_{max}\,W\,U = {}^a\log Y\,y_{max} = {}^a\log Y + {}^a\log y_{max}$$

und daraus

$$W\,U = \frac{{}^a\log Y + {}^a\log y_{max}}{w_{max}}. \tag{17.30}$$

Die Funktion auf der rechten Seite von Gl. (17.30) ist an dem 2. Logarithmusfunktionsgeber einzustellen. Wie schon erwähnt, ist es zweckmäßig, als Basis des Logarithmus die Zahl e zu wählen. Die hiermit gefundenen Werte für die Zwischengrößen der Rechenschaltung haben wir in Abb. 17.24 eingetragen.

17.6 Implizite Technik (Die Anwendung des offenen Verstärkers)

An einem offenen Verstärker, bei dem eine Rückführung zwischen Ausgang und Eingang besteht, stellt sich genau die Ausgangsgröße (y_a) ein, die notwendig ist, damit die Summe aller Eingangsgrößen zu Null (genauer zu y_a/V) wird. Damit hängt es von der Art der Rückführung ab, welche Ausgangsgröße man erhält.

Nach dieser Methode läßt sich eine in impliziter Form gegebene Gleichung nach einer gesuchten Größe auflösen. Abb. 17.25 verdeutlicht das Prinzip, nach dem man z. B. aus der Gleichung

$$F(x, y) = 0$$

die Größe y berechnen kann.

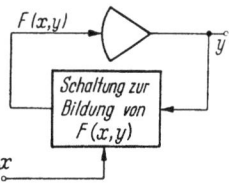

Abb. 17.25
Prinzip der Auflösung einer Gleichung $F(x, y) = 0$

Von einer wichtigen Anwendung dieser Technik haben wir bereits mehrfach Gebrauch gemacht: der Bildung von Umkehrfunktionen.

Betrachten wir hierzu den allgemeinen Fall, daß in der Rückführung eines offenen Verstärkers eine Funktion $f(y)$ gebildet wird (Abb. 17.26). Diese Schaltung erfüllt die Gleichung

$$x + f(y) = 0,$$

oder hieraus

$$x = -f(y). \tag{17.31}$$

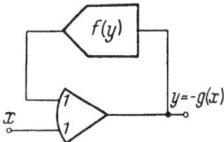

Abb. 17.26. Bildung von Umkehrfunktionen

Für die Größe y am Ausgang des offenen Verstärkers muß danach gelten

$$y = -g(x), \tag{17.32}$$

wenn $g(x)$ die Umkehrfunktion zu $f(y)$ bezeichnet.

Man kann damit auf einfache Art die Umkehrung der elementaren Funktionen erhalten, für die unmittelbar Rechenelemente zur Verfügung stehen. So erhalten wir auf diese Weise aus der Multiplikation die Division, aus der Potenzfunktion die Wurzel, aus dem Logarithmus die Exponentialfunktion usw.

Ebenso folgt die Differentiation als Umkehrung der Integration, wenn man einen Integrierer in die Rückführung eines offenen Verstärkers schaltet (Abb. 17.27). Wir erhalten, wie der Leser leicht nachprüfen kann, eine Schaltung, die der in Abb. 17.4 äquivalent ist. Das Potentiometer mit dem Faktor α hat hierbei eine ähnliche Funktion wie in der Schaltung Abb. 17.4; an Stelle von Gl. (17.8) gilt hier

$$k_1 = \frac{k_0}{\alpha},$$

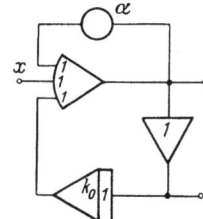

Abb. 17.27
Schaltung zur Differentiation als Umkehrung der Integration

d. h. α wirkt gerade komplementär.

Für das richtige Funktionieren dieses Schaltungsprinzips ist es wichtig, daß die Ausgangsgröße nicht den zulässigen Wertebereich überschreitet, und daß die rückgeführte Größe *immer* das umgekehrte Vorzeichen besitzt wie die

Eingangsgröße. Wenn die Rückführung aus linearen Rechenelementen besteht, so darf in ihr nur eine gerade Anzahl von Verstärkern hintereinandergeschaltet sein. Für die Eingangsgröße sind nur dann beide Vorzeichen zulässig, wenn die in der Rückführung gebildete Funktion ungerade ist usw. (vgl. die Schaltungen zum Wurzelziehen).

Eine weitere Anwendung der impliziten Technik, von der wir in den nächsten Paragraphen Gebrauch machen werden, sei hier schon besprochen.

Bei einer bestimmten Klasse von Differentialgleichungen mit variablen Koeffizienten ist auch der Koeffizient der höchsten Ableitung eine Funktion der unabhängigen Variablen (vgl. § 19).

Wir haben also eine Gleichung von der Form

$$a_n y^{(n)} + a_{n-1} y^{(n-1)} + \cdots + a_1 y' + a_0 y - f(t) = 0 \quad (17.33)$$

vorliegen, bei der beliebig viele der Koeffizienten, darunter auch der Koeffizient a_n, Funktionen der unabhängigen Variablen sind. Wenn wir hier die Differentialgleichung zum Aufstellen der Rechenschaltung auf die „Normalform" bringen, d. h. nach der höchsten Ableitung $y^{(n)}$ auflösen wollen, müssen wir den Ausdruck

$$y^{(n)} = - \frac{\sum\limits_{k=0}^{n-1} a_k y^{(k)} - f(t)}{a_n(t)} \quad (17.34)$$

bilden, d. h. alle Terme, die die restlichen $(n-1)$ Ableitungen enthalten, und die Störfunktion zusammenfassen und durch $a_n(t)$ dividieren.

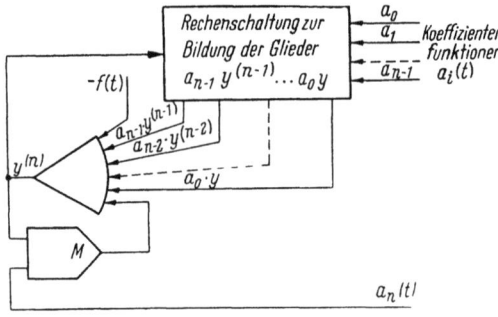

Die Division führen wir in der impliziten Technik aus; die Zusammenfassung der Zählerterme in Gl. (17.34) kann natürlich unmittelbar an den Eingängen des offenen Verstärkers erfolgen (Abb. 17.28).

Zur gleichen Rechenschaltung gelangt man auf einfachere Art durch die Anwendung der impliziten Lösungsmethode auf die Differentialgleichung selbst. Man erhält die gesuchte Größe $y^{(n)}$ ohne Auflösen der Gleichung am Ausgang eines offenen Verstärkers, wenn man an seinem Eingang die Differentialgleichung in der impliziten Form (17.33) erfüllt. Da wir hierbei das gleiche Prinzip anwenden wie bei einer Division, ergibt sich die gleiche Rechenschaltung, ohne daß aber jetzt explizit von einer Division die Rede ist.

Abb. 17.28
Lösung einer Differentialgleichung mit variablem höchsten Koeffizienten in der impliziten Technik

Es sei an dieser Stelle vor einer zu starken Verallgemeinerung des impliziten Lösungsprinzips gewarnt, da hierbei u. U. die Grenzen, die praktisch durch die nichtidealen Eigenschaften der Rechenelemente gesetzt werden, überschritten werden können. Wir wollen dies an einem Beispiel erklären. Da man theoretisch am Ausgang eines offenen Verstärkers jede gewünschte Größe erhalten kann, wenn man nur durch eine geeignete Rückführung dafür sorgt, daß die Summe der Eingangsgrößen Null wird, könnte man bei einer Differentialgleichung n-ter Ordnung daran denken, noch höhere Ableitungen $y^{(n+1)}$, $y^{(n+2)}$ usw. (falls man sie benötigt) nach diesem Prinzip zu gewinnen. Man könnte z. B. im Falle von Gl. (17.33) annehmen, daß am Ausgang eines offenen Verstärkers die Größe $y^{(n+1)}$ auftritt, wenn man an seinem Eingang die Differentialgleichung (17.33) in der impliziten Form erfüllt. Die Integriererkette zur Bildung der niedrigeren Ableitungen bis zur Größe y selbst würde dann einen Integrierer mehr enthalten (um aus $y^{(n+1)}$ die Größe $y^{(n)}$ zu bilden).

Tatsächlich würde man mit diesem Vorgehen, bedingt durch die unvermeidlichen kleinen Abweichungen der Rechenelemente vom idealen Verhalten, die Ordnung der Differentialgleichung erhöhen, so daß zusätzliche Eigenwerte in die Lösung eingeschleppt werden, die im ungünstigen Fall zur Instabilität führen. (Dies ist praktisch immer der Fall, wenn die Ordnung um mehr als Eins erhöht wird.)

Stabilitätsschwierigkeiten können bei der impliziten Technik auch schon entstehen, wenn der Koeffizient der höchsten Ableitung zu klein wird. Dies läßt sich bereits am Beispiel der — technisch bedeutsamsten — Differentialgleichung 2. Ordnung zeigen.

Zu lösen sei die parametrische Differentialgleichung

$$a_2(t)\,\ddot{y} + a_1\,\dot{y} + a_0\,y = f(t). \tag{17.35}$$

Der Koeffizient der höchsten Ableitung sei also variabel, während wir die übrigen Koeffizienten der Einfachheit halber als konstant annehmen wollen. (Ein solcher Fall tritt z. B. bei der Berechnung des Stromes in einer stark magnetisierten Eisendrossel auf).

Wir wenden das Lösungsprinzip nach Abb. 17.28 an und erhalten die Rechenschaltung Abb. 17.29. Der Kondensator C_s in Abb. 17.29 ist üblicherweise zur Stabilisierung notwendig.

Diese Schaltung ist nur so lange stabil, wie die Werte α_2 der Koeffizientenfunktion $a_2(t)$ die Bedingung

$$\alpha_2 > c\,\frac{\alpha_0}{\alpha_1}\,\frac{C_s}{C_0} \tag{17.36}$$

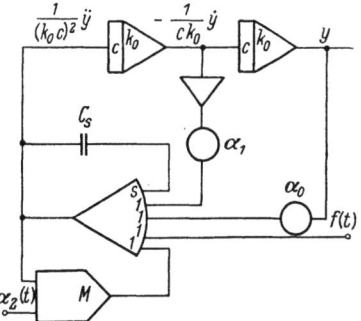

Abb. 17.29. Schaltung zur Lösung der parametrischen Differentialgleichung (17.35)

erfüllen. Hierbei ist für c die Eingangswertigkeit der Integrierer, für C_s die Größe der Stabilisierungskapazität und für C_0 die Größe der Integrationskapazität einzusetzen.

Beispiel: Bei einem Transistorrechner ist $C_0 = 0{,}2\,\mu\mathrm{F}$ und $C_s = 0{,}2\,\mathrm{nF}$. Es sei ferner $c = 10$, $\alpha_0 = 1$ und $\alpha_1 = 0{,}2$. α_2 muß dann in jedem Fall größer als $0{,}05$ bleiben.

Bei Differentialgleichungen von höherer als 2. Ordnung sind die Verhältnisse noch ungünstiger. Es muß daher durch eine entsprechende Normierung dafür gesorgt werden, daß α_2 nie zu klein werden kann.

Der Beweis für die Formel (17.36) ist leicht zu führen. Durch die Stabilisierungskapazität C_s (gegenüber der weitere Phasenfehler des Multiplizierers vernachlässigt werden können) wirkt der offene Verstärker in Abb. 17.29 wie ein Integrierer mit der — wenn auch sehr kleinen — Zeitkonstanten $T = R_0\,C_s$. Es gilt damit für die Ausgangsgröße des offenen Verstärkers die Differentialgleichung

$$\frac{1}{(k_0\,c)^2}\,\ddot{y} = -\frac{1}{T}\int\left(\frac{\alpha_2}{(k_0\,c)^2}\,\ddot{y} + \frac{\alpha_1}{k_0\,c}\,\dot{y} + \alpha_0\,y\right)dt^*. \qquad (17.37)$$

(Dabei wurden alle Anfangswerte sowie die Störgröße zu Null angenommen, da diese bei der Stabilitätsuntersuchung nicht interessieren.) Gl. (17.37) einmal differenziert ergibt mit den Abkürzungen

$$\tau = k_0\,c\,t^* \quad \text{und} \quad \alpha_3 = k_0\,c\,T \qquad (17.38)$$

die Differentialgleichung

$$\alpha_3\,\frac{d^3 y}{d\tau^3} + \alpha_2\,\frac{d^2 y}{d\tau^2} + \alpha_1\,\frac{dy}{d\tau} + \alpha_0\,y = 0,$$

deren charakteristische Gleichung

$$\alpha_3\,p^3 + \alpha_2\,p^2 + \alpha_1\,p + \alpha_0 = 0 \qquad (17.39)$$

lautet. Die HURWITZ-Bedingung für die Stabilität dieser Gleichung haben wir in § 15.1 (S. 121) angegeben. Danach müssen die Koeffizienten $\alpha_3 \ldots \alpha_0$ alle positiv sein und außerdem die Bedingung

$$\alpha_1\,\alpha_2 - \alpha_0\,\alpha_3 > 0 \qquad (17.40)$$

erfüllen. Mit den Abkürzungen nach Gln. (17.37) und (17.38) ergibt sich damit die Formel (17.36).

17.7 Spezielle Schaltungen mit Servo-Multiplizierern

Die spezifischen Eigenschaften des Servo-Multiplizierers lassen eine Vielfalt von Kunstschaltungen zu [2], von denen wir hier einige zusammengestellt haben, die zur Ergänzung der in den vorhergehenden Abschnitten angegebenen Schaltungen dienen mögen.

Abb. 17.30 zeigt die Kaskadenschaltung der einzelnen Potentiometer eines Servo-Multiplizierers zur Bildung der Potenzen $X^2 \ldots X^6$. Die Variable X kann bei dieser Schaltung beide Vorzeichen annehmen. Wenn X immer das gleiche Vorzeichen beibehält (z. B. immer positiv ist), genügt eine Schaltung mit wesentlich weniger Umkehrverstärkern (Abb. 17.31). Wenn wir nach Abb. 17.32 die Rückführung eines offenen Verstärkers durch eine solche Schaltung mit 4 Potentiometern bilden, erhalten wir die folgenden Potenzen von X mit ganzzahlig gebrochenem Exponenten: $X^{0,2}$, $X^{0,4}$, $X^{0,6}$ und $X^{0,8}$.

Die Potenz X^3 erhalten wir für beide Vorzeichen von X auf einfachere Weise nach der Beziehung $X^3 = X \cdot |X| \cdot |X|$. Diese Operation

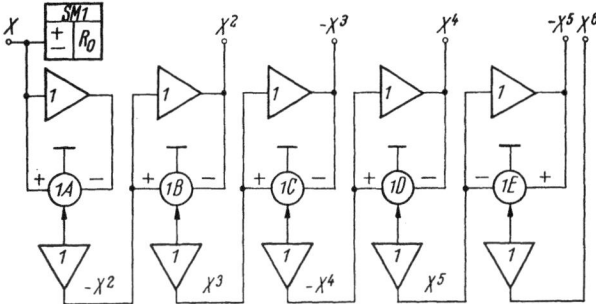

Abb. 17.30. Bildung von Potenzen mit ganzzahligen Exponenten

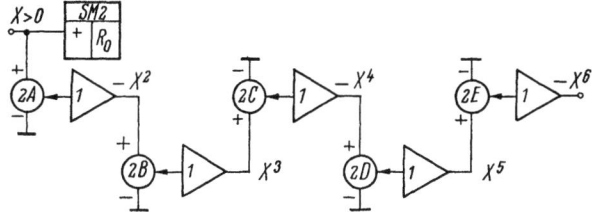

Abb. 17.31. Bildung von Potenzen mit ganzzahligen Exponenten einer positiven Variablen

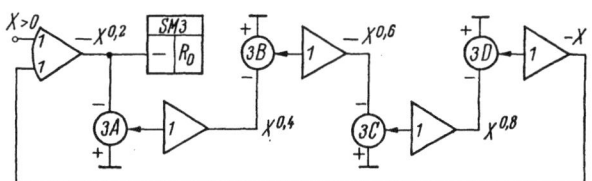

Abb. 17.32. Bildung von Potenzen mit gebrochenen Exponenten

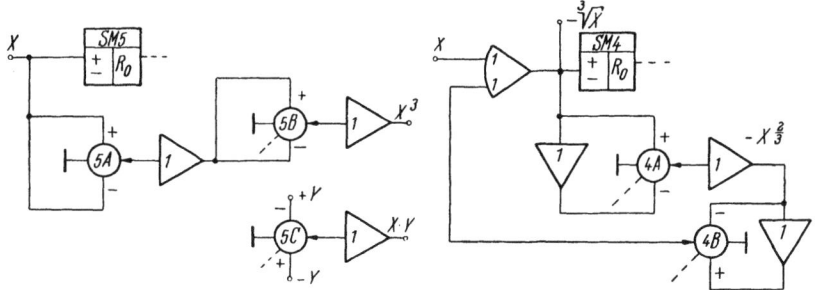

Abb. 17.33. Bildung der Funktion $Y = X^3$ Abb. 17.34. Bildung der Kubikwurzel

führt die Schaltung Abb. 17.33 aus. Mit den noch freien Potentiometern können weitere Multiplikationen mit X durchgeführt werden.

12*

Die Kubikwurzel erhalten wir durch Schaltungen nach Abb. 17.34, wenn die Variable X beide Vorzeichen annehmen kann. Man erhält gleichzeitig die Potenzfunktion $X^{2/3}$ (als Umkehrung der semikubischen Parabel eine gerade Funktion). Wenn X immer das gleiche Vorzeichen beibehält, kann ein Umkehrer eingespart werden. Die noch freien Potentiometer des Servo-Multiplizierers können zur Durchführung weiterer

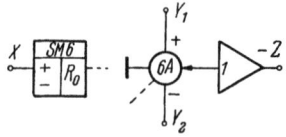

Abb. 17.35. Die Variable X wird mit zwei verschiedenen Funktionen multipliziert, je nachdem, welches Vorzeichen sie besitzt

Operationen mit $\sqrt[3]{X}$ (z. B. zur Bildung der Potenz X^3!) dienen.

Auf die grundsätzliche Möglichkeit, mit einem Servo-Multiplizierer unmittelbar zu dividieren, aber auch auf die technischen Schwierigkeiten, die dieser Anwendung entgegenstehen, haben wir bereits in § 10.1 hingewiesen. Praktisch ist eine solche Anwendung nur dann zulässig, wenn der Servo-Multiplizierer mit einer wirksamen automatischen Verstärkungsregelung ausgestattet ist. Die Möglichkeiten, durch Kunstschaltungen auf rationelle Weise komplexere Rechenoperationen durchzuführen, erweitern sich hierdurch entsprechend. Anwendungen in der Art des Schaltungsbeispiels 17.20 sind in diesem Falle auch mit Servo-Multiplizierern möglich.

Durch die mit Masse verbundene Mittelanzapfung sind die Potentiometer eines Servo-Multiplizierers in zwei unabhängige Hälften geteilt, wobei es vom Vorzeichen der Variablen X am Servoeingang abhängt, in welcher Hälfte die Schleifer der Potentiometer sich befinden. Dadurch ist es möglich, mit einem Servo-Multiplizierer zwei verschiedene Operationen auszuführen, je nachdem, ob die Variable X positiv oder negativ ist. So gilt z. B. bei der Schaltung Abb. 17.35

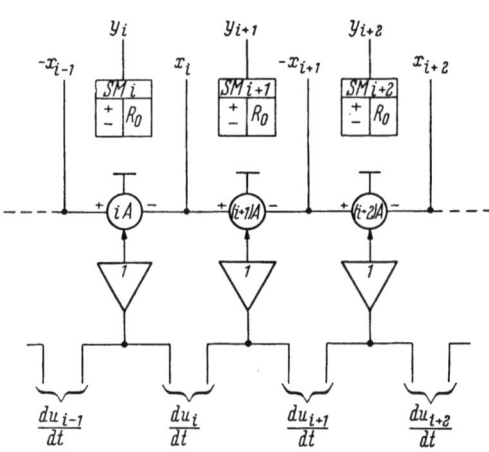

Abb. 17.36. Schaltung zur Durchführung der Operationen nach Gl. (17.41)

$$Z \begin{cases} = X\,Y_1 & \text{für} \quad X > 0 \\ = X\,Y_2 & \text{für} \quad X < 0 \end{cases}.$$

Wir betrachten noch ein komplexeres Beispiel:

Bei einem Problem aus der chemischen Verfahrenstechnik treten Gleichungen der folgenden Form auf

$$\frac{du_i}{dt} = |y_i| \begin{array}{c} {\scriptstyle y_i > 0} \\ \diagup \\ \diagdown \\ {\scriptstyle y_i < 0} \end{array} \begin{array}{c} (+x_{i-1}) \\ \\ (-x_i) \end{array} + |y_{i+1}| \begin{array}{c} {\scriptstyle y_{i+1} > 0} \\ \diagup \\ \diagdown \\ {\scriptstyle y_{i+1} < 0} \end{array} \begin{array}{c} (-x_i) \\ \\ (+x_{i+1}) \end{array} . \tag{17.41}$$

Diese Schreibweise soll ausdrücken, daß z. B. das 1. Glied in Gl. (17.41) gleich $y_i x_{i-1}$ ist, wenn $y_i > 0$ ist, und gleich $-y_i x_i$, wenn $y_i < 0$ ist, usw.

Man könnte solche Bedingungen mit Komparatoren erfüllen. In diesem Falle lassen sie sich aber auf einfachere Weise unmittelbar durch eine entsprechende Schaltung der Servo-Multiplizierer erfüllen (Abbildung 17.36).

17.8 Spezielle Schaltungen mit Parabel-Multiplizierern

Wie wir in § 10.3 ausgeführt haben, besitzt der Parabel-Multiplizierer in seinem Inneren Dioden-Widerstands-Netzwerke, mit deren Hilfe Parabeläste in allen 4 Quadranten des u, i-Koordinatensystems nachgebildet werden. Da von Natur aus mit solchen passiven Schaltelementen nur Funktionen im 1. und 3. Quadranten realisiert werden können, müssen die Eingangsspannungen u_1 und u_2 beide mit positivem und negativem Vorzeichen zugeführt werden (vgl. das Prinzipschaltbild Abb. 10.9).

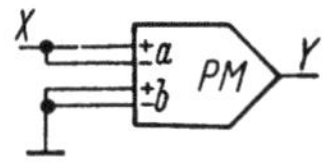

Abb. 17.37
Bildung der Funktion
$Y = -\frac{1}{2} X |X|$
$= -\frac{1}{2} (\text{sign} X) X^2$

Dies mag vielleicht zur Erklärung dienen, daß der Parabel-Multiplizierer nach Abb. 17.37 als Funktionsgeber geschaltet werden kann, der je einen Parabelast im 2. und 4. Quadranten nachbildet. Hierzu wird die Eingangsgröße an die für beide Vorzeichen gedachten Eingangsbuchsen gleichzeitig geführt. Die beiden anderen, jetzt nicht benutzten Eingangsbuchsen müssen dabei mit Masse verbunden werden.

Bei dieser Schaltung besteht zwischen der Ausgangs- und der Eingangsgröße die Beziehung

$$Y = -\frac{1}{2} X |X| \tag{17.42a}$$

oder in anderer Schreibweise

$$Y = -(\text{sign} X) \frac{X^2}{2}. \tag{17.42b}$$

(Der Leser kann sich unschwer an Hand von Abb. 10.9 und der zugehörigen Gleichungen in § 10.3 überlegen, wie diese Funktion zustande kommt.)

Diese Funktion hat in der Technik eine gewisse Bedeutung (Beispiel: Regelsystem mit quadratischer Abhängigkeit der Reglerparameter). Man kann sie auch zur Quadratbildung benutzen und damit einen Umkehrverstärker einsparen, wenn die Eingangsgröße ihr Vorzeichen nicht wechselt.

Für $X \leqq 0$ ist $Y = X^2/2$ und für $X \geqq 0$ ist $Y = -X^2/2$. Wenn wir einen nach Abb. 17.37 geschalteten Parabel-Multiplizierer

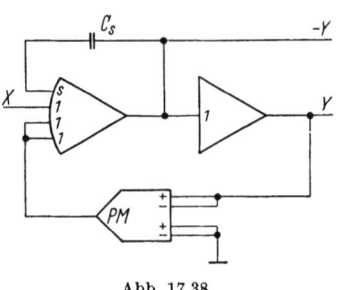

als Rückführung eines offenen Verstärkers benutzen (Abb. 17.38), erhalten wir nach Abschn. 17.6 die Umkehrfunktion

$$Y = \frac{X}{\sqrt{|X|}} \qquad (17.43\,\text{a})$$

bzw.

$$Y = (\text{sign}\,X)\,\sqrt{|X|}. \qquad (17.43\,\text{b})$$

Abb. 17.38
Bildung der Funktion $Y = X/\sqrt{|X|}$

Wir erhalten damit die gleiche Funktion wie in Gl. (17.22). Über die Bedeutung dieser Funktion haben wir schon im 4. Abschnitt gesprochen.

Bei manchen Rechnern sind keine kompletten Parabel-Multiplizierer, sondern nur die Zwei-Parabel-Netzwerke eingebaut, die dann bei Bedarf durch einen nachgeschalteten Summierverstärker zu einem Multiplizierer ergänzt werden müssen. In solchen Fällen genügt es zur Division oder zum Wurzelziehen, nur das reine Netzwerk in den Rückführungszweig eines offenen Verstärkers zu schalten. Man erhält dann bei sinngemäßer Schaltung die Funktion (17.43) (mit umgekehrtem Vorzeichen) mit einem einzigen Rechenverstärker.

Literatur zu § 17

[1] GILOI, W., u. R. HERSCHEL: Rechenanleitung für Analogrechner. Telefunken-Fachbuch, Konstanz 1961.
[2] WITSENHAUSEN, H.: Utilisation optimum des multipliers electro-mecaniques. Proceedings of the Second International Analogue Computation Meeting, Strasbourg, Sept. 1958.
[3] GOMPERTS, R., H. D'HOOP, R. VICHNEVETSKY u. H. WITSENHAUSEN: Operation of P.A.C.E. Equipment. Electronic Associates Inc., Brüssel.

§ 18. Erzeugung analytischer Funktionen ohne Funktionsgeber

Mit den Funktionsgebern eines Analogrechners lassen sich zwar beliebige Funktionen erzeugen, das Einstellen ist jedoch oft eine relativ mühsame Arbeit. Außerdem besitzen die üblicherweise verwendeten Dioden- oder Servofunktionsgeber nur eine begrenzte Zahl von Segmenten, so daß die darzustellenden Funktionen einigen einschränkenden Bedingungen genügen müssen. In den meisten Fällen wird die Genauigkeit der übrigen Rechenelemente nicht erreicht. Von den gegebenen Möglichkeiten, Funktionen durch Rechenschaltungen aus den üblichen Rechenelementen zu erzeugen, wird man daher bevorzugt Gebrauch machen.

18.1 Beispiele für die Erzeugung analytischer Funktionen der unabhängigen Variablen

In den §§ 15 und 16 haben wir bereits einige Funktionen angeführt, die sich als Lösung einer Differentialgleichung ergeben.

So kann man die Funktionen

$$\sin(\omega t + \varphi) \quad \text{und} \quad \cos(\omega t + \varphi) \tag{18.1}$$

als Lösungen der Differentialgleichung

$$\ddot{y} + \omega^2 y = 0 \tag{18.2}$$

erhalten (Abb. 16.2).

Die Funktionen

$$\sinh a t \quad \text{und} \quad \cosh a t \tag{18.3}$$

kann man durch Lösen der Differentialgleichung

$$\ddot{y} - a^2 y = 0 \tag{18.4}$$

erzeugen.

Umgekehrt wird man in den Fällen, in denen analytische Funktionen im Zusammenhang mit einer Differentialgleichung auftreten, versuchen, die Differentialgleichungen zu finden, deren Lösung die gesuchten Funktionen ergibt. Analytische Funktionen der abhängigen Variablen, auf die wir im nächsten Abschnitt eingehen, sind vielfach bei der Lösung nichtlinearer Differentialgleichungen zu bilden (vgl. § 21).

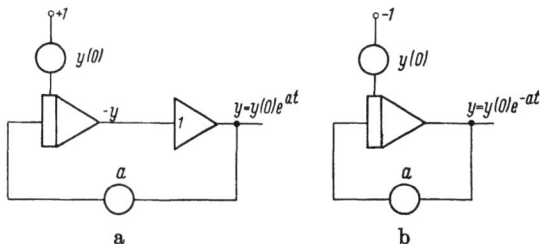

Abb. 18.1a u. b. Erzeugung der Exponentialfunktionen. a) $y = y_0 e^{at}$; b) $y = y_0 e^{-at}$

Neben den genannten Funktionen (18.1) und (18.3) wollen wir einige weitere Beispiele betrachten:

1. Die Exponentialfunktionen e^{-at} und e^{+at}.

Durch Differenzieren von $y = e^{\pm a t}$

folgt
$$\dot{y} = \pm a e^{\pm a t} = \pm a y, \tag{18.5}$$

oder
$$\dot{y} \mp a y = 0. \tag{18.6}$$

Damit ist die gesuchte Differentialgleichung gefunden. Abb. 18.1 zeigt die Rechenschaltungen für die Funktionen nach Gl. (18.5).

Eine gewisse Bedeutung besitzt in der mathematischen Statistik die Funktion

$$y = e^{-|at|} \qquad (18.7)$$

[z. B. als POISSON-Verteilung oder bei der Darstellung von *Autokorrelationsfunktionen* (s. § 29)].

Diese Funktion sei z. B. im Intervall

$$-5 \leqq a\,t \leqq +5$$

zu erzeugen. Da wir auf dem Analogrechner nicht mit negativen Zeiten rechnen können, führen wir zunächst die Transformation

$$\tau = a\,t + 5$$

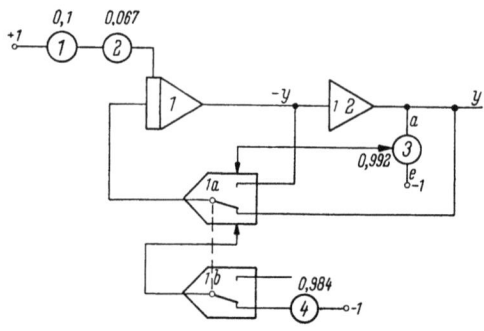

ein. Im Intervall $0 \leqq \tau \leqq 5$ lösen wir die Differentialgleichung

$$\frac{dy}{d\tau} - y = 0$$

mit dem Anfangswert

$$y(0) = e^{-5} = 0{,}0067$$

und im Intervall $5 \leqq \tau \leqq 10$ lösen wir die Differentialgleichung

Abb. 18.2. Erzeugung der Funktion $Y = e^{-|at|}$

$$\frac{dy}{d\tau} + y = 0.$$

Es ist also bei $\tau = 5$ das Vorzeichen umzuwechseln, wozu wir z. B. einen Komparator verwenden können. Als Kriterium für das Umschalten des Komparators kann die Größe y selbst dienen; und zwar soll dann umgeschaltet werden, wenn $y = 1$ geworden ist (da y nicht größer als Eins werden kann, erübrigt sich auch eine besondere Betragsnormierung).

Die Vergleichsspannung -1 wird durch einen 2. Kontakt des Komparators beim Umschalten der Differentialgleichung abgetrennt, damit der Komparator auch dann in der oberen Stellung verbleibt, wenn y wieder <1 wird[1] (Abb. 18.2).

2. Die Funktion

$$y_1 = \frac{y_0}{a + b\,t} \qquad (18.8)$$

kann man durch eine Division erhalten. Wir erzeugen sie aber mit weniger Aufwand als Lösung einer Differentialgleichung.

Gl. (18.8) differenziert, ergibt

$$\dot{y}_1 = -\frac{b\,y_0}{(a + b\,t)^2} = -\frac{b}{y_0}\,y_1^2.$$

Hieraus folgt die Differentialgleichung

$$\dot{y}_1 + \frac{b}{y_0}\,y_1^2 = 0 \quad \text{mit} \quad y_1(0) = \frac{y_0}{a}. \qquad (18.9)$$

Die unskalierte Rechenschaltung zeigt Abb. 18.3.

---

[1] Die über Pot. 3 zugeführte kleine negative Spannung sorgt dafür, daß sich der Komparator zu Beginn der Rechnung in der richtigen Ausgangslage befindet. Pot. 4 korrigiert den durch Pot. 3 entstehenden Fehler.

3. Die Funktion

$$y_2 = y_0 \ln (a + bt) \qquad (18.10)$$

läßt sich leicht aus der Funktion (18.8) bilden. Nach der Beziehung

$$\dot{y}_2 = \frac{y_0}{a + bt}\, b = b\, y_1 \qquad (18.11)$$

ist die mit b multiplizierte Funktion nach Gl. (18.8) einfach zu integrieren (Abb. 18.3).

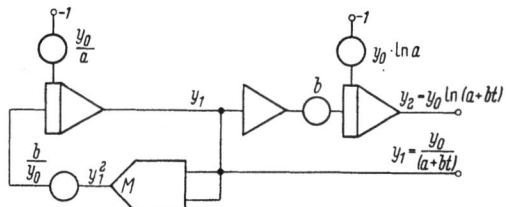

Abb. 18.3. Erzeugung der Funktionen $y_0/(a + bt)$ und $y_0 \ln(a + bt)$

Der Anfangswert dieses Integrierers ist

$$y_2(0) = y_0 \ln a.$$

4. Bei der Funktion

$$y_3 = \frac{y_0}{\sqrt{a + bt}} \qquad (a, b > 0) \qquad (18.12)$$

erhalten wir durch Differentiation

$$\dot{y}_3 = -\frac{1}{2}\, \frac{b\, y_0}{(a + bt)^{3/2}} = -\frac{b}{2}\, \frac{y_3}{a + bt}. \qquad (18.13)$$

Man könnte diese Differentialgleichung nach der durch Gl. (18.13) ausgedrückten Rechenvorschrift lösen. Man würde aber dazu außer dem Multiplizierer in der Schaltung Abb. 18.3 zur Bildung des variablen Koeffizienten noch einen 2. Multiplizierer benötigen, um das Produkt $y_3 y_1$ herzustellen.

Eine einfachere Schaltung erhalten wir, wenn wir uns der *impliziten Technik* bedienen, d. h. die Differentialgleichung (18.13) in der impliziten Form

$$(a + bt)\, \dot{y}_3 + \frac{b}{2}\, y_3 = 0 \qquad (18.14)$$

lösen. Abb. 18.4 zeigt die Rechenschaltung, zu deren Verständnis wir auf § 17 verweisen.

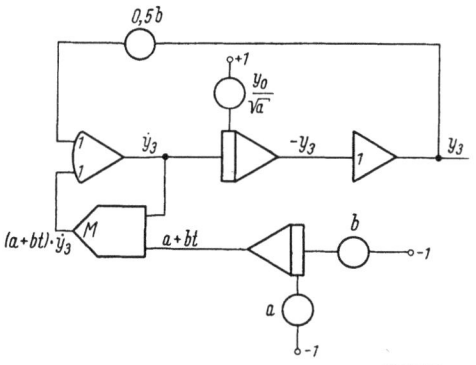

Abb. 18.4. Erzeugung der Funktion $y = y_0/\sqrt{a + bt}$

18.2 Beispiele für die Erzeugung analytischer Funktionen der abhängigen Variablen

1. Erzeugung von $\ln x$.

In Gl. (18.10) hatten wir den Logarithmus einer unabhängigen Variablen gebildet. Den Logarithmus einer abhängigen Veränderlichen

$$y = \ln x \quad \text{mit} \quad x = x(t), \quad x_0 = x(0) \tag{18.15}$$

erhalten wir als Lösung der Differentialgleichung

$$\dot{y} = \frac{\dot{x}}{x}. \tag{18.16}$$

Abb. 18.5 zeigt die unskalierte Rechenschaltung.

Charakteristisch für das hier angewandte Verfahren ist, daß neben der abhängigen Veränderlichen x auch deren zeitliche Ableitung $\dot{x}(t)$ benötigt wird. Wie das nächste Beispiel zeigt, genügt manchmal sogar die Ableitung allein. Diese Tatsache stellt jedoch keinen Nachteil des Verfahrens dar, denn die Ableitungen wird man nur in den seltensten Fällen durch eine Differentiationsschaltung nach § 17 erzeugen müssen. Vielmehr hat man es ja fast stets mit Differentialgleichungen zu tun, so daß man die Ableitungen der Variablen unmittelbar aus der Rechenschaltung entnehmen kann.

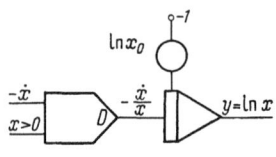

Abb. 18.5
Bildung der Funktion $y = \ln x$

2. Erzeugung von e^{-ax}.

Für die gesuchte Funktion

$$y = e^{-a\,x(t)}, \quad x_0 = x(0) \tag{18.17}$$

erhalten wir durch Ableiten nach der Zeit die Differentialgleichung

$$\dot{y} + a\,\dot{x}\,y = 0. \tag{18.18}$$

Diese Differentialgleichung wird durch die Schaltung Abb. 18.6 erfüllt.

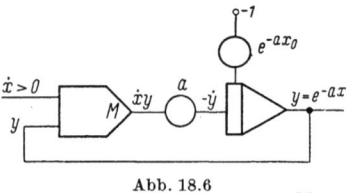

Abb. 18.6
Bildung der Funktion $y = e^{-ax}$

Bei der Bildung der Logarithmusfunktion muß natürlich wieder vorausgesetzt werden, daß $x(t)$ immer hinreichend größer als Null ist. Man könnte nun die Schaltungen Abb. 18.5 und 18.6 benutzen, um entsprechend dem Verfahren in § 17.5 durch Logarithmieren, Multiplizieren und „Delogarithmieren" Potenzfunktionen zu bilden. Wie das nächste Beispiel zeigt, kann man aber nach der hier geübten Technik Potenzfunktionen unmittelbar erzeugen.

3. Zu bilden sei die Potenzfunktion

$$y = A\,x^\alpha, \quad x_0 = x(0)\,. \tag{18.19}$$

Die Differentiation von (18.19) ergibt

$$\dot{y} = A\,\alpha\,\dot{x}\,x^{\alpha-1} = \alpha\,\frac{\dot{x}}{x}\,y\,. \tag{18.20}$$

Gegenüber der Schaltung Abb. 18.5 bedarf es also eines weiteren Multiplizierers, um den Quotienten $\dot{x}/x$ mit y zu multiplizieren (Abb. 18.7).

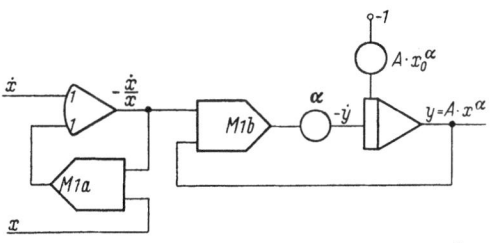

Ein Anwendungsbeispiel für diese Methode ist das 4. Beispiel des vorhergehenden Abschnitts [Gl. (18.12)]. Hier ist $A = y_0$, $x = a + b\,t$, $\dot{x} = b$. Dieses Beispiel ist so gewählt, daß eine Schwäche der Methode nicht zur Auswirkung kommt: in der Schaltung Abb. 18.7 darf

Abb. 18.7. Bildung der Potenzfunktion $y = A\,x^\alpha$

ebenso wie beim Logarithmieren die Größe von $x(t)$ eine bestimmte Schranke nicht unterschreiten, obwohl dies allein nach der Funktion (18.19) nicht einzusehen ist. So ist z. B. die Bildung des Ausdrucks

$$y = \frac{1}{\sqrt{a\,t}} \quad (0 \leqq t \leqq t_{\max})$$

nach diesem Verfahren nicht möglich.

In den Fällen, in denen eine Potenz (Wurzel) mit einem beliebig gebrochenen (positiven oder negativen) Exponenten zu bilden ist, wobei die zu potenzierende Größe auch Null werden kann, kann nur ein Funktionsgeber helfen! Potenzen oder Wurzeln mit variablem Exponenten von einer Funktion, die auch Null werden kann, lassen sich nicht bilden.

4. Erzeugung der Funktionen

mit
$$y = A \sin x \quad \text{und} \quad y = A \cos x$$
$$x = x(t) \quad \text{und} \quad \dot{x} \neq 0\,. \tag{18.21}$$

Durch zweimalige Differentiation einer der Funktionen (18.21) erhält man die Differentialgleichung

$$\ddot{y} - \frac{\ddot{x}}{\dot{x}}\,\dot{y} + \dot{x}^2\,y = 0\,.$$

Diesen komplizierten Ausdruck kann man vermeiden, wenn man statt dessen ein System zweier Differentialgleichungen aufstellt.

Wir setzen

und
$$y_1 = A \sin x(t) \tag{18.21a}$$
$$y_2 = A \cos x(t)\,. \tag{18.21b}$$

Wir erhalten daraus das Differentialgleichungssystem

$$\dot{y}_1 = \dot{x}\, y_2,$$
$$\dot{y}_2 = -\dot{x}\, y_1,$$

(18.22)

aus dem unmittelbar die Rechenschaltung Abb. 18.8 folgt.[1]

Sinus- und Kosinusfunktionen lassen sich auch auf einem Funktionsgeber einstellen. Während man in diesem Falle aber aus Gründen der

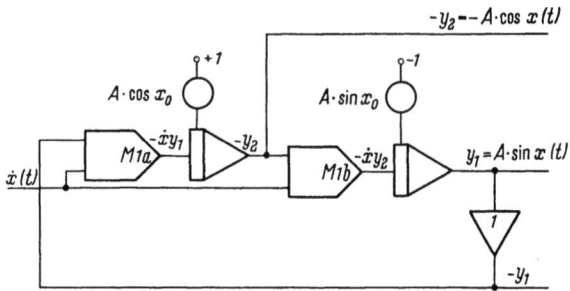

Abb. 18.8. Erzeugung der Funktionen $y_1 = A\,\sin x(t)$ und $y_2 = A\,\cos x(t)$

Genauigkeit nur eine halbe, höchstens eine ganze Periode der Funktion einstellen kann, kann die Schaltung nach Abb. 18.8 bei höherer Genauigkeit viele Perioden der Funktion erfassen. Ein weiterer Vorteil ist, daß sie gleichzeitig den Sinus und den Kosinus liefert. Wir werden aus dieser sehr interessanten Schaltung im folgenden noch einige wichtige Anwendungsfälle ableiten.

18.3 Erzeugung einer Sinusfunktion mit zeitlich veränderlicher (gleitender) Frequenz

Zur Untersuchung der Resonanzeigenschaften schwingungsfähiger Systeme benötigt man eine sinusförmige Störfunktion mit variabler Frequenz.

Eine Schaltung für die Sinusfunktion, bei der wir die Frequenz von Hand ändern können, zeigt Abb. 16.2. Zum Aufnehmen von Resonanzkurven ist es jedoch wünschenswert, die Frequenzänderung automatisch und synchron zum Vorschub des Schreibers vorzunehmen. Dazu kann die Schaltung nach Abb. 18.8 dienen. Mit

und damit $\qquad \dot{x} = \omega(t) + \dot{\omega}(t)\,t \quad$ folgt $\quad x = \omega(t)\,t$

und $\qquad y_1 = A\,\sin\omega(t)\,t$

$\qquad\qquad y_2 = A\,\cos\omega(t)\,t,$

---

[1] Wenn $\dot{x} = 0$ ist, ist die Rechenschaltung Abb. 18.8 nicht mehr geschlossen, sondern die Integrierer integrieren nur noch über die unvermeidlichen Nullpunktfehler der Multiplizierer auf. Aus diesem Grunde wird in Gl. (18.21) $\dot{x} \neq 0$ gefordert.

oder mit der Abkürzung $\tau = \lambda t$ (18.23)

$$y_1 = A \sin \frac{\omega}{\lambda} \tau,$$

(18.24)

$$y_2 = A \cos \frac{\omega}{\lambda} \tau.$$

Eine Schaltung zur Erzeugung der Funktionen (18.24), bei der ein Servo-Multiplizierer mit 2 Kanälen verwendet wird, zeigt Abb. 18.9.

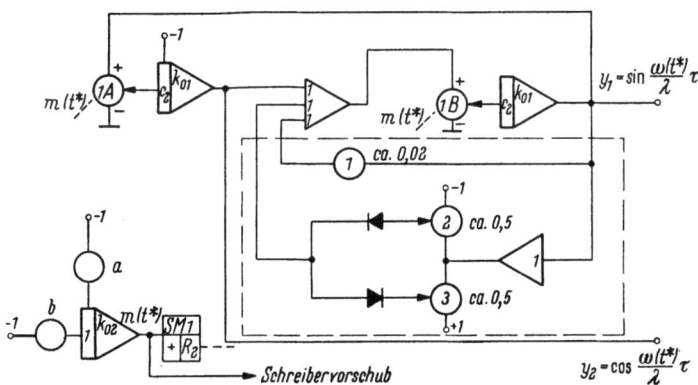

Abb. 18.9. Erzeugung einer Sinusfunktion mit zeitlich veränderlicher Frequenz

Dabei wird vorausgesetzt, daß sich $\omega(t)$ so langsam ändert, daß in jedem Zeitpunkt $\dot{\omega} t \ll \omega$ und damit $\dot{x} \approx \omega$ ist.

Wir stellen bei der Betrachtung dieser Schaltung zunächst fest, daß hier die Potentiometer in Abb. 16.2 gegen die Potentiometer eines Servo-Multiplizierers ausgetauscht wurden. Selbstverständlich kann man auch, wie in Abb. 18.8 angedeutet, andere Multiplizierer, z. B. Parabel-Multiplizierer verwenden (Modulations-Multiplizierer sind weniger geeignet, wenn ω relativ groß [z. B. $\omega = 100\ \mathrm{s^{-1}}$] werden kann).

Durch einen weiteren Integrierer in der Schaltung 18.9 wird eine linear ansteigende Spannung erzeugt, die einmal den Schreibervorschub bewirken kann und die zum anderen an den Nachführeingang des Servo-Multiplizierers geschaltet ist, so daß die Frequenz der erzeugten Schwingung sich proportional zu dieser Spannung ändert.

Leider ändert sich dadurch aber auch innerhalb gewisser Grenzen die Amplitude der Schwingung. Da gerade bei Resonanzuntersuchungen eine sehr konstante Amplitude gefordert wird, ist in der Schaltung 18.9 eine *Amplitudenstabilisierung* vorgesehen. Diese geschieht durch zwei Rückführungen. Die erste Rückführung über das Potentiometer Nr. 1 bewirkt eine leichte Anfachung der Schwingung. Sobald diese die Amplitude 1 erreicht, setzt die zweite, in Abb. 18.9 durch gestrichelte Linien eingerahmte Rückführung ein und bewirkt eine kräftige Dämp-

fung, die größer als die Entdämpfung über Potentiometer 1 ist. Dadurch
stabilisiert sich die maximale Amplitude der Schwingung auf den Wert
Eins (der genaue Scheitelwert ist mit den Potentiometern 2 und 3 einzustellen). Die Schaltung innerhalb der gestrichelten Linien entspricht
der Nachbildung einer sog. „Toten Zone". Wir gehen auf diese Schaltung
in § 20 näher ein.

Diese Schaltungsmaßnahme bewirkt trotz ihrer Einfachheit eine sehr
gute Konstanz der Schwingungsamplitude. Ein Nachteil ist hierbei,
daß die Kurvenform der Schwingung geringfügig verzerrt wird, was
bei Resonanzuntersuchungen im allgemeinen nicht stören wird. Um die
Verzerrung genügend klein zu halten, darf das Potentiometer 1 nur auf
einen möglichst kleinen Wert eingestellt werden. Eine aufwendigere
Schaltung, die eine sehr genaue Amplitudenstabilisierung ohne Verzerrung der Kurvenform bewirkt, wird in § 21 im Zusammenhang mit
der Behandlung der VAN DER POLschen Differentialgleichung angegeben.

Bei der Erzeugung der „Gleitfrequenz" sind aber noch einige
weitere Gesichtspunkte zu beachten. Wir haben es in Abb. 18.9 ja nicht
mit einer Rechenschaltung zu tun, sondern mit einer Hilfsschaltung,
die wir deshalb etwas eingehender analysieren müssen. In den Parametern der Rechenschaltung ausgedrückt, liefert diese Schaltung die
Schwingungen

$$y_1 = \sin\big(m(t^*)\, c_2\, k_{01}\, t^*\big)$$
$$y_2 = \cos\big(m(t^*)\, c_2\, k_{01}\, t^*\big),$$

(18.25)

wobei

$$m(t^*) = a + b\, k_{02}\, t^*$$

ist.

Diese Schaltung wird nun immer in Verbindung mit einer Rechenschaltung arbeiten, der eine bestimmte Zeitnormierung zugrunde liegt,
wie es in Gl. (18.24) durch die Einführung des Normierungsfaktors λ
auch angedeutet wurde. Dabei möge der Normierung der Problemzeit
nach Gl. (18.23) von seiten des Rechners die Normierung

$$\tau = c_1\, k_{01}\, t^*$$

(18.26)

gegenüberstehen (vgl. Abschn. 15.3.3).[1] Damit kann man die Gl. (18.25)
auch schreiben

$$y_1 = \sin\left(m(t^*)\, \frac{c_2}{c_1}\, \tau\right),$$
$$y_2 = \cos\left(m(t^*)\, \frac{c_2}{c_1}\, \tau\right).$$

(18.27)

Wie ein Vergleich mit (18.24) zeigt, wählt man zweckmäßig

$$\frac{c_2}{c_1} = \frac{\omega_{\max}}{\lambda},$$

(18.28)

---

[1] Es wird also vorausgesetzt, daß bei allen Integrierern der Rechenschaltung
die Eingangswertigkeit c_1 zugrunde gelegt wird.

so daß sich für $m(t^*)$ das Intervall

$$a \leqq m(t^*) \leqq 1 \qquad (18.29)$$

ergibt.

Da t^* mit τ über Gl. (18.26) zusammenhängt, ist Gl.(18.27) genaugenommen der mathematische Ausdruck für eine sog. *frequenzmodulierte* Schwingung. Statt $m(t^*)$ nach Gl. (18.25) könnte man auch

$$m(\tau) = a + \frac{b\,k_{02}}{c_1\,k_{01}}\,\tau \qquad (18.30)$$

schreiben, und diesen Ausdruck in (18.27) einsetzen.

Wir wollen aber auf keinen Fall eine frequenzmodulierte Schwingung erhalten, sondern eine *quasistationäre* Schwingung veränderlicher Frequenz, oder mit anderen Worten: die Frequenz der Schwingung, und damit $m(t^*)$, darf sich nur unmerklich langsam gegenüber der Einschwingzeit der Rechenschaltung ändern. Die Zeit τ darf also in jedem Zeitpunkt t^* nur einen differenziell kleinen Zuwachs erhalten, oder in der TAYLOR-Entwicklung

$$m(t^* + \tau) = m(t^*) + \frac{d\,m(t^*)}{d\tau}\,\tau + \cdots \qquad (18.31)$$

muß schon der lineare gegenüber dem konstanten Term vernachlässigbar sein.

Wie Gl. (18.30) zeigt, müßte im Falle eines linearen Anstiegs die Bedingung

$$\frac{b\,k_{02}}{c_1\,k_{01}} \ll a = \frac{\omega_{\min}}{\omega_{\max}}$$

erfüllt sein.

Der Fehler ist also hier am Anfang am größten. Praktisch muß der Ausdruck auf der linken Seite *mindestens* eine Zehnerpotenz kleiner sein als die rechte Seite, bei *schmalbandigen* Systemen sogar *wesentlich mehr*. Wenn z. B. die große Frequenzvariation $\omega_{\min}/\omega_{\max} = 1/50$ gefordert wird, darf der Ausdruck auf der linken Seite nicht größer als 0,002 sein. Damit nun die Zeit, die das Durchlaufen einer Resonanzkurve benötigt, nicht zu groß wird, wird man die Integrationsfaktoren in der Rechenschaltung möglichst groß wählen. Bei solchen Aufgabenstellungen lernt man die Möglichkeit schätzen, die Integrierer eines Analogrechners auf verschiedene k_0-Werte umschalten zu können. Wir wählen z. B. in diesem Falle $k_{01} = 10\ \mathrm{s}^{-1}$ und $k_{02} = 1\ \mathrm{s}^{-1}$ ($c_1 = 1$) und können so $b = 0,02$ wählen. Wenn diese Möglichkeit nicht gegeben ist, sondern ausschließlich die Integrationsfaktoren $k_0 = 1\ \mathrm{s}^{-1}$ zur Verfügung stehen, müssen wir für b den Wert 0,002 einsetzen. Ein Rechendurchlauf beträgt im ersten Falle 50 s. Im zweiten Falle würde er 500 s betragen!

Abb. 18.10 macht deutlich, was geschieht, wenn man diese Regeln mißachtet. Hier wurde die Resonanzkurve eines schmalbandigen

Schwingkreises auf die beschriebene Weise aufgezeichnet (eine ausführliche Behandlung dieses Beispiels ist in § 25 zu finden). Als Integrationsfaktor der Integrierer in der Rechenschaltung für diesen Schwingkreis wurde sogar der Wert $c_1 k_{01} = 100\,\mathrm{s}^{-1}$ gewählt. Der Bereich der Frequenzvariation beträgt hier nur $0,5 \le \omega/\lambda \le 2$, d. h. a ist nur 0,25!

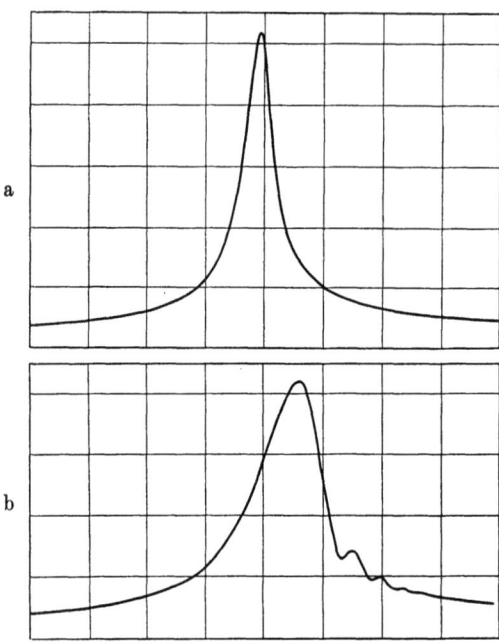

Bei einer Durchlaufzeit von 100 s ergibt sich dann die obere Kurve, die einwandfrei die Resonanzkurve des Schwingkreises wiedergibt. Bei der unteren Kurve, die mit einer Durchlaufzeit von 10 s gewonnen wurde, sind dagegen starke Verzerrungen bemerkbar.

Wir haben gesehen, daß bei einem linearen Frequenzanstieg der Fehler am Anfang am größten ist. Günstiger ist es natürlich, die Art des Frequenzanstiegs so zu wählen, daß der Fehler überall gleich ist. Nach Gl. (18.31) bedeutet dies die Erfüllung der Forderung

Abb. 18.10a u. b. Automatisch aufgenommene Resonanzkurve eines Schwingkreises
a) Die Frequenzänderung erfolgte genügend langsam;
b) die Frequenzänderung erfolgte zu schnell

oder
$$\frac{d\,m(t^{*})}{d\,t^{*}} = \varrho\, m(t^{*})$$

$$m(t^{*}) = e^{\varrho\, t^{*}}. \tag{18.32}$$

Die günstigsten Verhältnisse erhält man also bei einem exponentiellen Frequenzanstieg, d. h. wenn man die Resonanzkurve in dem meist ohnehin gewünschten logarithmischen Maßstab aufschreibt. Um eine Funktion $m(t^{*})$ nach Gl. (18.32) zu erhalten, verwenden wir die Schaltung nach Abb. 18.1a.

18.4 Schaltungen zur Koordinatentransformation

Zur Umwandlung von rechtwinkligen Koordinaten in Polarkoordinaten und umgekehrt dient ein spezieller Funktionsgeber, der Servokoordinatenwandler (s. § 11).

Selbstverständlich kann man die Funktion sin φ und cos φ auch mit entsprechend eingestellten Diodenfunktionsgebern erzeugen. Diese Möglichkeit ist in der Handhabung zwar nicht so bequem wie die Anwendung des Servo-Resolvers, sie hat jedoch den Vorteil, daß eine solche Schaltung wesentlich schneller arbeiten kann als ein Servoelement. Allerdings werden bei der Umwandlung von Polarkoordinaten in rechtwinklige Koordinaten noch 2 Parabel-Multiplizierer oder ein Modulations-Multiplizierer mit 2 Kanälen notwendig, um die Ausdrücke

$$R \cos\varphi \quad \text{und} \quad R \sin\varphi$$

zu bilden.

Die gleichen Ausdrücke können wir auch mit der Schaltung nach Abb. 18.8 erhalten. Abb. 18.11 zeigt eine Rechenschaltung zur Trans-

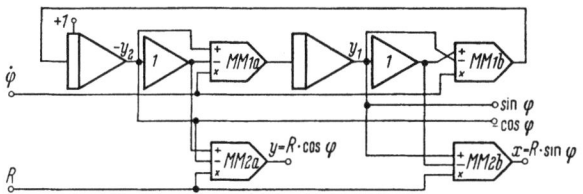

Abb. 18.11
Rechenschaltung zur Umwandlung von Polarkoordinaten in rechtwinklige Koordinaten

formation von Polarkoordinaten in rechtwinklige Koordinaten, die 2 Modulations-Multiplizierer mit je 2 Kanälen verwendet. Bemerkenswert ist, daß dieser Schaltung nicht der Winkel φ, sondern seine Ableitung $\dot{\varphi}$ zugeführt werden muß.[1] Bei normalen Anwendungen, z. B. zur Lösung von Flugkörper-Differentialgleichungen, ist die zeitliche Ableitung eines Winkels ebenso greifbar wie der Winkel selbst.

Ebenso wichtig ist die Umwandlung kartesischer Koordinaten in Polarkoordinaten. Hierzu ist die Schaltung Abb. 18.11 entsprechend zu modifizieren (Abb. 18.12).

Wir machen wie beim Servokoordinatenwandler auch hier von den geometrischen Beziehungen

$$y \cos\varphi - x \sin\varphi = 0 \qquad (18.33\,\text{a})$$

und

$$x \cos\varphi + y \sin\varphi = R \qquad (18.33\,\text{b})$$

Gebrauch (s. Abb. 11.5). Die Gl. (18.33a) lösen wir nach der impliziten Technik, d. h., wir gehen davon aus, daß am Ausgang eines offenen Verstärkers die benötigte Größe $\dot{\varphi}$ auftritt, wenn wir an seinem Eingang

---

[1] Auch bei dieser Schaltung sind die Fehler um so größer, je kleiner $\dot{\varphi}$ ist, da dann die Nullpunktfehler der Multiplizierer immer mehr Gewicht erlangen.

Giloi/Lauber, Analogrechnen   13

die Gl. (18.33a) erfüllen. Den Winkel φ gewinnen wir durch Integration. Es ist darauf zu achten, daß die Winkeländerung $\dot{\varphi}$ nicht zu groß wird, da sonst der offene Verstärker übersteuert werden kann.

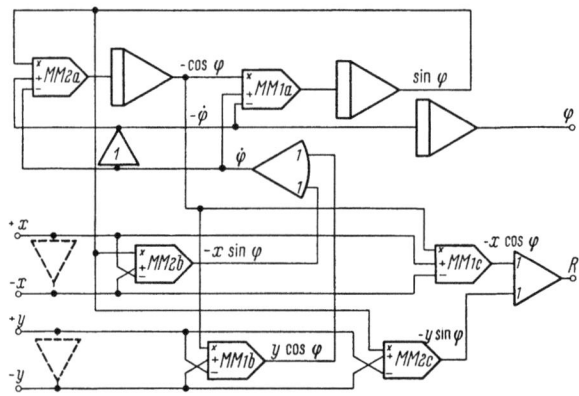

Abb. 18.12
Rechenschaltung zur Umwandlung von rechtwinkligen Koordinaten in Polarkoordinaten

Der Aufwand dieser Schaltung ist auch bei Verwendung zweier Modulations-Multiplizierer mit je 3 Kanälen ganz erheblich. Die Schaltungen Abb. 18.11 und Abb. 18.12 sind daher nicht geeignet, den Servokoordinatenwandler zu ersetzen. Man wird sie nur in Sonderfällen und nur dort anwenden, wo es auf Genauigkeit und schnelle Arbeitsweise ankommt.

§ 19. Lineare Differentialgleichungen mit variablen Koeffizienten

Der mathematische Schwierigkeitsgrad steigt im allgemeinen beträchtlich an, wenn die Koeffizienten einer Differentialgleichung keine konstanten Größen sind, sondern Funktionen der unabhängigen Variablen.

Solche Differentialgleichungen spielen eine bedeutende Rolle in der Mathematik, in der mathematischen Physik und in der Technik. Sie sind zwar linear, jedoch sind nur einige wenige, einfache Typen von linearen Differentialgleichungen mit variablen Koeffizienten geschlossen lösbar. Im allgemeinen kann eine mathematische Lösung nur durch einen Reihenansatz erfolgen, wodurch sich die Lösungen in Form unendlicher Reihen ergeben. Eine Anzahl von Funktionen der mathematischen Physik sind solcherart als Lösungen wichtiger Typen von linearen Differentialgleichungen mit variablen Koeffizienten definiert. Einige der wichtigsten Gleichungen sind:

die MATHIEUsche $\dfrac{d^2 y}{dt^2} + (a + b \cos \omega\, t)\, y = 0,$
Differentialgleichung

die BESSELsche
Differentialgleichung
$$t^2 \frac{d^2 y}{dt^2} + t \frac{dy}{dt} + (t^2 - n^2)\, y = 0,$$

die LEGENDRESche
Differentialgleichung
$$(1 - t^2) \frac{d^2 y}{dt^2} - 2t \frac{dy}{dt} + n(n + 1)\, y = 0,$$

die HERMITEsche
Differentialgleichung
$$\frac{d^2 y}{dt^2} + (\lambda - a^2 t^2)\, y = 0,$$

die TSCHEBYSCHEFFsche
Differentialgleichung
$$(1 - t^2) \frac{d^2 y}{dt^2} - t \frac{dy}{dt} + n^2 y = 0$$

usw.

In der Technik treten solche Differentialgleichungen z. B. in der Elastizitätstheorie, der Aerodynamik, der Akustik, der Elektrotechnik, der Hydrodynamik, usw. auf. Die Koeffizientenfunktionen sind auch hier meistens Polynome, trigonometrische oder Exponentialfunktionen.

Die Lösung einer Differentialgleichung von der Form

$$\sum_{i=0}^{n} \varphi_i(t) \frac{d^i y}{dt^i} = f(t) \tag{19.1}$$

auf dem Analogrechner bereitet prinzipiell gegenüber der Lösung einer Differentialgleichung mit konstanten Koeffizienten keine Komplikationen.

Es werden natürlich zusätzliche Rechenelemente benötigt, einmal zur Erzeugung der Koeffizientenfunktionen φ_i und zum anderen, um diese Funktionen mit den zugehörigen Ableitungen $d^i y/dt^i$ zu multiplizieren.

Etwas mehr Überlegung kostet in manchen Fällen die Normierung des Problems. Für die Erörterung der Normierungsregeln ist es zweckmäßig, die beiden folgenden Fälle zu unterscheiden.

19.1 Die Koeffizienten bleiben beschränkt

Wenn die Koeffizienten der Differentialgleichung als analytische Funktionen gegeben sind, wird man die Differentialgleichungen aufstellen, die die Koeffizientenfunktionen als Lösungen besitzen. Das anzuwendende Verfahren und Beispiele hierzu haben wir im vorhergehenden Paragraphen besprochen.

Man erhält auf diese Weise ein System von Differentialgleichungen, bestehend aus der zu lösenden Differentialgleichung mit den Koeffizienten φ_i und so vielen weiteren Differentialgleichungen der Veränderlichen φ_i, wie variable Koeffizienten auftreten. Die Behandlung dieses Differentialgleichungssystems unterscheidet sich nun in nichts mehr von der gewohnten Behandlung von Systemen von Differentialgleichungen, wie wir sie in § 16 betrachtet haben. Wesentlich ist, daß in allen Gleichungen des Systems eine einheitliche Zeitnormierung eingeführt wird.

Dadurch ist automatisch gewährleistet, daß die Koeffizientenfunktionen im selben Zeitmaßstab ablaufen wie die Lösung selbst.

Als Beispiel betrachten wir noch einmal die schon in § 4 angeführte MATHIEU-sche Differentialgleichung, die wir in der Form

$$\frac{d^2 y}{dt^2} + (1 + q \cos \omega_1 t)\, \omega_0^2\, y = 0 \qquad (19.2)$$

schreiben wollen. q sei eine gegebene Konstante, für die $0 \leqq q \leqq 1$ gilt. Dieser Differentialgleichungstyp spielt z. B. eine bedeutende Rolle bei der mathematischen Beschreibung der Frequenzmodulation und bei der Theorie der parametrischen Verstärker. Für uns sei die Aufgabe gestellt, das Verhalten der Lösung in Abhängigkeit von dem Frequenzverhältnis ω_1/ω_0 in dem Bereich

$$0{,}3 \leqq \frac{\omega_1}{\omega_0} \leqq 3 \qquad (19.3)$$

zu untersuchen.

Für den variablen Koeffizienten führen wir die Abkürzung

$$y_1 = \cos \omega_1 t \qquad (19.4)$$

ein. y_1 ist Lösung der bekannten Differentialgleichung

$$\ddot{y}_1 + \omega_1^2\, y_1 = 0 \qquad (19.5)$$

mit $y_1(0) = 1$ und $\dot{y}_1(0) = 0$.

Wir erhalten damit die beiden Differentialgleichungen

$$\frac{d^2 y}{dt^2} + (1 + q\, y_1)\, \omega_0^2\, y = 0 ,$$
$$\frac{d^2 y_1}{dt^2} + \omega_1^2\, y_1 = 0 . \qquad (19.6)$$

(Man beachte, daß die Systeme von Differentialgleichungen, die wir zur Beschreibung einer Differentialgleichung mit analytischen Koeffizientenfunktionen erhalten, nie ,,geschlossen'' sind. y_1 wird zwar zur Berechnung von y benötigt, nicht aber umgekehrt.)

Die Zeitvariable normieren wir wieder auf die Eigenfrequenz ω_0 der Differentialgleichung (19.2), indem wir die normierte Variable

$$\tau = \omega_0\, t \qquad (19.7)$$

einführen. Aus (19.6) wird dann

$$\frac{d^2 y}{d\tau^2} + (1 + q\, y_1)\, y = 0 ,$$
$$\frac{d^2 y_1}{d\tau^2} + \frac{\omega_1^2}{\omega_0^2}\, y_1 = 0 . \qquad (19.8)$$

Die Differentialgleichung zur Erzeugung der Funktion $q \cos \dfrac{\omega_1}{\omega_0} \tau$ wurde ausführlich in § 16.1.2 untersucht. Wir könnten zu ihrer Lösung wieder Abb. 16.2 benutzen mit $\alpha = \omega_1/\omega_0$. Um den Koeffizienten $(\omega_1/\omega_0)^2$ an einem einzigen Potentiometer einstellen zu können, wollen wir jedoch die Gl. (19.8) unmittelbar nachbilden. Abb. 19.1 zeigt die Rechenschaltung zur Lösung der Differentialgleichung (19.2). (Auf eine Normierung der abhängigen Variablen können wir bei diesem Beispiel verzichten.) Der Zusammenhang zwischen Problemzeit und Maschinenzeit lautet hier nach der bekannten Beziehung (15.23)

$$t = \frac{k_0}{\omega_0}\, t^* . \qquad (19.9)$$

Da nach Gl. (19.3) der Parameter ω_1/ω_0 den Maximalwert 3, das Quadrat also den Wert 9 annehmen kann, geht man für $\omega_1/\omega_0 > 1$ bei den beiden Integrierern in der Schaltung zur Erzeugung von y_1 jeweils auf einen Eingang „10" und kann dafür an dem Potentiometer den Wert

$$\left(\frac{\omega_1}{10\,\omega_0}\right)^2$$

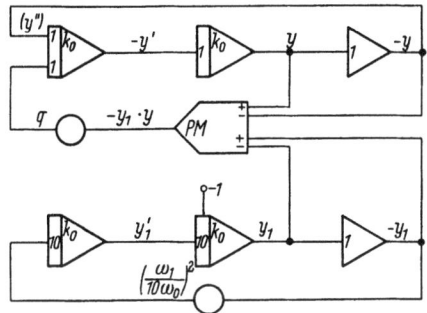

einstellen. Für $\omega_1/\omega_0 < 1$ wird man wieder auf die Eingänge „1" zurückstecken, um eine zu kleine Potentiometereinstellung zu vermeiden.

(Es sei noch vermerkt, daß man die gezeigte Schaltung zur Erzeugung der Kosinusfunktion nicht unmittelbar auch zur Gewinnung einer Sinusfunktion benutzen kann, da diese

Abb. 19.1. Rechenschaltung für die MATHIEUsche Differentialgleichung

am Ausgang des ersten Integrierers mit dem Faktor ω_1/ω_0 behaftet ist.)

Für y und $\dot{y}$ wurden keine Anfangsbedingungen aufgeschaltet. Das System ist also zunächst in Ruhe. Variiert man nun ω_1/ω_0, so stellt man fest, daß sich bei $\omega_1/\omega_0 = 2$ sehr bald eine rasch anwachsende Schwingung von y einstellt (Effekt der parametrischen Entdämpfung).

Nichtanalytische Koeffizientenfunktionen wird man im allgemeinen durch einen Funktionsgeber nachbilden. Hierbei begegnen wir zum ersten Male der Frage, wie man eine Funktion, die auf dem Funktionsgeber eingestellt wird, normiert. Es ist in diesem Zusammenhang zweckmäßiger, auf diese Frage im Anschluß an die Erörterungen des nächsten Abschnitts einzugehen.

19.2 Die Koeffizienten sind nicht beschränkt

Zunächst gelten hier die gleichen Gesichtspunkte wie in Abschn. 19.1. Zusätzlich ist aber jetzt noch zu beachten:

Da der Wert der Koeffizienten nicht beschränkt bleibt, muß man schon bei der Normierung festlegen, bis zu welcher Stelle man die Lösung berechnen will. Dieses Lösungsintervall

$$0 \leqq t \leqq t_{\max}$$

wird als erstes vorgeschrieben. Die Koeffizienten $\varphi_i(t)$ müssen nun ebenso wie die abhängige Variable auf ihre Maximalwerte $\varphi_{i\max}$ normiert werden, so daß die bezogenen Größen, die wir dadurch erhalten, den Wert Eins nicht überschreiten können. Bei monoton ansteigenden Koeffizientenfunktionen entspricht der Maximalwert natürlich dem Wert an der Stelle $t_{\max}$

$$\varphi_{i\max} = \varphi_i(t_{\max}), \tag{19.10}$$

so daß durch die Wahl des Lösungsintervalls auch die Normierung der Koeffizienten festliegt. Man kann dadurch nicht ohne Änderung der

Schaltung willkürlich die Rechenzeit t_{max} verlängern (was bei beschränkten Koeffizienten durchaus möglich ist), da die Rechenelemente zur Erzeugung der nicht beschränkten Koeffizienten übersteuert würden. Bestehen die Koeffizienten aus Potenzen in t wie z. B.

$$t, \ t^2, \ t^3 \ldots, \tag{19.11}$$

so ist direkt auf t_{max}, t_{max}^2 usw. zu normieren. Hier entsteht eine gedankliche Schwierigkeit. Die unabhängige Variable t wird auf dem Analogrechner immer durch die laufende Maschinenzeit t^* repräsentiert, für die es keine prinzipielle obere Schranke gibt. Die Koeffizientenfunktionen erzeugen wir am Rechner in Form von zeitlich veränderlichen Spannungen, die ihre obere Grenze in der Maschineneinheit E finden. Dies gilt auch dann, wenn diese Funktionen von der Form (19.11) sind. Vom Standpunkt des Analogrechnens muß man also zwischen der Größe t als unabhängiger Variabler und der Größe t als Koeffizientenfunktion unterscheiden. Dieser Unterschied besteht auch bei der Normierung. Während man die unabhängige Variable t auf die zunächst willkürlich eingeführte Bezugsgröße λ bezieht und so die normierte Zeit

$$\tau = \lambda t$$

einführt, ist der Koeffizient t auf den Maximalwert t_{max} zu beziehen.

Um diese begriffliche Schwierigkeit zu beseitigen und den aufgezeigten Unterschied deutlich zu machen, ist es zweckmäßig, für den *Koeffizienten t* einen neuen Buchstaben, z. B. $\varphi(t)$ einzuführen. Dadurch erhält man die Differentialgleichung auch jetzt wieder in der allgemeinen Form

$$\sum_{i=0}^{n} \varphi_i(t) \frac{d^i y}{dt^i} = f(t), \tag{19.1}$$

wobei jetzt für φ_i z. B.

$$\varphi_t = t \tag{19.12}$$

gelten möge.

Nach 19.1 ist die zu lösende Differentialgleichung durch die weiteren Differentialgleichungen zur Erzeugung der variablen Koeffizienten zu ergänzen. Für φ_t erhält man durch Differenzieren von Gl. (19.12)

$$\frac{d\varphi_t}{dt} = 1. \tag{19.13}$$

Der Maximalwert von φ_t ist nach (19.12) $\varphi_{i\,max} = t_{max}$.

Am deutlichsten wird dieses Verfahren an einem Beispiel. Es sei die Aufgabe gestellt, die GAUSSsche Fehlerfunktion

$$y = e^{-a\,t^2} \tag{19.14}$$

zu erzeugen. Diese Funktion kann als Lösung der Differentialgleichung

$$\dot{y} + 2a\,t\,y = 0 \quad \text{mit} \quad y(0) = 1 \tag{19.15}$$

gewonnen werden (vgl. § 19.1).

Der Koeffizient $2\,a\,t$ wächst mit der Zeit unbegrenzt an. Wir müssen uns daher auf ein festes Lösungsintervall beschränken. Aus einer Tabelle der Funktion liest man ab

$$t = 1, \quad y = 0{,}365,$$
$$t = 2, \quad y = 0{,}018,$$
$$t = 3, \quad y = 1{,}2 \cdot 10^{-4}.$$

Bei $t = 3$ ist die Funktion praktisch verschwunden, wir wählen daher

$$t_{max} = 3.$$

Wir führen nun für den variablen Koeffizienten die Substitution

$$z = t \tag{19.16}$$

ein und erhalten damit das Gleichungssystem

$$\dot{y} + 2\,a\,z\,y = 0$$

und

$$\dot{z} = 1. \tag{19.17}$$

Mit der Normierung

$$\tau = \lambda\,t \tag{19.18a}$$

und

$$Z = z/z_{max} = z/t_{max} \tag{19.18b}$$

folgt

$$\frac{dY}{d\tau} + \frac{2\,a\,t_{max}}{\lambda}\,Z\,Y = 0,$$
$$\frac{dZ}{d\tau} = \frac{1}{\lambda\,t_{max}}. \tag{19.19}$$

[Eine Normierung von y ist durch den durch Gl. (19.15) vorgeschriebenen Anfangswert überflüssig. Um in der üblichen Schreibweise zu bleiben, setzen wir $Y = y$.]

Wenn die Integrierer der Rechenschaltung den Integrationsfaktor k_0 besitzen, gilt wieder die Beziehung zwischen der Problemzeit und der Maschinenzeit nach Gl. (15.23)

$$t^* = \frac{\lambda}{k_0}\,t. \tag{19.20}$$

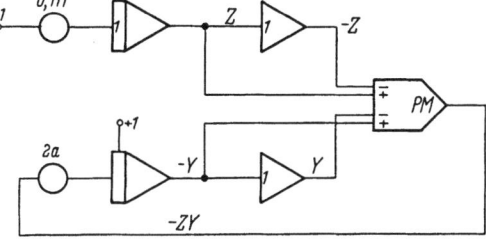

Die Rechenzeit auf dem Analogrechner beträgt damit

$$t_{max}^* = \frac{\lambda}{k_0}\,t_{max},$$

Abb. 19.2. Erzeugung der GAUSSschen Fehlerfunktion

sie hängt also von dem gewählten λ ab. (Bei der Forderung nach der Lösung in der „Echtzeit" ist natürlich wieder $\lambda = k_0$ zu setzen.)

Wir setzen z. B. der Einfachheit halber $\lambda = t_{max}$ und erhalten mit $k_0 = 1\ \text{s}^{-1}$ die endgültige Form

$$\frac{dY}{d\tau} + 2\,a\,Z\,Y = 0 \quad \text{mit} \quad Y(0) = 1,$$
$$\frac{dZ}{d\tau} = 0{,}111. \tag{19.21}$$

Damit erhalten wir die Rechenschaltung nach Abb. 19.2 (bei Verwendung eines Modulations-Multiplizierers kann der Umkehrverstärker zur Bildung von $-Z$ entfallen).

Um das Fehlerintegral

$$\Phi(t) = \frac{2}{\sqrt{\pi}} \int\limits_0^t e^{-at^2}\, dt \qquad (19.22)$$

zu bilden, ist nach (19.18a) und mit $\lambda = t_{max}$ in Gl. (19.22) zu substituieren. Das Integral

$$\Phi(\tau) = \frac{2}{t_{max}\sqrt{\pi}} \int\limits_0^\tau e^{-a\tau^2}\, d\tau = \frac{-2}{t_{max}\sqrt{\pi}} \int\limits_0^\tau (-Y)\, d\tau \qquad (19.23)$$

erhalten wir dann nach Abb. 19.3.

Ähnlich geht man vor, wenn die Funktionen $\varphi_i(t)$ nicht analytisch gegeben sind, sondern durch einen Funktionsgeber erzeugt werden müssen. Bei einem Funktionsgeber ist die Eingangsgröße eine Spannung, die dem Argument t entspricht. Wenn man diese Spannung wieder mit z bezeichnet, erhält man mit $z = t$ die „Differentialgleichung"

Abb. 19.3
Nachgeschalteter Integrierer zur
Berechnung des Fehlerintegrals

$$\dot z = 1,$$

die dann auf die gleiche Weise zu normieren ist wie die zu lösende Differentialgleichung. Die Normierung für Z wird wieder so gewählt, daß für $t = t_{max}$ $Z = 1$ geworden ist.

Die Ausgangswerte des Funktionsgebers werden so eingestellt, daß sie der Funktion $\Phi(Z) = \varphi(Z)/\varphi_{max}$ entsprechen.

Wenn z. B. in der Differentialgleichung der Koeffizient t^2 auftritt, kann man entsprechend ansetzen

$$\varphi = t^2, \quad \dot\varphi = 2t, \quad \ddot\varphi = 2.$$

Man kann aber auch die Größe $\varphi(t) = t$ herstellen und quadrieren.

Zur Illustration des Normierungsverfahrens bei linearen Differentialgleichungen mit variablen Koeffizienten sei noch ein weiteres Beispiel angefügt.

2. Beispiel: *Lösung der Besselschen Differentialgleichung*
Wir wollen uns auf die BESSELsche Differentialgleichung nullter Ordnung beschränken ($n = 0$)

$$\frac{d^2y}{dt^2} + \frac{1}{t}\frac{dy}{dt} + y = 0. \qquad (19.24)$$

Mit der Anfangsbedingung $y(0) = 1$ und $\dot y(0) = 0$ hat diese Differentialgleichung die Lösung

$$y = J_0(t) \qquad (19.25)$$

($J_0 =$ BESSEL-Funktion nullter Ordnung).

Man könnte nun auch hier die Koeffizientenfunktion

$$\varphi(t) = \frac{1}{t}$$

einführen und eine Differentialgleichung zur Gewinnung dieser Funktion aufstellen. Dieser Weg ist aber in dem vorliegenden Falle weniger zweckmäßig, da diese Funktion nicht in der Nähe von $t = 0$ erzeugt werden kann, ohne daß der Wertebereich am Rechner überschritten wird. Es ist daher günstiger, durch eine Division unmittelbar den Term $\dot{y}/t$ herzustellen, da die Ableitung von $J_0(t)$ bei $t = 0$ ebenfalls verschwindet. Man erhält dadurch den Ausdruck $0/0$ und muß nun dafür sorgen, daß der Grenzwert dieses Quotienten den zulässigen Wertebereich nicht überschreitet. Wir setzen wieder

$$Y = \frac{y}{y_{max}}, \qquad \tau = \lambda t \quad \text{und} \quad Z = \frac{t}{t_{max}} \qquad (19.26)$$

und erhalten damit die Gleichungen

und

$$\frac{d^2 Y}{d\tau^2} + \frac{1}{\lambda \, t_{max}} \frac{1}{Z} \frac{dY}{d\tau} + \frac{1}{\lambda^2} Y = 0$$

$$\frac{dZ}{d\tau} = \frac{1}{\lambda \, t_{max}}. \qquad (19.27)$$

Die Lösung $Y = J_0(t)$ soll bis $t_{max} = 20$ aufgezeichnet werden. Für y_{max} müssen wir noch eine Abschätzung finden.

Für zwei BESSEL-Funktionen benachbarter Ordnung gelten die Rekursionsformeln

und

$$\dot{J}_n(t) = \frac{n}{t} J_n(t) - J_{n+1}(t)$$

$$\dot{J}_n(t) = J_{n-1}(t) - \frac{n}{t} J_n(t).$$

Nach der 1. Formel erhalten wir mit $n = 0$:

$$\dot{J}_0(t) = \dot{y}(t) = -J_1(t). \qquad (19.28)$$

Aus einer Tabelle (z. B. [1]) können wir entnehmen:

$$J_{1\,max} \approx 0{,}6 J_{0\,max}$$

und damit

$$\dot{y}_{max} \approx 0{,}6 \, y_{max},$$

y_{max} und $\dot{y}_{max}$ sind also von der gleichen Größenordnung, so daß wir beide Größen auf denselben Maximalwert normieren können, um einen einheitlichen Maßstab für J_0 und J_1 zu erhalten. Die Größe von y_{max} wird durch die Bedingung festgelegt, daß der Quotient $Y(0)/Z(0)$ nicht größer als Eins sein darf. Dieser Quotient ist $0/0$. Sein Grenzwert läßt sich durch eine Betrachtung der Anfangssteigung abschätzen (Regel von BERNOULLI-L'HÔPITAL). Die Anfangssteigung von $-\dot{y}(t) = J_1(t)$ wird durch das 1. Glied der Reihenentwicklung von $J_1(t)$ gegeben. Wir finden in [1]

$$J_1(t)|_{t \to 0} \approx 0{,}5 t.$$

Damit folgt

und

$$\frac{\dot{y}}{t}\bigg|_{t \to 0} \approx 0{,}5$$

$$\frac{\dot{Y}(0)}{Z(0)} = \frac{t_{max}}{y_{max}} \, 0{,}5. \qquad (19.29)$$

Mit der Bedingung $\dot{Y}(0)/Z(0) = 1$ ist y_{max} festgelegt, und wir erhalten[1]

$$y_{max} = 0{,}5 t_{max} = 10. \qquad (19.30)$$

---

[1] Der Wert y_{max} ergibt sich also hier nicht, wie sonst gewohnt, aus der Forderung, daß $|Y| < 1$ sein soll, sondern er muß (mindestens) so groß gewählt werden, daß der Grenzwert nach Gl. (19.29) den Betrag 1 nicht überschreitet.

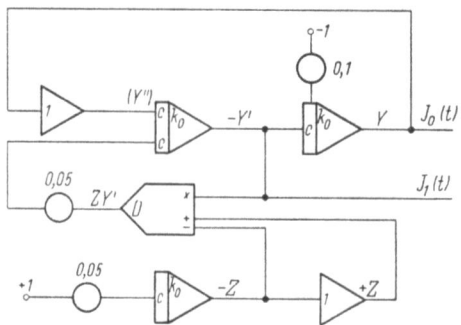

Abb. 19.4. Rechenschaltung für die BESSELsche Differentialgleichung nullter Ordnung

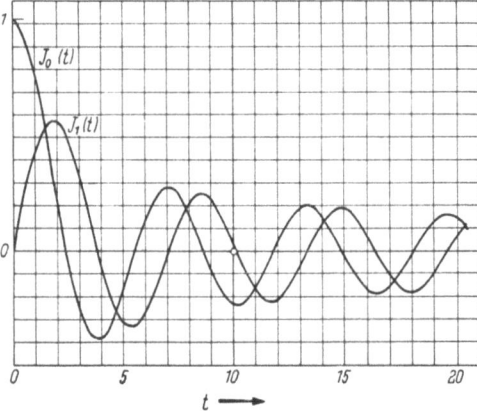

Abb. 19.5. Lösungskurven J_0 und J_1 der BESSELschen Differentialgleichung

Wenn wir z. B. der Einfachheit halber $\lambda = 1$ setzen, folgt

$$Y''(\tau) + 0,05 \frac{Y'(\tau)}{Z} + Y = 0$$

und

$$Z'(\tau) = 0,05$$

mit den Anfangsbedingungen

$$Y(0) = \frac{y(0)}{y_{max}} = 0,1$$

und

$$Z(0) = 0.$$

Wir erhalten damit eine Rechenschaltung nach Abbildung 19.4.

Falls nur Funktionswerte für größere t interessieren, wird man erst von einem bestimmten Wert $t = t_0$ an rechnen. In diesem Falle kann y_{max} kleiner gewählt werden, wodurch sich die Genauigkeit der Rechnung erhöht. Wir erhalten ferner günstigere Koeffizienten, wenn wir ein etwas kleineres λ wählen. Abb. 19.5 zeigt die erhaltenen Lösungen.

Bei Verwendung einer Dividierschaltung nach Abb. 17.9 kann es vorkommen, daß der offene Verstärker infolge der unvermeidlichen Störspannungen zu Beginn der Rechnung ($Z = 0$) übersteuert wird. In diesem Fall kann man zu der Funktion Z eine rasch abfallende Exponentialfunktion $\varepsilon\, e^{-at}$ addieren, so daß die Grenzwertbildung vermieden wird. Allerdings nimmt man dann einen geringfügigen Fehler in Kauf.

19.3 Implizite Technik

Wie die Aufzählung am Anfang dieses Paragraphen zeigt, ist bei einigen wichtigen Differentialgleichungen die höchste Ableitung $\ddot{y}$ mit einem variablen Koeffizienten verbunden. Auf die Nützlichkeit der sog. *impliziten Technik* zur Lösung solcher Gleichungen haben wir in § 17.6 hingewiesen.

Als Beispiel betrachten wir die Lösung der LEGENDREschen Differentialgleichung

$$(1 - t^2) \frac{d^2 y}{dt^2} - 2t \frac{dy}{dt} + n(n+1)\, y = 0 \tag{19.31}$$

(n = ganze Zahl).

In den Fällen, in denen sich bei dem Koeffizienten der höchsten Ableitung $\varphi_n(t)$ der Wert Eins abspalten läßt, führt man diese Abspaltung zweckmäßigerweise aus und bringt das Glied $\left(\varphi_n(t) - 1\right)\ddot{y}$ auf die rechte Seite. Im Falle von Gl. (19.31) erhalten wir

$$\frac{d^2 y}{d t^2} = t^2 \frac{d^2 y}{d t^2} + 2t \frac{d y}{d t} - n(n+1)\, y. \tag{19.32}$$

Durch den konstanten Anteil der Rückführung mit dem Wert Eins ist der offene Verstärker, den wir sonst benutzen, um solche Gleichungen in der impliziten Form zu erfüllen (vgl. § 17.6), zu einem normalen Summierer geworden: wir erhalten nach Gl. (19.32) die Größe $\ddot{y}$, wenn wir in einem Summierer die Glieder auf der rechten Seite (mit umgekehrtem Vorzeichen) aufsummieren.

Das gleiche ist auch möglich, wenn der konstante Anteil im Koeffizienten $\varphi_n(t)$ einen anderen Wert als Eins hat (man kann ja die Gleichung zunächst durch diesen Wert durchdividieren).

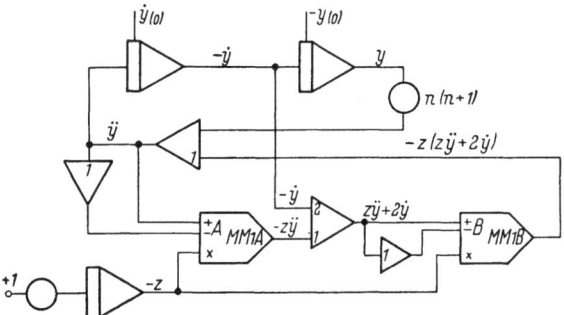

Abb. 19.6. Rechenschaltung zur Lösung der LEGENDREschen Differentialgleichung

Den Koeffizienten t erhalten wir wieder durch Integration über eine Konstante. t^2 könnten wir auf die gleiche Weise durch zweimalige Integration erhalten. Im vorliegenden Falle ist es aber zweckmäßig, den Koeffizienten t^2 durch Quadrieren von t herzustellen, da wir diese Operation mit dem gleichen Multiplizierer durchführen können, mit dem wir auch den Term $2t \cdot \dot{y}$ bilden, wenn dieser Multiplizierer 2 Kanäle besitzt (z. B. Modulations-Multiplizierer oder Servo-Multiplizierer). Wir setzen wieder

$$z = t,$$

und schreiben das Differentialgleichungssystem in der Form

$$-\frac{d^2 y}{d t^2} = -z\left(z \frac{d^2 y}{d t^2} + 2 \frac{d y}{d t}\right) + n(n+1)\, y$$
$$-\frac{d z}{d t} = -1. \tag{19.33}$$

Auf die Durchführung der Normierung wollen wir hier verzichten, da sie keine Besonderheiten aufweist. Die unskalierte Rechenschaltung für die Gl. (19.33) zeigt Abb. 19.6.

Literatur zu § 19

[1] JAHNKE-EMDE: Funktionentafeln. 3. Aufl. Leipzig und Berlin: B. G. Teubner 1938.

§ 20. Spezielle Schaltungen zur Erzeugung nichtanalytischer Funktionen

20.1 Erzeugung nichtlinearer Funktionen mit Hilfe von Dioden

Viele physikalische oder technische Systeme, insbesondere der Mechanik und der Regelungstechnik, enthalten bestimmte Nichtlinearitäten wie Begrenzungen, Hysterese, Tote Zone usw. Die besonders wichtigen und häufig vorkommenden nichtlinearen Kennlinien der genannten Art lassen sich auch ohne Funktionsgeber durch Kunstschaltungen erzeugen, bei denen vor allem von den im Rechner vorhandenen freien Dioden Gebrauch gemacht wird.

Man kann in der Analogrechenliteratur eine große Anzahl solcher Schaltungen finden. Zum großen Teil sind es aber Varianten einiger weniger Grundschaltungen. Wir wollen uns hier darauf beschränken, wichtige und erprobte Standardschaltungen anzugeben, wobei es uns darauf ankommt, die Gesichtspunkte deutlich zu machen, die beim Entwurf solcher Schaltungen maßgeblich sind. So haben wir vor allem den nichtidealen Eigenschaften der Röhren- und Halbleiterdioden (s. § 9) Rechnung zu tragen.

20.1.1 Idealisierung der Diodeneigenschaften. Die Eigenschaften der Röhren- und Halbleiterdioden, die im Analogrechner als Schaltelement zur Verfügung stehen, haben wir in § 9.1 besprochen. Sie weichen von den erwünschten Eigenschaften einer *idealen* Diode merklich ab (vgl. Abb. 9.2). Der wesentlichste Unterschied besteht bei einer Halbleiterdiode darin, daß hier der Übergang zwischen Sperr- und Durchlaßverhalten nicht bei der Spannung Null erfolgt, sondern bei einer positiven Spannung von etwa 0,6 V.

Noch störender ist das Verhalten einer Röhrendiode, bei der schon ein Strom — der sog. *Anlaufstrom* — fließt, ohne daß eine Spannung an der Diode anliegt. Um diesen Strom zum Verschwinden zu bringen, ist eine negative *Gegenspannung* (zwischen Anode und Kathode) notwendig, deren Größe ebenfalls bei etwa 0,6 V liegt.

Betrachten wir die Auswirkung dieses Fehlers in einem einfachen Anwendungsfalle:

Die einfachste Art der Betragsbildung kann nach Abb. 20.1 durch Vorschalten von Dioden vor die Eingänge eines Summierers geschehen.

Bei negativem Eingangssignal leitet Diode 1, und am Ausgang des
Summierers erscheint diese Größe mit positivem Vorzeichen. Bei positiver Eingangsgröße sperrt die Diode 1; da aber
jetzt $-y_e$ negativ ist, leitet Diode 2, und die Eingangsgröße erscheint am Ausgang des Summierers
wieder positiv. (Wenn das Eingangssignal nicht
schon in der Rechenschaltung sowohl mit positivem
als auch mit negativem Vorzeichen zur Verfügung
steht, wird ein zusätzlicher Umkehrer benötigt).

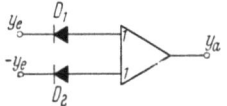

Abb. 20.1
Einfache Schaltung zur
Betragsbildung

Abb. 20.2 zeigt die Charakteristik zwischen Eingangs- und Ausgangsgröße in der Umgebung des Nullpunktes, wobei das Verhalten
von Röhren- und Halbleiterdioden mit dem
Verhalten idealer Dioden verglichen wird.

Bei der Halbleiter- (Silizium-)Diode bewirkt die „*Knickspannung*" von etwa 0,6 V
eine sog. tote Zone von der doppelten Größe.
Diese ist auch bei Röhrendioden vorhanden,
jedoch kommt hier der weitere Nachteil hinzu, daß am Ausgang des Summierers immer
eine Spannung auftritt, auch wenn die Eingangsspannung Null ist.

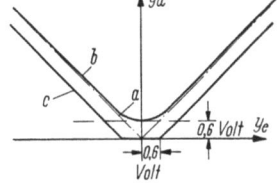

Abb. 20.2. Arbeitsweise der
Schaltung Abb. 20.1
a: mit „idealen" Dioden;
b: mit Röhrendioden;
c: mit Halbleiterdioden

Durch eine Vorspannung kann man den
Knickpunkt einer Diodenkennlinie an eine beliebige Stelle verschieben.
Also liegt es nahe, durch eine Vorspannung von etwa 0,6 V die Kenn-
linie der technischen Dioden dem Idealfall näherzubringen. Eine solche
Schaltung zur *Kompensation* der in der Diode von Natur aus vor-
handenen Knickspannung zeigt Abb. 20.3. Abb. 20.4 zeigt, wie sich der
Fehler bei der Betragsbildung auf einem 10-V-Transistorrechner durch
diese Schaltung verringert.

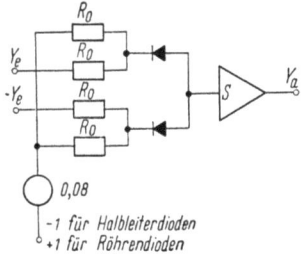

Abb. 20.3. Verbesserung der nichtidealen
Diodeneigenschaften durch eine Kompen-
sationsspannung

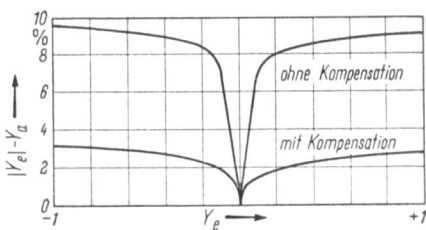

Abb. 20.4. Fehler bei der Betragsbildung
nach Abb. 20.1

Eine Maßnahme, die mehr noch als die Kompensationsmethode
geeignet ist, eine ideale Knickkennlinie zu erhalten, ist die Zusammenschaltung zweier Dioden mit einem offenen Verstärker nach Abb. 20.5a.

Bei kleinster negativer Eingangsspannung springt die Ausgangsspannung des offenen Verstärkers wegen des sehr großen Verstärkungs-
faktors auf den Wert, der notwendig ist, damit die Diode 1 leitet. Von
da an besitzt der offene Verstärker eine Rückführung über den Eingangswiderstand R_0, so daß er wie ein normaler Summierer wirkt. (Die Knickspannung der Diode 1 erscheint also am Eingang des offenen Verstärkers
durch dessen Verstärkung geteilt und ist damit praktisch gleich Null
geworden.) Wenn das Eingangssignal positiv wird, leitet Diode 2 und
verhindert dadurch, daß die Ausgangsspannung des Verstärkers über
die Knickspannung der Diode 2 ansteigen kann. Diese Spannung ist
negativ, so daß sie nicht über die Diode 1 auf den Ausgang der Schaltung
gelangen kann (die Diode 2 dient also lediglich dazu, ein Übersteuern
des offenen Verstärkers bei positivem Eingangssignal zu verhindern).

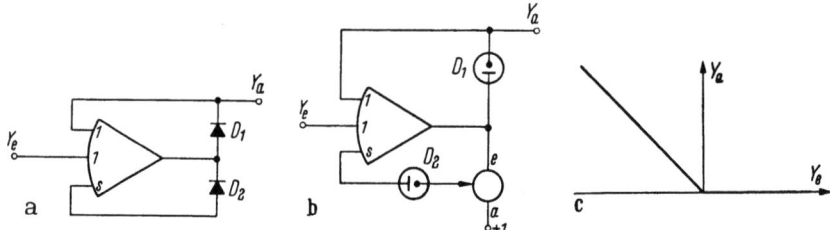

Abb. 20.5 a—c. Verbesserung der Diodeneigenschaften mit Hilfe eines Rechenverstärkers
   a) Schaltung mit Halbleiterdioden; b) Schaltung mit Röhrendioden; c) Kennlinie

Man erhält dadurch eine ideale Knickkennlinie nach Abb. 20.5 c. Durch
Umpolen der Dioden erhält man den ansteigenden Teil der Kennlinie im
4. Quadranten. Ein weiterer Vorteil dieser Schaltung ist, daß man durch
Addition einer Verschiebespannung am Eingang des Verstärkers den
Knick vom Nullpunkt weg auf beliebige Abszissenwerte verlegen kann.
   •Bei Röhrendioden kann die Schaltung Abb. 20.5 a *nicht* ohne weiteres
Anwendung finden. Wie schon erwähnt, fließt bei einer Röhrendiode
bereits ein Strom, wenn noch keine treibende Spannung wirkt. Durch
diesen Strom würde am Ausgang der Schaltung — auch dann, wenn
die Eingangsgröße Null ist — eine konstante Spannung auftreten, die
unter Umständen sehr störend wirkt. Wir können dies vermeiden, wenn
wir der Diode, die zur Begrenzung dient, über ein Potentiometer mit
freiem Ende (das mit dem Verstärkerausgang verbunden wird) eine
Vorspannung erteilen (Abb. 20.5 b). Das Potentiometer wird so weit von
Null an verstellt, bis die konstante Spannung am Ausgang der Schaltung
verschwindet. (Natürlich ist bei umgekehrter Polung der Diode auch die
Spannung am Eingang des Potentiometers umzupolen.)
   Bei einem Transistorrechner mit relativ niedriger Maschineneinheit
(z. B. $E = 10$ V) wird man immer Maßnahmen zur Idealisierung der

Diodenkennlinie treffen müssen. Eine unerwünschte Spannungsschwelle von 0,6 V bedeutet ja gegenüber der Maschineneinheit von 10 V einen Fehler von 6%. Die gleiche Spannung wird in einem Röhrenrechner mit der Maschineneinheit von 100 V nur einen Fehler von 0,6% verursachen. Wenn diese Spannung aber als konstante Fehlerspannung am Ausgang einer Schaltung wirkt, wird sie in sehr vielen Fällen dennoch untragbar sein, da sie die gleiche Fehlerwirkung wie eine Driftspannung hervorruft, dabei aber um Zehnerpotenzen größer sein kann.

20.1.2 Spezielle Schaltungen.

a) Betragsbildung. Eine genauere Betragsbildung als nach Abb. 20.1 könnte man erreichen, wenn man die einfachen Dioden in Abb. 20.1 durch 2 Schaltungen nach Abb. 20.5a ersetzen würde. Es würden hierbei also 3 Rechenverstärker benötigt (und evtl. ein vierter zur Vorzeichenumkehr).

Eine gleich gute Betragsbildung erhält man mit der Kunstschaltung Abb. 20.6. Wenn y_e positiv ist, gilt für y_a

$$y_a = 2y_e - y_e = y_e.$$

Ist hingegen y_e negativ, so gilt einfach

$$y_a = -y_e,$$

und damit also

$$y_a = |y_e|. \qquad (20.1)$$

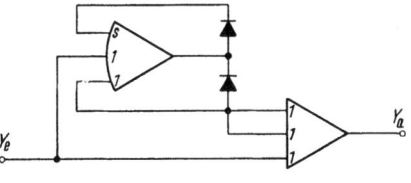

Abb. 20.6. Genaue Betragsbildung

b) Schaltungen zur Begrenzung. Die gewünschte Kennlinie zeigt Abb. 20.7a. Eine einfache Schaltung zur Begrenzung zeigt Abb. 20.7b.

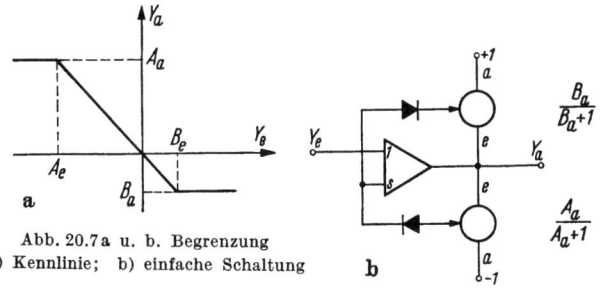

Abb. 20.7a u. b. Begrenzung
a) Kennlinie; b) einfache Schaltung

Sie erfordert 2 Potentiometer mit freien Enden, die mit dem Verstärkerausgang verbunden werden.

Die Höhe der Schranken kann dadurch gewählt werden, daß man die an den Potentiometern angeschriebenen Größen einstellt. Solange das Eingangssignal unterhalb der Schranken bleibt, werden beide Dioden in Sperrichtung betrieben und haben daher keinen Einfluß auf den

Verstärker, der somit als normaler Umkehrer arbeitet. Erst wenn beispielsweise eine positive Eingangsgröße so groß wird, daß das dadurch entstehende negative Ausgangssignal einen größeren Wert als B_a anzunehmen trachtet, wechselt das Potential am Schleifer des oberen Potentiometers vom bisher positiven zum negativen Vorzeichen, und die obere Diode beginnt zu leiten und damit einen weiteren Anstieg der Ausgangsspannung zu verhindern. Die Kennlinie, die bisher die Steigung Eins besaß (Eingang „1" vorausgesetzt), erhält jetzt annähernd eine Steigung der Größe $(R_i + R_d)/R_0$, wenn R_i den Innenwiderstand des Potentiometers, R_d den Durchlaßwiderstand der Diode und R_0 den Eingangswiderstand des Verstärkers bedeutet. Da $(R_i + R_d) \ll R_0$ ist, kommt diese Steigung dem geforderten Wert Null recht nahe. Die Knickspannung der Dioden stört bei dieser .Schaltung nicht, sie führt lediglich zu einer kleinen Abweichung in der Einstellung der Potentiometer. (Die Schaltung ist also auch für Röhrendioden geeignet). Für eine genaue Einstellung der Schranken A_a und B_a genügt es ohnehin nicht, sich nach den Skalen der Potentiometer zu richten. Am einfachsten mißt man sie mit dem Digitalvoltmeter aus.

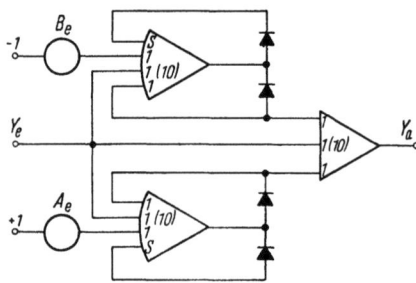

Abb. 20.8. Genaue Begrenzerschaltung

Eine genauere und dafür aufwendigere Schaltung zeigt Abb. 20.8. Hier werden wieder die Diodeneigenschaften nach dem Prinzip von Abb. 20.5a idealisiert, wobei sich ferner der Vorteil ergibt, daß keine Potentiometer mit freien Enden nötig sind, so daß die Höhe der Schranken auch nicht ausgemessen zu werden braucht. In dieser Schaltung dürfen auch unmittelbar Röhrendioden eingesetzt werden. Eine zehnfache Verstärkung im linearen Bereich gewinnt man dadurch, daß man auf die in Abb. 20.8 in Klammern gesetzten Eingänge geht.

c) Tote Zone. Unter einer toten Zone verstehen wir eine Kennlinie nach Abb. 20.9a; oder mathematisch formuliert:

$$\left. \begin{aligned} Y_a &= 0 && \text{für} && -B \leq Y_e \leq +A, \\ Y_a &= Y_e - A && \text{für} && Y_e > A, \\ Y_a &= Y_e + B && \text{für} && Y_e < -B. \end{aligned} \right\} \qquad (20.2)$$

Eine einfache Schaltung hierfür, bei der man allerdings keine zu hohen Anforderungen an die Genauigkeit stellen darf, zeigt Abb. 20.9b. Bei Halbleiterdioden addiert sich deren Knickspannung zu den eingestellten Schwellen A und B hinzu. Die Breite der Schwellen kann also nicht kleiner als etwa 0,6 V gemacht werden.

Bei Röhrendioden ist diese Knickspannung abzuziehen. Die richtige Einstellung gewinnt man auch hier am besten durch eine Messung.

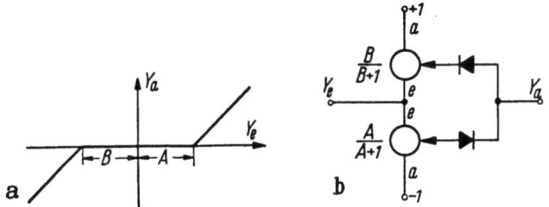

Abb. 20.9a u. b. Tote Zone. a) Kennlinie; b) einfache Schaltung

Es ist wichtig, daß die Eingangsgröße Y_e von einem Verstärkerausgang abgenommen wird (und nicht etwa z. B. von einem Potentiometer).

Die entsprechende, sehr genau arbeitende Schaltung mit idealisierten Dioden zeigt Abbildung 20.10.

d) Signumfunktion (Trockene Reibung). Die Signumfunktion besitzt nur zwei mögliche Werte für die Ausgangsgröße, die abhängig vom Vorzeichen der Eingangsgröße auftreten

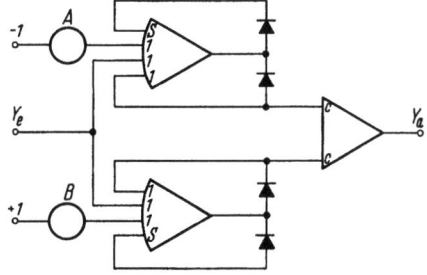

Abb. 20.10. Genaue Schaltung für die tote Zone

(Abb. 20.11a). Berücksichtigt man die unvermeidliche Vorzeichenumkehr durch einen Rechenverstärker, so gilt

$$Y_a = A \quad \text{für} \quad Y_e < 0,$$
$$Y_a = -B \quad \text{für} \quad Y_e > 0. \tag{20.3}$$

Man kann sie auch als spezielle Form der Begrenzerfunktion Abb. 20.7a ansehen, bei der die Steigung im linearen Bereich unendlich groß ist. Dementsprechend kann man eine Begrenzerschaltung nach Abb. 20.7b benutzen, bei der der Rückführwiderstand fehlt (Abb. 20.11b). Das Umklappen bei einem Vorzeichenwechsel der Eingangsgröße geschieht bei dieser Schaltung mit der gewünschten Genauigkeit; die Konstanz der Ausgangswerte A

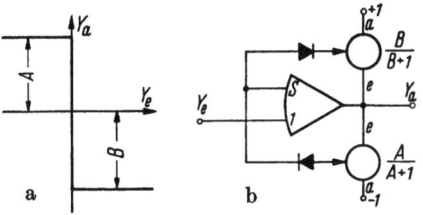

Abb. 20.11a u. b. Signumfunktion
a) Kennlinie; b) Schaltung

und B ist nur auf einige Prozent genau. Es gilt hierfür das bei der Besprechung von Schaltung 20.7b Gesagte.

Eine Schaltung, bei der die Werte A und B sehr konstant gehalten werden, bei der aber der Übergang vom einen zum anderen Wert mit einem kleineren Anstieg geschieht, wie bei der Schaltung 20.11b, zeigt Abb. 20.12.[1] Je nach Aufgabenstellung wird man die eine oder die andere Möglichkeit vorziehen.

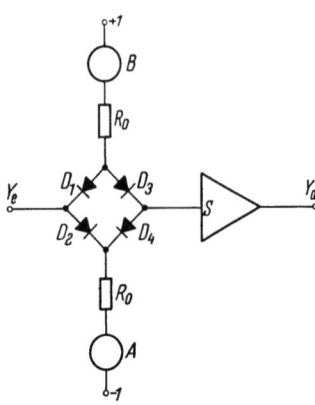

Abb. 20.12. Schaltung für die Signumfunktion mit hoher Konstanz der beiden Funktionswerte A und B

e) Rechteckige Hysterese (Relaiskennlinie). Die Kennlinie der rechteckigen Hysterese zeigt Abb. 20.13a. Wenn die Eingangsgröße von Null aus ansteigt, so springt Y_a auf den Wert $+A$ und durchläuft dann in Pfeilrichtung die Schleife, d. h. Y_a springt erst dann auf den Wert $-B$, wenn $Y_e < -b$ wird. Die Ausgangsgröße wird jetzt auf dem unteren Ast gehalten, bis $Y_e > +a$ wird, usw.

Eine Prinzipschaltung zur Erzeugung dieser Kennlinie gibt Abbildung 20.13b an. Durch die Signumfunktion kann die Ausgangsgröße nur die beiden stabilen Werte $Y_a = A$ und $Y_a = -B$ annehmen.

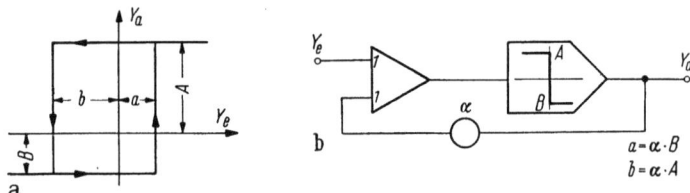

Abb. 20.13a u. b. Rechteckige Hysterese. a) Kennlinie; b) Prinzipschaltung

Y_a wächst nach dem Einschalten durch die positive Rückkopplung mit dem Faktor α sehr schnell exponentiell an, bis z. B. die Schwelle A erreicht ist. Von da an bleibt Y_a konstant. Ein Umklappen nach der anderen Richtung kann nur dann eingeleitet werden, wenn die Summe der Eingangsspannungen am Summierer negativ, d. h. $Y_e < -\alpha \cdot A$ wird (und umgekehrt). Die ausführliche Schaltung zeigt Abb. 20.14.

---

[1] Über die Widerstände R_0 kann sowohl vom Potentiometer B ein konstanter positiver als auch vom Potentiometer A ein konstanter negativer Strom in den Summenpunkt S fließen und eine entsprechende Spannung (mit umgekehrtem Vorzeichen) am Ausgang des Summierverstärkers entstehen lassen. Welcher der beiden Ströme nun fließt, bestimmt die Eingangsspannung Y_e. Ist sie größer als Null, so sperren die Dioden D_1 und D_4 und $Y_a = -B$, ist sie kleiner als Null, so sperren die Dioden D_2 und D_3 und $Y_a = +A$. Für $Y_e = 0$ ist die Ausgangsgröße nicht definiert.

f) Dreipunkthysterese. Eine Schaltung zur Erzeugung der Dreipunkthysterese kann man durch eine entsprechende Ergänzung der Schaltung
Abb. 20.14 gewinnen. Ab-
bildung 20.15a zeigt die
Kennlinie der Dreipunkt-
hysterese, Abb. 20.15b die
Rechenschaltung. Die Wir-
kungsweise dieser Schaltung
ist aus der Besprechung
der Schaltung 20.14 zu verstehen.

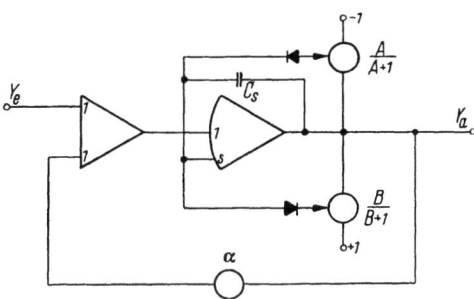

Abb. 20.14
Ausführliche Schaltung einer rechteckigen Hysterese

**g) Schräge Hysterese
(Getriebelose).** Der wesent-
lichste Unterschied der
schrägen Hysterese oder Getriebelose gegenüber der rechteckigen
Hysterese besteht darin, daß hier nicht die Eingangsgröße eine bestimmte
Schwelle überschreiten muß, damit die Ausgangsgröße auf den anderen
Ast der Hystereseschleife überwechselt. Der Übergang setzt vielmehr
an beliebiger Stelle immer dann ein, wenn die Ableitung der Eingangs-
größe ihr Vorzeichen wechselt
(Abb. 20.16a).

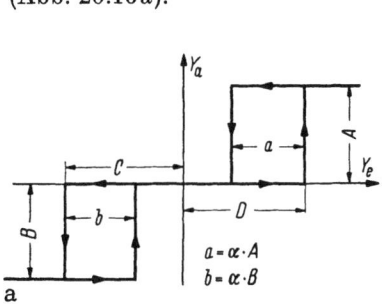

Abb. 20.15a u. b. Dreipunkthysterese
a) Kennlinie, b) Schaltung

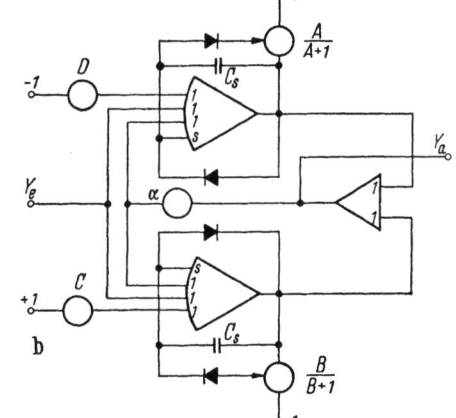

Betrachten wir die Wirkungsweise der zugehörigen Schaltung
Abb. 20.16b. Wenn Y_e von Null aus ansteigt, bleibt $Y_a = 0$, bis Y_e
den Wert $+A$ erreicht. Von da an leitet die obere Diode, und der Integrierer integriert mit dem Anstieg

$$\frac{Y_e - Y_a - A}{R_i C}\left[\frac{1}{s}\right]$$

(R_i = Innenwiderstand von Potentiometer + Diode, C = Integrationskapazität), bis jeweils $Y_e - Y_a - A = 0$ geworden ist. Die Ausgangs-

spannung wird also bei anwachsender Eingangsspannung stets auf den Wert

$$Y_a = Y_e - A$$

nachgeführt. Damit diese Nachführung genügend verzögerungsfrei geschieht, muß das k_0 des Integrierers hinreichend groß sein. Beginnt nun Y_e wieder zu fallen, so sperrt im gleichen Augenblick die obere Diode.

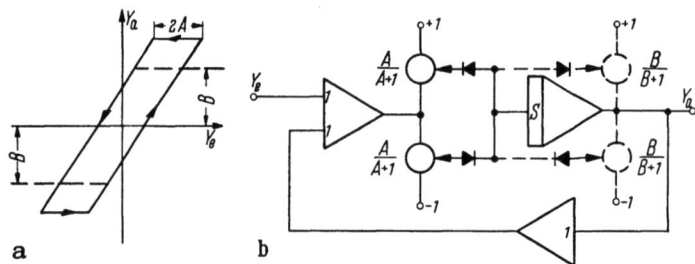

Abb. 20.16a u. b. Schräge Hysterese (Getriebelose)
a) Kennlinie; b) Schaltung (Mit den gestrichelt eingezeichneten Potentiometern und Dioden wird die Kennlinie bei der Nachbildung einer Eisenhysterese begrenzt)

Die untere beginnt dann zu leiten, wenn Y_e sich um $2A$ vermindert hat, wenn sich also die Differenz $-A$ zwischen Y_e und Y_a eingestellt hat usw.

Eine erste, grobe Annäherung an die wichtige Funktion der Eisenhysterese erhält man, wenn man die in Abb. 20.16b gestrichelt eingezeichnete Begrenzung einführt. Die Höhe der Begrenzung, d. h. der Sättigungswert des Eisens, läßt sich wie in Abb. 20.7b mit Hilfe der beiden Potentiometer einstellen.

h) Gleichrichtung (Hüllkurve einer Schwingung). Bei Resonanzuntersuchungen an einem schwingungsfähigen System muß man, wie in § 18.3 ausführlich erörtert, den Rechner in der schnellstmöglichen Weise arbeiten lassen, wenn man für einen Durchlauf durch die gesamte Resonanzkurve nicht zuviel Zeit aufwenden will. Die Ausgangsschwingung des Systems kann dann nicht mehr mit dem üblichen XY-Schreiber aufgezeichnet werden. Andererseits interessiert normalerweise nur die Hüllkurve dieser Schwingung, die sich so langsam ändert, daß sie sehr gut auch mit einem langsamen Schreiber aufgezeichnet werden kann.

Abb. 20.17 gibt eine Schaltung zur Gewinnung der Hüllkurve einer Schwingung an (in der Elektrotechnik spricht man von einer *Spitzenspannungsgleichrichtung*).

Die Ventilkennlinie, die für eine Gleichrichtung notwendig ist, bilden wir wieder durch eine Schaltung nach Abb. 20.5a nach (Verstärker 3). Am Eingang der Schaltung erkennen wir die Schaltung 20.6 zur Betragsbildung, durch die wir eine *Zweiweggleichrichtung* erhalten. Sie bietet den Vorteil, daß die restliche Welligkeit am Ausgang der Schaltung um die Hälfte verringert wird und der Summierer 2 nicht übersteuert werden kann. Der Integrierer 4 wirkt als Speicher, der den Spitzenwert einer Schwingung über eine halbe Periodendauer hinweg (bis zur Erreichung des nächsten Spitzenwertes) konstant halten muß. Das Potentiometer (*Entladezeitkonstante*) stellt man so ein, daß die Ausgangsgröße

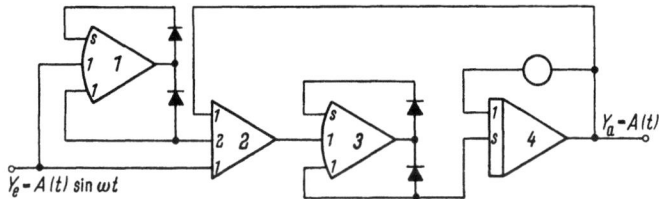

Abb. 20.17. Schaltung zur Gewinnung der Hüllkurve einer Schwingung

gerade noch mit Sicherheit der schnellstmöglichen Änderung der Hüllkurve folgt. Diesen Wert muß man ausprobieren. Ein Test für die richtige Einstellung besteht darin, die Resonanzkurve einmal in Richtung ansteigender Frequenz und dann in umgekehrter Richtung zu durchfahren. Beide Kurven müssen sich decken.

Im übrigen macht man den eingestellten Wert auch nicht größer als notwendig, da sich sonst die restliche Welligkeit in der Ausgangsgröße nur unnötig erhöht. Eine gewisse, wenn auch geringe Welligkeit der Ausgangsfunktion ist ohnehin nicht zu vermeiden. Diese stört im übrigen aber weiter nicht, sondern verbreitert nur die Stärke der aufgezeichneten Kurve. Es gilt hierbei immer die äußere Begrenzung der Linie. (Vgl. als Beispiel Abb. 18.10.)

i) Amplitudendetektor. Abb. 20.18 gibt die Schaltung eines Amplitudendetektors an [2]. Am Ausgang dieser Schaltung entsteht eine definierte Spannung, wenn die Amplitude der Eingangsfunktion $X(t)$ innerhalb des Intervalls

$$X_0 - \frac{\Delta X}{2} \leq X(t) \leq X_0 + \frac{\Delta X}{2} \tag{20.4}$$

liegt, während die Ausgangsspannung Null ist, wenn die Amplitude einen Wert außerhalb dieser Zone annimmt.

Der Mittelwert der Zone (X_0) und die Breite des „Schlitzes" (ΔX) können beliebig gewählt werden. Eine solche Schaltung ist vorzüglich geeignet zum Ausmessen von Amplitudenverteilungsfunktionen und Verteilungsdichtefunktionen regelloser Größen (s. § 29).

Wie Abb. 20.18 erkennen läßt, besteht die Schaltung aus einer Kombination der Schaltungen Abb. 20.6 zur Betragsbildung und Abb. 20.11b (Signumfunktion). Wenn an Stelle der gezeichneten Halbleiterdioden Röhrendioden eingesetzt werden, sind die Dioden D2

und D4 — wie im 1. Abschnitt besprochen — über ein Potentiometer
mit freiem Ende in Sperrichtung vorzuspannen. (D5 ist dann nicht

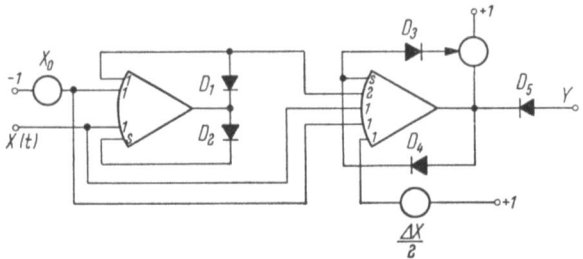

Abb. 20.18. Schaltung eines Amplitudendetektors

nötig.) Abb. 20.19 erläutert an Hand der Kurvenformen an den einzelnen
Stellen der Schaltung ihre Arbeitsweise.

Zunächst wird von der Eingangsgröße $X(t)$ (a) der Wert X_0 abgezogen
(b) und von dieser Differenz der Betrag gebildet (c). Durch Subtraktion
von $\Delta X/2$ folgt die Funktion nach (d), die nur dann negativ ist, wenn $X(t)$
die Bedingungen (20.4) erfüllt. Am Ausgang des 2. Verstärkers entstehen dadurch die Impulse (e), deren Höhe auf die übliche Weise mit
einem Potentiometer eingestellt werden
kann, und deren Breite der Zeit entspricht, während der die Funktion innerhalb des „Schlitzes" liegt.

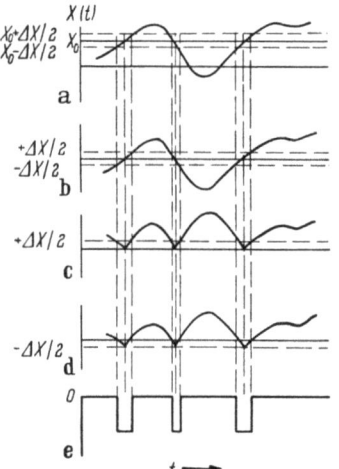

Abb. 20.19 a—e. Zur Wirkungsweise der
Schaltung Abb. 20.18

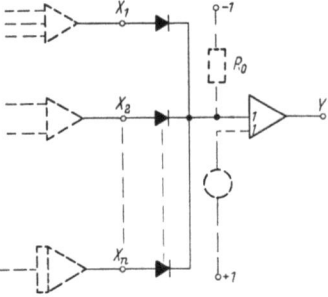

Abb. 20.20. Auswahl des jeweils größten Wertes
einer Anzahl von Variablen

j) Auswahl eines größten oder kleinsten Wertes. Es kann die Aufgabe
gestellt sein, aus einer Anzahl von Variablen $X_1 \ldots X_n$ den jeweils größten
oder kleinsten Wert auszuwählen und die übrigen Variablen zu negieren.
Eine Schaltung zur Auswahl des jeweils größten Wertes

$$Y = -\max(X_1, X_2, \ldots, X_n)$$

zeigt Abb. 20.20. Der gestrichelt eingezeichnete Widerstand (R_0) und das Potentiometer können dazu dienen, die nichtidealen Eigenschaften der Dioden zu verbessern.

Eine Schaltung zur Auswahl des jeweils kleinsten Wertes zeigt Abb. 20.21a.

Hier gilt

$$Y = -\min (X_1, X_2, \ldots, X_n, 1/2).$$

Werte, die größer als 1/2 sind, werden also immer negiert. Falls dies nicht erwünscht ist, könnte man entweder an den Widerstand die

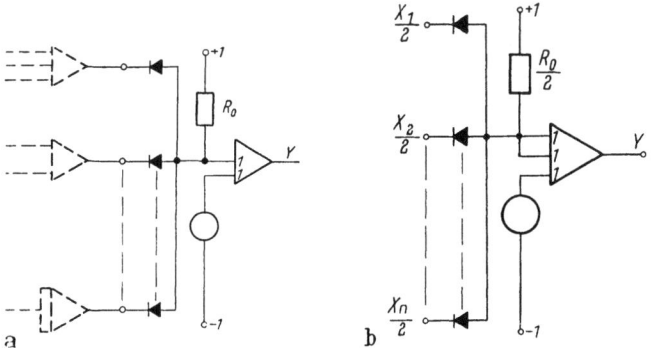

Abb. 20.21a u. b. Auswahl des jeweils kleinsten Wertes einer Anzahl von Variablen
a) Schaltung, bei der die Variablen nicht größer als 0,5 werden dürfen; b) Schaltungsvariante, bei der die Variablen alle Werte zwischen Null und Eins annehmen dürfen

Spannung $2E$ anlegen (die normalerweise nicht vorhanden ist), oder die abgewandelte Schaltung Abb. 20.21b benutzen, für die gilt

$$Y = -\min (X_1, X_2, \ldots, X_n) \qquad (X_i \leqq 1).$$

Bei allen 3 Schaltungen können nennenswerte Fehler durch die Diodeneigenschaft entstehen, nicht bei der Spannung Null zu schalten (vgl. § 9). Diese Fehler können durch geeignete Einstellung des Potentiometers weitgehend kompensiert werden. In den Rechenschaltungen ist angedeutet, daß jede der Eingangsvariablen X_i unmittelbar vom Ausgang eines Rechenverstärkers entnommen werden muß (Zwischenschaltung eines Potentiometers ist also nicht zulässig; nicht beschaltete Eingänge zählen nicht).

k) Größtwert- (Kleinstwert-) Speicherung. Diese Aufgabenstellung ist verwandt mit der unter h) besprochenen Gleichrichtung. Von einer variablen Eingangsgröße $Y_e > 0$ soll der jeweils erreichte Maximalwert gespeichert werden. Abb. 20.22a zeigt eine einfache Schaltung mit nur einem Verstärker, bei der allerdings auch keine hohen Ansprüche an die Genauigkeit gestellt werden dürfen. Die Diode in der Rückführung kompensiert zum Teil die nichtidealen Eigenschaften der Diode vor dem Summenpunkt.

Eine größere Genauigkeit erreicht man mit der Schaltung nach Abb. 20.22b, die allerdings einen Komparator benötigt.

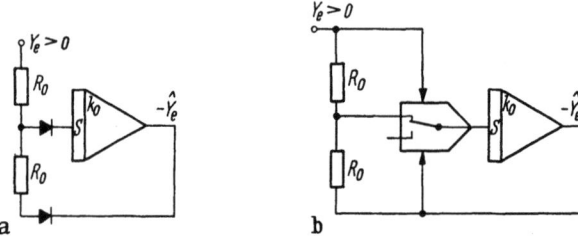

Abb. 20.22a u. b. Größtwertspeicherung

a) Einfachere Schaltung mit Dioden; b) genauere Schaltung mit einem Komparator

Hat die Eingangsgröße das umgekehrte Vorzeichen ($Y_e < 0$), so sind in Abb. 20.22a die Dioden umzupolen, während in Abb. 20.22b der untere Kontakt des Komparatorrelais zu wählen ist.

20.2 Erzeugung nichtlinearer Funktionen mit Komparatoren

Mit einem Komparator lassen sich 2 Größen vergleichen. Ähnlich wie eine vorgespannte Diode schaltet, wenn die angelegte Spannung den Wert der Vorspannung überschreitet, schaltet beim Komparator ein

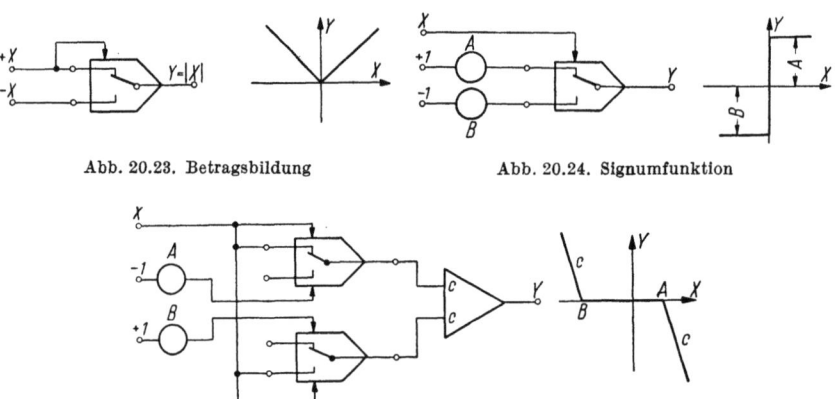

Abb. 20.23. Betragsbildung   Abb. 20.24. Signumfunktion

Abb. 20.25. Tote Zone

Relaiskontakt um, wenn die Eingangsgröße einen bestimmten Vergleichswert überschreitet. Der Unterschied zur Diode ist, daß das Relais im Komparator eine gewisse Zeit zum Umschalten benötigt. Dafür besitzt es aber ideale Schaltereigenschaften.

Die meisten der im letzten Abschnitt behandelten nichtlinearen Funktionen können auch mit Hilfe von Komparatoren erzeugt werden.

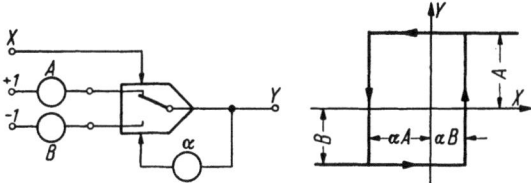

Abb. 20.26. Rechteckige Hysterese

In Abb. 20.23 bis 20.27 sind einige Schaltungen hierfür zusammengestellt. Diese Schaltungen sprechen für sich selbst und bedürfen wegen der klaren und übersichtlichen Arbeitsweise kaum einer weiteren Erläuterung.

Der Fehler ist bei diesen Schaltungen fast ausschließlich durch die dynamischen Eigenschaften des Komparatorrelais (Ansprechverzögerung, Umschaltzeit, Prellen) bestimmt. Die Anwendung muß daher auf hinreichend langsam verlaufende Vorgänge beschränkt bleiben.

20.3. Spezielle, nichtanalytische Störfunktionen

Nichtperiodische Störfunktionen, die oft benötigt werden, sind die Stoßfunktion, die Sprungfunktion und die Rampenfunktion. Wichtige periodische Störfunktionen sind z. B. Rechteck- und Dreieckschwingungen (Sägezahnschwingungen) usw.

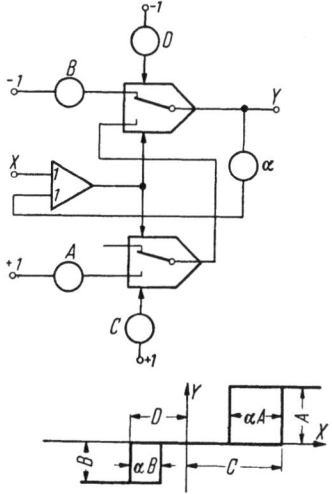

Abb. 20.27. Dreipunkthysterese

Die Stoßfunktion ist eine mathematische Abstraktion und kann daher auch auf dem Analogrechner nicht dargestellt werden. Die Möglichkeiten zur Umgehung dieser Schwierigkeit werden in § 25 besprochen.

a) Als *Sprungfunktionen* wirken alle konstanten Spannungen, die auf die Eingänge der Integrierer geschaltet sind, da diese Spannungen erst beim Einschalten der Integrierer wirksam werden.

Die *Rampenfunktion* erzeugen wir nach Abb. 20.28 durch Integration über eine Konstante. Durch eine Begrenzerschaltung nach Abb. 20.7 b wird erreicht, daß die Ausgangsgröße des Integrierers nach Erreichen einer bestimmten Schwelle nicht weiter ansteigen kann.

c) Einen einmaligen *Rechteckimpuls* kann man entweder nach der Schaltung Abb. 20.29 oder mit Hilfe eines Komparators erzeugen. In

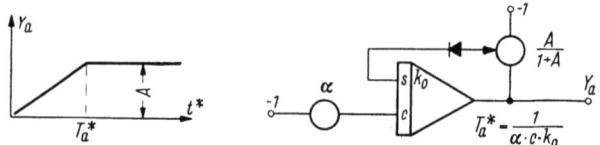

Abb. 20.28. Erzeugung einer Rampenfunktion

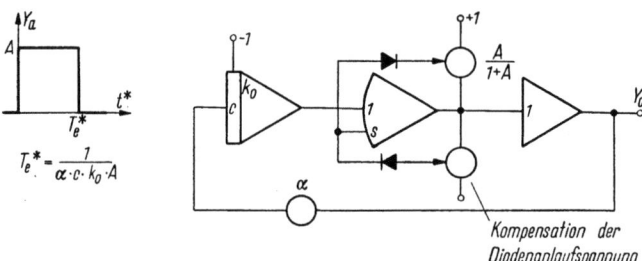

Abb. 20.29. Schaltung zur Erzeugung eines Rechteckimpulses

der Schaltung Abb. 20.29 tritt im Augenblick des Einschaltens am Ausgang des Integrierers der Anfangswert $+1$ auf und damit der Wert

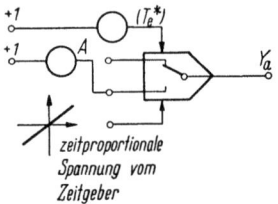

Abb. 20.30. Erzeugung eines Rechteckimpulses mit einem Komparator

$-A$ am Ausgang der Begrenzerschaltung. Der Integrierer integriert nun über den Wert $+A$ auf. Nach der Zeit

$$T_e^* = \frac{1}{\alpha\, c\, k_0\, A} \qquad (20.5)$$

hat die Ausgangsspannung des Integrierers den Wert Null erreicht, und die Spannung am Ausgang der Begrenzerschaltung springt auf Null. Von da an bleibt die Schaltung in Ruhe. Bei der Verwendung eines Komparators vergleicht man nach Abb. 20.30 die proportional mit der Zeit anwachsende Spannung des Zeitgebers mit einem entsprechend eingestellten Schwellwert.

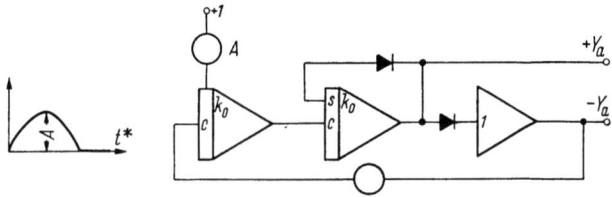

Abb. 20.31. Schaltung zur Erzeugung einer einzelnen Sinushalbwelle

(Die Einstellung des Potentiometers zur Wahlvon T_e^* hängt von der Einstellung des Zeitgebers ab.)

d) Eine einzelne *Sinushalbwelle* erhalten wir z. B. mit einer Schaltung nach Abb. 20.31.

e) Das *Ein- und Ausschalten von Funktionen* zu bestimmten Zeitpunkten kann ähnlich wie in Abb. 20.30 durch Komparatoren geschehen, die die zeitproportional ansteigende Spannung des Zeitgebers mit entsprechend gewählten Vorspannungen vergleichen.

f) *Rechteck- und Dreieckschwingungen.* Eine einfache und genau arbeitende Schaltung zur gleichzeitigen Erzeugung einer Rechteck- und einer Dreieckschwingung zeigt Abb. 20.32 a. Wenn T^* die gewünschte Periodendauer der Schwingung bezeichnet, muß an dem Potentiometer der Wert

$$\alpha = \frac{4}{c\,k_0\,T^*} \qquad (20.6)$$

Abb. 20.32a u. b
Erzeugung von Dreieck- und Rechteckschwingungen
a) Schaltung mit einem Komparator; b) Ausgangsfunktionen

eingestellt werden. Mit Rücksicht auf das Relais im Komparator darf die Periodendauer der Schwingung nicht zu kurz sein, da sonst Fehler entstehen.

Eine Schaltung, die nur aus elektronischen Elementen besteht, und für die daher diese Einschränkung nicht gilt, zeigt Abb. 20.33.

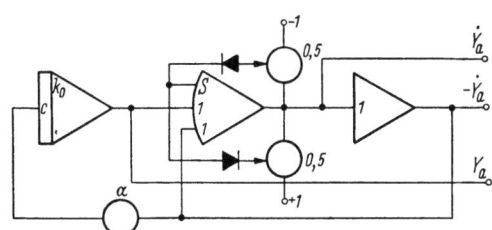

Abb. 20.33. Erzeugung von Dreieck- und Rechteckschwingungen mit einer Schaltung, die nur elektronische Rechenelemente enthält

Eine Sägezahnschwingung erhalten wir, wenn wir dem Integrierer in Abb. 20.32a oder 20.33 zusätzlich eine Konstante aufschalten (Abb. 20.34).

g) *Impulsfolge (Rechteckpuls).* Mit Hilfe eines Komparators oder einer Signumfunktion (bei schneller Arbeitsweise) kann man aus einer

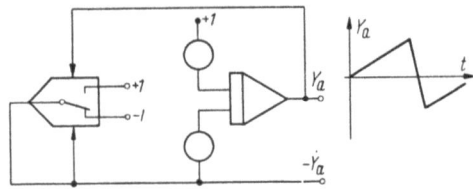

Abb. 20.34
Abwandlung der Schaltung 20.32a zur Erzeugung einer unsymmetrischen Sägezahnschwingung

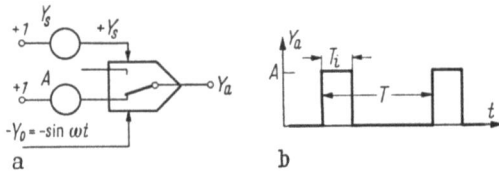

a
b

Abb. 20.35a u. b. Erzeugung einer Impulsfolge
a) Schaltung mit einem Komparator; b) Ausgangsfunktion

Sinusschwingung eine Folge von rechteckigen Impulsen gewinnen (Abb. 20.35a und 20.35b). Der Abstand T der Impulse entspricht der Periodendauer der Sinusschwingung

$$T = \frac{2\pi}{\omega},$$

die Impulshöhe A dem am Potentiometer eingestellten Wert.

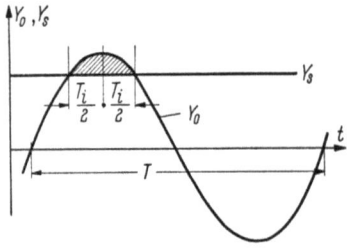

Abb. 20.36
Zur Einstellung der Impulsbreite

Die Impulsbreite T_i wird durch die Höhe der Schwelle Y_s eingestellt. Nach Abb. 20.36 gilt

$$Y_s = Y_0 \cos \frac{\omega T_i}{2} \qquad (20.7)$$

und damit

$$T_i = \frac{2}{\omega} \arccos \frac{Y_s}{Y_0}. \qquad (20.8)$$

Bezogen auf die Pulsperiode lautet die Beziehung

$$\frac{T_i}{T} = \frac{1}{\pi} \arccos \frac{Y_s}{Y_0}. \qquad (20.9)$$

Literatur zu § 20

[1] GILOI, W., u. R. HERSCHEL: Rechenanleitung für Analogrechner. Telefunken-Fachbuch. Konstanz 1961.
[2] BRUBAKER, T. A., u. G. A. KORN: Accurate Amplitude Distribution Analyzer Combining Analog and Digital Logic. Rev. sci. Instrum. 32 (March 1961) Nr. 3, S. 317—322.
[3] KAISER, R.: Bildung spezieller nichtlinearer Kennlinien für Analogrechner. Elektron. Rechenanlagen 1 (1959) S. 134—140.

§ 21. Nichtlineare Differentialgleichungen

Nichtlinear sind alle Differentialgleichungen, in denen die abhängigen Variablen oder deren Ableitungen von anderem als erstem Grad auftreten. Die analytischen Lösungsmethoden für lineare Differentialgleichungen mit konstanten oder variablen Koeffizienten, die auf dem Prinzip aufbauen, daß Linearkombinationen von Lösungen wieder Lösungen sind (Superposition), verlieren bei nichtlinearen Gleichungen ihre Grundlage, da dieses Prinzip nicht mehr gilt. Eine analytische Lösung wird dadurch zumindest sehr erschwert, häufig sogar unmöglich.

In den letzten Jahren wurden große Anstrengungen unternommen, um auch für das Gebiet der nichtlinearen Aufgaben leistungsfähige analytische Methoden zu entwickeln. Dies gelang bisher jedoch nur in beschränktem Maße. Außerdem setzt sich mit zunehmender Verbreitung elektronischer Rechenanlagen die Erkenntnis durch, daß analytische Behandlungsverfahren vor allem dazu dienen sollen, einen Einblick in das Verhalten und die Eigenschaften eines nichtlinearen Systems zu gewinnen. Dagegen sind umfangreiche analytische Berechnungsmethoden zur Ermittlung bestimmter Lösungen nicht mehr sinnvoll, da solche Lösungen von einer Maschine wesentlich schneller und genauer geliefert werden.

Wir wissen, daß die bei der analytischen Behandlung auftretenden Schwierigkeiten am Analogrechner keine Rolle spielen. Hier werden lineare und nichtlineare Differentialgleichungen grundsätzlich nach den gleichen Verfahren programmiert. Trotzdem erkennt man bei näherem Hinsehen einige Besonderheiten:

1. Während bei linearen Differentialgleichungen die Bezugsgrößen der abhängigen Variablen aus den Gleichungen herausfallen oder höchstens in den Anfangswerten und Störfunktionen auftauchen, bestimmen sie bei nichtlinearen Differentialgleichungen die Koeffizientenwerte. Dies hat zur Folge, daß bei einer Änderung der Maximalwerte zumeist auch die Rechenschaltung geändert werden muß.

2. Neben der Normierung der abhängigen und unabhängigen Variablen muß häufig noch eine zusätzliche Normierung von Funktionen auf ihren Maximalwert durchgeführt werden. Die Maximalwerte dieser Funktionen gehen dann ebenfalls in die Koeffizienten ein.

3. Bei nichtlinearen Differentialgleichungen wirken sich häufig die Fehler der Rechenelemente stärker im Ergebnis aus als bei linearen Aufgaben.

Wir werden uns im folgenden allgemein und an Hand von Beispielen mit diesen Besonderheiten befassen.

21.1 Die Normierung nichtlinearer Differentialgleichungen

Neben der Einteilung von Differentialgleichungen nach ihrer Ordnung, d. h. nach der höchsten auftretenden Ableitung, können wir im Hinblick auf die Normierung die nichtlinearen Differentialgleichungen auch nach der Art der in ihnen enthaltenen Verknüpfungen zwischen den abhängigen Variablen oder deren Ableitungen einteilen. Wir wollen nur 2 Fälle unterscheiden: Die besondere Klasse von Differentialgleichungen, bei denen die Nichtlinearitäten nur in Form von Produkten oder einfachen Potenzen der abhängigen Variablen oder deren Ableitungen bestehen, und den allgemeinen Fall, daß eine beliebige Funktion der abhängigen Variablen und der Ableitungen in der Gleichung enthalten sei. Der zunächst genannte Sonderfall hat eine besondere Bedeutung, da praktisch Produkte und Potenzen die am häufigsten vorkommenden Nichtlinearitäten sind. Auch viele analytische Funktionen lassen sich, wie die in § 18 angegebenen Beispiele zeigen, durch nichtlineare Differentialgleichungen erzeugen, in denen wiederum vor allem Produkte auftreten.

21.1.1 Die Nichtlinearitäten bestehen aus Produkten der abhängigen Variablen bzw. ihrer Ableitungen.

Das Produkt zweier auf Eins normierter Größen kann höchstens wieder Eins sein. Falls $-1 \leqq Y_1 \leqq +1$ und $-1 \leqq Y_2 \leqq +1$ ist, gilt:

$$-1 \leqq Y_1 Y_2 \leqq +1.$$

Es ergibt sich also in diesem Fall gegenüber der Normierung linearer Differentialgleichungen keine Komplikation. Wegen der multiplikativen Verknüpfung werden allerdings nicht alle Maximalwerte der abhängigen Variablen aus den Gleichungen herausfallen.

Als erstes Beispiel betrachten wir die sogenannten VOLTERRAschen Differentialgleichungen

$$\frac{dx}{dt} = C_1 x + C_2 x y,$$

$$\frac{dy}{dt} = C_3 y + C_4 x y \tag{21.1}$$

mit den Anfangswerten $x(0) = x_0$; $y(0) = y_0$.

Wir führen die bezogenen Größen

$$X = \frac{x}{x_{\max}}; \qquad Y = \frac{y}{y_{\max}}; \qquad \tau = \lambda t$$

ein und erhalten die normierten Gleichungen

$$\frac{dX}{d\tau} = \frac{C_1}{\lambda} X + \frac{C_2 y_{\max}}{\lambda} XY; \qquad X(0) = \frac{x_0}{x_{\max}},$$

$$\frac{dY}{d\tau} = \frac{C_3}{\lambda} Y + \frac{C_4 x_{\max}}{\lambda} XY; \qquad Y(0) = \frac{y_0}{y_{\max}}. \tag{21.2}$$

Die Maximalwerte $x_{\max}$ und $y_{\max}$ treten wechselseitig in den Koeffizienten auf. Außerdem spielen sie bei den Anfangswerten eine Rolle. Der Faktor λ muß so gewählt werden, daß diese Koeffizienten einstellbar werden.

In einem zweiten Beispiel wollen wir die in § 18 angegebene Gleichung zur Herstellung einer Exponentialfunktion normieren.

Für

$$y = e^{a\,x}$$

gilt nach (18,1) die Differentialgleichung

$$\frac{dy}{dt} - a\,\frac{dx}{dt}\,y = 0\,. \tag{21.3}$$

Mit den Normierungen

folgt:
$$Y = \frac{y}{y_{\max}}\,; \qquad X = \frac{x}{x_{\max}}\,; \qquad \tau = \lambda\,t$$

$$Y'(\tau) - a\,x_{\max}\,X'(\tau)\,Y = 0\,. \tag{21.4}$$

(Hierbei ist $X'(\tau) = dX/d\tau$. Diese Größe sei z. B. der Rechenschaltung entnommen.)

Der Maximalwert $y_{\max}$ fällt aus der Gleichung heraus. Er ist jedoch beim Anfangswert zu beachten:

$$Y(0) = \frac{y_0}{y_{\max}}\,.$$

Gl. (21.4) ist noch nicht optimal normiert, da über die Größe von $X'(\tau)$ nichts ausgesagt ist. (X' ist zwar auf den Maximalwert $x_{\max}$, nicht aber auf die maximale Änderung bezogen.) Die endgültige Maschinengleichung erhalten wir also, wenn wir den Höchstwert $X'_{\max}$ in Gl. (21.4) einführen:

$$Y'(\tau) - \underbrace{a\,x_{\max}\,X'_{\max}}_{\text{Koeffizient}}\left(\frac{X'(\tau)}{X'_{\max}}\right)Y = 0\,. \tag{21.5}$$

Zur Verdeutlichung wollen wir folgende Zahlenwerte annehmen:

$$x_{\max} = 2{,}5\,; \qquad a = 1{,}2\,; \qquad x(0) = 0\,; \qquad \left.\frac{dx}{dt}\right|_{\max} = 0{,}5\,.$$

Daraus folgt:

$$y_{\max} = e^{1{,}2\cdot 2{,}5} = 20{,}08\,; \qquad y(0) = 1\,,$$

$$X'_{\max} = \frac{\left.\dfrac{dx}{dt}\right|_{\max}}{x_{\max}} = 0{,}2\,.$$

Die Maschinengleichung lautet damit nach (21.5) mit $t = \tau$:

$$Y'(\tau) - 0{,}6\bigl(5\,X'(\tau)\bigr)\,Y = 0\,;$$

$$Y(0) = \frac{1}{20{,}08} = 0{,}0498\,. \tag{21.6}$$

In Abb. 21.1 ist die zugehörige Rechenschaltung gezeichnet.

Wir erkennen aus dieser Schaltung bzw. aus der allgemeinen Gl. (21.5) mehrere charakteristische Eigenschaften, die bei zahlreichen nichtlinearen Gleichungen in ähnlicher Weise zu beachten sind:

1. Der Maximalwert $x_{\max}$ (bzw. der davon abhängige Wert $y_{\max}$) bestimmt sowohl den Koeffizienten als auch den Anfangswert.

2. Bei großen Werten von $x_{\max}$ wird schließlich die Anfangsbedingung so klein, daß sie nicht mehr genau einstellbar wird. Dies bedeutet einfach, daß ein zu großer Bereich der Variablen durchlaufen werden soll. Am Analogrechner können jedoch nur Funktionen eingestellt werden, deren Wertebereich nicht mehr als 3 bis 4 Dekaden umfaßt.

3. Falls der Multiplizierer in Abb. 21.1 einen Nullpunktfehler aufweist, wird Y auch dann anwachsen, wenn die Eingangsgröße $X'(\tau)$ Null geworden ist. Ein sehr kleiner Fehler kann so eine große Abweichung im Ergebnis bewirken. Für diese Schaltung eignet sich daher ein Servo-Multiplizierer am besten, da er bezüglich der Potentiometereingänge keinen Nullpunktfehler besitzt (s. § 10). In diesem Fall muß

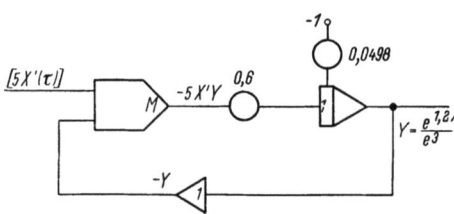

Abb. 21.1. Rechenschaltung zur Erzeugung der Funktion $y = e^{1,2 x}$ nach (21.6) (Maximalwert $x_{\max} = 2,5$)

also darauf geachtet werden, daß $-Y$ auf den Servoeingang des Multiplizierers geschaltet wird.

21.1.2 Die Nichtlinearitäten bestehen aus beliebigen Funktionen der abhängigen Variablen oder ihrer Ableitungen. Bei den bisher betrachteten multiplikativen Verknüpfungen blieb der Maximalwert bereits auf Grund der üblichen Normierungen auf den Wert Eins beschränkt. Dies ändert sich, wenn beliebige Funktionen der abhängigen Variablen auftreten, da *eine Funktion einer normierten Größe den Wert Eins beliebig über- oder unterschreiten kann.* Andererseits sind die zu bildenden Funktionen stets Ausgangsgrößen bestimmter Rechenelemente, wie z. B. Verstärker oder Funktionsgeber, bei denen der Bereich der Rechengröße möglichst voll ausgenutzt, aber nicht überschritten werden darf. Wir müssen daher diese Funktion auf ihren Maximalwert beziehen und so gewissermaßen eine zusätzliche Normierung vornehmen.

Wenn in einer Gleichung die normierten Größen $Y_1, Y_2, \ldots, Y_n$ auftreten, wobei

$$|Y_1| \leq 1; \quad |Y_2| \leq 1; \quad \ldots; \quad |Y_n| \leq 1$$

ist, so dividieren wir die daraus zu bildenden Funktionen durch ihren Maximalwert und erhalten dadurch bezogene Funktionen mit dem Maximalwert Eins:

$$-1 \leq \frac{f(Y_1, Y_2, \ldots, Y_n)}{f_{\max}(Y_1, Y_2, \ldots, Y_n)} \leq +1. \tag{21.7}$$

Neben den Maximalwerten der abhängigen Variablen gehen dann auch die Maximalwerte der Funktionen f_{max} in die Koeffizienten der betreffenden Gleichungen ein. Bei Divisionen treten manchmal auch die Minimalwerte der abhängigen Variablen explizit in den Werten f_{max} auf. (Vgl. die in § 17.5 behandelte Bildung der Funktion $y = X^U$.) Wir haben dieses Verfahren bereits öfters angewandt, ohne es ausdrücklich in dieser allgemeinen Form zu betonen. Auch bei dem oben durchgerechneten Beispiel wurde ja automatisch die auf den Maximalwert bezogene Exponentialfunktion hergestellt.

Zur Veranschaulichung greifen wir noch einmal die in § 6 behandelte Gleichung für den Bewegungsvorgang eines Wagens auf einer Ablaufanlage auf. Wenn wir in Gl. (6.6) die Abkürzungen

$$\frac{g\alpha}{\beta v_{max}^2} = a \; ; \qquad \frac{\gamma g}{\beta} = b$$

einführen, so lautet diese Differentialgleichung (mit $v_{max} = w_{max}$):

$$\frac{dV}{d\tau} = \frac{\frac{a}{\lambda} \mp \frac{b}{\lambda}(V+W)^2}{V} \, . \tag{21.8}$$

Darin sind 2 Funktionen der abhängigen Variablen enthalten.
Die Funktion

$$f_1(V, W) = (V+W)^2$$

kann bei $|V| < 1$ und $|W| < 1$ höchstens den Wert $f_{1\,max} = 4$ erreichen. Wir beziehen auf diesen Maximalwert, wenn wir nach (6.7) schreiben:

$$\frac{dV}{d\tau} = \frac{\frac{a}{\lambda} \mp \frac{4b}{\lambda}\left(\frac{V}{2} + \frac{W}{2}\right)^2}{V} \, . \tag{21.9}$$

Außerdem müssen wir den Quotienten in einem Dividierer herstellen, so daß wir ihn ebenfalls auf seinen Höchstwert beziehen müssen, damit er nicht größer als Eins werden kann. Wir schreiben also die Gl. (21.9) um auf die Form:

$$\frac{dV}{d\tau} = f_{2\,max} \frac{f_2(V, W)}{f_{2\,max}(V, W)}$$

mit

$$f_2(V, W) = \frac{\frac{a}{\lambda} \mp \frac{4b}{\lambda}\left(\frac{V}{2} + \frac{W}{2}\right)^2}{V} \, .$$

Wenn wir den kleinstmöglichen Wert von V mit V_{min} bezeichnen, wird bei konstanten Werten von W:

$$f_{2\,max}(V, W) = f_2(V_{min}, W_{max}) \, .$$

In § 6 hatten wir bei den dort gegebenen Zahlenwerten für den Auslaufvorgang [s. Gl. (6.10)] diesen Maximalwert mit $f_{2\,max} = 2$ angenommen und damit die endgültige Gleichung

$$\frac{dV}{d\tau} = 2\, \frac{\dfrac{a}{2\lambda} \mp \dfrac{2b}{\lambda}\left(\dfrac{V}{2}+\dfrac{W}{2}\right)^2}{V}$$

verwendet.

Wie schon in § 19 an Hand eines Beispiels gezeigt wurde, gehen wir in gleicher Weise vor, wenn die Funktionen durch einen Funktionsgeber erzeugt werden. Wir stellen dort nach (21.7) die auf Eins normierte Funktion ein.

Zusammenfassend können wir feststellen: Bei nichtlinearen Differentialgleichungen sind neben den Variablen auch die zu bildenden Funktionen auf ihren Maximalwert zu beziehen. Beachtet man diese Regel, so wird die Normierung keine Schwierigkeiten bereiten.

21.2 Die Behandlung von nichtlinearen Differentialgleichungen, die einfache analytische Funktionen enthalten

In § 18 wurde an Hand von einigen Beispielen gezeigt, wie analytische Funktionen der abhängigen Variablen ohne Funktionsgeber durch die Lösung von erzeugenden Differentialgleichungen gewonnen werden können. Dazu gehören vor allem trigonometrische Funktionen, Exponentialfunktionen und andere transzendente Funktionen.

Fügen wir die für diese Funktionen geltenden Gleichungen den zu lösenden Differentialgleichungen an, so entsteht ein neues System von Differentialgleichungen, das wir nun nach den üblichen, im letzten Abschnitt näher erläuterten Methoden programmieren können.

Wir wollen das Verfahren an dem folgenden Beispiel deutlich werden lassen. Dabei machen wir uns zur Erzielung einer möglichst optimalen Programmierung das in § 16.2 auf lineare Differentialgleichungen angewandte Verfahren zunutze, Gleichungen höherer Ordnung in ein System von Differentialgleichungen erster Ordnung umzuwandeln.

Zu lösen sei die Differentialgleichung 2. Ordnung [1]:

$$\frac{d^2y}{dx^2} = e^{ax} + b\,(\ln y)\,(\sin y) \tag{21.10}$$

mit den Anfangsbedingungen

$$y(0) = y_0; \qquad \frac{dy}{dx}(0) = y_0'. \tag{21.11}$$

Wir spalten (21.10) in 2 Differentialgleichungen 1. Ordnung auf:

$$\frac{dy}{dx} = u_1, \tag{21.12}$$

$$\frac{du_1}{dx} = e^{ax} + b\,(\ln y)\,(\sin y). \tag{21.13}$$

Für die darin enthaltenen Funktionen führen wir die folgenden Abkürzungen ein:

$$u_2 = e^{ax}, \tag{21.14}$$

$$u_3 = \ln y, \tag{21.15}$$

$$u_4 = \sin y. \tag{21.16}$$

Wir wollen die in Gl. (18.21) bzw. Abb. 18.8 gezeigte Methode zur Erzeugung von $\sin y$ anwenden und fügen daher die weitere Abkürzung

$$u_5 = \cos y \tag{21.17}$$

an. Für die eingeführten neuen Variablen lassen sich nun die folgenden Differentialgleichungen angeben:

$$\frac{du_2}{dx} = a\,u_2, \tag{21.18}$$

$$\frac{du_3}{dx} = \frac{1}{y}\frac{dy}{dx} = \frac{u_1}{y}, \tag{21.19}$$

$$\frac{du_4}{dx} = u_5\frac{dy}{dx} = u_1 u_5, \tag{21.20}$$

$$\frac{du_5}{dx} = -u_4\frac{dy}{dx} = -u_1 u_4. \tag{21.21}$$

Die ursprüngliche Differentialgleichung ist also jetzt durch ein System von 6 Gleichungen 1. Ordnung ersetzt.

Wir gehen nun an die Normierung und führen die bezogenen Veränderlichen

$$Y = \frac{y}{y_{max}}; \qquad U_i = \frac{u_i}{u_{i\,max}} \quad \text{und} \quad \tau = \lambda x \tag{21.22}$$

ein. Zusätzlich müssen wir in Gl. (21.19) den Quotienten auf seinen Maximalwert beziehen. Wenn wir gleich die bezogenen Veränderlichen verwenden und die Bezeichnung

$$\left(\frac{U_1}{Y}\right)_{max} = \left(\frac{u_1}{y}\right)_{max} \frac{y_{max}}{u_{1\,max}} = Q_{max} \tag{21.23}$$

einführen, erhalten wir die endgültigen Maschinengleichungen in der Form:

$$\frac{dY}{d\tau} = \frac{u_{1\,max}}{\lambda\,y_{max}}\,U_1, \tag{21.24}$$

$$\frac{dU_1}{d\tau} = \frac{u_{2\,max}}{\lambda\,u_{1\,max}}\,U_2 + \frac{b\,u_{3\,max}\,u_{4\,max}}{\lambda\,u_{1\,max}}\,U_3\,U_4, \tag{21.25}$$

$$\frac{dU_2}{d\tau} = \frac{a}{\lambda}\,U_2, \tag{21.26}$$

$$\frac{dU_3}{d\tau} = \frac{u_{1\,max}\,Q_{max}}{\lambda\,u_{3\,max}\,y_{max}}\,\frac{\left(\dfrac{U_1}{Q_{max}}\right)}{Y} \tag{21.27}$$

$$\frac{dU_4}{d\tau} = \frac{u_{1\,max}\,u_{5\,max}}{\lambda\,u_{4\,max}}\,U_1\,U_5, \tag{21.28}$$

$$\frac{dU_5}{d\tau} = -\frac{u_{1\,max}\,u_{4\,max}}{\lambda\,u_{5\,max}}\,U_1\,U_4. \tag{21.29}$$

Wir werden die Behandlung des Beispiels von nun an mit den folgenden Zahlenwerten fortsetzen:

$$y_0 = 1; \quad y_0' = 0{,}5; \quad a = 1; \quad b = 8{,}6. \tag{21.30}$$

Die Lösung sei bis zum Wert $x_{max} = 4$ erwünscht.

Um die Rechenschaltung für das Gleichungssystem (21.24) bis (21.29) aufbauen zu können, benötigen wir die Maximalwerte der Veränderlichen und den

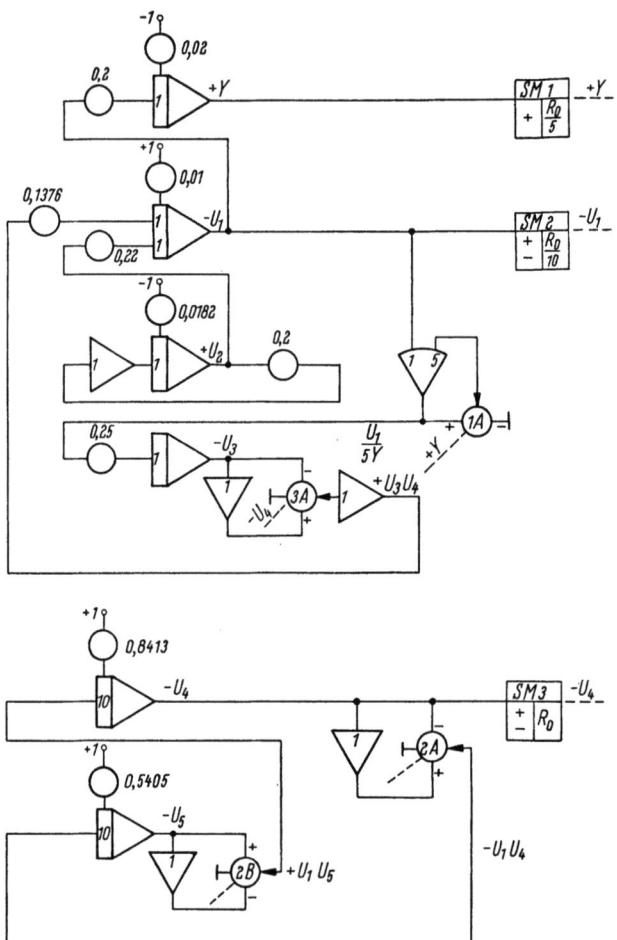

Abb. 21.2. Rechenschaltung für Gl. (21.10) unter Verwendung von 3 Servo-Multiplizierern

Wert Q_{max}. Eine sehr grobe Abschätzung kann z. B. in der Weise erfolgen, daß wir Gl. (21.10) in der stark vereinfachten Form

$$\frac{d^2 y}{d x^2} = e^{a x} \tag{21.31}$$

untersuchen. Daraus läßt sich sofort berechnen ($a = 1$):

$$\frac{dy}{dx} = e^x + C_1 \qquad \text{mit} \quad C_1 = y_0' - 1 = -0,5,$$

$$y = e^x - 0,5\,x + C_2 \quad \text{mit} \quad C_2 = y_0 - 1 = 0.$$

Setzen wir $x_{\max} = 4$ ein, so wird $y_{\max} \approx 50$; $u_{1\,\max} \approx 50$.

Da u_1 etwa in gleichem Maße anwächst wie y, folgt für den Quotienten

$$\left(\frac{u_1}{y}\right)_{\max} \approx 1.$$

Natürlich sind wir keineswegs sicher, daß diese Maximalwerte auch nur näherungsweise gelten, denn wir haben ja die ursprüngliche Gleichung radikal linearisiert, indem wir die nichtlinearen Funktionen ganz wegließen. Andererseits kam es uns darauf an, wenigstens einen groben Anhaltspunkt zu erhalten. Dazu wäre es nicht sinnvoll, sich auf lange Berechnungen einzulassen.

In der Beurteilung der grob geschätzten Maximalwerte kann man nun entweder optimistisch oder pessimistisch vorgehen. Im einen Fall riskiert man eine Übersteuerung, im anderen eine schlechte Aussteuerung der Rechenelemente. Eine wirklich optimale Programmierung kann erst bei Kenntnis der Höchstwerte erfolgen. Will man also eine optimale Aussteuerung erreichen, so bleibt nur die Möglichkeit, nach einer ersten Proberechnung die endgültige Dimensionierung neu vorzunehmen.

In unserem Fall werden wir die Werte $y_{\max} = 50$ und $u_{1\,\max} = 50$ übernehmen. Für den Quotienten wählen wir etwas vorsichtiger $Q_{\max} = 5$.

Die übrigen Maximalwerte resultieren daraus:

$$u_{2\,\max} = e^4 \approx 55,$$

$$u_{3\,\max} = (\ln y)_{\max} \approx 4,$$

$$u_{4\,\max} = (\sin y)_{\max} = 1,$$

$$u_{5\,\max} = (\cos y)_{\max} = 1.$$

Aus (21.24) bis (21.29) erhalten wir damit das zu berechnende Gleichungssystem. Für den Normierungsfaktor der unabhängigen Variablen wählen wir

$$\lambda = 5,$$

so daß die Koeffizienten in den Gln. (21.28) und (21.29) den Wert Zehn annehmen. Die endgültigen Gleichungen lauten dann:

$$\left.\begin{aligned}
\frac{dY}{d\tau} &= 0,2\,U_1, \\[2mm]
\frac{dU_1}{d\tau} &= 0,22\,U_2 + 0,1376\,U_3\,U_4, \\[2mm]
\frac{dU_2}{d\tau} &= 0,2\,U_2, \\[2mm]
\frac{dU_3}{d\tau} &= 0,25\,\frac{\left(\dfrac{U_1}{5}\right)}{Y}, \\[2mm]
\frac{dU_4}{d\tau} &= 10\,U_1\,U_5, \\[2mm]
\frac{dU_5}{d\tau} &= -10\,U_1\,U_4.
\end{aligned}\right\} \tag{21.32}$$

Dazu gehören die Anfangsbedingungen:

$$Y(0) = \frac{y(0)}{y_{\max}} = 0{,}02, \qquad U_3(0) = 0,$$

$$U_1(0) = \frac{u_1(0)}{u_{1\,\max}} = 0{,}01, \qquad U_4(0) = \frac{u_4(0)}{u_{4\,\max}} = 0{,}8413,$$

$$U_2(0) = \frac{u_2(0)}{u_{2\,\max}} = 0{,}0182, \quad U_5(0) = \frac{u_5(0)}{u_{5\,\max}} = 0{,}5405.$$

Abb. 21.2 zeigt die daraus abgeleitete Rechenschaltung unter Verwendung von 3 Servo-Multiplizierern.

Eine Lösungskurve $Y(x)$ ist in Abb. 21.3 aufgetragen. Sie zeigt, daß der wirkliche Maximalwert $y_{\max}$ bei $x = 4$ nur halb so groß wie der von uns geschätzte ist.

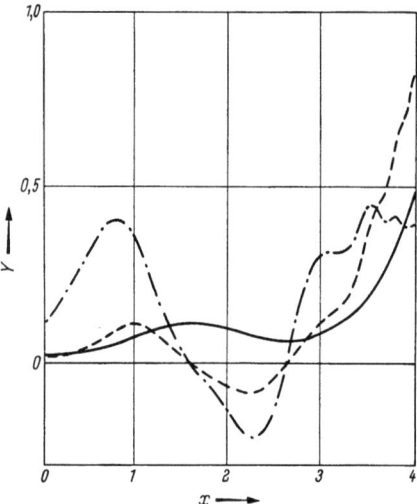

Abb. 21.3. Lösungskurven für Gl. (21.10)
———— $Y(x)$, – – – – $U_1(x)$,
—·—·—·— $\left(\dfrac{U_1}{5}\right)\!\Big/ Y$

Der Verlauf von U_1 und $(U_1/5)/Y$ (in Abb. 21.3 gestrichelt eingezeichnet) zeigt, daß $U_{1\,\max}$ etwa richtig war, daß aber für den Maximalwert des Quotienten der Wert $Q_{\max} = 2{,}5$ ausreichend gewesen wäre. Um den Bereich der Rechengröße voll auszunutzen und damit die Genauigkeit der Lösung zu steigern, könnten wir mit den jetzt bekannten Maximalwerten eine neue Normierung vornehmen. Wir wollen hier jedoch darauf verzichten, da es uns ja nur auf die Schilderung des grundsätzlichen Lösungsverfahrens ankam.

Nach der an diesem Beispiel gezeigten Methode kann auch die in § 4 behandelte Pendelgleichung programmiert werden, falls zur Erzeugung der Sinusfunktion an Stelle eines Funktionsgebers die Schaltung nach § 18.2 angewandt wird. Auf diese Weise lassen sich dann auch Pendel mit großen Ausschlägen und überschwingende Pendel nachbilden [3].

21.3 Weitere Beispiele

Aus dem Bisherigen geht hervor, daß die Programmvorbereitung bei der Lösung nichtlinearer Differentialgleichungen zwar etwas mehr Rechenarbeit abverlangt als bei linearen Aufgaben, daß sich aber unter Beachtung der in den letzten Abschnitten dargelegten Methoden keine grundsätzlichen Schwierigkeiten ergeben. Um diese Tatsache zu bekräftigen und um die Anwendung der Normierungs- und Programmierungsregeln zu verdeutlichen, wollen wir einige weitere Beispiele betrachten.

Wir werden dabei vorwiegend Differentialgleichungen 2. Ordnung heranziehen. Dies geschieht selbstverständlich nicht mit Rücksicht auf den Analogrechner — für ihn spielt die Ordnung einer Differentialgleichung keine Rolle —, sondern im Hinblick auf die Tatsache, daß in der Praxis fast alle Aufgaben auf Differentialgleichungen von höchstens 2. Ordnung oder auf Systeme solcher Gleichungen führen. Differentialgleichungen von höherer als 2. Ordnung treten nur selten auf, wenn man davon absieht, Systeme von Differentialgleichungen zu einer Differentialgleichung höherer Ordnung zusammenzufassen.

Bezüglich einer analytischen Behandlung sind autonome Differentialgleichungen 2. Ordnung — das sind Gleichungen, in denen die unabhängige Variable nicht explizit auftritt — besonders ausgezeichnet. Bei solchen Gleichungen der allgemeinen Form

$$\ddot{y} + a(y, \dot{y})\,\dot{y} + b(y, \dot{y})\,y = 0 \qquad (21.33)$$

kann man nämlich $\dot{y}$ als Funktion von y auffassen. Auf dem Wege über eine einmalige Integration oder notfalls mit graphischen Methoden (Isoklinenverfahren) lassen sich die Funktionen $\dot{y}(y)$ stets ermitteln. Trägt man nun $\dot{y}$ als Ordinate über der Abszisse y auf, so erhält man in der dadurch aufgespannten *Phasenebene* bestimmte *Phasenkurven*, in denen die Zeit nur noch als Parameter enthalten ist [2]. Die Anfangsbedingungen $y(0)$ und $\dot{y}(0)$ legen einen Punkt in dieser Ebene fest; die Phasenkurve durch diesen Punkt beschreibt das Verhalten des nichtlinearen Systems. Schreibt man, von verschiedenen Anfangsbedingungen ausgehend, die jeweiligen Phasenkurven in dasselbe Bild, so nennt man die so entstehende Kurvenschar das *Phasenporträt* des Systems. Damit hat man zwar die eigentliche Lösung nicht gewonnen, über ihren Charakter lassen sich jedoch aus dem Verlauf der Phasenkurven sehr wichtige Aussagen machen. Streben die Phasenkurven z. B. gegen Unendlich, so ist das System instabil, verlaufen die Kurven zum Nullpunkt hin, so ist das System stabil. Da es sich bei Differentialgleichungen 2. Ordnung meist um Beschreibungen schwingungsfähiger Systeme handelt, interessieren besonders die periodischen Lösungen. Solche periodischen Vorgänge drücken sich in der Phasenebene als geschlossene Linien aus.

Die Möglichkeit der Ausdehnung des Verfahrens auf Systeme höherer Ordnung und damit die Einführung eines Phasenraumes hat vorwiegend theoretische Bedeutung, da praktisch der neu gewonnene Erkenntniswert durch den enorm ansteigenden Rechenaufwand wieder verdeckt wird.

Anstatt die Phasenkurven eines Systems analytisch zu berechnen, können wir nun den Analogrechner einsetzen, indem wir einfach an Stelle der Variablen über der Zeit die erste Ableitung über der Variablen auftragen. Es besteht jedoch, darauf sei ausdrücklich hingewiesen, ein wesentlicher Unterschied zwischen der Anwendung des Verfahrens der

Phasenebene bei der analytischen Behandlung und bei der Berechnung am Analogrechner. Für die analytische Behandlung ist die Aufstellung des Phasenporträts ein Weg, um Einblick in das Verhalten des nicht-linearen Systems zu gewinnen, ohne die eigentliche Lösung berechnen zu müssen. Am Analogrechner dagegen kann die Lösung stets ebenso leicht aufgezeichnet werden wie die Phasenkurve. Wenn wir bei den folgenden Beispielen häufig das Phasenporträt zeichnen, so geschieht es nur, weil dieses einen besseren Überblick verschafft als eine Reihe von Lösungskurven.

1. Als erstes Beispiel betrachten wir die VAN DER POL'sche Differentialgleichung

$$\ddot{y} - a(1 - y^2)\dot{y} + y = 0. \qquad (21.34)$$

Die Anfangswerte und der Koeffizient a mögen in den folgenden Schranken liegen:

$$\left.\begin{array}{c} 0 < a < 1, \\ -2{,}5 < y(0) < +2{,}5, \\ -2{,}5 < \dot{y}(0) < +2{,}5. \end{array}\right\} \qquad (21.35)$$

Wir führen die üblichen Normierungen

$$Y = \frac{y}{y_{\max}}; \quad \tau = \lambda\, t$$

ein und erhalten aus (21.34):

$$\frac{d^2 Y}{d\tau^2} = a\left(\frac{1}{\lambda}\frac{dY}{d\tau} - \frac{y_{\max}^2}{\lambda} Y^2 \frac{dY}{d\tau}\right) - \frac{1}{\lambda^2} Y. \qquad (21.36)$$

Als Maximalwerte nehmen wir an: $y_{\max} = \dot{y}_{\max} = 3$. Wir können damit $\lambda = 1$ setzen, wodurch sich auch eine Normierung der Ableitung auf ihren Maximalwert erübrigt. Aus (21.36) folgt dann sofort die Maschinengleichung:

$$\frac{d^2 Y}{d\tau^2} = 10a\left(0{,}1\frac{dY}{d\tau} - 0{,}9 Y^2 \frac{dY}{d\tau}\right) - Y \qquad (21.37)$$

mit den Anfangswerten

$$Y(0) = \frac{y_0}{3}; \quad \frac{dY}{d\tau}(0) = \frac{\dot{y}_0}{3}.$$

Abb. 21.4 zeigt die daraus abgeleitete Rechenschaltung unter Verwendung von 2 Parabel-Multiplizierern.

Eine mit dieser Schaltung gewonnene Lösungskurve $y(t)$ ist in Abb. 25.5a zu sehen. Sie zeigt, daß sich bei den gewählten Anfangsbedingungen $y(0) = 0{,}15$; $\dot{y}(0) = 0$ und dem eingestellten Parameterwert $a = 0{,}8$ eine stationäre periodische Schwingung einstellt.

In Abb. 21.5b ist unter den gleichen Voraussetzungen die Ableitung $\dot{y}$ über der Variablen y aufgetragen (Phasenebene). Der periodischen Schwingung entsprechend, wird hier nach einiger Zeit eine geschlossene

Kurve durchfahren; ein Umlauf entspricht einer Periode. Außerdem sind in Abb. 21.5b noch Phasenkurven eingezeichnet, die sich bei

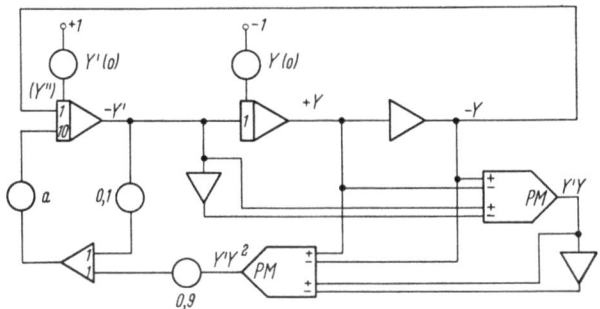

Abb. 21.4. Rechenschaltung für die VAN DER POLsche Differentialgleichung (21.34)

anderen Anfangsbedingungen ergeben. Das Phasenporträt zeigt deutlich, daß sich, unabhängig von den gewählten Anfangsbedingungen, stets die

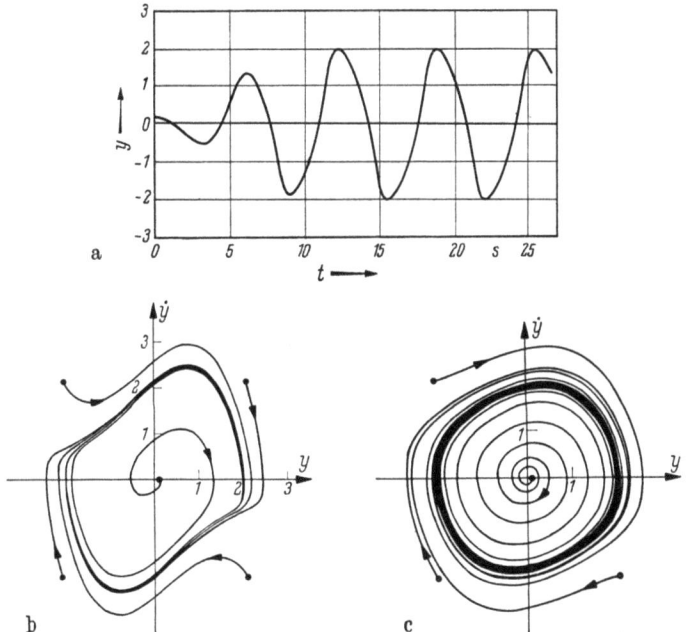

Abb. 21.5a—c. a) Lösungskurve der VAN DER POLschen Differentialgleichung (21.34) bei $a = 0,8$; $y(0) = 0,15$; $\dot{y}(0) = 0$; b) Phasenkurven bei $a = 0,8$ für verschiedene Anfangsbedingungen; c) Phasenkurven bei $a = 0,2$ für verschiedene Anfangsbedingungen

gleiche periodische Schwingung einstellt. In Abb. 21.5c ist der Einfluß einer Änderung von a auf die Form der Phasenkurven zu erkennen.

2. Als zweites Beispiel wollen wir eine ähnliche, ebenfalls von VAN DER POL angegebene Differentialgleichung untersuchen. Sie lautet

$$\ddot{y} - a\,(\omega^2 b^2 - \omega^2 y^2 - \dot{y}^2)\,\dot{y} + \omega^2 y = 0. \qquad (21.38)$$

Diese Gleichung hat eine interessante Eigenschaft. Wenn wir als partikuläre Lösung

$$y = b\,\sin\omega\,t \quad \text{oder} \quad y = b\,\cos\omega\,t \qquad (21.39)$$

annehmen, so reduziert sich (21.38) auf die lineare Form

$$\ddot{y} + \omega^2 y = 0. \qquad (21.40)$$

Die Lösung (21.39) resultiert jedoch nur dann aus (21.40), wenn bestimmte Anfangsbedingungen gewählt werden. Wir wollen nun untersuchen, welche Lösungen sich bei beliebigen Anfangsbedingungen einstellen. Dazu führen wir die bezogenen Veränderlichen

$$Y = \frac{y}{y_{\max}}; \quad \tau = \lambda\,t$$

ein und beziehen außerdem die Ableitung $dY/d\tau$ auf ihren Maximalwert:

$$\left(\frac{dY}{d\tau}\right)_{\max} = Y'_{\max},$$

$$= \frac{\dot{y}_{\max}}{\lambda\,y_{\max}}. \qquad (21.41)$$

Damit erhalten wir aus (21.38):

$$\frac{d^2 Y}{d\tau^2} = a\left[\frac{b^2\omega^2}{\lambda}\frac{dY}{d\tau} - \frac{\omega^2 y_{\max}\dot{y}_{\max}}{\lambda^2}Y^2\left(\frac{\frac{dY}{d\tau}}{Y'_{\max}}\right) - \frac{\dot{y}^3_{\max}}{\lambda^2 y_{\max}}\left(\frac{\frac{dY}{d\tau}}{Y'_{\max}}\right)^3\right] - \frac{1}{\lambda^2}Y. \qquad (21.42)$$

mit den Anfangswerten

$$Y(0) = \frac{y(0)}{y_{\max}}; \quad \frac{\frac{dY}{d\tau}(0)}{Y'_{\max}} = \frac{\dot{y}(0)}{\dot{y}_{\max}}.$$

Der Einfachheit halber wählen wir für die Konstanten die Werte

$$\omega = 1,$$

$$b = 1$$

und suchen die Lösungen für die folgenden Bereiche der Anfangsbedingungen und des Koeffizienten a:

$$\left. \begin{aligned} -2 &\leqq y(0) \leqq +2, \\ -2 &\leqq \dot{y}(0) \leqq +2, \\ 0 &\leqq \quad a \quad \leqq \quad 5. \end{aligned} \right\} \qquad (21.43)$$

Falls wir die Maximalwerte $y_{max} = \dot{y}_{max} = 2$ annehmen, liegt es nahe, auch $\lambda = 2$ zu setzen. Daraus folgt mit

$$Y'_{max} = \frac{1}{2}$$

die endgültige Maschinengleichung:

$$\frac{d^2 Y}{d\tau^2} = 10\,\frac{a}{5}\left[\frac{1}{4}\frac{dY}{d\tau} - \frac{1}{2}Y^2\left(2\frac{dY}{d\tau}\right) - \frac{1}{2}\left(2\frac{dY}{d\tau}\right)^3\right] - \frac{1}{4}Y. \quad (21.44)$$

Der Koeffizient a wurde dabei ausgeklammert, um zu erreichen, daß er in der zugehörigen Rechenschaltung (Abb. 21.6) mit einem einzigen

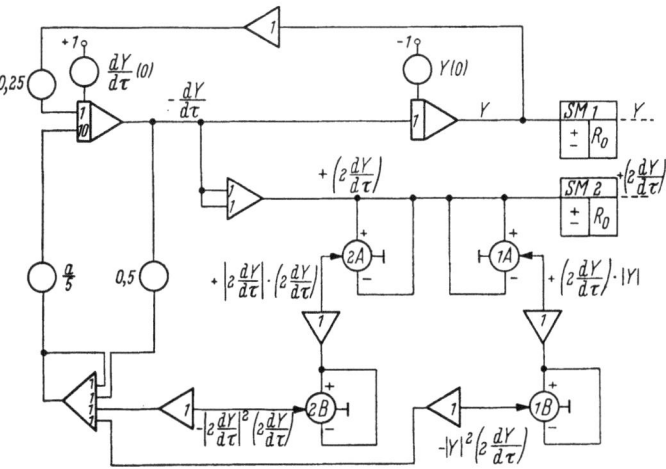

Abb. 21.6. Rechenschaltung für Gl. (21.44)

Potentiometer einstellbar wird. Zu beachten ist, daß der in einem Summierer zu bildende Ausdruck in der eckigen Klammer den Maximalwert Eins nicht überschreiten darf! Aus diesem Grunde wurde der Faktor 2 vor die Klammer herausgezogen.

In der Rechenschaltung Abb. 21.6 werden die Produkte mit 2 Servo-Multiplizierern hergestellt. Wie schon in § 17.7 erwähnt, werden Schaltungen mit Servo-Multiplizierern häufig einfacher, wenn man beachtet, daß das Quadrat einer Variablen mit dem Quadrat des Betrages der Variablen identisch ist. In unserem Falle wird

$$Y^2\left(2\frac{dY}{d\tau}\right) = |Y|^2\left(2\frac{dY}{d\tau}\right),$$
$$\left(2\frac{dY}{d\tau}\right)^3 = \left|2\frac{dY}{d\tau}\right|^2\left(2\frac{dY}{d\tau}\right). \quad (21.45)$$

In Abb. 21.7a ist eine Lösungskurve für $a = 1$ und $y(0) = 0{,}1$; $\dot{y}(0) = 0$ aufgezeichnet. Obwohl bei diesen Anfangsbedingungen der

Ansatz (21.39) nicht mehr gerechtfertigt erscheint, stellt sich doch nach kurzem Einschwingvorgang eine rein harmonische Schwingung ein. Die Phasenkurven 21.7b und 21.7c zeigen, daß sich die harmonische Schwingung bei jeder beliebigen Wahl der Anfangswerte ergibt (die

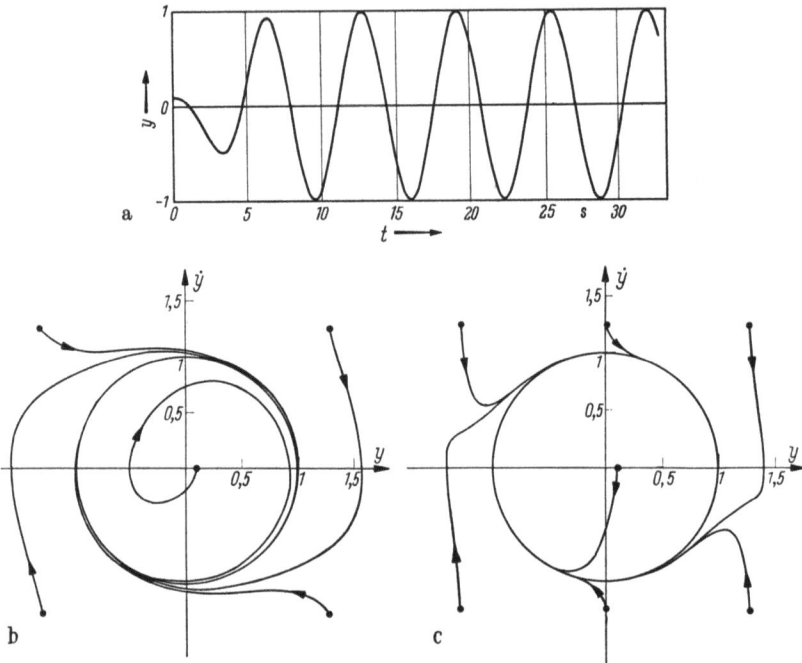

Abb. 21.7a—c. a) Lösungskurve für $y(0) = 0{,}1$; $\dot{y}(0) = 0$; $a = 1$; b) Phasenkurven für verschiedene Anfangswerte; $a = 1$; c) Phasenkurven für verschiedene Anfangswerte; $a = 5$

kreisförmige Phasenkurve entspricht einer rein harmonischen Schwingung). Der Faktor a bestimmt lediglich die Dauer des Einschwingvorganges.

Wir haben damit eine Schaltung kennengelernt, mit der sich Sinusschwingungen ohne jegliche Dämpfung oder Verzerrung herstellen lassen. Allerdings ist diese Möglichkeit wegen des hohen Aufwandes mehr von theoretischem Interesse. Praktisch wird man zur Erzeugung ungedämpfter harmonischer Schwingungen lieber die einfache Schaltung nach Abb. 16.2 mit einer Amplituden-Stabilisierung wie in Abb. 18.8 verwenden, da die dabei entstehenden leichten Verzerrungen der Kurvenform meistens nicht stören.

Die hier verwendete Rechenschaltung besitzt einen Nachteil. Wie aus Abb. 21.6 ersichtlich, wird der erste Integrierer nur halb ausgesteuert, da der Maximalwert von $dY/d\tau$ höchstens den Wert 0,5 erreichen kann.

Eine optimale Programmierung wäre z. B. durch eine Aufspaltung in 2 Gleichungen 1. Ordnung nach § 16.2 zu erreichen gewesen. Man gelangt hier jedoch auch ohne diesen formalen Weg zum gleichen Ziel, wenn man nur die Potentiometerwerte der Eingänge und der Anfangsbedingung des ersten Integrierers um den Faktor 2 erhöht und dafür an seinem Ausgang ein Potentiometer mit dem Faktor 0,5 einfügt.

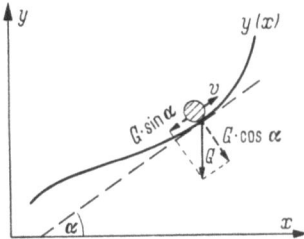

Abb. 21.8. Kraft- und Geschwindigkeitsvektoren einer auf einer Bahnkurve rollenden Kugel

3. Als drittes Beispiel wollen wir den Bewegungsvorgang ermitteln, den eine Kugel ausführt, die eine Rinne durchläuft [4]. Für eine punktförmige Kugel der Masse M, die sich auf einer Bahnkurve $y(x)$ bewegt (Abb. 21.8), gilt unter Berücksichtigung von Reibung und Luftwiderstand an jeder Stelle der Bahn die Kräftegleichung

$$M \frac{dv}{dt} = -[G \sin \alpha + (\operatorname{sign} \dot{x}) \mu G \cos \alpha + c_W (\operatorname{sign} \dot{x}) v^2]. \quad (21.46)$$

Hierbei ist α der Neigungswinkel der Bahnkurve. Er ergibt sich aus der Steigung der Bahngleichung $y(x)$:

$$\tan \alpha = y'(x).$$

Beachten wir weiter die Zusammenhänge

$$v \cos \alpha = \dot{x}$$

sowie

$$M = \frac{G}{g},$$

so folgt mit der Umformung

$$\cos^2 \alpha = \frac{1}{1 + \tan^2 \alpha} = \frac{1}{1 + y'^2}$$

aus (21.46) die Bewegungsgleichung der Kugel:

$$\ddot{x}[1 + y'^2(x)] + g y'(x) + (\operatorname{sign} \dot{x}) g \mu + c_W (\operatorname{sign} \dot{x}) \dot{x}^2 [1 + y'^2(x)]^{3/2} = 0. \quad (21.47)$$

Wir beziehen wieder alle Größen auf ihren Maximalwert und führen außerdem eine Zeitnormierung ein. Mit

$$X = \frac{x}{x_{\max}}; \quad Y = \frac{y}{y_{\max}}; \quad Y'(X) = \frac{dY}{dX} = \frac{x_{\max}}{y_{\max}} y'(x); \quad \tau = \lambda t$$

folgt:

$$\frac{d^2 X}{d\tau^2}\left[1 + \left(\frac{y_{\max}}{x_{\max}}\right)^2 Y'^2(X)\right] + \frac{g\, y_{\max}}{\lambda^2\, x_{\max}^2} Y'(X) + \left(\operatorname{sign} \frac{dX}{d\tau}\right) \frac{g\, \mu}{\lambda^2\, x_{\max}} +$$

$$+ c_W\, x_{\max}\left(\operatorname{sign} \frac{dX}{d\tau}\right)\left(\frac{dX}{d\tau}\right)^2 \left[1 + \left(\frac{y_{\max}}{x_{\max}}\right) Y'^2(X)\right]^{\frac{3}{2}} = 0. \quad (21.48)$$

In der Bewegungsgleichung spielt nur die Ableitung der Bahnkurve eine Rolle und nicht deren Verlauf selbst. Wir nehmen daher im folgenden an, die Ableitung $Y'(X)$ sei graphisch gegeben (Abb. 21.9).

Wir entnehmen daraus, daß

$$Y'(X)_{max} = 2$$

wird. Entsprechend der früher angegebenen Regel müssen wir die

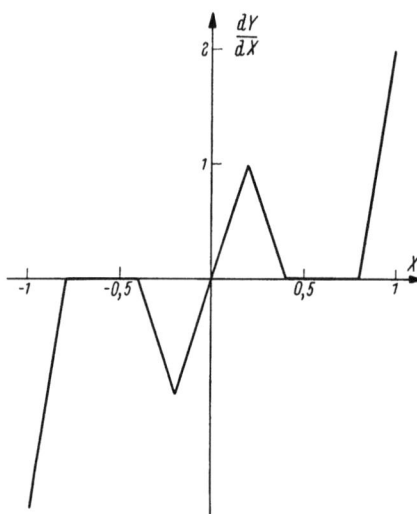

Funktion auf diesen Maximalwert beziehen. Dies allein genügt jedoch in diesem Falle noch nicht. Es muß zusätzlich sichergestellt sein, daß die am Funktionsgeber maximal einstellbare Steigung nicht überschritten wird. Aus Abb. 21.9 folgt eine größte Steigung von

$$\left(\frac{dY'(X)}{dX}\right)_{max} = 10.$$

Wenn wir als größte zulässige Steigung beispielsweise den Wert 4,5 annehmen, so wählen wir eine etwas über dem Maximalwert liegende Bezugsgröße und stellen die Funktion

$$\left(\frac{Y'(X)}{2,5}\right)$$

Abb. 21.9. Vorgeschriebener Verlauf der Steigung der Bahnkurve $Y'(X)$

am Funktionsgeber ein. Der Höchstwert ist dann $\left(\dfrac{Y'(X)}{2,5}\right)_{max} = 0,8$, die größte Steigung

$$\left(\frac{d\dfrac{Y'}{2,5}}{dX}\right)_{max} = 4,$$

beides Werte, die noch einstellbar sind.

Bei der Bildung des letzten Ausdrucks aus Gl. (21.48) ist zu beachten, daß die Klammer

$$\left[1 + \left(\frac{y_{max}}{x_{max}}\right)^2 Y'^2(X)\right]$$

den Wert Eins nicht überschreiten darf. Zur Vereinfachung setzen wir im folgenden

$$y_{max} = x_{max}.$$

Da $Y'(X) = 2$ ist, kann die obige Klammer höchstens den Wert Fünf erreichen. Wir beziehen sie auf diesen Wert und erhalten damit die

Maschinengleichung

$$\frac{d^2X}{d\tau^2}\left[1 + 6{,}25\left(\frac{Y'(X)}{2{,}5}\right)^2\right] + \frac{2{,}5g}{\lambda^2 x_{max}}\left(\frac{Y'(X)}{2{,}5}\right) + \left(\text{sign}\frac{dX}{d\tau}\right)\frac{g\mu}{\lambda^2 x_{max}} +$$

$$+ 5c_W\, x_{max}\left(\text{sign}\frac{dX}{d\tau}\right)\left(\frac{dX}{d\tau}\right)^2\left[0{,}2 + \frac{6{,}25}{5}\left(\frac{Y'(X)}{2{,}5}\right)^2\right]^{3/2}. \quad (21.49)$$

Folgende Zahlenwerte seien gegeben:

$$g = 9{,}81 \text{ m/s}^2,$$

$$\mu = 0{,}02,$$

$$c_w = 0{,}001 \text{ m}^{-1},$$

$$x_0 = 1 \text{ m},$$

$$y_0 = 0{,}2 \text{ m},$$

$$v_0 = 3{,}12 \text{ m/s}.$$

Mit $x_{max} = y_{max} = x_0$ erhalten wir daraus die Anfangswerte

$$X(0) = 1; \quad Y(0) = 0{,}2.$$

Wegen

$$\dot{x}(0) = v_0 \cos\alpha_0 = \frac{v_0}{1 + y_0'^2}$$

wird

$$\frac{dX}{d\tau}(0) = \frac{v_0}{\lambda\, x_{max}[1 + Y'^2(X_0)]} = \frac{3{,}12\,\text{s}^{-1}}{5\lambda}.$$

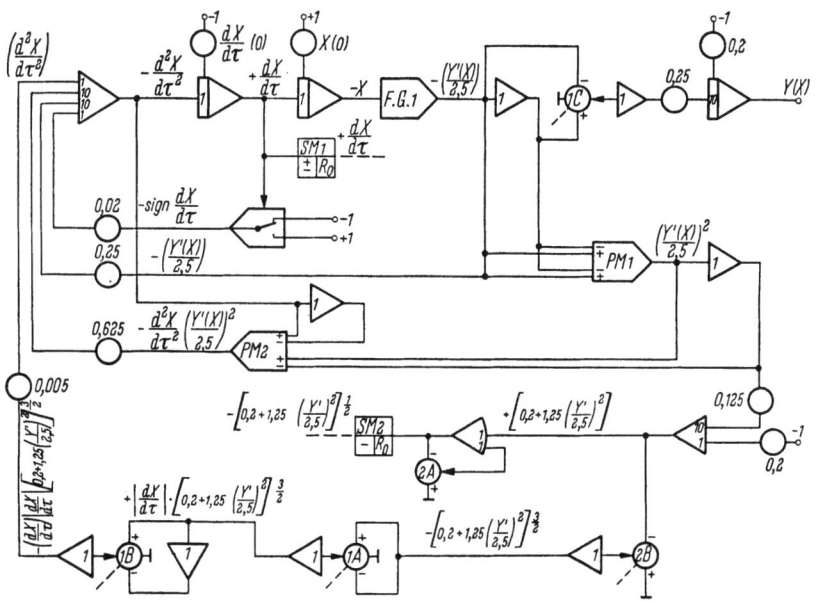

Abb. 21.10. Rechenschaltung für Gl. (21.50)

Für den Zeitmaßstab wählen wir

$$\lambda^2 x_{\max} = g, \quad \lambda = \sqrt{9{,}81}\ \text{s}^{-1}.$$

Zur Aufstellung der Rechenschaltung für (21.49) schreiben wir die Gleichung in der Form (vgl. § 19.3):

$$\frac{d^2X}{d\tau^2} = -6{,}25\,\frac{d^2X}{d\tau^2}\left(\frac{Y'(X)}{2{,}5}\right)^2 - 2{,}5\left(\frac{Y'(X)}{2{,}5}\right) - 0{,}02\left(\text{sign}\,\frac{dX}{d\tau}\right) -$$

$$-0{,}005\left(\text{sign}\,\frac{dX}{d\tau}\right)\left(\frac{dX}{d\tau}\right)^2\left[0{,}2 + 1{,}25\left(\frac{Y'(X)}{2{,}5}\right)^2\right]^{3/2}. \qquad (21.50)$$

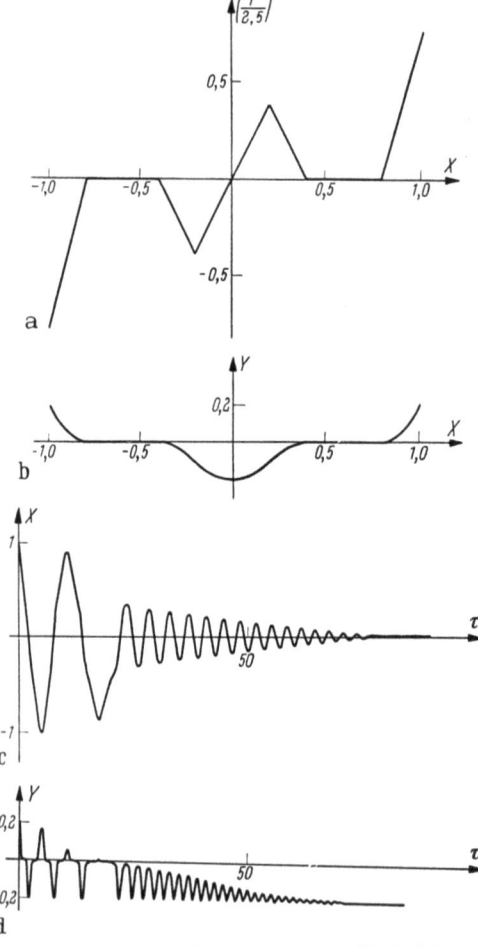

Abb. 21.10 zeigt die nach Gl. (21.50) aufgebaute Rechenschaltung.[1] Zur Herstellung der Produkte verwenden wir 2 Parabel- und 2 Servo-Multiplizierer, von denen sich mehrere Multiplikationskanäle ausnutzen lassen. Dabei können wir wieder die Multiplikation mit $(dx/d\tau)^2$ durch die Multiplikation mit dem Betragsquadrat ersetzen und damit Umkehrverstärker einsparen. Auf den Ausgang der Servopotentiometer müssen wir jedoch stets Umkehrer folgen lassen, um

[1] Da $Y'(-X)$ nach Abb. 21.9 eine ungerade Funktion ist, gilt hier

$$Y'(-X) = -Y'(X).$$

Bei manchen Rechnern können in der algebraischen Schleife, die über den Parabelmultiplizierer PM 2 führt, instabile Schwingungen auftreten. Rasche Abhilfe schafft eine kleine Kapazität C_s, die man beim ersten Summierer, der den Ausdruck $-\dfrac{d^2X}{d\tau^2}$ bildet, zwischen Ausgang und Summenpunkt legt.

Abb. 21.11a—d. Lösungskurven zu Gl. (21.50)
a) Funktion $Y'(X)$ am Ausgang des Funktionsgebers; b) Bahnkurve der Rinne $Y(X)$; c) zeitlicher Verlauf $X(\tau)$; d) zeitlicher Verlauf $Y(\tau)$

für alle Potentiometer den gleichen unveränderlichen Lastwiderstand zu gewährleisten.

In Abb. 21.10 ist neben der eigentlichen Lösungsschaltung noch eine Integration der abhängigen Variablen $Y'(X)$ bezüglich X enthalten, um die Bahnkurve $Y(X)$ selbst zu gewinnen. Nach § 17.2 wird hierzu der Ausdruck

$$Y(X) = 2,5 \int\limits_0^\tau \left(\frac{Y'(X)}{2,5} \right) \frac{dX}{d\tau}\, d\tau$$

nachgebildet. In § 17.2 wurde darauf hingewiesen, daß sich dabei die Nullpunktfehler der Multiplizierer wegen der nachfolgenden Integration besonders unangenehm auswirken können. Durch die Verwendung eines Servo-Multiplizierers an dieser Stelle vermeiden wir diesen Fehler.

Abb. 21.11a zeigt die Ausgangsfunktion $Y'(X)$ des Funktionsgebers; Abb. 21.11b die daraus berechnete Bahnkurve $Y(X)$ der Rinne. Darunter ist der zeitliche Bewegungsverlauf der Kugel in der X- und Y-Richtung zu sehen.

Literatur zu § 21

[1] POWERS, JOHN. E.: Elimination of Special Functions from Differential Equations. Communications Assoc. Comp. Mach. 2 (1959) Nr. 3, S. 3/4.
[2] ANDRONOW, A. A., u. C. E. CHAIKIN: Theory of Oscillations. Princeton, N.J.: Princeton University Press 1949.
[3] BADER, W.: Nichtlineare Systeme und ihre mathematische Behandlung. Nachrichtentechn. Fachbericht Nr. 21 (1960).
[4] GILOI, W., u. R. HERSCHEL: Rechenanleitung für Analogrechner. Telefunken-Fachbuch. Konstanz 1961.

§ 22. Randwertaufgaben

Wir haben unsere bisherigen Betrachtungen auf sogenannte *Anfangswertprobleme* beschränkt, d. h. auf Differentialgleichungen, bei denen für die Lösung $y(t)$ und ihre Ableitungen $y'(t) \dots y^{(n-1)}(t)$ an der Stelle $t = 0$ bestimmte Werte vorgeschrieben sind.

Im allgemeinen verlangt die Lösung einer Differentialgleichung n-ter Ordnung nur, daß n Bedingungen für die Lösung und ihre Ableitungen bekannt sind, und es ist ein Sonderfall (wenn auch bei weitem der Häufigste), wenn diese Bedingungen als Anfangswerte gegeben sind. Sie können statt dessen z. T. auch als *Randbedingungen* vorliegen. In solchen Fällen sprechen wir von einem *Randwertproblem*.

In der Physik treten Randwertprobleme vor allem bei Differentialgleichungen auf, deren unabhängige Variable nicht die Zeit, sondern eine Ortskoordinate ist. Man denke z. B. an die Differentialgleichung für die Biegelinie eines belasteten Balkens, der an den Enden eingespannt ist, so daß an den Stellen $x = 0$ und $x = 1$ bestimmte Randbedingungen gegeben sind.

Im allgemeinen nimmt der Schwierigkeitsgrad bei Randwertaufgaben gegenüber gleichwertigen Anfangswertaufgaben stark zu. Dies gilt für eine theoretische wie auch für eine maschinelle Lösung und also — wie wir noch sehen werden — auch für die Behandlung auf dem Analogrechner.

22.1 Lineare Randwert-Differentialgleichungen

22.1.1 Lösung nach dem Überlagerungsprinzip. Eine lineare Differentialgleichung

$$L[y] \equiv \sum_{i=0}^{n} a_i(x)\, y^{(i)}(x) = f(x) \qquad (22.1)$$

kürzen wir im folgenden durch den linearen Differentialausdruck $L[y]$ ab.

Die Lösungsmethode sei zunächst auf das übersichtliche Beispiel der linearen Differentialgleichung 2. Ordnung angewandt, also auf eine Gleichung von der Form

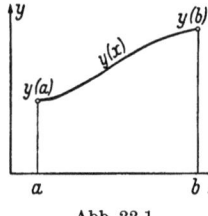

$$L[y] \equiv y'' + a_1(x)\, y' + a_0(x)\, y = f(x). \qquad (22.2)$$

Es sei die Lösung im Intervall $a \leqq x \leqq b$ gesucht, die die Randbedingungen

Abb. 22.1
Randwertaufgabe

$$y(a) = y_a \quad \text{und} \quad y(b) = y_b \qquad (22.3)$$

erfüllt (Abb. 22.1).

Die Aufgabe ließe sich auf das einfachere Anfangswertproblem zurückführen, wenn der Anfangswert für die Ableitung

$$y'(a) = y_a'$$

bekannt wäre, für den die Lösung die zweite Randbedingung erfüllt [1].

Dieser unbekannte zweite Anfangswert läßt sich nach folgendem Verfahren finden:

1. Man löst die beiden Anfangswertgleichungen

$$L[y_1] = f(x),$$
$$L[y_2] = 0 \qquad (22.4)$$

mit den Anfangsbedingungen

$$\begin{aligned} \text{für } L[y_1]: \quad & y_1(a) = y_a, \quad && y_1'(a) = 0, \\ \text{für } L[y_2]: \quad & y_2(a) = 0, \quad && y_2'(a) = 1. \end{aligned} \qquad (22.5)$$

2. Wegen der Linearität des Problems muß sich die Lösung der Differentialgleichung (22.2) durch Überlagerung der beiden speziellen Lösungen $y_1(x)$ und $y_2(x)$ ergeben. Es gilt also

$$y(x) = C_1\, y_1(x) + C_2\, y_2(x),$$

und an der Stelle $x = a$

$$y_a = C_1 y_a + 0$$
$$y_a' = 0 \qquad + C_2.$$

Damit ist $C_1 = 1$ und $C_2 = y_a'$, und es folgt

$$y(x) = y_1(x) + y_a' y_2(x). \tag{22.6}$$

3. Der gesuchte Anfangswert y_a' kann nun aus den Funktionswerten $y_1(b)$ und $y_2(b)$ bestimmt werden. Nach Gl. (22.6) ist

$$y(b) = y_b = y_1(b) + y_2(b) y_a'$$

und damit

$$y_a' = \frac{y_b - y_1(b)}{y_2(b)}. \tag{22.7}$$

Zur Bestimmung der Werte $y_1(b)$ und $y_2(b)$ kann man die Differentialgleichungen (22.4) auf dem Analogrechner lösen [2]. Praktisch wäre jedoch bei einer Differentialgleichung 2. Ordnung der aufgezeigte Lösungsweg unnötig kompliziert. Solange nur ein einziger Anfangswert (y_a') unbekannt ist, läßt sich dieser sehr rasch durch Probieren finden, indem man bei repetierender Arbeitsweise des Rechners das Anfangswertpotentiometer für y_a' so lange verstellt, bis die Lösungskurve die Bedingung (22.3) erfüllt.

Wir betrachten als zweites Beispiel eine Differentialgleichung 4. Ordnung (die Differentialgleichungen sind bei solchen Randwertproblemen in der Regel von geradzahliger Ordnung), bei der bei $x = a$ und bei $x = b$ je 2 Randwerte vorgeschrieben sind. Es möge gelten (vgl. das nachfolgende Beispiel):

$$y(a) = y_a \qquad \text{und} \qquad y'(a) = y_a' = 0, \tag{22.8a}$$
$$y''(b) = y_b'' = 0 \qquad \text{und} \qquad y'''(b) = y_b''' = 0. \tag{22.8b}$$

Mit den gegebenen Anfangswerten (22.8a) ist eine Lösung der inhomogenen Differentialgleichung (4. Ordnung)

$$L[y] = f(x)$$

zu berechnen. Die beiden unbekannten Anfangswerte $(y''(a)$ und $y'''(a))$ werden dabei Null gesetzt. Zusätzlich sind mit willkürlichen Anfangswerten zwei unabhängige Lösungen der homogenen Gleichung

$$L[y] = 0$$

zu bestimmen.

Wir lösen also nacheinander auf dem Analogrechner die Differentialgleichungen

$$\left. \begin{aligned} L[y_0] &= f(x), \\ L[y_1] &= 0, \\ L[y_2] &= 0 \end{aligned} \right\} \tag{22.9}$$

16*

mit den Anfangswerten

$k =$	Variable	$y_k(a)$	$y_k'(a)$	$y_k''(a)$	$y_k'''(a)$
0	y_0	y_a	y_a'	0	0
1	y_1	0	0	A_1	0
2	y_2	0	0	0	A_2

Aus diesen Lösungen entnehmen wir die Werte

$$y_0''(b) \qquad y_1''(b) \qquad y_2''(b)$$
$$y_0'''(b) \qquad y_1'''(b) \qquad y_2'''(b).$$

Nach dem Superpositionsprinzip kann man die Lösung wieder aus den Einzellösungen zusammensetzen

$$y(x) = y_0(x) + C_1\,y_1(x) + C_2\,y_2(x). \qquad (22.10)$$

Für die unbekannten Anfangswerte y_a'' und y_a''' ergeben sich mit den gewählten Anfangsbedingungen die Beziehungen

und
$$y_a'' = A_1\,C_1 \qquad (22.11\,\text{a})$$
$$y_a''' = A_2\,C_2. \qquad (22.11\,\text{b})$$

(Wir haben die Werte A_1 und A_2 — im Gegensatz zum 1. Beispiel — nicht einfach gleich Eins gesetzt, um nicht unnötigen Einschränkungen bezüglich der Maßstabsfaktoren unterworfen zu sein.)

Die Koeffizienten C_1 und C_2 lassen sich aus dem Gleichungssystem

$$y''(b) = y_0''(b) \; + C_1\,y_1''(b) + C_2\,y_2''(b) = 0,$$
$$y'''(b) = y_0'''(b) + C_1\,y_1'''(b) + C_2\,y_2'''(b) = 0 \qquad (22.12)$$

berechnen, so daß damit auch nach (22.11) die gesuchten Anfangswerte bestimmt sind.

Beispiel: Der betrachteten Differentialgleichung 4. Ordnung möge beispielsweise die sog. *Balkengleichung* zugrunde liegen.

Mit der Biegesteifigkeit $E\,J(x)$, dem Biegemoment $M(x)$ und der Belastung je Längeneinheit $q(x)$ gelten für die Durchbiegung eines Balkens die Gleichungen

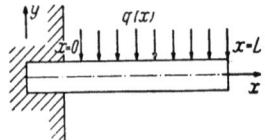

$$E\,J\,y'' = -M,$$
$$M'' = -q(x)$$

oder zusammengefaßt

Abb. 22.2
Einseitig eingespannter Balken

$$\frac{d^2}{dx^2}\left(E\,J\,\frac{d^2 y}{dx^2}\right) = q(x). \qquad (22.13)$$

Randbedingungen: Die Randbedingungen hängen von der Art der Befestigung der Balkenenden ab. Wenn wir annehmen, daß der Balken am einen Ende ($x = 0$)

fest eingespannt und am anderen Ende ($x = L$) frei ist (Abb. 22.2), gelten die Randbedingungen:

an der Einspannstelle $y(0) = 0$ und $y'(0) = 0$,

am freien Balkenende $y''(L) = 0$ und $y'''(L) = 0$

[das Moment $M = -E\,J\,y''$ und die Querkraft $Q = M' = -\dfrac{d}{dx}(E\,J\,y'')$ müssen Null sein]. Wir haben damit die Randbedingungen von Gl. (22.8) erhalten.

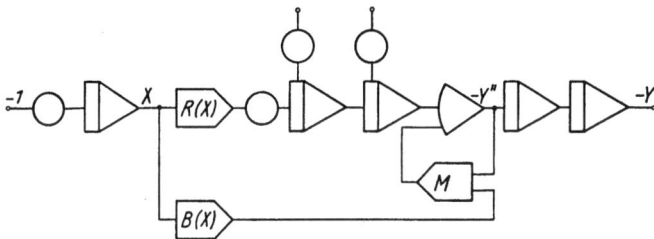

Abb. 22.3. Unskalierte Rechenschaltung für die Balkengleichung (22.13)

Beim Entwurf der Rechenschaltung gehen wir davon aus, daß

$$y'' = -\frac{M}{E\,J(x)} = -\frac{\displaystyle\int_0^L \int_0^L q(x)\,dx\,dx}{E\,J(x)}$$

ist. $y(x)$ selbst erhalten wir durch zweimalige Integration von y''; x durch Integration über eine Konstante. Die Funktionen $q(x)$ und $E\,J(X)$ werden im allgemeinen Falle durch Funktionsgeber erzeugt.

Zur Normierung setzen wir

$$\tau = \lambda\,x, \qquad Y = \frac{y}{y_{max}} \quad \text{und} \qquad X = \frac{x}{L},$$

und ferner

$$R(X) = \frac{q(x)}{q_{max}} \quad \text{und} \quad B(X) = \frac{E\,J(x)}{E\,J_{max}}.$$

Damit lauten jetzt die Gleichungen zur Bestimmung von $Y''(\tau)$

$$\frac{d^2 Y}{d\tau^2} = -\frac{q_{max}}{\lambda^4\,y_{max}\,E\,J_{max}} \cdot \frac{\displaystyle\int_0^{\lambda L}\int_0^{\lambda L} R(X)\,d\tau\,d\tau}{B(X)}$$

und

$$\frac{dX}{d\tau} = \frac{1}{\lambda\,L}.$$

Die Anfangswerte sind entsprechend umzurechnen. Abb. 22.3 zeigt die Rechenschaltung.

Die an den vorhergehenden Beispielen aufgezeigte Lösungsmethode kann auf lineare Differentialgleichungen beliebig hoher Ordnung angewandt werden. Das Berechnen der speziellen Lösungen macht auch bei höherer als 4. Ordnung wenig Mühe, da hierzu ja immer wieder dieselbe Rechenschaltung benutzt wird. Vor jedem Rechnungsablauf sind lediglich neue Anfangswerte einzustellen. Etwas mühsamer kann es bei entsprechend hoher Ordnung sein, die Koeffizienten C_i aus dem gewonnenen linearen Gleichungssystem zu berechnen.

22.1.2 Eigenwertprobleme. Wir haben bisher nur inhomogene lineare Randwertdifferentialgleichungen betrachtet. In den Fällen, in denen solche inhomogenen Differentialgleichungen lösbar sind, hat die zugehörige homogene Differentialgleichung nur die trivialen Lösungen $y \equiv 0$.

Es gibt aber auch Fälle, in denen eine homogene Randwertdifferentialgleichung nichttriviale Lösungen besitzt, während das inhomogene Problem nur für besondere Randwerte oder gar nicht lösbar ist.

Auf die Lösung homogener Randwertdifferentialgleichungen führen die *Eigenwertprobleme*, bei denen die (homogene) Differentialgleichung einen zunächst unbestimmten Faktor ω^2 enthält, der so zu bestimmen ist, daß die Randbedingungen erfüllt sind. Falls solche Werte

$$\omega_1, \quad \omega_2, \quad \ldots, \quad \omega_n$$

existieren, nennt man sie die *Eigenwerte* des Problems. Zu ihnen gehören dann nichttriviale (allerdings nur bis auf einen Faktor bestimmbare) *Eigenfunktionen* $y_i(x)$. In der Anwendung spielen solche Eigenwertprobleme eine Rolle bei Schwingungsuntersuchungen, wo die Eigenwerte den Eigenfrequenzen des Systems entsprechen. Die Eigenfunktionen stellen dann die möglichen Schwingungsformen (etwa eines schwingenden Stabes, einer schwingenden Saite) dar.

Von der im vorhergehenden Abschnitt betrachteten (inhomogenen) Randwertaufgabe des Balkens gelangt man zu der (homogenen) Eigenwertaufgabe, indem man die Schwingungsbewegung des Balkens ohne äußere Lasten betrachtet. An die Stelle der (verteilten) Last $q(x)$ tritt jetzt nach dem D'ALEMBERTschen Prinzip die Belastung durch Trägheitskräfte

$$q = -\mu \frac{\partial^2 y}{\partial t^2} \qquad (22.14)$$

(μ = Masse pro Längeneinheit).

Gl. (22.14) ergibt zusammen mit Gl. (22.13) eine partielle Differentialgleichung, die sich durch den Ansatz

$$y = y_0 \sin \omega\, t \qquad (22.15)$$

in eine gewöhnliche Differentialgleichung umwandeln läßt. Im Falle von Gl. (22.15) gilt

$$\frac{\partial^2 y}{\partial t^2} = -\omega^2 y \qquad (22.16)$$

und damit

$$\frac{d^2}{d x^2}\left(E\,J\,\frac{d^2 y}{d x^2}\right) = \mu\,\omega^2\,y. \qquad (22.17)$$

Mit

$$z = -E\,J(x)\,\frac{d^2 y}{d x^2} \qquad (22.17\,\mathrm{a})$$

können wir (22.17) auch schreiben

$$\frac{d^2 z}{d x^2} + \mu \, \omega^2 \, y = 0$$

$$\frac{d^2 y}{d x^2} + \frac{1}{E J(x)} z = 0. \tag{22.17 b}$$

Im Unterschied zum vorhergehenden Beispiel sei angenommen, daß die Stabenden auf 2 Stützen gelagert sind, so daß sie ihre Neigung beliebig ändern können (Abb. 22.4). Da die Stabenden nicht eingespannt sind, ist die Krümmung (bzw. das Biegemoment) und damit auch z an den Enden gleich Null. Es sind also die Randwerte bekannt

Abb. 22.4
Auf 2 Stützen gelagerter Stab

und

$$y(0) = y(L) = 0$$

$$z(0) = z(L) = 0.$$

Es sind also auch hier bestimmte Randwerte zu erfüllen, wobei aber jetzt die Erfüllung der Endrandbedingungen von dem Parameter ω^2 abhängt. Bei dem betrachteten typischen Beispiel werden nur die Eigenwerte ω_i^2 interessieren. Bei Eigenwertaufgaben, die bei der Lösung partieller Differentialgleichungen durch Trennung der Veränderlichen entstehen, benötigt man auch die Eigenfunktionen, da diese die Lösung der partiellen Differentialgleichung bilden.

Der Zurückführung einer Eigenwertaufgabe auf ein Anfangswertproblem steht gegenüber der gewöhnlichen (inhomogenen) Randwertaufgabe die Schwierigkeit entgegen, daß eine Integration der Differentialgleichung die Kenntnis des gesuchten Parameters ω_i^2 voraussetzt. Die numerische Behandlung umgeht diese Schwierigkeit durch das sog. *Restgrößenverfahren*: man setzt für die freien Anfangswerte und für ω^2 zunächst willkürliche Werte ein und gewinnt dadurch Teillösungen als Funktionen der unabhängigen Variablen und des Parameters ω^2. Aus einem System solcher spezieller Lösungen lassen sich dann die Werte ω_i^2, für die die Endrandbedingungen erfüllt werden, algebraisch berechnen (vgl. [1]). Die Teillösungen können natürlich wieder auf bequeme Art mit dem Analogrechner gewonnen werden.

Für die technisch bedeutsamen Differentialgleichungen 2. und 4. Ordnung ist jedoch eine Lösung durch Probieren einfacher und mehr den speziellen Möglichkeiten des Analogrechners angemessen; vor allem, wenn dieser zum repetierenden Rechnen eingerichtet ist. In der Rechenschaltung zu Gl. (22.17) (Abb. 22.5) ist jetzt (außer den freien Anfangswerten) das Potentiometer für ω^2 so lange zu verstellen, bis eine Eigenfunktion gefunden ist. Dazu rechnet man am besten schnell repetierend und schreibt auf dem Oszillographenschirm z über y auf. Bei einer Eigenfunktion muß diese Kurve am Ende des Rechenintervalls durch den Nullpunkt gehen. Der zugehörige Eigenwert kann dann am Potentiometer für ω^2 abgelesen werden.

Bei einer Differentialgleichung 2. Ordnung kann der freie Anfangswert beliebig gewählt werden, da er nur die Amplitude der Eigenfunktion beeinflußt. Bei einer Differentialgleichung 4. Ordnung müssen die beiden

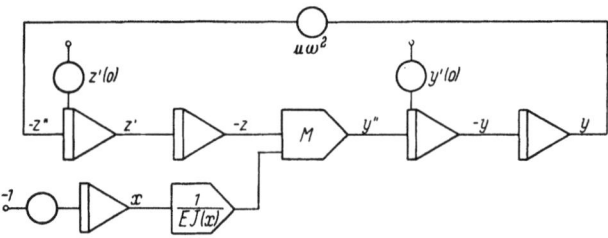

Abb. 22.5. Rechenschaltung zur Behandlung der Eigenwertdifferentialgleichung (22.17)

freien Anfangswerte [in unserem Beispiel $y'(0)$ und $z'(0)$] in einem bestimmten, von ω^2 abhängigen Verhältnis stehen, damit die unerwünschten (nichtperiodischen) Lösungsanteile unterdrückt werden. Man kann also einen Wert fest einstellen (wodurch wieder die Amplitude der Eigenfunktion bestimmt wird) und hat dann noch den zweiten Anfangswert zusammen mit ω^2 zu variieren.[1] (Im einfachen Fall des homogenen Balkens ist das Verhältnis zwischen den beiden Anfangswerten gleich ω^2.) Bei anderslautenden Aufgabenstellungen kann der zu bestimmende Faktor ω^2 auch in den vorgeschriebenen Anfangsrandbedingungen auftreten. Um die Einstellung trotzdem mit nur einem Knopf vornehmen zu können, wird man gegebenenfalls einen Servo-Multiplizierer zu Hilfe nehmen. Schließlich kann das Auffinden der gesuchten Eigenwerte auch in einem automatischen Iterationsverfahren geschehen (s. Abschn. 22.2.2).

Die Eigenwertdifferentialgleichungen von 4. und höherer Ordnung besitzen auch nichtstationäre Lösungen, die durch geeignete Wahl der Anfangswerte unterdrückt werden. Durch die unvermeidlichen Ungenauigkeiten der Einstellung jedoch ist es nur eine Frage der Zeit, bis sich die instabilen Lösungen doch durchsetzen. Diese praktische Schwierigkeit bewirkt, daß sich mit der beschriebenen Analogrechenmethode nur die ersten Eigenfunktionen berechnen lassen, daß sich also die höheren Eigenfrequenzen einer Berechnung entziehen. Bei vielen Aufgabenstellungen genügt es aber, die ersten Eigenwerte zu kennen.

---

[1] Dies gilt natürlich nur für lineare Gleichungen. Im nichtlinearen Falle sind alle 3 Parameter zu verändern.

22.2 Nichtlineare Randwertaufgaben

22.2.1 Lösung durch Probieren. Die Methode zur Lösung von Randwertaufgaben nach dem Überlagerungsprinzip versagt, sobald die
Differentialgleichungen nichtlinear sind, d.h. sobald das Überlagerungsprinzip nicht mehr gilt. In diesem Falle ist eine Lösung nur noch durch
Probieren oder durch einen *iterativen Rechenprozeß* möglich.

Bei der Lösung durch Probieren werden zunächst willkürliche Werte
für die unbekannten Anfangsbedingungen eingestellt. Die Lösung, die
sich mit diesen Werten ergibt, wird natürlich weit davon entfernt sein,
die vorgeschriebenen Randbedingungen zu erfüllen. Man wird nun einen
der unbekannten Anfangswerte so lange verstellen, bis die erreichten
Randwerte sich den vorgeschriebenen Randwerten möglichst gut angenähert haben. Wenn keine Verbesserung mehr zu erzielen ist, wird man
den zweiten unbekannten Anfangswert verstellen usw. und diese Schritte
gegebenenfalls so lange iterieren, bis die vorgeschriebenen Randwerte
erreicht werden. Diese Aufgabe wird stark erleichtert, wenn der Analogrechner zum schnellen repetierenden Rechnen eingerichtet ist, da man
in diesem Falle die Auswirkung jeder Verstellung fast unmittelbar auf
dem Oszillographenschirm verfolgen kann. Bei einer Differentialgleichung
4. Ordnung (z. B. Balkengleichung), bei der 2 Anfangswerte unbekannt
sind, wird man so relativ rasch in die Nähe der gewünschten Lösung
gelangen. Die genaue Lösung wird dann schließlich mit einem genaueren
Ausgabegerät (Digitalvoltmeter, Schreiber) ermittelt.

Dieses Verfahren ist wohl das einfachste und günstigste für Differentialgleichungen 2. und 4. Ordnung. Sobald aber mehr als zwei unbekannte
Anfangswerte auf diese Weise zu ermitteln sind, wird das Verfahren
recht mühsam. Bei Differentialgleichungen höherer Ordnung ist nicht
gewährleistet, daß man die gesuchte
Lösung überhaupt findet. Als Ausweg bleibt dann nur noch das weiter
unten beschriebene Verfahren der
Lösung durch einen automatisch ab-
laufenden iterativen Rechenprozeß.
Bevor wir uns diesem Lösungsweg
zuwenden, wollen wir ein Beispiel
betrachten.

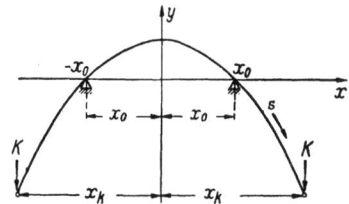

Abb. 22.6. Elastische Linie eines symmetrisch belasteten Stabs

Zu berechnen sei die *elastische Linie* eines Stabs von der Länge $2L$, der nach
Abb. 22.6 an 2 Punkten im Abstand $2x_0$ aufliegt, und der an seinen Enden durch
zwei gleiche Kräfte $K_1 = K_2 = K$ belastet wird.

Die Differentialgleichung der elastischen Linie eines Stabs lautet [1]

$$\frac{d^2 y}{d x^2} = \frac{M(x)}{E J(x)} \sqrt{(1 + (d y/d x)^2)^3}.$$ (22.18)

Wegen der Symmetrie der Anordnung können wir uns darauf beschränken, die Biegelinie im Bereich $0 \leqq s \leqq L$ bzw. $0 \leqq x \leqq x_k$ zu berechnen. Bei kleiner Krümmung ist $y'^2 \ll 1$, so daß man dann die Wurzel in Gl. (22.18) weglassen kann. In unserem Falle wollen wir annehmen, daß die Krümmung so stark ist, daß diese Linearisierung nicht zulässig ist.

Für das Biegemoment gilt

$$M(x) = \begin{cases} K(x_k - x) & \text{für } x_0 \leqq x \leqq x_k, \\ K(x_k - x_0) & \text{für } 0 \leqq x \leqq x_0. \end{cases} \qquad (22.19)$$

Bei der Rechnung sind also 2 Abschnitte zu unterscheiden. Wenn wir für die im *Koeffizienten* auftretende Variable substituieren

$$x = z,$$

erhalten wir durch Einsetzen von Gl. (22.19) in Gl. (22.18):

$$\frac{d^2 y}{dx^2} = \frac{K(x_k - z^*)}{E\,J(x)} \left(1 + \left(\frac{dy}{dx} \right)^2 \right)^{3/2}$$

und

$$\frac{dz}{dx} = 1 \qquad (22.20)$$

mit

$$z^* = \begin{cases} x_0 & \text{für } 0 \leqq z \leqq x_0, \\ z & \text{für } x_0 \leqq z \leqq x_k. \end{cases} \qquad (22.21)$$

Mit den normierten Variablen

$$S = \frac{s}{L}; \quad X_k = \frac{x_k}{L}; \quad Z = \frac{z}{L}; \quad Y = \frac{y}{y_{\max}}; \quad B = \frac{J(x)}{J_{\max}} \quad \text{und} \quad \tau = \lambda x \qquad (22.22)$$

folgt

$$\frac{d^2 Y}{d\tau^2} = \frac{L}{\lambda^2 y_{\max} E\,J_{\max}} \, \frac{(X_k - Z^*)}{B(X)} \left(1 + \lambda^2 y_{\max}^2 \left(\frac{dY}{d\tau} \right)^2 \right)^{3/2}$$

und

$$\frac{dZ}{d\tau} = \frac{1}{\lambda L}. \qquad (22.23)$$

Die Schaltbedingung lautet jetzt

$$Z^* = \frac{z^*}{L} = \begin{cases} X_0 & \text{für } 0 \leqq Z \leqq X_0 \quad \text{mit } \left(X_0 = \frac{x_0}{L} \right), \\ Z & \text{für } X_0 \leqq Z \leqq X_k. \end{cases}$$

Wegen der Symmetrie der Biegelinie (Abb. 22.6) gilt für den Anfangswert $y'(0)$

$$\frac{dy}{dx}\bigg|_{x=0} = 0.$$

Der Anfangswert $y(0)$ ist zwar unbekannt, jedoch sehr leicht zu ermitteln: man wird für die Rechnung zunächst $\bar{y}(0) = 0$ setzen. Wenn man damit eine Lösung $\bar{y}(x)$ erhalten hat, gilt nach Abb. 22.6 für den wirklichen Anfangswert

$$y(0) = -\bar{y}(x_0).$$

Etwas aufwendiger ist die Bestimmung des Momentenarms x_k, der ebenfalls als ein unbekannter Randwert auftritt. Der Wert x_k hängt von der Krümmung der elastischen Linie ab, also von der speziellen Form der Lösung, zu deren Berechnung wir x_k benötigen.

Zwischen einem differentiell kleinen Streckenelement ds und den Differentialen dx und dy besteht der Zusammenhang

$$ds^2 = dx^2 + dy^2 \quad \text{oder} \quad ds = \sqrt{1 + \left(\frac{dy}{dx}\right)^2}\, dx, \qquad (22.24)$$

aus dem sich leicht die Beziehung

$$\int_0^{x_k} \sqrt{1 + \left(\frac{dy}{dx}\right)^2}\, dx = L$$

ableiten läßt, oder mit der Normierung nach Gl. (22.22)

$$\frac{1}{\lambda L} \int_0^{\tau_k} \sqrt{1 + (\lambda\, y_{\max})^2 \left(\frac{dY}{d\tau}\right)^2}\, d\tau = 1. \qquad (22.25)$$

Diese Gleichung kann als Kriterium dafür dienen, wann die Rechnung zu beenden ist. Sie gibt uns vor allem aber auch die Möglichkeit, den gesuchten Wert von X_k durch einen Iterationsprozeß zu bestimmen, und damit die gesuchte elastische Linie zu berechnen.

Die Lösung der gestellten Aufgabe führen wir in mehreren Schritten durch. Wir stellen zunächst die Rechenschaltung für Gl. (22.23) auf und ergänzen diese durch eine Schaltung zur Bildung der Größe

$$S(y, x) = \frac{1}{\lambda L} \int_0^{\tau} \sqrt{1 + (\lambda\, y_{\max})^2 \left(\frac{dY}{d\tau}\right)^2}\, d\tau \qquad (22.26)$$

(Abb. 22.8).

Für den noch unbekannten Wert X_k wählen wir nun einen Näherungswert X_{k0}, z. B. den Wert

$$X_{k0} = 1.$$

[Dies ist der Wert von X_k für den gestreckten Stab ($K = 0$).] Mit diesem Näherungswert lassen wir die Rechnung ablaufen und schreiben zunächst nicht die gesuchte Kurve $Y(X)$, sondern die Größe $S(X)$ nach Gl. (22.26) auf. Wenn $S = 1$ geworden ist, beenden wir die Rechnung. Aus dem geschriebenen Diagramm können wir den Abszissenwert X_{k1} entnehmen, der zu dem Koordinatenpunkt $S = 1$ gehört. Dieser Wert wird kleiner als der Ausgangswert X_{k0} sein, und zwar um so mehr, je stärker die Krümmung der Näherungslösung $Y_1(X)$ (die uns im übrigen aber nicht interessiert) ist. Der Wert X_{k1} ist aber auch kleiner als der richtige Wert X_k, da wir zunächst von einem zu großen Momentenarm (X_{k0}) ausgegangen sind, so daß wir eine zu große Durchbiegung erhalten haben.

Wir starten nun einen zweiten Rechnungsablauf mit dem neuen Näherungswert X_{k1} und erhalten eine etwas abweichende Kurve $S(X)$, die uns jetzt an der Stelle $S = 1$ den Abszissenwert X_{k2} liefert, der wiederum etwas größer als der gesuchte Wert X_k ist (der Momentenarm wurde bei diesem Rechnungsgang etwas zu klein eingestellt).

Die Größe X_{k2} nähert den gesuchten Wert X_k aber besser an als die vorherige Näherung X_{k1}.

Die nächste Rechnung starten wir mit dem Wert X_{k2} und erhalten eine noch bessere Näherung X_{k3}, usw. Insgesamt wird man bei der guten Konvergenz dieses Verfahrens etwa 4 bis 6 Rechnungen ausführen müssen (wobei jeweils nur ein Parameter zu verstellen ist), bis der eingestellte Wert $X_{k,i}$ dem aus der Kurve $S(X)$ entnommenen Wert $X_{k,i+1}$ entspricht, d. h., bis der richtige Wert X_k gefunden ist. Ist dieser einmal ermittelt, so können wir die gesuchte elastische Linie $Y(X)$ aufschreiben und haben damit die Aufgabe gelöst. [Die Bedingung, daß an der Stelle $X = X_0$ $Y(X)$ Null sein muß, ist durch eine einfache Verschiebung der X-Achse zu erfüllen.]

Man kann die Anzahl der Rechenschritte verringern, wenn man gleich zu Anfang für X_{k0} eine bessere Näherung als $X_{k0} = 1$ einstellt. Mit etwas Erfahrung wird man die Verringerung des Momentenarms durch die Krümmung des Stabs einigermaßen abschätzen können, und so z. B. besser von dem Wert $X_{k0} = 0,9$ ausgehen.

Manche Analogrechner können durch die Verbindung einer bestimmten Buchse auf dem Steckfeld mit Masse in die Betriebsstellung „Halten" versetzt werden. Falls diese Möglichkeit gegeben ist, können wir uns den Iterationsprozeß dadurch vereinfachen, daß wir durch einen Komparator die Größe $S(X)$ (22.26) überprüfen und bei Erfüllung der Bedingung (22.25) den Rechner in die Stellung „Halten" versetzen. In dieser Stellung kann dann die Größe X_{kt} unmittelbar mit einem Digitalvoltmeter am Ausgang des Integrierers für $Z(X)$ gemessen werden (für $S = 1$ ist ja $Z = X_k$).

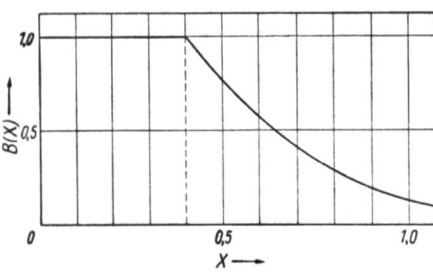

Abb. 22.7. Verlauf von $B(X)$

Zahlenbeispiel:

Es sei gegeben: $L = 50$ cm, $x_0 = 20$ cm, $E J_{max} = 10^5$ kp $\cdot$ cm², $K = 85$ kp, $y_{max} = 10$ cm und $B(X)$ nach Abb. 22.7.

Wir setzen der Einfachheit halber $\lambda y_{max} = 1$, wählen also

$$\lambda = 0,1 \text{ cm}^{-1}$$

und erhalten die Gleichung

$$Y''(\tau) = 0,425 \frac{(X_k - Z^*)}{B(X)} (1 + Y'^2)^{3/2}.$$

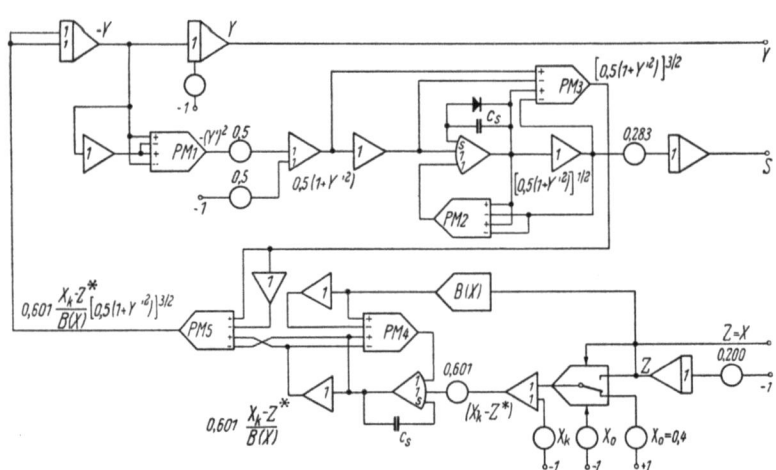

Abb. 22.8. Rechenschaltung zur Berechnung der elastischen Linie nach Abb. 22.6

Damit der Klammerausdruck nicht größer als Eins werden kann, ziehen wir noch den Faktor Zwei heraus:

$$Y''(\tau) = 1{,}202 \frac{(X_k - Z^*)}{B(X)} (0{,}5 + 0{,}5 Y'^2)^{3/2}. \qquad (22.27)$$

Hinzu kommen die Gleichungen

$$S(y, x) = 0{,}283 \int\limits_0^\tau \sqrt{0{,}5 + 0{,}5 Y'^2}\, d\tau \qquad (22.28)$$

und

$$\frac{dz}{d\tau} = 0{,}2\,.$$

Abb. 22.8 zeigt die Rechenschaltung zur Lösung dieser beiden Gleichungen. In Abb. 22.9 ist die Lösung für dieses Zahlenbeispiel aufgetragen. Die gestrichelten

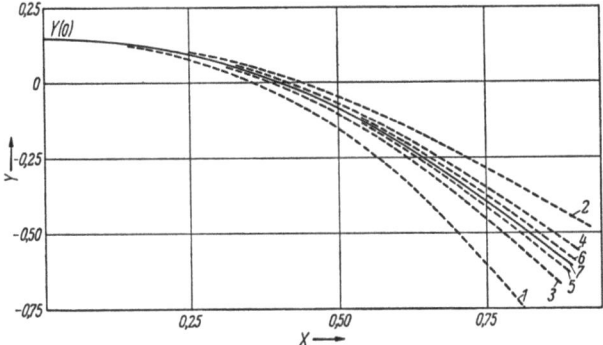

Abb. 22.9. Schrittweise Annäherung der Lösungskurven an die exakte Lösung

Kurven zeigen die Lösungen, die man während der schrittweisen Annäherung des eingestellten Wertes X_{kt} an den richtigen Wert X_k erhält. Wenn man von $X_{k0} = 1$ ausgeht, erhält man nacheinander

$$X_{k1} = 0{,}831, \quad X_{k2} = 0{,}926, \quad X_{k3} = 0{,}874, \quad X_{k4} = 0{,}902 \ldots$$

Für den richtigen Wert X_k finden wir nach etwa 10 Schritten: $X_k = 0{,}893$.

22.2.2 Lösung durch Iteration. Ein Beispiel für einen einfachen Iterationsprozeß haben wir damit schon kennengelernt. Dieser Iterationsprozeß läßt sich ohne weiteres automatisch durchführen, wenn der Rechner eine Einrichtung zum Speichern besitzt und eine Einrichtung, durch die er durch Schließen eines Komparatorkontaktes in die Stellung „Halten" versetzt werden kann. Als Speicher genügt in diesem Falle ein einziger speichernder Integrierer (s. § 14.3). In manchen Rechnern sind speichernde Integrierer als spezielles Rechenelement vorgesehen. Wo dies nicht der Fall ist, kann man einen einzelnen speichernden Integrierer u. U. auch programmieren. Abb. 22.10 zeigt eine zusätzliche Einrichtung, mit der man das im Vorhergehenden behandelte Beispiel durch automatische Iteration lösen kann. Der speichernde Integrierer muß sich in der Stellung „Halten" befinden, während der Rechner rechnet oder in der Anfangswertstellung ist und in der Stellung „Anfangswert", während der Rechner sich in der Stellung „Halten" befindet.

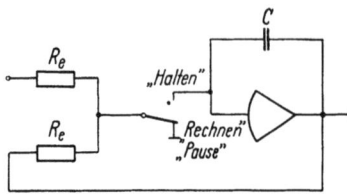

Man benötigt also einen Relaiskontakt, der nur in der Stellung „Halten" geschlossen ist.

Vor Beginn der Rechnung wird in den Speicher der Wert X_{k0} (z. B. der Wert 0,9) eingebracht. Dieser Wert steht während des ganzen ersten Rechenablaufs am Ausgang des speichernden Integrierers zur Verfügung.

Abb. 22.10. Schaltung des speichernden Integrierers zur automatischen Iteration

Wenn $S = 1$ geworden ist und der Rechner in der Stellung „Halten" steht, wird nun der Wert X_{k1}, der sich durch die erste Rechnung ergeben hat, in den Speicher übernommen. Nach einem erneuten Start der Rechnung wird jetzt mit diesem Wert gerechnet usw. Die Rechnung ist beendet, wenn $X_{k,i} = X_{k,i+1}$ geworden ist.

Das Lösungsverfahren für nichtlineare Randwertprobleme wird prinzipiell immer das gleiche sein: ausgehend von Schätzwerten für die unbekannten Anfangswerte wird man diese nach jedem Rechenablauf weiter verbessern. Diese Korrekturen werden im allgemeinen aber nicht so einfach durchzuführen sein wie in unserem Beispiel, wo wir den verbesserten Wert unmittelbar durch die Rechnung erhalten.

Ganz allgemein möge die zu lösende Randwertdifferentialgleichung durch ein System von Differentialgleichungen 1. Ordnung dargestellt werden

$$f_i(y_1 \ldots y_n, y_1' \ldots y_n', t) = 0 \qquad (i = 1 \ldots n). \qquad (22.29)$$

Wenn wir die Anfangswerte $y_i(0)$ durch die Bezeichnung a_i und die Randwerte $y_i(L)$ durch b_i abkürzen, gilt für die Lösung

$$y_i = y_i(a_1, a_2 \ldots a_n).$$

Es seien nun m Werte a_i unbekannt und dafür m Werte b_i vorgeschrieben.

Die Unbekannten a_i sollen durch einen Iterationsprozeß ermittelt werden, wobei sich die Vorschrift für die Verbesserung eines Anfangswertes a_i nach dem k-ten Rechenschritt allgemein formulieren läßt

$$a_i^{(k+1)} = a_i^{(k)} + h_i(y_1^{(k)}, y_2^{(k)}, \ldots, y_n^{(k)}). \qquad (22.30)$$

Die Korrekturen h_i sind Funktionen der im k-ten Rechengang erhaltenen Lösungen $y_i^{(k)}$. Das Problem besteht darin, die Korrekturen so vorzunehmen, daß die Konvergenz des Verfahrens gesichert ist. Die Güte der Annäherung an die gesuchte Lösung wird durch den „Fehler"

$$\varepsilon_i^{(k)} = y_i^{(k)} - b_i \qquad (i = 1 \ldots m) \qquad (22.31)$$

angegeben. Besonders geeignet für ein Iterationsverfahren ist die Verbesserung nach NEWTON, die aber einmal die Bildung der partiellen

Ableitungen $\partial \varepsilon_i / \partial a_j$ und darüber hinaus die Auflösung eines algebraischen Gleichungssystems bei jedem Rechenschritt erfordert. Von MIURA [3] wird vorgeschlagen, die partiellen Ableitungen durch Differenzen zu ersetzen. Diese Methode erfordert allerdings eine dem Digitalrechner ähnliche Organisation und ist daher für den gewöhnlichen Analogrechner weniger geeignet. Man kann aber die partiellen Ableitungen auch unmittelbar auf dem Analogrechner berechnen [4].

Ein Verfahren, bei dem die Auflösung eines Gleichungssystems vermieden wird, wurde von BRUNNER [5] angegeben. Bei beiden genannten Verfahren ist der Aufwand an Rechenelementen sehr groß. Die Anzahl der Elemente, die zur eigentlichen Lösung der Randwertdifferentialgleichung notwendig sind, wird zur simultanen Bildung der partiellen Ableitungen etwa mit der Anzahl der unbekannten Anfangswerte vervielfacht. Dadurch ist die praktische Brauchbarkeit der genannten Verfahren begrenzt; es sei denn, der Rechner ist hierfür speziell ausgerüstet [6]. Eine Abhilfe ist auch dann zu erwarten, wenn einmal eigens entwickelte *automatische Optimisatoren* (s. § 24) zur Ausrüstung eines Analogrechners gehören werden, mit denen sich solche automatischen Iterationsprozesse durchführen lassen.

Literatur zu § 22

[1] ZURMÜHL, R.: Praktische Mathematik für Ingenieure und Physiker. 3. Aufl. Berlin/Göttingen/Heidelberg: Springer 1961.

[2] YANOWITCH, M.: The Solution of Boundary Value Problems on a REAC Analog Computer. Presented at the Association for Computing Machinery in Philadelphia, Sept. 1955.

[3] MIURA, T., u. J. IWATA: Analog Computer Automatic Programming System. Proceedings of the Third International Meeting on Analog Computation, Opatija (Yugoslavia), Sept. 1961.

[4] MEISSINGER, H. F.: The Use of Parameter Influence Coefficients in Computer Analysis of Dynamic Systems. Proceedings of the Western Joint Computer Conference, May 1960.

[5] BRUNNER, W.: An Iteration Procedure for Parametric Model Building and Boundary Value Problems. Proceedings of the Western Joint Computer Conference, May 1961.

[6] WITSENHAUSEN, H. S.: Hybride techniques applied to optimization problems Proc. of the Western Joint Comp. Conf., May 1962.

§ 23. Partielle Differentialgleichungen

23.1 Lösungsverfahren

Partielle Differentialgleichungen unterscheiden sich von den bisher behandelten gewöhnlichen Differentialgleichungen wesentlich dadurch, daß Ableitungen nach mehreren unabhängigen Variablen auftreten. Der Analogrechner kennt dagegen nur eine einzige unabhängige Veränderliche, nämlich die Maschinenzeit. Eine unmittelbare Lösung wie bei gewöhnlichen Differentialgleichungen ist damit prinzipiell ausgeschlossen.

Es gibt 2 Auswege, um trotz dieser Schwierigkeit eine Lösung am Analogrechner zu ermöglichen:

1. Trennung der Variablen und Herstellung von gewöhnlichen Differentialgleichungen mit Randwerten (Methode der Partikularlösungen).

2. Differenzenansatz für die partiellen Ableitungen und Lösung der so entstandenen gewöhnlichen Differenzen-Differentialgleichungen.

Das als erstes genannte Verfahren ist bei der analytischen Untersuchung linearer partieller Differentialgleichungen üblich. Die Lösung solcher Gleichungen läßt sich häufig als Produkt von Funktionen jeweils einer Variablen darstellen. Geht man mit diesem sog. Separationsansatz in die Gleichungen ein, so reduzieren sie sich auf gewöhnliche Differentialgleichungen mit Randbedingungen. Zur Lösung dieser *Eigenwertprobleme* läßt sich nun selbstverständlich der Analogrechner einsetzen (s. § 22.). Das Ergebnis der Rechnung ist dann eine Anzahl von Eigenfunktionen, deren Summe die gesuchte Lösung ergibt.

Aus der Schilderung dieses Verfahrens wird bereits deutlich, daß es zwar der analytischen, nicht aber der maschinellen Behandlung angepaßt ist. Der Analogrechner dient hier nur als Hilfsmittel zur Lösung von Teilaufgaben. Außerdem ist die Anwendbarkeit der Methode sehr begrenzt:

a) Eine Trennung der Variablen ist nur bei linearen partiellen Differentialgleichungen möglich. Nichtlineare Aufgaben sind grundsätzlich nicht nach diesem Verfahren lösbar.

b) Eine Überlagerung der einzelnen Eigenfunktionen ist nur ausführbar, wenn diese vorher gespeichert werden. Ein geeigneter Funktionsspeicher für diesen Zweck ist in den seltensten Fällen am Analogrechner vorhanden.

c) Die direkte Nachbildung oder gar Simulation von Systemen, die durch partielle Differentialgleichungen beschrieben werden, ist bei der Aufspaltung der Lösung in einzelne Randwertaufgaben nicht denkbar. Gerade am Analogrechner geht es aber häufig nicht nur um die Lösung einer mathematischen Aufgabe, sondern um die Untersuchung des Verhaltens eines physikalischen Systems.

Aus den genannten Gründen wird man die Methode der Partikularlösungen nur dann anwenden, wenn man hauptsächlich an den Eigenwerten des Problems interessiert ist. Dies wird nur sehr selten der Fall sein. Wir wollen uns daher nicht mit einer eingehenderen Diskussion aufhalten, sondern sogleich zur Behandlung der *Differenzenmethode* übergehen.

Bei diesem Verfahren wird eine der unabhängigen Variablen gleich der Maschinenzeit gesetzt. Bezüglich der übrigen unabhängigen Veränderlichen betrachtet man die Funktion nur an festen, diskreten Stellen. Die Ableitungen nach den festgehaltenen Veränderlichen werden durch entsprechende Differenzenquotienten angenähert. An jeder der diskreten Stellen wird damit eine gewöhnliche Differentialgleichung gelöst.

Wenn wir beispielsweise annehmen, die Funktion $f(x, t)$ sei Lösung einer partiellen Differentialgleichung mit den unabhängigen Variablen x und t, so ersetzen wir t am Analogrechner durch die Maschinenzeit und behandeln damit $f(x, t)$ bezüg-

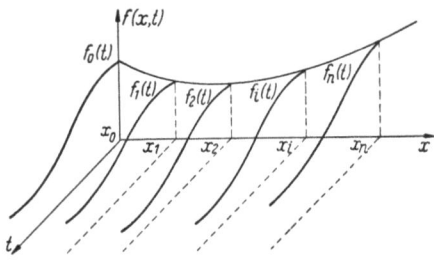

lich t als kontinuierliche Funktion. Dagegen greifen wir von der Variablen x nur einige diskrete Werte x_i heraus und definieren $f(x, t)$ nur an diesen „Stützstellen''. Wir ersetzen damit die exakte Lösung $f(x_i, t)$ an den Stellen x_i durch die Näherung $f_i(t)$. (Abb. 23.1).

Obwohl die Funktion $f(x, t)$ bei dieser Betrachtungsweise

Abb. 23.1
Beispiel für die Approximation einer Funktion $f(x, t)$ durch Funktionen $f_i(t)$ an den diskreten Stellen x_i

nur an den Stellen x_i zugänglich ist, können wir uns durch Interpolation auch Zwischenwerte herstellen. Bei linearer Interpolation erhalten wir z. B. die Funktionswerte in der Mitte eines Intervalls zu

$$f_{i+\frac{1}{2}}(t) = \frac{f_i(t) + f_{i+1}(t)}{2}. \tag{23.1}$$

Die Zuordnung von Differenzenquotienten zu entsprechenden Differentialquotienten kann auf verschiedene Weise erfolgen. Der Ableitung $\dfrac{\partial f(x, t)}{\partial x}$ kann man z. B. die folgenden Differenzenquotienten gegenüberstellen:

„vorderer'' Differenzenquotient $\dfrac{f_{i+1}(t) - f_i(t)}{\varDelta x}$,

„rückwärtiger'' Differenzenquotient $\dfrac{f_i(t) - f_{i-1}(t)}{\varDelta x}$,

„symmetrischer'' oder „zentraler'' Differenzenquotient $\dfrac{f_{i+\frac{1}{2}}(t) - f_{i-\frac{1}{2}}(t)}{\varDelta x}$.

Dabei wurde die sog. „Schrittweite'', d. h. der Abstand zwischen 2 Stützstellen, mit $\varDelta x$ bezeichnet.

Der Fehler, der beim Ersatz der Ableitungen durch Differenzenquotienten entsteht, ist bei Verwendung vorderer oder rückwärtiger Differenzen zu $\varDelta x$, bei Anwendung symmetrischer Differenzen zu $(\varDelta x)^2$

proportional. Um diesen Fehler klein zu halten, wird man daher, wenn irgend möglich, symmetrische Ausdrücke benutzen.

Die Formeln für die symmetrischen Differenzenquotienten lauten, wie man leicht, z. B. durch TAYLOR-Entwicklung der Funktionswerte an den Stellen x_i, nachprüfen kann [1]:

$$\left.\frac{\partial f(x,t)}{\partial x}\right|_{x_i} \approx \frac{f_{i+\frac{1}{2}}(t) - f_{i-\frac{1}{2}}(t)}{\Delta x} \quad \text{bzw.} \quad \frac{f_{i+1}(t) - f_{i-1}(t)}{2\Delta x}, \quad (23.2)$$

$$\left.\frac{\partial^2 f(x,t)}{\partial x^2}\right|_{x_i} \approx \frac{f_{i+1}(t) - 2f_i(t) + f_{i-1}(t)}{(\Delta x)^2} \quad (23.3)$$

$$\left.\frac{\partial^3 f(x,t)}{\partial x^3}\right|_{x_i} \approx \frac{f_{i+\frac{3}{2}}(t) - 3f_{i+\frac{1}{2}}(t) + 3f_{i-\frac{1}{2}}(t) - f_{i-\frac{3}{2}}(t)}{(\Delta x)^3}$$

bzw.
$$\approx \frac{f_{i+2}(t) - 2f_{i+1}(t) + 2f_{i-1}(t) - f_{i-2}(t)}{2(\Delta x)^3} \quad (23.4)$$

$$\left.\frac{\partial^4 f(x,t)}{\partial x^4}\right|_{x_i} \approx \frac{f_{i+2}(t) - 4f_{i+1}(t) + 6f_i(t) - 4f_{i-1}(t) + f_{i-2}(t)}{(\Delta x)^4} \quad (23.5)$$

usw.

Wir werden in den folgenden Abschnitten sehen, daß es in manchen Fällen zweckmäßig sein kann, die Formeln (23.2) bis (23.5) durch andere Ausdrücke zu ersetzen.

Für das Rechnen am Analogrechner bedeutet das hier geschilderte Lösungsverfahren, daß für die gewählten Stützstellen x_i jeweils eine eigene Rechenschaltung zur Lösung einer gewöhnlichen Differentialgleichung aufgebaut werden muß. Auf diese Weise entsteht eine räumliche Anordnung von Einzelschaltungen, die nach den Vorschriften der Differenzenquotienten miteinander gekoppelt sind. Man kann diese Art der Lösung auch so interpretieren, daß die fehlenden unabhängigen Variablen durch entsprechende räumliche Koordinaten der Schaltungsanordnung ersetzt werden.

Es erscheint zunächst gleichgültig, welche der unabhängigen Variablen wir durch die Maschinenzeit ersetzen. Bei näherer Betrachtung zeigt sich jedoch schnell, daß die Entscheidung darüber vollständig durch die bestehenden Randwerte und Randfunktionen bestimmt ist. Grundsätzlich kann nur diejenige unabhängige Variable als Maschinenzeit gewählt werden, für die keine Randfunktionen vorgeschrieben sind.

Bei den besonders häufig zu untersuchenden zeitlich-räumlichen Vorgängen mit einer oder mehreren Ortskoordinaten und der Zeit als unabhängiger Variablen sind praktisch ausnahmslos die Randbedingungen durch Funktionen der Ortsvariablen zu bestimmten Zeitpunkten gegeben. In all diesen Fällen muß bei der Lösung am Analogrechner die Zeit als Maschinenvariable verwendet werden, während die Ableitungen nach den räumlichen Koordinaten nur durch einen Differenzenansatz approximiert werden können. Wir werden diese Regel auch bei den nun folgenden Beispielen bestätigt finden.

23.2 Beispiele für die Anwendung des Differenzenverfahrens

23.2.1 Die schwingende Saite. Für die Bewegung der Saite gilt bei entsprechender Linearisierung (d. h. bei kleinen Auslenkungen) die partielle Differentialgleichung

$$S \frac{\partial^2 y}{\partial x^2} = \mu(x) \frac{\partial^2 y}{\partial t^2} \,. \tag{23.6}$$

Hierin bedeuten:

$\mu(x)$ Masse pro Längeneinheit,
S Spannung der Saite,
x Ortskoordinate nach Abb. 23.2,
$y(x, t)$ Auslenkung.

Mit der Abkürzung $\mu(x)/S = a^2(x)$ folgt aus (23.6)

$$\frac{\partial^2 y}{\partial x^2} = a^2(x) \frac{\partial^2 y}{\partial t^2} \,. \tag{23.7}$$

Da die Saite an beiden Enden fest eingespannt ist, lauten die Randwerte

$$y(0, t) = 0,$$
$$y(1, t) = 0. \tag{23.8}$$

Die Saite werde bei der Anfangsauslenkung $y_0(x)$ nach Abb. 23.2 freigegeben. Die Anfangsbedingungen lauten damit:

$$y(x, 0) = y_0(x),$$
$$\frac{dy}{dt}(x, 0) = 0. \tag{23.9}$$

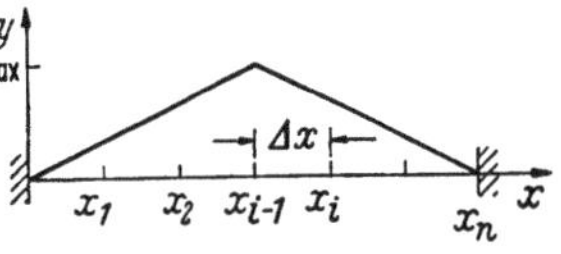

Abb. 23.2. Anfangsauslenkung der schwingenden Saite

Vor die Entscheidung gestellt, eine der unabhängigen Variablen x oder t als kontinuierliche Maschinenvariable zu nehmen, wollen wir entgegen der oben angegebenen Regel versuchsweise die Koordinate x wählen. Wir ersetzen die Ableitung nach der Zeit durch den entsprechenden Differenzenquotienten nach (23.3) und erhalten die Differenzen-Differentialgleichungen für die festen Zeiten t_i:

$$\frac{d^2 y_i(x)}{dx^2} = a^2(x) \frac{y_{i+1}(x) - 2 y_i(x) + y_{i-1}(x)}{(\varDelta t)^2} \,. \tag{23.10}$$

In diesem Gleichungssystem müssen die Anfangsbedingungen

$$y_i(x)\big|_{x=0},$$
$$\frac{dy_i(x)}{dx}\bigg|_{x=0}$$

vorgeschrieben werden. Nun ist zwar der Anfangswert $y = 0$ für $x = 0$ bekannt, nicht aber für alle Zeitpunkte t_i die Steigung an der Stelle $x = 0$. Statt dessen kennen wir die Randbedingung $y(l, t) = 0$. Bei einer Lösung der Gl. (23.7) mit x als kontinuierlicher Veränderlichen wäre demnach eine Randwertaufgabe zu lösen: Bei n betrachteten Zeitpunkten t_i

müßten n Anfangsbedingungen $\dfrac{dy_i}{dx}\Big|_{x=0}$ so variiert werden, daß die geforderte Endbedingung nach (23.8) erfüllt würde. Es leuchtet ein, daß unter diesen Umständen eine Behandlung der Aufgabe in der angegebenen Weise außerordentlich kompliziert, wenn nicht praktisch undurchführbar wird.

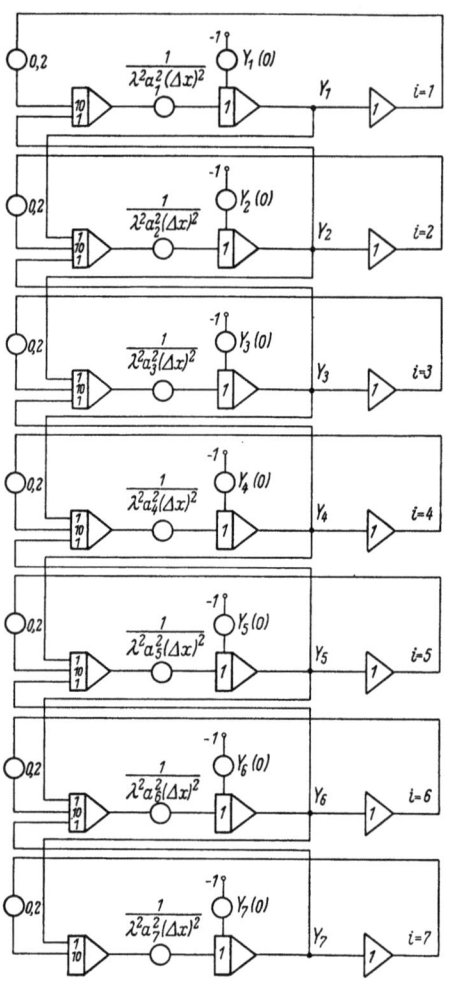

Abb. 23.3. Rechenschaltung zur Lösung der Gleichung der schwingenden Saite nach (23.7) bei $n = 8$ Teilintervallen

Wir sind also, wie nach den Überlegungen im letzten Abschnitt vorauszusehen war, gezwungen, die Problemzeit t als Maschinenvariable zu wählen und die Ableitungen nach x durch einen Differenzenansatz zu approximieren. Mit der Formel (23.3) erhalten wir bei einer Betrachtung der Saitenschwingung an den diskreten Stellen x_i mit dem Abstand Δx das Differentialgleichungssystem:

$$\frac{y_{i+1}(t) - 2y_i(t) + y_{i-1}(t)}{(\Delta x)^2} = a_i^2 \frac{d^2 y_i(t)}{dt^2}. \qquad (23.11)$$

(Da jetzt nur noch Ableitungen nach der Zeit auftreten, lassen sich diese als vollständige Ableitungen schreiben.) Bei einer Einteilung der Saitenlänge l nach Abb. 23.2 in n gleich große Intervalle besteht das Gleichungssystem mit $i = 0$, $1, \ldots, n$ aus $n - 1$ Gleichungen von der Art der Gl. (23.11).

Die Anfangsbedingungen ergeben sich aus Gl. (23.9). Für die Funktion $y_0(x)$ bei $t = 0$ wählen wir gemäß Abb. 23.2:

$$y_i\big|_{t=0} = \begin{cases} \dfrac{2y_{max}}{l}\,x_i & 0 \leqq x_i \leqq \dfrac{l}{2}, \\[2mm] \dfrac{2y_{max}}{l}\,(l - x_i) & \dfrac{l}{2} \leqq x_i \leqq l. \end{cases} \qquad (23.12)$$

Dazu kommt die Bedingung für die Ableitungen

$$\frac{dy_i}{dt}\bigg|_{t=0} = 0. \tag{23.13}$$

Wenn wir in (23.11) die Normierungen

$$Y_i = \frac{y_i}{y_{max}},$$

$$\tau = \lambda t$$

vornehmen, erhalten wir die endgültigen Maschinengleichungen. Sie lauten unter Berücksichtigung der Randwerte (23.8) in ausführlicher Form:

$$\left.\begin{aligned}
Y_0 &= 0, \\
(\Delta x)^2 \lambda^2 a_1^2 \frac{d^2 Y_1}{d\tau^2} &= Y_2 - 2Y_1, \\
(\Delta x)^2 \lambda^2 a_2^2 \frac{d^2 Y_2}{d\tau^2} &= Y_3 - 2Y_2 + Y_1, \\
&\vdots \\
(\Delta x)^2 \lambda^2 a_i^2 \frac{d^2 Y_i}{d\tau^2} &= Y_{i+1} - 2Y_i + Y_{i-1}, \\
&\vdots \\
(\Delta x)^2 \lambda^2 a_{n-2}^2 \frac{d^2 Y_{n-2}}{d\tau^2} &= Y_{n-1} - 2Y_{n-2} + Y_{n-3}, \\
(\Delta x)^2 \lambda^2 a_{n-1}^2 \frac{d^2 Y_{n-1}}{d\tau^2} &= -2Y_{n-1} + Y_{n-2}, \\
Y_n &= 0.
\end{aligned}\right\} \tag{23.14}$$

Dazu gehören die Anfangsbedingungen

$$Y_i\big|_{\tau=0} = \begin{cases} \dfrac{2}{l}\, x_i & 0 \leq x_i \leq \dfrac{l}{2} \\[2mm] \dfrac{2}{l}\,(l - x_i) & \dfrac{l}{2} \leq x_i \leq l \end{cases} \quad \text{und} \quad \frac{dY_i}{d\tau}\bigg|_{\tau=0} = 0. \tag{23.15}$$

Wählen wir beispielsweise $n = 8$, so können wir jetzt die in Abb. 23.3 dargestellte Rechenschaltung zeichnen. Sie setzt sich aus Einzelschaltungen zusammen, die jeweils 2 Integrierer, einen Umkehrer und 3 Potentiometer enthalten. Da die Funktion an den Randpunkten verschwindet, brauchen wir nur für die Stützstellen $i = 1$ bis 7 Schaltungen aufzubauen.

Abb. 23.4 zeigt die mit dieser Rechenschaltung für $a_i = a = \text{const}$ gewonnenen Lösungen $Y_i(\tau)$ an den Stellen $i = 1, 2, 3$ und 4. Die exakten Lösungen $Y(x_i, \tau)$, die in diesem einfachen Falle analytisch gewonnen werden können, sind strichpunktiert mit eingetragen.

Wie Abb. 23.4 zeigt, bestehen die auf dem Rechner gewonnenen Lösungen nur aus einer begrenzten Zahl von (harmonischen) Eigenfunktionen. Maßgeblich ist hierbei die Anzahl der Stützstellen.

Die Fehler dieser Eigenfunktionen sind bei den Eigenfrequenzen niedriger Ordnung gering, sie steigen aber mit zunehmender Eigenfrequenz stark an. Da in unserem (für den Rechner ungünstig gewählten) Beispiel Eigenfrequenzen sehr hoher Ordnung nötig wären, um die nicht mehr stetig differenzierbaren exakten Lösungskurven zu erhalten, ist hier prinzipiell bei einer verhältnismäßig geringen Zahl von Stützstellen keine allzu hohe Genauigkeit möglich.

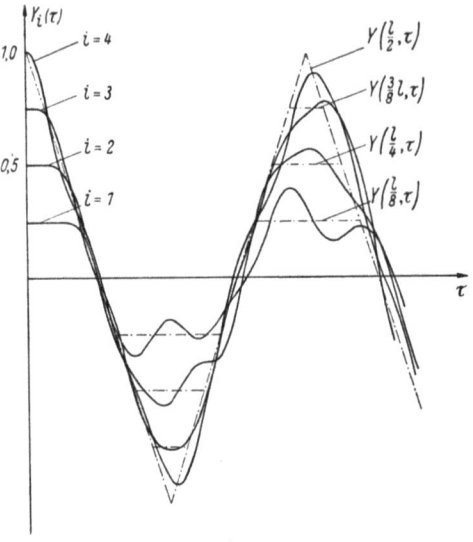

Abb. 23.4
Lösungsfunktionen der Wellengleichung (23.7) bei Einteilung der Saitenlänge l in 8 Intervalle

Eine Erhöhung der Stützstellenzahl zur Verbesserung der Genauigkeit ist natürlich durch eine Vergrößerung des ohnehin nicht geringen Aufwandes an Rechenelementen möglich, soweit der Umfang des verwendeten Analogrechners dies zuläßt. In unserem Falle gibt es jedoch noch eine andere, einfachere Möglichkeit. Da wir die Anfangsauslenkung $y(x, 0)$ symmetrisch gewählt haben, werden auch die Lösungskurven $y(x, t)$ bezüglich $x = l/2$ symmetrisch verlaufen. Es genügt also, nur die Hälfte der Saite nachzubilden, unter der Voraussetzung, daß wir die Eigenschaft der Symmetrie entsprechend in der Schaltung berücksichtigen.

Die Eigenschaft der Symmetrie bedeutet einfach, daß die Funktionswerte auf beiden Seiten der Symmetrielinie gleich sind. Wenn wir die halbe Saitenlänge in n Strecken einteilen, so gilt damit nach Abb. 23.5:

$$y_{n+1} = y_{n-1} \qquad (23.16)$$

Die Länge eines Intervalls der halben Saitenlänge sei auch hier mit Δx bezeichnet.

Das Gleichungssystem (23.14) lautet jetzt:

$$
\left.
\begin{aligned}
Y_0 &= 0, \\
&\;\;\vdots \\
(\Delta x)^2 \lambda^2 a_i^2 \frac{d^2 Y_i}{d\tau^2} &= Y_{i+1} - 2Y_i + Y_{i-1}, \\
&\;\;\vdots \\
(\Delta x)^2 \lambda^2 a_{n-1}^2 \frac{d^2 Y_{n-1}}{d\tau^2} &= Y_n - 2Y_{n-1} + Y_{n-2}, \\
(\Delta x)^2 \lambda^2 a_n^2 \frac{d^2 Y_n}{d\tau^2} &= -2Y_n + 2Y_{n-1}.
\end{aligned}
\right\}
\qquad (23.17)
$$

Als Rechenschaltung für Gl. (23.17) können wir das schon gezeichnete Programm nach Abb. 23.3 verwenden, falls der Faktor λ verdoppelt wird. Außerdem müssen wir die neue Rand-bedingung dadurch berücksichtigen, daß wir eine Teilschaltung für den Symmetrie-punkt ($n = 8$) anbauen. Es war ja bereits bei der Aufstellung der Gln. (23.14) und in Abb. 23.3 zu erkennen, daß bei der Lösung der Differenzen-Differentialgleichungen — im Gegensatz zu den Verhältnissen bei den gewöhnlichen Differentialgleichungen — die *örtlichen Anfangs- und Randwerte in den*

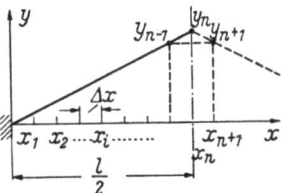

Abb. 23.5
Einteilung der halben Saitenlänge in n Strecken bei symmetrischer Anfangsauslenkung

Schaltungsaufbau mit eingehen, gemäß der Tatsache, daß eine räumliche Anordnung und damit auch deren äußere Begrenzung nachgebildet wird.

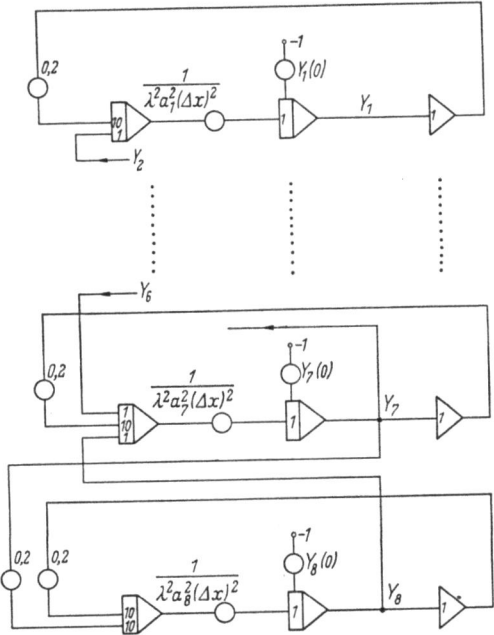

Abb. 23.6
Rechenschaltung zur Lösung des Gleichungssystems (23.17) bei symmetrischer Anfangsauslenkung

In Abb. 23.6 ist der untere Rand der Rechenschaltung nach Abb. 23.3 gezeigt, wie er sich jetzt nach Gl. (23.17) bei der Betrachtung der halben Saite ergibt.

Die Lösungskurven, die sich nach dieser Änderung der Rechen-schaltung einstellen, sind (bei sonst gleichen Zahlenwerten wie oben) in Abb. 23.7 aufgezeichnet.

Eine Verbesserung der Genauigkeit durch die effektive Verdoppelung der Stützstellenzahl ist deutlich zu erkennen, wenn auch die Abweichungen von den strichpunktiert eingetragenen exakten Ergebnissen noch recht beachtlich sind. Wir wollen jedoch erneut darauf hinweisen, daß bei der hier gewählten Anfangsauslenkung jede Maschinenlösung verhältnismäßig ungenau sein wird, da Eigenfunktionen mit Eigenfrequenzen beliebig hoher Ordnung nötig wären, um die Ecken der genauen Lösungskurven zu erhalten. Hätten wir als Anfangsauslenkung eine glatte Funktion, z. B. eine Sinusfunktion, gewählt, so wären bei der angenommenen Stützstellenzahl die Rechnerergebnisse so genau, daß sie kaum zeichnerisch von den exakten Lösungskurven zu trennen

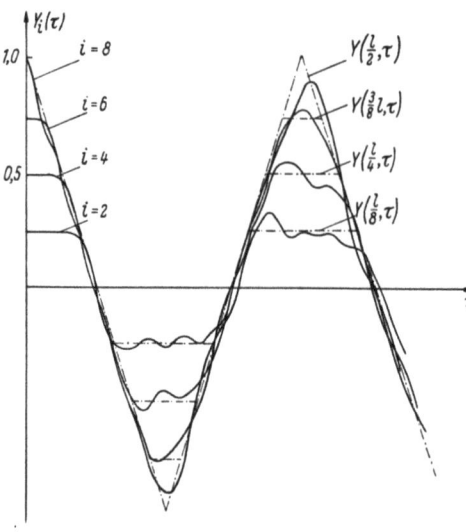

Abb. 23.7. Lösungsfunktionen für die Saitenschwingung bei Betrachtung der halben Saitenlänge (Einteilung der Saitenlänge l in 16 Strecken)

wären. Wir haben absichtlich die ungünstige Funktion (23.12) herangezogen, um den Einfluß der verschiedenen Möglichkeiten zur Erhöhung der Genauigkeit deutlich zu machen.

Im nächsten Abschnitt wird ein Verfahren angegeben, nach dem eine zusätzliche Verbesserung ohne wesentlich größeren Aufwand erreicht werden kann. Zunächst wollen wir uns jedoch einem weiteren Beispiel zuwenden, bei dem sich die durch das Differenzenverfahren bedingten Fehler schwächer bemerkbar machen.

23.2.2 Die Wärmeleitungsgleichung. Als Beispiel betrachten wir den Erwärmungsvorgang in einem Kabel (Abb. 23.8). Der elektrische Leiter wirkt als zylindrische Wärmequelle mit konstanter Temperatur. Der Temperaturverlauf im Kabelmantel zu verschiedenen Zeitpunkten ist gesucht.

Wenn wir die Temperatur als Funktion vom Radius r und der Zeit t mit $u(r, t)$ bezeichnen, so lautet die Wärmeleitungsgleichung

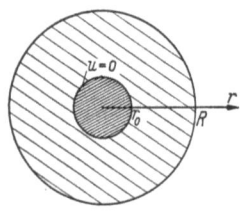

Abb. 23.8. Querschnitt durch ein Kabel mit dem Leiter als zylindrische Wärmequelle

$$\frac{\partial u}{\partial t} = a(r) \left(\frac{\partial^2 u}{\partial r^2} + \frac{1}{r} \frac{\partial u}{\partial r} \right). \quad (23.18)$$

Die Temperatur an der Außenfläche des Mantels sei konstant gleich Null. Die Randbedingungen lauten damit:

$$u(r, t) = \begin{cases} u_0 & \text{für} \quad r \leqq r_0, \\ 0 & \text{für} \quad r \geqq R. \end{cases} \tag{23.19}$$

Unter der Annahme, daß der Mantel zu Anfang kalt sei, gilt die Anfangs-bedingung:

$$u(r, 0) = \begin{cases} u_0 & \text{für} \quad r \leqq r_0, \\ 0 & \text{für} \quad r > r_0. \end{cases} \tag{23.20}$$

Bei der gegebenen Aufgabenstellung wäre es am zweckmäßigsten, die Variable r als kontinuierliche Maschinenvariable zu wählen, um den Temperaturverlauf als stetige Funktion von r zu diskreten Zeiten zu erhalten. Dies ist jedoch nicht möglich, da für die dann entstehenden Differenzen-Differentialgleichungen in den betrachteten Zeitpunkten der zweite Anfangswert $\frac{\partial u}{\partial r}\Big|_{r=r_0}$ unbekannt ist. Die eingangs aufgestellte Regel hat also auch hier Gültigkeit, so daß wir gar keine andere Wahl haben, als die Zeit als Maschinenvariable zu nehmen und die Ableitungen nach den Ortskoordinaten durch einen Differenzenansatz anzunähern. Wir teilen die Manteldicke $(r_0 - R)$ in einzelne Schritte ein und be-zeichnen die Länge dieser Schritte mit Δr. Die Lösungsfunktionen an den Stützstellen r_i nennen wir $u_i(t)$. Es folgt dann mit (23.2) und (23.3) aus der gegebenen partiellen Differentialgleichung (23.18) das Differen-tialgleichungssystem:

$$\frac{d u_i}{d t} = a_i \left(\frac{u_{i+1} - 2 u_i + u_{i-1}}{(\Delta r)^2} + \frac{1}{r_0 + i \Delta r} \frac{u_{i+1} - u_{i-1}}{2 \Delta r} \right) \tag{23.21}$$

mit den Anfangswerten nach (23.20):

$$u_0 = \text{const},$$
$$u_i(0) = 0 \quad \text{für} \quad i = 1, 2 \ldots n.$$

Zur Aufstellung der Maschinengleichungen führen wir die normierten Größen

$$U_i = \frac{u_i}{u_{i\,\text{max}}}, \tag{23.22}$$

$$\tau = \lambda t$$

ein. In einem konkreten Zahlenbeispiel sei $R = 5 r_0$. Bei 8 Intervallen wird dann $\Delta r = r_0/2$.

An der i-ten Stelle lautet damit die endgültige Maschinengleichung:

$$\frac{d U_i}{d \tau} = \frac{a_i}{\lambda (\Delta r)^2} \left[U_{i+1} \left(1 + \frac{1}{2(2 + i)} \right) - 2 U_i + U_{i-1} \left(1 - \frac{1}{2(2 + i)} \right) \right]. \tag{23.23}$$

Unter der Voraussetzung konstanter Werte $a_i = a$ setzen wir den Zeit-maßstab am zweckmäßigsten so fest, daß der Faktor

$$\frac{a}{\lambda (\Delta r)^2} = 0{,}5$$

wird. Auf diese Weise nimmt wenigstens einer der Faktoren in Gl. (23.23) den Wert Eins an und wir sparen Potentiometer ein.

Beim Aufbau der Rechenschaltung wenden wir die bei der Lösung von Differentialgleichungssystemen allgemein nützliche Methode an, *die aufeinanderfolgenden Gleichungen abwechselnd mit +1 und −1 zu multiplizieren.* Wir schreiben also das System (23.23) in folgender Form:

$$
\left.
\begin{aligned}
U_0 &= 1 \\
+\frac{dU_1}{d\tau} &= +\frac{7}{12}U_2 - U_1 + \frac{5}{12}U_0 \\
-\frac{dU_2}{d\tau} &= -\frac{9}{16}U_3 + U_2 - \frac{7}{16}U_1 \\
+\frac{dU_3}{d\tau} &= +\frac{11}{20}U_4 - U_3 + \frac{9}{20}U_2 \\
-\;\cdots\; & \\
+\;\cdots\; & \\
-\;\cdots\; & \\
+\frac{dU_7}{d\tau} &= -U_7 + \frac{17}{36}U_6\,, \\
U_8 &= 0\,.
\end{aligned}
\right\}
\qquad (23.24)
$$

Wie die zugehörige Rechenschaltung Abb. 23.9 zeigt, wird durch das Alternieren der Vorzeichen erreicht, daß man ganz ohne Umkehrverstärker auskommt. (Beim vorhergehenden Beispiel der Saitenschwingung

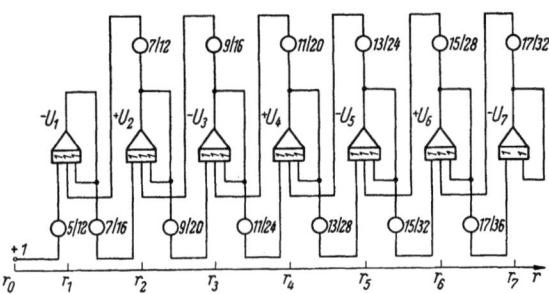

Abb. 23.9
Rechenschaltung zur Lösung der Wärmeleitungsgleichung in der Form (23.18) bei $n = 8$ Strecken

hätte diese Maßnahme keinen Vorteil eingebracht, da ohnehin an jeder Stützstelle beide Vorzeichen vorhanden waren.)

Abb. 23.10 zeigt die mit dieser Rechenschaltung gewonnenen Funktionen $U_i(\tau)$ an den einzelnen Stellen r_i. Zur Kontrolle der Genauigkeit sind die Kurven gestrichelt eingetragen, die sich bei einer Verdoppelung der Zahl der Teilintervalle ergeben. Im Gegensatz zum vorhergehenden

Beispiel der schwingenden Saite erkennen wir hier aus der sehr geringen Abweichung, daß die Lösung bereits bei den gewählten 8 Intervallen recht genau wird.

Um die gesuchte Temperaturverteilung über dem Radius zu erhalten, müssen wir nun aus Abb. 23.10 die zu diskreten Zeitpunkten gehörigen

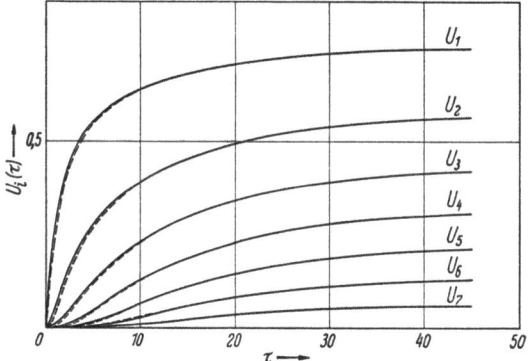

Abb. 23.10. Funktionen $U_i(\tau)$ als Lösungen der Wärmeleitungsgleichung (23.18)

Funktionswerte ablesen und über der Koordinate r auftragen. Auf diese Weise gelangen wir schließlich zu den endgültigen Lösungsfunktionen nach Abb. 23.11.

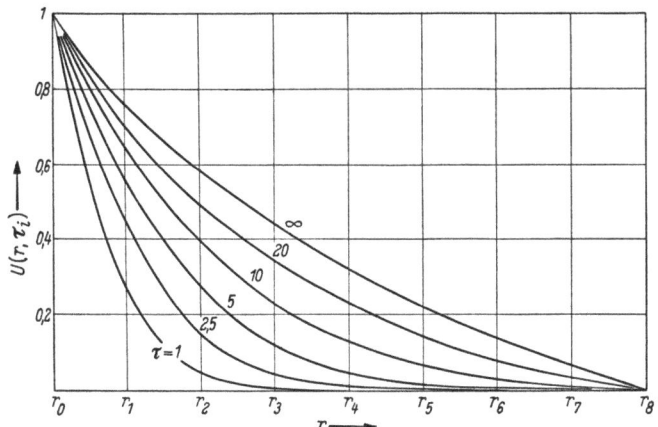

Abb. 23.11. Lösungsfunktionen $U(r, \tau_i)$ aus Abb. 23.10

Zusammenfassend folgt aus der Behandlung der beiden Beispiele:
Der Gesamtaufwand bei der Lösung von partiellen Differentialgleichungen mit einer Ortskoordinate neben der Zeit ist zwar erheblich,

aber doch tragbar, solange die Stützstellenzahl nicht zu groß gewählt werden muß. Bei räumlich zweidimensionalen, nichtstationären Problemen wächst allerdings die Anzahl der Rechenelemente mit dem Quadrat der Stützstellenzahl je Koordinate, da ein zweidimensionales Netz von Einzelschaltungen nachgebildet werden muß. Selbst bei großzügig ausgestatteten Analogrechnern gelangt man dann rasch an die Grenze des Möglichen.

Wie wir gesehen haben, kann man durch einen geeigneten Aufbau der Rechenschaltung (z. B. abwechselndes Vorzeichen der einzelnen Differenzen-Differentialgleichungen) oder durch die Beachtung von Symmetriebedingungen manchmal die Anzahl der benötigten Rechenelemente bei unveränderter Stützstellenzahl wesentlich verringern.

23.3 Genauigkeit der Lösung

Trotz des großen Aufwandes an Rechenelementen ist die Lösungsgenauigkeit, wie wir am Beispiel der Saitenschwingung sahen, nicht immer ganz befriedigend. Allgemein hängt die Genauigkeit von der Aufgabenstellung mit ihren Anfangs- und Randfunktionen, der Zahl der Stützstellen und der Art der verwendeten Differenzen ab.

Eine Untersuchung der Genauigkeit kann daher nur an Hand von Beispielen erfolgen. Außerdem ist es zweckmäßig, den Einfluß der gegebenen Anfangsfunktionen getrennt zu behandeln. Dies geschieht bei linearen partiellen Differentialgleichungen dadurch, daß nicht — wie bei den beiden vorhergehenden Beispielen — die eigentliche Rechnerlösung mit der exakten Lösung verglichen wird, sondern daß die Genauigkeit der einzelnen Eigenfunktionen, aus denen sich die Lösung aufbaut, betrachtet wird. Die Anfangs- und Randfunktionen bestimmen dann lediglich das Gewicht, mit dem diese Eigenfunktionen in die Gesamtlösung eingehen.

Als Beispiel sei noch einmal die Wellengleichung (23.7) betrachtet, deren Lösung sich aus harmonischen Eigenfunktionen aufbaut. Die allgemeine Lösung lautet bekanntlich mit den Anfangsbedingungen (23.9):

$$y(x, t) = \sum_{\nu=1}^{\infty} c_\nu \sin\left(\frac{\nu \pi}{l} x\right) \cos\omega_\nu t \qquad (23.25)$$

mit

$$\omega_\nu = \frac{1}{a} \frac{\nu \pi}{l}.$$

Man kann die Lösung der Differenzen-Differentialgleichung (23.11) in derselben Form ansetzen:

$$y_i(t) = \sum_{\nu=1}^{n-1} c_\nu \sin\left(\frac{\nu \pi}{l} i \Delta x\right) \cos\omega_\nu t, \qquad (23.26)$$

wobei n die Zahl der Teilintervalle ist. Für die Eigenfrequenzen ω_ν gilt hier nach [7]:

$$\omega_\nu^2 = \frac{1}{a^2}\left(\frac{\nu\,\pi}{l}\right)^2 \left[1 - \frac{1}{12}\left(\frac{\nu\,\pi}{n}\right)^2 + \frac{1}{360}\left(\frac{\nu\,\pi}{n}\right)^4 - \cdots + \right]. \quad (23.27)$$

Die in den eckigen Klammern stehende Reihe gibt die Abweichung der Eigenfrequenzen in der errechneten Lösung von den Eigenfrequenzen der exakten Lösung an. Der Einfluß der Fehlerglieder nimmt mit steigender Ordnungszahl ν zu und mit steigender Schrittzahl n ebenso ab.

Trägt man die Fehler der einzelnen Eigenfrequenzen als Funktion der Zahl der Intervalle auf, so ergibt sich die in Abb. 23.12 gezeichnete Kurvenschar.

Aus diesem Bild erkennt man, wie die Fehler der Eigenfunktionen mit zunehmender Ordnung stark anwachsen, was ja auch aus Gl. (23.27) hervorgeht. Es ist weiter zu beachten, daß sich die genaue Lösung theoretisch aus unendlich vielen Eigenfunktionen aufbaut, während die Rechenschaltung nur $n - 1$ Eigenwerte liefern kann.

Nach den in Abb. 23.12 gezeichneten Kurven bleibt bei der Lösung der Wellen-

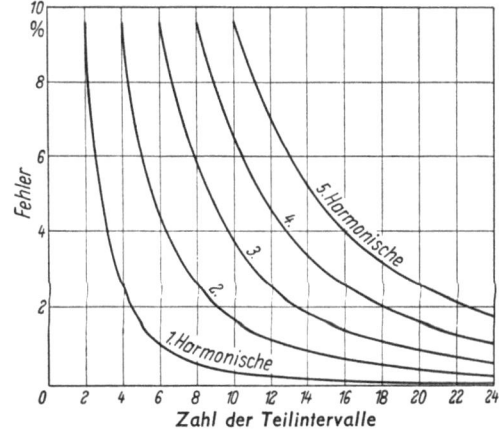

Abb. 23.12
Fehler der Eigenfrequenzen als Funktion der Zahl der Teilintervalle bei der Lösung der Wellengleichung (23.7)

gleichung der Fehler der Eigenfunktion niedrigster Ordnung unter 1%, falls mindestens 8 Intervalle gewählt werden. Bei [5] wurden nach dem gleichen Verfahren verschiedene weitere Gleichungen untersucht, u. a. die Wärmeleitungsgleichung und die Gleichung eines einseitig eingespannten Stabes. Übereinstimmend ergibt sich, daß bei diesen Gleichungen die Fehler der Eigenfunktionen niedrigster Ordnung dann kleiner als 1% werden, wenn man mit mindestens 8 Schritten rechnet.

Bei Aufgaben, in denen nur die Eigenfunktionen niedrigster Ordnung eine Rolle spielen (wie in dem behandelten Wärmeleitungsproblem), wird danach bei der angegebenen Zahl von Intervallen auch die Genauigkeit der Gesamtlösung in dieser Größenordnung liegen. Liefern dagegen auch die Eigenfunktionen höherer Ordnung noch einen wesentlichen Beitrag zur Form der Gesamtlösung (wie bei dem Beispiel der Saitenschwingung wegen der ungünstig gewählten Anfangsauslenkung), so muß naturgemäß der Fehler entsprechend größer werden.

23.4 Die Anwendung von Differenzenquotienten höherer Annäherung

Der einfachste Weg zur Steigerung der Genauigkeit der Lösung, nämlich die Erhöhung der Stützstellenzahl, ist im allgemeinen versperrt, weil ein vorhandener Analogrechner eben nur eine beschränkte Anzahl von Rechenelementen besitzt. Es besteht daher der Wunsch nach einem Verfahren, mit dem die Fehler auf andere Weise verkleinert werden können. Eine Möglichkeit dazu bietet die Anwendung von Differenzenquotienten höherer Annäherung.

Wie eingangs schon kurz erwähnt, lassen sich die Differenzenquotienten (23.2) bis (23.5) durch TAYLOR-Entwicklung der Funktionswerte an den Stützstellen gewinnen. Zur Herleitung der Differenzenquotienten höherer Annäherung wollen wir nun kurz auf eine andere Möglichkeit eingehen. Dabei werden durch die gewählten Stützstellen *Polynome* gelegt, die die Lösungsfunktionen approximieren. Die Ableitungen der Polynome an den Stützstellen dienen als Näherungen für die Ableitungen der Lösungsfunktionen an diesen Stellen.

Wir nehmen wieder an, die Funktion $f(x, t)$ sei Lösung einer partiellen Differentialgleichung mit den unabhängigen Variablen x und t (s. Abb. 23.1). Die Veränderliche x betrachten wir nur an den diskreten Stellen $x = x_i$ ($i = 0 \ldots n$). Am Analogrechner wird dann die Lösungsfunktion $f(x, t)$ durch die Funktionen $f_i(t)$ dargestellt. Durch die $n + 1$ Funktionswerte $f_i(t)$ können wir nun zu jedem Zeitpunkt ein Polynom n-ten Grades legen:

$$P(x, t) = a_0(t) + a_1(t)\, x + a_2(t)\, x^2 + \cdots + a_n(t)\, x^n. \qquad (23.28)$$

Die Koeffizienten $a_0 \ldots a_n$ lassen sich aus den $n + 1$ Bestimmungsgleichungen berechnen, die man erhält, wenn man die Funktionswerte $f_i(t)$ in (23.28) einsetzt. Die Ableitungen des Polynoms sind Näherungen für die Ableitungen der Lösungsfunktion:

$$\frac{\partial f(x, t)}{\partial x}\bigg|_{x = x_i} \approx \frac{\partial P}{\partial x}\bigg|_{x_i} = a_1(t) + 2 a_2(t)\, x_i + \cdots + n\, a_n(t)\, x_i^{n-1}, \quad (23.29)$$

$$\frac{\partial^2 f(x, t)}{\partial x^2}\bigg|_{x = x_i} \approx \frac{\partial^2 P}{\partial x^2}\bigg|_{x_i} = 2 a_2(t) + 6 a_3(t)\, x + \cdots + n(n-1)\, a_n(t)\, x_i^{n-2}. \qquad (23.30)$$

Zur Veranschaulichung wollen wir z. B. die Formel für den 2. Differenzenquotienten [Gl. (23.3)] herleiten. Wir legen hierzu durch drei gegebene Stützstellen x_{i-1}, x_i und x_{i+1} mit den zugehörigen Funktionswerten f_{i-1}, f_i und f_{i+1} ein Polynom 2. Grades:

$$P(x, t) = a_0(t) + a_1(t)\, x + a_2(t)\, x^2. \qquad (23.31)$$

Mit der Bezeichnung Δx für den Abstand der Stützstellen gilt

$$x_{i-1} = x_i - \Delta x,$$
$$x_{i+1} = x_i + \Delta x.$$

Die Koeffizienten a_0, a_1 und a_2 lassen sich aus den folgenden 3 Bestimmungsgleichungen berechnen:

$$f_{i-1}(t) = a_0(t) + a_1(t)\,(x_i - \Delta x) + a_2(t)\,(x_i - \Delta x)^2, \qquad (23.32)$$

$$f_i(t) = a_0(t) + a_1(t)\,x_i + a_2(t)\,x_i^2, \qquad (23.33)$$

$$f_{i+1}(t) = a_0(t) + a_1(t)\,(x_i + \Delta x) + a_2(t)\,(x_i + \Delta x)^2. \qquad (23.34)$$

Aus (23.32) folgt:

$$a_0(t) = f_{i-1}(t) - a_1(t)\,(x_i - \Delta x) - a_2(t)\,(x_i - \Delta x)^2. \qquad (23.35)$$

Unter Verwendung von (23.35) ergibt sich aus (23.33):

$$a_1(t) = \frac{f_i(t) - f_{i-1}(t)}{2} + a_2(\Delta x - 2x_i). \qquad (23.36)$$

Schließlich folgt aus (23.34) mit (23.35) und (23.36):

$$a_2(t) = \frac{f_{i-1}(t) - 2f_i(t) + f_{i+1}(t)}{2\,(\Delta x)^2}.$$

Da nach Gl. (23.30) gilt

$$\frac{\partial^2 f(x,\,t)}{\partial x^2}\bigg|_{x\,=\,x_i} \approx 2a_2(t),$$

erhalten wir daraus die gesuchte Formel (23.3).

Die in den Formeln (23.2) bis (23.5) hergeleiteten Differenzenquotienten haben gemeinsam, daß nur so viele Punkte herangezogen werden, wie zur Definition der jeweiligen Ableitung unbedingt erforderlich sind. So wird z. B. der erste Differenzenquotient aus der Geraden durch zwei Punkte berechnet, der zweite aus einer Parabel durch drei Punkte usw.

Bei dem oben angegebenen Verfahren hindert uns aber nichts, auch Polynome höherer Ordnung durch entsprechend mehr Stützstellen zu legen und sie zur Berechnung von Differenzenquotienten höherer Näherung heranzuziehen. Auf diese Weise gelangen wir zu sog. „finiten Ausdrücken" höherer Ordnung, die genauer mit den Differentialquotienten übereinstimmen als die bisher betrachteten Differenzenquotienten, die man als finite Ausdrücke 1. Ordnung ansehen kann. Solche Ausdrücke höherer Ordnung sind z. B. [3, 4]:

$$\frac{\partial f(x,\,t)}{\partial x}\bigg|_{x\,=\,x_i} \approx \frac{\dfrac{1}{12}f_{i-2}(t) - \dfrac{2}{3}f_{i-1}(t) + \dfrac{2}{3}f_{i+1}(t) - \dfrac{1}{12}f_{i+2}(t)}{\Delta x}, \qquad (23.37)$$

$$\frac{\partial^2 f(x,\,t)}{\partial x^2}\bigg|_{x\,=\,x_i} \approx \frac{-\dfrac{1}{12}f_{i-2}(t) + \dfrac{4}{3}f_{i-1}(t) - \dfrac{5}{2}f_i(t) + \dfrac{4}{3}f_{i+1}(t) - \dfrac{1}{12}f_{i+2}(t)}{(\Delta x)^2}, \qquad (23.38)$$

$$\frac{\partial^3 f(x,\,t)}{\partial x^3}\bigg|_{x\,=\,x_i} \approx \frac{\begin{array}{c} +\dfrac{1}{8}f_{i-3}(t) - f_{i-2}(t) + \\[2mm] +\dfrac{13}{8}f_{i-1}(t) - \dfrac{13}{8}f_{i+1}(t) + f_{i+2}(t) - \dfrac{1}{8}f_{i+3}(t) \end{array}}{(\Delta x)^3}, \qquad (23.39)$$

$$\frac{\partial^4 f(x,\,t)}{\partial x^4}\bigg|_{x\,=\,x_i} \approx \frac{\begin{array}{c} -\dfrac{1}{6}\,f_{i-3}(t) + 2f_{i-2}(t) - \dfrac{13}{2}\,f_{i-1}(t) + \\[2mm] +\dfrac{28}{3}\,f_i(t) - \dfrac{13}{2}\,f_{i+1}(t) + 2f_{i+2}(t) - \dfrac{1}{6}\,f_{i+3}(t) \end{array}}{(\varDelta x)^4}. \quad (23.40)$$

In diesen Ausdrücken sind die symmetrisch liegenden Nachbarpunkte verwendet. Natürlich lassen sich aus den approximierenden Polynomen auch Näherungen gewinnen, in denen vorwiegend die Stützstellen auf einer Seite auftauchen. Solche Formeln werden manchmal zur Beschreibung des Verhaltens an den Rändern benötigt. Für die am häufigsten auftretenden Ableitungen 1. und 2. Ordnung ergeben sich z. B. die folgenden asymmetrischen Näherungen:

$$\frac{\partial y(x,\,t)}{\partial x}\bigg|_{x\,=\,x_i} \approx \frac{-\dfrac{1}{12}\,y_{i-3}(t) + \dfrac{1}{2}\,y_{i-2}(t) - \dfrac{3}{2}\,y_{i-1}(t) + \dfrac{5}{6}\,y_i(t) + \dfrac{1}{4}\,y_{i+1}(t)}{\varDelta x},$$

$$\approx \frac{-\dfrac{1}{4}\,y_{i-1}(t) - \dfrac{5}{6}\,y_i(t) + \dfrac{3}{2}\,y_{i+1}(t) - \dfrac{1}{2}\,y_{i+2}(t) + \dfrac{1}{12}\,y_{i+3}(t)}{\varDelta x} \quad (23.41)$$

$$\frac{\partial^2 y(x,\,t)}{\partial x^2}\bigg|_{x\,=\,x_i} \approx \frac{-\dfrac{1}{12}\,y_{i-3}(t) + \dfrac{1}{3}\,y_{i-2}(t) + \dfrac{1}{2}\,y_{i-1}(t) - \dfrac{5}{3}\,y_i(t) + \dfrac{11}{12}\,y_{i+1}(t)}{(\varDelta x^2)},$$

$$\approx \frac{\dfrac{11}{12}\,y_{i-1}(t) - \dfrac{5}{3}\,y_i(t) + \dfrac{1}{2}\,y_{i+1}(t) + \dfrac{1}{3}\,y_{i+2}(t) - \dfrac{1}{12}\,y_{i+3}(t)}{(\varDelta x)^2}. \quad (23.42)$$

Die Anwendung der Differenzenquotienten höherer Annäherung (23.37) bis (23.42) an Stelle der Formeln (23.2) bis 23.5) kann einen bedeutenden Gewinn an Genauigkeit bringen, weil jetzt der Informationsgehalt an zusätzlichen benachbarten Punkten in die Näherung für den Differentialquotienten an einer bestimmten Stützstelle eingeht. Zwar können dadurch theoretisch sog. *uneigentliche Lösungen* eingeschleppt werden, die in der Lage sind, das Gesamtbild der Lösungsfunktion völlig zu verändern, falls die Randbedingungen nicht mit hinreichender Genauigkeit eingestellt werden [6]. Im allgemeinen sind solche Schwierigkeiten jedoch bei den meisten praktischen Anwendungen nicht zu befürchten [2].

Setzt man die Ausdrücke (23.37) bis (23.40) in eine partielle Differentialgleichung ein, so taucht die Frage auf, wie an den Rändern die in den Randbedingungen nicht enthaltenen zusätzlichen Funktionswerte ermittelt werden können. Der praktisch beschrittene Weg besteht darin, die Differentialgleichung selbst unter Verwendung von Differenzen niedrigerer Ordnung zur Gewinnung dieser Werte heranzuziehen. Wir wollen das Verfahren an einem Beispiel verdeutlichen.

Wir greifen wieder auf die Gleichung der schwingenden Saite mit symmetrischer Anfangsauslenkung nach (23.6) und (23.12) zurück. Mit der Formel (23.38) folgt bei einer Schrittlänge Δx nach Abb. 23.5 das Differentialgleichungssystem:

$$(\Delta x)^2 a_i^2 \lambda^2 \frac{d^2 Y_i(\tau)}{d\tau^2} = -\frac{1}{12} Y_{i-2} + \frac{4}{3} Y_{i-1} -$$

$$-\frac{5}{2} Y_i + \frac{4}{3} Y_{i+1} - \frac{1}{12} Y_{i+2}. \qquad (23.43)$$

Bei Betrachtung der halben Saitenlänge ergibt sich aus Symmetriegründen am rechten Rand (s. Abb. 23.5):

$$\begin{aligned} Y_{n+1} &= Y_{n-1}, \\ Y_{n+2} &= Y_{n-2}. \end{aligned} \qquad (23.44)$$

Am linken Rand sind zusätzliche Bedingungen notwendig, um den Funktionswert Y_{-1} zu erhalten. Wir stellen hierzu die Differenzen-Differentialgleichung 2. Ordnung an der Stelle $i = 0$ auf:

$$(\Delta x)^2 a_0^2 \lambda^2 \frac{d^2 Y_0}{d\tau^2} = Y_1 - 2Y_0 + Y_{-1}. \qquad (23.45)$$

Aus den gewählten Randbedingungen (23.8) und (23.9) folgt:

$$Y_0(\tau) = 0 \quad \text{und} \quad \frac{d^2 Y_0(\tau)}{d\tau^2} = 0.$$

Die beiden gesuchten Bedingungen für den linken Rand lauten damit:

$$\begin{aligned} Y_0 &= 0, \\ Y_{-1} &= -Y_1. \end{aligned} \qquad (23.46)$$

Diese letzte Beziehung bedeutet anschaulich, daß man sich die Saite über den linken Einspannpunkt hinaus spiegelbildlich fortgesetzt denkt.

Wir können nun die Rechenschaltung zur Lösung des Systems (23.43) aufbauen. Die in Abb. 23.13 gezeigte Schaltung für eine Stützstelle

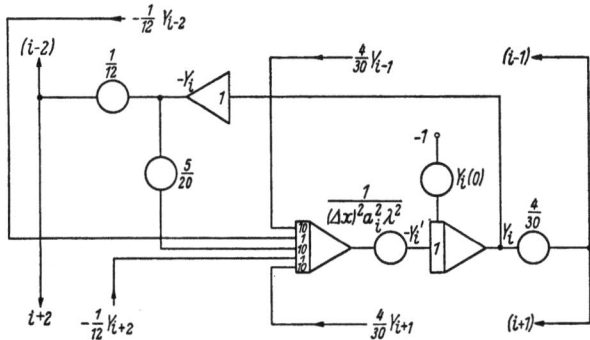

Abb. 23.13. Rechenschaltung an der i-ten Stelle zur Lösung der partiellen Differentialgleichung der schwingenden Saite unter Verwendung von Differenzen höherer Annäherung

muß natürlich an den Rändern gemäß den Gl. (23.44) und (23.46) abgeändert werden.

Wenn wir einen Vergleich mit der früheren Schaltung (Abb. 23.6) ziehen, stellen wir fest, daß die Zahl der Rechenverstärker unverändert ist. Lediglich zur Herstellung der zusätzlichen Kopplungen werden zwei weitere Potentiometer je Stützstelle benötigt.

In Abb. 23.14 sind unter der bereits früher getroffenen vereinfachenden Annahme $a_i = a = \text{const}$ die Lösungskurven $Y_i(\tau)$ aufgetragen,

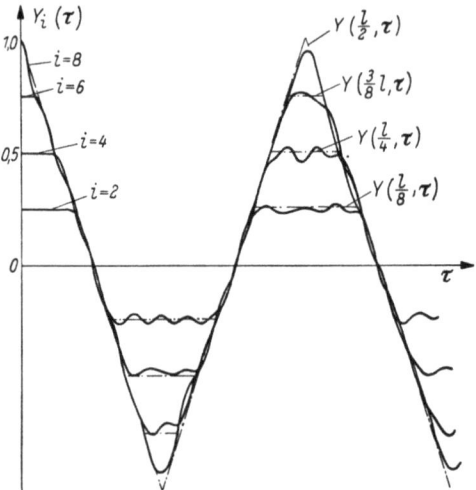

Abb. 23.14. Lösungsfunktionen für die Saitenschwingung bei Betrachtung der halben Saitenlänge unter Verwendung von Differenzen höherer Annäherung (8 Intervalle für $l/2$)

die sich bei einer Rechenschaltung nach Abb. 23.13 einstellen. Zum Vergleich sind wieder die exakten Lösungen $Y(x_i, \tau)$ an den Stellen $x_i = \dfrac{l}{8}, \dfrac{l}{4}, \dfrac{3}{8}l$ und $\dfrac{l}{2}$ angegeben. Gegenüber den in Abb. 23.7 gezeichneten Kurven ist eine deutliche Verbesserung der Genauigkeit erkennbar.

Die hier untersuchte Differentialgleichung führt auf eine Schaltung, die außerordentlich hohe Anforderungen an die Genauigkeit der Rechenelemente stellt. Um zu demonstrieren, wie stark sich geringfügige Fehler in den Randwerten auswirken, ist in Abb. 23.15 die Lösungsfunktion $Y_2(\tau)$ an der Stelle $x_i = l/8$ in größerem Maßstab erneut gezeichnet. Gleichzeitig ist darin gestrichelt die Lösung angegeben, sie sich ergibt, falls der Funktionswert $Y_n(0)$ am rechten Rand um nur 0,5% falsch eingestellt wird.

Zusammenfassend können wir feststellen, daß die Verwendung der höheren Differenzenquotienten (23.37) bis (23.40) einen bedeutenden Gewinn an Genauigkeit bringt, ohne daß der Aufwand an Rechenelementen wesentlich steigt (es werden zusätzliche Potentiometer benötigt).

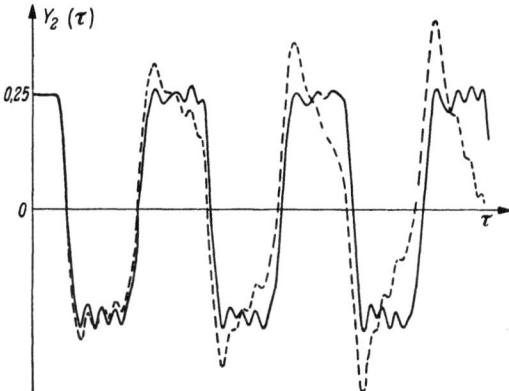

Abb. 23.15. Lösungsfunktionen der Saitenschwingung an der Stelle $x = l/8$ bei Anwendung höherer Differenzen

——— Einstellung der Randwerte bis auf einen Fehler von 0,01 % ;
— — — Absichtlicher Einstellfehler an der Stelle n von 0,5 %

Literatur zu § 23

[1] COLLATZ, L.: Numerische Behandlung von Differentialgleichungen. Berlin/ Göttingen/Heidelberg: Springer 1951.

[2] FISHER, M. E.: Higher Order Differences in the Analogue Solution of Partial Differential Equations. J. Assoc. Comp. Mach. 3 (1956) S. 325—347.

[3] FISHER, M. E.: Higher Order Differences in the Analogue Solution of Partial Differential Equations. Proc. Int. Analog Comp. Meeting, Brüssel, Sept. 1955, S. 208—213.

[4] Handbuch der Physik, Bd. II, S. 450. Berlin/Göttingen/Heidelberg: Springer 1955.

[5] HOWE, R. M., u. V. S. HANEMAN jr.: The solution of Partial Differential Equations by Difference Methods Using the Electronic Differential Analyzer. Proc. Inst. Radio. Engrs., N.Y. 41 (1953) S. 1497.

[6] RUTISHAUSER, H.: Über die Instabilität von Methoden zur Integration gewöhnlicher Differentialgleichungen. Z. angew. Math. Phys. 3 (1952) S. 65—74.

[7] SEIFFERT, H.: Über die Behandlung partieller Differentialgleichungen auf dem elektronischen Analogrechner. Elektron. Rechenanlagen 2 (1960) S. 85 bis 92.

[8] GILOI, W.: Über Stabilitätsschwierigkeiten bei der Lösung gewisser Fälle der Diffusions- und Wärmeleitungsgleichung auf dem Analogrechner. Annal. de l'Assoc. Internat. pour le Calcul Analog.Vol. V.

§ 24. Optimierungsprobleme

Die mathematische Aufgabe besteht bei einem Optimierungsproblem darin, das Maximum (oder Minimum) einer Funktion von n Variablen

$$F(x_1, x_2, \ldots, x_n)$$

18*

zu finden, wenn für die Variablen zusätzliche Nebenbedingungen

$$f_j(x_1, x_2, \ldots, x_n) \leq C_j \quad (j = 1 \ldots m)$$

vorgeschrieben werden. Die Schwierigkeit dieser Aufgabe rührt vor allem daher, daß die Nebenbedingungen in Form von Ungleichungen vorliegen. Ihre Anzahl m kann unabhängig von der Zahl der Variablen n — also z. B. auch größer als n — sein.

Solche Aufgaben entstehen in der sog. „*Operationsforschung*" (Unternehmensforschung, Planungsrechnung, Spieltheorie), in der Regelungstechnik bei selbsteinstellenden Systemen, usw.

24.1 Lineare Planungsrechnung (Linear Programming)

Von einer linearen Planungsrechnung spricht man, wenn sowohl die Funktion F, die maximiert werden soll, als auch die Nebenbedingungen lineare Ausdrücke der n Variablen sind. Die Aufgabenstellung lautet also hier

$$F = \sum_{k=1}^{n} a_k x_k = \text{Max}! \tag{24.1}$$

mit

$$x_k \geq 0 \qquad (k = 1 \ldots n) \tag{24.2}$$

und

$$f_j = \sum_{k=1}^{n} b_{jk} x_k \leq C_j \qquad (j = 1 \ldots m). \tag{24.3}$$

Die Bedingung (24.2) rührt daher, daß die Variablen x_k gemeinhin Quantitäten sind, die nicht negativ sein können (Mengen, Stückzahlen, Preise usw.).

Aufgaben dieser Art haben eine große Bedeutung in der wissenschaftlichen Unternehmensführung erlangt. Es wurden einige Methoden entwickelt, wie z. B. die *Simplexmethode* [1], die eine erfolgreiche Behandlung solcher Aufgaben auf dem Digitalrechner gestatten. Wenn eine hohe Stellengenauigkeit der Lösung verlangt wird und wenn vor allem die Anzahl der Variablen und der Nebenbedingungen groß ist, kommt ohnehin nur ein Digitalrechner in Frage.

Legt man aber Wert auf einen Rechner, der die Lösung nicht zu umfangreicher Probleme zwar nur auf 2 bis 3 Stellen genau ermittelt, dafür aber unmittelbar zu jeder Änderung der Parameter die Lösung liefert, so kann auch ein Analogrechner interessant werden. Mit dem Analogrechner kann man ohne Schwierigkeiten zeitabhängige Probleme behandeln, da er auch bei relativ rascher Änderung der Parameter a_k und b_{jk} in jedem Augenblick die Lösung bereit hat. Es ist ferner möglich, innerhalb gewisser Grenzen mit dem Analogrechner auch Aufgaben der nichtlinearen Planungsrechnung zu behandeln. Darüber hinaus sind die folgenden Methoden von allgemeinem Interesse, da sie auch für eine

Reihe weiterer mathematischer Aufgaben sehr nützlich sein können. Eine Zusammenstellung weiterer Anwendungsmöglichkeiten findet der Leser bei [3].

Die Lösung der durch die Gln. (24.1) bis (24.3) gegebenen Aufgabe auf dem Analogrechner erfolgt nach dem *Gradientenverfahren* [2]. Es ist nützlich, sich dieses Verfahren geometrisch zu veranschaulichen. In diesem geometrischen Modell ist der Lösungsraum ein n-dimensionaler Raum, der durch die von den Koordinatenachsen aufgespannten und durch die Nebenbedingungen gegebenen Hyperebenen begrenzt ist. Die gesuchte Lösung liegt in dem Schnittpunkt der begrenzenden Hyperebenen, der vom Ursprung am weitesten entfernt ist. (Eine Lösung innerhalb des eingegrenzten Raumes ist bei linearen Problemen naturgemäß nicht möglich; eine Lösung außerhalb dieses Raumes ist durch die Nebenbedingungen ausgeschlossen worden.)

$\mathfrak{x}$ sei der Vektor vom Ursprung zu einem Punkt des Raumes:

$$\mathfrak{x} = \sum_{k=1}^{n} \mathfrak{i}_k x_k \qquad (24.4)$$

($\mathfrak{i}$ = Einheitsvektoren).

$\mathfrak{v} = \dot{\mathfrak{x}}$ ist dann der Geschwindigkeitsvektor der Bewegung von $\mathfrak{x}$. Wir definieren jetzt einen Vektor $\mathfrak{v}^*$

$$\mathfrak{v}^* = \operatorname{grad} F(x_1, \ldots, x_n) + \frac{K}{\varepsilon} \sum_{j=1}^{m} \mathfrak{n}_j \delta_j, \qquad (24.5)$$

wobei die δ_j definiert sind

$$\delta_j = \begin{cases} 0 & \text{wenn } \sum_{k=1}^{n} b_{jk} x_k \leqq C_j, \\ 1 & \text{wenn } \sum_{k=1}^{n} b_{jk} x_k > C_j. \end{cases} \qquad (24.6)$$

$\mathfrak{n}_j$ bezeichnet einen Vektor, der normal zur begrenzenden j-ten Hyperebene steht und in den Lösungsraum gerichtet ist:

$$\mathfrak{n}_j = -\operatorname{grad}\left(\sum_{k=1}^{n} b_{jk} x_k\right) = -\sum_{k=1}^{n} \mathfrak{i}_k b_{jk}. \qquad (24.7)$$

Wir fordern jetzt, daß

$$\dot{\mathfrak{x}} = \varepsilon \cdot \mathfrak{v}^* \qquad (24.8)$$

sei. Innerhalb des Lösungsraums sind alle $\delta_j = 0$. Damit ist $\mathfrak{v}^* = \operatorname{grad} F$, d. h. der „Suchpunkt" $\mathfrak{x}$ bewegt sich mit einer durch ε bestimmten Geschwindigkeit in Richtung des Gradienten, also des stärksten Anstiegs der Funktion $F(x_1 \ldots x_n)$, bis eine der begrenzenden Hyperebenen erreicht ist. Von da an ist entsprechend (24.6) das zweite Glied in Gl. (24.5) nicht mehr Null. Dieses Glied wirkt bei einem bestimmten Wert K derart, daß die Komponente von $\dot{\mathfrak{x}}$ in Richtung der Normalen zur Hyperebene gerade aufgehoben wird. In diesem Falle wird sich der Punkt $\mathfrak{x}$ jetzt tangential auf der Hyperebene so lange weiterbewegen, bis er in der äußersten Kante zur Ruhe kommt.

Mit Gl. (24.1) erhalten wir als Gradient der Funktion F

$$\operatorname{grad} F = \sum_{k=1}^{n} \mathfrak{i}_k \frac{\partial F}{\partial x_k} = \sum_{k=1}^{n} \mathfrak{i}_k a_k. \tag{24.9}$$

Nach Differentiation von Gl. (24.4) können wir mit (24.5), (24.7) und (24.9) das Differentialgleichungssystem (24.8) ausführlich schreiben

$$\dot{x}_k = \varepsilon a_k - K \sum_{j=1}^{m} \delta_j b_{jk} \qquad (k = 1 \ldots n). \tag{24.10}$$

Dieses Differentialgleichungssystem läßt sich ohne weiteres auf dem Analogrechner programmieren. Abb. 24.1 zeigt die prinzipielle Rechenschaltung, wobei nur der Teil der Schaltung zur Bildung der Größe x_k

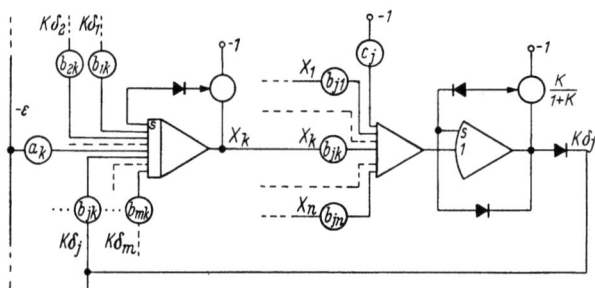

Abb. 24.1. Prinzipschaltung zur Lösung von Aufgaben der linearen Planungsrechnung nach dem Gradientenverfahren

und der „Entscheidungsfunktion" δ_j gezeichnet ist. Die Integrierer im linken Teil von Abb. 24.1 werden insgesamt n-mal, die Summierer zur Bildung des Ausdrucks

$$\sum_{k=1}^{n} b_{jk} x_k - C_j$$

und die nachfolgende Schaltung der *Signumfunktion* (nach § 20.1.2) werden insgesamt m-mal benötigt. Die Diode in der Rückführung der Integrierer sorgt für die Einhaltung der Bedingung (24.2). Das Potentiometer dient dabei zur Kompensation der Diodenanlaufspannung (siehe § 20.11). Insgesamt benötigt man n Integrierer, $2m$ Summierer und im ungünstigsten Falle $2(mn + n + m)$ Potentiometer. Normalerweise ist die Zahl der Potentiometer aber wesentlich kleiner.

Wie man sieht, wird auch dieses Problem in ein (nichtlineares) Differentialgleichungssystem umgewandelt, das dann mit dem Analogrechner gelöst werden kann. Das zugrunde liegende Gradientenverfahren ist andererseits äußerst sinnvoll, da es dafür sorgt, daß die gesuchte Lösung auf dem kürzesten Wege erreicht wird. Die Ähnlichkeit dieses Verfahrens mit der in § 16.3.2 angegebenen Methode zur Lösung linearer Gleichungssysteme ist sehr groß.

Es ist noch die Frage offen, welcher Wert für K einzustellen ist. In Abb. 24.2a wird das resultierende $\mathfrak{v}^*$ betrachtet, das sich einstellt, wenn beim Erreichen einer begrenzenden Hyperebene der (dazu normale) Vektor $K \cdot \mathfrak{n}_j$ größer als die entsprechende Komponente von grad F ist.

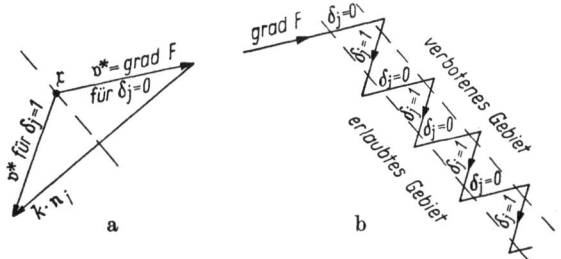

Abb. 24.2a u. b. Zur Arbeitsweise der Schaltung Abb. 24.1
a) Vektordiagramm;   b) Weg des Suchpunktes an einer begrenzenden Kante

Wie das Vektordiagramm zeigt, wird in diesem Falle der Punkt $\mathfrak{x}$ wieder von der begrenzenden Kante weg ins Innere des Lösungsraumes getrieben. Sobald aber die j-te Nebenbedingung nicht mehr verletzt ist, ist wieder $\delta_j = 0$, und der Punkt bewegt sich erneut in Richtung des Gradienten von F. Dieses Spiel wiederholt sich ständig, so daß eine Zickzackbewegung nach Abb. 24.2b zustande kommt. Da aber deren Mittelwert mit der Richtung der begrenzenden Kante zusammenfällt, kommt auch hier die gewünschte Tangentialbewegung zustande. Die Schrittweite der Zickzackbewegung ist um so kleiner, je kleiner die „Unsicherheitszone" zwischen erlaubtem und verbotenem Gebiet ist, d. h. je genauer die Schaltung zur Erzeugung der Signumfunktion arbeitet.

Eine Halbierung von K würde in Abb. 24.2 bedeuten, daß die resultierende Geschwindigkeit $\mathfrak{v}^*$ für $\delta_j = 1$ gerade etwa in Richtung der Kante zeigte. Der Suchpunkt würde sich zwar nur in der gewünschten Tangentialrichtung, dafür aber auch ganz innerhalb der Unsicherheitszone bewegen. Ein geringfügiges Unterschreiten dieses Grenzwertes von K würde ferner bewirken, daß der Punkt in das verbotene Gebiet wandert. Die Sicherheit gegen diese Fehler nimmt also mit der Größe von K zu, allerdings aber auch die Zeit, die der Punkt zur Erreichung der Lösung benötigt. Man wird dennoch K hinreichend groß machen, wobei die absolute Größe in weiten Grenzen unkritisch ist, jedoch mit genügender Genauigkeit eingestellt werden muß (die Größe von K geht in die Koeffizienten b_{jk} ein).

Da es nur auf das Größenverhältnis von $K\delta_j$ zur entsprechenden Komponente von grad$F$ ankommt, wirkt eine Vergrößerung von K wie eine Verkleinerung von ε und umgekehrt. Andererseits geht ε noch viel stärker in die Rechengeschwindigkeit ein. Man wird also in der Praxis K so groß machen, wie es technisch möglich ist (z. B. $K = 1$), und dann ε so wählen, daß einerseits die Rechnung möglichst rasch verläuft und andererseits eine genügende Sicherheit gegen einen Durchbruch in das verbotene Gebiet besteht. Den richtigen Wert probiert man am einfachsten aus.

Man kann diese Schaltung zur Lösung linearer Planungsaufgaben als ein Regelsystem auffassen, bei dem die Regelung für die Einhaltung der Nebenbedingungen sorgt. Im Falle von Abb. 24.1 liegt dabei eine *Zweipunktregelung* vor. Zur Vollständigkeit sei hier angefügt, daß man genausogut eine sog. *Proportionalregelung* anwenden kann. In diesem Falle macht man an Stelle von Gl. (24.5) den Ansatz

$$\mathfrak{v}^* = \mathrm{grad}F + K \sum_{j=1}^{m} \delta_j (C_j - f_j)\,(\mathrm{grad}f_j) \tag{24.11}$$

mit f_j nach Gl. (24.3) und δ_j wie in (24.6).

Die zugehörige Rechenschaltung unterscheidet sich von Abb. 24.1 nur dadurch, daß in allen m-Zweigen die Schaltung für die Signumfunktion durch eine einseitige tote Zone ersetzt wird (Abb. 24.3). Das Zustandekommen dieser Schaltungsabwandlung, bedingt durch den Faktor $(C_j - f_j)$ in Gl. (24.11), kann sich der Leser leicht vergegenwärtigen.

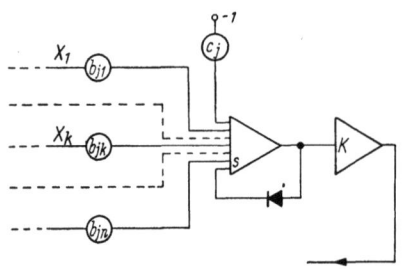

Abb. 24.3
Abwandlung von Abb. 24.1 nach Gl. (24.11)

Bei dieser Methode wird bewirkt, daß sich der Suchpunkt $\mathfrak{x}$ beim Erreichen einer begrenzenden Hyperebene automatisch tangential (und nicht im Zickzack wie bei der ersten Methode) weiterbewegt. Allerdings muß man dafür auch die oben erwähnten Fehler in Kauf nehmen. Vor allem entsteht ein prinzipieller Fehler, der proportional zu ε/K ist (bleibende Abweichung der Proportionalregelung). Wenn man auf die Genauigkeit der Lösung großen Wert legt, ist deshalb die erste Methode vorzuziehen (bei der zweiten Methode ist dafür die Rechenzeit und der Schaltungsaufwand etwas geringer).

Wird von einer Funktion F nach Gl. (24.1) nicht das Maximum, sondern das Minimum gesucht, so ist lediglich das Vorzeichen von ε zu wechseln. Bei einem umgekehrten Ungleichheitszeichen in den Nebenbedingungen sind die Dioden in der Rechenschaltung und gegebenenfalls auch die Spannungen an den Enden der „freien" Potentiometer umzupolen.

Zur Illustration der Aufgabenstellung und des Verfahrens sei zunächst ein einfaches Beispiel betrachtet, bei dem die Objektfunktion nur von zwei Variablen abhängt. Ein solches zweidimensionales Problem gibt die Möglichkeit einer sehr anschaulichen geometrischen Darstellung. Zu maximieren sei die Objektfunktion

$$Z = X_1 + X_2 \quad (X_1, X_2 \geqq 0) \quad (24.12)$$

mit den Nebenbedingungen

$$\left. \begin{array}{ll} f_1: & X_1 \leqq 0{,}9, \\ f_2: & X_2 \leqq 0{,}8, \\ f_3: 0{,}5\,X_1 + X_2 \leqq 1{,}0. \end{array} \right\} \quad (24.13)$$

Abb. 24.4 zeigt den durch die Nebenbedingungen eingegrenzten Lösungsraum. Die Objektfunktion ist eine Gerade, die auf beiden Achsen die Strecken Z abschneidet.

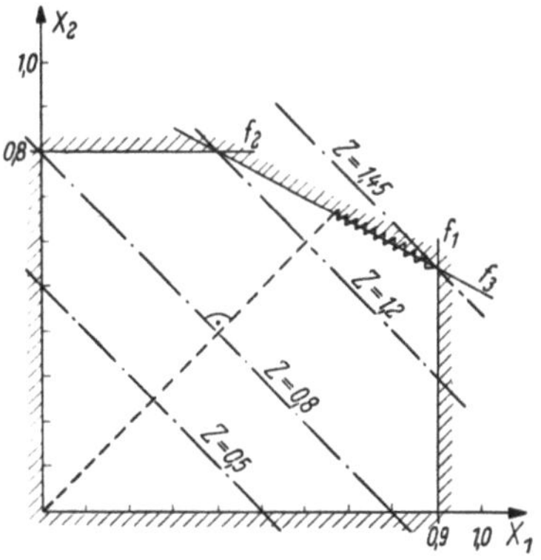

Abb. 24.4
Lösungsraum der Funktion (24.12) mit den Nebenbedingungen (24.13)

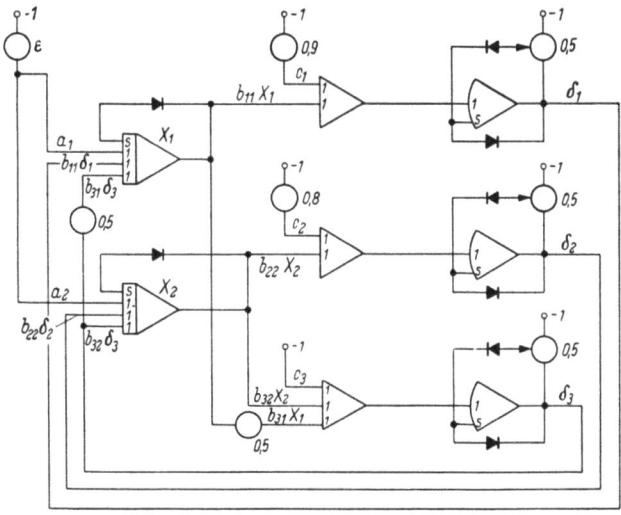

Abb. 24.5. Schaltung zur Berechnung des Maximums der Funktion (24.12) mit den Nebenbedingungen (24.13)

Bei diesem einfachen Problem läßt sich unmittelbar erkennen, daß das gesuchte Maximum in der rechten oberen Ecke (0,9; 0,55) liegt. Es beträgt also $Z = 1,45$.

Die Rechenschaltung für dieses einfache Problem zeigt Abb. 24.5. Es ist in der vorliegenden Aufgabe $n = 2$ und $m = 3$ und weiterhin

$$a_1 = 1, \quad b_{11} = 1, \quad b_{21} = 0, \quad b_{31} = 0,5, \quad C_1 = 0,9, \quad C_3 = 1.$$
$$a_2 = 1, \quad b_{12} = 0, \quad b_{22} = 1, \quad b_{32} = 1, \quad C_2 = 0,8,$$

Wenn man sich X_2 über X_1 auf dem Bildschirm eines Oszillographen ansieht, wird sich der Leuchtpunkt nach dem Einschalten (die Anfangsbedingungen sind beide Null) vom Ursprung weg längs der gestrichelt gezeichneten 45°-Geraden bewegen (senkrecht zur Objektfunktion), um nach Erreichen der Geraden f_3 nach rechts abzubiegen und dieser Geraden zu folgen.

Die Zickzackbewegung ist in Abb. 24.4 übertrieben groß gezeichnet, sie ist auf dem Bildschirm nur nach entsprechender Vergrößerung zu erkennen. Im Schnittpunkt der Geraden f_1 und f_3 kommt der Suchpunkt schließlich zur Ruhe; die Lösungswerte können jetzt ausgemessen werden. Es ist instruktiv, diesen Vorgang mit verschiedenen Anfangswerten zu wiederholen.

24.2 Praktisches Beispiel für eine Aufgabe der linearen Planungsrechnung [1]

Eine Fabrik stellt 2 Produkte, R und S, her. Beide werden in einem zweistufigen Herstellungsprozeß erzeugt, wobei der erste Arbeitsgang von der Maschinengruppe I und der zweite entweder von der Maschinengruppe II A oder II B durchgeführt werden kann. Die verfügbare Bearbeitungskapazität ist bei II A kleiner als bei I, was durch Leistung von Überstunden z. T. ausgeglichen werden kann. Da durch die Überstunden höhere Kosten anfallen, wird dieser Fall gesondert aufgeführt (Fall II AA). Für beide Produkte gibt es also jeweils 3 Produktionsmöglichkeiten, die sich durch ihre freien Kapazitäten, ihre Stückkosten und den Aufwand an Arbeitszeit pro Stück unterscheiden. In der folgenden Tabelle sind diese Möglichkeiten zusammengestellt, wobei die Arbeitszeit pro Stück in Stunden angegeben wird.

Arbeits-gang	Maschinen-gruppe	Arbeitszeit pro Stück für Produkt R			Arbeitszeit pro Stück für Produkt S			Verfügbare Arbeits-stunden
		R_1	R_2	R_3	S_1	S_2	S_3	
1	I	0,01	0,01	0,01	0,03	0,03	0,03	850
	II A	0,02			0,05			700
2	II AA		0,02			0,05		100
	II B			0,03			0,08	900
Gewinn pro Stück (Verrechnungs-einheiten)		0,40	0,28	0,32	0,72	0,64	0,60	

Wir nehmen nun an, es werden hergestellt

x_1 Stück von R und
x_4 Stück von S } nach dem Bearbeitungsprogramm R_1 bzw. S_1,

x_2 Stück von R und
x_5 Stück von S } nach dem Bearbeitungsprogramm R_2 bzw. S_2,

x_3 Stück von R und
x_6 Stück von S } nach dem Bearbeitungsprogramm R_3 bzw. S_3.

Der gesamte Gewinn ist dann

$$Z = 0{,}40x_1 + 0{,}28x_2 + 0{,}32x_3 + 0{,}72x_4 + 0{,}64x_5 + 0{,}60x_6$$
$$(x_1, x_2, x_3, x_4, x_5, x_6 \geqq 0).$$

Z ist also die *Objektfunktion*, die zu maximieren ist. Durch die begrenzte Zahl an Arbeitsstunden, die bei gegebener Fertigungskapazität für die Erzeugung von R und S zur Verfügung stehen, sind dabei die 4 Nebenbedingungen

$$0{,}01x_1 + 0{,}01x_2 + 0{,}01x_3 + 0{,}03x_4 + 0{,}03x_5 + 0{,}03x_6 \leqq 850,$$
$$0{,}02x_2 + 0{,}05x_4 \leqq 700,$$
$$0{,}02x_2 + 0{,}05x_5 \leqq 100,$$
$$0{,}03x_3 + 0{,}08x_6 \leqq 900$$

einzuhalten. Zur Normierung setzen wir

$$X_k = \frac{x_k}{x_{max}}$$

und wählen $x_{max} = 100\,000$ Stück, damit alle C_j kleiner als Eins werden. Damit folgt das Gleichungssystem

$$Z = (0{,}40X_1 + 0{,}28X_2 + 0{,}32X_3 + 0{,}72X_4 + 0{,}64X_5 + 0{,}60X_6)\,x_{max}$$

mit den Nebenbedingungen

$$X_1 + X_2 + X_3 + 3X_4 + 3X_5 + 3X_6 \leqq 0{,}850,$$
$$2X_1 + 5X_4 \leqq 0{,}700,$$
$$2X_2 + 5X_5 \leqq 0{,}100,$$
$$3X_3 + 8X_6 \leqq 0{,}900.$$

Die Rechenschaltung für diese Aufgabe zeigt Abb. 24.6, wobei hier zur Erhöhung der Genauigkeit die Schaltbedingungen durch Komparatoren erfüllt werden.[1] Die Genauigkeit der Lösung ist besser als 99,9%. Wir erhalten (auf 3 Stellen gerundet) die Lösungen:

	Sollwert	Errechneter Wert
X_1	0,350	0,349
X_2	0,050	0,050
X_3	0,300	0,299
X_4, X_5, X_6	0	0

[1] Mit Rücksicht auf die Komparatoren muß die Rechengeschwindigkeit hinreichend klein sein.

Der maximale Gewinn bei voller Ausnutzung der verfügbaren Kapazität wird dann erzielt, wenn das Produkt S ganz aus dem Produktionsprogramm gestrichen wird und von R 35000 Stück nach dem Bearbeitungsprogramm R_1, 5000 Stück nach R_2 und 30000 Stück nach R_3 hergestellt werden.

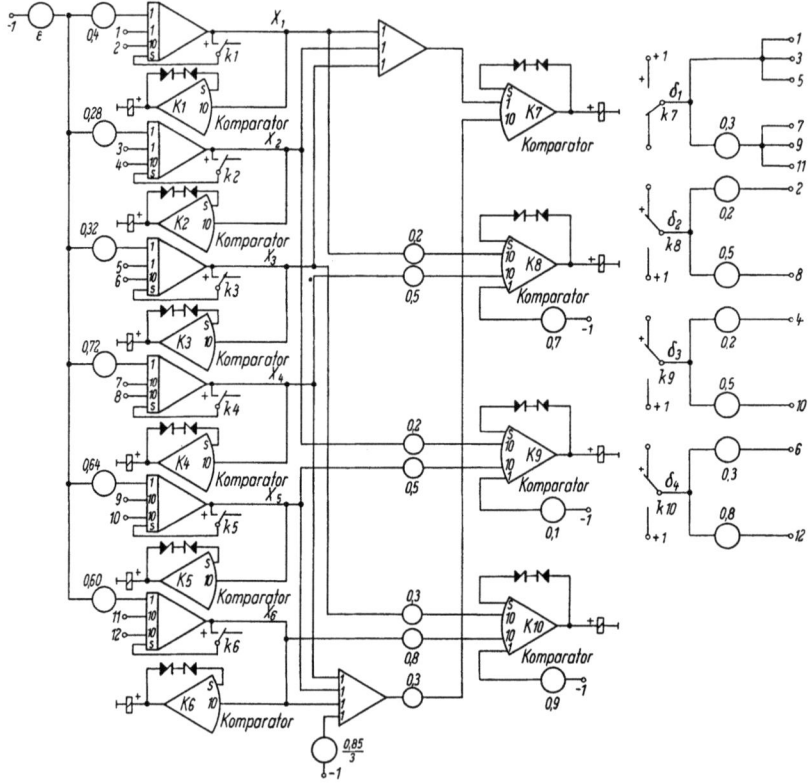

Abb. 24.6. Rechenschaltung für das Beispiel 24.2

24.3 Nichtlineare Planungsrechnung

Grundsätzlich besteht kein Hinderungsgrund, die bisher beschriebenen Analogrechenverfahren der linearen Planungsrechnung auch auf Aufgaben der nichtlinearen Planungsrechnung auszudehnen. Die praktischen Hindernisse können allerdings ganz erheblich sein.

Bei den Aufgaben der linearen Planungsrechnung begrenzen die vorgeschriebenen Nebenbedingungen immer einen geschlossenen, konvexen Lösungsraum. Die Objektfunktion besitzt ein einziges Maximum, das immer auf den begrenzenden Kanten gelegen ist. Dieses Randmaximum wird in einem einzigen Rechengang auf dem Analogrechner erreicht, gleichgültig, welcher Startpunkt gewählt wird.

Bei der nichtlinearen Planungsrechnung können sowohl die Objekt-funktion als auch die Nebenbedingungen nichtlineare Funktionen sein. Voraussetzung für die Anwendung des Gradientenverfahrens ist die Existenz der partiellen ersten Ableitungen bei der Objektfunktion $F(x_1 \ldots x_n)$ und den Nebenbedingungen $f_j(x_1 \ldots x_n)$.

Die nichtlinearen Funktionen müssen auf dem Analogrechner dar-gestellt werden, wodurch der Aufwand an Rechenelementen u. U. erheb-lich anwachsen kann. In einfacheren Fällen genügen hierzu die üblichen Rechenelemente. Sind z. B. F bzw. f_j Polynome vom Grade r, so sind die Gradienten Polynome vom Grade $(r-1)$. In komplizierteren Fällen kann es notwendig werden, die Funktionen grad F und grad f_j durch Funktions-geber darzustellen.

Die größere Schwierigkeit kann dadurch entstehen, daß für die Objektfunktion bei Aufgaben der nichtlinearen Planungsrechnung nicht nur ein einziges Randmaximum (Minimum) existiert. Es können u. U. mehrere Randmaxima und noch zusätzlich örtliche Maxima im Innern des Lösungsraumes auftreten. Wenn der Suchpunkt χ also von einem bestimmten Anfangswert an ein Maximum findet, so weiß man noch nicht, ob dieses zufällig auch das absolute Maximum ist. Man kann nun vor jedem Rechenablauf jeweils neue Anfangsbedingungen wählen, um auch die anderen Maxima aufzufinden. Das Problem ist hierbei, einer-seits alle Maxima zu erfassen und andererseits die Anzahl der Rech-nungen und damit den Zeitaufwand nicht zu groß werden zu lassen. Die Variation des Startpunktes kann man nach einer bestimmten Strategie oder willkürlich vornehmen. Da die Rechengeschwindigkeit des Analog-rechners hoch ist, können in relativ kurzer Zeit sehr viele Proben vor-genommen werden, vor allem, wenn die nötigen Zusatzeinrichtungen zur Automatisierung des Rechenablaufs vorhanden sind [4].

Zur Veranschaulichung wollen wir das einfache Beispiel aus dem ersten Abschnitt noch einmal für den Fall einer nichtlinearen Objekt-funktion betrachten. Gegeben sei jetzt die Funktion

$$F(X_1, X_2) = X_1^2 + X_2^2 - 1,2 \, X_1 + 0,8 \, X_2 + 0,52 \qquad (24.14)$$

mit den Nebenbedingungen nach Gl. (24.13).

Gl. (24.14) ist die Gleichung einer Schar von konzentrischen Kreisen mit dem Mittelpunkt $(0,6; \; -0,4)$. Der Gradient von F lautet jetzt

$$\operatorname{grad} F(X_1, X_2) = i_1(2 X_1 - 1,2) + i_2(2 X_2 + 0,8). \qquad (24.15)$$

Die Rechenschaltung unterscheidet sich von Abb. 24.5 dadurch, daß jetzt dem oberen Integrierer an Stelle der Konstanten a_1 die Größen $2 X_1$ und $-1,2$ aufgeschaltet werden und dem unteren Integrierer an Stelle von a_2 die Größen $2 X_2$ und $+0,8$.

24.4 Automatische Optimisatoren

Eine Recheneinrichtung zum automatischen Auffinden der Maxima (Minima) können wir bereits als einen speziellen automatischen *Optimisator* bezeichnen; um so mehr, wenn sich die Parameter der Aufgabe dabei zeitlich ändern.

Im allgemeinen Falle kann aber die Aufgabe gestellt sein, die Maxima oder Minima einer Objektfunktion $F(x_1, x_2, \ldots x_n)$ zu finden, bei der noch weniger über den funktionalen Zusammenhang zwischen der Funktion F und den Variablen x_k vorausgesetzt wird, als im Falle der nichtlinearen Planungsrechnung. Dieser Zusammenhang kann sich zeitlich ändern, er kann u. U. unstetig sein oder der Lösungsraum kann mehrfach zusammenhängend sein. Er braucht aber nicht einmal bekannt zu sein, wenn die Optimierung an einem realen Objekt, z. B. an einem Regelsystem vorgenommen werden soll.

Entscheidend für die Arbeitsweise eines Optimisators ist das angewandte Suchverfahren, mit dem der gewünschte Extremwert ermittelt wird. Als wichtigste Suchverfahren unterscheidet man

1. die Monte-Carlo-Methode, bei der die Variablen x_k statistisch unabhängig variiert, und die Ergebnisse $F(x_k)$ gespeichert und miteinander verglichen werden. Bei diesem Verfahren kann F eine völlig beliebige Funktion mit mehreren Extremwerten, Unstetigkeiten und mehrfach zusammenhängendem Lösungsraum sein. Der Nachteil dieses Verfahrens ist, daß bei vielen Variablen x_k die Suchzeit recht groß werden kann.

2. Der Lösungsraum wird systematisch abgesucht, z. B. durch zeilenweises Abtasten. Die Vor- und Nachteile sind etwa die gleichen wie bei 1.

3. Es wird nur eine Variable (ceteris paribus) verändert, bis ein relatives Maximum (Minimum) gefunden ist; sodann das gleiche für eine zweite Variable wiederholt usw. Die Frage ist, ob und wie gut dieses Verfahren konvergiert.

4. Fortschreiten in Richtung des Gradienten. Es müssen die im vorhergehenden Abschnitt angegebenen Voraussetzungen erfüllt sein (Existenz der partiellen Ableitungen).

5. Schließlich ist auch eine Kombination der Verfahren 1 bis 4 möglich. So kann man, um den Rechenaufwand zu verringern, sich z. B. darauf beschränken, nur beim Erreichen eines relativen Extremwerts den Gradienten zu bestimmen und dazwischen die errechnete Richtung beibehalten.

Sollen Systeme optimiert werden, deren Objektfunktion unbekannt ist, so bildet man die partiellen Ableitungen durch Differenzen nach, indem man die einzelnen Variablen in kleinen Schritten verändert. Zur

Steuerung der einzelnen Rechenschritte ist ein Steuerwerk notwendig, das naturgemäß digital arbeitet. Zur Durchführung der Rechenschritte verwendet man zweckmäßig Analogrechenelemente wegen ihrer hohen Rechengeschwindigkeit. Automatische Optimisatoren sind gemeinhin also kombinierte Analog-Digital-Systeme. Komplette Optimisatoren wird man wahrscheinlich immer mehr als Zusatzgeräte zu den normalen Analogrechnern finden, wodurch sich einige wichtige Anwendungsmöglichkeiten erfreulich erweitern werden. So könnte man z. B. daran denken, einen vorhandenen Optimisator zur Lösung von Randwertproblemen (vgl. § 22.2.2) einzusetzen.

Einen ausführlicheren Überblick über die einzelnen Suchverfahren und ihre gerätetechnische Realisierung findet der Leser in [5], eine eingehende Behandlung in [6].

Literatur zu § 24

[1] CHURCHMAN, C. W., R. L. ACKOFF u. E. L. ARNOFF: Introduction to Operations Research. New York: Wiley 1957. Deutsch: München: Oldenbourg 1961.

[2] PYNE, I. B.: Linear Programming on an Electronic Analogue Computer. Trans. Amer. Inst. electr. Engrs. (May 1956), Teil I, S. 139—143.

[3] NEUSTADT, L. W.: Applications of Linear and Non-Linear Programming Techniques. Proceedings of the Third International Conference of Analog Computation, Opatija 1961.

[4] JACKSON, A. S., R. A. KOERTING u. M. A. GLATT: Mathematical Programming by Analog Computer, G. E. TIS R 56 ELC 66, Nov. 15, 1956.

[5] HERSCHEL, R.: Automatische Optimisatoren. Elektron. Rechenanlagen 3 (1961) H. 1, S. 30—36.

[6] FELDBAUM, A. A.: Rechengeräte in automatischen Systemen. Aus dem Russischen übersetzt. München: Oldenbourg 1962.

IV. Die Behandlung technischer Probleme

§ 25. Behandlung von Übertragungssystemen

Dynamische Systeme, bei denen eine eindeutige Beziehung zwischen einer Eingangsgröße (Ursache) und einer Ausgangsgröße (Wirkung) besteht, heißen Übertragungssysteme. Wir wollen die Ursache mit $y_e(t)$ und die dadurch hervorgerufene Antwort des Systems mit $y_a(t)$ bezeichnen (Abb. 25.1).

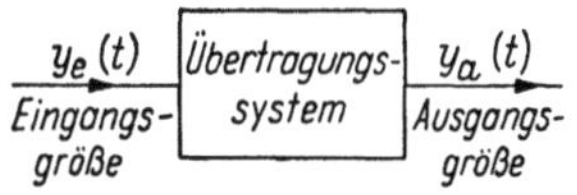

Der Zusammenhang zwischen Eingangs- und Ausgangsgröße läßt sich ganz allgemein durch eine Differentialgleichung (bzw. durch ein System von Differentialgleichungen) beschreiben, in der $y_e(t)$ als Störfunktion und $y_a(t)$ als gesuchte Variable auftritt.

Abb. 25.1
Allgemeines Übertragungssystem

Bei linearen Übertragungssystemen besteht daneben die Möglichkeit, sie durch ihr Verhalten im Frequenz- oder im Zeitbereich zu kennzeichnen.

Im Frequenzbereich wird die *Übertragungsfunktion*

$$F(p) = \frac{y_a(p)}{y_e(p)} \qquad (25.1)$$

definiert, wobei $y_a(p)$ und $y_e(p)$ die LAPLACE-Transformierten der Zeitfunktionen sind. Bei rein harmonischer Ein- und Ausgangsgröße geht die Übertragungsfunktion in den Frequenzgang $F(j\omega)$ über.

Im Zeitbereich eignen sich vor allem die Gewichtsfunktion $g(t)$ (Antwort auf einen DIRAC-Stoß) und die Übergangsfunktion (Antwort auf einen Einheitssprung) zur Kennzeichnung.

25.1 Die Nachbildung rationaler Übertragungsfunktionen

Bei der Nachbildung linearer Übertragungssysteme auf dem Analogrechner haben wir 2 Fälle zu unterscheiden:

1. Die sog. Systeme mit „konzentrierten Elementen", für die sich gewöhnliche Differentialgleichungen angeben lassen, führen auf gebrochen rationale Übertragungsfunktionen von der Form

$$F(p) = \frac{b_m p^m + b_{m-1} p^{m-1} + \cdots + b_\mu p^\mu + \cdots + b_1 p + b_0}{a_n p^n + a_{n-1} p^{n-1} + \cdots + a_\nu p^\nu + \cdots + a_1 p + a_0} . \qquad (25.2)$$

Die Koeffizienten a_ν und b_μ sind stets reell. Bei realisierbaren und stabilen Systemen muß außerdem gelten:

$$m \lessgtr n; \quad a_\nu \gtrless 0.$$

2. Übertragungsglieder mit „verteilten Parametern" (z. B. Wärmeleitungssysteme) lassen sich durch partielle Differentialgleichungen beschreiben. Die daraus berechenbaren Übertragungsfunktionen sind transzendent. Auch die Systeme mit Totzeit gehören zu dieser Gruppe.

Die Rechenelemente des Analogrechners sind „konzentrierte Elemente". Wir können daher mit ihnen unmittelbar nur Übertragungssysteme der ersten Gruppe herstellen. Transzendente Übertragungsfunktionen lassen sich prinzipiell nur näherungsweise nachbilden.

Zur Programmierung rationaler Übertragungsfunktionen der Form (25.1) können wir die Variable p als Differentialoperator ansehen und dem Integrierer die Operation

$$y_a = -\frac{k_0}{p} y_e$$

zuordnen. Wir ziehen es der Übersichtlichkeit wegen jedoch vor, die Gl. (25.1) als Differentialgleichung zu schreiben und diese dann zu programmieren.

Mit der Definition nach (25.1) folgt aus der Übertragungsfunktion (25.2):

$$a_n p^n y_a(p) + a_{n-1} p^{n-1} y_a(p) + \cdots + a_1 p \, y_a(p) + a_0 \, y_a(p)$$
$$= b_0 \, y_e(p) + b_1 p \, y_e(p) + \cdots + b_{m-1} p^{m-1} y_e(p) + b_m p^m y_e(p). \quad (25.3)$$

Durch inverse LAPLACE-Transformation [bzw. formal einfach mit $p = d/dt$[1] und Ersatz von $y_a(p)$ und $y_e(p)$ durch die Zeitfunktionen $y_a(t)$ und $y_e(t)$] folgt die lineare Differentialgleichung mit konstanten Koeffizienten:

$$a_n \frac{d^n y_a(t)}{dt^n} + a_{n-1} \frac{d^{n-1} y_a(t)}{dt^{n-1}} + \cdots + a_1 \frac{d y_a(t)}{dt} + a_0 \, y_a(t)$$
$$= b_0 \, y_e(t) + b_1 \frac{d y_e(t)}{dt} + \cdots + b_{m-1} \frac{d^{m-1} y_e(t)}{dt^{m-1}} + b_m \frac{d^m y_e(t)}{dt^m}. \quad (25.4)$$

Gl. (25.4) unterscheidet sich insofern von der üblichen Darstellung einer gewöhnlichen Differentialgleichung, als hier ein differentieller Zusammenhang zwischen 2 Funktionen $y_e(t)$ und $y_a(t)$ vorliegt, ohne daß der Charakter einer der beiden Funktionen von vornherein festliegt.

Bei der Aufstellung der Rechenschaltung für (25.4) stoßen wir auf die Schwierigkeit, daß das gewohnte Verfahren (Auflösen nach der höchsten Ableitung und anschließende Nachbildung der rechten Seite

---

[1] Bei einem Übertragungssystem wird immer vorausgesetzt, daß das System in Ruhe ist, wenn keine Eingangsgröße wirkt. Es sind also keine Anfangswerte zu berücksichtigen.

der Gleichung) hier eine mehrfache Differentiation der Eingangsfunktion $y_e(t)$ notwendig erscheinen läßt.

Unter der getroffenen Voraussetzung $m \leqq n$ läßt sich jedoch auch eine solche Differentialgleichung ohne Differenzierschaltungen lösen, wenn wir die in § 4 angegebenen Regeln in der folgenden Weise abändern:

1. Die Gleichung ist so oft zu integrieren, bis keine Ableitungen mehr auf der rechten Seite auftreten. (Die Integrationskonstanten verschwinden, falls das System für $t < 0$ in Ruhe war.)

2. Die Integralglieder gleicher Ordnung werden zusammengefaßt.

3. Nun wird nach der verbleibenden höchsten Ableitung von $y_a(t)$ aufgelöst und die Rechenschaltung in der üblichen Weise aufgebaut. (Falls $m = n$, wird nach $y_a(t)$ selbst aufgelöst.)

Als Beispiel für die Anwendung dieser Programmierungsregeln sei folgende Übertragungsfunktion nachzubilden:

$$F(p) = \frac{1 + 0{,}2p}{1 + 0{,}5p + p^2} \,. \tag{25.5}$$

Sie entspricht der Differentialgleichung:

$$\frac{d^2 y_a(t)}{dt^2} + 0{,}5 \frac{d y_a(t)}{dt} + y_a(t) = y_e(t) + 0{,}2 \frac{d y_e(t)}{dt} \,.$$

Wir beseitigen die auf der rechten Seite stehende Ableitung von $y_e(t)$ durch einmalige Integration:

$$\frac{d y_a(t)}{dt} + 0{,}5 y_a(t) + \int_0^t y_a(t)\, dt = \int_0^t y_e(t)\, dt + 0{,}2 y_e(t) \,.$$

Nun fassen wir die beiden Integralausdrücke zusammen und lösen nach der höchsten verbleibenden Ableitung von $y_a(t)$ auf:

$$\frac{d y_a(t)}{dt} = -0{,}5 y_a(t) + \int_0^t [y_e(t) - y_a(t)]\, dt + 0{,}2 y_e(t) \,.$$

Damit ergibt sich die in Abb. 25.2 gezeigte Rechenschaltung.

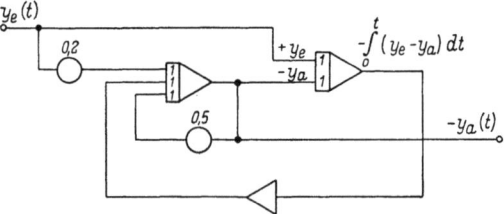

Abb. 25.2. Rechenschaltung zur Nachbildung der Übertragungsfunktion (25.5)

Für die allgemeine Übertragungsfunktion (25.2) bzw. die daraus abgeleitete Differentialbeziehung (25.4) läßt sich eine generell gültige

Rechenschaltung angeben. Hierzu bringen wir Gl. (25.4) für den Sonderfall $m = n$ durch m-malige Integration auf folgende Form:

$$
\begin{aligned}
a_n\, y_a(t) = {} & b_n\, y_e(t) + \int_0^t [b_{n-1}\, y_e(t) - a_{n-1}\, y_a(t)]\, dt + \\
& + \iint_0^t [b_{n-2}\, y_e(t) - a_{n-2}\, y_a(t)]\, dt\, dt + \\
& + \cdots\cdots\cdots\cdots\cdots \\
& \cdots\cdots\cdots\cdots\cdots \\
& + \underbrace{\iint_0^t \cdots \int [b_0\, y_e(t) - a_0\, y_a(t)]\, dt^n.}_{n\text{-mal}}
\end{aligned}
\tag{25.6}
$$

Aus (25.6) gewinnen wir nun die in Abb. 25.3 dargestellte Rechenschaltung, falls wir die einzelnen Integrationen in der folgenden Reihenfolge durch jeweils einen Integrierer ausführen:

$$
\begin{aligned}
& + \int_0^t [b_0\, y_e(t) - a_0\, y_a(t)]\, dt \\
- \int_0^t [b_1\, y_e(t) - a_1\, y_a(t)]\, dt & - \iint_0^t [b_0\, y_e(t) - a_0\, y_a(t)]\, dt\, dt \\
\cdots\cdots\cdots\cdots & \cdots\cdots\cdots\cdots \\
+ \int_0^t [b_{n-1}\, y_e(t) - a_{n-1}\, y_a(t)]\, dt + \cdots & + \underbrace{\iint_0^t \cdots \int [b_0\, y_e(t) - a_0\, y_a(t)]\, dt^n.}_{n\text{-mal}}
\end{aligned}
\tag{25.7}
$$

Es empfiehlt sich meist, die Übertragungsfunktion (25.2) so umzuformen, daß $a_n = 1$ wird. In diesem Falle kann in der Rechenschaltung von Abb. 25.3 ein Umkehrer eingespart werden.

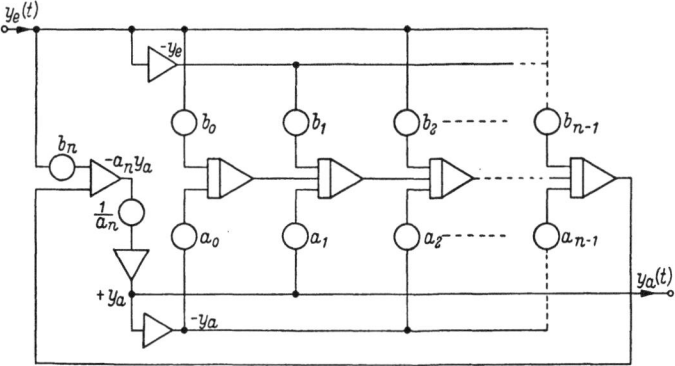

Abb. 25.3. Rechenschaltung zur Nachbildung der allgemeinen Übertragungsfunktion (25.2)

Bei der Nachbildung stabiler Übertragungssysteme müssen alle Koeffizienten a_ν positiv sein. Die entsprechenden Potentiometer müssen dann, wie in Abb. 25.3 gezeichnet, abwechselnd an die Leitungen für $-y_a$ und $+y_a$ angeschlossen werden.

In Abb. 25.3 ist außerdem vorausgesetzt, daß auch die Koeffizienten b_μ positiv seien (daher alternierender Anschluß der Potentiometer an die gezeichneten Leitungen). Negative Werte dieser Koeffizienten können jedoch sehr einfach dadurch hergestellt werden, daß die entsprechenden Potentiometer an die Leitungen für y_e mit dem jeweils entgegengesetzten Vorzeichen angeschlossen werden. Für $m < n$ entfallen eines oder mehrere der Potentiometer zur Einstellung der Werte b_n, b_{n-1}, usw. Die Schaltung läßt sich dann durch Einsparung eines Summierers weiter vereinfachen.

Eine weitere Möglichkeit zur Nachbildung einer Übertragungsfunktion besteht darin, sie in einzelne Teilübertragungsfunktionen aufzuspalten und diese getrennt zu realisieren [1]. Die Hintereinanderschaltung aller Teilübertragungsglieder ergibt dann die Schaltung für die Gesamtübertragungsfunktion.

Bezeichnet man die Wurzeln des Zählerpolynoms von $F(p)$ mit $p_{0\mu}$ (Nullstellen) und die des Nennerpolynoms mit $p_{1\nu}$ (Pole), so erhält man für $F(p)$ die Darstellung:

$$F(p) = b_m \frac{(p - p_{01})(p - p_{02}) \ldots (p - p_{0m})}{(p - p_{11})(p - p_{12}) \ldots (p - p_{1n})}. \qquad (25.8)$$

Die Werte $p_{0\mu}$ und $p_{1\nu}$ sind dabei entweder reell oder paarweise konjugiert komplex. Es ist zweckmäßig, die Aufspaltung so vorzunehmen, daß die Teilübertragungsfunktionen 1 oder höchstens 2 Pole und Nullstellen enthalten. Man erhält dann folgende 5 Typen von Teilübertragungsfunktionen:

Fall Nr.	Pole bzw. Nullstellen	Teilübertragungsfunktion	Berechnung der Konstanten
1	p_1 reell	$F_1 = \dfrac{1}{p + a}$	$a = -p_1$
2	p_1 reell p_0 reell	$F_2 = \dfrac{p + b}{p + a}$	$a = -p_1$ $b = -p_0$
3	p_1 und p_1^* konjugiert komplex	$F_3 = \dfrac{1}{p^2 + a_1 p + a_0}$	$a_1 = -2\,Re\,p_1$ $a_0 = |p_1|^2$
4	p_1 und p_1^* konjugiert komplex; p_0 reell	$F_4 = \dfrac{p + b}{p^2 + a_1 p + a_0}$	$a_1 = -2\,Re\,p_1$ $a_0 = |p_1|^2$ $b = -p_0$
5	p_1 und p_1^* konjugiert komplex; p_0 und p_0^* konjugiert komplex	$F_5 = \dfrac{p^2 + b_1 p + b_0}{p^2 + a_1 p + a_0}$	$a_1 = -2\,Re\,p_1$ $a_0 = |p_1|^2$ $b_1 = -2\,Re\,p_0$ $b_0 = |p_0|^2$

Der Vorteil dieser Darstellung besteht darin, daß sich die einzelnen Pole und Polpaare bzw. Nullstellen oder Nullstellenpaare ohne Veränderung der übrigen Pole oder Nullstellen verschieben lassen. Der Einfluß der einzelnen Pole und Nullstellen ist damit auf einfache Weise feststellbar. Nach [2] kann man z. B. durch eine systematische Untersuchung der möglichen Pol-Nullstellen-Konfigurationen Netzwerke mit günstigem Einschwingverhalten ermitteln.

Bei der Nachbildung von Übertragungsfunktionen mit festen Konstanten setzt die Anwendung dieser Methode voraus, daß die Pole und Nullstellen durch Auflösen der Zähler -und Nennerpolynome von $F(p)$ berechnet wurden. Gewöhnlich ist man aber gerade bestrebt, diese Auflösung durch eine Berechnung am Analogrechner zu umgehen. Man wird daher die Aufspaltung in Teilübertragungsfunktionen nur in den Sonderfällen anwenden, in denen gerade die Auswirkung einer Verschiebung einzelner Pole oder Nullstellen studiert werden soll.

Wir haben bisher rationale Übertragungsfunktionen nur mit den üblichen Rechenelementen nachgebildet. Daneben ist es jedoch nach § 8.5 auch möglich, geeignete Netzwerke aus passiven Schaltelementen (Widerstände und Kondensatoren) mit einem Rechenverstärker zusammenzuschalten, wodurch sich in erheblichem Maße Rechenelemente einsparen lassen.

Als Beispiel für die Anwendung der Tabelle Abb. 8.11 wollen wir die in Abb. 25.2 mit normalen Rechenelementen hergestellte Übertragungsfunktion (25.5) mit passiven Elementen nachbilden. Bei den gegebenen Zahlenwerten wählen wir im Ausgangskreis die Schaltung Nr. 12 aus Abb. 8.11

$$Z_0(p) = A_0 \frac{1 + p\,T_3}{1 + p\,T_1 + p^2\,T_1\,T_2}.$$

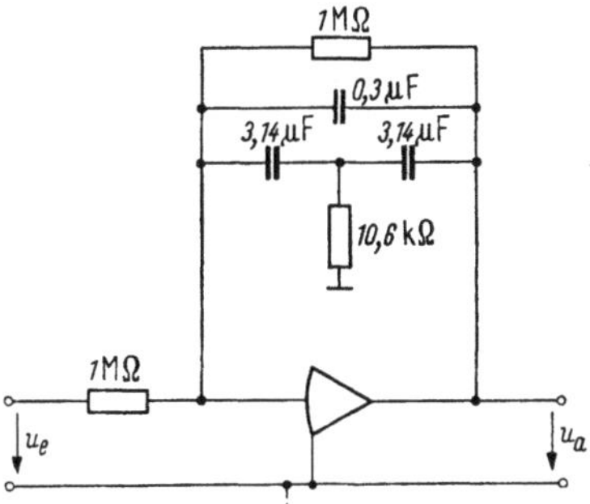

Abb. 25.4. Nachbildung der Übertragungsfunktion (25.5) mit einem speziell beschalteten Rechenverstärker

Im Eingangskreis verwenden wir einen einfachen Ohmschen Widerstand (Abb. 25.4)

$$Z_1(p) = A_1.$$

Daraus folgt

$$-\frac{u_a(p)}{u_e(p)} = F(p) = \frac{Z_0(p)}{Z_1(p)} = \frac{A_0}{A_1}\,\frac{1 + p\,T_3}{1 + p\,T_1 + p^2\,T_1\,T_2}$$

mit den Zahlenwerten für die Zeitkonstanten

$$T_3 = 0{,}2\,\text{s}; \quad T_1 = 0{,}5\,\text{s}; \quad T_1\,T_2 = 1\,\text{s}^2; \quad T_2 = 2\,\text{s}.$$

Wir wählen

$$A_0 = R_2 = 1\,\text{M}\Omega,$$

$$A_1 = R_2 = 1\,\text{M}\Omega.$$

und erhalten für die übrigen Elemente der Schaltung nach den in der Tabelle angegebenen Formeln:

$$R_1 = \frac{T_3^2}{4[T_1 T_2 - T_3(T_1 - T_3)]} = 10{,}6 \text{ k}\Omega,$$

$$C_1 = \frac{2[T_1 T_2 - T_3(T_1 - T_3)]}{A_0 T_3} = 3{,}14 \text{ μF},$$

$$C_2 = \frac{T_1 - T_3}{A_0} = 0{,}3 \text{ μF}.$$

Gegenüber den 3 Verstärkern in Abb. 25.2 wird jetzt nur noch 1 Rechenverstärker benötigt.

Andererseits sind aber auch entscheidende Nachteile der Anwendung passiver Netzwerke zu nennen:

1. Es werden spezielle, nicht geradzahlige Widerstands- und Kapazitätswerte benötigt, die üblicherweise am Analogrechner nicht vorhanden sind.

2. Häufig müssen die Kondensatoren mit Entladewiderständen versehen werden, für die eigene Relais benötigt werden.

3. Die mit passiven Elementen aufgebauten Schaltungen sind nicht flexibel, d. h. Parameteränderungen sind nicht oder nur schwer durchführbar.

Aus den genannten Vor- und Nachteilen folgt, daß man nur bei Sonderaufgaben, bei denen es darauf ankommt, auf möglichst einfache Weise fest gegebene Gleichungen bzw. Übertragungsfunktionen nachzubilden (z. B. bei Simulatoren), Schaltungen mit speziellen passiven Netzwerken einsetzen wird.

Dagegen wird man normalerweise die gewöhnlichen Grundelemente des Analogrechners zur Nachbildung von Übertragungsfunktionen benutzen. Man erhält dann zwar aufwendigere, dafür aber flexible und rasch herstellbare Schaltungen, in denen die Parameterwerte beliebig eingestellt und gegebenenfalls variiert werden können.

In besonders gelagerten Fällen, in denen (vor allem bei kleineren Analogrechnern) die Zahl der vorhandenen Rechenelemente nicht ganz ausreicht, um ein gestelltes Problem zu lösen, oder in denen bestimmte Übertragungsfunktionen sehr häufig benötigt werden, wird man u. U. dennoch aus Kondensatoren und Widerständen passive Netzwerke zusammenschalten.

25.2 Näherungsweise Nachbildung von Totzeit[1] (Laufzeit)

Die exakte analoge Nachbildung von Übertragungssystemen, bei denen eine am Eingang wirkende Ursache nur mit endlicher Geschwindig-

---

[1] Obwohl der Ausdruck „Laufzeit" an sich anschaulicher wäre, werden wir im folgenden den in DIN 19226 genormten Begriff „Totzeit" verwenden. (Nicht zu verwechseln mit „tote Zone"!)

keit weitergegeben wird, so daß erst nach einer gewissen Totzeit T_t eine Wirkung am Ausgang erscheint, kann nur durch spezielle „Totzeitglieder" erfolgen, wie sie in § 13 beschrieben sind. Solche Geräte sind jedoch sehr kostspielig und daher bei vielen Analogrechnern entweder überhaupt nicht oder zumindest nicht in genügender Anzahl vorhanden. Um trotzdem Aufgaben, in denen Totzeiten eine Rolle spielen, behandeln zu können, sucht man nach Möglichkeiten, um diese Totzeiten wenigstens näherungsweise mit Hilfe vorhandener Rechenelemente nachzubilden. Nach Gl. (13.2) lautet die Übertragungsfunktion eines Totzeitgliedes:

$$\frac{y_a(p)}{y_e(p)} = F(p) = e^{-p\,T_t}. \tag{25.9}$$

Diese transzendente Übertragungsfunktion läßt sich mit den „konzentrierten" Elementen des Analogrechners nicht exakt herstellen. Man kann jedoch versuchen, sie durch eine realisierbare rationale Übertragungsfunktion in gewissen Grenzen zu approximieren.

Eine Möglichkeit dazu bietet die Potenzreihe,

$$e^{-p\,T_t} = \frac{1}{1 + p\,T_t + p^2\,T_t^2 + p^3\,T_t^3 + \cdots}, \tag{25.10}$$

deren Konvergenz jedoch bei großen Werten des Arguments sehr langsam erfolgt, so daß sehr viele Glieder (und damit ein hoher Aufwand) zu einer befriedigenden Näherung nötig wären.

Zu einem Ansatz mit wesentlich besserer Konvergenz gelangt man durch folgende Überlegung:

Der Frequenzgang eines Übertragungsgliedes mit Totzeit (bzw. die Übertragungsfunktion für rein imaginäre Werte von p) lautet nach (25.9):

$$F(j\,\omega) = e^{-j\,\omega\,T_t}. \tag{25.11}$$

Die Funktion (25.11) hat für alle Frequenzen den Betrag Eins, während die Phasendrehung linear mit der Frequenz zunimmt. (Die Totzeit bringt nur eine zeitliche Verzögerung, also keine Änderung der Amplitude mit sich.) Soll nun die approximierende rationale Funktion ebenfalls für alle Frequenzen den Betrag Eins besitzen, so müssen Zähler- und Nennerpolynom zueinander konjugiert komplex sein (sog. „Allpaß-Funktion").

Die gesuchte Näherungsfunktion sollte also von der Form sein:

$$F(p) = \frac{a_0 - a_1\,p\,T_t + a_2\,p^2\,T_t^2 - + \cdots}{a_0 + a_1\,p\,T_t + a_2\,p^2\,T_t^2 + \cdots}. \tag{25.12}$$

Die Werte der Koeffizienten a_ν sind so zu wählen, daß der erwünschte lineare Verlauf des Phasenwinkels über einen möglichst großen Frequenzbereich möglichst gut angenähert wird. Die Berechnung der Koeffizienten nach diesem Gesichtspunkt führt auf die sog. PADÉ-Approximation[1] [3].

In Abb. 25.5 sind die PADÉ-Approximanten 1., 2. und 4. Ordnung zusammengestellt. Die gezeichneten Rechenschaltungen ergeben sich unmittelbar aus den Übertragungsfunktionen nach den im letzten Abschnitt angegebenen Regeln. Eine Ausnahme bildet die Schaltung für die PADÉ-Approximation 2. Ordnung, für die man normalerweise 4 Rechenverstärker benötigen würde. Durch einen besonderen Trick [4] kann man jedoch, wie Abb. 25.5 zeigt, mit nur 3 Verstärkern auskommen, falls man sich damit begnügt, die Totzeit nur mit negativem Vorzeichen nachzubilden. Hierfür wird die Übertragungsfunktion

$$F(p) = \frac{1 - \frac{1}{2} p T_t + \frac{1}{12} (p T_t)^2}{1 + \frac{1}{2} p T_t + \frac{1}{12} (p T_t)^2}$$

umgeschrieben:

$$F(p) = 1 - F_1(p)$$

mit

$$F_1(p) = \frac{2 p T_t}{2 + p T_t + \frac{1}{6} p^2 T_t^2}.$$

Wenn man nun zunächst die Übertragungsfunktion $F_1(p)$ nachbildet, kann man mit dem dafür ohnehin benötigten Summierer den abgespaltenen Faktor Eins wieder ergänzen. Die Schaltung bleibt jedoch im Hinblick auf die Nachbildung von $F_1(p)$ unverändert, da der Faktor Eins bei dem auf den Summierer folgenden Integrierer wieder abgezogen wird.

Für die beiden Approximanten 1. und 2. Ordnung sind in Abb. 25.5 2 Schaltungen zur Auswahl angegeben. Die links gezeichneten haben den Vorteil, daß die Zahl der benötigten Potentiometer geringer ist; diese Ersparnis wird jedoch mit dem Nachteil erkauft, daß die maximal zulässige Eingangsspannung mit zunehmender Größe der Totzeit kleiner wird, d. h. die Schaltung ist für $T_t > \frac{1}{k_0}$ nicht voll aussteuerbar. Wie an Hand der beiden Schaltungen auf der rechten Seite in Abb. 25.5 gezeigt wird, kann man diesen Nachteil jedoch dadurch beheben, daß man die hinter den Integrierern gelegenen Potentiometer vor die Eingänge der Integrierer vorzieht. Bei mehreren Eingängen werden dann mehrere Potentiometer benötigt.

---

[1] Obwohl die PADÉ-Approximanten ursprünglich so berechnet wurden, daß sie mit der TAYLOR-Entwicklung in möglichst vielen Gliedern übereinstimmen, kann man zeigen, daß man zu denselben Koeffizienten a_ν gelangt, wenn man fordert, daß der Phasenfehler bei tiefen Frequenzen in möglichst hoher Ordnung gegen Null geht.

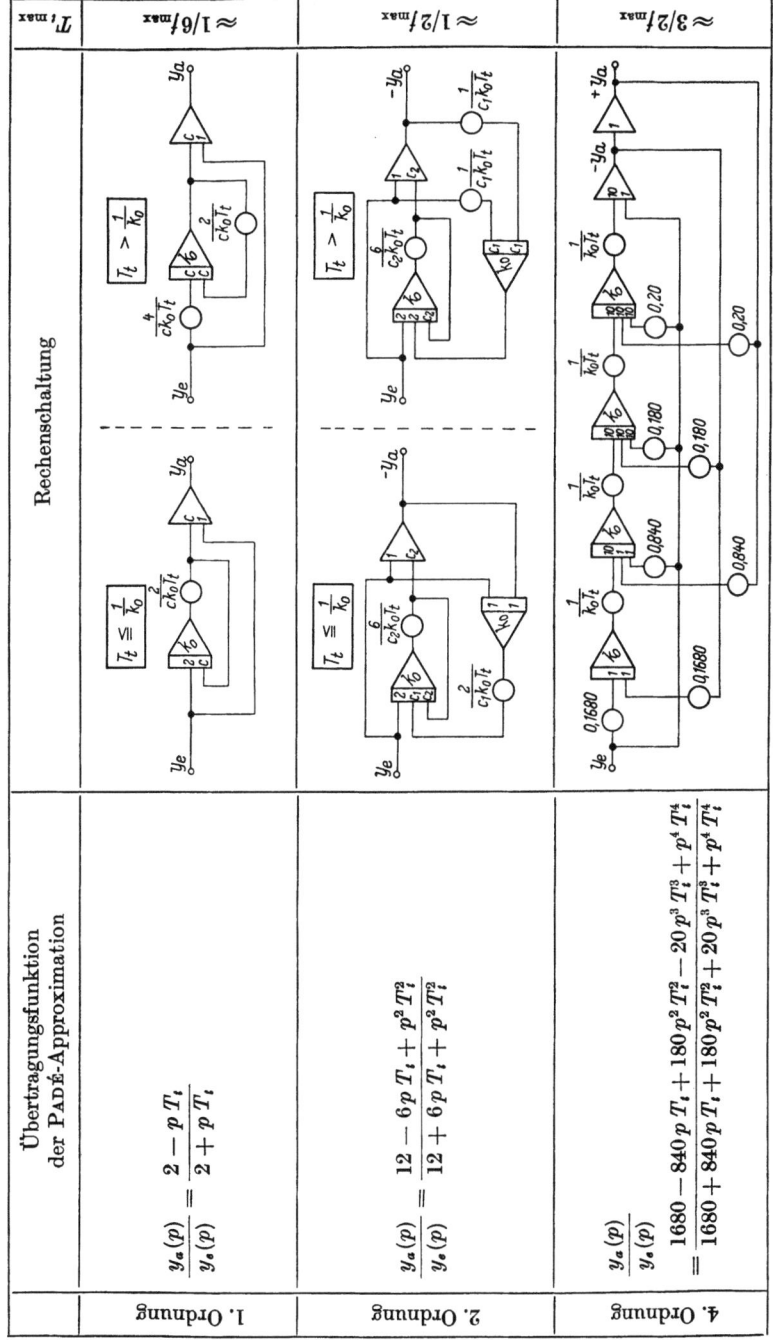

Abb. 25.5. PADÉ-Approximationen zur näherungsweisen Nachbildung von Totzeitgliedern

Für den praktischen Einsatz der gezeigten Näherungsausdrücke ist von besonderem Interesse, wie gut die Approximation im einzelnen Falle sein wird. Bei der PADÉ-Approximation 2. Ordnung bleibt die Abweichung des Winkels von dem geforderten linearen Verlauf bis $\omega_t T \approx 100°$ unter 1%. Von da an nimmt der Winkel immer weniger zu und nähert sich schließlich dem Grenzwert 2π. Ein gegebenes Eingangssignal wird also so lange verzerrungsfrei übertragen, wie sein Spektrum im wesentlichen in den Bereich des linearen Winkelanstiegs fällt.

Wenn wir als Maß für die Güte der Approximation das Produkt $\omega\, T_t$ bei einem maximal zulässigen Winkelfehler von etwa 10% einführen, so gilt bei der Approximation 2. Ordnung:

$$\omega_{\max} T_{t\max} \approx \pi \qquad (25.13)$$

oder

$$T_{t\max} \approx \frac{1}{2 f_{\max}}.$$

Dies bedeutet, daß z. B. bei einer Frequenz $f_{\max} = 0{,}5$ Hz eine Totzeit $T_t = 1$ s noch mit erträglichem Fehler nachgebildet wird. Größere Totzeiten sollten bei dieser Frequenz nicht mehr mit der Näherung 2. Ordnung hergestellt werden. Man kann aus der Beziehung (25.13) natürlich auch in umgekehrter Richtung argumentieren: Bei gegebener Totzeit T_t darf die höchste Frequenz, die im Eingangssignal noch eine Rolle spielt, nicht über $f_{\max} \approx \dfrac{1}{2 T_{t\max}}$ liegen.

Für die PADÉ-Approximation 4. Ordnung gilt bei einem zulässigen Phasenfehler von etwa 10%

$$\omega_{\max} T_{t\max} \approx 3\pi \qquad (25.14)$$

oder

$$T_{t\max} \approx \frac{3}{2 f_{\max}}.$$

(ein Fehler von 1% wird bei $\omega\, T_t \approx 300°$ erreicht).

Man erkennt, daß die Möglichkeiten zur getreuen Nachbildung von Totzeiten mit den PADÉ-Approximanten doch recht beschränkt sind. Es stellt sich daher die Frage, wie die obere Grenze für das Produkt ωT_t bei gleichem Fehler weiter nach oben zu rücken ist, ohne den Aufwand (der z. B. bei der PADÉ-Approximation 4. Ordnung schon ganz erheblich ist) zu steigern. Dies gelingt dann, wenn man von der bisher erhobenen Forderung nach linearem Phasenverlauf bei tiefen Frequenzen abgeht und statt dessen eine gewisse Abweichung zuläßt.

Von [5] wurden auf experimentellem Wege die Parameter in Gl. (25.12) ermittelt, für die das Produkt ωT_t bei vorgegebenem Fehler ein Maximum aufweist. Als optimal wurde dabei eine Näherung 4. Ordnung angegeben, die sich aus 2 Ausdrücken 2. Ordnung zusammensetzt:

$$e^{-p\,T_t} \approx \left(\frac{19{,}4 - 7{,}63\,p\,T_t + p^2\,T_t^2}{19{,}4 + 7{,}63\,p\,T_t + p^2\,T_t^2} \right) \left(\frac{54{,}9 - 5{,}94\,p\,T_t + p^2\,T_t^2}{54{,}9 + 5{,}94\,p\,T_t + p^2\,T_t^2} \right). \qquad (25.15)$$

Die Rechenschaltung für die Übertragungsfunktion (25.15) wird, wie in Abb. 25.6 gezeigt, nach dem gleichen Verfahren aufgebaut, das wir

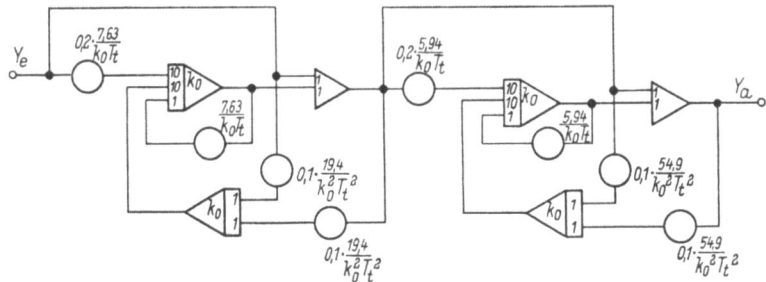

Abb. 25.6. Rechenschaltung für die Näherungsfunktion (25.15)

auch bei der PADÉ-Approximation 2. Ordnung in Abb. 25.5 anwandten.[1] Der Wert $\omega_{max} T_{t\,max}$ liegt bei dieser Näherung etwa um 10% höher als bei der PADÉ-Approximation 4. Ordnung, wenn wir wieder einen Winkelfehler von 10% zulassen.

Eine systematische Berechnung der Werte a_ν in Gl. (25.12) bei gegebenen Grenzen für die zulässigen Abweichungen vom linearen Phasenverlauf wurde bei [6] durchgeführt. Grundlage der Untersuchung war hierbei, daß die Gruppenlaufzeit (das ist die Ableitung des Phasenwinkels nach der Frequenz) nach einer bestimmten Funktion — in diesem Falle eine elliptische Funktion — um den gewünschten (konstanten) Wert schwanken darf. Eine damit berechnete Näherung 4. Ordnung (durch Hinter-

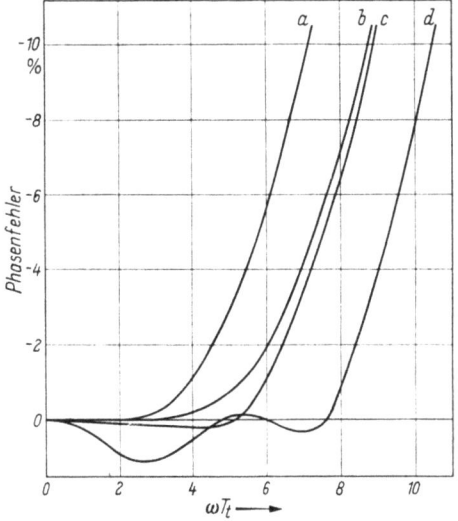

Abb. 25.7 a—d. Phasenfehler verschiedener rationaler Übertragungsfunktionen zur Approximation einer reinen Totzeit

a) 2 PADÉ-Approximanten 2. Ordnung in Reihe geschaltet; b) PADÉ-Approximation 4. Ordnung nach Abb. 25.4; c) Approximation nach Gl. (25.16); d) Approximation nach Gl. (25.15)

---

[1] Die in Abb. 25.6 angegebene Schaltung ist nicht für alle Werte von T_t voll aussteuerbar. Eine in dieser Hinsicht günstigere Schaltung erhält man, wenn man die quadratischen Ausdrücke in Gl. (25.15) ausmultipliziert und danach eine Rechenschaltung für die Übertragungsfunktion 4. Ordnung wie in Abb. 25.5 aufbaut. Allerdings bedingt dies einen höheren Aufwand an Potentiometern.

einanderschalten zweier Approximanten 2. Ordnung) lautet:

$$e^{-p T_t} \approx \left(\frac{32{,}9 - 10{,}9\, p\, T_t + p^2\, T_t^2}{32{,}9 + 10{,}9\, p\, T_t + p^2\, T_t^2}\right) \left(\frac{46{,}2 - 9{,}05\, p\, T_t + p^2\, T_t^2}{46{,}2 + 9{,}05\, p\, T_t + p^2\, T_t^2}\right). \tag{25.16}$$

Die Rechenschaltung dafür ergibt sich analog zu Abb. 25.6. Die bei Verwendung dieser Schaltung auftretenden Phasenfehler sind in Abb. 25.7 in Abhängigkeit von den Werten ωT_t angegeben. Gleichzeitig sind die entsprechenden Fehlerkurven für andere vergleichbare Näherungen 4. Ordnung eingetragen.

Ein Vergleich zeigt, daß die PADÉ-Approximation bei kleinen Werten von ωT_t am günstigsten ist, da hier der Phasenfehler praktisch verschwindet. Die angegebene Hintereinanderschaltung zweier PADÉ-Approximanten 2. Ordnung erweist sich als ungeeignet, da die Approximation 4. Ordnung bei gleichem Aufwand wesentlich besser ist. Die Näherung (25.16) zeigt bei kleinen Werten von ωT_t zwar einen geringen Fehler, sie gleicht dies jedoch durch ein etwas günstigeres Verhalten bei größeren Werten von ωT_t aus, falls man nur kleine Phasenfehler betrachtet. Läßt man Fehler in der Größenordnung von einigen Prozent zu, so zeigt sich die Schaltung nach Gl. (25.15) bzw. Abb. 25.6 allen anderen überlegen.

Bei den bisherigen Betrachtungen wurde als Kriterium für die Güte der Nachbildung das Verhalten bei der auf die Totzeit bezogenen Frequenz ωT_t verwendet. Wir wollen nun noch zeigen, wie die Antwort der Näherungsschaltungen bei bestimmten Zeitfunktionen mit der eines idealen Totzeitgliedes übereinstimmt. Bei einer solchen Bewertung muß beachtet werden, daß die Annäherung selbstverständlich um so besser sein wird, je stärker das Eingangssignal spektral begrenzt ist, d. h. je langsamer es sich ändert. Ungünstig sind daher Eingangsfunktionen mit ausgeprägten Unstetigkeiten wie die Sprungfunktion, deren Spektrum mit ansteigender Frequenz reziprok abnimmt. Ganz schlecht wird die Annäherung, wenn das Spektrum bei höheren Frequenzen kaum oder gar nicht abfällt, wie z. B. beim DIRAC-Stoß.

In Abb. 25.8 haben wir eine Reihe von Übergangsfunktionen aufgezeichnet, die uns ein anschauliches Bild vom Verhalten der verschiedenen PADÉ-Approximationen von Abb. 25.5 vermitteln sollen. Als Eingangssignal wurde dabei ein Einheitssprung, eine Exponentialfunktion (die Übergangsfunktion eines Verzögerungsgliedes) und eine gefaltete Exponentialfunktion (die Übergangsfunktion eines Verzögerungsgliedes 2. Ordnung) verwendet. Die Zeitkonstante der Exponentialfunktionen wurde halb so groß wie die Totzeit gewählt.

In der ersten Zeile sind die genannten Funktionen so aufgezeichnet, wie sie am Ausgang eines idealen Totzeitgliedes auftreten würden (also um die Totzeit T_t verschoben). Die nächsten Zeilen zeigen die Näherungsfunktionen bei Anwendung der verschiedenen PADÉ-Approximanten.

Man sieht, wie eine Sprungfunktion mit ihren hohen Frequenzkomponenten auch bei einer Näherung 4. Ordnung noch verhältnismäßig stark verformt wird. Wenn der Sprungfunktion jedoch durch
einen Tiefpaß (Verzögerungsglied) ein Teil der hohen Frequenzanteile

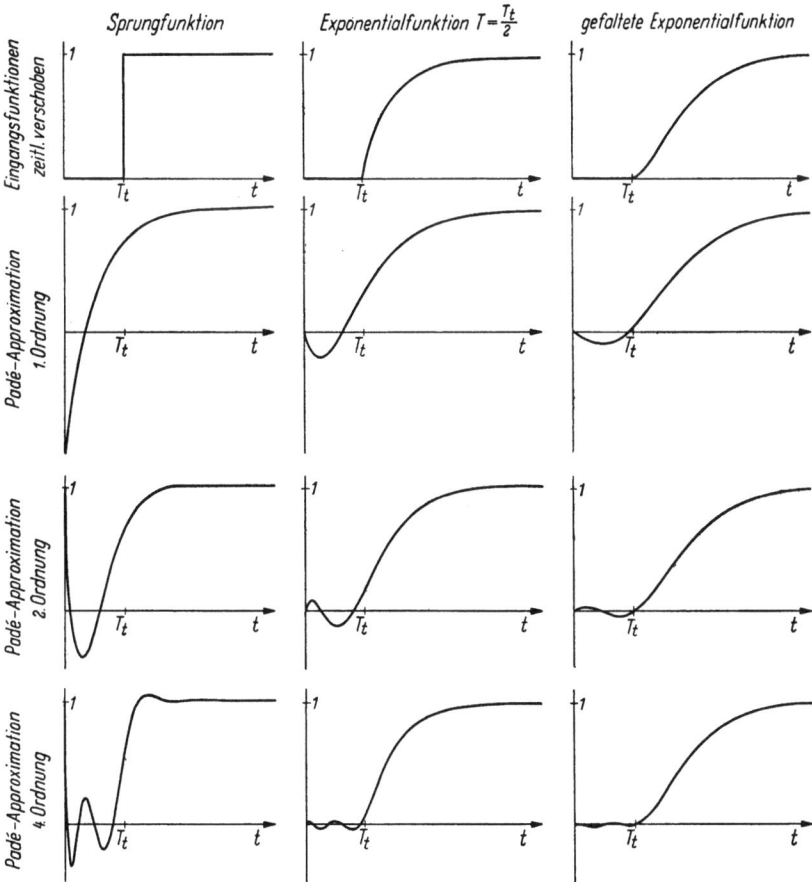

Abb. 25.8. Zur Wirkungsweise der Totzeitapproximationen aus Abb. 25.5 bei verschiedenen
Eingangsfunktionen

entzogen wird (Exponentialfunktion), so wird die Approximation
4. Ordnung recht befriedigend. Bei einer noch stärkeren Bandbegrenzung
(2 Verzögerungsglieder) genügt schon eine Näherung 2. Ordnung.

Sollen in einer Rechenschaltung Funktionen mit (im Verhältnis zur
Länge der Totzeit) hohen Frequenzanteilen verzögert werden, so muß
gelegentlich auch eine Näherung von höherer als 4. Ordnung in Erwägung
gezogen werden. Der Aufwand wird dann jedoch bei Verwendung der

üblichen Rechenelemente untragbar. In solchen Fällen kann der Einsatz von Schaltungen mit passiven Netzwerken, wie sie bei [5] und [7] angegeben sind, ein gangbarer Ausweg sein.

25.3 Ermittlung des Verhaltens von Übertragungssystemen bei speziellen Eingangsfunktionen

25.3.1 Zeitverhalten bei Eingabe einer Sprungfunktion.
Bei Eingabe einer Sprungfunktion erhält man die Übergangsfunktion eines Übertragungssystems. Am Analogrechner ergibt sich bekanntlich die Antwort des Systems auf eine Sprungfunktion einfach dadurch, daß man vor Beginn der Rechnung eine konstante Spannung an den Eingang der Rechenschaltung legt. Sie wirkt dann im Augenblick des Übergangs auf den Betriebszustand „Rechnen" wie eine zu diesem Zeitpunkt einsetzende Sprungfunktion, da sie erst dann auf die Eingänge der Integrierer geschaltet wird.

25.3.2 Anwendung einer Stoßfunktion.
Obgleich ein DIRAC-Stoß prinzipiell physikalisch nicht herstellbar ist, gibt es doch eine sehr einfache Methode, um die Antwort eines am Analogrechner simulierten Systems auf eine solche Störfunktion zu erhalten. Voraussetzung ist allerdings, daß das zu untersuchende Übertragungsglied mehr Pole als Nullstellen besitzt. Die Rechenschaltung läßt sich dann stets so aufbauen, daß der Eingang zunächst an einen Integrierer gelangt. Am Ausgang dieses Integrierers erscheint die Summe der Integrale der Eingangsgröße und der Rückführungen (Abb. 25.9a) Die Wirkungs-

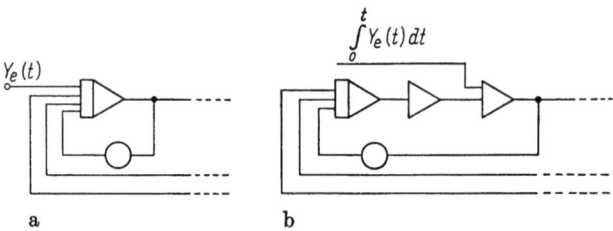

a   b

Abb. 25.9a u. b
a) Eingabe einer Störfunktion am Eingang eines Übertragungssystems; b) äquivalente Schaltung durch Addition des Zeitintegrals der Störfunktion zur Ausgangsgröße des ersten Integrierers

weise der Schaltung bleibt nun die gleiche, wenn wir nicht die eigentliche Eingangsgröße auf den Eingang, sondern ihr Zeitintegral zum Ausgang addieren (Abb. 25.9b). Wir werden dieses Verfahren stets anwenden, wenn das Zeitintegral leichter erzeugt werden kann als die Funktion selbst [1].

Ganz besonders trifft dies auf die Stoßfunktion zu, die wir nicht nachbilden können, deren Zeitintegral, nämlich eine Sprungfunktion, aber sehr leicht realisierbar ist. Anstatt nun die Sprungfunktion eigens am Ausgang des Integrierers zuzufügen, können wir die Schaltung weiter vereinfachen, wenn wir beachten, daß die Addition einer Sprungfunktion zur Zeit $t = 0$ am Ausgang eines Integrierers offensichtlich mit einer Anfangsbedingung an dem betreffenden Integrierer identisch ist. Es gilt damit auch die in Abb. 25.10 dargestellte Äquivalenz.

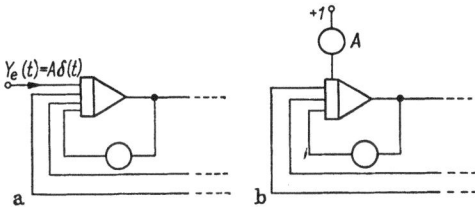

Abb. 25.10a u. b
a) Nicht realisierbare Eingabe einer Stoßfunktion am Eingang eines Übertragungssystems; b) äquivalente realisierbare Eingabe einer Stoßfunktion als Anfangsbedingung an dem betreffenden Integrierer

Ein weiteres, allerdings nur bei linearen Übertragungsgliedern zulässiges Verfahren zur Ermittlung des Systemverhaltens bei einem DIRAC-Stoß besteht darin, auf den Eingang eine Sprungfunktion zu geben und nicht die Ausgangsgröße selbst (die ja die Übergangsfunktion ergeben würde), sondern deren Ableitung aufzutragen. Die Ableitung der Ausgangsgröße läßt sich stets einfach aus der Rechenschaltung entnehmen.

25.4 Harmonische Analyse von Übertragungssystemen

Das Verhalten eines Übertragungssystems bei harmonischer Eingangsgröße spielt für viele Untersuchungen (z. B. auf Stabilität) eine besondere Rolle. Bei linearen Systemen ist (nach Abklingen eines Einschwingvorgangs) auch die Ausgangsgröße eine harmonische Funktion gleicher Frequenz. Aus einem Vergleich beider Funktionen nach Betrag und Phasenlage erhält man den Frequenzgang $F(j\omega)$.

Mit dem Analogrechner ist es möglich, ein System unmittelbar nach seinem Frequenzverhalten zu optimieren (z. B. Resonanzstellen eines Systems durch zweckmäßige Wahl der Parameter zu unterdrücken). Für solche Anwendungen werden wir ein Verfahren angeben [4], mit dem die Resonanzkurven — das sind die Betragskurven des Frequenzgangs, die bei solchen Untersuchungen meist allein interessieren — unmittelbar aufgezeichnet werden können.

Bei zahlreichen *nichtlinearen* Systemen erscheint bei harmonischer Eingangsgröße[1] am Ausgang eine periodische Funktion. Häufig ist hier

---

[1] Bei unsymmetrischen Nichtlinearitäten muß oft eine zusätzliche Gleichkomponente in der Eingangsgröße enthalten sein.

die Kenntnis der FOURIER-Komponenten dieser Ausgangsfunktion wichtig. Vergleicht man insbesondere die Komponente, die die gleiche Frequenz wie die harmonische Eingangsgröße aufweist, mit dieser Eingangsgröße, so erhält man die sog. *Beschreibungsfunktion.* Sie ist eines der wichtigsten Hilfsmittel zur Untersuchung von nichtlinearen Systemen, in denen Schwingungsformen auftreten können, die der harmonischen Schwingung ähnlich sind.

Hinsichtlich der Berechnung sind die Verhältnisse hier völlig anders als im linearen Fall. Da die Ermittlung der FOURIER-Anteile die Kenntnis der — meist durch eine nichtlineare Differentialgleichung beschriebenen — Ausgangsgröße voraussetzt, kann in vielen Fällen kein Formelausdruck mehr angegeben werden, aus dem diese Komponenten zu berechnen wären [10]. Eine Lösung dieser Aufgabe am Digitalrechner stößt daher auf große Schwierigkeiten. Demgegenüber ist, wie wir sehen werden, eine Messung am Analogrechner verhältnismäßig einfach durchzuführen.

25.4.1 Aufnahme von Resonanzkurven. Zur Aufnahme der Betragskurven des Frequenzgangs, den Resonanzkurven, wurde in § 18.3 eine Schaltung angegeben, die eine Sinusfunktion mit gleitender Frequenz liefert. Schaltet man sie einem simulierten System als Eingangsgröße auf, so kann man unmittelbar die Resonanzkurve erhalten, falls man von der am Ausgang erscheinenden Funktion nach der in § 20.12 gezeigten Methode die Hüllkurve bildet. Die gesamte Rechen- oder Meßschaltung besteht also aus 3 Teilen: der Schaltung für die Gleitfrequenz, der Nachbildung des zu untersuchenden Übertragungssystems und der Schaltung zur Herstellung der Hüllkurve (Abb. 25.11).

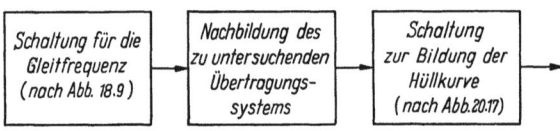

Abb. 25.11
Blockschaltbild der Anordnung zur Messung der Resonanzkurve eines Übertragungssystems

Als Beispiel nehmen wir an, es sei die Resonanzkurve eines Parallelschwingkreises nach Abb. 25.12 zu bestimmen.

Zwischen der am Schwingkreis auftretenden Spannung u_a und dem Strom i_e gilt die Beziehung

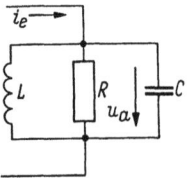

Abb. 25.12
Parallelschwingkreis

$$u_a(p) = \frac{i_e(p)}{\dfrac{1}{p\,L} + p\,C + \dfrac{1}{R}}$$

oder umgeformt:

$$u_a(p)\left(\frac{1}{p}\,\frac{R}{L} + p\,R\,C + 1\right) = R\,i_e(p).$$

Im Zeitbereich erhalten wir daraus die Differentialgleichung:

$$R\,C\,\frac{d\,u_a(t)}{dt} + u_a(t) + \frac{R}{L}\int_0^t u_a(t)\,dt = R\,i_e(t). \qquad (25.17)$$

Die Resonanzfrequenz des Schwingkreises ist

$$\omega_0 = \frac{1}{\sqrt{L\,C}}.$$

Wir führen eine auf ω_0 bezogene Variable

$$\tau = \omega_0\,t$$

ein und bringen mit den Abkürzungen

$$\frac{1}{\omega_0\,C} = \omega_0\,L = Z \quad \text{und} \quad i_e\,Z = u_e$$

die Differentialgleichung (25.17) auf die Form:

$$\frac{d\,u_a(\tau)}{d\,\tau} + \frac{Z}{R}\,u_a(\tau) + \int_0^\tau u_a(\tau)\,d\tau = u_e(\tau). \qquad (25.18)$$

Für die Störgröße $u_e(\tau)$ setzen wir nun eine harmonische Funktion mit veränderlicher Frequenz an:

$$u_e(\tau) = \sin\frac{\omega(\tau)}{\omega_0}\,\tau. \qquad (25.19)$$

Die Resonanzkurve soll im Frequenzintervall

$$0{,}5 \leqq \frac{\omega}{\omega_0} \leqq 2$$

aufgezeichnet werden. Nach Gl. (18.27) schreiben wir an Stelle von Gl. (25.19):

$$u_e(\tau) = \sin\left[m(\tau)\,\frac{c_2}{c_1}\,\tau\right], \qquad (25.20)$$

wobei c_2 die Eingangswertigkeit der Integrierer zur Erzeugung der Sinusfunktion und c_1 die der Integrierer in der zu untersuchenden Rechenschaltung ist. Wenn wir entsprechend der oberen Grenze des zu durchfahrenden Frequenzintervalls

$$\frac{c_2}{c_1} = 2 \qquad (25.21)$$

annehmen, gilt für $m(\tau)$:

$$0{,}25 \leqq m(\tau) \leqq 1.$$

Wie in § 18.3 ausführlich erläutert, müssen wir den geforderten Frequenzbereich so langsam durchlaufen, daß durch die Änderung von $m(\tau)$ keine Einschwingvorgänge auftreten. In § 18.3 hatten wir diese Forderung in die Gleichung

$$\frac{b\,k_{0\,2}}{c_1\,k_{0\,1}} \ll a$$

gekleidet, wobei in unserem Fall

$$a = \frac{\omega_{\min}}{\omega_{\max}} = 0{,}25$$

ist.

Andererseits sollte die Aufnahme der Resonanzkurve aber auch nicht zu lange Zeit in Anspruch nehmen. Wir werden daher den Zeitmaßstab $\tau = c\,k_0\,t$ so wählen, daß der zu untersuchende Frequenzbereich so hoch wie möglich liegt. Unter der Voraussetzung, daß wir einen Analogrechner mit umschaltbaren k_0-Werten zur Verfügung haben, setzen wir für die Rechenschaltung und für die Schaltung zur Erzeugung der harmonischen Schwingung

$$k_{01} = 10 \ \text{s}^{-1}$$

und verwenden außerdem nur Integrierereingänge mit der Wertigkeit $c_1 = 10$. [Dies ist zulässig, falls $R > Z$, so daß alle Koeffizienten in Gl. (25.18) <1 werden.] Für c_2 erhalten wir dann nach (25.21) den gerade noch einstellbaren Wert

$$c_2 = 2c_1 = 20.$$

Wenn wir nun die Zeit zum Durchlaufen des gesamten Frequenzintervalls mit 100 s, also sehr groß im Vergleich zu den hohen Frequenzen in der Rechenschaltung festlegen, so folgt daraus bei einem Faktor $k_{02} = 1 \ \text{s}^{-1}$ für das Eingangspotentiometer $b = 0,01$. Nach Gl. (18.30) wird dann bei unserem Beispiel

$$m(\tau) = 0,25 + 10^{-4}\tau,$$

d. h. die Änderung ist sehr klein im Verhältnis zum konstanten Wert 0,25.

Abb. 25.13 zeigt die gesamte Meßschaltung unter Verwendung der in den Abb. 18.9 und 20.17 angegebenen Hilfsschaltungen. Die damit aufgenommene

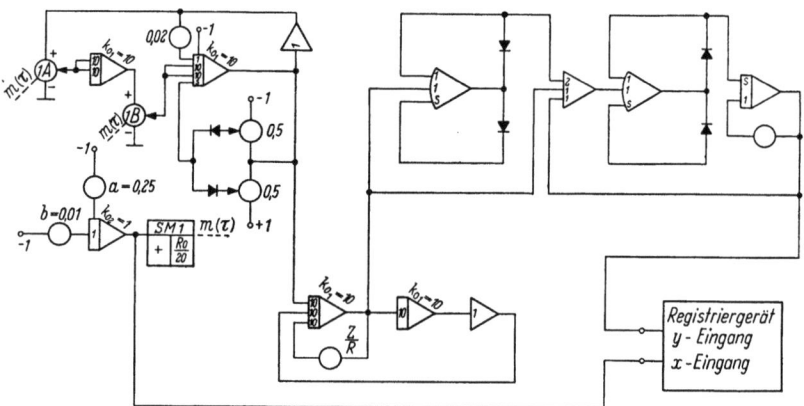

Abb. 25.13. Meßschaltung zur Aufnahme der Resonanzkurve eines Schwingkreises

Resonanzkurve wurde bereits früher in Abb. 18.10 gezeigt. Gleichzeitig ist dort zu sehen, daß eine Beschleunigung der Meßzeit auf 10 s (mit $b = 0,1$ an Stelle von $b = 0,01$) bereits zu unbrauchbaren Ergebnissen führt!

25.4.2 Fourier-Analyse. Eine allgemeine periodische Funktion $y(t)$ der Periode T läßt sich nach FOURIER als Summe harmonischer Funktionen darstellen:

$$y(t) = \frac{a_0}{2} + \sum_{n=1}^{\infty} (a_n \cos n \, \omega \, t + b_n \sin n \, \omega \, t). \qquad (25.22)$$

Die FOURIER-Koeffizienten a_n und b_n sind hierbei:

$$a_n = \frac{2}{T} \int_0^T y(t) \cos n \, \omega \, t,$$

$$b_n = \frac{2}{T} \int_0^T y(t) \sin n \, \omega \, t. \qquad (25.23)$$

Die n-te Harmonische

$$y_n(t) = \hat{y}_n \sin(n \omega t + \varphi_n)$$

besitzt somit die Amplitude

$$\hat{y}_n = \sqrt{a_n^2 + b_n^2}$$

und die Phase

$$\varphi_n = \text{arc tan} \frac{b_n}{a_n}.$$

Zur Ermittlung der Koeffizienten a_n und b_n lassen sich am Analogrechner drei verschiedene Wege beschreiten.

1. Direkte Aufzeichnung der Fourierintegrale. Der einfachste Weg zur Berechnung der FOURIER-Komponenten besteht darin, die nach den Definitionsgleichungen (25.23) vorgeschriebenen Operationen — Multiplikation von $y(t)$ mit den Funktionen $\sin n\omega t$ und $\cos n\omega t$ (den sog. „Suchfrequenzen"), Integration und Division durch die Periodendauer — am Analogrechner vorzunehmen. Hier stoßen wir nun auf eine Schwierigkeit: in den Gln. (25.23) treten bestimmte Integrale auf, am Analogrechner dagegen wird im allgemeinen fortlaufend über die Zeit integriert. Nur mit Hilfe eines genau auf die Periodendauer eingestellten Zeitgebers, der nach einer Zeit T die Rechnung unterbricht, ist eine unmittelbare Auswertung denkbar. Wenn eine solche Einrichtung nicht verfügbar ist, werden wir einen umständlicheren Weg beschreiben müssen: Wir zeichnen die Integrale

$$\int_0^t y(t) \frac{\sin n \omega t}{\cos n \omega t} dt$$

auf, lesen den Integralwert über eine oder mehrere Perioden ab und dividieren durch die Periodendauer bzw. durch deren Vielfache, falls sich die Messung über mehrere Perioden erstreckt. Wir erhalten also

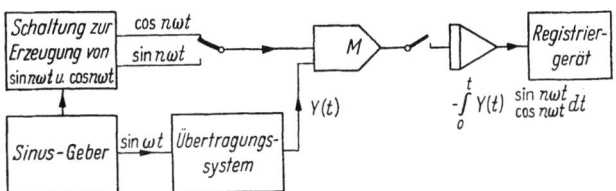

Abb. 25.14. Rechenschaltung zur Aufzeichnung der FOURIER-Integrale [Gl. (25.23)]

eine Meßschaltung nach Abb. 25.14. (Falls nur die Grundkomponente von $y(t)$ ermittelt werden soll, ist natürlich nur eine Schaltung zur Erzeugung von $\sin \omega t$ und $\cos \omega t$ nötig.)

20*

Der (von Hand zu bedienende) Schalter zur Verbindung des Multiplizierers mit dem Integrierer ist dann nötig, wenn die Berechnung der FOURIER-Integrale nicht unmittelbar nach dem Einschalten eines simulierten nichtlinearen Systems erfolgen darf, sondern wenn zuerst das Abklingen eines Einschwingvorgangs abgewartet werden muß.

Das geschilderte Verfahren hat den Nachteil, daß sich die Werte a_n und b_n nicht am Ende einer Rechnung durch eine einzige Messung bestimmen (und z. B. automatisch ausdrucken) lassen.

2. Bestimmung der Fourierintegrale durch Mittelwertbildung mit einem Tiefpaß. Den Mittelwert einer Funktion kann man auch unmittelbar durch einen Tiefpaß[1] gewinnen. Die einfachste Tiefpaßschaltung ist ein Verzögerungsglied 1. Ordnung (Abb. 25.15) mit der Übertragungsfunktion

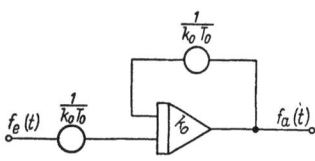

Abb. 25.15
Einfachste Tiefpaßschaltung

$$F(p) = \frac{1}{1 + p\,T_0}. \qquad (25.24)$$

Diese Schaltung bildet den Mittelwert um so genauer, je größer ihre Zeitkonstante T_0 gemacht wird. Um so länger dauert es andererseits auch, bis sich am Ausgang dieses Tiefpasses der Mittelwert eingestellt hat.

Um das Verhalten der Schaltung Abb. 25.15 zu verdeutlichen, setzen wir das Produkt, dessen Mittelwert gebildet werden soll, aus einem konstanten und einem oszillierenden Anteil zusammen:

$$(y_e(t) \sin n\,\omega\,t) \equiv f_e(t) = \bar{f}_e + \tilde{f}_e,$$

wobei $\tilde{f}_e(t)$ selbst als FOURIER-Reihe darzustellen sei:

$$\tilde{f}_e(t) = \sum_{k=1}^{\infty} (g_k \cos k\,\eta\,t + h_k \sin k\,\eta\,t).$$

Setzen wir $f_e(t)$ in die zu (25.24) gehörige Differentialgleichung ein, so erhalten wir am Ausgang des Verzögerungsgliedes:

$$f_a(t) = -\bar{f}_e\left(1 - e^{-\frac{t}{T_0}}\right) - \tilde{f}_a(t)$$

mit

$$\tilde{f}_a(t) = \sum_{k=1}^{\infty}\left[\left(\frac{g_k - T_0\,k\,\eta\,h_k}{1 + (T_0\,k\,\eta)^2}\right)\left(\cos k\,\eta\,t - e^{-\frac{t}{T_0}}\right) + \frac{h_k + T_0\,k\,\eta\,g_k}{1 + (T_0\,k\,\eta)^2}\,\sin k\,\eta\,t\right].$$

Für $t \gg T_0$ und $T_0 \gg 1/\eta$ läßt sich die oszillierende Ausgangsgröße näherungsweise schreiben:

$$\tilde{f}_a(t) \approx \sum_{k=1}^{\infty}\left(-\frac{h_k}{T_0\,k\,\eta}\cos k\,\eta\,t + \frac{g_k}{T_0\,k\,\eta}\sin k\,\eta\,t\right).$$

Die Schaltung liefert also nach einer Zeit $t \gg T_0$ (praktisch genügt etwa $t \approx 5\,T_0$) den gewünschten Mittelwert $\bar{f}_e$, überlagert durch einen periodischen Anteil $\tilde{f}_a(t)$.

---

[1] Im Idealfall trennt ein geeignet dimensionierter Tiefpaß das Gleichglied (den Mittelwert) von den periodischen Komponenten.

Je größer man das Produkt $\omega\, T_0$ macht, um so kleiner wird der periodische Anteil, um so größer ist aber auch die notwendige Meßzeit.

Bei Verwendung dieses Tiefpasses erhalten wir damit die in Abb. 25.16 gezeigte Meßschaltung. Hierbei ist vorausgesetzt, daß nur die Grund-

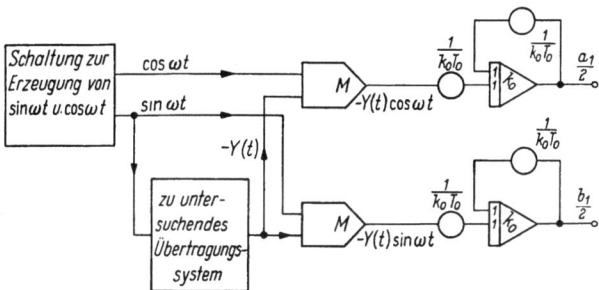

Abb. 25.16. Berechnung der FOURIER-Integrale (25.23) durch Mittelwertbildung in einem Tiefpaß nach Abb. 25.15

harmonische zu berechnen sei, so daß nur eine Schaltung zur Erzeugung der harmonischen Funktionen $\sin\omega\, t$ und $\cos\omega\, t$ (nach Abb. 16.2 bzw. 18.9) nötig ist.

Die Nachteile dieses Verfahrens ergeben sich aus der Art der Mittelwertbildung: Die Zeitkonstante T_0 muß im Verhältnis zur untersuchten Frequenz groß sein. Ähnlich wie bei dem oben angegebenen Verfahren zur Messung der Resonanzkurven sollte daher auch hier der zu untersuchende Frequenzbereich (durch entsprechende Zeitnormierung) so hoch wie möglich gelegt werden, um erträgliche Meßzeiten zu erhalten. Dies ist praktisch nur möglich, wenn die Integrationsfaktoren k_0 auf größere Werte umschaltbar sind. Bei Analogrechnern, die nur im langsamen Betrieb ($k_0 = 1\ \mathrm{s}^{-1}$) arbeiten können, kommt dieses Verfahren daher im allgemeinen nicht in Frage.

Wir sind bisher auf eine wichtige Frage nicht eingegangen, die sich bei der Ermittlung von FOURIER-Komponenten höherer Ordnung stellt. Sie betrifft den Gleichlauf zwischen den Schaltungen zur Erzeugung der harmonischen Zwangskraft und den zur FOURIER-Analyse benötigten höheren Harmonischen. Infolge der unvermeidlichen Fehler der Rechenelemente werden die erzeugten Funktionen nicht exakt in dem gewünschten geradzahligen Verhältnis stehen, so daß ein Gleichlauffehler auftritt, der sich um so stärker auswirkt, je größer das Verhältnis zwischen der treibenden Funktion und der zu messenden höheren Harmonischen ist. Um den Gleichlauf zu erzwingen, läßt sich nach [8] eine Regelschaltung aufbauen (Abb. 25.17).

Die Frequenz der Schaltung zur Erzeugung von $\sin n\,\omega\, t$ bzw. $\cos n\,\omega\, t$ ist darin durch einen Multiplizierer regelbar. Als Führungsgröße wirkt die in der unteren Schaltung erzeugte Funktion $\cos \omega t$. Sie wird über ein nichtlineares Element geleitet, an dessen Ausgang eine periodische Funktion auftritt. Wird diese Funktion mit $\sin n \omega t$ multipliziert, so wird am Ausgang des Multiplizierers nur dann ein von

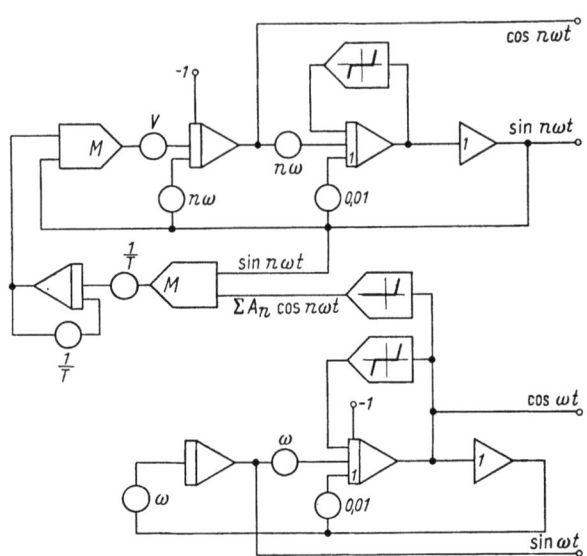

Abb. 25.17. Grundwellengenerator und Oberwellengenerator mit Synchronisierschaltung

Null verschiedener Mittelwert erscheinen, wenn der Wert n nicht genau geradzahlig ist. Tritt ein Mittelwert auf, so wird er (über einen Tiefpaß zur Aussiebung der oszillierenden Anteile) als Stellgröße die Frequenz der oberen Schaltung so lange ändern, bis sie wieder mit der unteren synchron ist.

3. *Fourieranalyse durch einen Suchkreis.* Die bisher behandelten Methoden zur FOURIER-Analyse, bei denen wir die Definitionsgleichungen (25.23) unmittelbar lösten, verlangen einen gewissen Aufwand. Auch werden durch die meist verhältnismäßig ungenauen Multiplizierer Fehler eingeschleppt. Diesen Nachteil vermeidet ein Verfahren, bei dem nur lineare Rechenelemente, also keine Multiplizierer, benötigt werden [9].

Gibt man die zu analysierende Funktion $y(t)$ als Störgröße auf einen Schwingkreis, der auf die Frequenz $n \omega$ abgeglichen

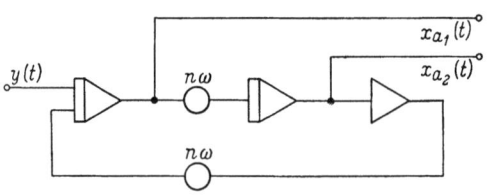

Abb. 25.18. Ermittlung der FOURIER-Koeffizienten aus einer linearen Rechenschaltung (Suchkreis), in der $y(t)$ als Störfunktion wirkt

ist, so lassen sich hier die Koeffizienten a_n und b_n unmittelbar entnehmen.

Die in Abb. 25.18 dargestellte Schaltung ist die übliche Nachbildung
eines Schwingkreises. Die Funktion $y(t)$ wirkt am ersten Integrierer
als Eingangsgröße.

Für die Ausgangsgröße des ersten Integrierers zum Zeitpunkt $t = T$,
gilt:

$$x_{a1}(T) = -\int_0^T y(t)\cos n\,\omega(T - t)\,dt$$

$$= -\int_0^T y(t)\cos n\,\omega\,t\,dt = -\frac{T}{2}\,a_n. \qquad (25.25)$$

Ebenso erhalten wir am Ausgang des zweiten Integrierers zur Zeit
$t = T$:

$$x_{a2}(T) = -\int_0^T y(t)\sin n\,\omega(T - t)\,dt$$

$$= -\int_0^T y(t)\sin n\,\omega\,t\,dt = -\frac{T}{2}\,b_n. \qquad (25.26)$$

Aus der Messung der Funktion $x_{a1}(t)$ bzw. $x_{a2}(t)$ können wir die
FOURIER-Koeffizienten a_n und b_n berechnen.

Obwohl dieses Verfahren wegen seiner Einfachheit besticht, ist es
doch auch Einschränkungen unter-
worfen. Eine Synchronisierung der
Frequenz des Meßkreises mit der
erzeugenden Frequenz ist hier nicht
möglich. An die Genauigkeit der
Rechenelemente werden also hohe
Anforderungen gestellt.

Die entstehenden Gleichlauffehler sind allerdings gering, falls
sich die Messung nur über wenige
Perioden erstreckt. Wie beim ersten
Verfahren können auch hier die
FOURIER-Koeffizienten nicht direkt
abgelesen werden, sondern müssen
aus den Meßergebnissen berechnet
werden.

Zum Abschluß wollen wir die behandelten Verfahren an einem Beispiel
prüfen. Als nichtlineares Übertragungsglied wählen wir eine einfache Signumfunktion (Abb. 25.19).

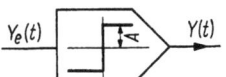

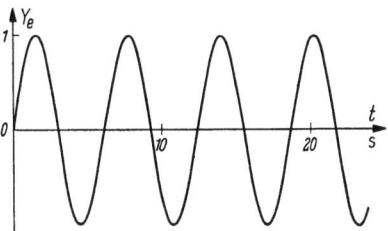

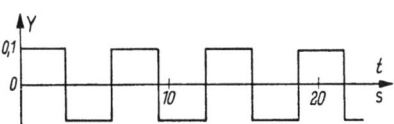

Abb. 25.19. Verhalten einer Signumfunktion
als nichtlineares Übertragungsglied bei harmonischer Eingangsgröße ($A = 0{,}1$)

In diesem Fall lassen sich die FOURIER-Koeffizienten noch analytisch berechnen. Bei harmonischer Eingangsgröße

$$Y_e(t) = \sin \omega\, t$$

erscheint am Ausgang eine periodische Rechteckfunktion

$$Y(t) = A\, \frac{4}{\pi}\left(\sin \omega\, t + \frac{1}{3} \sin 3\,\omega\, t + \frac{1}{5} \sin 5\,\omega\, t + \cdots \right).$$

Die FOURIER-Koeffizienten lauten damit bei $A = 0{,}1$:

$$a_1 = 0\,; \qquad\qquad a_2 = 0\,; \quad a_3 = 0\,; \qquad\qquad a_4 = 0\,; \ldots$$
$$b_1 = 0{,}1\, \frac{4}{\pi} = 0{,}1273\,; \quad b_2 = 0\,; \quad b_3 = 0{,}1\, \frac{4}{3\pi} = 0{,}0425\,; \quad b_4 = 0\,; \ldots$$

Zur Anwendung der beiden ersten Verfahren bauen wir die in Abb. 25.20 gezeigte Rechenschaltung auf. Bei $\omega = 1\,\mathrm{s^{-1}}$ werden hier die Suchfrequenzen

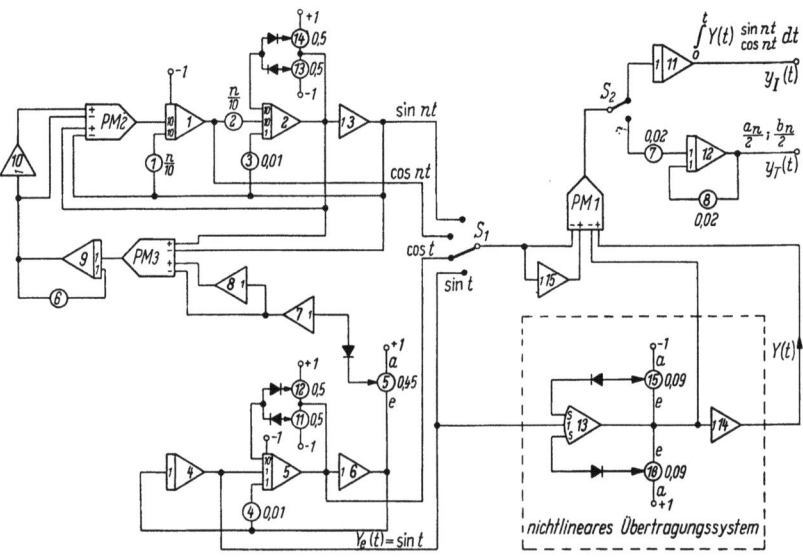

Abb. 25.20. Rechenschaltung zur FOURIER-Analyse (am Beispiel der Signumfunktion als nichtlineares Übertragungsglied)

$\sin n\, t$ und $\cos n\, t$ und die treibende Eingangsgröße $Y_e(t) = \sin t$ erzeugt. Die Suchfrequenzen sind nach Abb. 25.17 mit der Eingangsfrequenz synchronisiert. Die Signumfunktion stellen wir mit einer Schaltung nach Abb. 20.11b her. Die am Eingang und Ausgang gemessenen Funktionen $Y_e(t)$ und $Y(t)$ sind in Abb. 25.19 mit aufgenommen.

1. Aufzeichnung der Fourier-Integrale. Zur Bildung der FOURIER-Integrale wird die Ausgangsspannung des Multiplizierers PM 1 in Abb. 25.20 integriert (Schalter S_2 in der oberen Stellung). Die Integrale für $n = 1$, 2 und 3 sind in Abb. 25.21 aufgetragen.

Aus Abb. 25.21a folgt bei einer Messung über 2 Perioden ($T = 2\,\pi\,\mathrm{s}$):

$$a_1 \approx 0,$$
$$b_1 = \frac{2}{2\,T} \int\limits_0^{2\,T} Y(t) \sin t\, dt \approx \frac{0{,}795}{2\pi} = 0{,}126.$$

Die Integrale für die zweite Harmonische (Abb. 25.21b) werden praktisch Null. Für die dritte Harmonische ergibt sich aus Abb. 25.21c bei Messung über 6 Perioden $\left(\text{Periodendauer } T = \dfrac{2\pi}{3}\,\text{s}\right)$:

$$a_3 \approx 0\,,$$

$$b_3 = \frac{2}{6\,T} \int\limits_0^{6T} Y(t)\sin 3t\,dt \approx \frac{1}{2\pi}\,0{,}26 = 0{,}042\,.$$

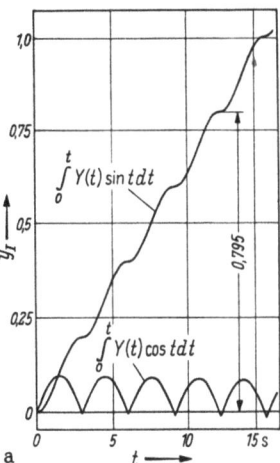

2. Mittelwertbildung durch einen Tiefpaß. Mit dem Schalter S_2 in der unteren Lage ergeben sich am Ausgang von Verstärker Nr. 12 die FOURIER-Komponenten, falls die Suchfrequenzen entsprechend umgeschaltet werden. Um die periodischen Anteile weitgehend zu unterdrücken, wählen wir für die Zeitkonstante des Tiefpasses $T_0 = 50$ s. In Abb. 25.22 sind die gemessenen Kurven für die erste und dritte Harmonische aufgetragen. Wegen der notwendigerweise großen Zeitkonstanten wird die Meßdauer sehr groß! Sie läßt sich jedoch

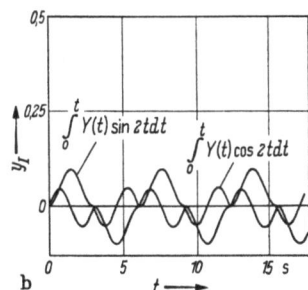

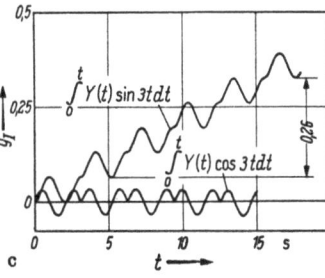

Abb. 25.21a—c. Aufzeichnung der FOURIER-Integrale einer periodischen Rechteckfunktion (Rechenschaltung nach Abb. 25.20)

a) 1. Harmonische; b) 2. Harmonische; c) 3. Harmonische

wesentlich verringern, wenn wir an Stelle des Faktors $k_0 = 1\,\text{s}^{-1}$ bei allen Integrierern einen höheren Wert einstellen.

Aus den gemessenen Kurven (Abb. 25.22) lesen wir ab:

$$a_1 \approx 0\,; \quad \frac{b_1}{2} \approx 0{,}0635\,; \quad b_1 \approx 0{,}127\,,$$

$$a_3 \approx 0\,; \quad \frac{b_3}{2} \approx 0{,}021\,; \quad b_3 \approx 0{,}042\,.$$

3. Analyse durch einen Suchkreis. Bei Anwendung dieser Methode vereinfacht sich die Rechenschaltung stark (Abb. 25.23).

Die Ergebnisse der Messung zeigt Abb. 25.24. Für die erste Harmonische $(T = 2\pi\,\text{s})$ erhalten wir nach Gl. (25.25):

$$x_{a1}(T) = 0\,; \quad x_{a2}(T) = -0{,}4\,,$$

$$a_1 = 0\,; \quad b_1 \approx \frac{0{,}4}{\pi} = \;\; 0{,}127\,.$$

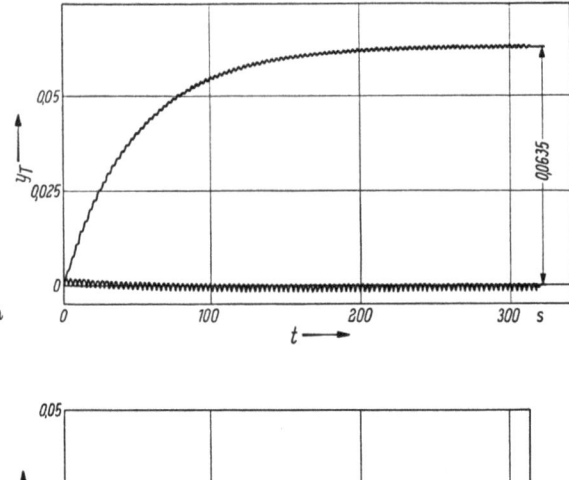

Abb. 25.22a u. b. Ermittlung der FOURIER-Komponenten des Beispiels aus Abb. 25.19 durch Mittelwertbildung mit einem Tiefpaß
a) 1. Harmonische;   b) 3. Harmonische

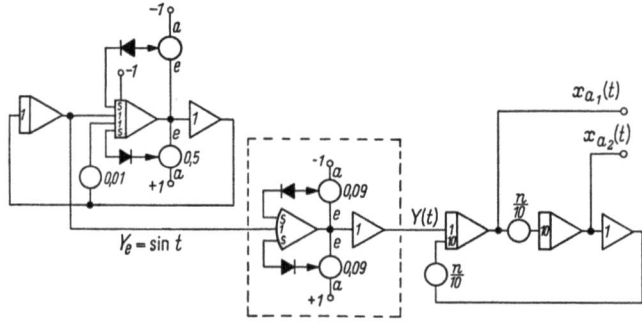

Abb. 25.23. FOURIER-Analyse durch einen Suchkreis (am Beispiel der Signumfunktion)

Stellen wir am Suchkreis $n = 2$ ein, so wird $x_{a1}(T)$ und $x_{a2}(T) = 0$, d. h. $a_2 = 0$; $b_2 = 0$.

Für die dritte Harmonische folgt aus Abb. 25.24c bei einer Messung über 3 Perioden $\left(T = \dfrac{2\,\pi}{3}\,\text{s} \right)$:

$$x_{a1}(3\,T) = 0; \qquad x_{a2}(3\,T) = -0{,}13,$$

$$a_3 = 0; \qquad b_3 \approx \frac{0{,}13}{\pi} = 0{,}042.$$

Bei einem Vergleich der verschiedenen Verfahren an Hand des durchgerechneten Beispiels folgt:

Die Genauigkeit der Messung liegt bei allen Verfahren in der Größenordnung von 1%. Bei tiefen Frequenzen wird sich die Messung meist

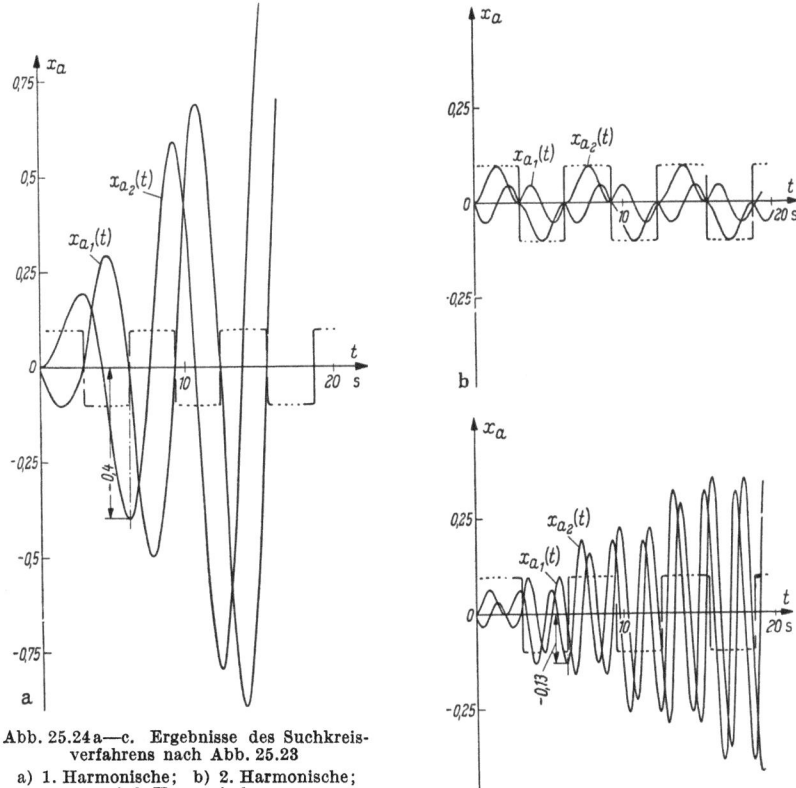

Abb. 25.24a—c. Ergebnisse des Suchkreis-
verfahrens nach Abb. 25.23
a) 1. Harmonische; b) 2. Harmonische;
c) 3. Harmonische

über wenige Perioden erstrecken, so daß hier das dritte Verfahren (Suchkreis) wegen des geringen Aufwandes am günstigsten sein wird. Bei höheren Frequenzen ist das zweite Verfahren (Anwendung eines Tiefpasses zur Mittelwertbildung) zu empfehlen, da es unmittelbar die FOURIER-Komponenten liefert.

Literatur zu § 25

[1] SCHÜSSLER, W.: Schaltung und Messung von Übertragungsfunktionen an einem Analogrechner. A. E. Ü. 13 (1959) S. 405—419.
[2] HERRMANN, O., u. W. SCHÜSSLER: Zur Auswahl von Filtern mit günstigem Einschwingverhalten. A. E. Ü. 14 (1960) S. 183—189.
[3] PERRON, O.: Die Lehre von den Kettenbrüchen. Stuttgart: B. G. Teubner 1957.

[4] Giloi, W., u. R. Herschel: Rechenanleitung für Analogrechner. Telefunken-Fachbuch. Konstanz 1961.

[5] Stubbs, G. S., u. G. H. Single: Transport Delay Simulation Circuits. AEC-Bericht WAPD-T-38 (1956).

[6] Kiseda, J. R., u. D. J. Ford: Ripple-Type Time-Delay Networks Using Elliptic Functions. Trans. Amer. Inst. electr. Engrs., Part Communications and Electronics, 46 (1960) S. 996—1002.

[7] Ammon, W.: Zur Nachbildung von Totzeiten mit den Elementen des Analog-rechners. Elektron. Rechenanlagen Bd. 3, Nr. 5 (Okt. 1961), S. 217—223.

[8] Kettel, E.: Die Anwendungsmöglichkeiten der Analogrechentechnik in Meß-technik und Nachrichtenverarbeitung. Telefunkenztg. 33 (1960) H. 129, S. 4 bis 11.

[9] Fifer, S.: Analog Computation. New York: McGraw-Hill 1961.

[10] Lauber, R.: Ein neues Verfahren zur geschlossenen Berechnung von Be-schreibungsfunktionen gewisser nichtlinearer Regelkreisglieder. Vortrag für den IFAC-Kongreß 1963 (noch unveröffentlicht).

§ 26. Die Lösung regelungstechnischer Aufgaben

26.1 Aufstellen der Rechenschaltung aus dem Blockschaltplan

Ähnlich wie man in der Regelungstechnik umfangreiche Systeme in leicht überschaubare, rückwirkungsfreie Teilsysteme (Regelkreis-glieder) aufspaltet, und diese dann entsprechend den physikalischen Zusammenhängen zu einem Blockschaltplan verkoppelt [1], so stellt man auch beim Zeichnen einer Rechenschaltung ein Abbild der physi-kalischen Anordnung her. Die Aufspaltung in Teilsysteme wird hier jedoch so weit getrieben, daß nur noch Additionen, Integrationen, Multiplikationen usw. vorkommen. Eine Rechenschaltung ist damit als eine andere Form der Darstellung eines Blockschaltbildes (nur mit anderen Symbolen und mit weitergehender Aufgliederung) zu ver-stehen.

Wegen dieser engen Verwandtschaft kann man die Rechenschaltung unmittelbar aus einem gegebenen Blockschaltbild — also ohne den Umweg über die Differentialgleichung — erhalten. Im Prinzip sind nur die im Blockschaltplan enthaltenen Glieder durch entsprechende, aus Analogrechenelementen bestehende Schaltungsanordnungen zu er-setzen. Praktisch sind jedoch einige Punkte zu beachten, auf die wir im folgenden eingehen werden.

26.1.1 Schaltungen für typische Regelkreisglieder.
In Abb. 26.1 sind für häufig vorkommende Regelkreisglieder [2] die zugehörigen Rechen-schaltungen zusammengestellt [3].

Dem *Proportionalglied* (P-Glied) und dem *Integralglied* (I-Glied) entsprechen — abgesehen vom Vorzeichen — unmittelbar ein Summierer bzw. Integrierer mit einem vorgeschalteten Potentiometer. Das *PI-Glied* wird einfach durch getrennte Nachbildung eines P- und I-Anteils hergestellt. Beide lassen sich damit unabhängig voneinander einstellen. In diesem Fall zeigt sich übrigens bereits die oben genannte weitergehende Aufgliederung am Analogrechner.

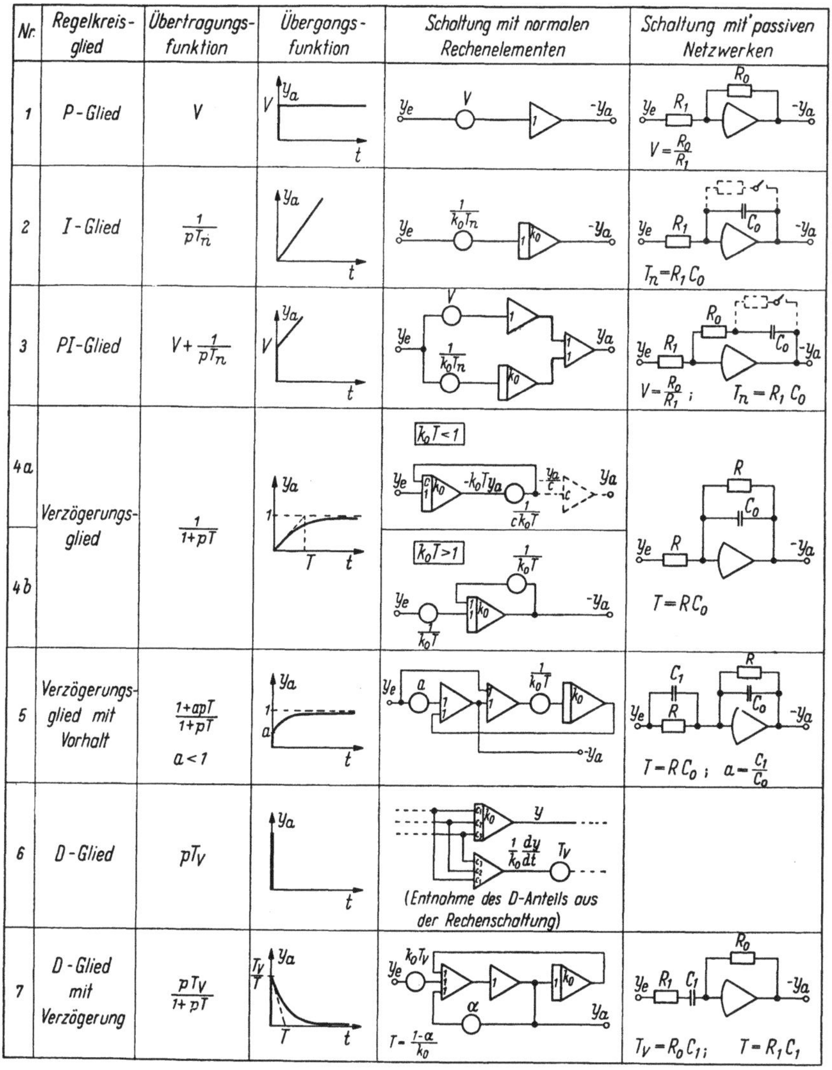

Nr.	Regelkreis-glied	Übertragungs-funktion	Übergangs-funktion	Schaltung mit normalen Rechenelementen	Schaltung mit passiven Netzwerken
1	P-Glied	V			$V = \dfrac{R_0}{R_1}$
2	I-Glied	$\dfrac{1}{pT_n}$			$T_n = R_1 C_0$
3	PI-Glied	$V + \dfrac{1}{pT_n}$			$V = \dfrac{R_0}{R_1}$; $T_n = R_1 C_0$
4a	Verzögerungs-glied	$\dfrac{1}{1+pT}$		$k_0 T < 1$ / $k_0 T > 1$	$T = R C_0$
4b					
5	Verzögerungs-glied mit Vorhalt	$\dfrac{1+apT}{1+pT}$ $a<1$			$T = R C_0$; $a = \dfrac{C_1}{C_0}$
6	D-Glied	pT_v		(Entnahme des D-Anteils aus der Rechenschaltung)	
7	D-Glied mit Verzögerung	$\dfrac{pT_v}{1+pT}$	$T = \dfrac{1-\alpha}{k_0}$		$T_v = R_0 C_1$; $T = R_1 C_1$

Abb. 26.1. Rechenschaltungen für typische Regelkreisglieder

Für ein *Verzögerungsglied* sind 2 Schaltungsvarianten angegeben. Die erste davon (Nr. 4a in Abb. 26.1) besitzt den Vorzug, daß die Zeitkonstante mit einem einzigen Potentiometer eingestellt wird. Die aus der

Übertragungsfunktion leicht abzuleitende Differentialgleichung wird hier in der Form

$$T \frac{d y_a(t)}{dt} = -y_a(t) + y_e(t) \tag{26.1}$$

nachgebildet. Am Ausgang des Integrierers erscheint also die Größe $-k_0 T y_a(t)$, aus der durch Multiplikation mit $1/k_0 T$ die eigentliche Variable $y_a(t)$ gebildet wird. Der Nachteil dieser Darstellung ist sofort ersichtlich: Falls $k_0 T > 1$ ist, wird der Wert am Ausgang des Integrierers größer als die Variable $y_a(t)$ selbst sein. Wenn also $y_a(t)$ den Bereich der Rechenspannung voll durchläuft, wird der Integrierer übersteuert.

Dem läßt sich dadurch abhelfen, daß wir die Gl. (26.1) in der Form

$$\frac{d y_a(t)}{dt} = -\frac{1}{T} y_a(t) + \frac{1}{T} y_e(t) \tag{26.2}$$

nachbilden (Schaltung Nr. 4b in Abb. 26.1). Wir müssen dann zwar 2 Potentiometer zur Einstellung der Zeitkonstanten aufwenden, am Ausgang des Integrierers erscheint aber jetzt die Variable $y_a(t)$ selbst. Wenn diese so normiert ist, daß sie den Bereich der Rechenspannung einhält, wird auch der Integrierer niemals übersteuert.

Wir können die beiden Schaltungsvarianten auch anschaulich so interpretieren: Im ersten Fall wird die Eingangsspannung zunächst integriert, dann wird mit Hilfe des Potentiometers am Ausgang das Potential wieder herabgesetzt. Im zweiten Fall wird zunächst das Potential herabgesetzt und dann erst integriert.

Wir haben diese einfache Schaltung deshalb so ausführlich erklärt, weil die hier angewandte Methode bei der Nachbildung von Regelkreisen nach dem Blockschaltbild allgemein anwendbar ist.

Besondere Verhältnisse liegen bei der Nachbildung eines *D-Gliedes* vor. In einem wirklichen Regelkreis kann man einen D-Anteil (z. B. für einen PID-Regler) nur durch Differentiation einer gemessenen Regelgröße gewinnen. Am Analogrechner dagegen stehen bei der Nachbildung eines Systems nicht nur die Variablen selbst, sondern auch deren Ableitungen in der Rechenschaltung zur Verfügung. Man kann also meist, wie in Abb. 26.1 (Schaltung Nr. 6) gezeigt, die Ableitungen einer interessierenden Größe dadurch erhalten, daß man die Eingangsgrößen eines Integrierers in einem eigenen Summierer addiert. (Beim Summierer müssen dabei die gleichen Faktoren c_i benutzt werden wie beim Integrierer.) Nur in den Sonderfällen, in denen die Ableitung einer Variablen benötigt wird, die nicht als Ausgangsgröße an einem Integrierer auftritt, muß man eine Differenzierschaltung verwenden. Die Differentiation (Schaltung Nr. 7 in Abb. 26.1) läßt sich dabei aus den in § 17.1 näher erklärten Gründen nur in einem gewissen Frequenzbereich realisieren. Dies entspricht jedoch den wirklichen Verhältnissen in einem Regelkreis, wo ja ebenfalls keine reine Differentiation möglich ist.

Neben den in Abb. 26.1 gezeigten einfachen Elementen treten in manchen Regelkreisen auch kompliziertere Übertragungsglieder auf. Die zugehörigen Rechenschaltungen lassen sich leicht nach den in § 25.1 angegebenen Methoden aus den Übertragungsfunktionen aufbauen. Die Nachbildung der wichtigsten nichtlinearen Kennlinien, wie Sättigung, tote Zone, Hysterese usw., haben wir in § 20 behandelt.

Im allgemeinen wird man zur Nachbildung der Regelkreisglieder am Analogrechner die üblichen Rechenelemente verwenden. Bei diesen Schaltungen können alle Parameter unabhängig voneinander verändert werden, was gerade bei der Untersuchung von Regelsystemen von Bedeutung ist. In manchen Fällen kann es jedoch auch hier zur Verringerung des Schaltungsaufwandes notwendig werden, Rechenverstärker in Verbindung mit besonderen passiven Netzwerken einzusetzen. Zu diesem Zweck sind in Abb. 26.1 auch die entsprechenden Netzwerke mit passiven Schaltelementen aufgenommen, bei deren Verwendung man mit je einem Rechenverstärker je Regelkreisglied auskommt.

26.1.2 Zusammenfügen der Regelkreisglieder zum Blockschaltbild. Wenn man die in einen Regelkreis enthaltenen Glieder einzeln nachbildet und sie dann entsprechend dem Blockschaltbild zusammenfügt, stößt man auf eine scheinbare Schwierigkeit. Sind nämlich die Verstärkungsfaktoren der Übertragungsglieder sehr ungleich (gewöhnlich ist z. B. im Regler eine hohe Verstärkung konzentriert), so werden auch die Verstärker der Rechenschaltung entsprechend ungleich ausgesteuert. Für die zweckmäßige Wahl der einzelnen Konstanten scheint danach weniger Spielraum zu bestehen als bei der Nachbildung von Differentialgleichungen.

Durch einige Überlegungen kommt man jedoch auch bei der Nachbildung eines Blockschaltbildes zu befriedigenden Ergebnissen. Der Nachteil besteht nämlich nur darin, daß man zur Erzielung einer gleichmäßigen Aussteuerung aller Rechenelemente nicht die schematischen Regeln verwenden kann, wie wir sie für die Behandlung von Differentialgleichungen benutzen. Vielmehr muß man hier diese Regeln sinngemäß anwenden, ohne sie in feste Formeln kleiden zu können.

Zunächst muß untersucht werden, ob eine *Zeittransformation* vorzunehmen ist. Die Notwendigkeit dazu erkennt man sofort daran, ob sich die Zeitkonstanten der Regelkreisglieder ohne weiteres einstellen lassen oder nicht. Im letzteren Falle wird bei allen Regelkreisgliedern die gleiche Zeitnormierung eingeführt und so eine unmittelbare Nachbildung ermöglicht.

Die *Amplitudennormierung* der Variablen einer Rechenschaltung und ihrer Ableitungen läuft im Grunde genommen immer darauf hinaus, daß diese Variablen mit entsprechenden Konstanten multipliziert werden, die sich an anderer Stelle wieder herauskürzen. Dieses Prinzip läßt sich

nun allgemein bei der unmittelbaren Nachbildung eines Blockschaltbildes anwenden. Ein einfaches Beispiel war bereits das in Abb. 26.1
betrachtete Verzögerungsglied, bei dem wir durch die Verschiebung
eines Potentiometers vom Ausgang zum Eingang eines Integrierers
eine mögliche Übersteuerung verhindert haben.

Soweit es sich um lineare Regelkreise handelt, können wir bei Bedarf
auch einzelne Glieder einer unverzweigten Kette vertauschen. Die
Verstärkungsfaktoren können wir dann auf alle Glieder verteilen. Es
erweist sich als zweckmäßig, die Aufteilung entsprechend den Zeitkonstanten vorzunehmen, d. h. wir werden den Elementen mit großen
Zeitkonstanten große Verstärkungen zuweisen und umgekehrt dafür
sorgen, daß Glieder mit kleinen Zeitkonstanten nur kleine Verstärkungsfaktoren erhalten [4].

Für nichtlineare Regelkreise gelten die gleichen Gesichtspunkte,
falls wir nicht nur die Variablen, sondern auch die daraus zu bildenden
Funktionen mit den Verstärkungsfaktoren ändern. Eine Vertauschung
der Regelkreisglieder ist dann allerdings nicht mehr zulässig.

Was das richtige Vorzeichen anbetrifft, so kommt es in einem
Regelkreis nur auf die Anzahl der Verstärker in einer Schleife an.
Wir können also die einzelnen Regelkreisglieder mit beliebigem Vor-
zeichen nachbilden, wenn wir nur beachten, daß der richtige Regelsinn
dann gewährleistet ist, wenn eine Schleife eine ungerade Anzahl von
Verstärkern enthält. Notfalls fügen wir einen Umkehrer ein.

Die Programmierung nach dem Blockschaltbild führt zwar manchmal
zu Rechenschaltungen, die mehr Elemente enthalten, als an sich zur
Lösung der Differentialgleichung nötig wären. Diesem Nachteil steht
jedoch der Vorteil der besseren Übersichtlichkeit gegenüber. Dazu kommt,
daß die Programmierungszeit bei Verwendung des Blockschaltbildes
geringer sein wird, insbesondere, wenn nichtlineare Elemente enthalten
sind, die beim Aufstellen von Differentialgleichungen zunächst mathematisch formuliert werden müßten.

26.1.3 Ein Beispiel. Zu untersuchen sei der in Abb. 26.2 dargestellte
Regelkreis, bestehend aus einer Regelstrecke mit 3 Verzögerungs-
gliedern und einem PID-Regler [4].

Die Übertragungsfunktionen der Regelkreisglieder lauten:

$$F_1(p) = \frac{1}{1 + p\,T_1}, \tag{26.3}$$

$$F_2(p) = \frac{1}{1 + p\,T_2}, \tag{26.4}$$

$$F_3(p) = \frac{V_3}{1 + p\,T_3}, \tag{26.5}$$

$$F_4(p) = V_R + \frac{1}{p\,T_n} + p\,T_v. \tag{26.6}$$

Die Kennwerte der Regelstrecke seien

$$T_1 = 0{,}5\,\text{s}; \quad T_2 = 2\,\text{s}; \quad T_3 = 5\,\text{s}; \quad V_3 = 2.$$

Die Reglerparameter sollen in den Bereichen

$$0 < V_R < 10,$$

$$0 < \frac{1}{T_n} < 10\,\text{s}^{-1},$$

$$0 < T_v < 10\,\text{s}$$

variiert werden.

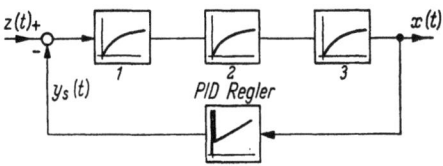

Abb. 26.2. Blockschaltbild eines Regelkreises

Bei den hohen Verstärkungswerten des Reglers kann die Stellgröße y_s sehr groß werden, falls die Regelgröße voll ausgesteuert wird. Aus diesem Grunde reduzieren wir die im Regler enthaltenen Verstärkungswerte um den Faktor 10. Zum Ausgleich erhöhen wir die Verstärkungen der Verzögerungsglieder entsprechend den gegebenen Zeitkonstanten. Zur Programmierung verwenden wir damit das in Abb. 26.3 a

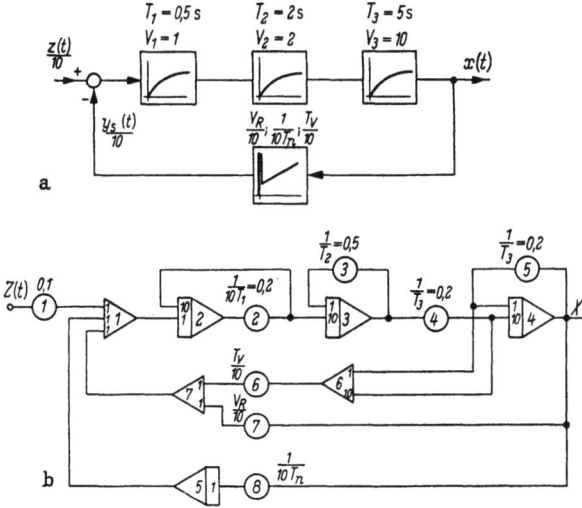

Abb. 26.3a u. b
a) Umgezeichnetes Blockschaltbild des Regelkreises nach Abb. 26.2;
b) zugehörige Rechenschaltung

umgezeichnete Blockschaltbild. Wegen der Verlagerung der Verstärkung auf die Regelstrecke muß auch die Störung um den Faktor 10 vermindert werden.

Unter Verwendung der in der Tabelle Abb. 26.1 aufgeführten Schaltungen folgt aus dem Blockschaltplan unmittelbar die zugehörige

Rechenschaltung (Abb. 26.3b). Bei den gegebenen Zeitkonstanten wählen wir für die Integrationsfaktoren einheitlich $k_0 = 1\,\mathrm{s}^{-1}$. Eine Zeitnormierung erübrigt sich.

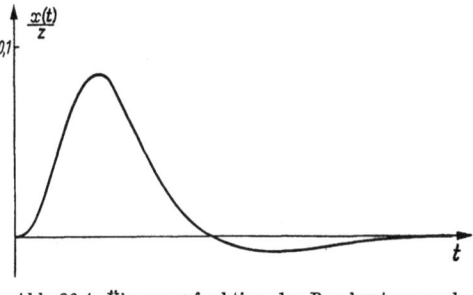

Abb. 26.4. Übergangsfunktion des Regelsystems nach Abb. 26.2 für die Reglerkennwerte $V_R = 10$; $T_v = 10\,\mathrm{s}$; $T_n = 0,18\,\mathrm{s}$

Den D-Anteil für den Regler erhalten wir aus der am Eingang des letzten Integrierers (Verstärker Nr. 4) zur Verfügung stehenden Ableitung der Regelgröße. Dabei ist besonders darauf zu achten, daß die Eingangswertigkeiten des Summierers (Nr. 6) mit denen des Integrierers übereinstimmen müssen.

In Abb. 26.4 ist eine Übergangsfunktion des Regelsystems für bestimmte Reglerwerte aufgetragen.

26.2 Nachbildung von Abtastsystemen

Die sogenannten Abtastsysteme (*sampled-data control systems*) stellen eine eigene Klasse von Regelsystemen dar [5]. Sie sind dadurch gekennzeichnet, daß sie ein oder mehrere *Abtastglieder* (auch als ,,Impulselemente'' bezeichnet) enthalten. Bei einem Abtastglied unterscheidet man den eigentlichen *Abtaster* (*sampler*) und den nachgeschalteten *Haltekreis*. Der Abtaster liefert periodisch in den äquidistanten Zeitpunkten

$$t = (\eta + n)\, T_s \qquad n = \text{ganze Zahl}$$

einen Impuls, der dem momentanen Wert der Eingangsgröße in diesem Zeitpunkt proportional ist. Der Wert von η gibt dabei die Lage der ersten Abtastung in bezug auf den gewählten Zeit-Nullpunkt an. T_s ist die Abtastperiode. Der Haltekreis hält den Impuls während der Zeit

$$(\eta + n)\, T_s \leqq t \leqq (\eta + \gamma + n)\, T_s$$

konstant. Wir wollen uns im folgenden auf den technisch bedeutsamen Fall

$$\gamma = 1$$

beschränken, d. h. fordern, daß der im Zeitpunkt $t = \eta\, T_s$ abgefragte Wert bis zur nächsten, bei $t = (\eta + 1)\, T_s$ stattfindenden Abfrage gehalten wird, usw. Das gesamte Übertragungsglied, das diese Forderungen erfüllt, wollen wir Abtastglied nennen.

Zur Nachbildung eines Abtastgliedes am Analogrechner kann man prinzipiell einen Integrierer verwenden, der periodisch zwischen der Betriebsstellung ,,Anfangswert'' und ,,Halten'' umgeschaltet wird. Bei den meisten Rechnern scheidet diese Möglichkeit jedoch praktisch aus, da die Aufladezeitkonstante der Integrierer in der Betriebstellung „Anfangswert" verhält-

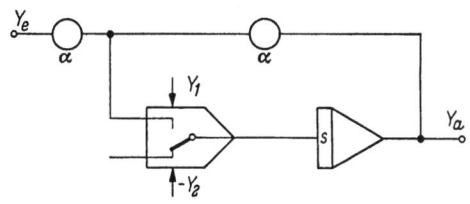

nismäßig groß ist. Statt dessen empfiehlt sich eine Schaltung nach Abb. 26.5, bei der die im Integrierer enthaltenen Widerstände R_A (vgl. Abb. 14.3) durch äußere Potentiometer[1] er-

Abb. 26.5. Schaltung eines Abtastgliedes

setzt werden [6]. Der eigentliche Abtaster wird dabei durch einen Komparator nachgebildet.

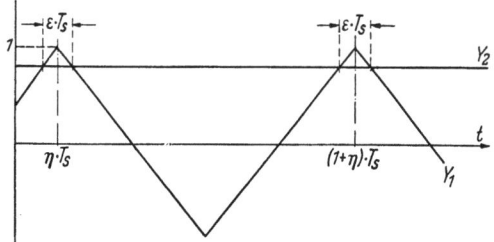

Auf den Komparator geben wir nach Abb. 26.6 eine dreieckförmige peri-

Abb. 26.6. Verlauf der Hilfsspannungen, die zur Steuerung des Abtastgliedes dienen

odische Funktion Y_1 mit der Periode T_s und eine Konstante Y_2. Während der Zeitdauer $\varepsilon\,T_s$, in der $Y_1 \geqq Y_2$ ist, wird der Kontakt des Kompa-rators umgelegt und die Eingangsgröße Y_e gelangt auf den Integrierer. $\varepsilon\,T_s$ soll so klein sein, daß die Ein-gangsvariable Y_e sich im Zeitab-schnitt $\varepsilon\,T_s$ nicht wesentlich ändert. Andererseits muß $\varepsilon\,T_s$ groß genug sein, daß der Integrierer den End-wert Y_e auch erreicht, d. h. $\varepsilon\,T_s$ muß etwa fünfmal größer als die Zeitkonstante der Aufladung sein.

Zur Erzeugung der periodischen Dreiecksspannung verwenden wir die in Abb. 20.32 bzw. 20.33 ge-zeigte Schaltung. Das darin ent-haltene Potentiometer muß dabei auf den Wert $\dfrac{4}{c\,k_0\,T_s}$ eingestellt werden. Durch eine passende An-fangsbedingung für den Integrierer kann $Y_1(0)$ beliebig vorgeschrieben werden.

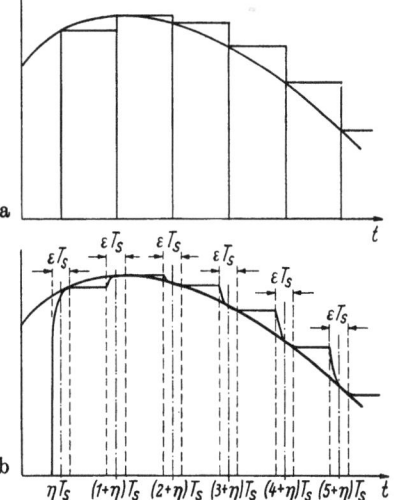

Abb. 26.7a u. b
a) Ideale Abtastung; b) Abtastung durch die Schaltung nach Abb. 26.5 (vergröbert)

<hr>

[1] An sich genügen einfache Widerstände geeigneter Größe. Solche Widerstände sind allerdings meistens nicht im Rechner vorhanden.

Abb. 26.7 a zeigt die ideale Abtastung einer willkürlich angenommenen Eingangsfunktion und 26.7 b (stark vergröbert) die Abtastung
durch die Analogrechenschaltung nach Abb. 26.5.

Um den Abtastfehler klein zu halten, wird man die Zeit für die
Aufladung möglichst klein machen. Sie wird bestimmt durch die Zeitkonstante
$$T_a = (1 - \alpha)\, R_P\, C_0,$$

wobei R_P der Widerstand eines Potentiometers und C_0 die Kapazität
des Integrationskondensators ist. Man wird diesen Kondensator so klein

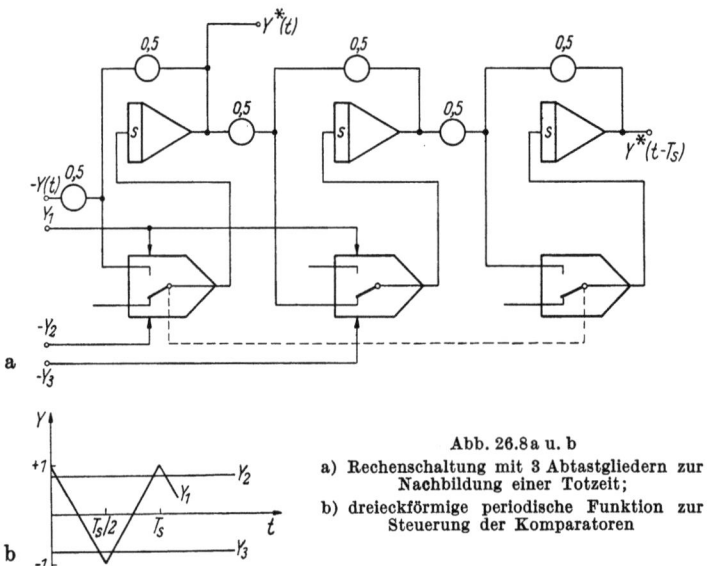

Abb. 26.8 a u. b
a) Rechenschaltung mit 3 Abtastgliedern zur
Nachbildung einer Totzeit;
b) dreieckförmige periodische Funktion zur
Steuerung der Komparatoren

wie möglich halten (durch Wahl eines möglichst großen Werts für
den Integrationsfaktor k_0).

Falls die Integrationsfaktoren nicht umschaltbar sind, kann man
notfalls an Stelle des im Integrierer eingebauten Kondensators eine
kleinere Integrationskapazität von außen aufschalten. Allerdings muß
dann durch einen entsprechenden Relaiskontakt dafür gesorgt werden,
daß in der Betriebsstellung „Pause" ein definierter Anfangswert hergestellt wird. Der Faktor $(1 - \alpha)$ darf nicht zu klein angesetzt werden,
um eine Überlastung der Verstärker und der Potentiometer zu vermeiden.

Gewöhnlich folgt auf das Abtastglied ein Korrekturglied, mit dem
man das Verhalten des gesamten Regelsystems nach einer gewünschten
Richtung beeinflussen kann. Dieses Korrekturglied läßt sich im allgemeinen durch eine rationale Übertragungsfunktion beschreiben, deren
Darstellung am Analogrechner auf keine Schwierigkeiten stößt.

Eine Eigenschaft solcher Abtastglieder sei noch kurz behandelt: sie eignen sich auch zur Darstellung einer *Totzeit*. Dazu ist die Hintereinanderschaltung mehrerer Abtastglieder notwendig (*delay-line synthesizer*).

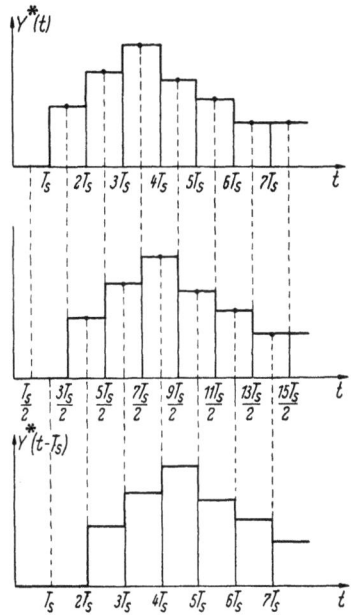

Nehmen wir an, wir besitzen eine Kette von 3 Abtastgliedern (Abbildung 26.8a). Das erste und das letzte Glied schaltet bei $t = 0$, T_s, $2 T_s$, $3 T_s$, ..., das mittlere bei $t = T_s/2$, $3 T_s/2$, $5 T_s/2$ .... Abb. 26.9 zeigt den Verlauf der Zeitfunktionen am Ausgang der einzelnen Abtastglieder. Das erste verwandelt die stetige Eingangsfunktion in eine Treppenfunktion. Am Ausgang des dritten Abtastgliedes erscheint diese Treppenfunktion um die Stufenbreite T_s verschoben. T_s ist also die damit erzielte Totzeit. Das mittlere Abtastglied hat die Funktion eines Zwischenspeichers. Alle 3 Glieder können von einer einzigen dreieckförmigen periodischen Spannung gesteuert werden (Abb. 26.8b).

Mit solchen, aus Abtastgliedern bestehenden Totzeitnachbildungen lassen

Abb. 26.9. Erzeugung einer Totzeit durch eine Kette von Abtastgliedern

sich dann auch Differenzengleichungen behandeln, wie sie bisweilen in diskontinuierlichen Regelkreisen auftreten [6].

Literatur zu § 26

[1] OPPELT, W.: Kleines Handbuch technischer Regelvorgänge. Weinheim: Verlag Chemie 1961.

[2] LEONHARD, A.: Die selbsttätige Regelung. Berlin/Göttingen/Heidelberg: Springer 1962.

[3] HERSCHEL, R., u. E. KETTEL: Das Problem der Normierung bei der Anwendung von Analog-Rechenmaschinen zur Behandlung regelungstechnischer Aufgaben. Regelungstechnik 6 (1958) S. 400—405.

[4] HERSCHEL, R.: Zum Entwurf von Analogrechenschaltungen für regelungstechnische Probleme. Anwendung von Rechenmaschinen bei der Berechnung von Regelvorgängen (Beiheft zur Regelungstechnik). München: Oldenbourg 1958.

[5] TRUXAL, JOHN G.: Entwurf automatischer Regelsysteme. München: Oldenbourg 1960.

[6] SCHNEIDER, G.: Über die Nachbildung und Untersuchung von Abtastsystemen auf einem elektronischen Analogrechner. Elektron. Rechenanlagen 2 (1960) H. 1, S. 31—37.

[7] FÖLLINGER O. u. G. GLOEDE: Dynamisches Verhalten von Regelkreisen — Untersuchungen mittels Strukturbild, Frequenzkennlinien und Analogrechner. Berlin: AEG-Verlag 1963.

§ 27. Die Behandlung elektrischer Netzwerke

Unter einem passiven elektrischen *Netzwerk* verstehen wir die „Zusammenschaltung" elektrischer Elemente wie Spulen, Kondensatoren, Widerstände. Bei der Behandlung elektrischer Netzwerke pflegt man folgenden Lösungsweg einzuschlagen: man führt zunächst Systemvariable ein und gewinnt durch Anwendung der physikalischen Grundgesetze Differentialgleichungen, die das (zeitliche) Verhalten dieser Variablen beschreiben. Sodann entwirft man eine Rechenschaltung, die dieses Differentialgleichungssystem löst.

Die Systemdifferentialgleichungen, die z. B. die Kreisströme in einem elektrischen Netzwerk beschreiben, sind von Natur aus von 2. oder von 1. Ordnung. Wir haben in der Vorbemerkung zu § 16 die Regel begründet, nach der solche Differentialgleichungssysteme auch immer in dieser Form auf dem Analogrechner behandelt werden.

Dieses Vorgehen kann allerdings auch mit einem Nachteil verbunden sein. Es zeigt sich, daß man auf diese Weise in manchen Fällen eine *instabile* Rechenschaltung erhält, obwohl das zu untersuchende passive Netzwerk ja immer stabil ist. Die Hauptursache solcher Stabilitätsschwierigkeiten sind die sog. *algebraischen Schleifen* in der Rechenschaltung (vgl. § 16.2).

Nach § 16.2 ist eine algebraische Schleife dann instabil, wenn ein kritischer Wert der *Schleifenverstärkung* (S_{max}) überschritten wird. Die Größe dieses Grenzwerts S_{max} hängt nach Tab. 16.8 davon ab, wie viele Summierer an der Bildung einer algebraischen Schleife beteiligt sind.

Wie wir noch sehen werden, kann man bei ungünstiger Formulierung der Gleichungen auch eine Rechenschaltung erhalten, die mehr Integrierer enthält, als zur Lösung des Differentialgleichungssystems unbedingt notwendig sind. Auch in solchen Fällen besteht die Gefahr, daß durch die nicht idealen Eigenschaften der Rechenverstärker u. U. Stabilitätsschwierigkeiten entstehen.

Aus diesen Gründen wollen wir die allgemeine Regel voranstellen:

Eine Rechenschaltung ist immer so zu entwerfen, daß sie nicht mehr Rechenverstärker enthält, als zur Lösung des Gleichungssystems notwendig sind.

Die Ursache für die Schwierigkeiten, die bei der Umsetzung eines passiven Netzwerks in ein Analogrechenmodell entstehen können, ist letzten Endes folgende: da das Analogrechenmodell im Gegensatz zu dem nachzubildenden Netzwerk *aktive* Elemente enthält, unterliegt es stärkeren physikalischen Einschränkungen als das passive Netzwerk.

Es ist das Ziel der folgenden Betrachtungen, allgemeine Regeln für die Behandlung elektrischer Netzwerke aufzustellen, durch deren Beachtung die genannten Schwierigkeiten vermieden werden können.

27.1 Das Aufstellen des Gleichungssystems

Es gibt mehrere Methoden, um ein Gleichungssystem zur Beschreibung eines elektrischen Netzwerks zu gewinnen. Wir wollen zunächst annehmen, es möge ein *kopplungsfreies* Netzwerk mit n *Knoten* vorliegen, die durch l *Zweige* miteinander verbunden sind. Ein Zweig ist also an jedem seiner beiden Enden durch einen Knoten begrenzt und kann im allgemeinen Fall einen Ohmschen, einen induktiven und einen kapazitiven Widerstand (bzw. Leitwert) sowie eine eingeprägte Spannung enthalten. Umgekehrt verbindet jeder Knoten mindestens 2 Zweige. Ein Netzwerk mit n Knoten kann maximal

$$l_{max} = \frac{n}{2}(n-1) \tag{27.1}$$

Zweige enthalten (wenn jeder Knoten mit jedem verbunden ist). Einen geschlossenen Weg, der von einem bestimmten Knoten ausgeht und an diesem wieder endet, nennen wir eine *Masche*.

Für die Analyse eines Netzwerks gelten als Grundgesetze die bekannten *Kirchhoffschen Regeln* (Knoten- und Maschenregel). Wenn man z. B. bei jedem der l Zweige den durchfließenden Zweigstrom kennt, ist das Netzwerk völlig beschrieben. Zur Bestimmung der Zweigströme benötigt man l Gleichungen. Die Knotenregel liefert bei einem kopplungsfreien Netzwerk $n-1$ unabhängige Gleichungen (der Strom im Knoten Nr. n ist durch die Ströme in den anderen $n-1$ Knoten bestimmt). Die restlichen

$$k = l - (n-1) \tag{27.2}$$

Gleichungen kann man mit Hilfe der Maschenregel erhalten, indem man diese auf k (willkürlich herausgegriffene) Maschen anwendet.

Es ist nicht notwendig, die l Zweigströme explizit zu berechnen, sondern es genügt, entweder die Potentiale in den $n-1$ Knoten (gegen den n-ten Bezugsknoten gerechnet) zu kennen oder k Kreisströme in den ausgewählten Maschen. Ein gesuchter Zweigstrom läßt sich dann immer nach den KIRCHHOFFschen Regeln aus diesen Größen berechnen.

Variable	Maschenregel	Knotenregel	Unbekannte	Bemerkungen
Zweigströme	liefert $n-1$ Gleichungen	liefert $k = l - n + 1$ Gleichungen	l Ströme	hoher Rechenaufwand
Knotenpunktpotentiale	von selbst erfüllt	liefert $n-1$ Gleichungen	$n-1$ Potentiale (Spannungen)	günstig für stark vermaschte Netzwerke
Kreisströme	liefert $k = l - n + 1$ Gleichungen	von selbst erfüllt	$k = l - n + 1$ Ströme	günstig für Abzweigschaltungen

Es gibt somit 3 Möglichkeiten für die Wahl der Netzwerksvariablen und damit auch für die Netzwerksanalyse. In der Tabelle, S. 327, sind die Eigenschaften der 3 Methoden kurz zusammengestellt.

Bei der Analyse mit Hilfe von Zweigströmen ist der Rechenaufwand wegen der vielen Gleichungen meist entsprechend hoch. Man wendet diese Methode deshalb wenig an. Die Berechnung von Knotenpunktspotentialen ist dann günstig, wenn das Netzwerk stark „vermascht" und damit l sehr groß ist. Man wendet diese Methode mit Vorliebe dann an, wenn der Einfluß von parasitären Kapazitäten zwischen den einzelnen Knoten und dem Bezugsknoten mit erfaßt werden soll (z. B. bei Röhrenschaltungen). Der Ansatz von Kreisströmen ist dann vorteilhaft, wenn die Zahl der Zweige in der Größenordnung der Knotenzahl liegt. Dies ist insbesondere bei *Abzweigschaltungen* mit ihren klaren, übersichtlichen Verhältnissen der Fall. Ein Vorteil der Kreisstromanalyse ist ferner, daß sich hiermit auch magnetische Kopplungen erfassen lassen. Bei der Untersuchung eines Netzwerks auf dem Analogrechner lassen sich vor allem mit der Kreisstromanalyse die speziellen Eigenheiten des Rechners berücksichtigen. Wir werden uns daher bei den folgenden Betrachtungen auf die Kreisstromanalyse beschränken.

In diesem Zusammenhang soll auch die Methode der „*direkten Nachbildung*" eines elektrischen Netzwerks durch eine Analogrechenschaltung erwähnt werden [*1, 4* bis *6*]. Bei dieser Methode stellt man zunächst für jedes Grundelement (*R, L, C*) eine analoge Nachbildung durch Rechenelemente auf. Man erhält so Teilschaltungen, die man nun ebenso zu einer gesamten Rechenschaltung koppeln kann, wie die Elemente des Netzwerks verbunden sind. Ein solches Vorgehen erspart zwar den „Umweg" über die mathematische Beschreibung durch Differentialgleichungen oder Übertragungsfunktionen, es besitzt jedoch auch Nachteile. Während man bei einem Gleichungssystem Maßstabstransformationen auf einfache Art durchführen und damit eine optimale Aussteuerung aller Rechenelemente erreichen kann, um die Rechenfehler zu minimieren, ist dies bei einer „direkten Nachbildung" nicht so einfach möglich. Da in diesem Falle die Rechenschaltung ein getreues Abbild des Netzwerks ist, zeigen alle in ihr auftretenden Funktionen die gleichen (oft extremen) Größenunterschiede, die zwischen den Strömen (den Spannungen) an den verschiedenen Punkten des Netzwerks herrschen.

Es kommt hinzu, daß diese Methode zwar bei Abzweigschaltungen anwendbar ist, jedoch bei komplizierter vermaschten Systemen ohnehin versagt. Ihr praktischer Nutzen ist aus den genannten Gründen begrenzt, so daß wir hier auf eine eingehendere Behandlung verzichten wollen.

27.2 Ein Beispiel [7]

Die Hochpaßschaltung nach Abb. 27.1 sei durch eine Analogrechenschaltung nachzubilden. Wir setzen die Kreisströme i_1 und i_2 an (Abb. 27.1) und erhalten die Differentialgleichungen[1]

$$L\frac{di_1}{dt} - L\frac{di_2}{dt} + R_1 i_1 + \frac{1}{C_1}\int i_1\,dt = u, \qquad (27.3)$$

$$L\frac{di_2}{dt} - L\frac{di_1}{dt} + R_2 i_2 + \frac{1}{C_2}\int i_2\,dt = 0. \qquad (27.4)$$

Mit

$$I_1 = i_1/i_{max}, \quad I_2 = i_2/i_{max}, \quad \tau = \lambda t, \quad \lambda^2 L C_1 = 1 \qquad (27.5)$$

und $U = \dfrac{u}{\lambda L\, i_{max}}$ können wir die Gleichungen auch in normierter Form schreiben:

$$\frac{dI_1}{d\tau} = \frac{dI_2}{d\tau} - \frac{R_1}{\lambda L} I_1 - \int I_1\,d\tau + U, \qquad (27.6)$$

$$\frac{dI_2}{d\tau} = \frac{dI_1}{d\tau} - \frac{R_2}{\lambda L} I_2 - \frac{C_1}{C_2}\int I_2\,d\tau. \qquad (27.7)$$

Diesem Gleichungssystem entspricht die Rechenschaltung nach Abb. 27.2 die, wie eine nähere Betrachtung zeigt, eine algebraische Schleife enthält (in Abb. 27.2 hervorgehoben). Sie umfaßt 2 Verstärker und hat die Schleifenverstärkung $S = 1$; die Rechenschaltung ist also instabil.

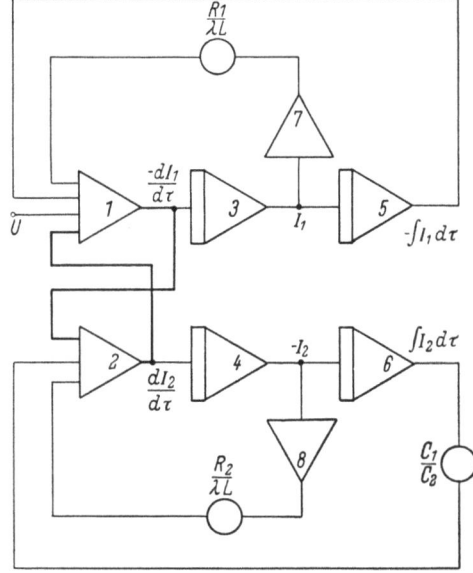

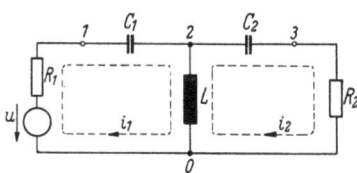

Abb. 27.1
Hochpaßschaltung. Ungünstiger
Ansatz von Kreisströmen

Die Differentialgleichungen (27.6) und (27.7) sind beide von 2. Ordnung. Die Schaltung Abb. 27.1 enthält aber nur 3 Energiespeicher

Abb. 27.2
Rechenschaltung für die Schaltung nach Abb. 27.1

---

[1] Selbstverständlich könnten wir uns auch der Operatorenschreibweise bedienen, also an Stelle der Differentialgleichungen die *Übertragungsfunktionen* aufstellen.

(2 Kondensatoren und 1 Spule). Damit ist die Ordnung des Differential-gleichungssystems um Eins zu hoch. Dementsprechend enthält die Rechenschaltung Abb. 27.2 einen Integrierer mehr als notwendig.

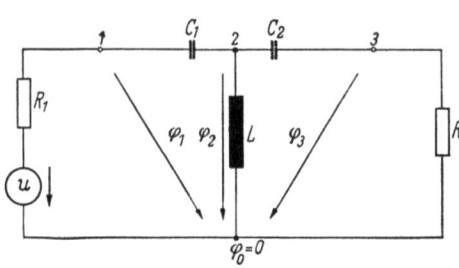

Abb. 27.3
Hochpaßschaltung. Ansatz von Knotenpotentialen

Diese Erscheinung ist eng mit der Ursache der alge-braischen Schleife verknüpft, sie ist aber nicht die Ursache selbst. Eine unnötig große Anzahl von Integrierern muß nicht unbedingt zur Instabi-lität der Rechenschaltung führen.

Wir können dies am gleichen Beispiel demonstrieren. Im Unter-schied zur obigen Rechnung wählen wir als Systemvariable die Knoten-potentiale $\varphi_1 \ldots \varphi_3$, die wir auf den gemeinsamen Sternpunkt (O) be-ziehen wollen (Abb. 27.3).

Wir erhalten jetzt die Gleichungen

$$C_1 \frac{d(\varphi_1 - \varphi_2)}{dt} + \frac{\varphi_1 - u}{R_1} = 0, \tag{27.8}$$

$$C_1 \frac{d(\varphi_2 - \varphi_1)}{dt} + C_2 \frac{d(\varphi_2 - \varphi_3)}{dt} + \frac{1}{L} \int \varphi_2 \, dt = 0, \tag{27.9}$$

$$C_2 \frac{d(\varphi_3 - \varphi_2)}{dt} + \frac{\varphi_3}{R_2} = 0 \tag{27.10}$$

oder mit

$$\Phi_i = \varphi_i/\varphi_{\max}; \quad \tau = \lambda t; \quad \lambda^2 L C_1 = 1$$

und

$$U = \frac{u}{\varphi_{\max} C_1 R_1 \lambda} \tag{27.11}$$

$$\frac{d\Phi_1}{d\tau} = \frac{d\Phi_2}{d\tau} - \frac{\Phi_1}{\lambda R_1 C_1} + U, \tag{27.12}$$

$$\frac{d\Phi_2}{d\tau} = \frac{C_1}{C_1 + C_2} \frac{d\Phi_1}{d\tau} + \frac{C_2}{C_1 + C_2} \frac{d\Phi_3}{d\tau} - \frac{C_1}{C_1 + C_2} \int \Phi_2 \, d\tau, \tag{27.13}$$

$$\frac{d\Phi_3}{d\tau} = \frac{d\Phi_2}{d\tau} - \frac{\Phi_3}{\lambda R_2 C_2}. \tag{27.14}$$

Die Rechenschaltung für dieses Gleichungssystem (Abb. 27.4) enthält ebenfalls einen Integrierer zuviel und insgesamt sogar 9 Verstärker. Trotzdem ist aber diese Rechenschaltung stabil! Wir finden zwar zwei algebraische Schleifen, die Φ_1' mit Φ_2' bzw. Φ_3' mit Φ_4' verkoppeln. Die Schleifenverstärkung ist aber beide Male kleiner als Eins.

Dennoch ist es natürlich ein Schönheitsfehler, daß diese Rechenschaltung wesentlich mehr Verstärker als notwendig enthält, und wir werden sie daher im Sinne unserer eingangs aufgestellten Regel verwerfen. Wenn man an Stelle des Sternpunkts in Abb. 27.3 den Knoten

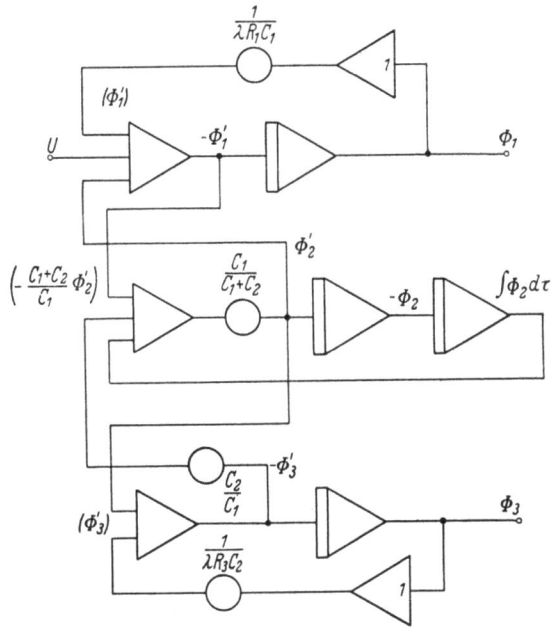

Abb. 27.4. Rechenschaltung für die Schaltung nach Abb. 27.3

Nr. 2 als Bezugsknoten wählt, erhält man ein Gleichungssystem, dessen (stabile) Rechenschaltung nur noch aus 3 Integrierern und insgesamt 5 Verstärkern besteht.

Da wir uns im folgenden aber auf die Kreisstromanalyse beschränken wollen, sei zum Abschluß dieses Beispiels ein von Abb. 27.1 abweichender Ansatz der Kreisströme betrachtet, der auf eine stabile Rechenschaltung führt.

Eine Wahl der Kreisströme nach Abb. 27.5 führt auf das Gleichungssystem

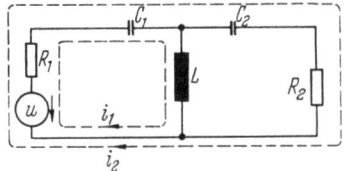

Abb. 27.5. Hochpaßschaltung. Günstiger Ansatz von Kreisströmen

$$L \frac{di_1}{dt} + R_1 i_1 + \frac{1}{C_1} \int i_1 \, dt + R_1 i_2 + \frac{1}{C_1} \int i_2 \, dt = u, \quad (27.15)$$

$$(R_1 + R_2) i_2 + \left(\frac{1}{C_1} + \frac{1}{C_2} \right) \int i_2 \, dt + R_1 i_1 + \frac{1}{C_1} \int i_1 \, dt = u. \quad (27.16)$$

Wenn wir die Gl. (27.15) von Gl. (27.16) abziehen, erhalten wir mit der Normierung nach Gl. (27.5):

$$\frac{dI_1}{d\tau} = \frac{R_2}{\lambda L} \cdot I_2 + \frac{C_1}{C_2} \int I_2 \, d\tau. \tag{27.17}$$

$$\frac{R_1 + R_2}{\lambda L} I_2 = -\frac{R_1}{\lambda L} I_1 - \int I_1 \, d\tau - \frac{C_1 + C_2}{C_2} \int I_2 \, d\tau + U. \tag{27.18}$$

Dieses Gleichungssystem wird durch die Rechenschaltung (Abb. 27.6) erfüllt, die nur 3 Integrierer (bei insgesamt 6 Verstärkern) enthält. Eine algebraische Schleife tritt nicht auf.

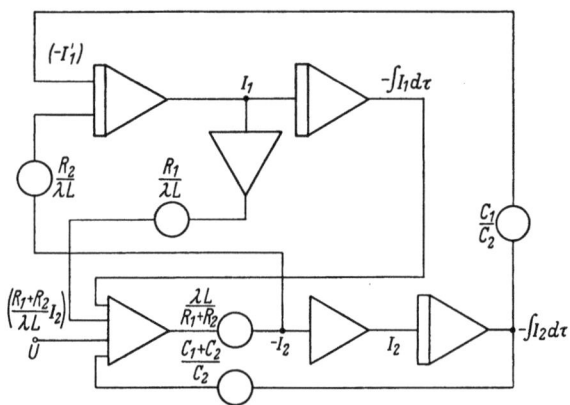

Abb. 27.6. Rechenschaltung für die Schaltung nach Abb. 27.5

Auf eine Besonderheit dieses Beispiels sei noch hingewiesen. Die Gln. (27.15) und (27.16) haben wir erhalten, indem wir auf die Maschen, die die Kreisströme i_1 und i_2 führen, die Maschenregel anwendeten. Gl. (27.15) konnten wir durch die einfachere Gl. (27.17) ersetzen, die sich als Differenz von (27.16) und (27.17) ergab. Wir können Gl. (27.17) auch direkt aus der Schaltung ableiten, indem wir auf die Masche L-C_2-R_2 in Abb. 27.5, die keinen „eigenen" Kreisstrom führt, die Maschenregel anwenden. Es ist also nicht starr festgelegt, aus welchen Maschen man die benötigten Gleichungen zur Berechnung der Kreisströme ableitet. Es besteht zunächst nur die grundsätzliche Forderung, daß man zur Beschreibung eines Netzwerks aus l Zweigen und n Knoten $m = l - n + 1$ Kreisströme ansetzt und durch Anwendung der Maschenregel auf m Maschen m unabhängige Gleichungen für die Kreisströme gewinnt.

27.3 Die Bedingung für instabile Schleifen in der Rechenschaltung

Durch das vorhergegangene Beispiel ist eigentlich schon klar geworden, wie man die Gefahr von algebraischen Schleifen über 2 Summierer vermeiden kann.

Abb. 27.7 zeigt eine induktive Sternschaltung, die die Nahtstelle zwischen 2 Maschen bilden möge. Beide Maschen sind über die Induktivität L_{ik} gekoppelt und können im allgemeinen außer einer Eigeninduktivität (L_i bzw. L_k) noch beliebig andere Elemente R und C enthalten.

Die beiden Kreisströme i_i und i_k sind dann durch Beziehungen folgender Art verknüpft:

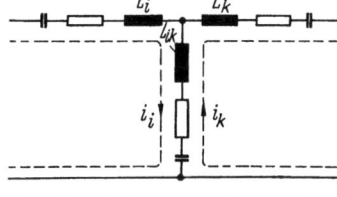

Abb. 27.7. Induktivitätsstern an der Kopplungsstelle zweier Maschen

$$\left.\begin{aligned}\frac{di_i}{dt} &= \frac{L_{ik}}{(L_i + L_{ik})}\frac{di_k}{dt} + \cdots \\ \frac{di_k}{dt} &= \frac{L_{ik}}{(L_k + L_{ik})}\frac{di_i}{dt} + \cdots\end{aligned}\right\} \quad (27.19)$$

Die zugehörige Rechenschaltung enthält eine algebraische Schleife, da hier zwischen den *höchsten Ableitungen* der beiden Variablen i_i und i_k eine algebraische Beziehung besteht (Abb. 27.8). Würde der Koppelzweig keine Induktivität, sondern nur eine Kapazität oder einen Ohmschen Widerstand (bzw. beides) enthalten, so würde keine Schleife entstehen.

Die Schleifenverstärkung beträgt im Falle von Gl. (27.19).

$$S = \frac{L_{ik}\,L_{ik}}{(L_i + L_{ik})\,(L_k + L_{ik})}. \quad (27.20)$$

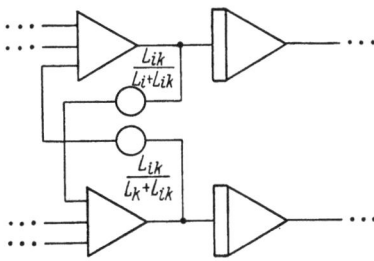

Abb. 27.8
Algebraische Schleife in der Rechenschaltung, verursacht durch die Kopplung über eine Induktivität nach Abb. 27.7

Die Schaltungsschleife wird instabil für $S \to 1$, d. h. wenn L_i und L_k gegen Null gehen. Praktisch dürfen L_i und L_k nicht weniger als 1 bis 2% von L_{ik} betragen.

Wir stellen damit fest, daß instabile Schaltungsschleifen über 2 Summierer nur dann auftreten, wenn 2 Kreisströme über eine Induktivität gekoppelt sind, und keine der beiden gekoppelten Maschen noch weitere Induktivitäten enthält.

In diesem Falle sind die Teilspannungen in den beiden Maschen, die den Differentialquotienten der Ströme i_i und i_k proportional sind, nicht unabhängig voneinander, sondern (bis auf das Vorzeichen) identisch. *Diese Identität darf aber nicht erst durch die Rechenschaltung erzwungen werden, sondern sie ist schon beim Aufstellen der Gleichungen zu berücksichtigen.* Das gleiche Problem kann auftreten, wenn einzelne Energiespeicher eines Netzwerks nicht unabhängig voneinander sind (vgl. 27.5).

Kreisstromanalyse und Knotenpotentialanalyse sind dual. Der hier betrachtete Fall tritt auch bei der Knotenpotentialanalyse ein, wenn man an Stelle der Induktivitäten Kapazitäten betrachtet. Was die Kreisstromanalyse auszeichnet, ist die Tatsache, daß man hier noch eine Anzahl von Freiheitsgraden in der Wahl der Maschen besitzt, für die man Kreisströme ansetzt, während die Knotenanalyse nur die Wahl des Bezugsknotens frei läßt.

27.4 Vermeidung redundanter Rechenelemente. Regeln für die Wahl der Kreisströme

Ein Kreisstrom i_i erzeugt an den einzelnen Elementen, die er durchfließt, Spannungen, die bei einer Induktivität der zeitlichen Ableitung des Stroms proportional sind, bei einem Ohmschen Widerstand dem Strom i_i selbst und bei einer Kapazität dem zeitlichen Integral des Stroms. Wir erhalten für die einzelnen Kreisströme also Differentialgleichungen von der Form

$$(L_1 + \cdots + L_p)\frac{di_i}{dt} + (R_1 + \cdots + R_q)\, i_i + \left(\frac{1}{C_1} + \cdots + \frac{1}{C_r}\right)\int i_i\, dt +$$
$$+ \cdots\cdots\cdots\cdots = u_1 + \cdots + u_s.$$

(Dabei ist angenommen, daß die betrachtete Masche p Induktivitäten, q Ohmsche Widerstände, r Kapazitäten und s eingeprägte Spannungen enthält.)

Die Differentialgleichung ist also in diesem Falle von 2. Ordnung. Enthält die Masche keine induktiven (bzw. keine kapazitiven) Elemente, also nur Elemente vom Typ R und C (bzw. nur R und L), so treten keine Ableitungen von i_i (bzw. keine Integrale) in der Gleichung auf; d. h. die Gleichung ist in diesen Fällen nur von 1. Ordnung.

Kommen schließlich nur Elemente vom gleichen Typ vor (also nur Induktivitäten, nur Ohmsche Widerstände oder nur Kapazitäten), so erhalten wir eine rein algebraische Gleichung.

Die Ordnung der Differentialgleichungen für die einzelnen Kreisströme kann also verschieden sein, je nachdem, ob die Ströme über Strecken führen, die alle 3 Typen von Schaltelementen enthalten oder über Strecken, bei denen keine Induktivität oder keine Kapazität vorkommt oder gar nur ein Typ vertreten ist. Die Freiheiten, die für die Wahl der Kreisströme bestehen, werden wir also dazu benutzen, möglichst solche Wege für die Kreisströme auszuwählen, die nicht alle Typen von Schaltelementen enthalten.

Eine weitere Forderung ist zwar selbstverständlich; es soll aber hier ausdrücklich auf sie hingewiesen werden, weil ihre Mißachtung gerade auf dem Analogrechner zu Schwierigkeiten führen kann. Diese Forderung lautet, daß nicht mehr als die zur Beschreibung des Netzwerks notwendigen k Kreisströme anzusetzen sind. Ein Verstoß gegen diese Regel würde bedeuten, daß das Gleichungssystem kein Fundamentalsystem mehr ist, d. h. nicht mehr volle Unabhängigkeit zwischen den Gleichungen besteht. Bei einer Rechenschaltung, die nach diesem Gleichungssystem aufgestellt würde, könnten dadurch — abgesehen vom unnötig hohen Aufwand — ebenfalls Stabilitätsschwierigkeiten entstehen.

Ein Kriterium für die richtige Anzahl der Integrierer ist, daß diese mit der Anzahl der *unabhängigen* Energiespeicher (L und C) des zugehörigen Netzwerks übereinstimmen muß. Nun ist bei komplizierteren Netzwerken nicht immer auf den ersten Blick zu erkennen, welche Energiespeicher unabhängig sind und welche nicht. Wir werden auf diese Frage im nächsten Abschnitt eingehen.

Im folgenden wollen wir die Regeln für den Aufbau einer Rechenschaltung zusammenstellen [*8*]:

Regel 1: Man zählt bei einem zu untersuchenden Netzwerk zunächst die Zahl der Zweige (l) und die Zahl der Knoten (n) aus. Hieraus berechnet man nach der Beziehung $k = l - n + 1$ die Anzahl der benötigten Kreisströme.

Regel 2: Man sucht zunächst nach Zyklen, auf denen ein Kreisstrom nur gleichartige Elemente durchläuft und zeichnet gegebenenfalls die Kreisströme ein.

Regel 3: Man sucht weiterhin nach Zyklen, auf denen ein Kreisstrom außer Ohmschen Widerständen nur Induktivitäten oder nur Kapazitäten umfaßt und zeichnet gegebenenfalls Kreisströme ein.

Regel 4: Man zeichnet nun die restlichen benötigten Kreisströme auf möglichst bequemen Wegen in das Netzwerk ein. Dabei ist aber zu beachten, daß jeder Zweig der Schaltung von mindestens einem Kreisstrom durchflossen sein muß.

Regel 5: Es darf an keiner Stelle der Fall auftreten, daß 2 Kreisströme über eine Induktivität gekoppelt sind, ohne daß wenigstens eine der beiden gekoppelten Maschen noch weitere Induktivitäten enthält. Bei konsequenter Beachtung der Regeln 1 bis 3 wird eine solche Situation automatisch vermieden.

Regel 6: Man stellt nun durch Anwendung der Maschenregel auf k Maschen ein Gleichungssystem für die k Kreisströme auf. Dabei brauchen diese k Maschen nicht unbedingt mit den Maschen identisch zu sein, in die die Kreisströme eingezeichnet wurden. Bei Wahl anderer Maschen ergeben sich u. U. einfachere Gleichungen bzw. Rechenschaltungen. Algebraische

Gleichungen, die nach Regel 2 entstehen, werden zur Vermeidung eines unnötigen Aufwands an Summierern eliminiert.

Regel 7: Die Anzahl der Integrierer der Rechenschaltung muß mit der Anzahl der unabhängigen Energiespeicher des Netzwerks übereinstimmen.

Ein Verfahren zur Erfüllung der Regeln 2, 3 und 4 wurde von OTTERMAN [*3*] angegeben. Dabei wird das Netzwerk durch schrittweises Hinzufügen der einzelnen Zweige vervollständigt und bei jedem Schritt der entsprechende Kreisstrom gewählt. Man kommt in den meisten Fällen aber auch durch einiges Probieren, für das man sich zweckmäßigerweise zunächst einige Pausen der Netzwerkschaltung besorgt, zum gewünschten Ziel.

Zur Erläuterung wenden wir die gefundenen Regeln auf ein Beispiel an.

Wir betrachten (vereinfacht) eine Senderendstufe (Abb. 27.9), die aus einer Spannungsquelle mit ihrem Innenwiderstand, dem Anodenkreis, einem Transformationsglied und einem Serienschwingkreis als Nachbildung der Antenne besteht.

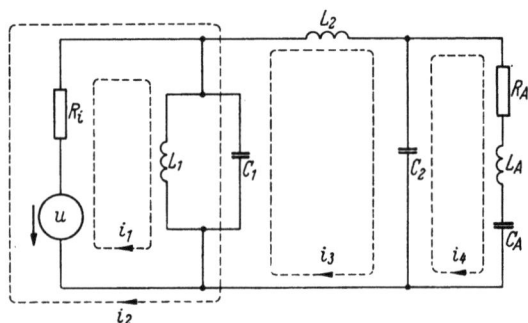

Abb. 27.9. Ersatzschaltung (vereinfacht) einer Senderendstufe

Die Schaltung enthält sechs unabhängige Energiespeicher. Wir zählen 6 Zweige und 3 Knoten, haben also 4 Kreisströme zu wählen. Ein Weg, der nur gleichartige Elemente umfaßt, existiert nicht. Hingegen gibt es 2 Wege, die außer einem Ohmschen Widerstand nur eine Induktivität bzw. nur eine Kapazität enthalten. Wir zeichnen also einen Kreisstrom über $u - R_i - L_1$ und einen Kreisstrom über $u - R_i - C_1$. Die noch fehlenden beiden Kreisströme lassen sich nur über Wege führen, die alle Typen von Elementen enthalten. Wir wählen z. B. die Maschen $C_1 - L_2 - C_2$ und $C_2 - R_A - L_A - C_A$. Beim Aufstellen der Gleichungen folgen wir den Kreisströmen i_2, i_3 und i_4. Bei der 4. Gleichung ist es zweckmäßig, nicht dem Strom i_1 zu folgen, sondern die Masche $L_1 - C_1$ zu wählen, da wir so eine einfachere Rechenschaltung erhalten. Die Rechenschaltung Abb. 27.10 enthält 6 Integrierer, was der Anzahl der unabhängigen Energiespeicher entspricht.

Hätten wir die Kreisströme der Abzweigschaltung folgend eingetragen (also i_2 in Abweichung von Abb. 27.9 in die Masche $L_1 - C_1$), so hätten wir ein System 7. Ordnung mit einer instabilen Schleife über 2 Summierer erhalten.

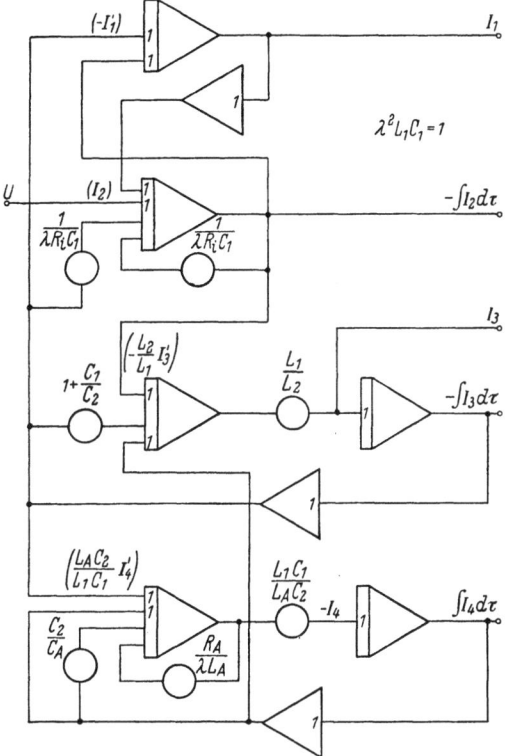

Abb. 27.10. Rechenschaltung für das Netzwerk nach Abb. 27.9

27.5 Wie ermittelt man die Anzahl der unabhängigen Energiespeicher?

Die Anzahl der unabhängigen Energiespeicher eines Netzwerks ist gleich der Gesamtzahl der Energiespeicher weniger der Zahl der algebraischen Beziehungen, die zwischen den Strömen bzw. den Spannungen in einem Netzwerk bestehen.

Eine algebraische Beziehung zwischen Zweigströmen besteht dann, wenn ein Teil der Schaltung *nur* durch gleichartige Elemente mit dem übrigen Teil der Schaltung verbunden ist. In diesem Falle ist einer der zufließenden Ströme von den übrigen Strömen abhängig.

Das einfachste Beispiel liegt dann vor, wenn der abgetrennte Schaltungsteil aus einem einzigen Knoten besteht, d. h. bei der Hintereinanderschaltung zweier gleichartiger Elemente.

Ein komplexeres Beispiel zeigt Abb. 27.11 [2]. Hier ist der Teil der Schaltung, der innerhalb der gestrichelten Linie liegt, ausschließlich über Kapazitäten mit dem übrigen Netzwerk verbunden. Für die Ströme, die in diesen solcherart isolierten Teil fließen, muß also gelten

$$i_{\sigma 2} + i_{\sigma 3} + i_{\sigma 4} + i c_6 + i_{\sigma 7} = 0.$$

Dadurch ist einer der Ströme durch die anderen bestimmt, d. h. eine der Kapazitäten nicht mehr unabhängig. Das gleiche gilt natürlich auch für Induktivitäten. In

Abb. 27.11 z. B. isolieren die Induktivitäten L_3 und L_4 die Schaltung in eine linke und eine rechte Hälfte. Hier gilt

$$i_{L3} + i_{L4} = 0.$$

Solche algebraischen Beziehungen können auch zwischen einzelnen Spannungen an den Zweigen des Netzwerks auftreten. Dies ist immer dann der Fall, wenn das Netzwerk Maschen enthält, die ausschließlich über Elemente des gleichen Typs geschlossen werden können (s. Regel 2). Im einfachsten Falle gilt dies bei der unmittelbaren Parallelschaltung zweier gleichartiger Elemente.

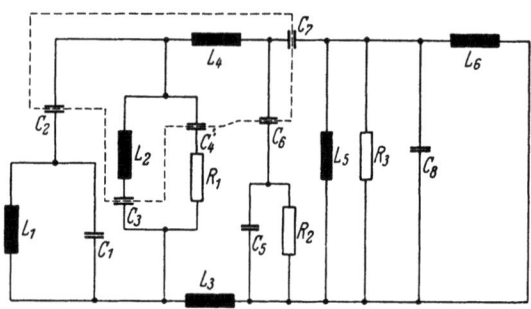

Abb. 27.11. Netzwerk mit vier abhängigen Energiespeichern

In Abb. 27.11 finden wir z. B. eine Masche, die nur über Kapazitäten ($C_5 - C_6 - C_7 - C_8$) geschlossen werden kann und eine Masche ($L_5 - L_6$), die nur aus Induktivitäten gebildet wird. Damit sind zwei weitere Energiespeicher nicht unabhängig. Wir zählen in Abb. 27.11 insgesamt 14 Energiespeicher. Zwei davon sind durch algebraische Beziehungen zwischen den Zweigströmen und zwei durch algebraische Beziehungen zwischen den Zweigspannungen abhängig. Die Schaltung Abb. 27.11 enthält also nur zehn unabhängige Energiespeicher.

Mit der 2. Regel eliminieren wir die Energiespeicher, bei denen durch algebraische Beziehungen zwischen den Teilspannungen eine Abhängigkeit besteht.

27.6 Die Einbeziehung magnetischer Kopplungen

Wir bezeichnen ein Netzwerk als *nicht kopplungsfrei*, wenn zwischen einzelnen Maschen außer einer Verkopplung durch Schaltelemente auch Kopplungen durch ein magnetisches Feld vorhanden sind (Kopplungen durch ein elektrisches Feld lassen sich durch eine Ersatzkapazität darstellen). Schaltungsteile, die mit der übrigen Schaltung nur induktiv gekoppelt sind, nennen wir *getrennt*.

An Stelle von Gl. (27.2) gilt bei nicht kopplungsfreien Netzwerken für die Anzahl der Kreisströme eines Fundamentalsystems

$$k = l - n + s, \qquad (27.21)$$

wenn s die Zahl der getrennten Schaltungsteile bezeichnet.

Im Gegensatz zur Selbstinduktivität L wird die koppelnde Gegeninduktivität M nicht als Schaltelement eingezeichnet. Ein fundamentaler

Unterschied zur Selbstinduktivität besteht bekanntlich darin, daß die Gegeninduktivität auch ein negatives Vorzeichen besitzen kann.

Es stellt sich hier die Frage, ob die im vorigen Abschnitt aufgestellten Regeln auch bei nicht kopplungsfreien Netzwerken hinreichen.

Wir betrachten dazu die Kopplung zweier Maschen durch einen Übertrager und nehmen an, daß die beiden Maschen sonst keine weiteren Induktivitäten enthalten (Abb. 27.12).

Als Ersatzbild erhalten wir einen Induktivitätsstern ähnlich zu Abb. 27.7. Das Gleichungssystem hierzu lautet (es interessieren nur die höchsten Ableitungen)

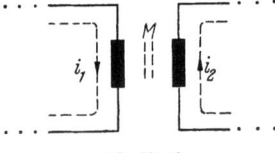

Abb. 27.12
Gegeninduktive Kopplung
zweier Maschen

$$L_1 \frac{di_1}{dt} = \pm M \frac{di_2}{dt} + \cdots$$
$$L_2 \frac{di_2}{dt} = \pm M \frac{di_1}{dt} + \cdots \qquad (27.22)$$

Die Schleifenverstärkung der hierdurch gegebenen Schleife in der Rechenschaltung beträgt

$$S = \frac{M^2}{L_1 L_2} = 1 - \sigma. \qquad (27.23)$$

Sie ist also um den *Streufaktor* σ kleiner als Eins. Falls die Maschen, wie vorausgesetzt, keine weitere Induktivität enthalten, muß die Streuung also wenigstens 1 bis 2 % betragen. Ist die Streuinduktivität kleiner, so kann man immer noch auf die üblichen, einen „idealen Übertrager" enthaltenden Ersatzschaltbilder übergehen. Es sind auch dann die Regeln von Abschn. 27.4 zu beachten. Das gleiche gilt, wenn sich z. B. im Fußpunkt des Übertragers noch weitere koppelnde Elemente anschließen.

Literatur zu § 27

[1] LARROWE, V. L.: Direct simulation bypasses mathematics. Control Engng. 1 (Nov. 1957) S. 25—31.

[2] OTTERMAN, J.: On the order of the differential equations describing an electrical network. Proc. Inst. Radio Engrs., N.Y. 45 (Juli 1957) S. 1024/25.

[3] OTTERMAN, J.: On the loop- and node-analysis approaches to the simulation of electrical networks. IRE Trans. EC-7 (Sept. 1958) No. 3, S. 199—206.

[4] SCHÜSSLER, W.: Schaltung und Messung von Übertragungsfunktionen an einem Analogrechner. A. E. Ü. 13 (1959) S. 405—419.

[5] SCHÜSSLER, W.: Die Darstellung von kopplungsfreien Abzweigschaltungen am Analogrechner. A. E. Ü. 14 (1960) S. 327—334.

[6] SCHÜSSLER, W.: Zur Darstellung von Abzweigschaltungen am Analogrechner. A. E. Ü. 15 (1961) S. 215—226.

[7] WALTERS, L. G.: Hidden regenerative loops in electronic analog computers. IRE Trans. EC-2 (Juni 1953) S. 1—4.

[8] GILOI, W.: Über die Behandlung elektrischer und mechanischer Netzwerke auf dem Analogrechner. Elektron. Rechenanlagen 4 (1962) H. 1, S. 27—35.

§ 28. Die Behandlung mechanischer Systeme

28.1 Das Aufstellen des Gleichungssystems

Eine ebensogut ausgebaute Rechenmethodik wie bei elektrischen Netzwerken (§ 27), gibt es bei den mechanischen Netzwerken nicht. Wie bei den elektrischen Systemen ist es aber auch hier für eine erfolgreiche Anwendung des Analogrechners nützlich, gewisse Regeln zu beachten [1].

Wir werden im folgenden wieder so vorgehen, daß wir einige typische Beispiele betrachten und daraus die anzuwendenden Regeln ableiten.

28.1.1 Die Kopplung von Systemen mit einem Freiheitsgrad. Eine
Masse m_1 werde über eine Feder und einen Dämpfer aus ihrer statischen Gleichgewichtslage ausgelenkt. Über ihr befinde sich im Abstand a eine zweite Masse m_2, die ebenfalls an einer Feder und an einem Dämpfer aufgehängt sei (Abb. 28.1).

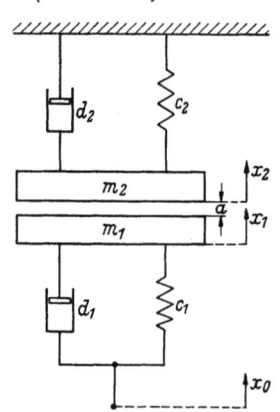

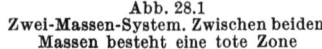

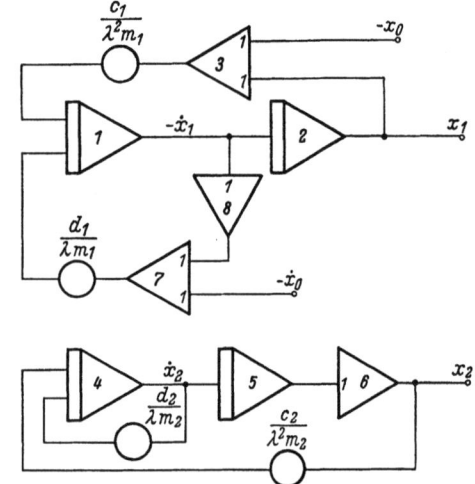

Abb. 28.1
Zwei-Massen-System. Zwischen beiden Massen besteht eine tote Zone

Abb. 28.2
Rechenschaltung für das Differentialgleichungssystem Gln. (28.1) und (28.2)

Die Bewegungsgleichungen für die beiden Massen lauten:

$$m_1 \ddot{x}_1 + d_1(\dot{x}_1 - \dot{x}_0) + c_1(x_1 - x_0) = 0 \,, \qquad (28.1)$$

$$m_2 \ddot{x}_2 + d_2 \dot{x}_2 + c_2 x_2 = 0 \,. \qquad (28.2)$$

Diese Gleichungen führen auf die Rechenschaltung Abb. 28.2.

Nun möge sich die Masse m_1 nach oben bewegen. Sobald $x_1 = a$ geworden ist, wird sie an die Masse m_2 anstoßen und von da an diese Masse mitbewegen. Von diesem Augenblick an gilt die zusätzliche Bedingung

$$x_2 = x_1 - a, \qquad \dot{x}_2 = \dot{x}_1 \quad \text{usw.}^1 \qquad (28.3)$$

---

[1] Die Veränderlichen x bezeichnen hier und im folgenden Auslenkungen aus der Ruhelage.

Eine solche Kopplungsbedingung läßt sich auf direkte Weise *nicht* nachträglich in die Rechenschaltung Bild 28.2 einbauen.

Die Bedingung (28.3) würde in Abb. 28.2 einer Verbindung der Ausgänge der Verstärker 2 und 6 bzw. 8 und 4 entsprechen. Würde die analoge elektrische Schaltung zu Bild 28.1 nur aus *passiven* elektrischen

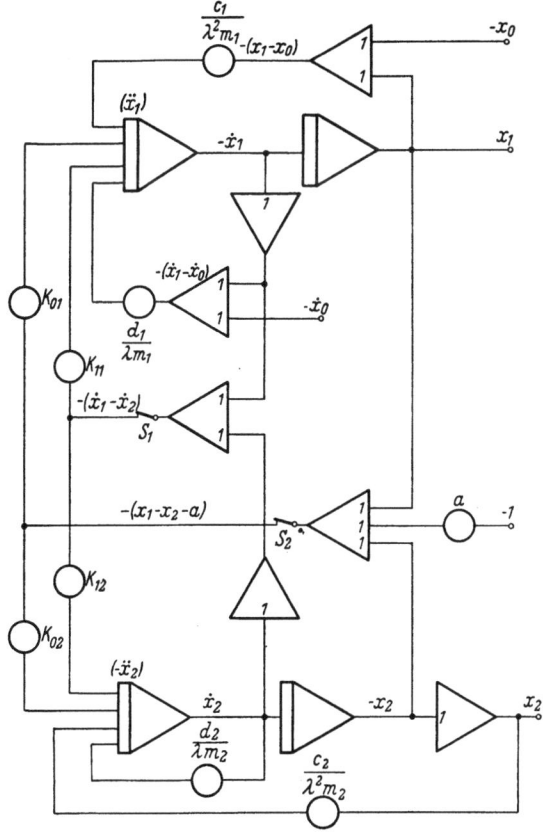

Abb. 28.3. Die Rechenschaltung Abb. 28.2 wird durch eine Einrichtung ergänzt, die für die Erfüllung der kinematischen Bedingungen (28.3) sorgt

Schaltelementen bestehen, so wäre es durchaus erlaubt, auf diese Weise die geforderte Bedingung zu erfüllen. Eine Verbindung der Ausgänge von Rechenverstärkern eines Analogrechners ist aber aus technischen Gründen nicht zulässig.

Es liegt nun nahe, die Rechenschaltung entsprechend Abb. 28.3 so zu ergänzen, daß die Koppelbedingungen (28.3) erzwungen werden: wir bilden die Differenzen $x_1 - x_2 - a$ bzw. $\dot{x}_1 - \dot{x}_2$ und schalten diese als „Korrekturgrößen" an den Eingang der beiden Teilschaltungen. Die

Schalter S_1 und S_2 in Abb. 28.3 sollen andeuten, daß diese Verbindungen erst bei Erfüllung der Koppelbedingung geschlossen werden (etwa durch einen Komparator [s. Abschn. 28.3.4]).

Für die folgenden Betrachtungen wollen wir uns jedoch der Einfachheit halber die Massen m_1 und m_2 starr miteinander verbunden denken ($a = 0$). Die Korrekturgrößen lauten jetzt einfach $x_1 - x_2$ und $\dot{x}_1 - \dot{x}_2$. Man kann sie als zusätzliche Kräfte interpretieren, die so lange auf beide Massen wirken, bis sich ihre Bewegungen angeglichen haben. Dies wird um so schneller der Fall sein, je größer die Faktoren K_0 und K_1 sind. Eine genauere Betrachtung zeigt, daß dieser modifizierten Rechenschaltung (Abb. 28.3) ein System nach Abb. 28.4 entspricht, also ein System, bei dem zwischen den Massen m_1 und m_2 eine Kopplung durch eine Feder und einen Dämpfer besteht.

Für das Netzwerk nach Abb. 28.4 gelten die Differentialgleichungen

$$m_1\ddot{x}_1 + d_1(\dot{x}_1 - \dot{x}_0) + d_k(\dot{x}_1 - \dot{x}_2) + c_1(x_1 - x_0) + c_k(x_1 - x_2) = 0,$$
$$m_2\ddot{x}_2 + d_k(\dot{x}_2 - \dot{x}_1) + d_2\dot{x}_2 + c_k(x_2 - x_1) + c_2 x_2 = 0. \tag{28.4}$$

Die Koeffizienten K_{01} und K_{02} bzw. K_{11} und K_{12} in Abb. 28.3 sind also proportional der Federsteifigkeit c_k bzw. der Dämpfung d_k. Eine

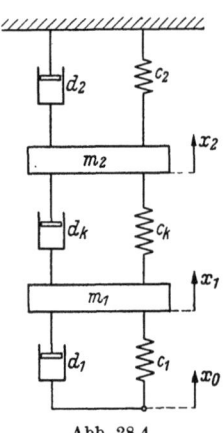

Abb. 28.4
Mechanische Analogie zur
Rechenschaltung Abb. 28.3

Vergrößerung dieser Koeffizienten bedeutet eine zunehmend steifere Feder und einen zunehmend kräftigeren Dämpfer. Diese zunächst elastisch angenommene Kopplung geht damit in eine starre Kopplung über, wenn K_{01} und K_{02} und gleichzeitig K_{11} und K_{12} sehr groß werden. Unendlich große Koeffizienten bedeuten unendlich große Kräfte, und diese würden in der Tat aus physikalischen Gründen ja auch notwendig, wenn wir der Masse m_2 sprunghaft die Bewegung und damit auch die Beschleunigung der Masse m_1 erteilen wollten. Tatsächlich müssen wir bei unserem System nach Abb. 28.1 auch einen *Stoßvorgang* berücksichtigen, den wir (da wir nur starre Körper betrachten) durch den Übergang auf das Modell nach Abb. 28.4 in befriedigender Weise annähern.

Für den Fall, daß die Massen m_1 und m_2 ständig starr verbunden sind, daß also immer die kinematische Beziehung Gl. (28.3) gilt, können wir alle Schwierigkeiten vermeiden und eine wesentlich einfachere Gleichung erhalten, wenn wir (28.3) direkt in das Gleichungssystem (28.1) und (28.2) einbeziehen. Dies bedeutet, daß wir die gekoppelten Massen als ein einziges System betrachten. Durch Addition von (28.1) und (28.2) (die Kräfte an der Gesamtmasse $m_1 + m_2$ addieren sich) erhalten wir

$$(m_1 + m_2)\, \ddot{x}_1 + (d_1 + d_2)\, \dot{x}_1 - d_1\, \dot{x}_0 + (c_1 + c_2)\, x_1 - c_1\, x_0 = 0. \quad (28.5)$$

Die Lösung dieser Gleichung erfordert nur den oberen Teil der Rechenschaltung Abb. 28.2, wobei sich lediglich die Koeffizientenwerte ändern.

Aus diesen Betrachtungen leiten wir die erste Regel ab:

Kinematische Beziehungen sind schon bei der Aufstellung der Differentialgleichungen in diese einzubeziehen. Kinematische Bedingungen, die nur zeitweilig gelten, kann man jedoch nur in der Art von Schaltung 28.3 erfüllen.

Wir werden im folgenden noch näher betrachten, wie man die verschiedenen Stoßbedingungen auf dem Analogrechner nachbildet.

Die Betrachtung des einfachen Netzwerks nach Abb. 28.4 zeigt bereits, daß die „Kettenschaltung" beliebig vieler Massen über federnde und dämpfende Kopplungselemente (Systeme mit einem Freiheitsgrad) auf ein übersichtliches und einfach zu behandelndes System von Differentialgleichungen 2. Ordnung führt. Algebraische Beziehungen zwischen den höchsten Ableitungen treten hier nicht auf. Schwierigkeiten, die durch kinematische Beziehungen zwischen den einzelnen Massen entstehen können, lassen sich bei Beachtung der oben aufgestellten Regel vermeiden (solche kinematischen Beziehungen haben am Analogrechner dieselbe Wirkung wie die Abhängigkeitsbeziehungen zwischen einzelnen Energiespeichern bei elektrischen Netzwerken).

28.1.2 Systeme mit 2 Freiheitsgraden. Bei den bisher betrachteten Systemen waren die Massen punktförmig angenommen worden. Für ihre Bewegung bestand nur der Freiheitsgrad der Translation.

Im allgemeinen sind die Massen räumlich ausgedehnt und dadurch mit einem bestimmten Trägheitsmoment behaftet. Ihre allgemeinste Bewegung setzt sich aus einer Translation und einer Drehung zusammen (2 Freiheitsgrade der Bewegung).

Ein System mit 2 Freiheitsgraden erhalten wir z. B. durch eine Abwandlung der eingangs betrachteten Anordnung. Wir nehmen jetzt an, daß die Massen m_1 und m_2 nicht unmittelbar miteinander verbunden sind, sondern über einen starren Hebel, der seinerseits die Masse m_s und das Trägheitsmoment Θ_s (bezogen auf den Schwerpunkt) besitzt (Abb. 28.5).

Mit den in Abb. 28.5 angesetzten Kräften K_1 und K_2 erhalten wir folgende Gleichungen

$$m_1\, \ddot{x}_1 + d_1\, (\dot{x}_1 - \dot{x}_0) + c_1\, (x_1 - x_0) = -K_1, \quad (28.6)$$

$$m_2\, \ddot{x}_2 + d_2\, \dot{x}_2 + c_2\, x_2 = -K_2, \quad (28.7)$$

$$m_s\, \ddot{x}_s = K_1 + K_2 \quad \text{(Kräftegleichung)}, \quad (28.8)$$

$$\Theta_s\, \ddot{\varphi}_s = a\, K_1 - b\, K_2 \quad \text{(Momentengleichung)}, \quad (28.9)$$

$$x_1 = x_s + a\, \varphi_s; \quad x_2 = x_s - b\, \varphi_s \quad \text{(kinematische Beziehungen)}. \quad (28.10)$$

Der Ansatz von *inneren* Kräften bzw. Momenten ist als reines Hilfs-mittel beim Aufstellen der Gleichungen zu betrachten. Es wäre zwar denkbar, z. B. für eine Berechnung von x_2 zunächst aus (28.6) und (28.9) explizit K_2 zu berechnen und diese Größe in die Rechenschaltung für Gl. (28.7) einzuführen. Man müßte dazu aber zusätzliche Summierer aufwenden und würde damit gegen die früher aufgestellte Regel ver-stoßen, wonach eine Rechenschaltung nicht mehr Verstärker enthalten soll, als zur Lösung der Aufgabe unbedingt notwendig sind.

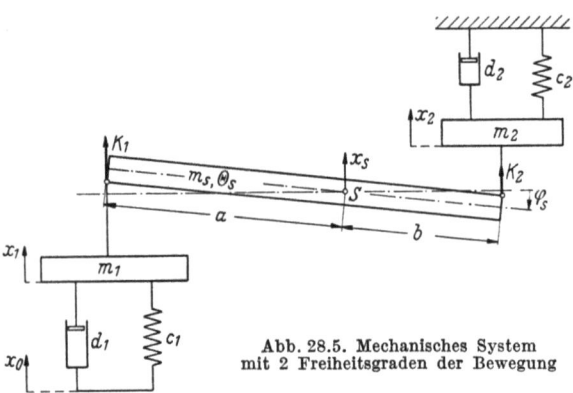

Abb. 28.5. Mechanisches System
mit 2 Freiheitsgraden der Bewegung

Um einen unnötigen Aufwand an Rechenelementen und die Gefahr instabiler Schleifen (über eine ungerade Anzahl von Summierern) in der Rechenschaltung zu vermeiden, werden wir daher fordern:

In einer Analogrechenschaltung für mechanische Netzwerke treten als Rechengrößen nur Auslenkungen bzw. ihre Ableitungen (Geschwindigkeiten, Beschleunigungen) auf. Der Ansatz von inneren Kräften und Momenten ist als Hilfe beim Aufstellen der Gleichungen nützlich; solche inneren Kräfte sind aber beim nächsten Rechenschritt wieder zu eliminieren, so daß sie in der Rechenschaltung nicht explizit vorkommen. Äußere Kräfte (Momente) können natürlich als Störgrößen auftreten.

Wir berücksichtigen zunächst wieder die kinematischen Beziehungen und eliminieren damit x_1 und x_2. Die Elimination von K_1 und K_2 er-gibt dann nach einer entsprechenden Zwischenrechnung die Gleichungen

$$(m_1 + m_2 + m_s)\,\ddot{x}_s + (a\,m_1 - b\,m_2)\,\ddot{\varphi}_s + (d_1 + d_2)\,\dot{x}_s + (a\,d_1 - b\,d_2)\dot{\varphi}_s -$$

$$- d_1\,\dot{x}_0 + (c_1 + c_2)\,x_s + (a\,c_1 - b\,c_2)\,\varphi_s - c_1\,x_0 = 0. \tag{28.11}$$

$$(\Theta_s + a^2 m_1 + b^2 m_2)\,\ddot{\varphi}_s + (a\,m_1 - b\,m_2)\,\ddot{x}_s + (a^2 d_1 + b^2 d_2)\,\dot{\varphi}_s + (a\,d_1 - b\,d_2)\,\dot{x}_s +$$

$$+ (a^2 c_1 + b^2 c_2)\,\varphi_s + (a\,c_1 - b\,c_2)\,x_s - a\,d_1\,\dot{x}_0 - a\,c_1\,x_0 = 0. \tag{28.12}$$

Die zugehörige Rechenschaltung enthält eine algebraische Schleife zwischen den höchsten Ableitungen von x_s und φ_s mit der Schleifen-

verstärkung
$$S = \frac{(a\,m_1 - b\,m_2)}{m_1 + m_2 + m_s} \frac{(a\,m_1 - b\,m_2)}{\Theta_s + a^2\,m_1 + b^2\,m_2}. \tag{28.13}$$

Die Schleifenverstärkung ist für positive b immer wesentlich kleiner als Eins. Sie ist es auch dann, wenn b negativ ist, die Masse m_2 also auf derselben Seite wie m_1 befestigt ist, außer in dem Sonderfall, daß der Hebel keine Masse und kein Trägheitsmoment besitzt ($m_s, \Theta_s = 0$) und $b = -a$ ist. Dieser Fall würde aber bedeuten, daß die beiden Massen unmittelbar miteinander verbunden sind (s. erstes Beispiel), wodurch wieder die algebraische Beziehung $\ddot{x}_1 = \ddot{x}_2$ bestehen würde.

Selbstverständlich könnte man auch hier, wie schon im vorhergehenden Abschnitt empfohlen, die drei Massen m_1, m_2 und m_s von vornherein zu einer einzigen Masse ($m_1 + m_2 + m_s$) mit dem Trägheitsmoment ($\Theta_s + a^2\,m_1 + b^2\,m_2$) zusammenfassen, um die Gleichungen unmittelbar in der für den Analogrechner geeigneten Form (28.11) und (28.12) zu erhalten. Bei komplizierteren Systemen ist der im Beispiel gezeigte Ansatz von „Schnittkräften" (inneren Kräften) aber der sicherere Weg. Man muß dann nur diese Kräfte vor dem Aufstellen der Rechenschaltung wieder eliminieren.

Ohne die Methode des „Aufschneidens" und den Ansatz von Schnittkräften lassen sich vor allem die Fälle kaum mehr behandeln, bei denen 2 Massen so gekoppelt sind, daß für den einen Freiheitsgrad eine kinematische Abhängigkeit

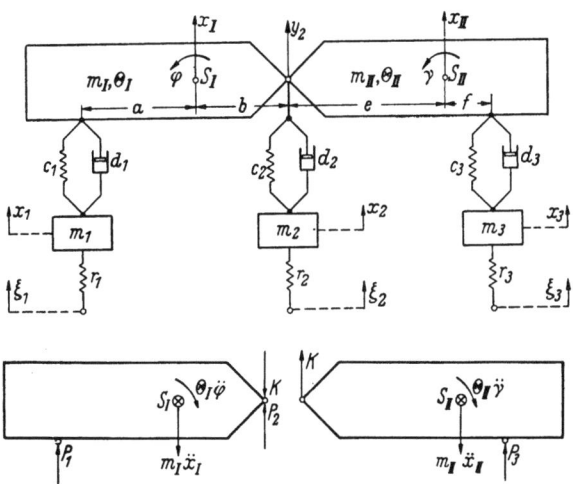

Abb. 28.6. Vereinfachtes Modell eines Fahrzeugs mit Auflieger (oben)
Abb. 28.7. Aufgetrenntes System (unten)

besteht, während die Massen sich bezüglich des anderen Freiheitsgrads unabhängig bewegen können. Ein praktisch wichtiges Beispiel eines solchen komplizierteren Systems zeigt Abb. 28.6. Man kann diese Anordnung als einfachstes Modell eines Fahrzeugs mit Auflieger (Sattelschlepper) betrachten.

Die Reifen werden hier, wie üblich, durch eine Feder angenähert. Die Differentialgleichungen für die Bewegung der Achsen (m_1 bis m_3) lassen sich unmittelbar aufstellen:

$$m_i \ddot{x}_i = -P_i + r_i(\xi_i - x_i) \qquad i = 1, 2, 3. \tag{28.14}$$

Für die Kräfte $P_1 \ldots P_3$ gelten dabei die Definitionsgleichungen

$$d_1(\dot{x}_1 - \dot{x}_I + a\,\dot{\varphi}) + c_1(x_1 - x_I + a\,\varphi) = P_1, \tag{28.15}$$

$$d_2(\dot{x}_2 - \dot{x}_I - b\,\dot{\varphi}) + c_2(x_2 - x_I - b\,\varphi) = P_2, \tag{28.16}$$

$$d_3(\dot{x}_3 - \dot{x}_{II} - f\,\dot{\gamma}) + c_3(x_3 - x_{II} - f\,\gamma) = P_3. \tag{28.17}$$

Zur Berechnung der Aufbaubewegung trennen wir das System auf und setzen die entsprechenden Trägheitskräfte und -momente sowie die Feder- und Dämpferkräfte an (Abb. 28.7). Die Betrachtung der Kräfte liefert nach dem D'ALEMBERT-schen Prinzip die Gleichungen

$$m_I \ddot{x}_I = P_1 + P_2 - K, \tag{28.18}$$

$$m_{II} \ddot{x}_{II} = P_3 + K. \tag{28.19}$$

Die Momentengleichungen lauten:

$$\Theta_I \ddot{\varphi} = -a\,P_1 + b\,P_2 - b\,K \tag{28.20}$$

und

$$\Theta_{II} \ddot{\gamma} = f\,P_3 - e\,K. \tag{28.21}$$

Hinzu kommen die kinematischen Beziehungen

$$y_2 = x_I + b\,\varphi$$

und

$$y_2 = x_{II} - e\,\gamma$$

und daraus

$$x_{II} = x_I + b\,\varphi + e\,\gamma. \tag{28.22}$$

Die unbekannte Kraft K bestimmen wir aus Gl. (28.19) und setzen diese Beziehung in die Gln. (28.18), (28.20) und (28.21) ein. Wenn wir gleichzeitig die kinematische Beziehung (28.22) berücksichtigen, erhalten wir damit

$$(m_I + m_{II})\,\ddot{x}_I = -m_{II}\,b\,\ddot{\varphi} - m_{II}\,e\,\ddot{\gamma} + P_1 + P_2 + P_3, \tag{28.23}$$

$$(\Theta_I + b^2\,m_{II})\,\ddot{\varphi} = -m_{II}\,b\,\ddot{x}_I - m_{II}\,b\,e\,\ddot{\gamma} - a\,P_1 + b\,P_2 + b\,P_3, \tag{28.24}$$

$$(\Theta_{II} + e^2\,m_{II})\,\ddot{\gamma} = -m_{II}\,e\,\ddot{x}_I - m_{II}\,b\,e\,\ddot{\varphi} + (e + f)\,P_3. \tag{28.25}$$

Für P_3 haben wir gemäß Gln. (28.17) und (28.22) einzusetzen

$$P_3 = d_3[\dot{x}_3 - \dot{x}_I - b\,\dot{\varphi} - (e + f)\,\dot{\gamma}] + c_3[x_3 - x_I - b\,\varphi - (e + f)\,\gamma]. \tag{28.26}$$

Mit dem Einsetzen von P_1, P_2 und P_3 nach (28.15), (28.16) und (28.26) erhalten wir das endgültige Gleichungssystem, das dann in der bekannten Weise durch Einführung geeigneter Maßstabsfaktoren in ein System von dimensionslosen Gleichungen umzuwandeln ist.

Anstatt die Aufbaubewegung und die Bewegung des Aufliegers durch die Translation und Drehung der Schwerpunkte (x_I, φ bzw. x_{II}, γ) zu beschreiben, hätte man z. B. auch Differentialgleichungen für den Aufbau- bzw. den Auflieger-hub über den Achsen aufstellen können, wodurch man symmetrische Gleichungen erhält [3]. Für die Behandlung auf dem Analogrechner ist es jedoch belanglos, welche der Möglichkeiten man wählt.

Ähnlich wie bei elektrischen Netzwerken lassen sich auch mechanische Netzwerke aus standardisierten Teilrechenschaltungen nachbilden [4], ohne daß erst die Differentialgleichungen aufgestellt werden müssen. Die praktische Anwendbarkeit solcher Methoden ist aber auch hier begrenzt. Systeme nach Art des vorhergehenden Beispiels und nichtlineare Systeme sind praktisch nur mit Hilfe der Differentialgleichungen sinnvoll zu behandeln.

28.2 Berechnung von Drehschwingungen

Die Berechnung von Drehschwingungen geschieht, wie wir bereits im vorigen Abschnitt gesehen haben, ganz analog zu der Berechnung translatorischer Bewegungen. An Stelle einer Masse m ist hier eine Drehmasse Θ, an Stelle einer Auslenkung x der Winkel φ und an Stelle von Kräften sind Momente einzusetzen.

Auf einen technisch bedeutsamen Sonderfall, bei dessen Berechnung auf dem Analogrechner Schwierigkeiten entstehen können, wollen wir in diesem Zusammenhang hinweisen.

Zu berechnen sei ein System nach Abb. 28.8, das aus den beiden Drehmassen Θ_1 und Θ_2 besteht, die über eine Kupplung mit Feder- und Dämpfereigenschaften miteinander verbunden sind. Die Drehmasse Θ_1 möge
z. B. zu einer Antriebsmaschine gehören,
und die Drehmasse Θ_2 möge angekoppelt
sein, um die Ungleichförmigkeit des An-
triebs (Kolbenmaschine) zu verringern.
Da nur die Abweichungen von der gleich-

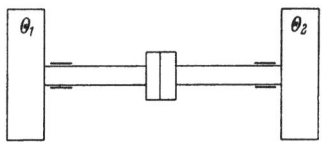

Abb. 28.8. Gekoppelte Drehmassen

förmigen Bewegung interessieren, betrachten wir nur den periodisch schwankenden Anteil im Antriebsmoment

$$M = M_p \sin\omega_p t. \tag{28.27}$$

Dementsprechend bezeichnen wir mit den Winkeln φ_1 bzw. φ_2 die *Abweichung* der momentanen Winkelstellung der Drehmassen von einem gleichförmig zunehmenden Winkel Φ_1 bzw. Φ_2. (Ein gleichförmig bewegter Körper darf wie ein ruhender Körper betrachtet werden.) Die Kupplung möge mit einem Moment reagieren, das aus einem Anteil proportional der Winkeldifferenz (Federkonstante c) und einem Anteil proportional der Winkelgeschwindigkeitsdifferenz (Dämpfungskonstante d) besteht. (Im einfachsten Falle besteht die „Kupplung" aus dem Teil der Welle zwischen Θ_1 und Θ_2.)

Wir erhalten damit für φ_1 und φ_2 die Differentialgleichungen

$$\Theta_1 \ddot{\varphi}_1 + d(\dot{\varphi}_1 - \dot{\varphi}_2) + c(\varphi_1 - \varphi_2) = M_p \sin\omega_p t, \tag{28.28}$$

$$\Theta_2 \ddot{\varphi}_2 + d(\dot{\varphi}_2 - \dot{\varphi}_1) + c(\varphi_2 - \varphi_1) = 0. \tag{28.29}$$

Für dieses Differentialgleichungssystem läßt sich nach entsprechender Normierung die Rechenschaltung Abb. 28.9 zeichnen. Wenn wir diese Rechenschaltung auf dem Analogrechner stecken, werden wir feststellen, daß φ_1 und φ_2 auch bei abgetrenntem Zwangsmoment $M_p \sin \omega_p t$ langsam nach einem etwa quadratischen Gesetz zunehmen werden.

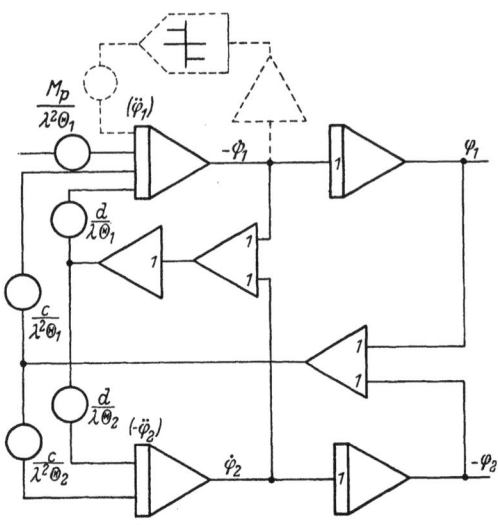

Abb. 28.9. Rechenschaltung für das Drehmassensystem

Eine genauere Betrachtung der Rechenschaltung Abb. 28.9 zeigt, daß ein solcher Effekt auch aus schaltungstechnischen Gründen zu erwarten ist. Beide Zweige der Rechenschaltung besitzen keine eigene Rückführung, sondern sind nur über die Kopplungszweige geschlossen. Diese Kopplung entspricht aber wieder der im 1. Abschnitt (Abb. 28.3) besprochenen „Regelschaltung", die dafür sorgt, daß φ_1 und φ_2 gleich sind. Wenn diese beiden Größen aber gleich sind, so daß die Differenzen $(\varphi_1 - \varphi_2)$ bzw. $(\dot\varphi_1 - \dot\varphi_2)$ verschwinden, können die Integrierer der oberen (bzw. der unteren) Integriererkette ungehindert über die unvermeidliche Driftspannung aufintegrieren, wodurch das erwähnte „Weglaufen" zustande kommt.

Da die Rechenschaltung ein analoges Modell des Systems nach Abb. 28.8 darstellt, müssen diese Schwierigkeiten auch ihre Begründung im System selbst finden. In der Tat befindet sich dieses System ja in einem labilen Gleichgewicht. Wenn die Drehmassen Θ_1 und Θ_2 sich gleichartig bewegen, wird die Kupplung weder durch ein Rückstellmoment noch durch ein dämpfendes Moment entgegenwirken. Andere Dämpfungs- oder Rückstellmomente wurden aber nicht angenommen. Wirkt jetzt an einer der Drehmassen ein äußeres Moment — und sei es noch so klein —, so ist es nur eine Frage der Zeit, bis die beiden Massen sich zu bewegen beginnen. Dieses sehr kleine Störmoment wird in der Rechenschaltung aber durch die unvermeidbare Drift der Rechenverstärker geliefert.

In vielen Fällen interessiert eigentlich nur die relative Bewegung der beiden Drehmassen gegeneinander. (Pendelung beim Abschalten einer Last; Beanspruchung des Kupplungselements usw.) Hier lassen sich die Schwierigkeiten auf einfache Art dadurch beseitigen, daß man eine einzige Differentialgleichung für die Winkeldifferenz

$$\varphi_{12} = \varphi_1 - \varphi_2 \qquad (28.30)$$

aufstellt.

Wir können diese Gleichung leicht erhalten, indem wir Gl. (28.28) durch Θ_1 und Gl. (28.29) durch Θ_2 dividieren und beide Gleichungen voneinander abziehen.

Mit der Abkürzung

$$\frac{1}{\Theta_{12}} = \frac{1}{\Theta_1} + \frac{1}{\Theta_2} = \frac{\Theta_1 + \Theta_2}{\Theta_1 \Theta_2} \qquad (28.31)$$

folgt hieraus die einfachere Differentialgleichung

$$\ddot{\varphi}_{12} + \frac{d}{\Theta_{12}} \dot{\varphi}_{12} + \frac{c}{\Theta_{12}} \varphi_{12} = \frac{M_p}{\Theta_1} \sin \omega_p t. \qquad (28.32)$$

Eine Lagerreibung läßt sich in diese Gleichung nötigenfalls einbeziehen, wenn sie auf beiden Seiten die gleiche Größe hat.

Sind die Dämpfungskräfte auf beiden Seiten der Kupplung verschieden groß, dann ist es nicht mehr möglich, eine einzige Differentialgleichung nur für die Winkelabweichung aufzustellen. Ein Kunstgriff, mit dem sich das Driften der Welle vermeiden läßt, besteht nun darin, einen Teil der Lagerreibung als COULOMBsche Reibung anzusetzen. Mit dieser Annahme — für die Analogrechenschaltung ist es gleichgültig, auf welcher Seite der Welle man sie annimmt — wird man sich sicherlich nicht weit von der Wirklichkeit entfernen. Die COULOMBsche Reibung wird (wenn man den Unterschied zwischen Haftreibung und Gleitreibung vernachlässigt) durch eine Signumfunktion (s. § 20.1.2) dargestellt. In Abb. 28.9 ist damit die Rechenschaltung in der gestrichelt eingezeichneten Weise zu ergänzen. Die COULOMBsche Reibung kann klein sein; sie muß nur größer als das antreibende Moment sein, das durch die Verstärkerdrift entsteht.

28.3 Systeme mit Anschlägen. Stoßbedingungen

Vielfach sind in einem mechanischen System Anschläge vorhanden. Wir wollen im folgenden betrachten, wie das Anstoßen einer bewegten Masse an eine zweite Masse oder an einen Anschlag in der Analogrechenschaltung realisiert werden kann.

28.3.1 Elastischer Stoß.
Als Ausgangspunkt betrachten wir ein einfaches Beispiel: Eine elastische Kugel falle aus der Anfangslage x_0 frei nach unten und stoße bei $x = x_a$ auf eine elastische Platte (Abb. 28.10). Wir

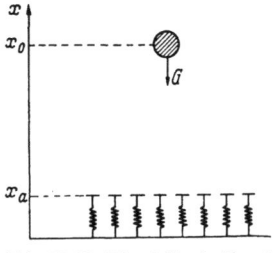

Abb. 28.10. Eine fallende Kugel stößt auf eine elastische Platte

können diese Bewegung folgendermaßen beschreiben:

$$m\ddot{x} = -G + f_s \tag{28.33}$$

mit

$$f_s = \begin{cases} 0 & \text{für} \quad x \geqq x_a, \\ c(x_a - x) & \text{für} \quad x \leqq x_a. \end{cases} \tag{28.34}$$

Wir nehmen also an, daß die Rückstellkraft durch den vollkommen elastischen Stoß proportional zur Deformation $(x_a - x)$ der Platte ist, wobei die Konstante c vom verwendeten Material abhängt. Da hier keine Energie verlorengeht, muß die Kugel nach dem Stoß wieder ihre Ausgangshöhe erreichen.

Die Bedingung (28.34) entspricht einer Funktion nach Abb. 28.11. Eine solche Knickkennlinie läßt sich nach § 20.1 mit der Schaltung Abb. 20.5a sehr genau realisieren. Durch eine geeignete Vorspannung

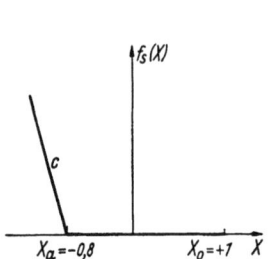

Abb. 28.11
Verlauf der rücktreibenden Kraft
als Funktion der Kugelposition

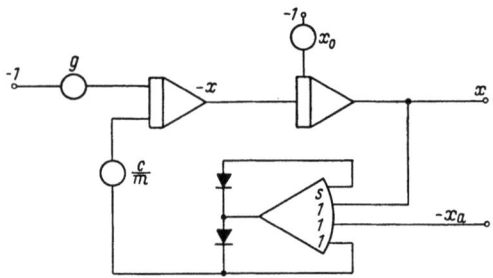

Akb. 28.12
Rechenschaltung für das Modell nach Abb. 28.10

kann man dabei den Knick an die Stelle X_a verschieben. [Es werde z. B. so normiert, daß $X_0 = +1$ wird, und die Höhe $(X_0 - X_a)$ etwa 90% des Wertebereichs $-1 \ldots +1$ des Rechners einnimmt.] Abb. 28.12 zeigt die (unskalierte) Rechenschaltung für die gestellte Aufgabe.

Als weiteres Beispiel wollen wir noch einmal das im vorigen Abschnitt betrachtete System zweier gekoppelter Drehmassen (Abb. 28.8) betrachten. Die Drehmasse Θ_1 möge z. B. einen Motor und die Drehmasse Θ_2 ein angekoppeltes Getriebe repräsentieren. Im Unterschied zu dem in Abschn. 28.2 betrachteten System sei die Ankopplung des Getriebes aber mit einer Lose behaftet. Die Kopplung der beiden Drehmassen erfolgt also erst, wenn eine bestimmte Winkeldifferenz $(\varphi_1 - \varphi_2)$ überschritten wird. Erst dann spannt sich die Welle auf und wirkt mit einem Moment, das der Winkeldifferenz proportional ist (die Dämpfung sei zu vernachlässigen). Es gilt also

$$\begin{aligned} \Theta_1 \ddot{\varphi}_1 &= M_a - M_r, \\ \Theta_2 \ddot{\varphi}_2 &= M_r \end{aligned} \tag{28.35}$$

mit

$$M_r = \begin{cases} c[(\varphi_1 - \varphi_2) + \psi] & \text{für} \quad (\varphi_1 - \varphi_2) < -\psi, \\ 0 & \text{für} \quad -\psi \leqq (\varphi_1 - \varphi_2) \leqq +\psi, \\ c[(\varphi_1 - \varphi_2) - \psi] & \text{für} \quad (\varphi_1 - \varphi_2) > +\psi. \end{cases} \tag{28.36}$$

(2ψ = gesamter Winkel der Lose; M_a = antreibendes Moment).

Die Gl. (28.36) stellt nichts anderes als den Ausdruck für eine *tote Zone* dar (vgl. § 20.1.2). Die Rechenschaltung Abb. 28.9 ist damit nach Abb. 28.13 abzuändern. Für die tote Zone in Abb. 28.13 kann man je nach den Ansprüchen an die Genauigkeit die Schaltung Abb. 20.9 b oder
die Schaltung Abb. 20.10 verwenden.

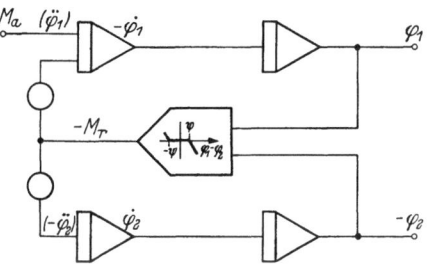

In § 20.1.2 haben wir die rechteckige Hysterese auch als Getriebelose bezeichnet. In dem vorliegenden Beispiel, in dem eine Getriebelose auftritt, kommt diese Hysterese aber nicht vor, sondern eine tote Zone. Die Erklärung hierfür ist die, daß die rechteckige Hysterese den Verlauf der Winkel*stellung* hinter einer Lose angibt, während wir in unserem Beispiel nur den durch die Lose gegebenen Verlauf des rückwirkenden *Moments* nachbilden müssen.

Abb. 28.13. Rechenschaltung für ein System zweier gekoppelter Drehmassen nach Abb. 28.8. Die Kopplung enthält eine Getriebelose

. Selbstverständlich könnte man auch in diesem Beispiel eine Dämpfung bei der Verspannung der Welle zwischen den beiden Drehmassen berücksichtigen. Die Kopplungsbedingungen sind hierbei allerdings nicht ganz so einfach zu verwirklichen. Wir werden hierauf im folgenden Abschnitt eingehen.

28.3.2 Unelastischer Stoß. Wir kehren noch einmal zu dem ersten Beispiel der fallenden Kugel zurück, nehmen aber jetzt an, daß der Stoß, den die Kugel beim Auftreffen auf die Platte ausübt (Abb. 28.10), völlig unelastisch sei.

Ein unelastischer Stoß absorbiert Energie. Man kann ihn dadurch annähern, daß man annimmt, die durch den Stoß hervorgerufene Kraft sei proportional zu der Geschwindigkeit, mit der die Deformation voranschreitet. An Stelle von Gl. (28.34) gilt damit jetzt allgemein

$$f_s = \begin{cases} 0 & \text{für} \quad x \geqq x_a \\ d(\dot{x}_a - \dot{x}) & \text{für} \quad x < x_a. \end{cases} \tag{28.37}$$

In unserem Beispiel ist $\dot{x}_a = 0$, denn wir haben wie im ersten Beispiel angenommen, daß sich die Platte zwar deformiert, aber im übrigen nicht bewegt. (Den Fall eines Stoßes zwischen zwei bewegten Massen werden wir im nächsten Abschnitt behandeln.) Bei einem unelastischen Stoß müssen wir außerdem noch beachten, daß eine bleibende (plastische) Verformung eintritt. Damit lautet in diesem speziellen Falle die Bedingung für f_s konkreter

$$f_s = \begin{cases} 0 & \text{für} \quad x \geqq x_a \\ -d\dot{x} & \text{für} \quad x < x_a \quad \text{und} \quad \dot{x} < 0 \\ 0 & \text{für} \quad x < x_a \quad \text{und} \quad \dot{x} > 0. \end{cases} \tag{28.38}$$

Nach Gl. (28.37) ist die Kraft f_s eine stückweise stetige Funktion der Geschwindigkeit $\dot{x}$, *wobei aber die Wegkoordinate x entscheidet, welcher*

Teil der Funktion gilt. Es liegt auf der Hand, daß die Erfüllung dieser
Bedingung nicht auf so einfache Art möglich ist wie beim elastischen
Stoß, wo die Kraft f_s eine Funktion des Weges selbst ist.

Die Bedingung
$$f_s = 0 \quad \text{für} \quad \dot{x} > 0$$

sorgt dafür, daß die Kugel in der begrenzenden Wand nicht stecken-
bleibt. Sie braucht zwar in unserem Beispiel nicht berücksichtigt zu
werden, da hier durch den unelastischen Stoß die Kugel nicht reflektiert

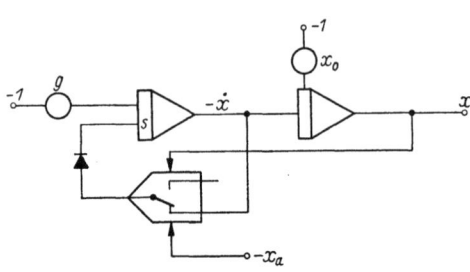

Abb. 28.14
Rechenschaltung für das Modell nach Abb. 28.10.
Der Stoß wird unelastisch angenommen

wird und die antreibende
Kraft ihr Vorzeichen nicht
wechseln kann. Diese Be-
dingung ist aber wichtig
beim *halbelastischen* Stoß
bzw. in den Fällen, in denen
im Laufe der Rechnung
die antreibende Kraft die
Richtung ändern und die
Kugel von der begrenzen-
den Wand weg bewegen
kann.

Eine Rechenschaltung zur Lösung unserer Aufgabe gibt Abb. 28.14
an. Die Bedingung 28.37 wird hier durch einen Komparator erfüllt.

Die Diode hinter dem Komparator dient zur Einhaltung der 3. Bedingung in Gl. (28.38). Die Größe $\dot{x}$ wird unmittelbar auf den Summen-

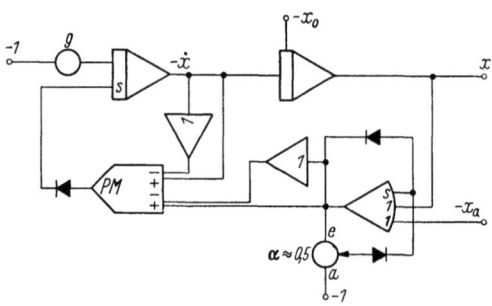

Abb. 28.15
Äquivalente Schaltung zu Abb. 28.14. Der Komparator
ist durch elektronische Rechenelemente ersetzt

punkt geschaltet. Da-
durch ist der Faktor d in
Gl. (28.37) so groß wie
nur möglich.

Mit der Verwendung
eines Komparators unter-
liegt man starken Ein-
schränkungen hinsichtlich
der Rechengeschwindig-
keit. Wenn man diese
nicht in Kauf nehmen
will, kann man auch eine
Schaltung nach Abb. 28.15

benutzen, die nur *elektronische* Rechenelemente enthält. Hier dient die
Signumfunktion (s. § 20.1.2) sozusagen als elektronischer Komparator.
Diese Funktion ist Null, wenn x größer als x_a ist, und Eins, wenn x
kleiner als x_a ist. Wenn man mit Hilfe eines Parabel-Multiplizierers die
Größe $-\dot{x}$ mit dieser Funktion multipliziert, erhält man die Kraft f_s
entsprechend Gl. (28.37).

Nachteilig bei dieser Schaltung ist die Notwendigkeit, einen Multiplizierer aufzuwenden. Dieser Aufwand ist mitunter nicht tragbar. Eine sehr elegante Methode, den Multiplizierer, der in Abb. 28.15 lediglich als elektronischer Schalter wirkt, zu umgehen, wurde von [5] angegeben. Hier wird der Multiplizierer durch einen echten elektronischen Schalter ersetzt, den man leicht mit Hilfe von im Rechner vorhandenen freien Dioden und Widerstände programmieren kann. Die Signumfunktion ist so einzustellen, daß sie den Wert 0 liefert, wenn x größer als x_a ist,

und den Wert $+1$, wenn x kleiner als x_a ist. Durch diesen Diodenschalter wird auch automatisch die Bedingung (28.38) erfüllt, da der Schalter auch im geschlossenen Zustand nur in einer Richtung leitet. Falls die Bedingungen (28.38) mit umgekehrtem Vorzeichen zu erfüllen wären, müßte man die Dioden umpolen und ebenso das Vorzeichen der Signumfunktion vertauschen. Die Schaltung nach Abb. 28.16 ist wegen ihrer

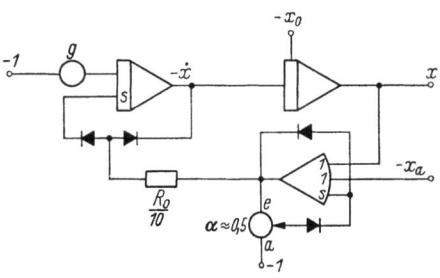

Abb. 28.16. Äquivalente Schaltung zu Abb. 28.14. Der Komparator ist durch einen speziellen elektronischen Schalter ersetzt

Einfachheit und guten Wirkungsweise der Schaltung mit einem Multiplizierer vorzuziehen.

Die in den Abb. 28.12 bis 28.16 angegebenen Schaltungen gelten natürlich nicht nur für das behandelte einfache Beispiel einer auf eine Platte fallenden Kugel. Man kann sie sinngemäß immer anwenden, wenn eine bewegte Masse an irgendeiner Stelle durch einen Anschlag gestoppt wird.

28.3.3 Halbelastischer Stoß. Der halbelastische Stoß ergibt sich als Überlagerung des elastischen und des unelastischen Falles. Es sind also die in den vorhergehenden Abschnitten angegebenen Schaltungen sinngemäß zu kombinieren. Durch ein geeignetes Größenverhältnis der Faktoren c und d [Gl. (28.34) und (28.37)] läßt sich dabei jede beliebige Stoßzahl einstellen.

Abb. 28.17 zeigt eine Schaltung, durch die mit Hilfe eines Komparators mit 2 Schaltkontakten die

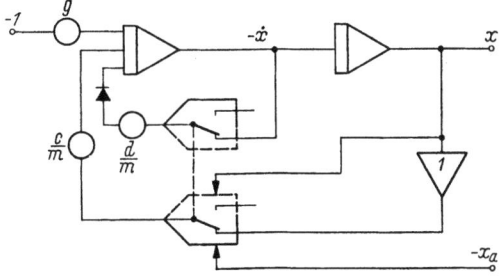

Abb. 28.17
Rechenschaltung für das Modell nach Abb. 28.10. Der Stoß wird halbelastisch angenommen

einfache Aufgabe der fallenden Kugel für den Fall eines halbelastischen Stoßes gelöst wird.

Schließlich sei noch auf eine weitere Möglichkeit hingewiesen, einen halbelastischen Stoß schaltungsmäßig einfach nachzubilden [6].

Wir betrachten hierzu ein Beispiel:

Die Bewegung einer Masse sei durch die Differentialgleichung

$$m\,\ddot{x} + r\,\dot{x} + k\,x = f_0(t) \quad \text{für} \quad x < x_a \tag{28.39}$$

beschrieben. An der Stelle $x = x_a$ möge durch einen Anschlag ein halbelastischer Stoß eintreten. Es gilt damit

$$m\,\ddot{x} + r\,\dot{x} + k\,x = f_0(t) - c(x - x_a) - d(\dot{x} - \dot{x}_a) \quad \text{für} \quad x > x_a. \tag{28.40}$$

Wir integrieren Gl. (28.40) und schreiben das Ergebnis in folgender Form

$$\dot{x} = -\frac{1}{m}\int [r\,\dot{x} + k\,x - f_0 + c(x - x_a)]\,dt - \frac{d}{m}(x - x_a). \tag{28.41}$$

Gl. (28.41) führt auf die Rechenschaltung Abb. 28.18, die nur lineare Rechenelemente enthält. Gegenüber dem vollelastischen Stoß sind zwei zusätzliche Summierer notwendig (vgl. Abb. 28.12).

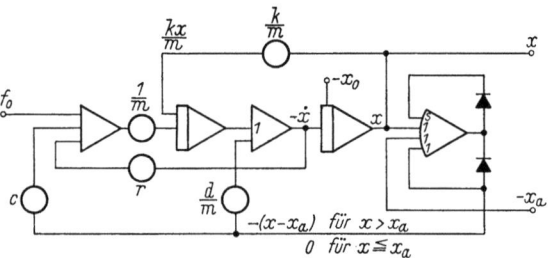

Abb. 28.18. Schaltungsmäßig einfache Nachbildung eines halbelastischen Stoßes. Bei dieser Schaltung tritt die Beschleunigung nicht in der Rechenschaltung auf

Diese Methode hat aber auch Nachteile, die ihre Anwendbarkeit begrenzen. Sie versagt, wenn auch die Beschleunigung $\ddot{x}$ in der Rechenschaltung explizit auftreten soll. Die Dämpfung durch den Stoßvorgang darf ferner nicht allzu groß sein, da diese Schaltung keine Vorkehrung enthält, die dafür sorgt, daß die bewegte Masse nach dem Stoß nicht steckenbleiben kann.

28.3.4 Zusammenstoß bewegter Massen. Es macht nun auch keine Schwierigkeiten, das zu Beginn dieses Paragraphen betrachtete Beispiel zu Ende zu führen.

Die Massen m_1 und m_2 in Abb. 28.1 können sich frei bewegen, solange

$$x_1 - x_2 - a < 0$$

ist. Sobald diese Bedingung nicht mehr erfüllt ist, besteht die Forderung

$$x_2 = x_1 - a \quad \text{und} \quad \dot{x}_2 = \dot{x}_1. \tag{28.3}$$

Wir erreichen dies nach Abb. 28.3, indem wir die *Korrekturgrößen*

$$K_0 = \begin{cases} 0 & \text{für} \quad x_1 - x_2 - a < 0 \quad (28.42\,\text{a}) \\ -A_0(x_1 - x_2 - a) & \text{für} \quad x_1 - x_2 - a \geqq 0 \quad (28.42\,\text{b}) \end{cases}$$

und

$$K_1 = \begin{cases} 0 & \text{für} \quad x_1 - x_2 - a < 0 \quad (28.43\,\text{a}) \\ -A_1(\dot{x}_1 - \dot{x}_2) & \text{für} \quad x_1 - x_2 - a \geqq 0 \quad (28.43\,\text{b}) \end{cases}$$

aufschalten. Die Kraft K_1 soll außerdem nur dann auftreten, wenn

$$(\dot{x}_1 - \dot{x}_2) > 0 \tag{28.44}$$

ist. Da der Angleichungsprozeß sehr schnell erfolgen soll, machen wir A_0 und A_1 so groß wie möglich, indem wir offene Verstärker benutzen.

Abb. 28.19 zeigt eine Schaltung, bei der die Korrekturgrößen K_0 und K_1 durch ein Komparatorrelais eingeschaltet werden. Diese Schaltung

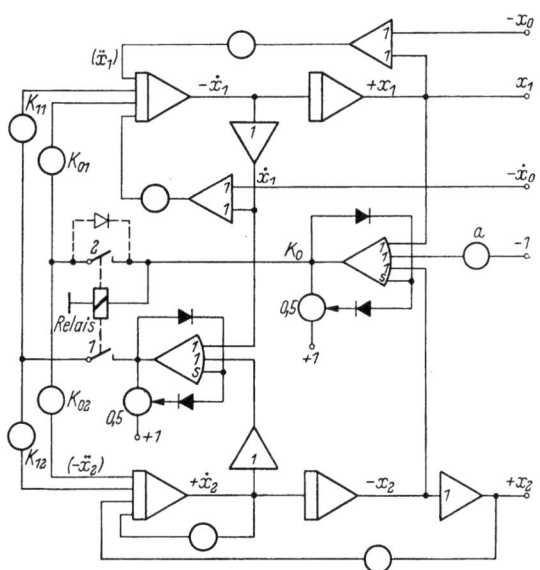

Abb. 28.19. Rechenschaltung für das System nach Abb. 28.1. Im Gegensatz zu Abb. 28.3 werden hier die Stoßbedingungen automatisch erfüllt

ist auf einen Rechner zugeschnitten, bei dem die Komparatoren nicht als selbständige Rechenelemente vorhanden sind, sondern durch Verbindung eines Relais mit einem Verstärker hergestellt werden. Der Relaiskontakt *2* ist nicht unbedingt notwendig. Er kann entfallen, wenn die Bedingung (28.42a) schon hinreichend genau durch die Signumfunktion (K_0) erfüllt wird. Wenn man sicher gehen will, ersetzt man ihn durch die gestrichelt eingezeichnete Diode.

Für eine höhere Rechengeschwindigkeit kann der Relaiskontakt *1* durch ein elektronisches Element ersetzt werden, indem man entweder wie in Abb. 28.15 einen Multiplizierer oder den elektronischen Schalter von Abb. 28.16 verwendet. Auch hier ist es zur Erhöhung der Genauigkeit empfehlenswert, den Kontakt *2* in der gestrichelt eingezeichneten Weise durch eine Diode zu ersetzen.

Zur Vollständigkeit sei erwähnt, daß man auch hier die Kopplungsbedingung (28.3) auf eine schaltungsmäßig einfachere Art erzwingen kann

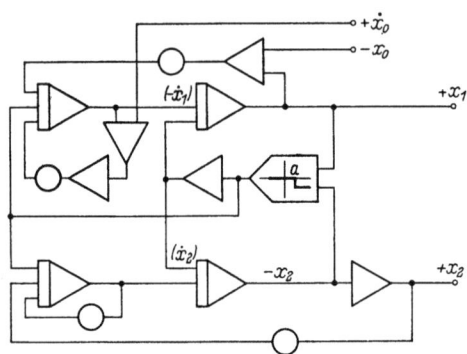

Abb. 28.20. Einfachere Schaltung, bei der die Kopplungsbedingungen nach Gl. (28.3) ebenfalls automatisch erfüllt werden. Diese Schaltung besitzt den Nachteil, daß die Beschleunigung nicht als Rechengröße auftritt

(Abb. 28.20). Diese Methode besitzt die gleichen Nachteile, wie sie bei der Besprechung der Schaltung Abb. 28.18 genannt wurden.

Literatur zu § 28

[1] GILOI, W.: Über die Behandlung elektrischer und mechanischer Netzwerke auf dem Analogrechner. Elektron. Rechenanlagen 4 (1962) H. 1, S. 27—35.
[2] HELLING, J.: Beitrag zur Abstimmung schwingungsfähiger Systeme in Lastkraftwagen. Autom.-techn. Z. 64 (Jan. 1962) H. 1, S. 14—18.
[3] GILOI, W.: Über die Einsatzmöglichkeiten des elektronischen Analogrechners in Forschung und Technik. Elektron. Datenverarbeitung 8 (Dez. 1960) S. 20 bis 28.
[4] GILOI, W.: Strukturbilder von Automobil-Federungssystemen und ihre Behandlung am Analogrechner. Vortrag auf dem Deutschen Ingenieurtag 1962. VDI-Zeitschrift 104 (1962), Nr. 29, S. 1481—1487.
[5] KORN, G. A.: Analog-Computer Representation of Inelastic Stops. IRE Trans. PGEC-9 (März 1960) S. 121.
[6] CHIESA, A. G.: Anwendung der analogischen elektronischen Rechnung bei Untersuchungen an Kraftfahrzeugen. Autom.-techn. Z. 62 (Mai 1960) H. 5, S. 126—133.
[7] JACKSON, A. S.: Analog Computation. New York: McGraw-Hill 1960.
[8] MENELEY, C. A., u. C. D. MORILL: Application of Electronic Differential Analyzers to Engeneering Problems. Proc. Inst. Radio Engrs., N.Y. 41 (1953) S. 1487.

§ 29. Systeme mit regellosen Eingangsgrößen

In einer großen Zahl von technisch wichtigen Fällen unterliegt ein physikalisches System (Regelsysteme, Filter, Flugkörper usw.) Eingangsgrößen, die im einzelnen regellos verlaufen, über eine längere Zeit aber *statistisch* beschrieben werden können (Rauschen in Nachrichtenübertragungs- und Regelsystemen, atmosphärische Turbulenzen bei einem Flugkörper, Dampfblasen in einem Siedewasserreaktor usw.). Wir nennen solche Größen „regellos" oder *stochastisch*.

Die mathematische Statistik beschäftigt sich vorwiegend damit, Wahrscheinlichkeitsaussagen über ein Kollektiv von Ereignissen zu treffen, wobei das einzelne Ereignis zufällig ist. Im Gegensatz hierzu versteht man in der Technik unter einem stochastischen Prozeß meistens die zeitliche Folge von Zuständen, die eine Variable $f(t)$ annehmen kann, wobei hier der Zustand in einem bestimmten Zeitpunkt zufällig ist. Prozesse, bei denen beide Betrachtungsweisen vertauschbar sind, nennt man *ergodisch*.

29.1 Die Kennzeichnung von regellosen Zeitfunktionen durch Verteilungsfunktion, Korrelationsfunktion und Leistungsdichte

Die wichtigsten Kenngrößen eines stochastischen Prozesses sind die

Verteilungsfunktion $F(X) = P(x \leq X)$

und die

Verteilungsdichte $f(X)\, dX \approx P(X < x \leq X + dX)$

bzw. der *Mittelwert* und die *Streuung* dieser Funktionen. Auf die Nachbildung eines stochastischen Prozesses auf dem Analogrechner und die Bestimmung dieser Kenngrößen werden wir im Abschn. 29.4 eingehen.

Zur Untersuchung des Verhaltens von physikalischen Systemen benutzt man speziell noch zwei andere Funktionen als kennzeichnende Größen: die

Korrelationsfunktion $\varphi_{ik}(\tau) = \lim\limits_{T \to \infty} \dfrac{1}{2\,T} \int\limits_{-T}^{+T} f_i(t)\, f_k(t + \tau)\, dt$ (29.1)

bzw. ihre FOURIER-Transformierte, die

Leistungsdichtefunktion[1] $\varPhi(\omega) = \int\limits_{-\infty}^{+\infty} e^{-j\omega\tau}\, \varphi(\tau)\, d\tau.$ (29.2)

---

[1] Umgekehrt ist also

$$\varphi(\tau) = \frac{1}{2\,\pi} \int\limits_{-\infty}^{+\infty} \varPhi(\omega)\, e^{j\omega\tau}\, d\omega\,.$$

Die beiden Integraltransformationen sind als die WIENER-CHINTSCHINschen Beziehungen bekannt.

Der große Nutzen der Funktionen (29.1) und (29.2) besteht darin, daß sie im Gegensatz zur regellosen Größe $f(t)$ selbst analytisch sind und sich bei linearen Systemen in die bekannte Darstellung der Systemeigenschaften durch Frequenz- und Zeitfunktionen und in die zugehörige wirkungsvolle Rechenmethodik der FOURIER- und LAPLACE-Transformation einfügen.

Wird eine Funktion $f_e(t)$ mit sich selbst korreliert, so spricht man von der *Autokorrelationsfunktion*

$$\varphi_{ee}(\tau) = \lim_{T \to \infty} \frac{1}{2T} \int\limits_{-T}^{+T} f_e(t)\, f_e(t+\tau)\, dt. \tag{29.3}$$

Diese Funktion gibt die Abhängigkeit des Funktionswerts zur Zeit $t+\tau$ von dem τ Sekunden früher erreichten Funktionswert $f_e(t)$ an. Sie gestattet damit, wichtige Aussagen über den Charakter der stochastischen Funktion zu machen.

Eine spezielle Bedeutung besitzt diese Funktion an der Stelle $\tau = 0$. Der Funktionswert

$$\varphi_{ee}(0) = \lim_{T \to \infty} \frac{1}{2T} \int\limits_{-T}^{+T} f_e^2(t)\, dt = \overline{f_e^2} \tag{29.4}$$

entspricht dem *quadratischen Mittelwert* oder in der Elektrotechnik definitionsgemäß dem Quadrat des Effektivwerts. Mit dieser Größe besitzt man z. B. ein Maß für die filternden Eigenschaften eines Netzwerks. Ist $f_e(t)$ ein Rauschsignal mit dem quadratischen Mittelwert $\overline{f_e^2(t)}$ und das System ein Filter, so gibt das Verhältnis $\overline{f_a^2}/\overline{f_e^2}$ an, um wieviel das Rauschen durch das Filter verringert wurde.

Bei zeitabhängigen und bei nichtlinearen Systemen ist eine Berechnung der gesamten Autokorrelationsfunktion praktisch nicht mehr möglich. Hingegen ist der quadratische Mittelwert noch relativ einfach zu bestimmen.

29.2 Die Analyse linearer, zeitunabhängiger Übertragungssysteme

29.2.1 Mathematische Beschreibung.
Ein lineares, zeitunabhängiges Übertragungssystem kann durch seine *Übertragungsfunktion* $G(p)$ oder durch deren LAPLACE-Transformierte, die *Gewichtsfunktion* $g(t)$ (Antwort auf einen *Dirac-Stoß* im Zeitpunkt $t = 0$) gekennzeichnet werden. Wirkt am Eingang eines solchen Systems eine definierte Zeitfunktion $f_e(t)$, so läßt sich die dadurch hervorgerufene Ausgangsgröße (Systemantwort) $f_a(t)$ nach den bekannten Methoden im Zeit- oder im Frequenzbereich berechnen. Ist die Zeitfunktion $f_e(t)$ regellos, so versagt diese Berechnungsmethode, da die Zeitfunktion nicht mehr definiert ist. Es kann nicht mehr vorhergesagt werden, welche Werte die Funktion zu den einzelnen

Zeitpunkten annehmen wird, sondern nur noch die Wahrscheinlichkeit, mit der ein bestimmter Wert auftreten wird. Statt der Zeitfunktion betrachtet man daher ihre Autokorrelationsfunktion $\varphi_{ee}(\tau)$. Diese Funktion des Verschiebungsparameters τ ist zwar keine echte Zeitfunktion; man kann aber mit ihr wie mit einer Zeitfunktion rechnen. Einen physikalischen Bezug erhält sie dadurch, daß sie die FOURIER-Transformierte der spektralen Leistungsdichte eines regellos schwankenden Signals ist, und daß ihr Wert an der Stelle $\tau = 0$ dem Effektivwert des Signals entspricht. So wie bei echten Zeitfunktionen kann nun ebenfalls die Autokorrelationsfunktion

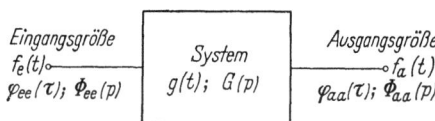

Abb. 29.1. Lineares Übertragungssystem mit regelloser Eingangsgröße

$\varphi_{aa}(\tau)$ der Ausgangsgröße aus der Autokorrelationsfunktion der Eingangsgröße und der Gewichtsfunktion des Systems berechnet werden. Abb. 29.1 soll noch einmal die Bezeichnungen erklären.

$f_e(t)$ ist die regellose Eingangsgröße mit der Autokorrelationsfunktion $\varphi_{ee}(\tau)$. Für die Autokorrelationsfunktion der Ausgangsgröße $f_a(t)$ gilt dann nach der Definition der Gl. (29.1)

$$\varphi_{aa}(\tau) = \lim_{T \to \infty} \frac{1}{2T} \int\limits_{-T}^{+T} f_a(t)\, f_a(t + \tau)\, dt. \tag{29.5}$$

Andererseits besteht in einem linearen System zwischen $f_e(t)$ und $f_a(t)$ die Beziehung

$$f_a(t) = \int\limits_{0}^{\infty} g(\sigma)\, f_e(t - \sigma)\, d\sigma. \tag{29.6}$$

Nach Einsetzen von (29.6) in (29.5) und nach Vertauschen der Reihenfolge der einzelnen Integrationen erhält man:

$$\varphi_{aa}(\tau) = \int\limits_{0}^{\infty} g(\sigma_1)\, d\sigma_1 \int\limits_{0}^{\infty} g(\sigma_2)\, d\sigma_2 \lim_{T \to \infty} \frac{1}{2T} \int\limits_{-T}^{+T} f_e(t - \sigma_1)\, f_e(t - \sigma_2 + \tau)\, dt, \tag{29.7}$$

oder, wenn man auf das letzte Integral des Produkts die Definition Gl. (29.1) anwendet:

$$\varphi_{aa}(\tau) = \int\limits_{0}^{\infty} g(\sigma_1)\, d\sigma_1 \int\limits_{0}^{\infty} g(\sigma_2)\, \varphi_{ee}(\sigma_1 - \sigma_2 + \tau)\, d\sigma_2. \tag{29.8}$$

Damit ist eine Beziehung gefunden, die es gestattet, die Autokorrelationsfunktion der Ausgangsgröße aus der Kenntnis des Systems und der Autokorrelationsfunktion der Eingangsgröße zu berechnen, ohne nähere Kenntnis der Eingangsgröße selbst. Wenn die Autokorrelationsfunktion der Eingangsgröße nicht durch theoretische Betrachtungen gefunden werden kann, muß sie gemessen werden. (Die Meßanordnung ist nicht ganz einfach, da ein Gerät benötigt wird, das eine Eingangsgröße um einen veränderlichen Wert zeitlich zu verschieben gestattet [Laufzeitgerät]. Solche „*Korrelatoren*" sind aber schon vielfach gebaut und in der Literatur beschrieben worden. Nicht zuletzt läßt sich ein Korrelator mit den geeigneten Analogrechenelementen aufbauen.) Die Auswertung des obigen Doppelintegrals erfordert einen beträchtlichen Rechenaufwand; um so mehr wird man die Hilfe schätzen, die der Analogrechner bietet.

Wir haben schon die besondere Bedeutung erwähnt, die die Autokorrelationsfunktion an der Stelle $\tau = 0$ besitzt.

Nach Gl. (29.8) ist $\overline{f_a^2}$ aus der Gleichung

$$\overline{f_a^2} = \varphi_{aa}(0) = \int\limits_0^\infty g(\sigma_1)\, d\sigma_1 \int\limits_0^\infty g(\sigma_2)\, \varphi_{ee}(\sigma_1 - \sigma_2)\, d\sigma_2 \qquad (29.9)$$

zu berechnen. Auch diese Rechnung kann allerdings recht mühsam sein. Durch Anwendung der Fouriertransformation auf Gl. (29.8) kann man die äquivalente Beziehung zwischen den Leistungsdichtespektren finden. Diese lauten:

$$\Phi_{aa}(\omega) = |G(j\,\omega)|^2\, \Phi_{ee}(\omega). \qquad (29.10)$$

Aus der Definition des Leistungsdichtespektrums und dem PARSEVAL-schen Theorem gilt ferner:

$$\overline{f_a^2} = \frac{1}{2\pi} \int\limits_{-\infty}^{+\infty} \Phi_{aa}(\omega)\, d\omega \qquad (29.11)$$

und damit

$$\overline{f_a^2} = \frac{1}{2\pi} \int\limits_{-\infty}^{+\infty} |G(j\,\omega)|^2\, \Phi_{ee}(\omega)\, d\omega. \qquad (29.12)$$

Die analytische Berechnung des quadratischen Mittelwerts aus dieser Beziehung kann u. U. einfacher sein als nach Gl. (29.9). Wir werden jedoch sehen, daß es eine sehr elegante Methode gibt, diesen Wert auf dem Analogrechner zu erhalten. Zuvor wollen wir noch eine Folgerung an Gl. (29.10) anknüpfen.

Wir nehmen an, daß das Leistungsdichtespektrum $\Phi_{ee}(\omega)$ durch eine rationale Funktion dargestellt oder zumindest beliebig gut angenähert werden kann. Aus der Definition als Leistungsdichtespektrum folgt für diese Funktion, daß sie reell und für alle Frequenzen positiv sein muß. Da sie aus dem Quadrat des Amplitudendichtespektrums hervorgeht, besteht sie nur aus geraden Potenzen der Variablen ω. [Diese letztere Eigenschaft folgt auch aus der Definition als Fouriertransformierte der geraden Autokorrelationsfunktion $\varphi_{ee}(\tau)$, da die Transformation einer geraden Funktion wieder eine gerade Funktion ergibt.] Die Funktion besitzt also die gleiche Polanordnung in der rechten wie in der linken p-Halbebene, spiegelbildlich zur $j\omega$-Achse. Spaltet man $\Phi_{ee}(\omega)$ in das Produkt zweier Funktionen

$$\Phi_{ee}(\omega) = F_1(j\,\omega)\,F_2(j\,\omega) \qquad (29.13)$$

auf, wobei die Funktion F_1 ausschließlich alle Pole links und F_2 alle Pole rechts enthält, so gilt wegen der aufgezählten Eigenschaften von $\Phi_{ee}(\omega)$:

$$F_2(j\,\omega) = F_1(-j\,\omega) = F_1^*(j\,\omega). \qquad (29.14)$$

$F_1(j\,\omega)$ und $F_2(j\,\omega)$ sind also *konjugiert komplex*, und damit ist

$$\Phi_{ee}(\omega) = F_1(j\,\omega)\,F_1^*(j\,\omega) = |F_1(j\,\omega)|^2. \qquad (29.15)$$

$F_1(p)$ kann auf Grund unserer Voraussetzungen als Übertragungsfunktion eines *realisierbaren* Netzwerks dargestellt werden. Speist man dieses Netzwerk am Eingang mit weißem Rauschen $r(t)$, dessen Autokorrelationsfunktion einem DIRAC-Stoß entspricht und dessen Leistungsdichtespektrum also konstant ist:

$$\Phi_{rr}(\omega) = N_0, \qquad \varphi_{rr}(\tau) = N_0\,\delta(\tau), \qquad (29.16)$$

so liefert das Netzwerk an seinem Ausgang nach Gl. (29.10) ein Signal mit der Leistungsdichte

$$\Phi_{11}(\omega) = |F_1(j\,\omega)|^2\,\Phi_{rr}(\omega)$$

oder mit den Gln. (29.15) und (29.16)

$$\Phi_{11}(\omega) = N_0\,\Phi_{ee}(\omega). \qquad (29.17)$$

Man kann also ein Eingangssignal mit der Leistungsdichte $\Phi_{ee}(\omega)$ und der Autokorrelationsfunktion $\varphi_{ee}(\tau)$ dadurch erhalten, daß man das realisierbare Netzwerk mit der Übertragungsfunktion $F_1(p)$ mit weißem Rauschen speist. Wir wollen dieses Netzwerk daher ein *Erzeugendes Netzwerk* nennen. Wenn unser Analogrechner mit einem Rauschgenerator ausgerüstet ist, der weißes Rauschen liefert, so kann man im Rahmen unserer Voraussetzungen stochastische Funktionen mit jedem anderen Leistungsdichtespektrum erzeugen, indem man aus den Rechenelementen des Analogrechners ein geeignetes Erzeugendes Netzwerk bildet.

29.2.2 Analogrechenverfahren zur Ermittlung der Autokorrelationsfunktion. Im folgenden werden 3 Methoden beschrieben, die es gestatten, die sehr aufwendige Berechnung der Autokorrelationsfunktion des stochastischen Ausgangssignals eines linearen Systems mit konstanten Koeffizienten mit Hilfe des Analogrechners wesentlich zu erleichtern. Welche der Methoden am zweckmäßigsten ist, hängt von der speziellen Aufgabenstellung, der Ausrüstung des Rechners, der Häufigkeit der Rechnung und anderen Faktoren ab. Ausgangspunkt für alle Methoden ist immer die Beziehung (29.8).

1. Methode:

Diese Methode ist besonders geeignet, wenn die Autokorrelations-funktion $\varphi_{ee}(\tau)$ der Eingangsgröße als eine gemessene Funktion in graphischer Form vorliegt. Um zu einer netzwerktheoretischen Interpretation der Gl. (29.8) zu gelangen, schreiben wir sie als ein System von 2 Faltungsintegralen.

Hierzu substituieren wir zunächst in Gl. (29.8)

$$\tau + \sigma_1 = -t \tag{29.18}$$

und erhalten

$$\varphi_{aa}(\tau) = \int_{-\infty}^{-\tau} g(-\tau - t)\,dt \int_0^{\infty} g(\sigma_2)\,\varphi_{ee}(-t - \sigma_2)\,d\sigma_2. \tag{29.19}$$

Da $\varphi_{aa}(\tau)$ als Autokorrelationsfunktion immer eine gerade Funktion ist, dürfen wir in Gl. (29.19) $-\tau$ durch τ ersetzen. Bezeichnen wir das 2. Integral in Gl. (29.19) mit der Abkürzung $h(-t)$, so können wir schreiben:

$$h(t) = \int_0^{\infty} g(c_2)\,\varphi_{ee}(t - c_2)\,dc_2 \tag{29.20}$$

und

$$\varphi_{aa}(\tau) = \int_{-\infty}^{\tau} g(\tau - t)\,h(-t)\,d(+t). \tag{29.21}$$

Nach Gl. (29.6) läßt sich die Hilfsfunktion $h(t)$ als Ausgangsgröße eines Systems mit der Gewichtsfunktion $g(t)$ [bzw. der Übertragungs-funktion $G(p)$] auffassen, bei dem die Funktion $\varphi_{ee}(t)$ am Eingang wirkt. Ebenso kann man $\varphi_{aa}(\tau)$ als die Antwort des gleichen Systems auf die Eingangsgröße $h(-t)$ interpretieren [für die obere Grenze des Integrals darf Null statt τ geschrieben werden, da $h(-t)$ für $t > 0$ verschwindet].

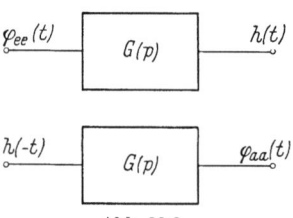

Abb. 29.2
Rechenschritte der 1. Methode

Abb. 29.2 erläutert das Verfahren, das in 2 Schritten durchgeführt werden muß.

1. Schritt: In das System mit der Übertragungsfunktion $G(p)$, das auf dem Analogrechner nachgebildet worden ist (s. § 25), wird die Funktion $\varphi_{ee}(t)$ eingegeben. Diese Funktion ist nötigenfalls auf einem Funktionsgeber eingestellt worden. Einfacher ist es, wenn die Funktion auf Magnetband gespeichert ist oder wenn die graphisch gegebene Kurve durch einen Funktionsabtaster eingegeben werden kann [und zwar die *ganze* Funktion von t, beginnend mit den Werten für negative t bis zu den positiven t-Werten, bei denen $\varphi_{ee}(t)$ wieder abgeklungen ist]. Ebenso wird gleichzeitig die Ausgangsgröße $h(t)$ des Systems aufgeschrieben. Da im 2. Schritt die Größe $h(-t)$ benötigt wird, ist es u. U. zweckmäßig, die Größe $h(t)$ von rechts nach links aufzuschreiben, um so gleich $h(-t)$ in der gewohnten Darstellung zu erhalten.

2. Schritt: Die Funktion $h(-t)$ wird jetzt an den Eingang des Netzwerks gegeben (auch hierzu ist ein Funktionsabtaster eine große Hilfe) und als gesuchte Korrelationsfunktion die Ausgangsgröße $\varphi_{aa}(\tau)$ aufgeschrieben.

2. Methode:

Die 2. Methode gestattet es, den Wert von $\varphi_{aa}(\tau)$ für einen bestimmten Wert von τ_0 in einem Rechenablauf zu gewinnen. Mit der Zeittransformation

$$\tau + \sigma_1 = t^* \tag{29.22}$$

wird aus Gl. (29.8):

$$\varphi_{aa}(\tau) = \int_\tau^\infty g(t^* - \tau)\,dt^* \int_0^\infty g(\sigma_2)\,\varphi_{ee}(t^* - \sigma_2)\,d\sigma_2. \tag{29.23}$$

Das 2. Integral können wir wieder als Faltungsintegral deuten, dessen Wert

$$h'(t^*) = g(t^*) * \varphi_{ee}(t^*) = \int_0^\infty g(\sigma_2)\,\varphi_{ee}(t^* - \sigma_2)\,d\sigma_2$$

als die Ausgangsfunktion des Systems $G(p)$ aufgefaßt werden kann, das durch die Funktion $\varphi_{ee}(t^*)$ angeregt wird. Mit dieser neuen Funktion können wir für φ_{aa} schreiben:

$$\varphi_{aa}(\tau) = \int_\tau^\infty g(t^* - \tau)\,h'(t^*)\,dt^* = \int_{-\infty}^\infty g(t^* - \tau)\,h'(t^*)\,dt^*. \tag{29.24}$$

[Die untere Integrationsgrenze in Gl. (29.24) darf nach $-\infty$ ausgedehnt werden, da $g(t^*) = 0$ für $t^* < 0$.] Damit ergibt sich schematisch die Rechenschaltung nach Abb. 29.3.

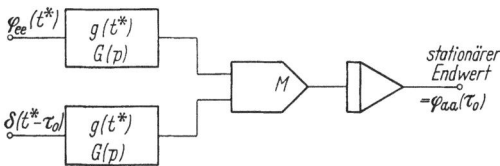

Abb. 29.3. Rechenschritte der 2. Methode

Es sind also entsprechend Abb. 29.3 folgende Schritte durchzuführen:

1. Das zu untersuchende System ist auf dem Rechner zweimal nachzubilden.

2. Das eine der beiden Systeme wird durch die Funktion $\varphi_{ee}(t^*)$ erregt. Auf das zweite System wird zur Zeit $t^* = \tau_0$ ein DIRAC-Stoß aufgeschaltet (der DIRAC-Stoß kann dabei nach § 25 durch einen Sprung oder u. U. durch geeignete Anfangsbedingungen ersetzt werden).

3. Die Ausgangsfunktionen beider Systeme werden miteinander multipliziert und das Produkt integriert. Nach genügend langer Zeit stellt sich am Ausgang des Integrierers als Endwert $\varphi_{aa}(\tau_0)$ ein.

Die Speicherung einer Zwischenfunktion ist hier vermieden. Will man jedoch die ganze Funktion $\varphi_{aa}(\tau)$ ermitteln, so ist dieses Verfahren für genügend viele Werte von τ zu wiederholen.

3. Methode:

Diese Methode ist vor allem dann geeignet, wenn nicht die Autokorrelationsfunktion, sondern das Leistungsdichtespektrum der Eingangsgröße gegeben ist, vorausgesetzt, daß diese Funktion rational ist oder durch eine rationale Funktion gut angenähert werden kann. In diesem Falle können wir ein *Erzeugendes Netzwerk* zur Gewinnung der Eingangsgröße $f_e(t)$ aus weißem Rauschen bestimmen. Wenn wir dieses Netzwerk vor das zu untersuchende System schalten, so müssen wir jetzt am Eingang des gesamten Systems anstatt $f_e(t)$ weißes Rauschen annehmen. Auch für das Gesamtsystem, dessen Gewichtsfunktion wir mit $g_1(t)$ bezeichnen wollen, gilt Gl. (29.8). Als Autokorrelationsfunktion der Eingangsgröße ist aber jetzt die des weißen Rauschens (der DIRAC-Stoß) einzusetzen. Damit wird

$$\varphi_{aa}(\tau) = \int\limits_0^\infty g_1(\sigma_1)\, d\sigma_1 \int\limits_0^\infty g_1(\sigma_2)\, \delta(\tau + \sigma_1 - \sigma_2)\, d\sigma_2.$$

Wenn wir wieder die Zeittransformation Gl. (29.22) einführen, gilt

$$\varphi_{aa}(\tau) = \int\limits_\tau^\infty g_1(t^* - \tau)\, g_1(t^*)\, dt^* = \int\limits_0^\infty g_1(t^* - \tau)\, g_1(t^*)\, dt^*. \quad (29.25)$$

Die untere Integrationsgrenze darf nach Null verschoben werden, da für $t^* < \tau$ die Funktion $g_1(t^* - \tau)$ (und damit der Integrand) Null ist.

Zur Durchführung der Rechnung auf dem Analogrechner sind also folgende Schritte notwendig:

1. Das gesamte System mit der Übertragungsfunktion $G_1(p)$ ist auf dem Rechner zweimal nachzubilden.

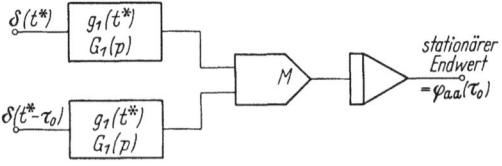

Abb. 29.4. Rechenschritte der 3. Methode

2. Zur Zeit $t^* = 0$ wird das eine System durch einen DIRAC-Stoß erregt und τ_0 Sekunden später das zweite.

3. Beide Ausgangsfunktionen werden miteinander multipliziert und das Produkt integriert. Am Ausgang des Integrierers stellt sich nach genügend langer Zeit der Wert $\varphi_{aa}(\tau_0)$ ein.

4. Um den gesamten Verlauf von $\varphi_{aa}(\tau)$ zu erhalten, ist der Vorgang für genügend viele Werte τ zu wiederholen.

Abb. 29.4 zeigt wieder schematisch die Rechenschaltung.

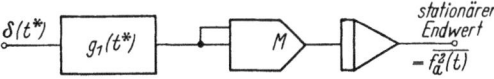

Abb. 29.5. Berechnung des quadratischen Mittelwerts

Soll insbesondere der quadratische Mittelwert der Ausgangsgröße berechnet werden, so wird das Verfahren besonders einfach. Aus Gl. (29.25) folgt für $\tau = 0$:

$$\overline{f_a^2(t)} = \varphi_{aa}(0) = \int\limits_0^\infty g_1^2(t^*)\,dt^*. \tag{29.26}$$

In diesem Falle gilt die Schaltung Abb. 29.5.

29.3 Die Analyse linearer, zeitabhängiger Systeme

In den vorhergehenden Abschnitten wurde vorausgesetzt, daß das zur Untersuchung stehende System konstante, zeitunabhängige Parameter besitzt. Es gibt aber eine Vielzahl wichtiger Fälle, wo dies nicht erfüllt ist. Im allgemeinen werden zeitabhängige Systeme durch Differentialgleichungen mit variablen Koeffizienten beschrieben, deren Behandlung auf dem Analogrechner im Prinzip immer möglich ist (s. § 19).

Die Betrachtung der Differentialgleichung versagt aber wieder, wenn die wirkende Störfunktion regellos schwankt und nur statistisch beschrieben werden kann. Auch hier sind es systemtheoretische Betrachtungen, die Beschreibung der Systemeigenschaften im Zeit- und im Frequenzbereich, die weiterhelfen können.

Bei einem System mit konstanten Parametern kann die Zeitvariable in der Gewichtsfunktion $g(t)$ willkürlich so gewählt werden, daß der DIRAC-Stoß, der die Gewichtsfunktion erzeugt, im Zeitpunkt $t = 0$ einsetzt. Demgegenüber ist es bei einem System mit variablen Parametern nicht gleichgültig, in welchem Augenblick der DIRAC-Stoß erfolgt. Zeitabhängige Systeme werden also durch eine Gewichtsfunktion

$$g(t, \tau)$$

beschrieben, die von 2 Variablen abhängt, einmal von der Zeitvariablen t, der laufenden Zeit, mit der sich auch die Parameter ändern, und zum andern von der Variablen τ, die angibt, zu welchem Zeitpunkt der DIRAC-Stoß einsetzt, der die Funktion erzeugt.

Im folgenden sei vorausgesetzt, daß sich für die regellose Eingangsgröße $f_e(t)$ des zu untersuchenden Systems immer ein realisierbares Netzwerk finden läßt, das diese Größe aus weißem Rauschen erzeugt. Die regellose Eingangsgröße $f_e(t)$ kann im allgemeinen Fall auch nichtstationär sein. Ihr Leistungsdichtespektrum ändert sich dann zeitlich und damit auch die Parameter des zugehörigen erzeugenden Netzwerks. Wie zuvor bildet dieses mit dem zu untersuchenden System ein neues Netzwerk mit der Gewichtsfunktion g_1 (Abb. 29.6). Wir wollen annehmen, daß

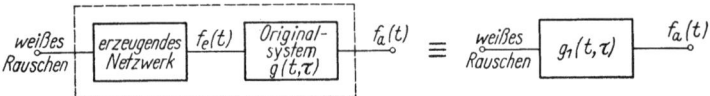

Abb. 29.6. Zusammenschaltung eines Übertragungssystems mit einem „erzeugenden Netzwerk"

aus einem der genannten Gründe dieses Gesamtsystem zeitlich veränderliche Parameter besitzt. Es ist dann $g_1 = g_1(t, \tau)$. Ein spezieller Fall eines zeitabhängigen Systems ist z. B. schon dann gegeben, wenn eine regellose Eingangsgröße zu einem bestimmten Zeitpunkt t_0 auf ein System zu wirken beginnt. Die Eingangsgröße kann dann weiterhin als stationär und zu allen Zeiten wirkend angenommen werden; das System enthält aber jetzt am Eingang einen Schalter, d. h. einen Koeffizienten, der gleich Null für $t < t_0$ und gleich Eins für $t > t_0$ ist.

Analog zu Gl. (29.26) gilt jetzt für das mittlere Fehlerquadrat zur Zeit t die Gleichung

$$\overline{f_a^2(t)} = \int\limits_{-\infty}^{t} g_1(t, \tau)^2 \, d\tau. \tag{29.27}$$

Wenn wir uns darauf beschränken, das mittlere Fehlerquadrat an einer bestimmten Stelle t_2 zu bestimmen, und wenn die Einwirkung nicht in der fernsten Vergangenheit, sondern erst zur Zeit t_1 eingesetzt haben soll, gilt

$$\overline{f_a^2(t_2, t_1)} = \int\limits_{t_1}^{t_2} g_1(t_2, \tau)^2 \, d\tau. \tag{29.28}$$

$\overline{f_a(t_2, t_1)^2}$ ist dabei der Mittelwert des Quadrats der Ausgangsgröße $f_a(t)$ eines Systems, gemessen im Zeitpunkt t_2, wenn zur Zeit t_1 bis t_2 kontinuierlich weißes Rauschen auf das System eingewirkt hat.

$g_1(t_2, \tau)$ ist der Wert der Gewichtsfunktion des Systems, den man zur Zeit t_2 messen würde, wenn zur Zeit τ ein DIRAC-Stoß eingewirkt hätte.

Eine Berechnung von $\overline{f_a(t_2, t_1)^2}$ nach Gl. (29.28) erfordert folgende Schritte:

1. Zur Zeit τ ist das gesamte System g_1 durch einen DIRAC-Stoß zu erregen, und zur Zeit t_2 ist die Antwort zu messen (oder zu berechnen).

2. Dieser Vorgang ist für alle Werte τ zwischen t_1 und t_2 zu wiederholen.

3. Die Ergebnisse sind zu quadrieren und in Abhängigkeit von τ aufzuzeichnen.

4. Die Fläche unter der Kurve ist zu ermitteln.

Abb. 29.7 möge zur Erläuterung dienen. Gezeichnet sind zwei willkürlich angenommene Gewichtsfunktionen $g_1(t, \tau_1)$ und $g_1(t, \tau_2)$, die also

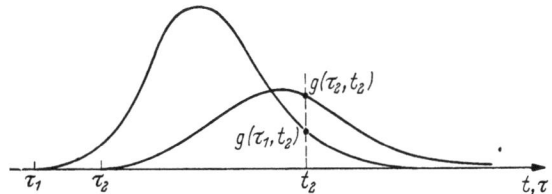

Abb. 29.7. Gewichtsfunktion eines zeitabhängigen Systems

2 Anregungszeitpunkten entsprechen. Bei einem zeitunabhängigen System sind beide Funktionen identisch. Die Meßwerte an der Stelle t_2 werden also nur die Kurve $g_1(\tau)$ wiedergeben, Gl. (29.28) vereinfacht sich folgerichtig auf Gl. (29.26). Bei einem solchen System ist es also gleichgültig, ob man in allen Zeitpunkten anregt und an einer Stelle mißt, oder in einem Zeitpunkt anregt und an allen Stellen mißt. Praktisch ist natürlich nur das zweite Verfahren durchführbar.

Beim zeitlich veränderlichen System hängt die Form der Impulsantwort (Gewichtsfunktion) vom Anregungszeitpunkt ab. Die geforderte Integration an einer festen Stelle im natürlichen Zeitablauf über eine Anzahl von Vorgängen, die zu verschiedenen Zeitpunkten einsetzen, wie es nach Gl. (29.28) zur Berechnung des mittleren Fehlerquadrats notwendig ist, kann ein Analogrechner seiner Natur nach nicht leisten. Was er kann, ist die Durchführung der umgekehrten Prozedur: Anregen in einem festen Zeitpunkt und Integration der Ausgangsgröße über ein Zeitintervall. Eine nutzbringende Anwendung des Analogrechners bei der Berechnung des Verhaltens zeitabhängiger Systeme mit regellosen Eingangsgrößen ist dann möglich, wenn es gelingt, ein System zu finden, das dem zu untersuchenden System dadurch zugeordnet ist, daß es bei der Vertauschung von Ursache und Wirkung das gleiche Ergebnis liefert. Für das zeitunabhängige System existiert ein solches zugeordnetes System, und zwar ist es nach unseren obigen Überlegungen das System selbst.

Die Regeln für die Aufstellung eines *Zugeordneten Systems* (*adjoint system*) auf dem Analogrechner sind von LANING und BATTIN [1] angegeben worden. Die Methode geht von der Überlegung aus, daß für passive, lineare physikalische Systeme eine Art Reziprozitätsgesetz (oder das Gesetz der Übertragungssymmetrie, wie man es bei elektrischen Netzwerken auch nennt) gilt. So darf man in einem passiven, linearen Netzwerk die Angriffspunkte von Ursache und Wirkung vertauschen, ohne daß sich die Verknüpfungen zwischen beiden ändern. Falls solche Regeln auch für das System g_1 gelten, stellen sich ihrer Anwendung auf eine Analogrechenschaltung sofort zwei Hindernisse entgegen.

Es ist zunächst nicht möglich, auf eine Rechenschaltung vom Ausgang her einen DIRAC-Stoß wirken zu lassen, da sich die Wirkungsrichtung der Rechenelemente nicht umkehren läßt. Das Experiment würde ferner erfordern, daß die Zeitvariable rückwärts läuft, da ja der Zeitpunkt τ, an dem im zugeordneten System gemessen werden soll, früher eintritt als die Zeit t_2, zu der der anregende DIRAC-Impuls wirkt.

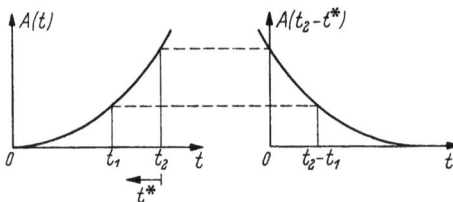

Die 2. Schwierigkeit kann tatsächlich dadurch überwunden werden, daß man die Zeitabhängigkeit der Parameter, die man auf dem Analogrechner ohnehin künstlich durch Hilfsfunktionen erzeugen muß, so bestimmt, als würde die unabhängige Variable von t_2 nach $-\infty$ fallen, statt von $-\infty$ nach t_2 anzusteigen.[1] Man führt also in das zugeordnete System die neue Zeitvariable

Abb. 29.8
Zur Transformation der Koeffizientenfunktionen eines zugeordneten Systems

$$t^* = t_2 - \tau \quad \text{(d. h. } t^* = 0 \text{ für } \tau = t_2) \tag{29.29}$$

ein, hat also in den ursprünglichen Gleichungen τ nach der Beziehung

$$\tau = t_2 - t^*$$

zu substituieren. Damit entspricht einem Koeffizienten $A(t)$ im System $g_1(t, \tau)$ der Koeffizient $A(t_2 - t^*)$ im zugeordneten System, wie es Abb. 29.8 erläutert.[2]

Die neue Variable t^* ist eine reine Rechengröße, der wir die Maschinenzeit zuordnen können.

Zur Ermittlung der zugeordneten Rechenschaltung geht man von der ursprünglichen Rechenschaltung aus. Sie enthält im Prinzip nur

---

[1] Wächst also z. B. im System $g_1(t, \tau)$ der Koeffizient $A(t)$ linear mit der Zeit von $A(t_1) = A_1$ bis $A(t_2) = A_2$ an, so läßt man ihn im zugeordneten System von $A(t^* = 0) = A_2$ auf $A(t^* = t_2 - t_1) = A_1$ abfallen.

[2] Nach den oben angestellten Betrachtungen ist jetzt τ die laufende Zeit.

Integrierer, Summierer und zeitveränderliche Potentiometer (bei Verwendung von Servo-Multiplizierern sind die zeitlich variablen Potentiometer technisch vorhanden; aber auch falls andere Multiplizierer eingesetzt werden, kann man sie hier in der gleichen Weise wie veränderliche Potentiometer behandeln). Man ersetzt nun konsequent bei allen Rechenelementen die Eingänge durch Ausgänge und umgekehrt die Ausgänge durch Eingänge.

So einfach diese Regel ist, so wenig einfach ist der exakte Beweis ihrer Richtigkeit. Der Leser sei auf das zitierte Buch [1] verwiesen.

Wir wollen uns hier darauf beschränken, an einem Beispiel zu zeigen, was dem Verfahren mathematisch zugrunde liegt. Das Beispiel wird uns auch die Regeln zur Aufstellung der zugeordneten Rechenschaltung erläutern. Ein System werde durch die Differentialgleichung beschrieben:

$$\frac{d^2 y}{dt^2} + q(t)\frac{dy}{dt} + q_0 y = f_e(t). \tag{29.30}$$

Diese Differentialgleichung führt auf die Rechenschaltung Abb. 29.9. Für $f(t) = \delta(t-\tau)$ ist $y(t) = g_1(t, \tau)$. Durch Vertauschen aller Eingänge und Ausgänge in Abb. 29.9 erhalten wir die zugeordnete Rechenschaltung Abb. 29.10.

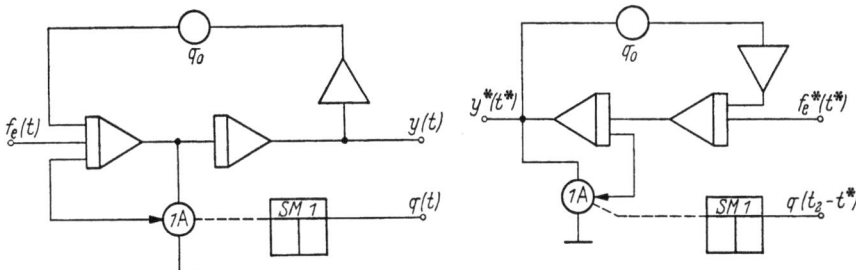

Abb. 29.9. Rechenschaltung zur Lösung der Differentialgleichung (29.30)

Abb. 29.10. Zugeordnete Rechenschaltung

Diese Rechenschaltung löst die Differentialgleichung

$$\frac{d^2 y^*}{dt^{*2}} + \frac{d}{dt^*}[q(t_2 - t^*)y^*] + q_0 y^* = f^*(t^*). \tag{29.31}$$

Dabei soll jetzt $f^*(t^*)$ ein DIRAC-Stoß an der Stelle $t = t_2$ oder nach (29.29) also an der Stelle $t^* = 0$ sein. Definitionsgemäß ist dann

$$y^* = g_1^*(0, t^*) = g_1(t_2, t_2 - \tau). \tag{29.32}$$

Gl. (29.31) ist zwar eine andere Differentialgleichung als Gl. (29.30); der Unterschied besteht aber nur in der unabhängigen Variablen. Die abhängige Veränderliche durchläuft in beiden Fällen den gleichen Wertevorrat, nämlich den der gesuchten Gewichtsfunktion $g_1(t_2, \tau)$. Man sieht an diesem Beispiel auch wieder, daß bei Systemen mit konstanten Koeffizienten Rechenschaltung und zugeordnete Rechenschaltung identisch sind.

Wie wir schon ausgeführt haben, ist ursprünglich die Gewichtsfunktion $g_1(t_2, \tau)$ dadurch zu ermitteln, daß man zu verschiedenen Zeiten

τ im Intervall $t_1 \leqq \tau \leqq t_2$ das System (also z. B. die Rechenschaltung Abb. 29.9) durch einen DIRAC-Stoß anregt und den Funktionswert im Zeitpunkt t_2 bestimmt. Dieses Verfahren ist in Abb. 29.11a für die Werte $\tau = 0$, $t_2/4$, $2t_2/4$, $3t_2/4$ angedeutet. Die Funktion $g_1(t_2, t_2 - \tau)$ erhält man dann, wenn man diese errechneten Werte als Funktion von $(t_2 - \tau)$ aufträgt und durch eine Kurve verbindet (Abb. 29.11b). Wie

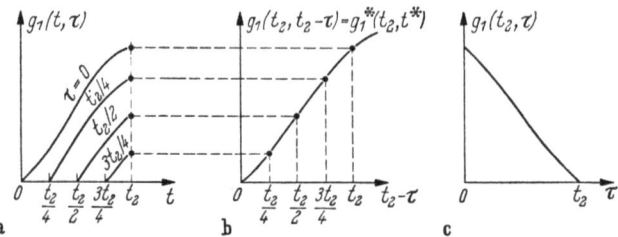

Abb. 29.11a—c. Zur Funktionsweise der Berechnung des quadratischen Mittelwerts mit Hilfe eines zugeordneten Systems

a) Gewichtsfunktion $g_1(t, \tau)$ für verschiedene Anregungszeitpunkte τ; b) Ausgangsgröße $g_1^*(t^*)$ des zugeordneten Systems; c) durch Spiegelung erhält man die gesuchte Funktion $g_1(t_2, \tau)$. Da für die Berechnung des quadratischen Mittelwerts nur die Fläche interessiert, genügt die Berechnung der Funktion b)

wir gesehen haben, liefert die zugeordnete Rechenschaltung diese Funktion $g_1(t_2, t_2 - \tau) = g_1^*(t_2, t^*)$ direkt in einem Rechenvorgang. Nach Gl. (29.27) oder (29.28) benötigen wir für die Berechnung des mittleren Fehlerquadrats die Gewichtsfunktion $g_1(t_2, \tau)$, die wir aus der erhaltenen Funktion $g_1^*(t_2, t^*)$ berechnen können. Die beiden Funktionen unterscheiden sich lediglich durch eine Zeittransformation. Hieraus folgt, daß man $g_1(t_2, \tau)$ dadurch erhält, daß gemäß Gl. (29.29) die Funktion $g_1^*(t_2, t^*)$ an der Achse $t^* = t_2$ zu spiegeln ist, wobei diese Achse gleichzeitig die Achse $\tau = 0$ des neuen Koordinatensystems wird (Abb. 29.11c).

Zur Berechnung des mittleren Fehlerquadrats nach Gl. (29.28) benötigt man die Funktion $g_1(t_2, \tau)$ nicht, sondern es genügt die Funktion $g_1(t_2, t^*)$, da es bei der Berechnung nur auf die Fläche unter den Kurven ankommt, die bei beiden Funktionen naturgemäß gleich ist. Statt Gl. (29.27) können wir mit (29.29) schreiben:

$$\overline{f_a(t_2)^2} = \int_{-\infty}^{t_2} g_1(t_2, \tau)^2 \, d\tau = \int_0^\infty g_1(t_2, t_2 - t^*)^2 \, dt^* = \int_0^\infty g_1^*(0, t^*)^2 \, dt^*. \quad (29.33)$$

Ist die untere Integrationsgrenze nicht $\tau = -\infty$, sondern $\tau = t_1$ [Gl. (29.28)], so ist auch über g_1^* nicht bis ∞, sondern nur bis $t^* = t_2 - t_1$ zu integrieren. Nach Gl. (29.33) gilt also insgesamt für die Berechnung des mittleren Fehlerquadrats mit Hilfe eines zugeordneten Systems die Prinzipschaltung nach Abb. 29.12.

Wir wollen hier noch einmal die Regeln zur Berechnung des quadratischen Mittelwerts der Ausgangsgröße eines zeitabhängigen Systems zusammenstellen:

1. Das Leistungsdichtespektrum der Eingangsgröße $f_e(t)$ ist — wenn nötig — durch eine rationale Funktion anzunähern.

2. Diese Spektralfunktion ist in ihre beiden Faktoren F_1 und F_1^* aufzuspalten (s. S. 361). Die Realisierung von $F_1(p)$ in einer Rechenschaltung ergibt das Erzeugende Netzwerk. Diese Rechenschaltung wird mit der des zu untersuchenden Systems in Reihe geschaltet. Man erhält dadurch insgesamt eine Rechenschaltung für das neue System $g_1(t, \tau)$, das bei Erregung mit weißem Rauschen die gleiche Ausgangsfunktion liefert wie das ursprüngliche System mit $f_e(t)$ am Eingang.

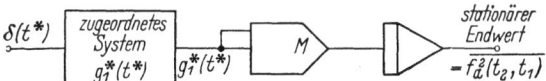

Abb. 29.12. Verfahren zur Berechnung des quadratischen Mittelwerts bei zeitabhängigem Systemen mit Hilfe eines zugeordneten Systems

3. Um die Rechenschaltung für das zugeordnete System zu erhalten, sind in der nach 2. erhaltenen Rechenschaltung konsequent alle Eingänge der Summierer, Integrierer und Koeffizientenpotentiometer (bzw. Multiplizierer) in Ausgänge zu verwandeln und umgekehrt. Die Zeitabhängigkeit der Koeffizienten ist entsprechend der Zeittransformation Gl. (29.29) umzukehren. Der Anfangswert der neuen Zeitfunktion ist dabei der Wert an der Stelle t_2, für die der quadratische Mittelwert berechnet werden soll.

4. Das zugeordnete System ist auf dem Analogrechner zu programmieren; die Koeffizientenfunktionen sind mit Hilfe von Funktionsgebern oder Unterprogrammen zu erzeugen.

5. Das System ist im Zeitpunkt $t^* = 0$ durch einen DIRAC-Stoß anzuregen; seine Ausgangsgröße ist zu quadrieren und zu integrieren. Der stationäre Endwert am Ausgang des Integrierers entspricht der gesuchten Größe $\overline{f_a(t_2)^2}$.

Um Irrtümer bei der Umwandlung einer Rechenschaltung in eine zugeordnete zu vermeiden, ist es nützlich, bei der Aufstellung der ursprünglichen Rechenschaltungen sich an folgende Regeln zu halten:

a) Alle Verstärker sollen die Verstärkung Eins haben. Man ordnet also auch Faktoren, die größer als Eins sind, zunächst einem Potentiometer zu.

b) Alle Potentiometer sollen nur einen Eingang und einen Ausgang besitzen, wenn auch dadurch die Schaltung mehr Potentiometer enthält als unbedingt notwendig (bei zeitlich veränderlichen Koeffizienten

24*

sind die zugehörigen Koeffizientenpotentiometer in Wirklichkeit Multiplizierer).

c) Das System soll für eine spezielle Eingangsgröße nur einen Eingang (und insgesamt natürlich auch nur einen Ausgang) besitzen.

d) In der zugeordneten Schaltung werden natürlich jetzt die Faktoren, die größer als Eins sind, durch Wahl entsprechender Verstärkereingänge verwirklicht.

Wirken mehrere Eingangsgrößen an verschiedenen Stellen auf das System ein, so kann wegen der Linearität des Systems für jede der Eingangsgrößen der quadratische Mittelwert der zugehörigen Ausgangsgröße gesondert nach dem beschriebenen Verfahren berechnet werden. Am Ende werden die Ergebnisse überlagert, wobei die Verhältnisse besonders einfach werden, wenn die einzelnen Eingangsgrößen unkorreliert sind. In diesem Falle dürfen die Mittelwerte einfach addiert werden.

29.4 Die Analyse nichtlinearer Systeme

In vielen Fällen läßt sich ein nichtlineares System dadurch untersuchen, daß man die nichtlineare Differentialgleichung des Systems linearisiert und dann nach den Methoden der vorhergehenden Abschnitte behandelt [2, 3].

Die Differentialgleichungen eines zu untersuchenden Systems können regellosen Störfunktionen unterworfen sein, oder die Parameter oder die Anfangswerte der Gleichungen können regellos schwanken. Eine Linearisierung führt natürlich nur dann zu brauchbaren Ergebnissen, wenn die regellosen Schwankungen auf einen hinreichend kleinen Bereich um den Arbeitspunkt beschränkt bleiben.

Die Behandlung der Aufgaben, die nicht durch Linearisierung gelöst werden können, ist auf dem Analogrechner ohne prinzipielle Schwierigkeiten möglich. Da aber die systemtheoretischen Methoden der vorhergehenden Abschnitte versagen, ist es jetzt notwendig, den *gesamten* Prozeß, also nicht nur die nichtlinearen Differentialgleichungen, sondern auch die regellosen Störgrößen, auf dem Rechner nachzubilden. Die interessierenden statistischen Kenngrößen für das Systemverhalten (quadratischer Mittelwert, Leistungsdichte, Verteilung) gewinnt man durch Messung an diesem Analogrechenmodell.

29.4.1 Erzeugung der Störgrößen.

Es wird vorausgesetzt, daß für solche Untersuchungen im Analogrechner so viele Rauschgeneratoren vorhanden sind, wie statistisch *unabhängige* Störgrößen auftreten.

Diese Rauschgeneratoren liefern eine regellose, *normalverteilte* Zeitfunktion mit konstanter Leistungsdichte („weißes Rauschen") (vgl. § 13).

Wirklich weißes Rauschen mit einer Leistungsdichte, die für alle Frequenzen konstant ist, läßt sich aus physikalischen Gründen nicht

erzeugen. Für den Analogrechner genügt es jedoch, wenn die Leistungsdichte über ein hinreichend breites Frequenzband — verglichen mit der
Bandbreite der Rechenelemente — konstant ist. Rauschen mit einem
frequenzabhängigen Leistungsdichtespektrum kann man nach Abschnitt 29.2 durch ein nachgeschaltetes lineares Filter („Erzeugendes
Netzwerk") erhalten.

Wird eine regellose Zeitfunktion mit einer anderen als der Normalverteilung benötigt, so kann man diese dadurch erhalten, daß man die
Ausgangsamplituden des Rausch-
generators entsprechend durch
einen Funktionsgeber verändert [4]
(Abb. 29.13).

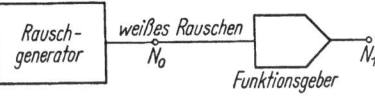

Abb. 29.13
Umwandlung von weißem Rauschen in eine
regellose Funktion mit anderer Verteilung
durch einen Funktionsgeber

Wenn $f_1(y)$ die Wahrscheinlichkeitsdichte der Ausgangsgröße $y(t)$
des Rauschgenerators und $f_2(z)$ die
Wahrscheinlichkeitsdichte der gewünschten Funktion $z(t)$ bezeichnet,
dann ist der Funktionsgeber so einzustellen, daß

$$F_1(y) = \int\limits_{-\infty}^{y} f_1(y)\,dy \quad \text{und} \quad F_2(z) = \int\limits_{-\infty}^{z} f_2(z)\,dz \qquad (29.34)$$

gleich sind. (Hierbei ist vorausgesetzt, daß beide Dichtefunktionen
den Mittelwert Null besitzen. Dies bedeutet keine Einschränkung, da
man jeden gewünschten Mittelwert durch Addition einer Gleichspannung
erhält. Bei den Rauschgeneratoren sorgt man ohnehin durch geeignete
Maßnahmen dafür, daß der Mittelwert praktisch Null ist.)

Betrachten wir als Beispiel die Umformung der (normalverteilten) Amplituden der Ausgangsgröße eines Rauschgenerators in eine Funktion mit gleich-
verteilten Amplituden (Verteilungsdichte nach Abb. 29.14b). Die Wahrscheinlichkeitsverteilung $F_1(y)$ sagt z. B. aus, daß mit der Wahrscheinlichkeit P_1
$y \leqq y_1$ ist. Aus der gewünschten Wahrscheinlichkeitsverteilung $F_2(z)$ entnehmen
wir, daß mit der gleichen Wahrscheinlichkeit P_1 $z \leqq z_1$ ist. Um diese Forderung
zu erfüllen, müssen wir den Funktionsgeber so einstellen, daß die Eingangsgröße y_1
den Ausgangswert z_1 liefert. Dieser Vergleich läßt sich bei weiteren Wahrschein-
lichkeitswerten P_i durchführen, wodurch wir eine Reihe von Wertepaaren $z_i(y_i)$
erhalten, die die Vorschrift für die Einstellung des Funktionsgebers liefern. Da
die Normalverteilung in tabellierter Form vorliegt (GAUSSsches Fehlerintegral),
fertigt man am besten von der gewünschten Verteilungsfunktion $F_2(z)$ ebenfalls
eine Tabelle an. Für die Umwandlung der Normalverteilung in eine Gleichverteilung ist der Funktionsgeber entsprechend Abb. 29.14d einzustellen.

Die stochastischen Funktionen mit der gewünschten Verteilung, die
man auf diese Weise erhält, können als Störgrößen auf ein System
wirken; es kann aber auch die Aufgabe gestellt sein, die Anfangswerte
oder sonstige Parameter der Systemdifferentialgleichung stochastisch
zu variieren. Eine Parameteränderung kann (wie allgemein bei Differentialgleichungen mit variablen Koeffizienten) durch Multiplizierer erfolgen.

In manchen Fällen sind Parameterwerte vor jedem Rechenablauf regellos zu verändern, während eines Rechenablaufs jedoch konstant zu halten. Hier sind also die entsprechenden Koeffizienten der Differentialgleichung nicht unmittelbar mit der regellosen Funktion $z(t)$ zu multiplizieren, sondern man benötigt einen Speicher, der vor Beginn eines Rechenablaufs einen zufällig gerade auftretenden Funktionswert z speichert und während des Rechenablaufs konstant hält. Diese „Zufallszahl" multipliziert man jetzt mit der entsprechenden Variablen.

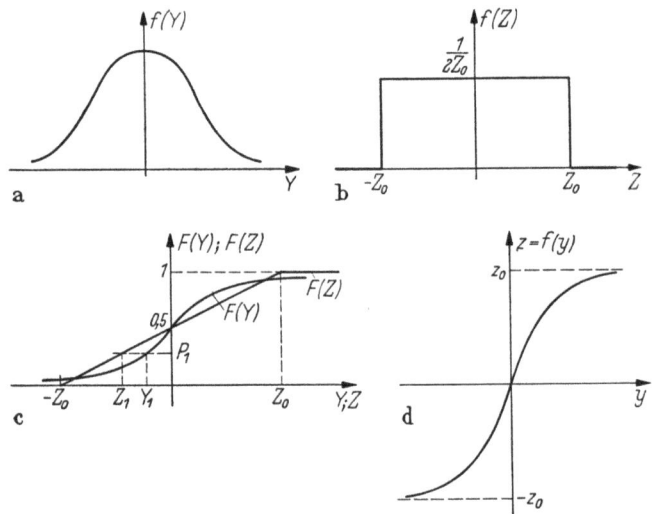

Abb. 29.14a—d. Umwandlung von weißem Rauschen in ein gleichverteiltes Rauschen
a) Verteilungsdichte des weißen Rauschens; b) Verteilungsdichte der „Gleichverteilung";
c) Betrachtung zugehöriger Wahrscheinlichkeitswerte der beiden Verteilungsfunktionen;
d) einzustellende Funktion

Als Speicher wird man normalerweise einen Integrierer verwenden, der im Augenblick des Speicherns von der Stellung „Anfangswert" in die Stellung „Halten" umgeschaltet wird (vgl. § 14.3 und § 26.2).

Wenn dabei keine Verfälschung des Leistungsspektrums der Funktion $z(t)$ eintreten soll, muß der speichernde Integrierer eine genügend kleine Zeitkonstante $1/k_s$ (bzw. einen genügend großen Integrationsfaktor k_s) besitzen. Man kann hierfür leicht die Abschätzung

$$k_s > 2 \pi f_g \qquad (29.35)$$

finden. Ist z. B. die höchste Frequenz f_g im Spektrum von $z(t)$, die in der Rechnung noch eine Rolle spielt, etwa 35 Hz (dies ist etwa die Frequenz, bis zur der der Rauschgenerator eine konstante Leistungsdichte besitzt), so muß $k_s > 200$ s^{-1} sein.

Die gleiche Überlegung gilt, wenn eine stochastische Variable als Anfangswert der Differentialgleichung wirken soll. Auch hier muß die

„Aufladezeitkonstante" klein genug sein, damit eine unzulässige Mittelwertbildung vermieden wird. Falls der Parameter oder der Anfangswert
einen nichtverschwindenden Mittelwert besitzt, ist zu der stochastischen
Variablen eine entsprechende Konstante zu addieren.

29.4.2 Messung des Mittelwerts. Zur Messung des Mittelwerts kann
man zwei verschiedene Verfahren anwenden (vgl. § 25.4.2), die Integration der Veränderlichen $y_a(t)$ oder die Mittelung durch ein Filter
(Tiefpaß).

Die Länge der Integrationszeit bzw. die Länge der Einschwingzeit
eines Tiefpasses steht in einem festen Verhältnis zur Genauigkeit, mit
der der Mittelwert berechnet werden kann. Nach [5] beträgt die notwendige Integrationszeit, um den Mittelwert von gaussischem weißen
Rauschen mit der (konstanten) Leistungsdichte N_0 [V²/Hz] mit 95%iger
Sicherheit auf $p\%$ genau zu messen

$$T \approx \frac{4 \cdot 10^4 \, N_0}{p^2 \, \overline{y}_a^2} \ \text{s.} \qquad (29.36)$$

Hierbei ist $\overline{y}_a$ der wirkliche Mittelwert (die konstante Leistungsdichte
gilt für alle Frequenzen außer der Frequenz Null).[1]

Diese Abschätzung gilt auch für bandbegrenztes Rauschen, solange
$B\,T \gg 1$ ist ($B =$ Bandbreite, über die das Rauschen konstant ist).

Die notwendige Integrationszeit bei der Berechnung des *quadratischen
Mittelwerts* hängt ebenfalls vom Leistungsdichtespektrum der Funktion
ab (vgl. § 29.4.3).

Bei stochastisch veränderlichen Koeffizienten oder Anfangswerten
der Differentialgleichung sagt ein einziger Rechenablauf (über den die
stochastische Variable konstant gehalten wird) natürlich nichts aus. Der
Mittelwert ist jetzt nicht über die Zeit, sondern über ein Kollektiv
von Rechenwerten zu bilden. Es entsteht die Frage, wie viele Rechnungen
notwendig sind, um ein Ergebnis mit einer gewissen Genauigkeit zu
erhalten. Unter der Voraussetzung, daß die gewonnenen Werte voneinander unabhängig und annähernd normal verteilt sind, lassen sich hierfür leicht *Vertrauensgrenzen* angeben.

Mit $y_1 \ldots y_n$ seien die Werte bezeichnet, die man in n Rechnungen
jeweils nach einer bestimmten Rechenzeit abgelesen hat. Der (gemessene)
Mittelwert sei dann

$$\overline{y} = \frac{y_1 + y_2 + \cdots + y_n}{n} \qquad (29.37)$$

---

[1] Wie die Formel zeigt, sind z. B. die Herstellerangaben über Rauschgeneratoren schwer nachprüfbar. Von einem Rauschgenerator wird z. B. eine konstante Leistungsdichte von 0,05 V²/Hz bei einem Mittelwert < 20 mV angegeben.
Um diese Angabe mit einer Genauigkeit von 10% nachzuprüfen, benötigt man nach
Gl. (29.36) $5 \cdot 10^4$ s oder fast 14 Stunden!

und der (gemessene) quadratische Mittelwert

$$\overline{y^2} = \frac{y_1^2 + y_2^2 + \cdots + y_n^2}{n}. \tag{29.38}$$

Die *Streuung* läßt sich hieraus nach der Beziehung

$$\sigma = \sqrt{\overline{y^2} - \overline{y}^2} \tag{29.39}$$

berechnen. Wenn $\overline{y}_0$ und σ_0 die genauen Werte von Mittelwert und
Streuung bezeichnen, wie man sie nach unendlich vielen Rechnungen
erhalten würde, so gelten für die aus n Rechnungen gewonnenen Werte
die 95%-Vertrauensgrenzen[1]

$$\overline{y}_0 \pm \frac{2\sigma}{\sqrt{n}} \quad \text{bzw.} \quad \sigma_0 \pm \frac{2\sigma}{\sqrt{2n}}, \tag{29.40}$$

vorausgesetzt, n ist hinreichend groß. Eine Vergrößerung von n verbessert also die Ergebnisse nur mit der Quadratwurzel aus n.

29.4.3 Messung der Leistungsdichte. Die Messung des Leistungsdichtespektrums kann analog zu den in § 25 angegebenen Methoden zur
spektralen Messung geschehen. Abb. 29.15 zeigt die Anordnung zur
Messung der Leistungsdichte eines Signals $f_e(t)$ mit Hilfe eines *Filters*.

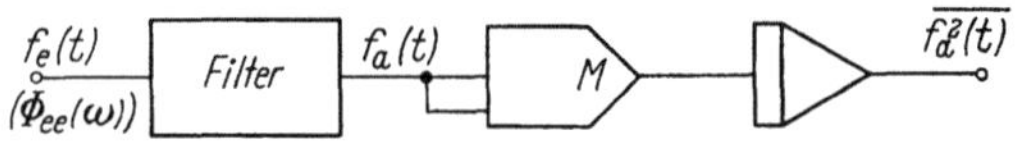

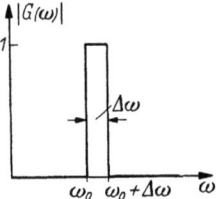

Abb. 29.15. Messung des quadratischen Mittelwerts mit Hilfe eines Filters

Wir nehmen zunächst an, das Filter sei ein *ideales* Filter mit der *Band-
breite* $\Delta\omega$; d. h. der Übertragungsfaktor sei Eins für $\omega_0 \leqq \omega \leqq \omega_0 + \Delta\omega$
und Null für alle übrigen Frequenzen (Abb. 29.16).

Wenn wir voraussetzen, daß die Eingangsspan-
nung $f_e(t)$ im Frequenzbereich $\omega_0 \leqq \omega \leqq \omega_0 + \Delta\omega$
die (konstante) Leistungsdichte $\Phi_{ee}(\omega_0)$ besitzt,
dann folgt aus der Definition der Leistungsdichte

$$\overline{f_a^2} = \Phi_{ee}(\omega_0)\, 2\Delta f = \frac{1}{\pi}\Phi_{ee}(\omega_0)\,\Delta\omega \tag{29.41}$$

oder umgekehrt

$$\Phi_{ee}(\omega_0) = \frac{\pi\overline{f_a^2}}{\Delta\omega}. \tag{29.42}$$

Abb. 29.16
Übertragungsfaktor
eines idealen Filters

Die Formel gilt bei nicht konstantem Leistungsspektrum der Eingangsspannung strenggenommen nur, wenn $\Delta\omega \to 0$ geht. Es genügt jedoch,

---

[1] Diese sind definiert:

$$P\left\{|\overline{y} - \overline{y}_0| > \frac{2\sigma}{\sqrt{n}}\right\} \leqq 0{,}05 \quad \text{und} \quad P\left\{|\sigma - \sigma_0| > \frac{2\sigma}{\sqrt{2n}}\right\} \leqq 0{,}05,$$

und gelten strenggenommen nur für die GAUSS-Verteilung. Bei anderen Vertei-
lungen ergeben sie bei hinreichend großem n eine gute Näherung.

wenn $\Delta\omega \ll \omega_0$ ist, so daß sich innerhalb der Bandbreite des Filters die Leistungsdichte praktisch nicht ändert.

Für die Meßzeit, die notwendig ist, um einen Wert des Spektrums mit 95%iger Sicherheit auf $p\%$ genau zu messen, gilt die Abschätzung [5]

$$T \approx \frac{4 \cdot 10^4}{p^2\,\Delta f}\,\text{s}. \tag{29.43}$$

Wie es nach einem bekannten Grundgesetz der Informationstheorie nicht anders zu erwarten ist, ist das Produkt $T \cdot \Delta f$ konstant. Die Messung dauert also um so länger, je feiner das Spektrum aufgelöst werden soll und je genauer die Werte zu bestimmen sind.

Ein Filter mit einer Übertragungsfunktion nach Abb. 29.16 kann physikalisch nicht realisiert, sondern nur (je nach Aufwand) mehr oder weniger gut angenähert werden. Die ein-

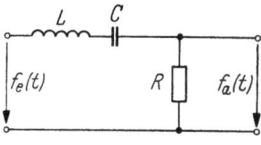

Abb. 29.17
Schwingkreis als Filter

fachste (und in den meisten Fällen auch ausreichende) Annäherung stellt ein einfacher Schwingkreis mit hoher Güte nach Abb. 29.17 dar.

Die Bandbreite Δf eines Schwingkreises ist definitionsgemäß:

$$\Delta f = \frac{f_0}{Q}, \tag{29.44}$$

wobei f_0 die Resonanzfrequenz und Q die „Güte" des Schwingkreises bezeichnen.

Der Wert $2\pi\,\Delta f = \Delta\omega$ darf aber natürlich nicht einfach in Gl. (29.42) eingesetzt werden. Es ist vielmehr für jede benutzte Filteranordnung das Verhältnis zwischen quadratischem Mittelwert der Ausgangsspannung und Leistungsdichte der Eingangsspannung zu berechnen. Hierzu kann die fundamentale Beziehung (29.12) dienen

$$\overline{f_a^2} = \frac{1}{2\pi} \int\limits_{-\infty}^{+\infty} |G(j\,\omega)|^2\,\Phi_{ee}(\omega)\,d\omega. \tag{29.12}$$

Wir wollen diese Berechnung hier für das vorliegende Beispiel im einzelnen durchführen. Sie erfolgt natürlich für andere Filteranordnungen entsprechend.

Für die Schaltung Abb. 29.17 gilt

$$G(j\,\omega) = \frac{R}{j\,\omega\,L + R + 1/j\,\omega\,C} \tag{29.45}$$

oder mit den Abkürzungen

$$\omega_0^2 = 1/L\,C \quad \text{und} \quad \alpha = R/\omega_0\,L = R\,\omega_0\,C, \tag{29.46}$$

$$G(j\,\omega) = \frac{1}{1 + j\,\dfrac{1}{\alpha}\left(\dfrac{\omega}{\omega_0} - \dfrac{\omega_0}{\omega}\right)} \tag{29.47}$$

($\alpha = 1/Q = $ reziproke Güte).

Der quadratische Mittelwert der Ausgangsgröße beträgt damit

$$\overline{f_a^2} = \frac{1}{\pi} \int\limits_0^\infty \frac{\Phi_{ee}(\omega)\, d\omega}{1 + \dfrac{1}{\alpha^2}\left(\dfrac{\omega}{\omega_0} - \dfrac{\omega_0}{\omega}\right)^2} . \tag{29.48}$$

Wenn α hinreichend klein ist (hohe Güte des Schwingkreises), ist die Bandbreite $\Delta\omega = \alpha\,\omega_0$ ebenfalls sehr klein. Der Integrand liefert im wesentlichen nur innerhalb der Grenzen

$$\omega_0 - \frac{\Delta\omega}{2} \leqq \omega \leqq \omega_0 + \frac{\Delta\omega}{2} \quad \text{oder} \quad \omega_0\left(1 - \frac{\alpha}{2}\right) \leqq \omega \leqq \omega_0\left(1 + \frac{\alpha}{2}\right)$$

einen Beitrag zum Integral. In diesem Bereich ist aber die Näherung

$$\left(\frac{\omega}{\omega_0} - \frac{\omega_0}{\omega}\right) = \frac{(\omega - \omega_0)(\omega + \omega_0)}{\omega\,\omega_0} \approx 2\left(\frac{\omega - \omega_0}{\omega_0}\right) \tag{29.49}$$

zulässig.

Es sei ferner wieder vorausgesetzt, daß die Leistungsdichte der Eingangsgröße in diesem Intervall als konstant betrachtet werden darf. Mit (29.49) und $\Phi_{ee}(\omega) \approx \Phi_{ee}(\omega_0)$ können wir statt Gl. (29.48) jetzt schreiben

$$\overline{f_a^2} = \frac{\Phi_{ee}(\omega_0)}{\pi} \int\limits_0^\infty \frac{d\omega}{1 + \left[\dfrac{2}{\alpha\,\omega_0}(\omega - \omega_0)\right]^2} . \tag{29.50}$$

Mit der Substitution

$$\frac{2}{\alpha\,\omega_0}(\omega - \omega_0) = u,$$

$$d\omega = \frac{\alpha\,\omega_0}{2}\, du = \frac{\Delta\omega}{2}\, du$$

folgt

$$\overline{f_a^2} = \frac{\Phi_{ee}(\omega_0)\,\alpha\,\omega_0}{\pi} \int\limits_0^\infty \frac{du}{1 + u^2} . \tag{29.51}$$

Der Wert des Integrals ist $\pi/2$, so daß damit für die gesuchte Leistungsdichte die Beziehung

$$\Phi_{ee}(\omega_0) = \frac{2\,\overline{f_a^2}}{\alpha\,\omega_0} = 2\,\frac{\overline{f_a^2}}{\Delta\omega} \tag{29.52}$$

gilt; ein Wert, der sich von (29.42) um den Faktor $2/\pi$ unterscheidet.

Für die notwendige Meßzeit gilt jetzt die Abschätzung [5]

$$T \approx \frac{8 \cdot 10^4}{p^2\,\alpha\,\omega_0} = \frac{4 \cdot 10^4}{\pi\, p^2\, \Delta f} \qquad (\Delta f = \alpha\, f_0); \tag{29.53}$$

ihre Größenordnung ändert sich also nicht.

Die Voraussetzung für die Gültigkeit der Näherungen ist eine hinreichend kleine Bandbreite. Andererseits wird man die Bandbreite nicht kleiner als notwendig machen, um die Meßzeit nicht unnötig groß werden zu lassen. Es ist hier der günstigste Kompromiß zu finden, der natürlich wesentlich von der zu berechnenden Leistungsdichtefunktion abhängt.

Die notwendigen sehr niedrigen Resonanzfrequenzen lassen sich natürlich nicht mehr mit Filtern aus passiven Schaltelementen erreichen.

Der Aufbau eines Filters für sehr tiefe Frequenzen aus Analogrechenelementen bereitet hingegen keinerlei Schwierigkeiten.

Eine analoge Schaltung zu dem Filter nach Abb. 29.17, d. h. eine Rechenschaltung, die die Übertragungsfunktion

$$G(p) = \frac{R}{pL + R + 1/pC} = \frac{\alpha(p/\omega_0)}{(p/\omega_0)^2 + \alpha(p/\omega_0) + 1} \qquad (29.54)$$

besitzt, läßt sich nach § 25 leicht aufstellen. Abb. 29.18 zeigt eine Schaltung, bei der Dämpfung und Resonanzfrequenz mit Hilfe von 3 Potentiometern eingestellt werden können.

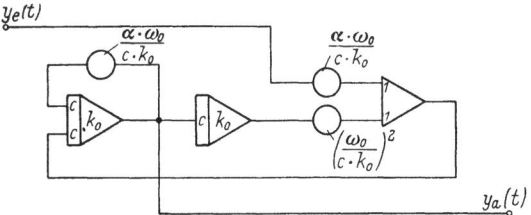

Abb. 29.18. Äquivalente Rechenschaltung zu dem Filter nach Abb. 29.17

29.4.4 Messung der Verteilung und der Verteilungsdichte. Die Messung der Wahrscheinlichkeitsverteilung erfordert lediglich einen *Komparator*, der entscheidet, ob die Variable $x(t)$ eine Schwelle X_0 überschreitet oder nicht. Als Komparator kann eine um X_0 verschobene Signumfunktion dienen, die im einen Falle den Wert Eins und im anderen den Wert Null liefert. Durch anschließende Integration erhält man unmittelbar einen Wert für die relative Aufenthaltsdauer von $x(t)$ unterhalb der Schwelle X_0 (Abb. 29.19a)[1]. Am Potentiometer ist dabei der Wert

$$\alpha = \frac{1}{k_0 T_0} \qquad (29.55)$$

einzustellen, wenn T_0 die Meßdauer ist. Abb. 29.19b zeigt die ausführliche Schaltung.

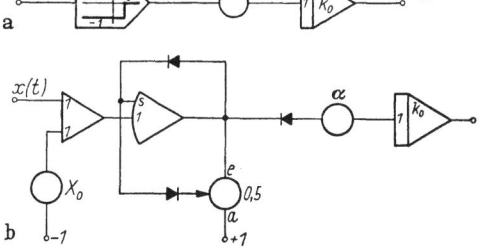

Abb. 29.19a u. b
Anordnung zur Messung der Verteilungsfunktion
a) Prinzipschaltung;   b) ausführliche Schaltung

Wenn die Verteilung von einem Ensemble von Rechenwerten, die man durch n Rechnungen erhält, bestimmt werden soll, so kann man

---

[1] Statt die Häufigkeit $P(x \leqq X_0)$ zu messen, kann man auch die Werte $Q(x > X_0) = 1 - P(x \leqq X_0)$ messen. Man spart in diesem Falle den Summierer in Abb. 29.19b.

hinter den Komparator einen Zähler schalten, der bei jedem Komparatorimpuls um Eins weiterzählt. Steht kein Zähler zur Verfügung, so kann
man die Summation durch einen Integrierer vornehmen, dem bei jedem
Komparatorimpuls (bei jeder Schwellenüberschreitung) eine definierte
Ladungsmenge zugeführt wird (Abb. 29.20).

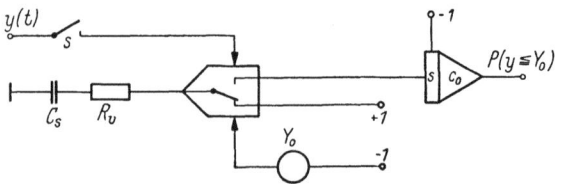

Abb. 29.20. Programmierung einer „Zählschaltung"

Die Ladungsmenge wird durch den Kondensator C_s bestimmt. Bei
n Messungen wählt man

$$C_s = C_0/n$$

(C_0 Integrierkapazität; R_v ist ein kleiner Vorwiderstand).

Damit erhält man am Ausgang des Integrierers ein direktes Maß für
die relative Häufigkeit $P(y \leq Y_0)$. Der Schalter S darf nur am Ende
jeder Rechnung während der anschließenden „Halt"-Stellung des
Rechners geschlossen sein.

Die Verteilungsdichte läßt sich auf die gleiche Weise messen, wenn
man den einfachen Komparator bei der Messung der Verteilungsfunktion
durch den „Amplitudendetektor" nach 20.18 ersetzt. Die Dichte wird
definitionsgemäß um so genauer bestimmt, je kleiner der „Schlitz" Δx
gemacht wird.

Für die notwendige Anzahl von Messungen gelten ähnliche Überlegungen wie in den vorhergehenden Abschnitten.

Bei Untersuchungen, die eine große Zahl von Rechenabläufen erforderlich machen, wird man natürlich gleichzeitig durch eine Anzahl
von Schaltungen etwa nach Abb. 29.20 so viele Punkte der Verteilungs-
kurve erfassen, wie man im Endergebnis benötigt. Trotzdem kann der
Zeitaufwand sehr groß werden, wenn n sehr groß ist; außer, wenn man
die einzelnen Rechenabläufe extrem kurz macht und den Rechner sehr
schnell repetieren läßt. Zu diesem Zwecke sind eigens Spezialrechner für
statistische Untersuchungen entwickelt worden [6]. Wegen des erheblichen Zeitaufwandes für die Messung wird man bei linearen Systemen
daher die angegebenen Rechenmethoden vorziehen.

Eine sehr interessante Methode, den Einfluß stochastischer Parameteränderungen in einem einzigen Rechenablauf auf dem normalen
„Echtzeit"-Analogrechner zu ermitteln, wurde von MEISSINGER [3] entwickelt. Wir verweisen auf die zitierte Arbeit.

29.5 Die Berechnung von Optimalfiltern

Wir nehmen an, daß die Eingangsgröße eines linearen Übertragungssystems nach Abb. 29.1 aus der Überlagerung eines Nutzsignals $s(t)$
mit einem regellosen Rausch- oder Störsignal $n(t)$ besteht

$$f_e(t) = s(t) + n(t). \qquad (29.56)$$

Das Nutzsignal kann im Prinzip auch regellos sein; in diesem Falle sei
vorausgesetzt, daß die Vorgänge stationär und unkorreliert sind. Das
betrachtete System soll ganz bestimmte Anforderungen erfüllen. Diese
können wir dadurch ausdrücken, daß wir — zunächst ohne Rücksicht
auf die Realisierbarkeit — fordern, daß das System auf die Eingangsfunktion $f_e(t)$ mit einer gewünschten Ausgangsfunktion $f_g(t)$ antworten
möge. Bei einer reinen Filteraufgabe werden wir z. B. fordern, daß

$$f_g(t) = s(t)$$

sei. Die Forderung kann aber auch darüber hinausgehen. So kann eine
Aufgabe z. B. verlangen, $s(t)$ nicht nur aus dem Eingangssignal heraus-
zufiltern, sondern gleichzeitig die Ableitung dieser Größe zu bilden.

Eine sehr wichtige Rolle spielt schließlich das sog. ,,*Vorhersagende
Filter*'' (der ,,*Predictor*''). Hier wird gefordert, daß das System nicht
nur das Nutzsignal aus dem Rauschen herausfiltert, sondern gleichzeitig zukünftige Funktionswerte von $s(t)$ voraussagt, die erst nach
einer Zeit T eintreten. Mathematisch soll also die Forderung

$$f_g(t) = s(t + T)$$

gelten. In Wirklichkeit wird das System aber mit einer bestimmten Ausgangsfunktion $f_a(t)$ antworten. Die Differenz

$$f_a(t) - f_g(t)$$

ist dann der momentane ,,Fehler'' zwischen gewünschter und wirklicher
Ausgangsfunktion. Nach WIENER nennen wir ein solches Filter dann
optimal, wenn der über alle Zeiten gebildete Mittelwert des Fehlerquadrats möglichst klein wird. Die Systemparameter sollen also so
bestimmt werden, daß der Ausdruck

$$\overline{e^2} = \lim_{T \to \infty} \frac{1}{2T} \int_{-T}^{+T} [f_a(t) - f_g(t)]^2 \, dt \qquad (29.57)$$

zu einem Minimum wird.

Ein- und Ausgangsgrößen sind über das Faltungsintegral Gl. (29.6)
mit der Gewichtsfunktion $g(t)$ des Übertragungssystems verknüpft.

Wenn man den Ausdruck für $f_a(t)$ in Gl. (29.57) einsetzt, erhält man
nach der bekannten Herleitung von WIENER [7] unter Einführung

von Korrelationsfunktionen nach (29.1) für das mittlere Fehlerquadrat

$$\overline{e^2} = \int\limits_{-\infty}^{+\infty} g(\tau)\, d\tau \int\limits_{-\infty}^{+\infty} g(\sigma)\, \varphi_{ee}(\tau - \sigma)\, d\sigma - 2 \int\limits_{-\infty}^{+\infty} g(\tau)\, \varphi_{eg}(\tau)\, d\tau + \varphi_{gg}(0).$$
$$(29.58)$$

Dabei bezeichnet $\varphi_{ee}(\tau)$ die Autokorrelationsfunktion des gesamten Eingangssignals nach Gl. (29.57), $\varphi_{eg}(\tau)$ die Kreuzkorrelationsfunktion zwischen Eingangs- und gewünschter Ausgangsgröße und $\varphi_{gg}(\tau)$ die Autokorrelationsfunktion der gewünschten Ausgangsgröße.

Die Bedingung dafür, daß $\overline{e^2}$ zu einem Minimum wird, läßt sich durch Anwendung der Variationsrechnung auf (29.58) ermitteln. Es ergibt sich als notwendige und hinreichende Bedingung die *Wiener-Hopf-Integralgleichung*

$$\int\limits_{-\infty}^{+\infty} g_{\text{opt}}(\sigma)\, \varphi_{ee}(\tau - \sigma)\, d\sigma - \varphi_{eg}(\tau) = 0 \quad \text{für} \quad \tau > 0. \quad (29.59)$$

Die Lösung dieser Gleichung liefert die Gewichtsfunktion des „*Optimalen Filters*" g_{opt}, aus der dann die Systemparameter bestimmt werden können. Dabei besteht aber noch die Nebenbedingung, daß das System realisierbar sein muß. Man sucht letztlich also eine Funktion $g(t)$, für die gilt

$$\begin{aligned} g(t) &= 0 \quad &&\text{für} \quad t < 0, \\ g(t) &= g_{\text{opt}} \quad &&\text{für} \quad t > 0. \end{aligned} \quad (29.60)$$

Die Berechnung von $g(t)$ kann sehr mühsam sein. Wir wollen deshalb auch hierfür ein Verfahren angeben, das es erlaubt, einen Analogrechner zu Hilfe zu nehmen [8].

Gl. (29.61) können wir auch schreiben

$$\int\limits_{-\infty}^{+\infty} g_{\text{opt}}(\sigma)\, \varphi_{ee}(\tau - \sigma)\, d\sigma = \varphi_{eg}(\tau) + h(\tau). \quad (29.61)$$

$h(\tau)$ ist eine beliebige Funktion, die lediglich die Bedingung

$$h(\tau) = 0 \quad \text{für} \quad \tau > 0 \quad (29.62)$$

erfüllen muß.

Die linke Seite von Gl. (29.61) können wir als Faltungsintegral auffassen. Bei der Anwendung der LAPLACE-Transformation vereinfacht sich eine Faltung im Zeitbereich zu einem Produkt im Bildbereich. Es ist deshalb für die weitere Betrachtung zweckmäßig, Gl. (29.61) in den Bildbereich zu transformieren. Da die Funktionen g_{opt}, φ_{ee} und φ_{eg} für negative Zeiten nicht verschwinden, kann nicht die gewöhnliche einseitige LAPLACE-Transformation angewendet werden, sondern wir müssen zur *zweiseitigen* Transformation übergehen [9]. Wir erhalten

$$G_{\text{opt}}(p)\, \Phi_{ee}(p) = \Phi_{eg}(p) + H(p). \qquad (29.63)$$

Sowohl $G_{\text{opt}}(p)$ wie auch $\Phi_{ee}(p)$ und $\Phi_{eg}(p)$ sind Bildfunktionen von Funktionen, die auch für negative Zeiten definiert sind; d. h. sie besitzen nach den Regeln der zweiseitigen LAPLACE-Transformation Pole in der ganzen Ebene. $H(p)$ besitzt wegen Gl. (29.62) nur Pole rechts. Die Funktion $\Phi_{ee}(p)$ wollen wir in das Produkt zweier Teilfunktionen aufspalten:

$$\Phi_{ee}(p) = F_1(p)\, F_2(p). \qquad (29.64)$$

$F_1(p)$ soll dabei alle Pole und Nullstellen von $\Phi_{ee}(p)$ in der linken Halbebene enthalten, $F_2(p)$ alle Pole und Nullstellen in der rechten Halbebene. Wenn wir nun Gl. (29.63) nach $H(p)$ auflösen und durch $F_2(p)$ dividieren, erhalten wir

$$\frac{H(p)}{F_2(p)} = G_{\text{opt}}(p)\, F_1(p) - \frac{\Phi_{eg}(p)}{F_2(p)}. \qquad (29.65)$$

Der Term auf der linken Seite von Gl. (29.65) besitzt nach den Voraussetzungen nur Pole in der rechten Halbebene. Also hat auch der Ausdruck auf der rechten Seite ebenfalls nur Pole in der rechten Halbebene. Ersetzen wir jetzt gemäß (29.60) die Funktion $G_{\text{opt}}(p)$ durch die Übertragungsfunktion $G(p)$ eines realisierbaren Netzwerks, so hat

$$G(p)\, F_1(p)$$

nur Pole links, die den Polen entsprechen müssen, die

$$\frac{\Phi_{eg}(p)}{F_2(p)} = Z(p) \qquad (29.66)$$

in der linken Halbebene besitzt, wenn der ganze Ausdruck (29.65) auch jetzt nur Pole rechts besitzen soll. Bezeichnen wir mit $Z^*(p)$ die Glieder der Partialbruchentwicklung von $Z(p)$, die die linksseitigen Pole kennzeichnen, so muß also nach dem vorherigen gelten

$$G(p) = \frac{Z^*(p)}{F_1(p)}. \qquad (29.67)$$

Für die Zeitfunktionen $z^*(t)$ gilt demnach

$$z^*(t) = 0 \quad \text{für} \quad t < 0$$
$$z^*(t) = z(t) = \mathfrak{L}^{-1}\left[\frac{\Phi_{eg}(p)}{F_2(p)}\right] \quad \text{für} \quad t > 0 \qquad (29.68)$$

($\mathfrak{L}^{-1}$ ist der inverse LAPLACE-Operator).

Nach Gl. (29.68) ist die benötigte Zwischenfunktion $z(t)$ als Antwort eines Systems mit der Übertragungsfunktion $1/F_2(p)$ auf die Eingangsgröße $\varphi_{eg}(t)$ zu berechnen. Ein System mit der Funktion $1/F_2(p)$ ist allerdings nicht realisierbar, wohl aber die Funktion $1/F_2(-p)$. Da

$\Phi_{ee}(p)$ eine gerade Funktion ist, ist $1/F_2(-p) = 1/F_1(p)$. Statt Gl. (29.66) benutzen wir also die Gleichung

$$Z(-p) = \frac{\Phi_{eg}(-p)}{F_2(-p)} = \frac{\Phi_{eg}(-p)}{F_1(p)}. \qquad (29.69)$$

Nach den Regeln der zweiseitigen LAPLACE-Transformation entspricht das Ersetzen von p durch $-p$ in der Bildfunktion einer Substitution von t durch $-t$ in der Zeitfunktion. Damit können wir die gesuchte Funktion $g(t)$ in 2 Schritten nach dem Schema von Abb. 29.21 berechnen.

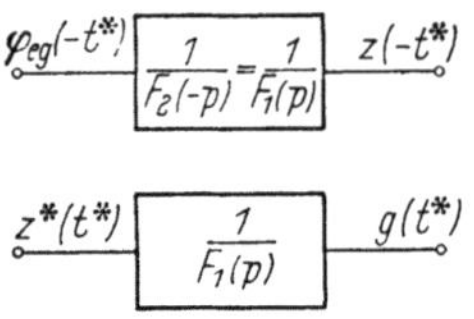

Die Übertragungsfunktion $1/F_1(p)$ ist praktisch immer auf dem Analogrechner nachzubilden [8].

Abb. 29.21
Rechenschritte zur Berechnung der Gewichtsfunktion eines optimalen Filters

Die Funktion $\varphi_{eg}(-t)$ können wir erhalten, indem wir eine Funktion aufbauen, die den Wertevorrat von $\varphi_{eg}(t)$ in umgekehrter Richtung durchläuft. Normalerweise ist die Kreuzkorrelationsfunktion $\varphi_{eg}(\tau)$ eine gemessene Funktion, die man am Analogrechner mit einem Funktionsgeber nachbildet. Dabei ist es natürlich gleichgültig, ob man $\varphi_{eg}(t)$ oder $\varphi_{eg}(-t)$ einstellt, d. h. die Funktion $\varphi_{eg}(t)$ in umgekehrter Richtung abtastet.

Bei der Berechnung von $g(t)$ ist also nach folgendem Schema zu verfahren:

1. Man stelle eine Rechenschaltung her, die die Übertragungsfunktion $1/F_1(p)$ erfüllt (vgl. § 25).

2. Man stelle die Funktion $\varphi_{eg}(\tau)$ auf einem Funktionsgeber ein.

3. Man errege die Rechenschaltung durch die Funktion $\varphi_{eg}(-\tau)$. (Abtasten von rechts nach links.) Die Ausgangsgröße ist $z(-t)$. Man schreibe diese Funktion von rechts nach links auf. Dadurch erhält man $z(t)$.

4. Man stelle den Teil von $z(t)$ für $t > 0$ auf einem Funktionsgeber ein. Mit dieser Funktion $z^*(t)$ errege man erneut die Rechenschaltung. Das Ergebnis ist die gesuchte Funktion $g(t)$.

Sehr nützlich ist natürlich auch hier wieder ein Funktionsabtaster.

Literatur zu § 29

[1] LANING, J. H., u. R. H. BATTIN: Random Processes in Automatic Control. New York: McGraw-Hill 1956.

[2] MEISSINGER, H. F.: The Use of Parameter Influence Coefficients in Computer Analysis of Dynamic Systems. Proceedings of the Western Joint Computer Conference, May 1960.

[3] MEISSINGER, H. F.: Parameter Influence Coefficients and Weighting Functions Applied to Perturbation Analysis of Dynamic Systems. Proceedings of the Third International Meeting on Analog Computation, Opatija (Yugoslavia), Sept. 1961.

[*4*] BENNET, R. R.: Analog Computing Applied to Noise Studies. Proc. Inst. Radio Engrs., 41 (Okt. 1953) Nr. 10, S. 1509—1513.

[*5*] GILOI, W. Die Behandlung von Systemen der Regelungs- und Nachrichtentechnik mit regellosen Eingangsgrößen auf dem Analogrechner. (Noch unveröffentlicht.)

[*6*] VAN DER VELDE, W. E.: Make Statistical Studies on Analog Simulations. Control Engng. 7 (Juni 1960) Nr. 6, S. 127—130.

[*7*] WIENER, N.: The Extrapolation, Interpolation, and Smoothing of Stationary Time Series. New York: Wiley 1949.

[*8*] GILOI, W.: Ein Verfahren zur Berechnung von Optimalfiltern auf dem Analogrechner. Elektron. Rechenanlagen 3 (1961) H. 2, S. 61—65.

[*9*] VAN DER POL, B., u. H. BREMMER: Operational Calculus Based on the Two-sided Laplace Integral. London: Cambridge University Press 1950.

[*10*] GILOI, W.: The Analysis and Synthesis of Systems with Random Inputs Using the Analog Computer. Proceedings of the Third International Meeting on Analog Computation, Opatija (Yugoslavia), Sept. 1961.

V. Fehlermöglichkeiten und Fehlersuche

§ 30. Die Ausprüfung einer Rechenschaltung

30.1 Fehlermöglichkeiten in einem Analogrechenprogramm

Jede numerische Lösung einer Aufgabe ist unvollständig, wenn nicht durch geeignete Kontrollen die Richtigkeit der Rechnung gesichert wird. Dieser Grundsatz gilt natürlich auch für eine maschinelle Lösung auf dem Analogrechner, wobei hier 2 Arten von Fehlerquellen zu untersuchen sind:

1. Fehler in der Rechenschaltung und
2. Fehler, die durch die Maschine verursacht werden.

Die beiden Fehlermöglichkeiten unterscheiden sich nicht nur in ihren Auswirkungen, sondern vor allem auch in ihrer Häufigkeit. Fehler in der Rechenschaltung sind sicher zu mindestens 90% aller Fälle für den Mißerfolg einer Rechnung verantwortlich; auch wenn dies von Neulingen am Analogrechner immer wieder bestritten werden wird.

Die *Fehler in der Rechenschaltung* können auf eine ganze Reihe von Ursachen zurückgehen. Bei jedem Schritt, der bei der Lösung einer Aufgabe ausgeführt wird, können sich Fehler einschleichen, angefangen vom Aufstellen der Gleichungen (besonders beliebt sind hier Vorzeichenfehler) über die Normierung und die Aufstellung der Rechenschaltung bis zu ihrer Übertragung auf das Programmierfeld der Maschine. Wir werden daher im folgenden ausführlicher auf die verschiedenen Verfahren zur Programmprüfung und Fehlersuche eingehen.

Bei groben *Maschinenfehlern*, wie dem Ausfall von elektronischen Geräten und Bauteilen (z. B. Röhrenfehler, schlechte Relaiskontakte usw.), sind im allgemeinen entsprechend große Fehler in den Lösungen zu erwarten. Meistens spricht aber in solchen Fällen die *Übersteuerungsanzeige* an, so daß eine Fehlersuche entfällt. Außerdem sollten bei einem Rechner, der einem ständigen und gründlichen Wartungsdienst unterliegt, solche Ausfälle nur selten auftreten.

Häufiger werden Lösungsfehler durch Rechenelemente verursacht, die durch Alterung ungenau geworden sind, oder die von vornherein nur eine begrenzte Genauigkeit oder eine begrenzte Anwendungsmöglichkeit besitzen. Diese Fehler können u. U. nur geringfügige Abweichungen der Ergebnisse bewirken, so daß sie nicht so leicht erkannt werden.

Die Frage, inwieweit Abweichungen vom exakten Verlauf einer Lösung zugelassen werden können und wann man von einem falschen, d.h. unbrauchbaren Ergebnis sprechen muß, kann selbstverständlich nicht generell beantwortet werden; es können lediglich für bestimmte Aufgabenbereiche allgemeine Grenzen gezogen werden. So sieht man z. B. bei den meisten technischen Aufgaben Abweichungen in der Größenordnung von Prozent als zulässig an, da das mathematische Modell und die verwendeten Parameterwerte oft ohnehin nicht genauer bekannt sind.

Wenn wir von der Möglichkeit von Programmierfehlern und von defekten Rechenelementen zunächst absehen, so ist die Genauigkeit einer Lösung im wesentlichen eine Funktion folgender Faktoren:

1. Genauigkeit der einzelnen Rechenoperationen.
2. Art der Aufgabe.
3. Wahl der Rechenschaltung und der Normierung.

Die Größe des Fehlers der einzelnen Rechenoperationen sagt allein noch nicht allzuviel über den eigentlichen Lösungsfehler aus, denn der zweite Faktor, die Art der Aufgabe bzw. der Aufbau der Rechenschaltung, bestimmt das Gewicht, mit dem die Einzelfehler in die Lösung eingehen. Wenn z. B. bei technischen Problemen noch Lösungsfehler in der Größenordnung von Prozent erträglich sind, so bedeutet dies nicht, daß dann auch die einzelnen Rechenoperationen Fehler in dieser Größenordnung aufweisen dürfen, denn bei den meisten Aufgaben gehen die Einzelfehler keineswegs linear in die Gesamtlösung ein.

30.2 Methoden zur Ausprüfung und Fehlersuche

30.2.1 Vorprüfungen. Eine einfache und sehr nützliche Vorprüfung ist die Prüfung auf Stabilität der Rechenschaltung. Man setzt zunächst alle Anfangswerte und Störgrößen gleich Null und schaltet den Rechner ein. Bei einer stabilen Rechenschaltung bleiben an allen Stellen die Spannungen auch nach langer Zeit vernachlässigbar klein. In den Fällen, in denen die Rechenschaltung ein stabiles System nachbilden soll, weisen zeitlich anwachsende Ausgangsgrößen untrüglich auf Programmierfehler hin. Die häufigsten Fehler, die in der Praxis vorkommen, sind Vorzeichenfehler. Die Möglichkeiten für einen Irrtum sind hier beim Aufstellen der Differentialgleichungen ebenso groß wie beim Entwurf der Rechenschaltung. Schließlich kann auch ein Steckfehler (man verbindet irrtümlich die falschen Rechenelemente) in erster Näherung wie ein Vorzeichenfehler wirken.

Nach § 15.1 äußern sich Vorzeichenfehler bei Differentialgleichungen durch instabile Wurzeln. Wir haben dort die Frage der Stabilität einer Differentialgleichung deshalb so ausführlich behandelt, um zu zeigen, daß auch falsch eingestellte Koeffizienten zur Instabilität führen können. Zwischen beiden Fällen besteht aber meist ein gewisser Unterschied, so daß die Faustregel gilt:

Zeigt eine Rechenschaltung unzulässige instabile Lösungen, die sehr rasch exponentiell ansteigen, so ist auf einen Vorzeichen- oder einen Steckfehler zu schließen. Wächst die Lösung langsam oszillierend an, so prüfe man zunächst einmal die Koeffizienteneinstellung nach, nötigenfalls auch die Berechnung der Koeffizientenwerte.

Eine grobe, in vielen Fällen jedoch erfolgreiche Sicherung gegen Steckfehler besteht darin, auf dem Programmierfeld die Zahl der Ein- und Ausgänge jedes Rechenelements nachzukontrollieren. Auf diese Weise werden häufig schon die Stellen entdeckt, an denen Verbindungsleitungen fehlen oder falsch gesteckt wurden.

Hat eine Rechenschaltung diese einfachen Tests bestanden, so ist natürlich nur eine *notwendige* Bedingung für die Richtigkeit der Lösung erfüllt. Eine genauere Kontrolle der gesteckten Rechenschaltung, die gleichzeitig anzeigt, ob alle Rechenelemente arbeiten, bietet das statische Programmprüfen.

30.2.2 Statisches Programmprüfen. Das Verfahren der *statischen Prüfung* haben wir schon in § 6.2 angewandt. Es besteht im einfachsten Falle darin, daß an allen Integrierern bestimmte Anfangsbedingungen als Prüfwerte vorgegeben werden. Diese können mit den nicht verschwindenden Anfangsbedingungen des Problems identisch sein oder willkürlich gewählt werden. In der Stellung „Pause", in der die Eingänge der Integrierer abgetrennt sind, während alle anderen Rechenelemente voll arbeiten, werden nun die Ausgangsgrößen an den einzelnen Rechenelementen gemessen. Diese müssen mit den Werten übereinstimmen, die aus den gegebenen Gleichungen berechnet werden können, wenn die Variablen und ihre Ableitungen gleich den gewählten Anfangsbedingungen gesetzt werden.

Bei der statischen Prüfung werden also nur arithmetische Operationen ausgeführt. Stabilitätsschwierigkeiten können nicht auftreten, da die Rechenschaltung nicht geschlossen ist. Das geschilderte Verfahren gestattet die Kontrolle der gesamten Rechenschaltung mit Ausnahme der Integrierer und ihrer Eingänge.

Will man die Integrierer (und vor allem die zu ihnen führenden Verbindungsleitungen) in die Prüfung mit einbeziehen, so kann man ihre Summenpunkte nacheinander auf den Summenpunkt eines besonderen Summierers schalten, an dessen Ausgang dann die Eingangswerte der Integrierer gemessen werden können.

Die beschriebenen Schaltungsmöglichkeiten zur statischen Prüfung haben den Nachteil, daß das aufgesteckte Programm zur Prüfung verändert werden muß (z. B. dadurch, daß bestimmte Anfangswerte bei allen Integrierern vorgegeben werden müssen, obwohl die Anfangswerte der gestellten Aufgabe teilweise Null sein können). Bei allen größeren modernen Analogrechenanlagen ist daher eine besondere Rechenstellung „Statische Prüfung" eingebaut, in der das Programm ohne Änderung der Schaltung durchgeprüft werden kann.

Bei manchen Rechnern wird in dieser Rechenstellung unmittelbar das oben genannte Verfahren ausgeführt [1]: Der Summenpunkt eines eigenen „Prüfverstärkers" wird nacheinander über Relais an die jeweils angewählten Integrierer angeschlossen, um dort die Eingangssumme zu messen. Die Integrierer verbleiben in der Rechenstellung „Pause", d. h. ihre Summenpunkte sind vom Verstärker abgetrennt. Als Prüfspannungen dienen die Anfangsbedingungen der zu lösenden Aufgabe. Um auch an diejenigen Integrierer Prüfspannungen in Form von Anfangsbedingungen anlegen zu können, deren Anfangswerte normalerweise Null sind, stehen besondere Bezugsspannungen auf dem Steckfeld zur Verfügung, die nur in der Rechenstellung „Statische Prüfung" eingeschaltet sind.

Während sich die geschilderte Ausführungsform für die Betriebsart „Statische Prüfung" noch eng an das manuelle Verfahren anschließt, hat sich bei den meisten Analogrechnern (Telefunken, Beckman) ein System durchgesetzt, das die Prüfspannungen völlig von den Anfangsbedingungen unabhängig macht [2].

Hierbei wird die Rechenschaltung nicht mehr an den Eingängen, sondern an den Ausgängen der Integrierer aufgetrennt (Abb. 30.1). Gleichzeitig werden eigene Prüfpotentiometer zur Einspeisung von Prüfspannungen angeschlossen, die die oben verwendeten Anfangsbedingungen ersetzen.

Anstatt einen gesonderten Prüfverstärker zu verwenden, werden die Eingangssummen mit den Integrierern selbst gemessen, indem diese mit besonderen Relais zu Summierverstärkern umgeschaltet werden. (Genaugenommen wird, wie Abb. 30.1 zeigt, ein Widerstand R_0

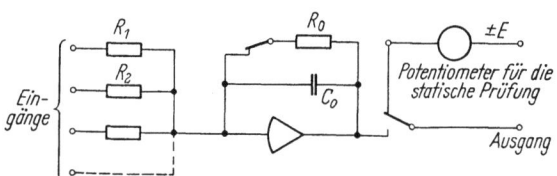

Abb. 30.1. Schaltung der Integrierer in der Betriebsart „Statische Programmprüfung"

zum Integrationskondensator C_0 parallelgeschaltet. Aus dem Integrierer wird dadurch ein Summierer mit der Zeitkonstanten $R_0 C_0$.)

Die Anwendung der statischen Prüfung wird wesentlich vereinfacht, wenn der verwendete Analogrechner Einrichtungen aufweist, mit deren Hilfe die Ausgangsspannungen der Rechenelemente automatisch ausgedruckt werden können. Dadurch wird die zur Prüfung notwendige Maschinenzeit gering gehalten, da die eigentliche Auswertung an Hand der ausgedruckten Spannungswerte getrennt vom Analogrechner vorgenommen werden kann.

Wir wollen die Anwendung der „Statischen Prüfung" in der zuletzt beschriebenen Ausführungsform an einem einfachen Beispiel verdeutlichen.

Zu lösen sei die schon in § 21 behandelte VAN DER POLsche Differentialgleichung:

$$\ddot{y} - a(1 - y^2)\,\dot{y} + y = 0 \tag{30.1}$$

mit

$$a = 0,5; \quad y(0) = 3,5; \quad \dot{y}(0) = 0.$$

Maximalwert sei:

$$y_{\text{max}} = 4.$$

Damit lautet die normierte Gleichung mit $Y = y/y_{\text{max}}$:

$$\ddot{Y} = 0,5\,(1 - 16\,Y^2)\,\dot{Y} - Y, \tag{30.2}$$

$$Y(0) = +0,875; \quad \dot{Y}(0) = 0.$$

Die Rechenschaltung für diese Gleichung bei Verwendung eines Servo-Multiplizierers zeigt Abb. 30.2.

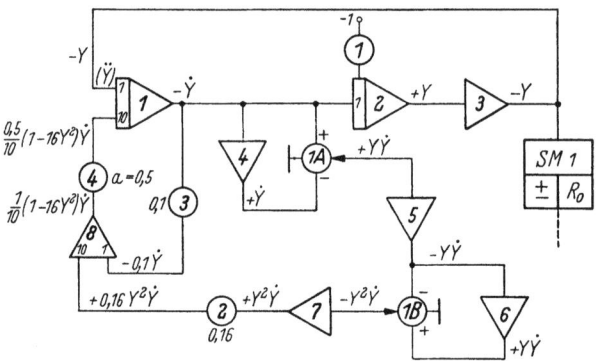

Abb. 30.2. Rechenschaltung zur Lösung von Gl. (30.2)

In der Rechenstellung „Statische Prüfung" werden die Integrierer zu Summierern umgeschaltet und Prüfpotentiometer angelegt. Die Schaltung während der statischen Programmprüfung hat damit die in Abb. 30.3 gezeigte Form.

Als Prüfwerte seien willkürlich gewählt: $Y = 0,5$; $-\dot{Y} = 0,5$, d. h. die Einstellwerte der Prüfpotentiometer sind:

$$PP\,1: \quad +0,5,$$

$$PP\,2: \quad +0,5.$$

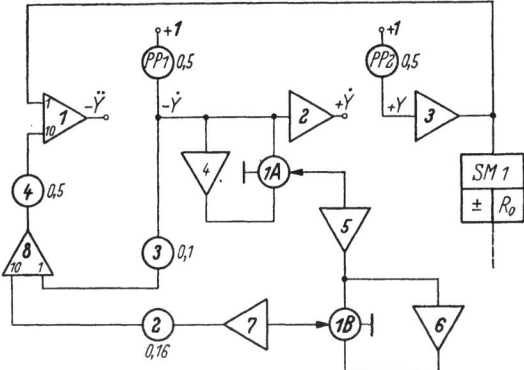

Abb. 30.3
Änderung der Rechenschaltung nach Abb. 30.2 im Betriebszustand „Statische Prüfung"

Dementsprechend müssen sich nun — falls die Schaltung richtig ist — an den einzelnen Verstärkern die folgenden (bezogenen) Werte einstellen:

Verstärker Nr.	Veränderliche	Bezogener Spannungswert
1	$-\ddot{Y}$	$-0{,}25$
2	$+\dot{Y}$	$-0{,}5$
3	$-Y$	$-0{,}5$
4	$+\dot{Y}$	$-0{,}5$
5	$-Y\,\dot{Y}$	$+0{,}25$
6	$+Y\,\dot{Y}$	$-0{,}25$
7	$+Y^2\,\dot{Y}$	$-0{,}125$
8	$+\frac{1}{10}(1-16\,Y^2)\,\dot{Y}$	$+0{,}15$

An sich würde die Messung an den Ausgängen der Integrierer 1 und 2 allein genügen, um die Richtigkeit der Schaltung zu gewährleisten. Es ist jedoch zweckmäßig, stets alle Verstärkerausgänge in die Prüfung einzubeziehen. Dadurch wird die Möglichkeit ausgeschaltet, daß sich einzelne Fehler gegenseitig kompensieren und so nicht aufgedeckt werden. Außerdem ist zur Feststellung eines Fehlerorts ohnehin die Messung aller Ausgänge nötig.

Bei einem statischen Prüfverfahren können naturgemäß die Integrationskondensatoren und die verschiedenen Relais der Integrierer nicht kontrolliert werden. Die meisten Analogrechner enthalten aus diesem Grunde noch eine eigene Rechenstellung „*Dynamische Prüfung*". Diese Prüfung erstreckt sich allerdings nur auf die Arbeitsweise der Integrierer und hat mit einer eigentlichen dynamischen Programmprüfung nichts zu tun. Sie würde besser als „Integrationsprüfung" bezeichnet. Im einfachsten Fall erfolgt diese Prüfung so, daß an den Eingang aller Integrierer eine bestimmte Spannung angelegt wird, die dann unter Einschaltung eines Zeitgebers während eines ganz bestimmten Zeitintervalls integriert wird. Nach Unterbrechung der Integration wird der Endwert abgelesen oder automatisch ausgedruckt. Dieser Wert gibt sowohl über die einwandfreie Arbeitsweise der Integrierer als auch über die Genauigkeit der Integration Auskunft.

Die beschriebenen Prüfmethoden sind so einfach durchzuführen, daß es sich selbst bei kleineren Aufgaben lohnt, sie auch dann anzuwenden, wenn beim ersten Einschalten keine größeren Fehler erkennbar sind. Der geringe zeitliche Mehraufwand für die Prüfung wird durch die erhöhte Sicherheit vor Programmierungsfehlern mehr als aufgewogen.

30.2.3 Dynamische Programmprüfung. Die statischen Prüfmethoden (zu denen, wie oben erläutert, auch die sog. „Dynamische Prüfung" gehört) sind zwar sehr nützlich und notwendig. Sie sind aber nicht hinreichend, denn eine ganze Reihe von Fehlerursachen können durch eine rein statische Prüfung nicht oder nur schwer erfaßt werden.

Bereits bei der Funktionsprüfung nichtlinearer Elemente genügt eine einzige statische Prüfung nicht. Um z. B. einen Multiplizierer zu prüfen, müßte mindestens ein Punkt in jedem Quadranten untersucht werden. Auch bei einem Funktionsgeber ist die Kontrolle eines einzigen Funktionswerts nicht ausreichend.

Während diese Mängel teilweise dadurch behoben werden können, daß mehrere statische Prüfungen (mit unterschiedlichen Prüfspannungen) nacheinander ausgeführt werden, ist es prinzipiell nicht möglich, dynamische Fehler der Rechenelemente statisch festzustellen. Je nach Aufgabenstellung können diese sich aber u. U. recht spürbar in der Lösung auswirken, und in besonders empfindlichen Schaltungen können sie sogar zur Instabilität führen. Auch intermittierende Fehler, die nur gelegentlich auftreten, lassen sich durch die statische Prüfung nicht ausfindig machen. Eine hinreichende Sicherheit dafür, daß eine gewonnene Lösungskurve zuverlässig ist, kann nur eine *dynamische Programmprüfung* liefern.

Dazu gehört zunächst eine Untersuchung, ob die begrenzte Bandbreite der Rechenelemente (z. B. der Servo- und Modulations-Multiplizierer) das Lösungsergebnis nennenswert beeinflußt. Sie läßt sich leicht dadurch ausführen, daß man nacheinander mit verschiedenen Zeitmaßstäben rechnet (entweder durch verschiedene Zeitnormierung oder, falls der Analogrechner dies erlaubt, durch Umschalten der Integrationskondensatoren). Ein Vergleich der Lösungsergebnisse zeigt dann deutlich, ob dynamische Fehler ins Spiel kommen oder nicht. Bei einem solchen Vergleich wird am besten der Vorschub des Registriergeräts um den gleichen Faktor geändert wie der Zeitmaßstab. Bei verschwindendem dynamischem Fehler müssen sich die Lösungskurven decken.

Eine weitere, sehr einfache Prüfung ist die auf *Reproduzierbarkeit* der Lösung. Bei mehrmaliger Rechnung derselben Aufgabe müssen die

Ergebnisse identisch sein. Falls die Lösungen nicht genau reproduzierbar sind, ist dies immer ein Zeichen dafür, daß die Fehlerwirkung eines Rechenelements einen wesentlichen Einfluß auf das Ergebnis hat. Dies bedeutet, daß mit einem erheblichen Fehler in der Lösung gerechnet werden muß, falls es nicht gelingt, durch eine Umformung der gegebenen Gleichungen zu erreichen, daß die Fehler des betreffenden Rechenelements weniger stark in die Lösung eingehen.

Die beiden genannten dynamischen Prüfverfahren beziehen sich jeweils nur auf ganz bestimmte Fehler gewisser Rechenelemente. Eine umfassendere dynamische Programmprüfung kann nur in einer *Vergleichsprüfung* bestehen.

Solche Vergleichsprüfungen setzen stets voraus, daß gewisse Kenntnisse über die Lösung oder wenigstens über bestimmte Punkte oder Eigenschaften der Lösung vorhanden sind. In vielen Fällen ist dies leider nicht der Fall.

Sehr oft können jedoch die Eigenschaften einzelner Teile eines Programms besser übersehen werden als die der Gesamtschaltung. Ein wichtiger Grundsatz für die dynamische Programmprüfung ist daher, zunächst gewisse *funktionsmäßig zusammengehörige Teile eines Programms* getrennt zu prüfen. Dazu gehören auch bestimmte Unterprogramme, wie z. B. Divisionsschaltungen, Schaltungen zur Erzeugung spezieller Funktionen usw.

Zur dynamischen Prüfung eines Gesamtprogramms oder seiner Bestandteile gibt es folgende Möglichkeiten:

1. Vergleich mit numerisch berechneten Lösungen bzw. Einzelpunkten oder experimentell gewonnenen Kurven;

2. Untersuchung des Frequenzgangs;

3. Untersuchung der Übergangsfunktion.

Das sicherste Verfahren, ein am Analogrechner gewonnenes Ergebnis nachzuprüfen, ist zweifellos der Vergleich mit einer auf anderem Wege — z. B. mit einem Digitalrechner — gewonnenen Lösung. Einer der entscheidenden Vorteile des Analogrechners besteht aber gerade darin, daß er auch für schwierige Aufgaben relativ schnell eine Lösung liefert. Dieser Vorteil würde entfallen, wenn zur Nachprüfung zeitraubende und kostspielige Rechnungen auszuführen wären. Ein derartiges Vorgehen kann nur in Sonderfällen in Frage kommen.

Beim zweiten der aufgeführten dynamischen Prüfverfahren werden an Stelle der Lösungskurven die Frequenzgänge des aufgesteckten Programms oder seiner Teile mit numerisch berechneten Werten verglichen (s. § 25). Die Anwendungsmöglichkeit dieser Methode zur dynamischen Prüfung wird dadurch sehr beeinträchtigt, daß der Frequenzgang nur für lineare Systeme definiert ist. Daher können grundsätzlich nur lineare Schaltungen mit dieser Methode geprüft werden.

Der entscheidende Vorteil der Frequenzgangmethode ergibt sich aus folgender Tatsache: Bei der als erstes genannten direkten Kontrolle der Lösungskurve einer Differentialgleichung kann man nicht einzelne Prüfpunkte berechnen, ohne die Differentialgleichung zu lösen und damit gleich die ganze Lösung zu errechnen. Demgegenüber ist der Frequenzgang eines Systems ein Formelausdruck (im allgemeinen eine rationale Funktion), der ohne weiteres für einzelne Punkte, d. h. also für einzelne Frequenzen, berechnet werden kann.

In den meisten Fällen wird es genügen, den numerisch berechneten und den am Analogrechner gemessenen Frequenzgang für eine einzige Frequenz zu vergleichen, um eine weitgehende Sicherheit für die Richtigkeit des Programms zu erhalten.

Als dritte Möglichkeit zur dynamischen Prüfung ist die Untersuchung der Übergangsfunktion aufgeführt. Entsprechend der Definition der Übergangsfunktion bedeutet dies, daß das Verhalten einer Schaltung bei einer sprungförmigen Störung betrachtet wird. Die Form dieser Übergangsfunktion läßt sich leicht angeben oder berechnen, solange die betrachteten Systeme einfach aufgebaut sind. Das heißt, daß sich auch dieses Prüfverfahren besonders zur Untersuchung von Teilsystemen eines Programms eignet.

Das genannte Verfahren bietet sich insbesondere bei der Behandlung von Regelsystemen an. Diese bauen sich stets aus einzelnen, teilweise sehr einfachen Regelkreisgliedern auf. Die Einzelglieder lassen sich sehr rasch an Hand der Übergangsfunktion prüfen, da deren Verhalten im allgemeinen bekannt ist oder schnell abgeschätzt werden kann.

Literatur zu § 30

[1] GOMPERTS, R., H. D'HOOP, R. VICHNEVETSKY u. H. WITSENHAUSEN: Operation of P.A.C.E. Equipment. Electronic Associates Inc., European Computation Center, Brüssel.

[2] McCOY, R. D., u. B. D. LOVEMAN: Problem Checker checks Computer too. Control Engng. (Juli 1955) S. 98/99.

§ 31. Die Fehler der Rechenelemente und ihre Auswirkung

Wir werden im folgenden Paragraphen auf die Natur und auf die Größenordnung der unvermeidlichen Fehler der Rechenelemente eingehen, da der Bearbeiter einer Aufgabe die Grenzen der Leistungsfähigkeit des Analogrechners kennen sollte. Anschließend wollen wir Testschaltungen besprechen, mit denen man diese Grenzen auf einfache Weise kontrollieren kann.

Grundsätzlich lassen sich 3 Arten von Fehlerquellen unterscheiden:

a) Statische Fehler und Einschaltfehler;

b) Dynamische Fehler;

c) Nullpunktfehler.

31.1 Das Fehlerverhalten der linearen Rechenelemente

31.1.1 Unvollkommenheiten der Rechenverstärker. In § 8 sind 5 Forderungen aufgezählt, die an die Rechenverstärker als die tragenden Bausteine des Analogrechners zu stellen sind. Bisher gingen wir davon aus, daß diese Forderungen hinreichend gut erfüllt seien. Wir wollen nun auf die Frage eingehen, bis zu welchem Grade das ideale Verhalten angenähert werden kann, und welche Fehler durch die physikalisch bedingten Unzulänglichkeiten entstehen können.

1. Der Betrag der Verstärkung soll im Idealfall unendlich groß sein, und zwar für alle Frequenzen.

Naturgemäß kann die Verstärkung nur sehr hoch, aber nicht unendlich groß gemacht werden. Ihr Betrag bei der Frequenz Null — die sog. Gleichspannungsverstärkung — liegt zwischen 10^4 und 10^9, je nach Güte und Bauart des Verstärkers.

2. Beim idealen Rechenverstärker soll die Phasenverschiebung zwischen einer sinusförmigen Eingangsspannung und der zugehörigen Ausgangsspannung für alle Frequenzen genau 180° betragen.

Der realisierbare Verstärker enthält Bauelemente (z. B. Widerstände), die zusammen mit den unvermeidlichen Kapazitäten bei höheren Frequenzen eine zunehmende Phasendrehung bewirken. In erster Näherung läßt sich sein Verhalten bei tiefen Frequenzen durch die Übertragungsfunktion [1]

$$\frac{u_a(p)}{u_g(p)} = -V(p) = -\frac{V_0}{1 + p\,T_g} \tag{31.1}$$

beschreiben. Hierbei ist V_0 die Verstärkung bei der Frequenz Null (Gleichspannungsverstärkung) und T_g eine Zeitkonstante, die etwa zwischen 10 ms und 10 s liegt.[1] Mit wachsender Frequenz ergibt sich eine zunehmende Phasendrehung über die geforderten 180° hinaus. Gleichzeitig zeigt Gl. (31.1), daß auch der Betrag der Verstärkung entgegen der ersten Forderung mit wachsender Frequenz abnimmt.

3. Der Eingangswiderstand (zwischen Gitterpunkt und Masse) soll unendlich groß sein.

Bei Röhrenverstärkern ist diese Forderung recht gut erfüllt, da der Eingangswiderstand R_g sehr hoch ist. Bei Transistorverstärkern dagegen kann der Eingangswiderstand verhältnismäßig niedrige Werte annehmen (Größenordnung 100 kΩ), so daß sein Einfluß keineswegs vernachlässigt werden darf.

4. Der Gitterstrom des idealen Verstärkers soll Null sein.

Beim wirklichen Verstärker dagegen tritt stets ein gewisser Gitterstrom auf, der in erster Linie Nullpunktfehler hervorruft. Durch beson-

---

[1] Bei nichtstabilisierten Rechenverstärkern ist der Ausdruck $V_0/T_g \approx 10^6 \text{ s}^{-1}$ praktisch eine Konstante. Bei chopperstabilisierten Verstärkern liegt T_g in der Größenordnung von 10 s.

dere Eingangsschaltungen läßt sich der Gitterstrom sehr klein halten (etwa 10^{-10} A). Bei chopperstabilisierten Verstärkern kann sein Einfluß praktisch völlig unterdrückt werden.

5. *Unkontrollierbare Spannungsschwankungen und Störspannungen dürfen nicht auftreten.*

Diese Forderung läßt sich beim wirklichen Verstärker leider niemals vollkommen erfüllen. Die im Verstärker enthaltenen Röhren bzw. Transistoren zeigen grundsätzlich ein gewisses Rauschen, das sich durch schaltungstechnische Maßnahmen zwar vermindern, aber nicht ganz beseitigen läßt. Es liegt bei handelsüblichen Verstärkern in der Größenordnung von mV.

Neben diesem Rauschen treten stets leichte Schwankungen der Versorgungsspannungen, Temperaturänderungen usw. auf, die geringfügige Verschiebungen der Arbeitspunkte der Verstärkerstufen nach sich ziehen. Wegen der direkten Kopplung (Gleichspannungsverstärker!) wirken sich solche Änderungen unmittelbar auf die Ausgangsspannung aus. Sie führen dazu, daß die Ausgangsspannung nicht exakt Null bleibt, wenn die Eingangsspannung Null ist [3]. Besonders störend machen sich die Nullpunktabweichungen beim Integrierer bemerkbar. Sie werden dort bezüglich der Zeit aufintegriert und bewirken eine zeitlich anwachsende Nullpunktwanderung oder Drift.

31.1.2 Das Fehlerverhalten des mit allgemeinen Widerständen (Impedanzen) beschalteten Rechenverstärkers. Die Auswirkung der geschilderten Unvollkommenheiten wollen wir zunächst für den Fall untersuchen, daß der Rechenverstärker mit allgemeinen Widerständen (Impedanzen) beschaltet sei (Abb. 31.1). Der endliche Eingangswiderstand des Rechenverstärkers sei R_g; die Nullpunktabweichungen denken wir uns durch die am Gitterpunkt wirksame Ersatzfehlerspannung u_D verursacht (vgl. § 8).

Bezüglich des Summenpunktes in Abb. 31.1 gilt:

$$i_1 + i_2 + \cdots + i_i + \cdots + i_n + i_0 + i_g + i_R = 0.$$

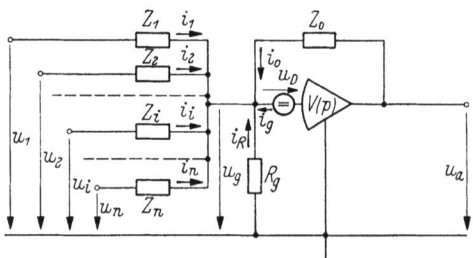

Abb. 31.1. Der mit allgemeinen Widerständen beschaltete Rechenverstärker unter Berücksichtigung des endlichen Eingangswiderstandes R_g, des Gitterstroms i_g und der Nullpunktfehlerspannung u_D

Mit den Gleichungen für die Ströme:

$$i_i = \frac{u_i - u_g}{Z_i},$$

$$i_0 = \frac{u_a - u_g}{Z_0},$$

$$i_R = -\frac{u_g}{R_g}$$

sowie mit

$$u_g = -\frac{1}{V} u_a + u_D$$

folgt:

$$u_a\left[1 + \frac{1}{V}\left(1 + \sum_{i=1}^{n}\frac{Z_0}{Z_i} + \frac{Z_0}{R_g}\right)\right] = -\sum_{i=1}^{n}\frac{Z_0}{Z_i}u_i - i_g Z_0 +$$
$$+ u_D\left(1 + \sum_{i=1}^{n}\frac{Z_0}{Z_i} + \frac{Z_0}{R_g}\right). \qquad (31.2)$$

Unter Vernachlässigung der Fehler höherer Ordnung folgt daraus die endgültige Gleichung für das Verhalten der Schaltung Abb. 31.1:

$$u_a(p) = -\sum_{i=1}^{n}\frac{Z_0}{Z_i}u_i(p)\frac{1}{1 + \dfrac{1}{V(p)}\left(1 + \sum\limits_{i=1}^{n}\dfrac{Z_0}{Z_i} + \dfrac{Z_0}{R_g}\right)} -$$
$$- i_g Z_0 + u_D\left(1 + \sum_{i=1}^{n}\frac{Z_0}{Z_i} + \frac{Z_0}{R_g}\right). \qquad (31.3)$$

Wenn der Rechenverstärker als ideal angenommen wird $\left(V(p) \to \infty;\right.$ $i_g = 0;\ u_D = 0)$, verschwinden die Fehlerglieder, und Gl. (31.3) geht in die Form

$$u_a(p) = -\sum_{i=1}^{n}\frac{Z_0}{Z_i}u_i(p) \qquad (31.4)$$

über [vgl. Gl. (8.19)].

31.1.3 Fehler der Summierer.
a) Beim Summierer entstehen *statische Fehler* aus mehreren Ursachen:

Die in Abb. 31.1 gezeichneten allgemeinen Widerstände (Impedanzen) Z_0 und Z_1 sind beim Summierer Ohmsche Widerstände mit bestimmten Toleranzen:

$$Z_0 = R_0(1 \pm \varepsilon_{s0}),$$
$$Z_i = R_i(1 \pm \varepsilon_{si}). \qquad (31.5)$$

Es hat sich eingebürgert, als Kriterium für die Genauigkeit eines Analogrechners die Toleranzen seiner Netzwerkskomponenten — beim Summierer also die Fehler ε_{s0} und ε_{si} — anzugeben. Bei Tischrechnern werden im allgemeinen Komponentenfehler in der Größenordnung von 0,1% zugelassen (sog. 10^{-3}-Rechner). Bei größeren Anlagen ist eine Komponentengenauigkeit bis auf 10^{-4} üblich (sog. Präzisionsrechner oder 10^{-4}-Rechner). Diese hohe Genauigkeit liegt allerdings schon an der Grenze des technisch Möglichen und Sinnvollen. Die genauesten bisher gebauten Analogrechner besitzen Komponenten mit Toleranzen von $\pm 5 \cdot 10^{-5}$.

Die endliche Verstärkung ergibt nach Gl. (31.3) ein Fehlerglied

$$\varepsilon_{sv} = \frac{1}{V_0}\left(1 + \sum_{i=1}^{n}\frac{R_0}{R_i} + \frac{R_0}{R_g}\right) = \frac{1}{V_0}\left(1 + \sum_{i=1}^{n}c_i + \frac{R_0}{R_g}\right). \qquad (31.6)$$

Gegenüber den Komponentenfehlern ε_{s0} und ε_{si} ist der statische Fehler ε_{sv} nach Gl. (31.6) meist vernachlässigbar klein, falls chopperstabilisierte Verstärker verwendet werden.

b) Das *dynamische Fehlerverhalten* des Summierers erhalten wir, wenn wir an Stelle der Impedanzen in Gl. (31.3) Ohmsche Widerstände einsetzen und für $V(p)$ die Abhängigkeit nach Gl. (31.1) annehmen. Ohne Berücksichtigung der statischen Fehler und der Nullpunktfehler folgt ($R_0/R_i = c_i$):

$$u_a(p) = -\sum_{i=1}^{n} c_i\, u_i(p) \frac{1}{1 + p\, T_s} \qquad (31.7)$$

mit der Abkürzung

$$T_s = \frac{T_g}{V_0}\left(1 + \sum_{i=1}^{n} c_i + \frac{R_0}{R_g}\right) + R_0\, C_s. \qquad (31.8)$$

Gl. (31.7) ersetzt die bei idealem Rechenverstärker hergeleitete Beziehung (8.9).

Der Summierer verhält sich danach wie ein Verzögerungsglied mit der Zeitkonstanten T_s, wobei die Größe dieser Zeitkonstanten meist durch den Stabilisierungskondensator C_s bestimmt wird, der im allgemeinen zum Widerstand R_0 parallelgeschaltet ist [2].[1]

Den Einfluß der *Nullpunktfehlerspannung* u_D und des etwa vorhandenen *Gitterstroms* i_g erhalten wir unmittelbar aus (31.3), wenn wir die statischen und dynamischen Fehler außer acht lassen:[2]

$$U_a = -\sum_{i=1}^{n} c_i\, U_i + \frac{u_D}{E}\left(1 + \sum_{i=1}^{n} c_i + \frac{R_0}{R_g}\right) - \frac{i_g R_0}{E}. \qquad (31.9)$$

u_D liegt bei hochwertigen Rechenverstärkern in der Größenordnung von einigen $10\,\mu\text{V}$. Der Gitterstrom i_g beträgt höchstens 10^{-10} A. Der Einfluß der Nullpunktfehler des Summierers ist daher in den meisten Fällen vernachlässigbar klein. Nur bei offener Integration oder in Schaltungen mit instabilen Lösungsanteilen können nennenswerte Lösungsfehler entstehen.

31.1.4 Fehler der Integrierer. a) Als *statische Fehler* des Integrierers kann man die Komponentenfehler bezeichnen, da sie sich ebenso auswirken wie ein falsch eingestellter Koeffizient.

Weitere statische Fehler sind die *Anfangswertfehler*, die auf mehrere Ursachen zurückzuführen sind.

In der Betriebsart „Pause" ist der Integrierer praktisch als Umkehrer (mit einer Zeitkonstanten $R_A C_0$) geschaltet und damit einem

---

[1] Bei manchen Analogrechnern wird der einfache Stabilisierungskondensator C_s durch ein aufwendigeres T-Glied ersetzt [4]. Dadurch ergibt sich im Bereich der (niedrigen) Rechenfrequenzen ein geringer Phasenfehler. Die Übertragungsfunktion des Summierers ist dann allerdings nicht mehr von der einfachen Form nach Gl. (31.7), sondern von höherer Ordnung, was sich auf die Stabilität von Rechenschleifen über mehrere Summierer ungünstig auswirken kann (vgl. § 16.2).

[2] Die Auswirkung einer Fehlerspannung hängt von der Größe der Maschineneinheit ab. Wir beziehen deshalb in den entsprechenden Gleichungen alle Größen auf E.

statischen Anfangswertfehler unterworfen, der durch Widerstands-
toleranzen, mangelnde Verstärkung und Nullpunktfehler hervorgerufen
wird. Wie beim Summierer fallen auch hier die Komponentenfehler
im allgemeinen weit stärker ins Gewicht als die übrigen Glieder.

Zu diesen Einflüssen tritt als weitere, oft bei weitem überwiegende
Ursache für Anfangswertfehler der sog. *Einschaltfehler*.

Nach § 14.3 beginnt die Rechnung am Analogrechner in dem Zeitpunkt $t^* = 0$, in dem die Gitterpunkte aller Integrierer mit der übrigen
Rechenschaltung verbunden werden.

Wegen der kleinen Kontaktspannungen kommen als Schaltglieder
an den Integrierersummenpunkten bis heute nur elektromechanische
Relais in Frage. Die sog. „Einschaltfehler" oder Koinzidenzfehler entstehen nun dadurch, daß diese Relais nicht bei jedem Integrierer
genau zu gleicher Zeit schalten. Durch die unterschiedlichen Schaltzeiten wird der in der Rechenstellung „Pause" aufgebaute Anfangszustand geändert, bevor der letzte Integrierer eingeschaltet und die
gesamte Rechenschaltung geschlossen wird. Die Einschaltfehler wirken
sich daher wie zusätzliche Fehler der Anfangsbedingungen aus. Die
Unterschiede in den Schaltzeiten der Relais streuen sehr stark. Sie
liegen im Mittel etwa zwischen 0,1 ms und 1 ms.

Zusätzliche Anfangswertfehler können dadurch entstehen, daß die
Integrierer vor Beginn der Rechnung nicht genügend lange in der
Betriebsstellung „Pause" waren. Wie bei [5] gezeigt, wirkt sich die
dielektrische Absorption der Integrationskondensatoren so aus, daß die
gewünschte Anfangsbedingung (bzw. die Anfangsladung des Integrationskondensators) erst nach verhältnismäßig langer Zeit mit genügender
Genauigkeit erreicht wird.

b) *Dynamische Fehler* des Integrierers entstehen durch die endliche
Verstärkung und durch die Unvollkommenheit des Kondensators.
Selbst bei Verwendung sehr hochwertiger Werkstoffe für dieses Bauteil
lassen sich gewisse Verluste nicht vermeiden: Der Isolationswiderstand
ist zwar sehr hoch, aber nicht unendlich (Leckwiderstand), und im
Isolationsmaterial tritt dielektrische Absorption auf.

Der Einfluß der frequenzabhängigen Verstärkung nach (31.1) und
des Leckwiderstandes läßt sich aus Gl. (31.3) berechnen, wenn man
bei $Z_i = R_i$ für die Parallelschaltung aus Leckwiderstand und Integrationskondensator

$$Z_0 = \frac{1}{\dfrac{1}{R_L} + p\,C_0} \tag{31.10}$$

ansetzt. Unter Berücksichtigung der *dielektrischen Absorption* durch
die von Dow [6] hergeleitete Funktion $D(p)$ folgt nach Einsetzen
von (31.10) und (31.1) in (31.3) näherungsweise (unter der Annahme,

daß alle Fehlerglieder klein sind):

$$U_a(p) = -k_0 \sum_{i=1}^{n} c_i\, U_i(p) \frac{1}{\left(\dfrac{1}{T_{I1}} + p\right)(1 + p\, T_{I2})}\, D(p) \qquad (31.11)$$

mit den Abkürzungen:

$$\frac{1}{T_{I1}} = \frac{1}{R_L\, C_0} + \frac{k_0}{V_0} \sum_{i=1}^{n} c_i; \qquad T_{I2} = \frac{T_g}{V_0}, \qquad (31.12)$$

$$D(p) = \frac{1 + \sum_{k=1}^{5} a_k}{1 + \sum_{k=1}^{5} a_k \dfrac{1}{1 + p\, T_k}}. \qquad (31.13)$$

Die Werte a_k und T_k hängen von der Art des verwendeten Kondensators ab.[1]

Falls $D(p) = 1$ gesetzt wird, und unter der Annahme $R_L \to \infty$; $V_0 \to \infty$ (bzw. $1/T_{I1} = 0$; $T_{I2} = 0$) geht Gl. (31.11) in die für den idealen Integrierer geltende Beziehung

$$U_a(p) = -k_0 \sum_{i=1}^{n} c_i \frac{U_i}{p} \qquad (31.14)$$

über [vgl. Gl. (8.17)].

Entsprechend Gl. (31.11) läßt sich der Integrierer — abgesehen von der Funktion $D(p)$ — durch *zwei in Reihe geschaltete Verzögerungsglieder mit den Zeitkonstanten* T_{I1} und T_{I2} beschreiben. Die erste, sehr große Zeitkonstante T_{I1} (Größenordnung 10^6 s) wird bei chopperstabilisierten Verstärkern vorwiegend durch den Leckwiderstand bestimmt. In die zweite, sehr kleine Zeitkonstante T_{I2} (Größenordnung 10^{-5} bis 10^{-7} s) gehen mit der nach (31.1) definierten Konstanten T_g die Eigenschaften des Rechenverstärkers ein.

c) Der Einfluß der *Nullpunktfehler* läßt sich leicht durch Einsetzen von $Z_0(p) = 1/C_0\, p$ in Gl. (31.3) ableiten:

$$U_a(p) \approx -k_0 \sum_{i=1}^{n} c_i \frac{U_i(p)}{p} + \frac{k_0}{p}\left(\sum_{i=1}^{n} c_i \frac{u_D}{E} - \frac{i_g\, R_0}{E}\right). \qquad (31.15)$$

Die Fehlergrößen u_D und i_g ändern sich nur sehr langsam. Wir können sie daher während der Integration als Konstante ansehen. Der zeit-

---

[1] Von Dow [6] wurden für einen hochwertigen Polystyrolkondensator folgende Werte ermittelt:

$k = 1$	$a_k = 1{,}4 \cdot 10^{-4}$	$T_k = 500$ s
2	$2{,}0 \cdot 10^{-4}$	50 s
3	$2{,}7 \cdot 10^{-4}$	5,4 s
4	$1{,}9 \cdot 10^{-4}$	0,58 s
5	$1{,}2 \cdot 10^{-4}$	0,04 s

liche Verlauf der Ausgangsspannung des Integrierers wird damit

$$U_a(t^*) = U_a(0) - k_0 \int\limits_0^{t^*} \sum_{i=1}^{n} c_i \, U_i(t^*) \, dt^* + \underbrace{k_0 t^* \left(\sum_{i=1}^{n} c_i \frac{u_D}{E} - \frac{i_g R_0}{E} \right)}_{\text{Driftfehler}}.$$

(31.16)

Der Rechenfehler wächst also mit der Zeit linear an. Diese sog. *Drift* (Nullpunktwanderung) der Integrierer ist bei einfacheren Analogrechnern mit nichtstabilisierten Rechenverstärkern eine der entscheidenden Fehlerquellen. Wie wir in § 8 sahen, wird durch die Chopperstabilisierung der Einfluß der Fehlerspannung u_D stark vermindert. Damit werden also längere Rechenzeiten ermöglicht, weshalb man bei Analogrechnern mit solchen Verstärkern auch von „Langzeitrechnern" spricht.

31.1.5 Fehler der Koeffizientenpotentiometer. a) Der *statische Fehler* eines Potentiometers hängt nicht von seiner Linearität ab. Er wird vielmehr ausschließlich durch die Genauigkeit bestimmt, mit der das Widerstandsverhältnis (unter Einbeziehung des Lastwiderstandes) gemessen und eingestellt wird. Mit den in § 7 gezeigten Meßmethoden lassen sich die Koeffizienten bis auf einen absoluten Fehler einstellen, der den Toleranzen der Netzwerkskomponenten entspricht (z. B. auf 0,0001 bei einem 10^{-4}-Rechner).

b) *Dynamische Fehler* können vor allem bei den im allgemeinen verwendeten Wendelpotentiometern (Mehrgangpotentiometer) entstehen. Ihr Aufbau bringt es mit sich, daß zwischen Widerstandsdraht und Kupferseele eine verhältnismäßig große verteilte Kapazität auftritt. Diese verursacht (zusammen mit den Zuleitungskapazitäten) bei höheren Frequenzen in erster Linie eine Phasendrehung. Im langsamen Rechenbetrieb sind diese dynamischen Fehler jedoch so klein, daß wir sie außer acht lassen dürfen. Dagegen können sie beim repetierenden Rechnen mit hoher Repetierfrequenz erheblich zu den übrigen Lösungsfehlern beitragen.

31.2 Das Fehlerverhalten der nichtlinearen Rechenelemente

Wir wollen uns hier darauf beschränken, die Fehler der Multiplizierer als der wichtigsten nichtlinearen Rechenelemente zu betrachten.

Bei jedem Multiplizierer (Abb. 31.2) sind *statische Fehler* unvermeidbar. Am Ausgang erscheint nicht genau das Produkt, sondern es wird durch ein von beiden Variablen abhängiges Fehlerglied etwas verfälscht:

$$Y_a = Y_1 Y_2 + \varepsilon f(Y_1, Y_2). \qquad (31.17)$$

Abb. 31.2. Multiplizierer

ε ist hierin die „Amplitude" der Fehlerfunktion, falls diese so normiert wird, daß sie den Maximalwert Eins aufweist.

Zu den statischen Fehlern kommen meist *dynamische Fehler*, die je nach Bauart des Multiplizierers nach Größe und Auswirkung verschieden sind.

Nullpunktfehler entstehen dadurch, daß die Fehlerfunktion $f(Y_1, Y_2)$ und damit auch die Ausgangsvariable Y_a nicht genau Null wird, wenn eine der Eingangsvariablen Y_1 oder Y_2 verschwindet.

31.2.1 Fehler der Servo-Multiplizierer.

a) Beim Servo-Multiplizierer wird das Produkt aus einer an einem Potentiometer anliegenden Spannung Y_2 mit einer den Schleifer nachführenden Spannung Y_1 gebildet (vgl. Abb. 10.1). Der *statische Fehler* hängt dabei nur von der Schleiferstellung (d. h. von Y_1) ab. Er wächst linear mit der am Potentiometer anliegenden Spannung. Damit lautet Gl. (31.17) für den Fall des Servo-Multiplizierers:

$$Y_a = Y_1 Y_2 + \varepsilon_{SM} f_{SM}(Y_1) \, Y_2. \qquad (31.18)$$

Die Fehleramplitude ε_{SM} liegt bei den üblichen Servo-Multiplizierern in der Größenordnung von 10^{-3}. Bei besonders hochwertigen, allerdings auch entsprechend teuren Servo-Multiplizierern mit Filmpotentiometern werden auch Fehleramplituden von etwa 10^{-4} erreicht.

b) Die *dynamischen Fehler* des Servo-Multiplizierers werden vornehmlich durch den mechanischen Antrieb zur Nachführung der Potentiometerschleifer verursacht. Die trägen Massen bewirken, daß der Schleifer der treibenden Eingangsspannung nur verzögert folgt. Das zeitliche Verhalten des Systems läßt sich im linearen Aussteuerbereich am besten durch eine Übertragungsfunktion charakterisieren. Wenn wir die (bezogene) Spannung am Potentiometer $Y_2 = 1$ setzen, so gilt näherungsweise eine Übertragungsfunktion der Form [5]:

$$\frac{Y_a(p)}{Y_1(p)} = \frac{1 + p\,T_3}{1 + p\,T_1 + p^2\,T_2^2} \qquad (Y_2 = 1). \qquad (31.19)$$

In die Zeitkonstanten T_1, T_2 und T_3 gehen die Konstanten des Motors und des Servoverstärkers ein.

Weitere dynamische Fehler können durch Getriebelose und (bei Drahtpotentiometern) durch die Unstetigkeit der am Potentiometerschleifer abgegriffenen Spannung entstehen.

Die maximale Bewegungsgeschwindigkeit der Potentiometerschleifer wird begrenzt durch die maximale Drehzahl des Motors und durch sein größtes Beschleunigungsvermögen bzw. seine Leistung. Die höchstzulässigen Frequenzen am Servoeingang bei voller Aussteuerung liegen in der Größenordnung von etwa 1 Hz [7].

c) Aus Gl. (31.18) folgt, daß *Nullpunktfehler* ausschließlich durch die Funkion $f_{SM}(Y_1)$ entstehen können. Ist $Y_2 = 0$ und $Y_1 \neq 0$, so tritt kein Nullpunktfehler auf. (Einfacher ausgedrückt: das Potentiometer kann keine Spannung abgeben, wenn keine Spannung angelegt wird!). Diesen wichtigen Vorteil hat der Servo-Multiplizierer allen anderen Multipliziererbauarten voraus.

31.2.2 Fehler der Modulations-Multiplizierer. a) Die Arbeitsweise des Modulations-Multiplizierers ähnelt der des Servo-Multiplizierers insofern, als bei diesem eine veränderliche Spannungsteilung, bei jenem eine variable „Zeitteilung" zur Produktbildung angewandt wird. Wir haben bei der Besprechung in § 10.2 ideale elektronische Schalter vorausgesetzt. In Wirklichkeit benötigen diese eine gewisse Umschaltzeit, die bei den einzelnen Schaltern verschieden sein kann. Zusätzlich treten Restspannungen auf, die bei elektronischen Schaltern nie ganz zu vermeiden sind. Alle diese Einflüsse wirken sich als *statische Fehler* auf das zu bildende Produkt aus.

Da beide Eingangsvariablen in den Produktfehler eingehen, gilt Gl. (31.17) nur in der allgemeinen Form

$$Y_a = Y_1 Y_2 + \varepsilon_{MM} f_{MM}(Y_1, Y_2). \tag{31.20}$$

Der Betrag des maximalen Fehlers ε_{MM} läßt sich auf etwa 10^{-4} senken. Der Modulations-Multiplizierer erreicht damit die Genauigkeit der linearen Rechenelemente in Präzisionsrechnern.

b) Grundsätzlich ist ein Tiefpaßfilter nötig, um den Mittelwert der durch die Schalter erzeugten Impulsfolge zu bilden (vgl. Abb. 10.7). Das Filter soll die Schaltfrequenz etwa um das Maß der verlangten statischen Genauigkeit dämpfen, ohne den Rechenvorgang zu beeinflussen. Praktisch läßt sich natürlich das eine nicht vom anderen trennen, so daß ein *dynamischer Fehler* und ein gewisses „Rauschen" entsteht. Der dynamische Fehler wird allerdings erst bei wesentlich höheren Frequenzen spürbar als beim Servo-Multiplizierer. Man kann bei Modulations-Multiplizierern im allgemeinen mit einer Bandbreite in der Größenordnung von 10 Hz rechnen.

c) Da die Fehlerfunktion $f_{MM}(Y_1, Y_2)$ in Gl. (31.20) nicht genau Null wird, wenn eine der beiden Variablen verschwindet, tritt ein gewisser *Nullpunktfehler* auf. Hinsichtlich dieser Nullpunktfehler ist der Modulations-Multiplizierer also dem Servo-Multiplizierer unterlegen. Durch die Verminderung der Nullpunktfehler in neu entwickelten Geräten wird jedoch dieser Nachteil wenigstens teilweise behoben. So werden z. B. Modulations-Multiplizierer mit einem Nullpunktfehler von annähernd 10^{-5} gebaut [*8, 9*].

31.2.3 Fehler der Parabel-Multiplizierer. a) Der *statische Fehler* des Parabel-Multiplizierers wird vorwiegend dadurch bestimmt, wie genau die Parabelkennlinien angenähert werden. Bei den handelsüblichen Multiplizierern erfolgt die Approximation durch Polygonzüge mit Hilfe von Diodenstrecken. Der durch diese Näherung entstehende Produktfehler wird bei gleichen Abszissenabständen der Polygonknickstellen eine doppelt periodische Funktion der beiden zu multiplizierenden Variablen. Gl. (31.17) erhält damit die Form:

$$Y_a = Y_1 Y_2 + \varepsilon_{PM}\, f_{PM}(Y_1)\, f_{PM}(Y_2).\qquad(31.21)$$

Hierin ist $f_{PM}(Y)$ eine periodische Funktion mit der Periode $n/2$, wenn n die Anzahl der Geradensegmente je Parabelast ist (Abb. 32.5). Die Fehleramplitude ε_{PM} wird um so kleiner, je mehr Geradensegmente verwendet werden. Nach [10] beträgt sie höchstens

$$\varepsilon_{PM\,\mathrm{max}} = \frac{1}{4\,n^2}.$$

Die gebräuchlichen Ausführungen besitzen etwa 10 Dioden je Parabelast. Die Amplitude ε_{PM} liegt dann in der Größenordnung von 0,1%. Parabel-Multiplizierer für höhere Ansprüche enthalten bis zu 30 Dioden je Parabelast und erreichen so Fehleramplituden $\varepsilon_{PM} \approx 0,02\%$.

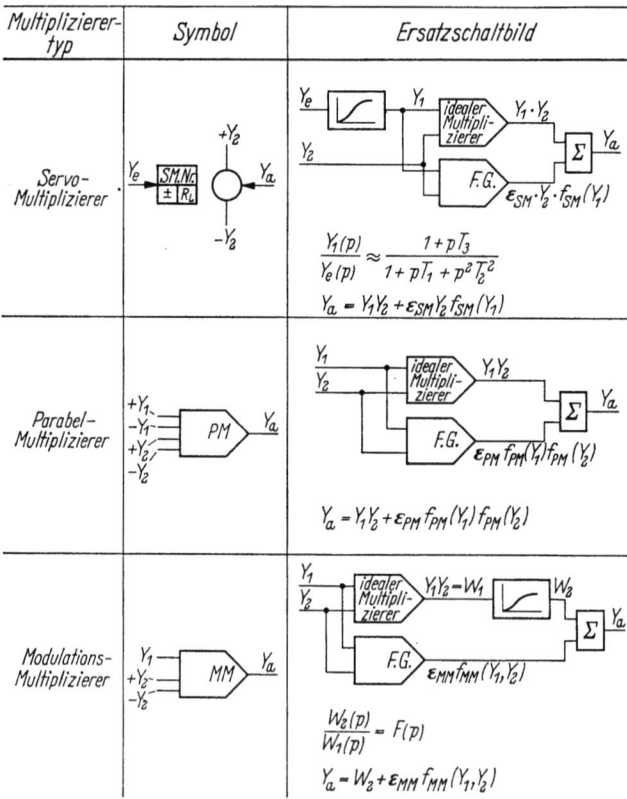

Abb. 31.3. Ersatzschaltbilder zur Verdeutlichung des Fehlerverhaltens der Multiplizierer

b) Die *dynamischen Fehler* des Parabel-Multiplizierers hängen fast ausschließlich von der Güte des verwendeten Rechenverstärkers ab. In ähnlicher Weise wie beim Summierer [Gl. (31.7)] kann eine Übertragungsfunktion mit einer Zeitkonstanten hergeleitet werden. Da die dynamischen Fehler jedoch gewöhnlich gegenüber den statischen Fehlern klein sind, können sie in den meisten Fällen vernachlässigt werden. Der Parabel-Multiplizierer ist damit der einzige Multiplizierertyp, der die Bandbreite der linearen Rechenelemente erreicht und der sich aus diesem Grunde für schnell repetierendes Rechnen eignet.

c) Bei den zur Realisierung des Polygonzugs angewandten Dioden und Widerständen lassen sich gewisse Ungenauigkeiten und leichte Änderungen, z. B. durch Alterung oder Temperaturschwankungen, nicht ganz vermeiden [*11*]. Die Fehlerfunktionen f_{PM} weichen dadurch etwas von der periodischen Form ab und verursachen u. a. einen gewissen *Nullpunktfehler*. Im allgemeinen ist dieser jedoch geringer als die maximale Fehleramplitude ε_{PM}.

31.2.4 Ersatzschaltbilder der verschiedenen Multiplizierer. Nach den Gln. (31.18) bis (31.21), die die Fehlerwirkung der Multiplizierer beschreiben, sind in Abb. 31.3 Ersatzschaltbilder zusammengestellt, die das wirkliche Verhalten verdeutlichen. Die Produkte werden darin durch „ideale Multiplizierer" fehlerfrei erzeugt, während man sich die auftretenden Fehler durch zusätzliche dynamische Übertragungsglieder bzw. durch „Funktionsgeber" entstanden denkt.

31.3 Die Auswirkung der Fehler der Rechenelemente auf die Lösung einer Aufgabe

31.3.1 Auswirkung der Fehler der linearen Rechenelemente. Die *statischen Fehler* — vorwiegend bestimmt durch die Toleranzen der Netzwerkskomponenten — verursachen in einer zu lösenden Differentialgleichung eine Änderung der gegebenen Koeffizienten und damit eine Verschiebung der Nullstellen des charakteristischen Polynoms. Der Einfluß solcher Änderungen hängt sehr von der Art der Aufgabe ab. Zu seiner Ermittlung lassen sich die bekannten Methoden der Fehlerrechnung einsetzen [*12*].

Die *dynamischen Fehler* — beim Summierer und Integrierer beschrieben durch die Übertragungsfunktionen (31.7) und (31.11) — bewirken eine Erhöhung der Ordnung der zu lösenden Differentialgleichung und eine Änderung der Koeffizienten. Dadurch werden einerseits die Nullstellen der charakteristischen Gleichung geändert, andererseits werden neue, zusätzliche Nullstellen erzeugt [*5*, *13*, *14*].

Die Nullpunktfehler spielen bei stabilen Differentialgleichungen keine Rolle. Bei Gleichungen mit unterdrückten instabilen Lösungen dagegen

verursachen sie eine Anfachung der instabilen Lösungsanteile. Die bei
offener Integration entstehenden Driftfehler sind bei hochwertigen Verstärkern erst bei Rechenzeiten von einigen Minuten meßbar.

Der Einfluß der Fehler der linearen Rechenelemente hängt wesentlich von der Betriebsart des Analogrechners ab.

Im *langsamen Rechenbetrieb* sind bei stabilen Differentialgleichungen
(im Sinne der Definition in § 15) die Fehlerwirkungen im allgemeinen
zu vernachlässigen. Nur bei Systemen, die genau an der Grenze der
Stabilität liegen — bei denen also rein imaginäre Nullstellen auftreten —,
kann naturgemäß schon eine geringe Nullstellenverschiebung eine große
Wirkung zeigen. Solche Systeme treten jedoch nur in Sonderfällen auf.
Der wichtigste ist sicher die Differentialgleichung 2. Ordnung ohne
Dämpfung. Die Lösungsschaltung dieser Gleichung eignet sich daher
als sog. „Kreistest" zur Überprüfung der linearen Rechenelemente
(s. § 32).

Die durch die dynamischen Eigenschaften zusätzlich erzeugten
Wurzeln sind bei der Lösung von Differentialgleichungen meist be-
deutungslos. Bei Schaltungen für algebraische Gleichungen sind sie
jedoch für mögliche Instabilitäten verantwortlich.

Insgesamt gesehen ist bei den meisten zu lösenden Aufgaben, die
auf lineare Differentialgleichungen führen, die erreichbare Genauigkeit
im langsamen Rechenbetrieb im wesentlichen durch die Komponentengenauigkeit gegeben.

Beim *repetierenden Rechnen* kommen mit steigender Repetierfrequenz die Einschaltfehler der Integrierer immer mehr zur Auswirkung [15]. Ebenso wird die Verschiebung der Nullstellen der charakteristischen Polynome infolge der dynamischen Fehler immer größer.
Die erreichbare Genauigkeit bei linearen Aufgaben wird dann nahezu
ausschließlich durch diese Fehlerwirkungen und kaum noch durch die
Komponentengenauigkeit bestimmt.

31.3.2 Auswirkung der Fehler der nichtlinearen Rechenelemente. Der
Einfluß der *statischen Fehler* der nichtlinearen Rechenelemente, insbesondere der Multiplizierer, auf ein Lösungsergebnis läßt sich nicht
auf so einfache Weise bestimmen, wie dies bei den linearen Elementen
der Fall ist. Die Auswirkung hängt stark von der Art der zu lösenden
Gleichungen und von der Form der in diese eingeschleppten Fehlerfunktionen [nach den Gln. (31.18), (31.20) und (31.21)] ab.

So ist z. B. die Periodizität der Fehler des Parabel-Multiplizierers
auf der einen Seite ein Nachteil, da dadurch bei kleinen Werten einer
der Variablen ein großer relativer Fehler auftreten kann. Auf der anderen
Seite kann die Periodizität jedoch bei der Lösung bestimmter Differentialgleichungen auch ein Vorteil sein. Sie kann nämlich bewirken, daß
durch die Funktionen $f_{PM}(Y)$ nach Gl. (31.21) Fehlerglieder relativ

hoher Frequenz erzeugt werden, die durch Rechenelemente mit Tiefpaß-verhalten (z. B. Integrierer) wieder ausgesiebt werden. Die Fehler-wirkung ist dann durch die periodische Form der Fehlerfunktionen wesentlich geringer, als an sich aus der Größe der Fehleramplitude zu erwarten wäre.

Dynamische Fehler treten insbesondere bei den Servo- und Modu-lations-Multiplizierern auf. Sie bewirken — ebenso wie die dynamischen Fehler der linearen Rechenelemente — eine Erhöhung der Ordnung der zu lösenden Differentialgleichung und eine gewisse Änderung der Koeffi-zienten. Während jedoch die dynamischen Fehler der linearen Rechen-elemente im langsamen Rechenbetrieb verschwindend klein sind, können die oft um eine Größenordnung höheren dynamischen Fehler der ge-nannten Multiplizierertypen auch schon im langsamen Rechenbetrieb von Bedeutung sein.

Auch die *Nullpunktfehler* der Multiplizierer und der Funktions-geber können in manchen Fällen zu beachtlichen Fehlern führen, vor allem dann, wenn die Ausgangsgröße dieser Rechenelemente integriert wird. Häufig läßt sich in solchen Fällen durch die Verwendung von Servo-Multiplizierern, die ja bezüglich einer der Variablen keinen Null-punktfehler aufweisen, Abhilfe schaffen.

Literatur zu § 31

[1] Dow, Paul C.: An Analysis of Certain Errors in Electronic Differential Analyzers. Part I: Bandwidth Limitations. IRE Trans. EC 6 (1957) S. 255—260.

[2] Kley, A.: Die Fehlerwirkung des Operationsverstärkers im Analogrechner. Telefunkenztg. 30 (1957) S. 136—141.

[3] Kley, A.: Einfluß des Nullpunktfehlers und des Gitterstromes von Gleich-stromverstärkern bei der Lösung von linearen Differentialgleichungen mit konstanten Koeffizienten. Elektron. Rdsch. 12 (1958) Nr. 9, S. 305—307.

[4] Goldmann, H. O., u. G. Meyer-Brötz: Transistor-Operationsverstärker mit hoher Verstärkung und kleiner Drift für Gleichspannungs-Analogrechner. Telefunkenztg. 33 (1960) Nr. 129, S. 22—29.

[5] Howe, R. M.: Design Fundamentals of Analog Computer Components. New York: D. van Nostrand Co. 1961.

[6] Dow, Paul C.: An Analysis of Certain Errors in Electronic Differential Analyzers. Part II: Capacitor Dielectric Absorption. IRE Trans. EC 7 (1958) S. 17—22.

[7] Meyer-Brötz, G.: Operations-Servos in Gleichspannungs-Analogrechnern. Telefunkenztg. 33 (1960) Nr. 129, S. 38—43.

[8] Schneider, W.: Ein transistorisierter Time-Division-Multiplikator hoher Genauigkeit. Telefunkenztg. 33 (1960) Nr. 129, S. 29—37.

[9] Kettel, E., u. W. Schneider: An Accurate Analog Multiplier and Divider. IRE Trans. EC 10 (1961) S. 269—272.

[10] Fisher, M. E.: Optimum Design of Quarter Square Multipliers with Segment Characteristics. J. sci. Instrum. 34 (1957).

[11] Schneider, W.: Ein Multiplikator nach dem Zweiparabel-Verfahren. Tele-funkenztg. 30 (1957) Nr. 116, S. 141—145.

[*12*] MEISSINGER, HANS F.: The Use of Parameter Influence coefficients in Computer Analysis of Dynamic Systems. Proc. of the Western Joint Comp. Conf. May 1960.

[*13*] MACNEE, A. B.: Some Limitations on the Accuracy of Electronic Differential Analyzers. Proc. Inst. Radio Engrs., 40 (1952) S. 303—308.

[*14*] MARSOCCI, V. A.: An Error Analysis of Electronic Analog Computers. IRE Trans. EC 5 (1956) S. 207—212.

[*15*] GOTO, M., K. NODA u. K. KUROKAWA: Computing Error of D. C. Analogue Computer Caused by the Controlling System: The Error caused by the Irregularity of the Controlling Relays. Secondes J. Int. de Calcul Analogique, Straßburg 1958.

§ 32. Nachprüfung der Genauigkeit der Rechenelemente

Da die in den Rechenelementen des Analogrechners verwendeten Bauteile ihre Kennwerte im Laufe der Zeit ändern, ist von Zeit zu Zeit eine Nachprüfung der Genauigkeit notwendig. Dazu kommt der verständliche Wunsch des Käufers einer Anlage, nachzukontrollieren, ob die vom Hersteller garantierte Genauigkeit tatsächlich erreicht wird.

Mit den am Analogrechner verfügbaren Meßgeräten (z. B. Digitalvoltmeter) können manche statischen Fehler unmittelbar kontrolliert oder (bei entsprechender Verstärkung) auch auf einem Registriergerät aufgetragen werden. Zur Ermittlung schwer meßbarer Abweichungen, zu denen vor allem dynamische Fehler gehören, greift man zu der Möglichkeit, direkt aus der Lösung besonders gewählter Differentialgleichungen auf die Fehler der einzelnen Rechenoperationen zu schließen. Die Methode findet ihre Grenzen darin, daß die Einzelfehler oft in so verwickelter Form in den Gesamtlösungsfehler eingehen, daß sie daraus rückwärts nicht mehr erkennbar sind. Außerdem müssen diese Differentialgleichungen so gewählt sein, daß ihre Lösungen exakt berechnet werden können. Dies bedeutet, daß sich nur sehr einfache Differentialgleichungen als Testgleichungen eignen.

32.1 Testschaltungen zur Ermittlung von statischen Fehlern und Einschaltfehlern

Bei Präzisionsrechnern läßt sich, wie erwähnt, die statische Genauigkeit der Summierer sehr einfach mit dem Digitalvoltmeter prüfen. Außerdem ist in größeren Anlagen häufig eine sog. „dynamische Prüfung" eingebaut, womit die Genauigkeit der Integrationskondensatoren bestimmt werden kann. Bei kleineren Rechnern fehlen jedoch solche Einrichtungen. In diesem Fall kann z. B. die Schaltung zur Lösung der linearen Differentialgleichung 2. Ordnung

$$\ddot{Y} + \omega^2 Y = 0 \qquad (32.1)$$

als Testschaltung dienen [*1*]. Ihre Lösung ist eine harmonische Schwingung, deren Frequenz durch die statischen Fehler etwas geändert wird.

Die Frequenzabweichung läßt sich am einfachsten messen, indem man zwei periodische Schwingungen miteinander vergleicht, die Differential-gleichung (32.1) also zweimal löst (Abb. 32.1).

In jeder der beiden Teil-schaltungen gilt für die Kreis-frequenz der Schwingung:

$$\omega = k_0 \sqrt{c_1 c_2 c_3}.$$

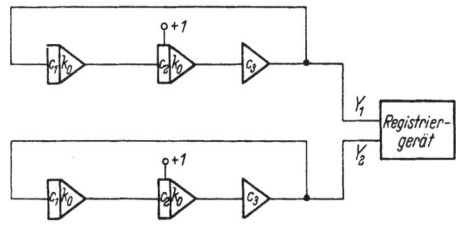

Abb. 32.1
Testschaltung zur Ermittlung statischer Fehler (Komponentenfehler) der Summierer und Integrierer

Bei kleinen Fehlern der Fak-toren c_i (zu denen wir bei den Integrierern auch die Fehler der Werte k_0 schlagen dürfen):

$$c_i = c_{i0}(1 + \varepsilon_i) \qquad i = 1 \ldots 3$$

ergibt sich eine Frequenzabweichung

$$|\varDelta\omega| = |\omega - \omega_0| \leqq \frac{\omega_0}{2}(|\varepsilon_1| + |\varepsilon_2| + |\varepsilon_3|). \tag{32.2}$$

Zwischen den beiden Schwingungen $Y_1(t)$ und $Y_2(t)$ in Abb. 32.1 ist danach der Frequenzfehler $2\varDelta\omega$ möglich, so daß man sie in der Form ansetzen darf:

$$Y_1 = \cos\omega t,$$
$$Y_2 = \cos(\omega t \pm 2\varDelta\omega). \tag{32.3}$$

Schreibt man Y_1 und Y_2 in der Abszissen- und Ordinatenrichtung eines Oszillographen oder Zweikoordinatenschreibens auf, so müßte sich bei $\varDelta\omega = 0$ eine Gerade ergeben. Durch den Fehler $\varDelta\omega$ wird sich diese Gerade jedoch langsam zu einer Ellipse umformen, die dann wieder in eine Gerade übergeht usw. Die Zeit zwischen dem Erscheinen zweier Geraden ist

$$T = \frac{\pi}{2\varDelta\omega}. \tag{32.4}$$

Aus Gl. (32.4) folgt unter Beachtung von Gl. (32.2):

$$T \geqq \frac{\pi}{\omega_0} \frac{1}{|\varepsilon_1| + |\varepsilon_2| + |\varepsilon_3|}. \tag{32.5}$$

Für sehr kleine Fehler ε_i werden die Zeiten T sehr groß. Die Methode eignet sich daher besonders für Rechner mittlerer Genauigkeit.

Beispiel: Bei $\omega_0 = 10\ \mathrm{s}^{-1}$ sei $|\varepsilon_1| = |\varepsilon_2| = |\varepsilon_3| = 10^{-3}$.

Damit wird nach (32.5) $T \geqq 104\ \mathrm{s}$.

Wie bei vielen Testschaltungen, so gilt auch hier, daß die befriedigende Erfüllung der Gl. (32.5) noch keine hinreichende Gewähr bietet, daß die zulässigen Fehlergrenzen tatsächlich eingehalten werden, da sich stets mehrere Einflüsse gegenseitig kompensieren können.

Eine Schaltung zur Messung der *Einschaltfehler* bzw. der Unterschiede in den Schaltzeiten der Halterelais zweier Integrierer ist in Abb. 32.2 angegeben.

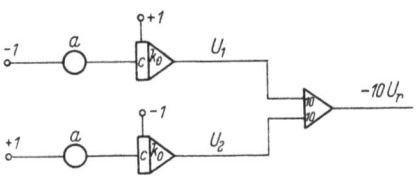

Abb. 32.2
Testschaltung zur Ermittlung der Schaltverzögerung Δt der Halterelais zweier Integrierer

Eine konstante Spannung wird mit verschiedenem Vorzeichen aufintegriert. Die an den Ausgängen der Integrierer entstehenden Rampenfunktionen werden addiert. Ihre Summe sollte exakt Null sein. Wie Abb. 32.3 zeigt, entsteht durch die Schaltverzögerung eine (bezogene) Restspannung U_r, aus der unmittelbar die Verzögerungszeit

$$\Delta t = \frac{U_r}{c\,a\,k_0} \qquad (32.6)$$

entnommen werden kann.

Beispiel: $a = 0,5$; $k_0 = 1\ \text{s}^{-1}$; $c = 1$.
Gemessen werde $u_r = 0,1\ \text{V}$.
Bei $E = 100\ \text{V}$ folgt daraus $U_r = u_r/E = 10^{-3}$.
Nach (32.6) war damit die Verzögerungszeit

$$\Delta t = \frac{U_r}{c\,a\,k_0} = \frac{10^{-3}}{0,5 \cdot 1\,\text{s}^{-1}} = 0,002\ \text{s}.$$

Wegen der Komponentenfehler kann an dem Summierer in Abb. 32.2 schon in der Rechenstellung „Pause" eine gewisse Spannung meßbar

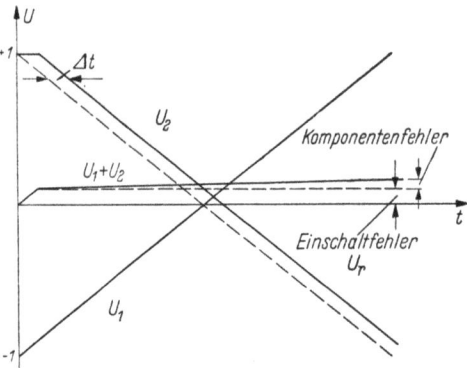

Abb. 32.3. Erklärung der Wirkungsweise der Schaltung nach Abb. 32.2

sein. Die Spannung U_r ergibt sich dann aus der Differenz der Ausgangsspannung vor und nach dem Einschalten der Integrierer. Auch die Komponentenfehler der Integrierer lassen sich nach Abb. 32.3 leicht von den Einschaltfehlern unterscheiden.

Zur Prüfung der statischen Genauigkeit der *Multiplizierer* lassen sich grundsätzlich ebenfalls Testdifferentialgleichungen aufbauen. Hierbei treten jedoch zwei wesentliche Schwierigkeiten auf: Die exakte Lösung ist nicht mehr einfach berechenbar, und die Fehler der linearen Glieder können das Ergebnis wesentlich beeinflussen. Die gelegentlich angewandten Testgleichungen liefern daher meist nur qualitative Ergebnisse.

Häufig wird eine mit einem Multiplizierer hergestellte quadratische Funktion mit einer Parabel verglichen, die sich durch zweifache Integration einer Konstanten ergibt. Aber auch dieser Test setzt voraus, daß die Fehler der verwendeten Integrierer verschwindend klein oder doch wesentlich geringer als die der Multiplizierer sind.

Als einfachste und genaueste Prüfmethode empfiehlt sich die direkte Messung der statischen Fehler in einer Schaltung nach Abb. 32.4.

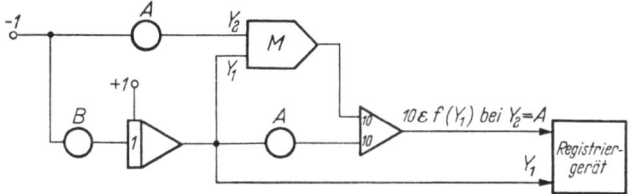

Abb. 32.4. Schaltung zur Messung der statischen Fehler eines Multiplizierers

Dabei wird eine der beiden Eingangsvariablen des Multiplizierers konstant gleich A gesetzt, während die andere Variable den gesamten Bereich der Rechenspannung durchläuft.

Zur Messung der Fehlerfunktion des Servo-Multiplizierers $f_{SM}(Y_1)$ nach Gl. (31.18) wird mit $A = 1$ die sich ändernde Variable (Y_2 in Abb. 32.4) auf den Servoeingang, die konstant gehaltene auf den Potentiometereingang gegeben.

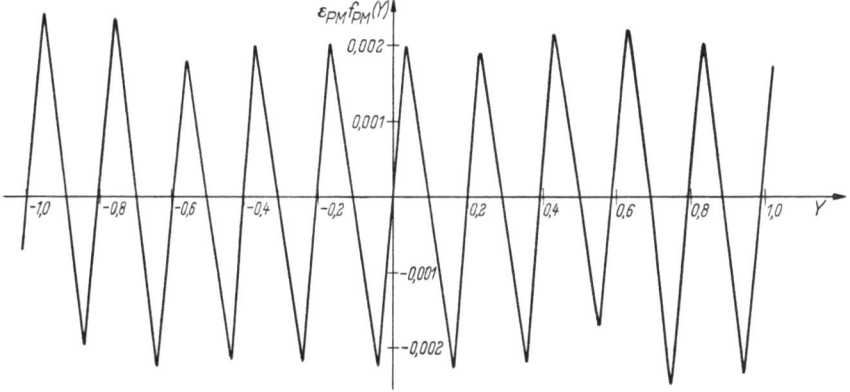

Abb. 32.5. Fehlerfunktion $\varepsilon_{PM} f_{PM}(Y)$ eines Parabel-Multiplizierers, gemessen mit der Schaltung nach Abb. 32.4 ($A = 0{,}385$)

Beim Parabel-Multiplizierer genügt es in vielen Fällen ebenfalls, nur eine Messung zur Bestimmung der Fehlerfunktion $f_{PM}(Y)$ vorzunehmen, falls die Fehlerfunktion bezüglich beider Variablen etwa gleich ist. Die Konstante A muß dann auf einen Wert eingestellt werden, bei dem die Fehlerfunktion ein Maximum aufweist. Beim Modulations-Multiplizierer ist der Fehler eine Funktion der beiden Variablen Y_1 und Y_2 [s. Gl. (31.20)]. Da mit der Schaltung nach Abb. 32.4 nur Funktionen der Form $f_{MM}(Y_1, A)$ gemessen werden können, muß hier die Messung für verschiedene Werte von A wiederholt werden.

Als Vergleichsglied dient in der Schaltung nach Abb. 32.4 ein Potentiometer (zur Einstellung des Koeffizienten A), das die Multiplikation mit einer Konstanten zwar auch nicht fehlerfrei ausführt, das aber die wichtige Eigenschaft besitzt, daß der statische Fehler konstant ist, während er sich bei allen Multiplizierern mit der Spannung ändern kann.

Die statischen Fehler des zur Differenzbildung benötigten Summierers können leicht in das Ergebnis der Messung eingerechnet werden.

Abb. 32.5 zeigt als Beispiel die mit einer Meßschaltung nach Abb. 32.4 aufgenommene Fehlerfunktion $\varepsilon_{PM} f_{PM}(Y)$ eines Parabel-Multiplizierers mit 10 Dioden je Parabelast. Der Wert A wurde dabei nach Gl. (31.21) so gewählt, daß $f_{PM}(A)$ gerade ein Maximum aufweist.

32.2 Die Kreisprobe zur dynamischen Prüfung der Rechenelemente

Wir haben in § 31 erwähnt, daß die dynamischen Fehler der Summierer und Integrierer bei der Lösung von Differentialgleichungen mit konstanten Koeffizienten vor allem eine Verschiebung der Wurzeln des charakteristischen Polynoms um kleine komplexe Größen bewirken. Auch wurde dort darauf hingewiesen, daß sich diese Verschiebungen nur in besonderen Fällen merklich auswirken, nämlich dann, wenn Wurzeln genau auf der imaginären Achse liegen.

Die Differentialgleichung der ungedämpften Schwingung ist das wichtigste Beispiel für einen solchen Sonderfall. Sie eignet sich aus diesem Grunde als Testschaltung zur Untersuchung der dynamischen Fehler der Verstärker.

Die Lösung der Differentialgleichung

$$\ddot{Y} + \omega^2 Y = 0 \qquad (32.7)$$

mit den Anfangsbedingungen $Y(0) = Y_0$; $\dot{Y}(0) = 0$ lautet:

$$Y(t) = Y_0 \cos \omega t. \qquad (32.8)$$

Die Nullstellen des charakteristischen Polynoms

$$p^2 + \omega^2 = 0 \quad \text{sind:} \quad p_{1,2} = \pm j\omega.$$

Durch die dynamischen Fehler der Rechenschaltung am Analogrechner (Abb. 32.6) verschieben sich diese Nullstellen etwas:

$$p'_{1,2} = \delta \pm j(\omega + \Delta\omega).$$

Der auf die dynamischen Fehler zurückzuführende Frequenzfehler $\varDelta\omega$ ist von 2. Ordnung klein, so daß die Lösung näherungsweise

$$Y(t) = Y_0\, e^{\delta t}\cos\omega t \qquad (32.9)$$

lautet.

Je nach dem Vorzeichen der Fehlerkonstanten δ entsteht also eine an- oder abklingende Schwingung. Der Faktor δ ergibt sich nach [2]:

$$\delta = -\frac{1}{2}\,\omega[2\varDelta\varphi_I(\omega) + \varDelta\varphi_s(\omega)] \qquad (32.10)$$

mit den Abkürzungen

$\varDelta\varphi_s(\omega) = $ Phasenfehler des Summierers
$\approx -\omega T_s$ [nach Gl. (31.7)].
$\varDelta\varphi_I(\omega) = $ Phasenfehler des Integrierers

$$\approx +\frac{1}{\omega T_{I1}} + \vartheta(\omega) - \omega T_{I2} \quad \text{[nach Gl. (31.11)]}.$$

$\vartheta(\omega)$ ist der Phasenfehler des Integrationskondensators infolge dielektrischer Absorption [3].

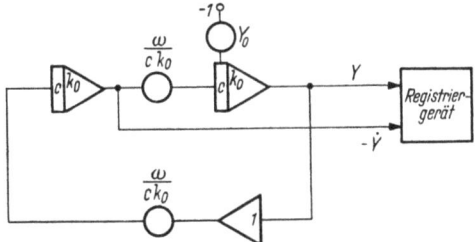

Abb. 32.6
Rechenschaltung der ungedämpften Schwingungsgleichung zur Aufnahme der Kreisprobe

Die Darstellung der Dämpfung nach Gl. (32.10) ist insofern sehr anschaulich, als sie zeigt, daß hier Phasenfehler den entscheidenden Lösungsfehler verursachen.

Zur Messung des Dämpfungsfaktors δ tragen wir nach Abb. 32.6 auf dem Registriergerät $-\dot{Y}(t)$ über $Y(t)$ auf und erhalten damit eine Kreiskurve, deren Radius je nach dem Vorzeichen von δ mit der Zeit kleiner oder größer wird (Abb. 32.7). Der Dämpfungsfaktor ist bei

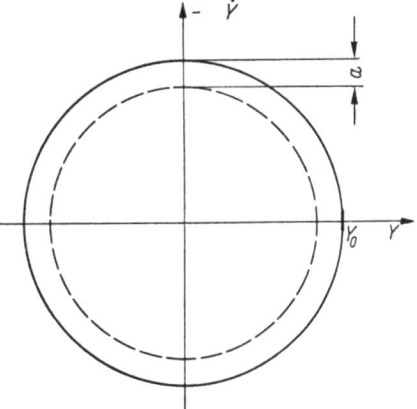

Abb. 32.7. Messung des Dämpfungsfaktors aus der Kreisprobe [zu Gl. (32.11)]

tiefen Frequenzen im allgemeinen negativ, da die Phasendrehung der Integrierer gegenüber der des Summierers überwiegt (d. h. der Radius der Kreiskurve wird kleiner).

Der Dämpfungsfaktor δ ergibt sich aus Abb. 32.7 als

$$\delta = \frac{\ln \dfrac{Y(nT)}{Y_0}}{nT} = \frac{\ln\left(1 - \dfrac{a}{Y_0}\right)}{nT}. \tag{32.11}$$

Darin ist n die Anzahl der Kreisumläufe und T die Periodendauer, d. h. nT ist die gesamte Meßzeit.

Abb. 32.8 zeigt das an einem hochwertigen Verstärker gemessene Ergebnis der Kreisprobe. Bei tiefen Frequenzen ist die Phasendrehung der Integrierer (und hier wieder vor allem der Verlustwinkel infolge dielektrischer Absorption) praktisch allein ausschlaggebend, und es ergibt sich eine gedämpfte Schwingung. Mit wachsender Frequenz steigt der Phasenfehler des Summierers an und bewirkt, daß bei $\omega \approx 300\ \mathrm{s^{-1}}$ die Dämpfung gerade Null wird. Bei noch höheren Frequenzen überwiegt dann der Fehler des Summierers immer mehr, und man erhält zunehmend entdämpfte Schwingungen.

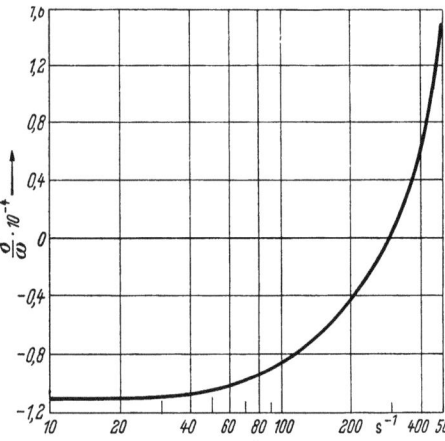

Abb. 32.8. Ergebnis der Kreisprobe nach [2]

Die Kreisprobe kann in einer erweiterten Form auch zur *dynamischen Prüfung nichtlinearer Rechenelemente* dienen [4].

Nach Abb. 32.9 wird z. B. ein Servo-Multiplizierer oder ein Funktionsgeber in die Schaltung Abb. 32.6 eingebaut. Das nichtlineare Glied wird dabei so geschaltet, daß seine Ausgangsgröße gleich der Eingangsgröße wird [d. h. bei einem Multiplizierer wird eine der Variablen $Y_2 = 1$ gesetzt; im Falle des Funktionsgebers wird die Funktion $f(Y) = Y$ eingestellt].

Die Schaltung würde also im Prinzip durch das nichtlineare Element nicht geändert, wenn keine Fehler auftreten würden. Zu den dynamischen Fehlern der linearen Elemente kommt aber jetzt der des nichtlinearen Elements hinzu.

Für tiefe Frequenzen läßt sich das dynamische Verhalten eines nichtlinearen Rechenelements, das in der oben beschriebenen Weise geschaltet ist, näherungsweise durch die einfache Übertragungsfunktion

$$F_N(p) \approx \frac{1}{1 + p\,T_N} \approx 1 - p\,T_N \qquad (32.12)$$

mit der Zeitkonstanten T_N kennzeichnen. Wenn wir an Stelle der Zeitkonstanten die Phasendrehung des nichtlinearen Rechenelements einführen, lautet diese Übertragungsfunktion

$$F_N(p) \approx 1 + \frac{\Delta\varphi_N(\omega)}{\omega}\,p \qquad (32.13)$$

mit der Abkürzung

$\Delta\varphi_N(\omega) =$ Phasendrehung des nichtlinearen Rechenelements bei der Frequenz ω

$$\approx -\omega\,T_N.$$

Wenn wir nun voraussetzen, daß der dynamische Fehler des nichtlinearen Elements groß ist gegenüber den Fehlern der linearen Rechen-

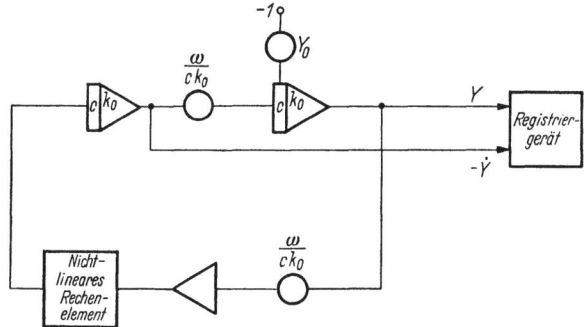

Abb. 32.9
Testschaltung (Kreisprobe) zur dynamischen Prüfung eines nichtlinearen Rechenelements

glieder (was im Falle eines Servo-Multiplizierers sicher zutrifft), können wir für den linearen Teil der Schaltung die Übertragungsfunktion

$$F_L(p) \approx \frac{\omega^2}{p^2}$$

ansetzen und erhalten damit die charakteristische Gleichung

$$F_N(p)\,F_L(p) + 1 = 0$$

oder

$$p^2 + p\,\omega\,\Delta\varphi_N(\omega) + \omega^2 = 0. \qquad (32.14)$$

Daraus läßt sich der Dämpfungsfaktor δ berechnen zu

$$\delta = -\frac{\omega\,\Delta\varphi_N(\omega)}{2}.$$

Für kleine Dämpfungen erhalten wir damit eine Formel zur Bestimmung der Phasendrehung des nichtlinearen Elements:

$$\Delta\varphi_N(\omega) = -\frac{2\Delta\delta}{\omega}, \qquad (32.15)$$

wobei $\Delta\delta$ die Änderung des Dämpfungsfaktors δ durch Einfügen des nichtlinearen Elements gegenüber dem rein linearen Fall nach Abb. 32.6 ist.

Da $\Delta\varphi_N(\omega)$ im allgemeinen negativ ist, wird $\Delta\delta$ positiv, d. h., der Kreis wird durch das nichtlineare Rechenelement entdämpft.

32.3 Nachprüfung von Nullpunktfehlern

Die Drift der Integrierer ist ein wichtiges Maß für die Güte der Rechenverstärker.

Nach Gl. (31.16) wird der Driftfehler F durch die Fehlergröße

$$F_{ID} = k_0\left(\sum_{i=1}^{n} c_i\,\frac{u_D}{E} - \frac{R_0 i_g}{E}\right) \qquad (32.16)$$

hervorgerufen. Der zugelassene Wert für u_D bzw. für die Fehlerspannung der Integrierer in V/s wird im allgemeinen in den Datenblättern der Rechenverstärker angegeben.

Bei der Messung des Driftfehlers F_{ID} an einem hochwertigen Integrierer (bei $k_0 = 1\ \text{s}^{-1}$) ergeben sich sehr lange Meßzeiten.

Zur rascheren Messung ist es daher oft zweckmäßig, mehrere Integrierer in Reihe zu schalten. Wenn man voraussetzt, daß die Drift jedes Integrierers gleich groß ist, so folgt für die mittlere (bezogene) Driftspannung pro Sekunde:

$$F_{ID} \approx \frac{U_{an}}{\displaystyle\sum_{\nu=1}^{n} \frac{k_0^{\nu-1}\, t_M^{\nu}}{\nu!}}. \qquad (32.17)$$

U_{an} ist dabei die nach der Meßzeit t_M am n-ten Integrierer gemessene (bezogene) Spannung.

Zahlenbeispiel: Es seien 4 Integrierer ($k_0 = 1\ \text{s}^{-1}$; $c = 1$) in Reihe geschaltet. Nach 20 s sei die Ausgangsgröße am letzten Integrierer auf $U_{a4} = 0{,}0069$ gestiegen.

Entsprechend Gl. (32.17) folgt daraus bei $n = 4$:

$$F_{ID} = \frac{0{,}0069}{\left(\dfrac{1}{24}\,20^4 + \dfrac{1}{6}\,20^3 + \dfrac{1}{2}\,20^2 + 20\right)\text{s}}$$

$$= 0{,}84\cdot 10^{-6}\,\text{s}^{-1}.$$

Bei einem Röhrenrechner mit $E = 100$ V entspricht dies einer absoluten Driftspannung von $u_{ID} = 84\ \mu\text{V/s}$.

Eine elegante Methode, sehr rasch die Nullpunktfehler abzuschätzen, bietet die Nachbildung der Differentialgleichung

$$\dot{U} - \lambda U = 0. \tag{32.18}$$

Die allgemeine Lösung dieser Gleichung lautet:

$$U(t) = U(0)\, e^{\lambda t}. \tag{32.19}$$

Mit dem Anfangswert $U(0) = 0$ müßte die Lösung exakt Null bleiben. Wegen der Nullpunktfehler des Summierers und des Integrierers liefert die Rechenschaltung jedoch den Vorgang

$$U(t) \approx \varepsilon_a\, e^{\lambda t}. \tag{32.20}$$

Nach [1] ist hierin die Fehlerkonstante

$$\varepsilon_a \approx \frac{U_{ID}}{k_0} - U_{SD}, \tag{32.21}$$

wenn U_{SD} der Nullpunktfehler am Ausgang des Summierers ist.

Die Größe von ε_a läßt sich leicht bestimmen, indem man die Zeit mißt, in der $U(t)$ einen bestimmten Wert erreicht.

Beispiel: In der Rechenschaltung nach Abb. 32.10 sei $k_0 = 1\ \mathrm{s^{-1}}$; $E = 100\ \mathrm{V}$. Die Einheitsspannung 100 V werde 14 s nach dem Einschalten erreicht.

Daraus berechnet sich

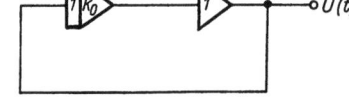

$$E\,\varepsilon_a = \frac{100\,\mathrm{V}}{e^{14}} \approx 85\ \mu\mathrm{V}.$$

Die beschriebene Testschaltung besitzt den Nachteil, daß sich die Nullpunkt-

Abb. 32.10. Testschaltung zur Bestimmung von Nullpunktfehlern

wanderungen von Integrierer und Summierer gegenseitig kompensieren können. Eine Aufspaltung des Wertes für ε_a in seine Bestandteile nach (32.21) ist nicht möglich.

Literatur zu § 32

[1] KLEY, A.: Testschaltungen zur Beurteilung von Rechenverstärkern. Elektron. Rdsch. 14 (1960) H. 10.

[2] GOLDMANN, H. O., u. G. MEYER-BRÖTZ: Transistor-Operationsverstärker mit hoher Verstärkung und kleiner Drift für Gleichspannungs-Analogrechner. Telefunkenztg. 33 (1960) H. 129.

[3] DOW, PAUL C.: An Analysis of Certain Errors in Electronic Differential Analyzers. Part II: Capacitor Dielectric Absorption. IRE Trans. EC 7 (1958) S. 17—22.

[4] HOWE, R. M.: Design Fundamentals of Analog Computer Components. New York: D. van Nostrand Co. 1961.

Namen- und Sachverzeichnis